CLT COMENTADA
PELA REFORMA TRABALHISTA
(Lei nº 13.467/2017)

LUCIANO VIVEIROS
GABRIELLA SALGADO
Atualização

CLT COMENTADA
PELA REFORMA TRABALHISTA
(Lei nº 13.467/2017)

9ª edição revista e atualizada até 23 de maio de 2018

Belo Horizonte

2018

© 2004 1ª edição Sugestões literárias (Saraiva).
2006 2ª edição Sugestões literárias
2008 3ª edição Saraiva
© 2010 4ª edição Editora Revista dos Tribunais
2011 5ª edição Editora Revista dos Tribunais
2012 6ª edição Editora Revista dos Tribunais
2013 7ª edição Editora Revista dos Tribunais
2015 8ª edição Editora Revista dos Tribunais
© 2018 9ª edição Editora Fórum Ltda.

É proibida a reprodução total ou parcial desta obra, por qualquer meio eletrônico, inclusive por processos xerográficos, sem autorização expressa do Editor.

Conselho Editorial

Adilson Abreu Dallari
Alécia Paolucci Nogueira Bicalho
Alexandre Coutinho Pagliarini
André Ramos Tavares
Carlos Ayres Britto
Carlos Mário da Silva Velloso
Cármen Lúcia Antunes Rocha
Cesar Augusto Guimarães Pereira
Clovis Beznos
Cristiana Fortini
Dinorá Adelaide Musetti Grotti
Diogo de Figueiredo Moreira Neto
Egon Bockmann Moreira
Emerson Gabardo
Fabrício Motta
Fernando Rossi
Flávio Henrique Unes Pereira

Floriano de Azevedo Marques Neto
Gustavo Justino de Oliveira
Inês Virgínia Prado Soares
Jorge Ulisses Jacoby Fernandes
Juarez Freitas
Luciano Ferraz
Lúcio Delfino
Marcia Carla Pereira Ribeiro
Márcio Cammarosano
Marcos Ehrhardt Jr.
Maria Sylvia Zanella Di Pietro
Ney José de Freitas
Oswaldo Othon de Pontes Saraiva Filho
Paulo Modesto
Romeu Felipe Bacellar Filho
Sérgio Guerra
Walber de Moura Agra

Luís Cláudio Rodrigues Ferreira
Presidente e Editor

Coordenação editorial: Leonardo Eustáquio Siqueira Araújo

Av. Afonso Pena, 2770 – 15º andar – Savassi – CEP 30130-012
Belo Horizonte – Minas Gerais – Tel.: (31) 2121.4900 / 2121.4949
www.editoraforum.com.br – editoraforum@editoraforum.com.br

V857c Viveiros, Luciano
 CLT comentada pela reforma trabalhista (Lei nº 13.467/2017) / Luciano Viveiros. 9. ed. Belo Horizonte : Fórum, 2018.

 656 p.

 ISBN: 978-85-450-0466-0

 1. Direito Processual do Trabalho. 2. Direito do Trabalho. I. Título.

 CDD 342.68
 CDU 349.2

Informação bibliográfica deste livro, conforme a NBR 6023:2002 da Associação Brasileira de Normas Técnicas (ABNT):

VIVEIROS, Luciano. *CLT comentada pela reforma trabalhista (Lei nº 13.467/2017)*. 9. ed. Belo Horizonte: Fórum, 2018. 657 p. ISBN 978-85-450-0466-0.

Aos homens que marcam sua passagem pela vida, principalmente: Remi, pai (*in memoriam*); Arthur, filho; Ricardo, irmão; Ricardinho, sobrinho e amigo (*in memoriam*); e Felipe, Lucas e Miguel (sobrinhos). Pela grandeza de espírito e nobreza de seus atos.

No passado foi a lei do patrão; hoje é a lei do Estado; no futuro será a lei das partes.

(Georges Scelle)

SUMÁRIO

APRESENTAÇÃO	37
EXPOSIÇÃO DE MOTIVOS DA CONSOLIDAÇÃO DAS LEIS DO TRABALHO	39
Decreto-Lei nº 5.452, de 1º de maio de 1943	47
CONSOLIDAÇÃO DAS LEIS DO TRABALHO	47
Título I – INTRODUÇÃO	47
Art. 1º	47
Art. 2º	52
Art. 3º	53
Art. 4º	55
Art. 5º	56
Art. 6º	56
Art. 7º	58
Art. 8º	59
Art. 9º	62
Art. 10.	63
Art. 10-A.	64
Art. 11.	64
Art. 11-A.	66
Art. 12.	67
Título II – DAS NORMAS GERAIS DE TUTELA DO TRABALHO	68
Capítulo I – DA IDENTIFICAÇÃO PROFISSIONAL	68
Seção I – DA CARTEIRA DE TRABALHO E PREVIDÊNCIA SOCIAL	68
Art. 13.	68
Seção II – DA EMISSÃO DA CARTEIRA DE TRABALHO E PREVIDÊNCIA SOCIAL	69
Art. 14.	69
Art. 15.	69
Art. 16.	70
Art. 17.	70
Art. 18. (REVOGADO)	71
Art. 19. (REVOGADO)	71
Art. 20.	71
Art. 21.	71
Art. 22. (REVOGADO)	72
Art. 23. (REVOGADO)	72
Art. 24. (REVOGADO)	72
Seção III – DA ENTREGA DAS CARTEIRAS DE TRABALHO E PREVIDÊNCIA SOCIAL	72

Art. 25.	72
Art. 26.	72
Art. 27. (REVOGADO)	72
Art. 28. (REVOGADO)	72
Seção IV – DAS ANOTAÇÕES	72
Art. 29.	72
Art. 30.	74
Art. 31.	74
Art. 32.	74
Art. 33.	75
Art. 34.	75
Art. 35. (REVOGADO)	75
Seção V – DAS RECLAMAÇÕES POR FALTA OU RECUSA DE ANOTAÇÃO	76
Art. 36.	76
Art. 37.	76
Art. 38.	77
Art. 39.	77
Seção VI – DO VALOR DAS ANOTAÇÕES	78
Art. 40.	78
Seção VII – DOS LIVROS DE REGISTRO DE EMPREGADOS	78
Art. 41.	78
Art. 42. (REVOGADO)	79
Art. 43. (REVOGADO)	79
Art. 44. (REVOGADO)	79
Art. 45. (REVOGADO)	79
Art. 46. (REVOGADO)	79
Art. 47.	79
Art. 47-A.	80
Art. 48.	80
Seção VIII – DAS PENALIDADES	80
Art. 49.	80
Art. 50.	81
Art. 51.	81
Art. 52.	81
Art. 53.	82
Art. 54.	82
Art. 55.	82
Art. 56.	82
Art. 57.	83
Capítulo II – DA DURAÇÃO DO TRABALHO	83
Seção I – DISPOSIÇÃO PRELIMINAR	83
Seção II – DA JORNADA DE TRABALHO	83

Art. 58.	83
Art. 58-A.	85
Art. 59.	86
Art. 59-A.	89
Art. 59-B.	89
Art. 60.	90
Art. 61.	90
Art. 62.	91
Art. 63.	92
Art. 64.	92
Art. 65.	93
Seção III – DOS PERÍODOS DE DESCANSO	93
Art. 66.	93
Art. 67.	94
Art. 68.	94
Art. 69.	94
Art. 70.	95
Art. 71.	95
Art. 72.	97
Seção IV – DO TRABALHO NOTURNO	97
Art. 73.	97
Seção V – DO QUADRO DE HORÁRIO	99
Art. 74.	99
Seção VI – DAS PENALIDADES	99
Art. 75.	99
Capítulo II-A – DO TELETRABALHO	100
Art. 75-A.	100
Art. 75-B.	100
Art. 75-C.	100
Art. 75-D.	100
Art. 75-E.	101
Capítulo III – DO SALÁRIO MÍNIMO	101
Seção I – DO CONCEITO	101
Art. 76.	101
Art. 77. (REVOGADO)	102
Art. 78.	102
Art. 79.	102
Art. 80. (REVOGADO)	103
Art. 81.	103
Art. 82.	103
Art. 83.	104
Seção II – DAS REGIÕES E SUB-REGIÕES	104

Art. 84. (REVOGADO)	104
Art. 85. (REVOGADO)	104
Art. 86.	104
Seção III – DA CONSTITUIÇÃO DAS COMISSÕES	104
Arts. 87 a 100. (REVOGADOS)	104
Seção IV – DAS ATRIBUIÇÕES DAS COMISSÕES DE SALÁRIO MÍNIMO	104
Arts. 101 a 111. (REVOGADOS)	104
Seção V – DA FIXAÇÃO DO SALÁRIO MÍNIMO	105
Arts. 112 a 115. (REVOGADOS)	105
Art. 116.	105
Seção VI – DISPOSIÇÕES GERAIS	105
Art. 117.	105
Art. 118.	106
Art. 119.	106
Art. 120.	107
Art. 121. (REVOGADO)	107
Arts. 122 e 123. (REVOGADOS)	107
Art. 124.	107
Art. 125. (REVOGADO)	107
Art. 126.	107
Arts. 127 e 128. (REVOGADOS)	107
Capítulo IV – DAS FÉRIAS ANUAIS	108
Seção I – DO DIREITO A FÉRIAS E DA SUA DURAÇÃO	108
Art. 129.	108
Art. 130.	108
Art. 131.	109
Art. 132.	109
Art. 133.	109
Seção II – DA CONCESSÃO E DA ÉPOCA DAS FÉRIAS	110
Art. 134.	110
Art. 135.	111
Art. 136.	111
Art. 137.	112
Art. 138.	113
Seção III – DAS FÉRIAS COLETIVAS	113
Art. 139.	113
Art. 140.	114
Art. 141.	114
Seção IV – DA REMUNERAÇÃO E DO ABONO DE FÉRIAS	114
Art. 142.	114
Art. 143.	116
Art. 144.	116

Art. 145. ... 117
Seção V – DOS EFEITOS DA CESSAÇÃO DO CONTRATO DE TRABALHO 117
Art. 146. ... 117
Art. 147. ... 117
Art. 148. ... 118
Seção VI – DO INÍCIO DA PRESCRIÇÃO ... 118
Art. 149. ... 118
Seção VII – DISPOSIÇÕES ESPECIAIS ... 118
Art. 150. ... 118
Art. 151. ... 119
Art. 152. ... 120
Seção VIII – DAS PENALIDADES ... 120
Art. 153. ... 120
Capítulo V – DA SEGURANÇA E DA MEDICINA DO TRABALHO 120
Seção I – DISPOSIÇÕES GERAIS ... 120
Art. 154. ... 120
Art. 155. ... 121
Art. 156. ... 121
Art. 157. ... 122
Art. 158. ... 122
Art. 159. ... 122
Seção II – DA INSPEÇÃO PRÉVIA E DO EMBARGO OU INTERDIÇÃO 123
Art. 160. ... 123
Art. 161. ... 123
Seção III – DOS ÓRGÃOS DE SEGURANÇA E DE MEDICINA DO TRABALHO NAS EMPRESAS ... 124
Art. 162. ... 124
Art. 163. ... 125
Art. 164. ... 125
Art. 165. ... 126
Seção IV – DO EQUIPAMENTO DE PROTEÇÃO INDIVIDUAL 126
Art. 166. ... 126
Art. 167. ... 127
Seção V – DAS MEDIDAS PREVENTIVAS DE MEDICINA DO TRABALHO 127
Art. 168. ... 127
Art. 169. ... 128
Seção VI – DAS EDIFICAÇÕES ... 128
Art. 170. ... 128
Art. 171. ... 129
Art. 172. ... 129
Art. 173. ... 129
Art. 174. ... 129
Seção VII – DA ILUMINAÇÃO .. 130

Art. 175. .. 130
Seção VIII – DO CONFORTO TÉRMICO .. 130
Art. 176. .. 130
Art. 177. .. 130
Art. 178. .. 131
Seção IX – DAS INSTALAÇÕES ELÉTRICAS .. 131
Art. 179. .. 131
Art. 180. .. 131
Art. 181. .. 131
Seção X – DA MOVIMENTAÇÃO, ARMAZENAGEM E MANUSEIO DE MATERIAIS 132
Art. 182. .. 132
Art. 183. .. 132
Seção XI – DAS MÁQUINAS E EQUIPAMENTOS .. 132
Art. 184. .. 132
Art. 185. .. 133
Art. 186. .. 133
Seção XII – DAS CALDEIRAS, FORNOS E RECIPIENTES SOB PRESSÃO 133
Art. 187. .. 133
Art. 188. .. 134
Seção XIII – DAS ATIVIDADES INSALUBRES OU PERIGOSAS 134
Art. 189. .. 134
Art. 190. .. 135
Art. 191. .. 135
Art. 192. .. 136
Art. 193. .. 136
Art. 194. .. 138
Art. 195. .. 138
Art. 196. .. 139
Art. 197. .. 140
Seção XIV – DA PREVENÇÃO DA FADIGA ... 140
Art. 198. .. 140
Art. 199. .. 141
Seção XV – DAS OUTRAS MEDIDAS ESPECIAIS DE PROTEÇÃO 141
Art. 200. .. 141
Seção XVI – DAS PENALIDADES .. 142
Art. 201. .. 142
Arts. 202 a 223. (REVOGADOS) ... 143
Título II-A – DO DANO EXTRAPATRIMONIAL .. 143
Art. 223-A. .. 143
Art. 223-B. .. 143
Art. 223-C. .. 143
Art. 223-D. .. 143

Art. 223-E.	143
Art. 223-F.	143
Art. 223-G.	143
Título III – DAS NORMAS ESPECIAIS DE TUTELA DO TRABALHO	145
Capítulo I – DAS DISPOSIÇÕES ESPECIAIS SOBRE DURAÇÃO E CONDIÇÕES DE TRABALHO	145
Seção I – DOS BANCÁRIOS	145
Art. 224.	145
Art. 225.	147
Art. 226.	147
Seção II – DOS EMPREGADOS NOS SERVIÇOS DE TELEFONIA, DE TELEGRAFIA SUBMARINA E SUBFLUVIAL, DE RADIOTELEGRAFIA E RADIOTELEFONIA	148
Art. 227.	148
Art. 228.	148
Art. 229.	149
Art. 230.	149
Art. 231.	150
Seção III – DOS MÚSICOS PROFISSIONAIS	150
Arts. 232 e 233. (REVOGADOS)	150
Seção IV – DOS OPERADORES CINEMATOGRÁFICOS	150
Art. 234.	150
Art. 235.	151
Seção IV-A – DO SERVIÇO DO MOTORISTA PROFISSIONAL (LEI Nº 12.619/2012)	151
Art. 235-A.	151
Art. 235-B.	152
Art. 235-C.	152
Art. 235-D.	155
Art. 235-E.	156
Art. 235-F.	157
Art. 235-G.	157
Seção V – DO SERVIÇO FERROVIÁRIO	157
Art. 236.	157
Art. 237.	158
Art. 238.	158
Art. 239.	160
Art. 240.	160
Art. 241.	161
Art. 242.	161
Art. 243.	162
Art. 244.	162
Art. 245.	163
Art. 246.	164
Art. 247.	164

Seção VI – DAS EQUIPAGENS DAS EMBARCAÇÕES DA MARINHA MERCANTE NACIONAL, DE NAVEGAÇÃO FLUVIAL E LACUSTRE, DO TRÁFEGO NOS PORTOS E DA PESCA 164
Art. 248. 164
Art. 249. 165
Art. 250. 165
Art. 251. 166
Art. 252. 166
Seção VII – DOS SERVIÇOS FRIGORÍFICOS 167
Art. 253. 167
Seção VIII – DOS SERVIÇOS DE ESTIVA 167
Arts. 254 a 284. (REVOGADOS) 167
Seção IX – DOS SERVIÇOS DE CAPATAZIAS NOS PORTOS 167
Arts. 285 a 292. (REVOGADOS) 167
Seção X – DO TRABALHO EM MINAS DE SUBSOLO 168
Art. 293. 168
Art. 294. 168
Art. 295. 169
Art. 296. 169
Art. 297. 169
Art. 298. 170
Art. 299. 170
Art. 300. 170
Art. 301. 171
Seção XI – DOS JORNALISTAS PROFISSIONAIS 171
Art. 302. 171
Art. 303. 171
Art. 304. 172
Art. 305. 172
Art. 306. 172
Art. 307. 173
Art. 308. 173
Art. 309. 173
Arts. 310 a 314. (REVOGADOS) 174
Art. 315. 174
Art. 316. (REVOGADO) 174
Seção XII – DOS PROFESSORES 174
Art. 317. 174
Art. 318. 174
Art. 319. 175
Art. 320. 175
Art. 321. 175

Art. 322.	176
Art. 323.	176
Art. 324. (REVOGADO)	177
Seção XIII – DOS QUÍMICOS	177
Art. 325.	177
Art. 326.	178
Art. 327.	179
Art. 328.	179
Art. 329.	179
Art. 330.	180
Art. 331.	180
Art. 332.	180
Art. 333.	180
Art. 334.	181
Art. 335.	181
Art. 336.	182
Art. 337.	182
Art. 338.	182
Art. 339.	182
Art. 340.	183
Art. 341.	183
Art. 342. (REVOGADO)	183
Art. 343.	183
Art. 344.	184
Art. 345.	184
Art. 346.	184
Art. 347.	185
Art. 348.	185
Art. 349.	185
Art. 350.	186
Seção XIV – DAS PENALIDADES	186
Art. 351.	186
Capítulo II – DA NACIONALIZAÇÃO DO TRABALHO	186
Seção I – DA PROPORCIONALIDADE DE EMPREGADOS BRASILEIROS	186
Arts. 352 a 358	186
Seção II – DAS RELAÇÕES ANUAIS DE EMPREGADOS	187
Arts. 359 a 362	187
Seção III – DAS PENALIDADES	187
Arts. 363 e 364	187
Seção IV – DISPOSIÇÕES GERAIS	187
Arts. 365 a 367	187

Seção V – DAS DISPOSIÇÕES ESPECIAIS SOBRE A NACIONALIZAÇÃO DA MARINHA MERCANTE 187
Arts. 368 a 371 187
Capítulo III – DA PROTEÇÃO DO TRABALHO DA MULHER 187
Seção I – DA DURAÇÃO, CONDIÇÕES DO TRABALHO E DA DISCRIMINAÇÃO CONTRA A MULHER 187
Art. 372. 187
Art. 373. 187
Art. 373-A. 188
Arts. 374 e 375. (REVOGADOS) 189
Art. 376. (REVOGADO) 189
Art. 377. 189
Art. 378. (REVOGADO) 189
Seção II – DO TRABALHO NOTURNO 189
Arts. 379 e 380. (REVOGADOS) 189
Art. 381. 189
Seção III – DOS PERÍODOS DE DESCANSO 189
Art. 382. 189
Art. 383. 190
Art. 384. (REVOGADO) 190
Art. 385. 190
Art. 386. 190
Seção IV – DOS MÉTODOS E LOCAIS DE TRABALHO 191
Art. 387. (REVOGADO) 191
Art. 388. 191
Art. 389. 191
Art. 390. 192
Art. 390-A. (VETADO) 192
Art. 390-B. 192
Art. 390-C. 192
Art. 390-D. (VETADO) 192
Art. 390-E. 192
Seção V – DA PROTEÇÃO À MATERNIDADE 192
Art. 391. 192
Art. 391-A. 193
Art. 392. 193
Art. 392-A. 195
Art. 392-B. 195
Art. 392-C. 195
Art. 393. 195
Art. 394. 195
Art. 394-A. 196

Art. 395.	197
Art. 396.	197
Art. 397.	197
Art. 398. (REVOGADO)	198
Art. 399.	198
Art. 400.	198
Seção VI – DAS PENALIDADES	198
Art. 401.	198
Art. 401-A. (VETADO)	199
Art. 401-B. (VETADO)	199
Capítulo IV – DA PROTEÇÃO DO TRABALHO DO MENOR	199
Seção I – DISPOSIÇÕES GERAIS	199
Art. 402.	199
Art. 403.	199
Art. 404.	200
Art. 405.	200
Art. 406.	202
Art. 407.	202
Art. 408.	203
Art. 409.	203
Art. 410.	203
Seção II – DA DURAÇÃO DO TRABALHO	204
Art. 411.	204
Art. 412.	204
Art. 413.	204
Art. 414.	205
Seção III – DA ADMISSÃO EM EMPREGO E DA CARTEIRA DE TRABALHO E PREVIDÊNCIA SOCIAL	205
Art. 415. (REVOGADO)	205
Arts. 416 e 417. (REVOGADOS)	205
Art. 418. (REVOGADO)	205
Arts. 419 a 423. (REVOGADOS)	205
Seção IV – DOS DEVERES DOS RESPONSÁVEIS LEGAIS DE MENORES E DOS EMPREGADORES. DA APRENDIZAGEM	205
Art. 424.	205
Art. 425.	206
Art. 426.	206
Art. 427.	206
Art. 428.	206
Art. 429.	208
Art. 430.	209
Art. 431.	210

Art. 432.	210
Art. 433.	211
Seção V – DAS PENALIDADES	211
Art. 434.	211
Art. 435.	212
Arts. 436 e 437. (REVOGADOS)	212
Art. 438.	212
Seção VI – DISPOSIÇÕES FINAIS	212
Art. 439.	212
Art. 440.	213
Art. 441.	213
Título IV – DO CONTRATO INDIVIDUAL DO TRABALHO	213
Capítulo I – DISPOSIÇÕES GERAIS	213
Art. 442.	213
Art. 442-A.	214
Art. 442-B.	216
Art. 443.	216
Art. 444.	218
Art. 445.	219
Art. 446. (REVOGADO)	219
Art. 447.	219
Art. 448.	220
Art. 448-A.	220
Art. 449.	220
Art. 450.	222
Art. 451.	222
Art. 452.	223
Art. 452-A.	223
Art. 453.	225
Art. 454. (REVOGADO)	226
Art. 455.	226
Art. 456.	228
Art. 456-A.	228
Capítulo II – DA REMUNERAÇÃO	229
Art. 457.	229
Art. 458.	232
Art. 459.	233
Art. 460.	234
Art. 461.	234
Art. 462.	237
Art. 463.	238
Art. 464.	238

Art. 465.	239
Art. 466.	239
Art. 467.	240
Capítulo III – DA ALTERAÇÃO	240
Art. 468.	240
Art. 469.	242
Art. 470.	243
Capítulo IV – DA SUSPENSÃO E DA INTERRUPÇÃO	243
Art. 471.	243
Art. 472.	245
Art. 473.	246
Art. 474.	247
Art. 475.	247
Art. 476.	247
Art. 476-A.	248
Capítulo V – DA RESCISÃO	249
Art. 477.	249
Art. 477-A.	251
Art. 477-B.	252
Art. 478.	252
Art. 479.	253
Art. 480.	253
Art. 481.	254
Art. 482.	254
Art. 483.	258
Art. 484.	262
Art. 484-A.	262
Art. 485.	263
Art. 486.	263
Capítulo VI – DO AVISO-PRÉVIO	264
Art. 487.	264
Art. 488.	266
Art. 489.	266
Art. 490.	267
Art. 491.	267
Capítulo VII – DA ESTABILIDADE	267
Art. 492.	267
Art. 493.	269
Art. 494.	269
Art. 495.	270
Art. 496.	270
Art. 497.	271

Art. 498.	271
Art. 499.	271
Art. 500.	272
Capítulo VIII – DA FORÇA MAIOR	272
Art. 501.	272
Art. 502.	273
Art. 503.	273
Art. 504.	274
Capítulo IX – DISPOSIÇÕES ESPECIAIS	274
Art. 505.	274
Art. 506.	274
Art. 507.	275
Art. 507-A.	275
Art. 507-B.	275
Art. 508. (REVOGADO)	276
Art. 509. (REVOGADO)	276
Art. 510.	276
Título IV-A – DA REPRESENTAÇÃO DOS EMPREGADOS	277
Art. 510-A.	277
Art. 510-B.	277
Art. 510-C.	277
Art. 510-D.	278
Título V – DA ORGANIZAÇÃO SINDICAL	279
Capítulo I – DA INSTITUIÇÃO SINDICAL	279
Seção I – DA ASSOCIAÇÃO EM SINDICATO	279
Art. 511.	279
Art. 512.	280
Art. 513.	281
Art. 514.	281
Seção II – DO RECONHECIMENTO E INVESTIDURA SINDICAL	282
Art. 515.	282
Art. 516.	283
Art. 517.	283
Art. 518.	284
Art. 519.	284
Art. 520.	285
Art. 521.	285
Seção III – DA ADMINISTRAÇÃO DO SINDICATO	286
Art. 522.	286
Art. 523.	286
Art. 524.	286
Art. 525.	288

Art. 526. ... 288
Art. 527. ... 288
Art. 528. ... 289
Seção IV – DAS ELEIÇÕES SINDICAIS ... 289
Art. 529. ... 289
Art. 530. ... 290
Art. 531. ... 290
Art. 532. ... 291
Seção V – DAS ASSOCIAÇÕES SINDICAIS DE GRAU SUPERIOR 292
Art. 533. ... 292
Art. 534. ... 292
Art. 535. ... 293
Art. 536. (REVOGADO) .. 294
Art. 537. ... 294
Art. 538. ... 295
Art. 539. ... 295
Seção VI – DOS DIREITOS DOS EXERCENTES DE ATIVIDADES OU PROFISSÕES E DOS SINDICALIZADOS .. 295
Art. 540. ... 295
Art. 541. ... 296
Art. 542. ... 296
Art. 543. ... 297
Art. 544. ... 298
Art. 545. ... 299
Art. 546. ... 300
Art. 547. ... 300
Seção VII – DA GESTÃO FINANCEIRA DO SINDICATO E SUA FISCALIZAÇÃO 300
Art. 548. ... 300
Art. 549. ... 301
Art. 550. ... 302
Art. 551. ... 303
Art. 552. ... 304
Seção VIII – DAS PENALIDADES .. 305
Art. 553. ... 305
Art. 554. ... 305
Art. 555. ... 306
Art. 556. ... 306
Art. 557. ... 306
Seção IX – DISPOSIÇÕES GERAIS .. 307
Art. 558. ... 307
Art. 559. ... 308
Art. 560. ... 308

Art. 561.	308
Art. 562.	308
Art. 563. (REVOGADO)	309
Art. 564.	309
Art. 565.	309
Art. 566.	309
Arts. 567 a 569. (REVOGADOS)	310
Capítulo II – DO ENQUADRAMENTO SINDICAL	310
Art. 570.	310
Art. 571.	310
Art. 572.	310
Art. 573.	311
Art. 574.	311
Art. 575.	311
Art. 576.	312
Art. 577.	313
Capítulo III – DA CONTRIBUIÇÃO SINDICAL	313
Seção I – DA FIXAÇÃO E DO RECOLHIMENTO DA CONTRIBUIÇÃO SINDICAL	313
Art. 578.	313
Art. 579.	314
Art. 580.	319
Art. 581.	320
Art. 582.	321
Art. 583.	321
Art. 584.	322
Art. 585.	322
Art. 586.	322
Art. 587.	323
Art. 588.	323
Art. 589.	324
Art. 590.	325
Art. 591.	325
Seção II – DA APLICAÇÃO DA CONTRIBUIÇÃO SINDICAL	325
Art. 592.	325
Art. 593.	328
Art. 594. (REVOGADO)	328
Seção III – DA COMISSÃO DA CONTRIBUIÇÃO SINDICAL	328
Arts. 595 a 597. (REVOGADOS)	328
Seção IV – DAS PENALIDADES	329
Art. 598.	329
Art. 599.	329
Art. 600.	329

- Seção V – DISPOSIÇÕES GERAIS ... 330
- Art. 601. (REVOGADO) ... 330
- Art. 602. ... 330
- Art. 603. ... 330
- Art. 604. (REVOGADO) ... 330
- Art. 605. ... 330
- Art. 606. ... 331
- Art. 607. ... 331
- Art. 608. ... 331
- Art. 609. ... 332
- Art. 610. ... 332
- **Título VI – DAS CONVENÇÕES COLETIVAS DE TRABALHO** ... 332
- Art. 611. ... 332
- Art. 611-A. ... 334
- Art. 611-B. ... 336
- Art. 612. ... 338
- Art. 613. ... 338
- Art. 614. ... 339
- Art. 615. ... 340
- Art. 616. ... 341
- Art. 617. ... 341
- Art. 618. ... 342
- Art. 619. ... 342
- Art. 620. ... 342
- Art. 621. ... 343
- Art. 622. ... 343
- Art. 623. ... 344
- Art. 624. ... 345
- Art. 625. ... 345
- **Título VI-A – DAS COMISSÕES DE CONCILIAÇÃO PRÉVIA** ... 345
- Art. 625-A. ... 345
- Art. 625-B. ... 345
- Art. 625-C. ... 346
- Art. 625-D. ... 346
- Art. 625-E. ... 346
- Art. 625-F. ... 346
- Art. 625-G. ... 346
- Art. 625-H. ... 346
- **Título VII – DO PROCESSO DE MULTAS ADMINISTRATIVAS** ... 347
- **Capítulo I – DA FISCALIZAÇÃO, DA AUTUAÇÃO E DA IMPOSIÇÃO DE MULTAS** ... 347
- Art. 626. ... 347
- Art. 627. ... 347

Art. 627-A. .. 348
Art. 628. .. 348
Art. 629. .. 349
Art. 630. .. 349
Art. 631. .. 351
Art. 632. .. 351
Art. 633. .. 351
Art. 634. .. 351
Capítulo II – DOS RECURSOS .. 352
Art. 635. .. 352
Art. 636. .. 352
Art. 637. .. 353
Art. 638. .. 354
Capítulo III – DO DEPÓSITO, DA INSCRIÇÃO E DA COBRANÇA 354
Art. 639. .. 354
Art. 640. .. 354
Art. 641. .. 354
Art. 642. .. 355
Título VII-A – DA PROVA DE INEXISTÊNCIA DE DÉBITOS TRABALHISTAS 355
Art. 642-A. .. 355
Título VIII – DA JUSTIÇA DO TRABALHO ... 356
Capítulo I – INTRODUÇÃO .. 356
Art. 643. .. 356
Art. 644. .. 359
Art. 645. .. 359
Art. 646. .. 360
Capítulo II – DAS JUNTAS DE CONCILIAÇÃO E JULGAMENTO 360
Seção I – DA COMPOSIÇÃO E FUNCIONAMENTO 360
Art. 647. .. 360
Art. 648. .. 360
Art. 649. .. 361
Seção II – DA JURISDIÇÃO E COMPETÊNCIA DAS JUNTAS 361
Art. 650. .. 361
Art. 651. .. 362
Art. 652. .. 363
Art. 653. .. 364
Seção III – DOS PRESIDENTES DAS JUNTAS ... 364
Art. 654. .. 364
Art. 655. .. 366
Art. 656. .. 366
Art. 657. .. 367
Art. 658. .. 367

Art. 659.	368
Seção IV – DOS VOGAIS DAS JUNTAS	369
Arts. 660 a 667.	369
Capítulo III – DOS JUÍZOS DE DIREITO	369
Art. 668.	369
Art. 669.	369
Capítulo IV – DOS TRIBUNAIS REGIONAIS DO TRABALHO	369
Seção I – DA COMPOSIÇÃO E DO FUNCIONAMENTO	369
Art. 670.	370
Art. 671.	370
Art. 672.	371
Art. 673.	371
Seção II – DA JURISDIÇÃO E COMPETÊNCIA	372
Art. 674.	372
Art. 675. (REVOGADO)	372
Art. 676.	372
Art. 677.	372
Art. 678.	373
Art. 679.	374
Art. 680.	374
Seção III – DOS PRESIDENTES DOS TRIBUNAIS REGIONAIS	375
Art. 681.	375
Art. 682.	375
Art. 683.	376
Seção IV – DOS JUÍZES REPRESENTANTES CLASSISTAS DOS TRIBUNAIS REGIONAIS	376
Art. 684.	376
Art. 685.	377
Art. 686. (REVOGADO)	377
Art. 687.	377
Art. 688.	377
Art. 689.	377
Capítulo V – DO TRIBUNAL SUPERIOR DO TRABALHO	377
Seção I – DISPOSIÇÕES PRELIMINARES	377
Art. 690.	377
Arts. 691 e 692. (REVOGADOS)	378
Seção II – DA COMPOSIÇÃO E FUNCIONAMENTO DO TRIBUNAL SUPERIOR DO TRABALHO	378
Art. 693.	378
Art. 694.	378
Art. 695. (REVOGADO)	379
Art. 696.	379
Art. 697.	379

Art. 698. (REVOGADO)	379
Art. 699.	379
Art. 700.	380
Art. 701.	380
Seção III – DA COMPETÊNCIA DO TRIBUNAL PLENO	380
Art. 702.	380
Seção IV – DA COMPETÊNCIA DA CÂMARA DE JUSTIÇA DO TRABALHO	383
Arts. 703 a 705. (REVOGADOS)	383
Seção V – DA COMPETÊNCIA DA CÂMARA DE PREVIDÊNCIA SOCIAL	383
Art. 706. (REVOGADO)	383
Seção VI – DAS ATRIBUIÇÕES DO PRESIDENTE DO TRIBUNAL SUPERIOR DO TRABALHO	383
Art. 707.	383
Seção VII – DAS ATRIBUIÇÕES DO VICE-PRESIDENTE	384
Art. 708.	384
Seção VIII – DAS ATRIBUIÇÕES DO CORREGEDOR	384
Art. 709.	384
Capítulo VI – DOS SERVIÇOS AUXILIARES DA JUSTIÇA DO TRABALHO	385
Seção I – DA SECRETARIA DAS JUNTAS DE CONCILIAÇÃO E JULGAMENTO	385
Art. 710.	385
Art. 711.	385
Art. 712.	386
Seção II – DOS DISTRIBUIDORES	387
Art. 713.	387
Art. 714.	387
Art. 715.	387
Seção III – DO CARTÓRIO DOS JUÍZOS DE DIREITO	388
Art. 716.	388
Art. 717.	388
Seção IV – DAS SECRETARIAS DOS TRIBUNAIS REGIONAIS	388
Art. 718.	388
Art. 719.	389
Art. 720.	389
Seção V – DOS OFICIAIS DE JUSTIÇA E OFICIAIS DE JUSTIÇA AVALIADORES	389
Art. 721.	389
Capítulo VII – DAS PENALIDADES	390
Seção I – DO *LOCKOUT* E DA GREVE	390
Art. 722.	390
Arts. 723 a 725. (REVOGADOS)	391
Seção II – DAS PENALIDADES CONTRA OS MEMBROS DA JUSTIÇA DO TRABALHO	391
Art. 726.	391
Art. 727.	391

Art. 728.	392
Seção III – DE OUTRAS PENALIDADES	392
Art. 729.	392
Art. 730.	392
Art. 731.	393
Art. 732.	393
Art. 733.	393
Capítulo VIII – DISPOSIÇÕES GERAIS	393
Art. 734. (REVOGADO)	393
Art. 735.	393
Título IX – DO MINISTÉRIO PÚBLICO DO TRABALHO	394
Capítulo I – DISPOSIÇÕES GERAIS	394
Art. 736.	394
Art. 737.	394
Art. 738.	395
Art. 739.	395
Capítulo II – DA PROCURADORIA DA JUSTIÇA DO TRABALHO	395
Seção I – DA ORGANIZAÇÃO	395
Art. 740.	395
Art. 741.	396
Art. 742.	396
Art. 743.	396
Art. 744.	396
Art. 745.	397
Seção II – DA COMPETÊNCIA DA PROCURADORIA-GERAL	397
Art. 746.	397
Seção III – DA COMPETÊNCIA DAS PROCURADORIAS REGIONAIS	398
Art. 747.	398
Seção IV – DAS ATRIBUIÇÕES DO PROCURADOR-GERAL	398
Art. 748.	398
Seção V – DAS ATRIBUIÇÕES DOS PROCURADORES	399
Art. 749.	399
Seção VI – DAS ATRIBUIÇÕES DOS PROCURADORES REGIONAIS	400
Art. 750.	400
Art. 751.	400
Seção VII – DA SECRETARIA	401
Art. 752.	401
Art. 753.	401
Art. 754.	401
Capítulo III – DA PROCURADORIA DE PREVIDÊNCIA SOCIAL	402
Título X – DO PROCESSO JUDICIÁRIO DO TRABALHO	402
Capítulo I – DISPOSIÇÕES PRELIMINARES	402

Arts. 755 ao 762.	402
Art. 763.	402
Art. 764.	402
Art. 765.	403
Art. 766.	403
Art. 767.	404
Art. 768.	404
Art. 769.	405
Capítulo II – DO PROCESSO EM GERAL	405
Seção I – DOS ATOS, TERMOS E PRAZOS PROCESSUAIS	405
Art. 770.	405
Art. 771.	406
Art. 772.	406
Art. 773.	407
Art. 774.	407
Art. 775.	407
Art. 776.	408
Art. 777.	408
Art. 778.	409
Art. 779.	409
Art. 780.	409
Art. 781.	410
Art. 782.	410
Seção II – DA DISTRIBUIÇÃO	410
Art. 783.	410
Art. 784.	411
Art. 785.	411
Art. 786.	411
Art. 787.	412
Art. 788.	412
Seção III – DAS CUSTAS E EMOLUMENTOS	412
Art. 789.	412
Art. 789-A.	413
Art. 789-B.	413
Art. 790.	415
Art. 790-A.	416
Art. 790-B.	417
Seção IV – DAS PARTES E DOS PROCURADORES	417
Art. 791.	417
Art. 791-A.	419
Art. 792. (REVOGADO)	423
Art. 793.	423

Seção IV-A – DA RESPONSABILIDADE POR DANO PROCESSUAL	424
Art. 793-A. ...	424
Art. 793-B. ...	424
Art. 793-C. ...	424
Art. 793-D. ...	424
Seção V – DAS NULIDADES ...	426
Art. 794. ..	426
Art. 795. ..	426
Art. 796. ..	426
Art. 797. ..	427
Art. 798. ..	427
Seção VI – DAS EXCEÇÕES ..	427
Art. 799. ..	427
Art. 800. ..	429
Art. 801. ..	429
Art. 802. ..	430
Seção VII – DOS CONFLITOS DE JURISDIÇÃO ..	430
Art. 803. ..	430
Art. 804. ..	431
Art. 805. ..	431
Art. 806. ..	432
Art. 807. ..	432
Art. 808. ..	432
Art. 809. ..	433
Art. 810. ..	433
Art. 811. ..	433
Art. 812. (REVOGADO) ..	434
Seção VIII – DAS AUDIÊNCIAS ..	434
Art. 813. ..	434
Art. 814. ..	434
Art. 815. ..	434
Art. 816. ..	435
Art. 817. ..	435
Seção IX – DAS PROVAS ...	436
Art. 818. ..	436
Art. 819. ..	438
Art. 820. ..	438
Art. 821. ..	439
Art. 822. ..	439
Art. 823. ..	439
Art. 824. ..	439
Art. 825. ..	440

Art. 826. ... 440
Art. 827. ... 440
Art. 828. ... 441
Art. 829. ... 441
Art. 830. ... 442
Seção X – DA DECISÃO E SUA EFICÁCIA ... 442
Art. 831. ... 442
Art. 832. ... 443
Art. 833. ... 444
Art. 834. ... 445
Art. 835. ... 445
Art. 836. ... 445
Capítulo III – DOS DISSÍDIOS INDIVIDUAIS ... 447
Seção I – DA FORMA DE RECLAMAÇÃO E DA NOTIFICAÇÃO .. 447
Art. 837. ... 447
Art. 838. ... 447
Art. 839. ... 448
Art. 840. ... 448
Art. 841. ... 450
Art. 842. ... 451
Seção II – DA AUDIÊNCIA DE JULGAMENTO ... 451
Art. 843. ... 451
Art. 844. ... 453
Art. 845. ... 455
Art. 846. ... 455
Art. 847. ... 456
Art. 848. ... 456
Art. 849. ... 457
Art. 850. ... 457
Art. 851. ... 458
Art. 852. ... 458
Seção II-A – DO PROCEDIMENTO SUMARÍSSIMO ... 458
Art. 852-A. .. 458
Art. 852-B. .. 459
Art. 852-C. .. 459
Art. 852-D. .. 459
Art. 852-E. .. 459
Art. 852-F. .. 459
Art. 852-G. .. 459
Art. 852-H. .. 459
Art. 852-I. .. 460
Seção III – DO INQUÉRITO PARA APURAÇÃO DE FALTA GRAVE 461
Art. 853. ... 461

Art. 854.	461
Art. 855.	461
Art. 855-A.	462
Capítulo III-A – DO PROCESSO DE JURISDIÇÃO VOLUNTÁRIA PARA HOMOLOGAÇÃO DE ACORDO EXTRAJUDICIAL	463
Art. 855-B.	463
Art. 855-C.	463
Art. 855-D.	463
Art. 855-E.	463
Capítulo IV – DOS DISSÍDIOS COLETIVOS	464
Seção I – DA INSTAURAÇÃO DA INSTÂNCIA	464
Art. 856.	464
Art. 857.	464
Art. 858.	465
Art. 859.	465
Seção II – DA CONCILIAÇÃO E DO JULGAMENTO	465
Art. 860.	465
Art. 861.	466
Art. 862.	466
Art. 863.	466
Art. 864.	467
Art. 865.	467
Art. 866.	467
Art. 867.	468
Seção III – DA EXTENSÃO DAS DECISÕES	468
Art. 868.	468
Art. 869.	469
Art. 870.	469
Art. 871.	469
Seção IV – DO CUMPRIMENTO DAS DECISÕES	470
Art. 872.	470
Seção V – DA REVISÃO	471
Art. 873.	471
Art. 874.	471
Art. 875.	471
Capítulo V – DA EXECUÇÃO	471
Seção I – DAS DISPOSIÇÕES PRELIMINARES	471
Art. 876.	471
Art. 877.	472
Art. 877-A.	473
Art. 878.	473
Art. 878-A.	473
Art. 879.	474
Seção II – DO MANDADO E DA PENHORA	476

Art. 880.	476
Art. 881.	477
Art. 882.	477
Art. 883.	478
Art. 883-A.	479
Seção III – DOS EMBARGOS À EXECUÇÃO E DA SUA IMPUGNAÇÃO	479
Art. 884.	479
Seção IV – DO JULGAMENTO E DOS TRÂMITES FINAIS DA EXECUÇÃO	481
Art. 885.	481
Art. 886.	481
Art. 887.	481
Art. 888.	482
Art. 889.	482
Art. 889-A.	482
Seção V – DA EXECUÇÃO POR PRESTAÇÕES SUCESSIVAS	483
Art. 890.	483
Art. 891.	483
Art. 892.	483
Capítulo VI – DOS RECURSOS	485
Art. 893.	485
Art. 894.	485
Art. 895.	486
Art. 896.	487
Art. 896-A.	490
Art. 897.	492
Art. 897-A.	495
Art. 898.	496
Art. 899.	496
Art. 900.	499
Art. 901.	499
Art. 902. (REVOGADO)	499
Capítulo VII – DA APLICAÇÃO DAS PENALIDADES	500
Art. 903.	500
Art. 904.	500
Art. 905.	500
Art. 906.	500
Art. 907.	501
Art. 908.	501
Capítulo VIII – DISPOSIÇÕES FINAIS	501
Art. 909.	501
Art. 910.	501
Título XI – DISPOSIÇÕES FINAIS E TRANSITÓRIAS	502
Art. 911.	502

Art. 912.	503
Art. 913.	503
Art. 914.	503
Art. 915.	503
Art. 916.	504
Art. 917.	504
Art. 918.	504
Art. 919.	505
Art. 920.	505
Art. 921.	505
Art. 922.	505

ANEXOS — 507
Provimento CGJT nº 1, de 9 de fevereiro de 2018 — 509
Resolução Administrativa nº 1.953, de 6 de fevereiro de 2018 — 513

MINISTÉRIO DO TRABALHO GABINETE DO MINISTRO — 514
Parecer nº 00248/2018/ONJUR-MTB/CGU/AGU — 514
Parecer Técnico nº 0027/2018 — 518

CONSTITUIÇÃO DA REPÚBLICA FEDERATIVA DO BRASIL — 525
LEI DE INTRODUÇÃO ÀS NORMAS DO DIREITO BRASILEIRO — 539
Decreto-lei nº 4.657, de 4 de setembro de 1942 — 539

LEGISLAÇÃO COMPLEMENTAR — 543
Lei nº 605, de 5 de janeiro de 1949 — 543
Lei nº 3.207, de 18 de julho de 1957 — 545
Lei nº 4.090, de 13 de julho de 1962 — 546
Lei nº 4.266, de 3 de outubro de 1963 — 547
Lei nº 5.584, de 26 de junho de 1970 — 549
Lei nº 5.889, de 8 de junho de 1973 — 551
Lei nº 6.019, de 3 de janeiro de 1974 — 554
Lei nº 7.064, de 6 de dezembro de 1982 — 558
Lei nº 7.418, de 16 de dezembro de 1985 — 560
Lei nº 7.701, de 21 de dezembro de 1988 — 561
Lei nº 7.783, de 28 de junho de 1989 — 564
Lei nº 7.998, de 11 de janeiro de 1990 — 566
Lei nº 8.036, de 11 de maio de 1990 — 571
Lei nº 8.073, de 30 de julho de 1990 — 580
Lei nº 9.601, de 21 de janeiro de 1998 — 581
Lei nº 9.608, de 18 de fevereiro de 1998 — 583
Lei nº 12.440, de 7 de julho de 2011 — 584
Lei nº 12.470, de 31 de agosto de 2011 — 585

Ministério do Trabalho e Emprego – Portaria nº 373 de 25.02.2011 .. 587
Portaria nº 349, de 23 de maio de 2018 .. 588
Lei nº 12.594, de 18 de janeiro de 2012 .. 590
Instrução Normativa da Secretaria de Inspeção do Trabalho – SIT nº 97 de 30.07.2012 605
Lei nº 12.619, de 30 de abril de 2012 .. 611
Regulamento RENAJUD .. 614

SÚMULAS DO TRIBUNAL SUPERIOR DO TRABALHO .. 616

SÚMULAS DO SUPREMO TRIBUNAL FEDERAL .. 649

APRESENTAÇÃO

Na década de 1930 o Brasil vivia uma relação trabalhista delicada, administrando conflitos entre o capital e o trabalho.

Nessa época, o Brasil era um país agrário que vivificava as primeiras indústrias, sem tendência a priorizar a inteligência humana. Tudo era realizado de forma braçal e os músculos eram a bússola do desenvolvimento econômico e social.

As jornadas contabilizavam dezesseis horas por dia, não havia proteção ao trabalho da mulher e o menor laborava em atividades precárias. As condições eram insalubres, a remuneração vil e por vezes o trabalho era trocado por casa e comida.

A patente continuidade de um regime escravista restou provocando o posicionamento político de Getúlio Vargas, que reuniu Segadas Vianna, Dorval Lacerda, Rêgo Monteiro, Arnaldo Süssekind e Oscar Saraiva para elaborar um projeto audacioso que consolidou a legislação do trabalho no Brasil.

Inspirada pela defesa do *minus* valido e criando desigualdades para os desiguais, surgiu a CLT para proteger o hipossuficiente diante da exploração do "algoz" empregador, então chamado por todos de "patrão".

No terceiro milênio, ligados pelas redes sociais e por um aparelho celular capaz de acessar todos os movimentos do planeta Terra, assistimos à iminente extinção de várias profissões como bancários, substituídos por caixas eletrônicos; metalúrgicos, pela robótica e vigilantes, por câmeras de segurança. Ao mesmo tempo, surgem outras atividades como programadores de *software* e *webmasters* que ocupam atividades de natureza virtual com melhor eficiência que o trabalho presencial.

Sob esse prisma vimo-nos convocados a estudar e, porque não, revitalizar os conceitos apresentados pela CLT nos idos de 1940 e pela recente introdução da Lei nº 13.467/17 e MP nº 808/17 no universo jurídico trabalhista, que dá uma verdadeira guinada no trato das relações e no processo do trabalho. Cônscios de atender não só os profissionais do Direito, como também esclarecer dúvidas de estudantes e demais interessados nas relações de trabalho, perfilhamos por uma legislação que interpreta o trabalho em regime de *home office*, livre terceirização, trabalho autônomo, contrato intermitente, negociação direta de jornada de trabalho, tratativas salariais, fim a homologação de rescisões pelos sindicatos, extinção do imposto sindical, negociado pelo legislado e das novidades aplicadas ao processo do trabalho pelo Processo Civil como a limitação ao dano moral, custas e honorários advocatícios que foram regulados pela "Reforma Trabalhista".

Aquela lei que dedica um capítulo sobre os saudosos operadores cinematográficos, recordando a famosa película *Cinema Paradiso*, de Giuseppe Tornatore, se moderniza num presságio as obras de Júlio Verne ou Charles Chaplin para se preparar para o futuro de forma que atenda aos interesses econômicos e sociais do século XXI.

Assim, seguimos na publicação de mais uma *CLT Comentada – Doutrina e Jurisprudência* atualizada pela "Reforma Trabalhista" para atender às necessidades atuais de advogados, magistrados, procuradores, estagiários, estudantes, sindicalistas, empresários, trabalhadores, candidatos ao exame da ordem e aos concurseiros em geral,

debruçando sobre o Texto Consolidado para esmiuçar as mais simples ou complexas textualizações que pululam durante a leitura da lei como se estivéssemos conversando com os legisladores para tornar a obra interativa e dinâmica.

Mesmo que pareça paradoxal temos convicção que esta obra pode não durar muito tempo na sua estante, pois o Brasil do futuro está ingressando numa nova era com fortes influências da globalização, antenado aos novos processos de produção que poderão permitir que empregados e empregadores se comuniquem por relações de parceria. Lógico, a conscientização passará pelo entendimento de que o capital não vive sem o trabalho, nem este sem aquele.

E, frente aos novos paradigmas, não haverá regras que possam criar divisões ou colocar trabalhadores e empreendedores em lados opostos. As partes vão arbitrar essa nova concepção de trabalho em projetos comuns, que nos permitirá escrever outra página da nossa história. Os tempos em que práticas escravagista ou mercadológica eram adotadas para normatizar as relações de trabalho poderão se converter em negociação para construção de um país produtivo e moderno em que a remuneração não mais se originará do sal (salário), mas sim do lucro auferido em parcerias reguladas pelo regime societário.

Luciano Viveiros
Bacharel em Direito pela PUC-Rio. Especialista em Processo pela Unifoa. Mestre em Direito Econômico pela Universidade Cândido Mendes. Fundador da Escola Superior de Advocacia da OAB/RJ. Advogado Trabalhista há 35 anos. Consultor de empresas no eixo Rio/São Paulo.
<www.lucianoviveiros.com>.

EXPOSIÇÃO DE MOTIVOS DA CONSOLIDAÇÃO DAS LEIS DO TRABALHO

Sr. Presidente da República:

Tenho grande honra de apresentar a Vossa Excelência o projeto definitivo de Consolidação das Leis de Proteção ao Trabalho, relevante cometimento jurídico e social, cuja redação última foi procedida, havendo sido escrupulosamente apreciadas as sugestões e emendas propostas ao anteprojeto, após uma verdadeira autocrítica, que a própria Comissão efetuou, do texto original divulgado pelo *Diário Oficial* de 5 de janeiro do corrente ano.

2. A Comissão cotejou e julgou cerca de dois mil reparos, observações ou comentários feitos à Consolidação.

3. Peço vênia a Vossa Excelência, preliminarmente, para ressaltar o esforço, a cultura, a inteligência com que, no desempenho da difícil incumbência, se houveram os signatários do Relatório incluso no aprofundado exame da matéria.

4. Durante quase um ano, em longas reuniões diárias, entregaram-se à tarefa complexa e ilustre, com uma dedicação e um espírito público que bem demonstram o patriotismo que os inspirou. Desejo, por isso, antes de mais nada, e perante V. Exa., patentear o meu reconhecimento e a minha admiração por esses notáveis colaboradores da obra ministerial.

5. É da mais alta significação social e merece uma referência especial o interesse suscitado pela divulgação do anteprojeto.

6. Juristas e magistrados, entidades públicas, empresas privadas e associações culturais concorreram com a judiciosa reflexão de sua experiência para sugerir um ou outro retoque.

7. Revelando, não só a repercussão alcançada pelo monumento legal projetado, mas, principalmente, uma vigorosa consciência sindical – prova plena de um regime social já radicado – manifestaram-se as classes de empregadores e de empregados, através das respectivas instituições representativas. Esta foi, na realidade, a contribuição mais palpitante, trazida à Comissão, quer pelo teor original da discussão das teses, quer pela eficiência patente do sistema paritário de equilíbrio social, evidenciando-se, do contraste de interesses, sob a luz de um pensamento público de bem comum, a fórmula de composição harmônica das forças do capital e do trabalho.

8. A Consolidação corresponde a um estágio no desenvolvimento do progresso jurídico.

9. Entre a compilação ou coleção de leis e um código – que são, respectivamente, os momentos extremos de um processo de corporificação do direito – existe a consolidação, que é a fase própria da concatenação dos textos e da coordenação dos princípios, quando já se denuncia primeiro o pensamento do sistema depois de haverem sido reguladas, de modo amplo, relações sociais em determinado plano da vida política.

10. Projetada a ação do Estado em várias direções, para atender ao tratamento de situações especiais e constantes em uma mesma órbita jurídica, impõe-se, desde o instante em que se surpreende a unidade interna desses problemas, perscrutar a sua inteligência ordenadora, que será então a *ratio legis* do sistema normativo necessário.

11. Esse o significado da Consolidação, que não é uma coleção de leis, mas a sua coordenação sistematizada.

Não é apenas um engenho de arquitetura legislativa, mas uma recapitulação de valores coerentes, que resultaram de uma grande expansão legislativa, anterior, em um dado ramo de direito.

12. É o diploma do idealismo excepcional do Brasil orientado pela clarividência genial de V. Exa., reajustando o imenso e fundamental processo de sua dinâmica econômica, nas suas relações com o trabalho, aos padrões mais altos de dignidade e de humanidade da justiça social. É incontestavelmente a síntese das instituições políticas estabelecidas por V. Exa. desde o início de seu governo.

13. Empenhou-se, por isso, a Comissão na articulação dos textos legais vigentes, na exata dedução dos princípios, na concordância essencial das regras, na unidade interna do sistema. As lacunas preenchidas propuseram-se a tornar explícitas verdades inerentes às leis anteriores. Algumas inovações aparentes não passam de necessárias consequências da Constituição. As omissões intencionalmente ocorridas restringiram-se a excluir do conjunto as leis tipicamente transitórias e que, para atender a situações de emergência decorrentes do estado de guerra, ficaram à margem dos postulados do nosso direito social.

14. O que importa salientar é ter havido a preocupação dominante de subordinação às leis preexistentes e não como se procedesse à organização de um código, para o qual se permite modernamente a originalidade inicial e onde é mesmo espontânea e essencial a livre criação do direito, sem qualquer dependência do regime vigente.

15. A Consolidação representa, portanto, em sua substância normativa e em seu título, neste ano de 1943, não um ponto de partida, nem uma adesão recente a uma doutrina, mas a maturidade de uma ordem social há mais de um decênio instituída, que já se consagrou pelos benefícios distribuídos, como também pelo julgamento da opinião pública consciente, e sob cujo espírito de equidade confraternizaram as classes na vida econômica, instaurando nesse ambiente, antes instável e incerto, os mesmos sentimentos de humanismo cristão que encheram de generosidade e de nobreza os anais do nossa vida pública e social.

16. No relatório elaborado pela Comissão respectiva, que corresponde a um prefácio admirável da obra monumental, e no qual se filia a presente exposição de motivos, encontrará Vossa Excelência minucioso e brilhante estudo das doutrinas, dos sistemas, das leis, dos regulamentos e das emendas sugeridas, comprovando que a Consolidação representa um documento resultante da intuição do gênio com que Vossa Excelência vem preparando o Brasil para uma missão universal.

17. A estrutura da Consolidação e a ordenada distribuição das matérias que lhe compõem o texto evidenciam claramente não só um plano lógico como também um pensamento doutrinário.

18. A sucessiva disposição das matérias, nos Títulos e Capítulos, corresponde a uma racional precedência.

19. Assim, sem fazer injúria ao bom senso geral, exemplificarei, entretanto: o contrato individual do trabalho pressupõe a regulamentação legal de tutela do empregado, não lhe podendo ser adversa; a organização sindical pressupõe igualmente a condição de emprego ou o exercício de profissão e a constituição da empresa; o contrato coletivo de trabalho seria, por sua vez, inviável sem a prévia formação sindical das classes.

20. Essa uma distribuição em que os institutos jurídico-políticos são alinhados, não ao sabor de classificações subjetivas ou sob a sugestão irrefletida de padrões quaisquer, mas sim, e verdadeiramente, de acordo com dados racionais derivados do próprio valor e da função social que lhes é essencial.

21. Para melhor compreensão, dividiu a Comissão o Título II do anteprojeto em dois Títulos, visando tornar ainda mais intuitivo o esquema da Consolidação: ocupando-se essas duas divisões, respectivamente, "Das Normas Gerais de Tutela do Trabalho" e "Das Normas Especiais de Tutela do Trabalho", que constituem exatamente os princípios institucionais e básicos da proteção do trabalho.

22. Mais uma vez nota-se nessa concepção um ânimo de ordem que resultou de uma meditação exclusiva sobre os institutos concatenados.

23. O pormenorizado exame, nesta exposição, de todos os temas ali discutidos, importaria reproduzir, quase na íntegra, o referido relatório, com prejuízo talvez de sua harmonia e da lógica irretorquível com que se apresenta.

24. Peço licença, entretanto, para assinalar alguns aspectos principais do trabalho da Comissão.

25. No concernente à identificação profissional, há quem incorra em absoluto equívoco, ignorando o sentido exato dessa instituição jurídica.

26. Houve quem lhe apontasse apenas a utilidade de mero instrumento de contrato do trabalho, quando, na verdade, é este, embora de grande alcance, apenas um aspecto da carteira profissional, cujo caráter fundamental é o de documento de qualificação profissional, constituindo mesmo a primeira manifestação de tutela do Estado ao trabalhador, antes formalmente "desqualificado" sob o ponto de vista profissional e a seguir, com a emissão daquele título, habilitado à ocupação de um emprego ou ao exercício de uma profissão. Não há como subordinar essa criação típica do Direito Social ao papel acessório de prova do contrato de trabalho, quando, como se vê, a sua emissão antecede livremente o ajuste do emprego e agora, pela Consolidação, passará até a constituir uma condição obrigatória para o trabalho.

27. Foi, aliás, considerando a importância da carteira profissional como elemento primacial para manutenção do cadastro profissional dos trabalhadores, como título de qualificação profissional, como documento indispensável à colocação e à inscrição sindical e, finalmente, por servir de instrumento prático do contrato individual do trabalho – que a Comissão encontrou razões bastantes para reputar uma instituição fundamental de proteção do trabalhador e não admitir fosse relegada à inoperância da franquia liberal, tornando-a, então, obrigatória.

28. Em relação aos contratos de trabalho, cumpre esclarecer que a precedência das "normas" de tutela sobre os "contratos" acentuou que a ordem institucional ou estatutária prevalece sobre a concepção contratualista.

29. A análise do conteúdo da nossa legislação social prova exuberantemente a primazia do caráter institucional sobre o efeito do contrato, restrito este à objetivação do

41

ajuste, à determinação do salário e à estipulação da natureza dos serviços e isso mesmo dentro de *standards* e sob condições preestabelecidas na lei.

30. Ressaltar essa expressão peculiar constituiria certamente uma conformação com a realidade e com a filosofia do novo Direito, justificando-se assim a ênfase inicial atribuída à enumeração das normas de proteção ao trabalho, para somente em seguida ser referido o contrato individual.

31. Nem há como contestar semelhante método, desde que o Direito Social é, por definição, um complexo de normas e de instituições votadas à proteção do trabalho dependente na atividade privada.

32. Entre as inúmeras sugestões trazidas, uma houve que suscitou singular estranheza, dada a sua procedência de uma entidade representativa de empregados.

33. Objetava contra a exclusão da permissão contida no inciso final do parágrafo único do art. 4º da Lei nº 264, de 5 de outubro de 1936, e reclamava a sua incorporação à Consolidação.

34. Esse texto propositadamente omitido colidia rigorosamente com um dispositivo legal posterior – art. 12 do Decreto-Lei nº 2.308, de 13 de junho de 1942 – em que se anunciava uma regra irrecusável de proteção ao trabalhador.

35. Como se tolerar, efetivamente, que possa um empregado realizar os encargos de sua função, por mais rudimentar que esta seja, durante oito horas sucessivas, sem um intervalo para repouso ou alimentação?

36. Talvez uma incompreensão tivesse surgido na consideração desse preceito legal vigente: há, na realidade, determinadas funções de supervisão e de controle, tais como as exercidas por encarregados de estações ou usinas elétricas, cujo trabalho é intermitente, não exigindo uma atenção constante e um esforço continuado, sendo benéfica, então, para esses empregados, a exclusão da hora de repouso pela redução que se dá no tempo de permanência no serviço, facilitada, por outro lado, a organização das tabelas de rodízio dos ocupantes desses cargos pelas empresas.

37. Essa hipótese, constituindo tipicamente o caso do trabalho descontínuo, segundo a conhecida definição de Barassi, não se enquadra, entretanto, na determinação do citado art. 12 do Decreto-Lei nº 2.308, que apenas abrange o "trabalho contínuo", conforme foi incluído à Consolidação no Capítulo "Da Duração do Trabalho", parecendo, portanto, resolvida a dúvida.

38. O trabalho dos menores, entre quatorze e dezoito anos, ou tem como finalidade a preparação dos mesmos para um ofício, uma profissão, ou, então, constitui uma exploração e um aniquilamento da juventude.

39. Esse pensamento fez com que o Decreto-Lei nº 3.616, de 13 de setembro de 1941, salvo nos casos excepcionais de força maior ou de interesse público, proibisse para os menores a prorrogação da duração normal de trabalho. Tal a fonte do dispositivo idêntico que se encontra na Consolidação, sem incorrer em inovação.

40. Atentando, também, nos deveres impostos aos empregadores de menores, ver-se-á que são eles obrigados a permitir a esses seus empregados a frequência às aulas, quer às de instrução primária, conforme sempre foi estabelecido, como também às de formação profissional a cargo do Serviço Nacional de Aprendizagem dos Industriários, de acordo com o estatuído pelo Decreto-Lei nº 4.481, de 16 de julho de 1942.

41. Acreditamos que não se levantará mais qualquer argumento contra a razoabilíssima disposição legal de proibição da prorrogação do horário normal do trabalho dos menores, justificada não só por óbvias considerações biológicas de preservação da saúde dos adolescentes, como também por motivos educacionais irrefutáveis.

42. A clara e total definição que do contrato individual do trabalho foi dada pelo anteprojeto da Consolidação, provocou algumas divergências de mero gosto polêmico.

43. A emenda então apresentada não pôde ser aceita. Revelava, primeiramente, incompreensão do espírito institucional tantas vezes salientado nesses empreendimentos. Repetia ainda um conceito prévio e básico já formulado, qual seja, o de empregado.

44. O que os objetantes não alcançaram foi o deliberado propósito de se reconhecer a correspondência e equivalência entre a "relação de emprego" e o "contrato individual do trabalho", para os efeitos da legislação social, correspondência essa que a escola contratualista italiana nega, exigindo a expressa pactuação.

45. Na concepção do projeto, admitido, como fundamento de contrato, o acordo tácito, é lógico que a "relação de emprego" constitui o ato jurídico suficiente para provocar a objetivação das medidas tutelares que se contém no direito do trabalho em vigor.

46. O conceito firmado na Consolidação é tanto mais justo e relevante quanto é o que se evidencia em face de contratos formalmente nulos ou substancialmente contrários à ordem pública dos preceitos da legislação de proteção ao trabalho.

47. Embora seja plenamente positivo o texto da Consolidação, diante de dúvidas propostas, urge repetir que o projeto não feriu nenhum direito, garantindo até simples expectativas de direito, uma vez que todos os empregados bancários admitidos até a data da vigência do decreto-lei que aprovar a Consolidação terão assegurada a estabilidade em dois anos, nos termos do art. 15 do mesmo Decreto nº 24.615, de 9 de julho de 1934.

48. O que não poderia ser admitido, em uma Consolidação que se propõe a sistematizar os princípios do nosso Direito Social, era a persistência de um singular privilégio para uma categoria de trabalhadores, quando o prestígio das instituições públicas exige exatamente uma igualdade de tratamento para situações sociais idênticas.

49. Fosse uma medida de proteção especial correlata de peculiares condições de trabalho, e não teria havido a menor dúvida em se manter tal regime, conforme aliás procedeu a Comissão, conservando do estatuto profissional dos bancários todos os preceitos que lhes fossem favoráveis e suprimindo os que não se equiparassem às disposições gerais de proteção à duração de trabalho, tais como os que legitimavam a prorrogação a horas suplementares independentemente de pagamento extraordinário.

50. Houve, portanto, estrita justiça.

51. Conforme ficou esclarecido, inicialmente, a redação final que tenho a subida honra de apresentar a Vossa Excelência foi precedida de um meticuloso exame de todas as sugestões apresentadas, não constituindo menor contribuição a que cada um dos membros da Comissão procurou fazer, corrigindo e completando o anteprojeto.

52. Na revisão realizada, a Comissão assumiu uma posição censora de sua própria obra, promovendo consequentemente o aprimoramento do respectivo teor.

53. Na introdução aperfeiçoou a redação dos artigos; inseriu a definição de empregador, que integra o conceito definitivo da relação de emprego, acompanhando-a da noção legal de empregadora única dada pela Lei nº 435, de 17 de maio de 1937; removeu, outrossim, para o Capítulo pertinente, a declaração da igualdade de salário por trabalho do mesmo valor sem distinção de sexo. Foi, por outro lado, suprimida a afirmação concernente à proibição da renúncia de direitos, que entendeu a Comissão ser elementar do princípio de ordem pública, mediante o qual são nulos os atos praticados no intuito de excluir a eficácia da legislação social.

54. O Título das normas institucionais foi reconstituído em dois outros, para mais fácil apresentação dos preceitos nele contidos.

55. O Capítulo sobre a identificação profissional e os registros de empregados foi melhorado na nomenclatura, na redação e na disposição das Seções.

56. Sofreu alteração o texto que reproduziu o parágrafo único do art. 18 do Decreto nº 22.035, de 29 de outubro de 1932, eliminando-se agora da carteira profissional a averbação de notas desabonadoras, as quais, somente quando resultarem de sentença transitada em julgado, serão inscritas no prontuário do portador da carteira.

57. Ligeiros retoques foram dados ao Capítulo sobre a duração geral do trabalho.

58. Considerou-se de justiça equiparar o regime de trabalho dos operadores das empresas de serviços telefônicos aos das que exploram serviços de telegrafia, radiotelegrafia e radiotelefonia, cujas condições de fadiga são idênticas.

59. A duração do trabalho nos serviços ferroviários foi reexaminada de acordo com sugestões do Sindicato dos Empregados Ferroviários do Rio de Janeiro, e das empresas responsáveis por esses serviços, principalmente a Companhia Paulista de Estradas de Ferro, cuja cooperação inteligente favoreceu a racionalização imprimida ao projeto, com a supressão, pela qual se batia a Comissão, do confuso e prejudicial sistema de ciclos de 96 horas em 14 dias, com duração máxima diária de 16 horas, do citado Decreto nº 279, de graves consequências para a saúde dos ferroviários.

60. As disposições destinadas à regulamentação das condições de trabalho nos serviços de estiva mereceram igual reexame, atendidas, em harmonia, as sugestões da Comissão de Marinha Mercante, do Sindicato dos Estivadores do Rio de Janeiro e do Sindicato dos Trabalhadores em Estiva de Minérios desta Capital.

61. Houve também a preocupação de atender tanto quanto possível à equiparação, pleiteada pelo Sindicato dos Operários nos Serviços Portuários de Santos, entre os serviços de estiva e os de capatazias, que realmente funcionam em necessária coordenação.

62. Uma lacuna estava a exigir, há longa data, fosse coberta na nossa legislação. Recomendado, reiteradas vezes, pelo Presidente da República, diante da insuficiência da lei geral, não se ultimara, entretanto, até o presente, o projetado decreto-lei especial amparando as condições de trabalho em minas de subsolo. Coligindo os dados apurados pelo Departamento Nacional do Trabalho, depois de sucessivas e conclusivas investigações locais, foi constituída uma Seção prevendo as reduções do horário nos trabalhos em minas subterrâneas, trabalhos esses árduos e particularmente ruinosos para a vida dos respectivos operários.

63. Na Seção em que se regula o exercício da profissão de químico, foi adotada a indicação da Federação das Indústrias do Estado de São Paulo, no sentido de ficarem declinados os tipos de indústrias em que se torna obrigatória a admissão de um químico. De acordo com a sugestão e segundo o critério do Instituto Nacional de Tecnologia deste Ministério, ficou resolvida essa questão e homologada a orientação prática deste Ministério.

64. O Capítulo da Nacionalização do Trabalho recebeu pequenas emendas de redação, tendo sido suprimido o dispositivo do anteprojeto relativo aos cargos de chefia. Reconsiderando a matéria, verificou a Comissão que o problema, que suscitava a emenda aditiva ao anteprojeto, encontrava solução no próprio texto legal quando este disciplina que os ocupantes de funções técnicas somente ficarão à margem da proporcionalidade na falta de trabalhadores nacionais especializados. Sem gerar confusões que não haviam sido, aliás, pretendidas pelo preceito ora suprimido, o qual não continha qualquer restrição à desejada colaboração de iniciativas e de capitais estrangeiros, restará sempre no dispositivo acima referido o remédio para o Governo proporcionar garantias às elites de técnicos nacionais.

65. O regime de Higiene e Segurança do Trabalho, pela revisão efetuada, adquiriu maior eficácia, por força da explícita declaração que constitui formalidade longamente seguida, da exigência de prévia verificação e aprovação das instalações dos estabelecimentos industriais para o respectivo funcionamento.

66. Estabeleceu-se, igualmente, a obrigatoriedade do uso, pelos empregados, dos equipamentos de defesa pessoal fornecidos pelos empregadores e aprovados pelas autoridades de Higiene do Trabalho.

67. Quanto aos Capítulos da proteção ao trabalho das mulheres e dos menores, as correções limitaram-se a erros de impressão, tendo sido, por outro lado, restabelecido o preceito inscrito no parágrafo único do art. 16 do antigo Decreto nº 22.042, de 3 de novembro de 1932, que, pela referência feita no §3º do art. 16 do Decreto-Lei nº 3.616, de 13 de setembro de 1941, é intuitivo concluir fora omitido, involuntariamente, neste último diploma legal.

68. Os deveres impostos aos empregadores para o efeito da habilitação profissional dos respectivos empregados menores e consubstanciados no Decreto-Lei nº 4.481, de 16 de julho de 1942, corporificando normas de tutela dessa classe de empregados, cujo trabalho tem de ser orientado pelo alto escopo da educação técnica, passaram a integrar a Seção correspondente do Capítulo versando esse regime especial.

69. É oportuno salientar que a legislação social, universalmente, vem atribuindo um remarcado desvelo pelas condições de trabalho dos menores.

70. Em consonância com as convenções internacionais e as recomendações de congressos, e mesmo a estas se antecipando, o Brasil, pela pessoal inspiração de Vossa Excelência, vem realizando, através deste Ministério, uma salutar ação pública de preservação da juventude que trabalha.

71. O prosseguimento dessa política especializada é um imperativo e pareceu à Comissão dever ser assim ponderado na revisão, a que se procede, do Código de Menores, pois os seus preceitos atinentes ao trabalho foram totalmente melhorados e anexados à nossa legislação trabalhista, cujo Decreto-Lei nº 3.616, consolidado agora, consagra a melhor solução de articulação e distinção entre a competência dos magistrados de menores e a das autoridades de trabalho, conferindo àqueles a plenitude das funções morais, jurisdicionais e supletivas do pátrio poder, que lhes são eminentemente reservados, e atribuindo às autoridades deste Ministério a efetivação do regime de proteção ao trabalho.

72. O Título em que se compendiam as regras constitutivas do contrato individual de trabalho careceu apenas de pequenas especificações do pensamento já expresso, acrescentando-se-lhe, entretanto, as normas pertinentes aos contratos de autores teatrais e congêneres, oriundos da celebrada Lei Getúlio Vargas, cuja atualização vinha sendo ultimamente promovida por uma Comissão Interministerial, da qual provieram os artigos de lei aditados ao presente projeto.

73. Estatuiu a Consolidação que aos trabalhadores rurais se aplicam as regras básicas do contrato individual do trabalho, inclusive o aviso-prévio, não lhes atingindo, porém, o regime de garantias em caso de rescisão, a que não tenham dado motivo, nem o instituto da estabilidade. A essa conclusão chegou a Comissão, em voto preponderante, sob a alegação de serem imprescindíveis maiores esclarecimentos das exatas condições das classes rurais, inibidas, no momento, por falta de lei, da representação sindical dos respectivos interesses.

74. Em seu relatório, manifesta a Comissão, consequentemente e em princípio, a sua restrição quanto ao projeto do Código Rural, publicado no *Diário Oficial* de 16

de janeiro último, na parte referente ao Contrato de Trabalho, objeto preciso desta Consolidação e não de um Código em que, com exclusividade, deveriam ser tratados os problemas relativos à produção na agricultura e em atividades conexas.

75. A revisão dos artigos compreendidos no Título da Organização Sindical ofereceu oportunidade para pequenas adaptações, sem afetar o sistema.

76. Procedeu-se à consolidação do Decreto-Lei nº 5.242, de 11 de fevereiro de 1943, que dispôs sobre a exigência da sindicalização para o exercício da função de representação social em órgão oficial bem como para o gozo de favores ou isenções tributárias.

77. Suprimiu-se a emenda constante do anteprojeto tendente à instituição do regime de tomada de contas dos sindicatos. A eficiência do sistema de controle contábil do patrimônio das entidades sindicais e o regime de recolhimento do imposto sindical, posteriormente criados pela Portaria Ministerial nº 884, de 5 de dezembro de 1942, veio indicar ser prescindível esse processo de tomada de contas, que poderia determinar a burocratização desses órgãos de classe, por todos os títulos evitável, a fim de se conservar a espontaneidade e originalidade do regime sindical.

78. A Federação das Indústrias do Estado de São Paulo propôs e foram aceitos os aumentos, de um para sete, do número máximo de membros da diretoria das entidades de grau superior, e de Cr$20,00 para Cr$30,00, da importância mínima correspondente ao imposto sindical de empregadores.

79. A Comissão de Enquadramento Sindical, dado o crescente desenvolvimento de sua atividade, teve a respectiva composição ampliada, incluindo um representante do Ministério da Agricultura na previsão da próxima sindicalização das classes rurais.

80. Ligeiros reparos foram feitos ao Capítulo do Imposto Sindical, na base do regime estabelecido pelo Decreto-Lei nº 4.298, de 14 de maio de 1942, introduzindo-se apenas um artigo destinado a facultar a ação executiva, com os privilégios da Fazenda Pública, excluído o foro próprio, para a cobrança do imposto sindical, quando houver débito certificado pela autoridade competente deste Ministério.

81. Finalmente, quanto à Justiça do Trabalho, deliberou-se a exclusão de toda a parte consistente em regimento dos órgãos e serviços, bem como dos assuntos referentes à administração dos seguros sociais.

82. O julgamento dos agravos foi elevado ao seu verdadeiro nível, que é o da instância superior, necessário à adequada conceituação desses recursos e à jurídica apreciação da respectiva substância. Apurou-se, outrossim, a definição do prejulgado, estabelecendo-se a forma do seu processamento e os efeitos que gera.

83. Tais, em rápida resenha, as principais modificações operadas no anteprojeto publicado. De todas essas alterações deflui um único pensamento – o de ajustar, mais e mais, a obra constituída às diretrizes da Política Social do Governo, fixadas de maneira tão ampla e coerente no magnífico quadro das disposições legais que acabam de ser recapituladas.

84. Ao pedir a atenção de Vossa Excelência para essa notável obra de construção jurídica, afirmo, com profunda convicção e de um modo geral, que, nesta hora dramática que o mundo sofre, a Consolidação constitui um marco venerável na história de nossa civilização, demonstra a vocação brasileira pelo direito e, na escureza que envolve a humanidade, representa a expressão de uma luz que não se apagou.

Apresento a Vossa Excelência os protestos do meu mais profundo respeito.

Rio de Janeiro, 19 de abril de 1943.

Alexandre Marcondes Filho

DECRETO-LEI Nº 5.452, DE 1º DE MAIO DE 1943

Aprova a Consolidação das Leis do Trabalho.

O Presidente da República, usando da atribuição que lhe confere o art. 180 da Constituição, decreta:

Art. 1º Fica aprovada a Consolidação das Leis do Trabalho, que a este Decreto-Lei acompanha, com as alterações por ela introduzidas na legislação vigente.

Parágrafo único. Continuam em vigor as disposições legais transitórias ou de emergência, bem como as que não tenham aplicação em todo o território nacional.

Art. 2º O presente Decreto-Lei entrará em vigor em 10 de novembro de 1943.

Rio de Janeiro, 1º de maio de 1943;
122º da Independência e 55º da República.
Getúlio Vargas
Alexandre Marcondes Filho

CONSOLIDAÇÃO DAS LEIS DO TRABALHO

Título I
INTRODUÇÃO

Art. 1º Esta Consolidação estatui as normas que regulam as relações individuais e coletivas de trabalho, nela previstas.

Trata-se de uma Lei Especial, fruto do Decreto-Lei nº 5.452, de 1º de maio de 1943, que passou a vigorar em 10 de novembro de 1943. Foi elaborada por uma comissão de notáveis escolhida pelo Presidente Vargas, visando solucionar especificamente os conflitos entre empregadores e trabalhadores.

É importante observar que os direitos prescritos na Constituição Brasileira, em se tratando de normas fundamentais, deverão ser interpretados e aplicados em consonância com a CLT de maneira a preservar a integridade sistêmica da Carta Magna, objetivando estabilizar as relações sociais e oferecer a devida tutela ao titular dos direitos fundamentais.

O Código de Processo Civil regido pela Lei nº 13.105/15 é fonte subsidiária do Processo do Trabalho nos termos do art. 769 da CLT.

O STF já firmou seu entendimento quanto as contratações sem concurso pela Administração Pública, as quais não geram quaisquer efeitos jurídicos válidos que não sejam direitos aos salários e aos depósitos do FGTS correspondentes ao período trabalhado. Em sede de ADI, a Corte Suprema também considerou inconstitucionais os

contratos temporários firmados pela área pública que não se coadunam pelas exigências prescritas pelo art. 37, IX, da CRFB.

Em capítulo próprio da CLT e em conformidade com a exegese do art. 114 da CRFB, entende-se que os conflitos oriundos da "relação de trabalho" e não só da "relação de emprego" podem ser julgados pela Justiça do Trabalho. Nessa esteira firma-se entendimento que as contendas que envolvam trabalhadores e não só empregados possam ser acolhidas e discutidas sem necessariamente limitar-se a créditos de natureza trabalhistas.

O art. 442-B da CLT trata do trabalho autônomo, com ou sem exclusividade e a Portaria nº 349, de 23 de maio de 2018, expedida pelo Ministério do Trabalho, regula essas atividades no âmbito do Texto Consolidado e afasta a qualidade de empregado prevista no art. 3º da CLT.

Ademais, a questão da competência para tratar da relação de trabalho restringe-se aos regimes de autonomia ou prestação de serviço em decorrência de trabalho que se vincula a uma determinada empreita com fulcro no art. 652, III, da CLT. Os entendimentos sobre a questão se coadunam no sentido da existência de um conceito bem próximo à "subordinação", jamais pelos seus efeitos técnicos quanto ao horário de chegada e de cumprimento de regras impostas pelo contratante, mas sim de uma dependência pela necessidade de estar "absorvido" durante o tempo que for preciso para o cumprimento da tarefa ou serviço ajustado.

Em se tratando de temática que atende a ordem pública e ao trato sucessivo que orienta os contratos de emprego em curso, entende-se que a aplicação das mudanças trazidas pela Lei nº 13.467/17 não permite retroatividade quanto a prejuízos gerados ao trabalhador em consonância com as regras pactuadas anteriormente em respeito ao direito adquirido e ao ato jurídico perfeito ou a coisa julgada nos termos do artigo 6º da Lei de Introdução às normas do Direito Brasileiro sem prejuízo do exposto pelo art. 468 da CLT. Nessa esteira, a Associação Nacional dos Magistrados da Justiça do Trabalho (ANAMATRA) firmou seu entendimento por ocasião da realização do Congresso Nacional dos Magistrados da Justiça do Trabalho (CONAMAT) realizado no dia 05 de maio de 2018. Na presença de mais de 700 magistrados, restaram interpretando que a "Reforma Trabalhista" só deverá ser aplicada aos processos e contratos iniciados após o dia 11 de novembro de 2017 em consonância com a Carta Magna, Pactos Normativos e Tratados Internacionais. Tais teses deverão guiar a atuação de grande parte dos juízes do trabalho, mas não servirá de bússola para orientar a formação de jurisprudência frente aos mais diversos posicionamentos que já estão sendo julgados pelos tribunais do trabalho do país.

Em que pese a tendência dos magistrados, seja no sentido de aplicação da "Reforma Trabalhista" para os contratos firmados após a promulgação da Lei nº 13.467/17, o Ministério do Trabalho expediu Parecer Técnico nº 00248/2018/CONJUR-MTB/CGU/AGU publicado no DOU de 15 maio 2018 (nº 92, Seção 1, p. 59) sobre a intertemporalidade ou aplicabilidade da lei no tempo que assegura imediata efetividade da lei sobre todos os contratos de trabalho regidos pela Consolidação das Leis do Trabalho (CLT). Tal interpretação se estende aos pactos laborais iniciados antes da vigência da referida lei, com efeito vinculante para a Administração Pública. Tal direcionamento visa preservar

a segurança jurídica na atuação fiscalizatória dos agentes a serviço do Ministério do Trabalho. Portanto, a orientação segue no sentido da aplicabilidade imediata da Lei nº 13.467/2017 para todos os contratos de trabalho vigentes, inclusive para aqueles iniciados antes de 11.11.2017. Quanto ao processo do trabalho, guia-se pela aplicação das leis processuais no tempo em que se julgam cada ato (*tempus regit actum*). Estes, por sua vez, são tratados isoladamente e para cada um os juízes se encarregarão de aplicar a lei processual vigente e respeitarão os atos e fatos já consumados sob a égide da lei antiga. Tal princípio tem previsão no art. 1.046 do CPC, ao afirmar que entrarão em vigor as disposições que serão aplicadas desde logo aos processos pendentes e assim revogada a lei anterior.

Por meio da Resolução Administrativa nº 1953, de 6 de fevereiro de 2018, o Egrégio Tribunal Pleno do Tribunal Superior do Trabalho formalizou a constituição de uma comissão de ministros com a finalidade de regulamentar a aplicação da Lei nº 13.467/17 aos contratos de trabalho vigentes e processos em curso, considerando as alterações promovidas pela Lei nº 13.467/17 na Consolidação das Leis do Trabalho.

Neste diapasão, frente à imperativa necessidade de proporcionar segurança jurídica para fortalecer as relações de trabalho, a Corte Superior Trabalhista busca sinalizar sobre quais normas deverão ser aplicadas aos contratos de trabalho vigentes e ações em curso através de pareceres expendidos pela Comissão de Jurisprudência e Precedentes Normativos, súmulas e orientações jurisprudenciais que necessitariam ser revisados ou cancelados.

A referida Comissão composta de 9 (nove) Ministros do Tribunal Superior do Trabalho e presidida pelo Ministro Aloysio Silva Corrêa da Veiga expendiu em 16 de maio de 2018 o OF.TST.GMACV Nº 027/2018, encaminhando minuta de Instrução Normativa à presidência da Casa para a devida aprovação do Plenário do TST. Na exposição de motivos, restou claro que a Corte Trabalhista pretende elucidar o marco intertemporal para aplicação da Lei nº 13.467/17 com amparo nos arts. 10, 15, 1.046, §§1º e 5º, 1.047, 1.054, 1.056 e 1.057 do CPC c/c 912 da CLT. Tal limitação se justifica para assegurar o direito adquirido, o ato jurídico perfeito e a coisa julgada. Quanto ao direito material do trabalho, a comissão entendeu que deverá ser submetido ao enfrentamento jurisdicional com fito de construir a jurisprudência que resultará da análise de cada caso concreto. Anexamos as observações da comissão nesta obra, as quais já encontram-se comentadas na correspondência com os artigos que foram ajustados pelos ilustres ministros em consonância com a Lei nº 13.467/17.

É importante destacar que a "Reforma Trabalhista" certamente implicará em novas interpretações que resultarem das alterações que a Lei nº 13.467 de 13 de julho de 2017 promoveu na CLT. Com tempo os juízes de varas, Tribunais Regionais e o Superior Trabalhista restarão sedimentando seus entendimentos sobre cada temática, de sorte que teremos um cabedal de informações jurídicas suficiente para avaliar se tais mudanças foram positivas ou negativas para as relações de trabalho no Brasil.

QUADROS COMPARATIVOS SOBRE OS EFEITOS DA REFORMA TRABALHISTA NO JUDICIÁRIO, RELAÇÕES SINDICAIS E EMPREGO

CONSOLIDAÇÃO DAS LEIS DO TRABALHO — Art. 1º

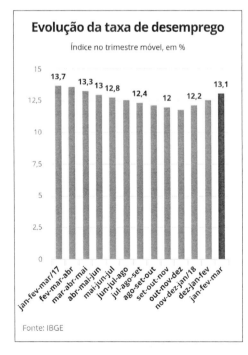

Art. 2º Considera-se empregador a empresa, individual ou coletiva, que, assumindo os riscos da atividade econômica, admite, assalaria e dirige a prestação pessoal de serviço.

§1º Equiparam-se ao empregador, para os efeitos exclusivos da relação de emprego, os profissionais liberais, as instituições de beneficência, as associações recreativas ou outras instituições sem fins lucrativos, que admitirem trabalhadores como empregados.

§2º Sempre que uma ou mais empresas, tendo, embora, cada uma delas, personalidade jurídica própria, estiverem sob a direção, controle ou administração de outra, ou ainda quando, mesmo guardando cada uma sua autonomia, integrem grupo econômico, serão responsáveis solidariamente pelas obrigações decorrentes da relação de emprego.

§3º Não caracteriza grupo econômico a mera identidade de sócios, sendo necessárias, para a configuração do grupo, a demonstração do interesse integrado, a efetiva comunhão de interesses e a atuação conjunta das empresas dele integrantes. (NR)

Quanto ao conceito de "empresa", que o legislador desejou firmar no Texto Consolidado, traduz em atividade econômica que reúne esforços no sentido de construir fatores produtivos para fomentar a circulação de bens ou serviços. Observe-se que na definição de empresa não é cabível qualquer vinculação a pessoa jurídica e nem a um determinado local onde possa se desenvolver seus negócios. Talvez a *mens legis* tenha se direcionado para criação de um clima corporativo diante de um país agrário e que logo adentraria a era industrial, porém a doutrina majoritária sedimenta sua conceituação na direção de um empregador que admite, subordina e assalaria a prestação de serviços. Também que, assumindo os riscos do negócio, se responsabiliza pelas vantagens ou desvantagens decorrentes das atividades laborais contratadas nos termos da CLT e demais leis extravagantes.

Para mero registro, por certo o texto deste artigo deveria constar a palavra empregador e não empresa.

Em tempo, o conceito de empresa também se esfacela diante da desconsideração da pessoa jurídica adotada nas execuções em que a executada pode ser acionada na pessoa dos seus sócios ou até mesmo gestores (art. 50 do CC e art. 28 do CDC). Pela interpretação do art. 855-A, bem como pelos arts. 10 e 448 da CLT atualizados pela Lei nº 13.467 de 13 de julho de 2017, as novas exigências para responsabilização de sócios segue na direção do real empregador.

Ainda nessa esteira, o texto pontua o caráter "forfetário" da relação de emprego. A palavra *forfait* do francês se traduz por "preço feito", que significa imputar ao empregado os riscos do negócio. Por exemplo, é vedado ao empregador não pagar salários ao empregado porque a empresa não auferiu lucro ou não obteve recursos para cumprimento da obrigação trabalhista. Nosso direito veda de maneira expressa tal prática e conforme o texto do art. 2º da CLT, verifica-se que os riscos de uma atividade empresarial devem recair exclusivamente sobre o empregador.

Quanto a responsabilidade solidária, definida pelo paragrafo segundo, ocorre quando empresas do mesmo grupo econômico estão sujeitas a tornar-se responsáveis solidárias por todos os seus empregados em conformidade com art. 264 do Código Civil.

A execução de uma dívida trabalhista poderá ser promovida em relação àquelas empresas que participaram do processo de conhecimento. A figura do grupo econômico corresponde ao litisconsórcio passivo com a finalidade de garantir a satisfação dos direitos do empregado que, embora tenha sido contratado por apenas uma das sociedades que integram um conglomerado de empresas, poderá exigir de qualquer outra o pagamento do que lhe é devido.

O §2º do art. 2º da Lei nº 13.467 de 13 de julho de 2017 assegura que a mera identidade de sócios não mais configura a caracterização de grupo econômico e que a parte interessada terá que comprovar a existência de uma comunhão de interesses e atuação conjunta para que sejam apontadas pelo juízo capazes de figurar no polo passivo da lide na responsabilidade solidária. Por óbvio, há uma interpretação subjetiva e frágil nessa nova textualização da lei e que acarretará um maior debate contestatório por parte dos réus no sentido de tentar descaracterizar a condição de grupo econômico. Contudo, o Judiciário trabalhista sempre haverá de analisar as provas e a natureza do regime societário de sorte que possa proceder ao julgamento com base nas provas fáticas e documentais trazidas aos autos pelas partes.

A sentença condenatória deve ser uniforme em relação a todas as empresas que integram o grupo econômico, assumida pelas empresas que são coligadas em estruturação uniforme.

Trata-se de temática polêmica que restará sedimentada pelos tribunais superiores, a conferir.

Art. 3º Considera-se empregado toda pessoa física que prestar serviços de natureza não eventual a empregador, sob a dependência deste e mediante salário.

Parágrafo único. Não haverá distinções relativas à espécie de emprego e à condição de trabalhador, nem entre o trabalho intelectual, técnico e manual.

O artigo se refere a todos aqueles que caracterizem a existência de vínculo de emprego através da pessoalidade, "ineventualidade", subordinação e remuneração.

Um trabalhador será considerado empregado caso apresente essas características, conjunta ou separadamente, afigurando-se a presença de um contrato de emprego que consequentemente corresponda a uma relação de emprego, nos termos do art. 442 da CLT.

No que demanda sobre as características de vínculo empregatício, ideal defini-las separadamente:

- *Pessoalidade* seria o *intuitu personae* que está marcado na qualificação profissional de um trabalhador, ou seja, a demonstração de conhecimento técnico, administrativo ou operacional na função que exerce;
- *Ineventualidade* seria, exatamente, fixar habitualidade na prestação de um respectivo serviço, configurando presença ao trabalho em dias certos e sabidos.

Eventual é aquele que não participa sistematicamente de certa atividade de trabalho, pois a sua presença naquele local é incerta e não sabida;
– *Subordinação* está presente na tutela e direção das atividades laborais exercidas, em regra, por um empregador ou seu preposto. Subordinado é aquele que cumpre ordens e não tem liberalidade, também restrito ou limitado a fazer o que alguém determina ou impõe, por meio de controle ou fiscalização;
– *Remuneração* é pagamento recebido de uma só fonte por serviços prestados, em estado de absoluta dependência econômica. Auferir ganhos de várias fontes descaracterizaria a condição de dependência e consequente vínculo por remuneração.

Em tempo, o art. 3º da CLT não menciona a *ajenidad* como característica de vínculo de emprego, porém o direito comparado (fonte jurídica de outros países) tem sido absorvido pelos tribunais brasileiros, considerando o *trabalho dedicado ao alheio* (tradução do espanhol), condição para se afigurar uma relação de emprego. É a comprovação da utilidade patrimonial do trabalho, ou seja, enriquecer e aumentar o patrimônio de outrem.

Caso surjam dúvidas quanto às características de trabalhador, empregado e, até mesmo, de funcionário, ressalta-se que o termo "funcionário" foi extinto da terminologia jurídica com o advento da Constituição brasileira de 1988. Funcionários, em regra, eram aqueles que exerciam função pública. Atualmente, são chamados de servidores públicos da União, estados e municípios. Por exemplo, servidor municipal é aquele que trabalha para a Prefeitura de São Paulo e servidor federal é aquele que trabalha no Ministério do Trabalho ou em uma delegacia regional daquele mesmo órgão em qualquer lugar do Brasil.

Trabalhador é todo aquele que presta serviço a outrem ou a si próprio, mas sempre estará desenvolvendo uma atividade de trabalho, seja eventual, avulsa, autônoma, terceirizada, pública, militar, voluntária, liberal, parlamentar, filantrópica ou mesmo em regime de emprego. Nesta última, será considerado empregado e dependerá de um contrato de emprego.

Assim, entendemos que nem todo trabalhador é um empregado, mas todo empregado é um trabalhador.

Vale salientar que a Lei nº 11.788/2008, que trata do estágio, inseriu inúmeros direitos a essa atividade, inclusive, férias. Contudo, esclarece sobre as funções do estagiário que, em momento algum, podem ser confundidas com a relação de emprego. Caso descaracterizada essa condição, de estagiário, poderá ser considerado como empregado e sujeito ao reconhecimento de vínculo empregatício nos termos deste artigo.

O art. 442-B da Lei nº 13.467 de 13 de julho de 2017 foi regulado pela Portaria nº 349 de 23.05.18 expedida pelo Ministério do Trabalho, regulando a prestação de serviços do autônomo com ou sem exclusividade, o qual não terá as características de empregado e nem estará sujeito às regras expostas pela CLT. Estes profissionais deverão desempenhar atividades compatíveis com o contrato autônomo e não podem se enquadrar nos elementos essenciais de caracterização do vínculo empregatício apontados pelo art. 3º da Consolidação das Leis do Trabalho, principalmente quanto a presença de subordinação jurídica para atuar como motoristas, representantes comerciais, corretores de imóveis e outras categorias profissionais reguladas por leis específicas.

Art. 4º Considera-se como de serviço efetivo o período em que o empregado esteja à disposição do empregador, aguardando ou executando ordens, salvo disposição especial expressamente consignada.

§1º Computar-se-ão, na contagem de tempo de serviço, para efeito de indenização e estabilidade, os períodos em que o empregado estiver afastado do trabalho prestando serviço militar e por motivo de acidente do trabalho.

§2º Por não se considerar tempo à disposição do empregador, não será computado como período extraordinário o que exceder a jornada normal, ainda que ultrapasse o limite de cinco minutos previsto no §1º do art. 58 desta Consolidação, quando o empregado, por escolha própria, buscar proteção pessoal, em caso de insegurança nas vias públicas ou más condições climáticas, bem como adentrar ou permanecer nas dependências da empresa para exercer atividades particulares, entre outras:

I – práticas religiosas;

II – descanso;

III – lazer;

IV – estudo;

V – alimentação;

VI – atividades de relacionamento social;

VII – higiene pessoal;

VIII – troca de roupa ou uniforme, quando não houver obrigatoriedade de realizar a troca na empresa.

 O serviço efetivo a que se refere o texto resume-se no tempo em que um empregado está produzindo para determinado empregador ou deixando de produzir para outros, aguardando ou executando suas ordens.
 A jornada de trabalho despendida pode ser definida pela necessidade de o empregador contar, a qualquer momento, com os serviços do empregado e mesmo que não existam motivos para, efetivamente, estar desenvolvendo suas atividades laborais. Um exemplo comum: nos casos de "sobreaviso" e "prontidão", previstos nos parágrafos 2º e 3º do art. 244 da CLT, respectivamente.
 O período de afastamento do empregado pode produzir interrupção ou suspensão do contrato de emprego. No caso de suspensão motivada pela prestação de serviço militar, devidamente regulamentado nos arts. 471 e ss. da CLT, contabiliza-se esse tempo para todos os efeitos, inclusive indenização e estabilidade. Em caso de acidente de trabalho (Súmula nº 46 do TST: Acidente de Trabalho – Res. nº 121/2003, *DJ* 19, 20 e 21.11.2003), as faltas ou ausências decorrentes de acidente do trabalho não são consideradas para os efeitos de duração de férias e cálculo da gratificação natalina e, também, será somado o

período de afastamento para os efeitos da relação de emprego e, quanto aos benefícios previdenciários, obrigando-se pelas normas estabelecidas na Lei nº 8.213/1991.

Quanto ao parágrafo segundo criado pela a Lei nº 13.467/17, ele prevê que não mais será considerado como horas extraordinárias o tempo em que o empregado permaneça no local de trabalho além da jornada normal para atividades particulares. Exceto nos casos em que a troca de uniforme, necessariamente, seja realizada no ambiente de trabalho. As horas suplementares serão ajustadas por meio de acordo firmado entre empregados e empregadores com objetivo específico, evitando qualquer tipo de confusão entre tempo à disposição para trabalho com motivação de caráter particular que justifique a presença do trabalhador na empresa após o termino do expediente normal.

Art. 5º A todo trabalho de igual valor corresponderá salário igual, sem distinção de sexo.

Primeiro, definiremos a isonomia como um princípio que assegura a igualdade de direitos, fundamentalmente estabelecido no art. 5º da CF/1988. Segundo, adotaremos dois critérios para caracterizar a equiparação, especificamente: o salarial, que obriga a equivalência de valores para empregados que atuam na mesma empresa há menos de quatro anos e inferior a dois anos na função nos termos do art. 461 da CLT; e o condicional, que garante a equipolência de poderes para empregados que, apesar de ganharem o mesmo salário, trabalham sob condições distintas, conforme construção doutrinária baseada na interpretação dos arts. 5º e 7º, XXX, da CF/1988.

Assim, na equiparação salarial, teremos um paragonado que pleiteia na Justiça do Trabalho a igualdade de salários a um paradigma. E, na equiparação condicional, um paragonado que pleiteia na Justiça do Trabalho a igualdade de condições de trabalho a um paradigma, por exemplo, um vendedor que tem carro, secretária e computador e outro não, mas percebem o mesmo salário.

Em tempo, trata-se de princípio constitucional que defende a igualdade entre iguais na aplicação do direito para os que vivenciam situações semelhantes com fito de coibir qualquer tipo de distinção de sexo, cor, religião, condição social em conformidade com os critérios acima apresentados.

Art. 6º Não se distingue entre o trabalho realizado no estabelecimento do empregador, o executado no domicílio do empregado e o realizado a distância, desde que estejam caracterizados os pressupostos da relação de emprego.

Quanto aos serviços prestados na residência do próprio empregado ou na sede da empresa, se estiverem sob o gerenciamento tutelar do empregador ou seu preposto,

não há diferença. Existe relação de emprego, consequentemente aquele trabalhador terá assegurados todos os direitos garantidos pela CLT.

O artigo procura exemplificar o caso dos que trabalham nas suas próprias residências como costureiras de um *atelier* ou profissionais de informática envolvidos no "teletrabalho" (*webdesigners* via internet) que, mesmo fora do ambiente empresarial, são considerados como empregados e caracterizam o vínculo de emprego por subordinação, ineventualidade e pessoalidade.

O art. 75-A e seguintes da Lei nº 13.467/17 dedica tratamento específico sobre as questões que envolvem o "teletrabalho", porquanto analisadas com mais propriedade pelos comentários que fazem parte do Capítulo II-A da CLT.

Parágrafo único. Os meios telemáticos e informatizados de comando, controle e supervisão se equiparam, para fins de subordinação jurídica, aos meios pessoais e diretos de comando, controle e supervisão do trabalho alheio. (Incluído pela Lei nº 12.551, de 2011)

A inserção do parágrafo único remete à discussão sobre a evolução do trabalho na "era digital" e suas consequências. Ora, mesmo sem estarem legislados, os recentes julgados se notabilizaram em reconhecer este meio de atividade como trabalho subordinado e, por consequência, sujeito aos créditos decorrentes da relação de emprego. Ademais, ao juiz do trabalho cabe a análise de provas que podem ser extraídas dos próprios comandos emitidos via *e-mail* ou pelos registros de entrada e saída de um usuário de PC, *notebook*, *pager*, celular, *smartphone*, *blackberry*, *iPod*, *iPad* e outras tecnologias adjacentes da modernidade que supera os preceitos da vetusta CLT.

A Súmula nº 428 do TST afirma que "O uso de instrumentos telemáticos ou informatizados fornecidos pela empresa ao empregado, por si só, não caracteriza o regime de sobreaviso". Entende o TST que só se considera em regime de sobreaviso o empregado que, à distância e submetido a controle patronal por instrumentos telemáticos ou informatizados, permanecer de plantão ou equivalente para atender a qualquer momento o chamado para o serviço durante o período de descanso. Todavia, ressalve-se que essa discussão se expande para a questão das horas suplementares. Haverá formas de caracterizar as horas extraordinárias pelo sistema digital ou eletrônico? Outros julgamentos seguem nessa direção sem afastar qualquer outra hipótese de que este mesmo trabalho poderá estar sendo prestado por um mero registro de resposta imediata ajustada ao aparelho que está em uso por outra pessoa. Há possibilidade de formar vínculo empregatício com esposa, filho ou amigo do usuário (empregado). Na verdade, estamos diante de um turbilhão de interpretações sobre o "teletrabalho" e as consequências dessa discussão só poderão ser mensuradas após a interpretação dos tribunais com relação as mudanças decorrentes do art. 75-A e seguintes da Lei nº 13.467/17.

Art. 7º Os preceitos constantes da presente Consolidação salvo quando for em cada caso, expressamente determinado em contrário, não se aplicam:

a) aos empregados domésticos, assim considerados, de um modo geral, os que prestam serviços de natureza não econômica à pessoa ou à família, no âmbito residencial destas;

b) aos trabalhadores rurais, assim considerados aqueles que, exercendo funções diretamente ligadas à agricultura e à pecuária, não sejam empregados em atividades que, pelos métodos de execução dos respectivos trabalhos ou pela finalidade de suas operações, se classifiquem como industriais ou comerciais;

c) aos funcionários públicos da União, dos Estados e dos Municípios e aos respectivos extranumerários em serviço nas próprias repartições;

d) aos servidores de autarquias paraestatais, desde que sujeitos a regime próprio de proteção ao trabalho que lhes assegure situação análoga à dos funcionários públicos.

Parágrafo único. (Revogado pelo Decreto-Lei nº 8.079, de 11.10.1945)

Os trabalhadores domésticos estão protegidos pelo parágrafo único do art. 7º da CRFB e pela Lei Complementar nº 150, de 1º de junho de 2015. A CLT não se aplica aos que prestam "serviços de natureza contínua e de finalidade não lucrativa à pessoa ou à família, no âmbito residencial destas".

A comprovação de trabalho doméstico em regime extraordinário ou noturno exige e um determinado grau de complexidade para que sejam controlados e contabilizados. Direitos como horas suplementares, adicional noturno, descanso semanal remunerado (DSR) e FGTS necessitam de acompanhamento diário que até empresas se sujeitam a erros. No trabalho doméstico, em que tudo é anotado em caderninhos, diários e simples recibos pelos próprios empregadores, avolumam-se problemas que só restarão dirimidos pela Justiça do Trabalho.

O trabalho rural está protegido pela Lei nº 5.889, de 8 de junho de 1973, regulamentado pelo Decreto nº 73.626, de 12 de fevereiro de 1974, e também assegurado pelos incs. IV, VI, VIII, XV, XVII, XVIII, XIX, XXI, XXIV e XXIX do art. 7º da CF/1988. A CLT não se aplica aos que prestam serviços "em propriedade rural ou prédio rústico" que "explore atividade agroeconômica, em caráter permanente ou temporário". Contudo, a despeito da atividade exercida, aquele que presta serviços a empregador agroindustrial será considerado rurícola (art. 3º, §1º, da Lei nº 5.889, de 08.06.1973) e ressalvada a atividade preponderante da empresa que determinará o enquadramento. Entretanto, cumpre salientar que as atividades rurais que estão sob a tutela das normas acima são aquelas que não compreendem a industrialização e comercialização dos produtos extraídos do campo. A CLT não se aplica aos empregados rurais que atuam na colheita da laranja, porém vale para os que tenham suas atividades vinculadas com a transformação da fruta em suco e sua consequente venda ao mercado consumidor.

Os servidores públicos da União, estados e municípios são regidos por estatutos próprios, denominados "regimes jurídicos". A relação de um servidor público com sua

instituição é regulamentada por contrato de adesão, absolutamente distinto do contrato de emprego que corresponde a uma relação de emprego no âmbito das empresas privadas.

Portanto, a CLT não se aplica aos servidores públicos que estiverem vinculados a um regime jurídico como, por exemplo, no caso da União à Lei nº 8.112/1990.

A CLT poderá ser aplicada aos que não trabalham sob a tutela de um regime jurídico próprio. Os servidores do INSS, ligado ao Ministério da Previdência Social, são regidos pelo Regime Jurídico Único (RJU) da Lei nº 8.112/1990. Empregados da Petrobras e do Banco do Brasil, empresas que contam com forte participação do Estado, são regidos pelas normas estabelecidas na CLT.

Observe-se que a Súmula nº 430 do TST entende que se convalidam os efeitos do contrato de trabalho, mesmo considerado nulo por ausência de concurso público quando celebrado originalmente com ente da Administração Pública indireta que continua valendo após a sua privatização.

Art. 8º As autoridades administrativas e a Justiça do Trabalho, na falta de disposições legais ou contratuais, decidirão, conforme o caso, pela jurisprudência, por analogia, por equidade e outros princípios e normas gerais de direito, principalmente do direito do trabalho, e, ainda, de acordo com os usos e costumes, o direito comparado, mas sempre de maneira que nenhum interesse de classe ou particular prevaleça sobre o interesse público.

Parágrafo único. O direito comum será fonte subsidiária do direito do trabalho, naquilo em que não for incompatível com os princípios fundamentais deste.

§1º O direito comum será fonte subsidiária do direito do trabalho.

§2º Súmulas e outros enunciados de jurisprudência editados pelo Tribunal Superior do Trabalho e pelos Tribunais Regionais do Trabalho não poderão restringir direitos legalmente previstos nem criar obrigações que não estejam previstas em lei.

§3º No exame de convenção coletiva ou acordo coletivo de trabalho, a Justiça do Trabalho analisará exclusivamente a conformidade dos elementos essenciais do negócio jurídico, respeitado o disposto no art. 104 da Lei nº 10.406, de 10 de janeiro de 2002 (Código Civil), e balizará sua atuação pelo princípio da intervenção mínima na autonomia da vontade coletiva.

Sempre que a lei ou o contrato, individual ou coletivo (acordo ou convenção), forem insuficientes para que os juízos possam emitir uma decisão, as Varas do Trabalho e os tribunais trabalhistas poderão recorrer à aplicação da jurisprudência, à analogia, à equidade, aos princípios gerais e ao direito consuetudinário, comparado e comum, como fonte subsidiária do direito do trabalho, contanto que não contravenha os preceitos contidos no Texto Consolidado.

A jurisprudência é fruto do entendimento adotado pelos Tribunais Regionais e Superior do Trabalho, bem como pelo STF, em dissídios individuais ou coletivos,

resguardadas suas respectivas competências, na forma de ementas ou uniformização de precedentes, consequentemente, de matérias sumuladas.

Por exemplo, nas decisões de Vara do Trabalho recorridas ao Tribunal Regional do Trabalho de e ao Tribunal Superior do Trabalho, por vezes, restam gerando precedentes que sumulados formam uma espécie de jurisprudência definitiva, ou seja, firmam-se como enunciados de súmula para evitar que o Judiciário não entre em conflito com suas próprias decisões.

A Lei nº 13.467/17 busca limitar as interpretações dos Tribunais Regionais e Superior do Trabalho as previsões de ordem legal que, por consequência, são extraídas dos processos legislativos e não por decisões judiciais. Também, impõem ao ativismo Judiciário maior respeito a livre negociação das partes. Na verdade as mudanças seguem na direção da valorização do NEGOCIADO sobre o LEGISLADO e, de certa forma, procuram restringir a atuação do Judiciário de expedir decisões de caráter legislativo. Em se tratando de normas coletivas, que regulam relações de trabalho no âmbito das categorias profissionais, a atuação do Poder Judiciário pode subtrair do Poder Legislativo a capacidade de normatizar as relações de trabalho e restar promovendo uma espécie de heterointegração da lei. Porquanto, justifica-se que a legislação em comento tenha observado os limites de atuação do Judiciário em se tratando de direito e processo do trabalho que só podem ser regulados pela União nos termos do art. 22, I da CRFB. Em tempo, as decisões sumuladas pelo STF têm efeito vinculante que obrigam Varas e Tribunais ao seu entendimento, de acordo com o art. 102, §2º, da CF/1988.

No que tange à analogia, na falta de recursos contratuais ou legais, é possível aplicar uma legislação paralela que sirva para dirimir um conflito oriundo de uma situação semelhante àquela que a referida legislação resguarde ou proteja. Por exemplo, um empregado ligado à construção civil que trabalhe em regime de "sobreaviso" sem receber pagamento adicional para tanto. Nesse caso, poderá recorrer à aplicação do §2º do art. 244 da CLT, que assegura esse direito aos que desenvolvem suas funções no serviço ferroviário, por falta de disposições legais ou contratuais específicas e por absoluta semelhança de condições apresentadas nas duas oportunidades.

A definição de equidade é muito complexa para sobre ela discorrermos objetivamente. Seria a verdadeira diferença entre direito e justiça. Mas, resumidamente, dar tratamento igualitário a situações que se apresentem idênticas. Por exemplo, a sentença que condene uma empresa a pagar adicional de insalubridade em grau máximo ao empregado que esteja ali, exposto a riscos, também, em processo subsequente, acabará beneficiando outro empregado em iguais condições. Este último poderá requerer que seja considerada a sentença proferida ao primeiro, por equidade.

Em especial, aos princípios a que se refere o legislador, firmam-se pela ciência que trata dos conflitos entre o capital e o trabalho tem, como todos os ramos do direito, princípios que direcionam seu estudo; entretanto, há peculiaridades específicas que tão somente se aplicam ao direito do trabalho. Os princípios mais conhecidos pela doutrina são: *princípio do favor*, que garante uma interpretação da lei com tendências a proteção do empregado; *tutela gerenda, res gerenda, ius variandi, ius resistentiae*, que marcam o poder diretivo do empregador e a resistência do empregado, quando não seja cumprida a lei, contrato, ou lhe seja causado algum prejuízo; *princípio da irrenunciabilidade*, que assegura os direitos delegados pela lei ao empregado, jamais permitindo que sejam negociados; *princípio da norma mais favorável*, em que as regras estabelecidas em contratos, acordos

e convenções prevalecerão quando sejam mais favoráveis ao empregado; *princípio da condição mais benéfica*, garantindo ao empregado melhores condições de trabalho; *princípio da conservação da empresa*, garantindo ao empregador a certeza da manutenção de suas atividades empresariais; *princípio da continuidade*, confirmando a existência de um contrato de trabalho contínuo e indeterminado ou de trato sucessivo; e o *princípio da primazia da realidade*, que garante muito mais a validade dos fatos que caracterizam um contrato de trabalho do que outro meio de prova, incluindo documentos.

Sobre a aplicação do direito consuetudinário, calcado nos modos de vida de uma sociedade que acabam sendo agregados ao dia a dia das pessoas, incorporando-se, consequentemente, às regras e normas legais. Apenas não pode insurgir-se contra a lei e ocupam o espaço vago deixado por esta. Assevera a OJ nº 416 da SDI-1 que as organizações ou organismos internacionais gozam de imunidade absoluta de jurisdição quando amparados por norma internacional incorporada ao ordenamento jurídico brasileiro, não se lhes aplicando a regra do Direito Consuetudinário relativa à natureza dos atos praticados. Excepcionalmente, prevalecerá a jurisdição brasileira na hipótese de renúncia expressa à cláusula de imunidade jurisdicional.

E, ao Direito Comparado, observa-se diante da ausência de disposições legais ou contratuais, visto necessário recorrer à aplicação de outras fontes de direito, até mesmo às adotadas em outro país. Ora, nosso direito surgiu amparando-se nos direitos português e italiano; então, não seria absurdo nos subsidiarmos em regras legais alienígenas, ou seja, é possível aplicar uma legislação estrangeira em nosso país, quando compatível e viável com a ótica do caso em questão, por exemplo nas oportunidades em que se caracterize o assédio sexual no local de trabalho, porque a legislação específica sobre o assunto se orienta, tão somente, pelo Código Penal no seu art. 216-A – "Constranger alguém com o intuito de obter vantagem ou favorecimento sexual, prevalecendo-se o agente da sua condição de superior hierárquico ou ascendência inerentes ao exercício de emprego, cargo ou função" (artigo incluído pela Lei nº 10.224, de 15 de maio de 2001). Pena – detenção de 1 (um) a 2 (dois) anos. [...] §2º A pena é aumentada em até 1/3 (um terço) se a vítima é menor de 18 (dezoito) anos – e não pelo Texto Consolidado que dá azo à busca de norma no direito comparado para os temas específicos sobre as relações de trabalho.

Neste sentido as Convenções da OIT não ratificadas pelo Brasil poderão ser aplicadas como fontes de direito do trabalho, não havendo norma de direito interno pátrio regulando a matéria. E quaisquer outras recomendações, relatórios e demais normas poderão reforçar as decisões judiciais baseadas na legislação em vigor do país.

No parágrafo único, a menção nos remete ao Código Civil Brasileiro que veio ao mundo jurídico em 1916 pelas mãos do ilustre Clóvis Beviláqua, e a CLT apareceu bem depois, especificamente, em 1943. A lei civil já trazia no seu bojo as contratações de serviços e a empreitada que, consequentemente, a legislação trabalhista agregou e aperfeiçoou. Assim, o direito das obrigações e as declarações de vontade do direito comum podem, por exemplo, subsidiar o direito do trabalho, contanto que não contravenham às disposições contidas no título próprio, no caso, a CLT.

Caso hierarquizadas, as relações de trabalho seguir-se-iam por tratados e convenções internacionais, Constituição, leis (decretos e medidas provisórias), sentença normativa, convenções e acordos coletivos de trabalho, usos e costumes e contrato de trabalho.

Se classificadas por fontes heterônomas, estariam entre elas a Constituição, a lei, o regulamento, portarias e a sentença normativa.

No tempo e no espaço, a lei nova só se aplica aos fatos ocorridos durante a sua vigência.

Trata-se da diferença entre vigência e vigor.

Vigência, enquanto a lei está atuante e pujante com seus reflexos sobre a sociedade.

Vigor, mesmo que a lei tenha sido revogada e não mais esteja vigendo, por consequência, será possível aproveitá-la aos que à época estiveram protegidos pelos seus reflexos, ou seja, aos que vivenciaram o tempo da sua vigência.

Quanto à territorialidade, fica sujeita ao local onde a prestação dos serviços se materializou e a relação jurídica trabalhista será regida pelas leis vigentes no país da prestação de serviço e não por aquelas do local da contratação em consonância com o (Princípio da *lex loci executionis*).

Numa espécie de pirâmide normativa da hierarquia das normas jurídicas trabalhistas, não se pode olvidar que o vértice aponta para a norma que assegurar a melhor condição para o trabalhador.

O TST, por intermédio de Instrução Normativa, assevera que os incidentes de uniformização de jurisprudência suscitados ou iniciados antes da vigência da Lei nº 13.467/17 nos âmbito dos Regionais do Trabalho ou por iniciativa do próprio TST deverão observar se estão sob a tutela da legislação vigente ao tempo da interposição do recurso em conformidade com seus respectivos Regimentos Internos. Observe-se que as teses jurídicas prevalecentes e as Súmulas decorrentes de incidentes de uniformização de jurisprudência suscitados ou iniciados antes da edição da Lei nº 13.467/17 no âmbito dos Regionais do Trabalho deverão conservar sua natureza vinculante à luz dos arts. 926, §§1º e 2º e 927, III, V, do CPC.

Art. 9º Serão nulos de pleno direito os atos praticados com o objetivo de desvirtuar, impedir ou fraudar a aplicação dos preceitos contidos na presente Consolidação.

Quanto às nulidades, denota-se que a "nulidade" é mais grave: os contratos considerados nulos não produzem efeitos e deles nada se aproveita. Por exemplo, um "apontador" do "jogo do bicho" que trabalhou em horas extras sem receber e resolve pleiteá-las por meio do Judiciário certamente não terá sua pretensão atendida, pois a Justiça do Trabalho julgará seu contrato de emprego nulo, consequência da prestação de serviços em atividade ilícita, em que o trabalho é proibido.

A "anulabilidade" é menos grave: e os contratos considerados anulados produzem efeitos e aproveitam-se suas prerrogativas essenciais. Por exemplo, um menor de 18 anos que trabalhe em carvoaria com insalubridade e, ao pleitear seu adicional, este lhe seja negado com o argumento de que seu trabalho é proibido. Certamente, é vedado o trabalho do menor em locais insalubres, conforme assevera o inc. XXXIII do art. 7º da CF/1988, porém seu esforço não terá sido em vão e qualquer corte trabalhista lhe

concederá o direito aos referidos adicionais, resguardando seus devidos efeitos como o pagamento da insalubridade devida.

Simplesmente, incorporar as horas extras trabalhadas com habitualidade em um único salário, como se dele fosse parte integrante. Tal procedimento foge às regras e normas contidas na CLT, caracterizando o salário complessivo ao tentar desvirtuar a separação de cada título contratual específico, como, no exemplo, as horas extraordinárias que devem ser pagas como percentual independente do salário-base do trabalhador. Em tempo, esse ato é passível de anulabilidade e a Justiça do Trabalho condenaria a empresa a pagar as horas suplementares sobre o montante recebido, até mesmo sobre aquele *plus* (horas extras) que se incorporou ao salário fixo do empregado.

Se aposto o desejo de desvirtuar a aplicação da CLT, procurando inovar com a criação de um "contrato especial de trabalho" que desobrigasse os empregadores à assinatura da CTPS (Carteira de Trabalho e Previdência Social) dos empregados. Tal atitude seria considerada nula pelos Tribunais do Trabalho e, mesmo acertada em acordo ou convenção coletiva de trabalho por meio das respectivas representações sindicais envolvidas, estaria ferindo norma cogente da CLT e, consequentemente, impedindo a sua aplicabilidade.

Mas, se aposto o interesse em fraudar, por exemplo, obrigando-se um empregado a assinar um documento, no qual ele abriria mão dos seus direitos a gratificações ou comissões devidas em um determinado mês, com a ameaça de dispensá-lo caso se recusasse. Sem maiores problemas, o empregado poderia assinar o referido documento que, mesmo autenticado em cartório, de nada valeria perante a Justiça do Trabalho. Os direitos assegurados pela legislação trabalhista são irrenunciáveis e, portanto, garantidos sob quaisquer condições; ao tentar fraudá-los, o empregador não se isentaria de ressarci-los ao empregado, mesmo tendo este assinado qualquer documento, assim considerado nulo de pleno direito.

Em tempo, por ocasião das privatizações, consideram-se válidos todos os efeitos do contrato de trabalho que – porventura – possa ser considerado nulo pela ausência de concurso público. Pela interpretação da Súmula nº 430 do TST o pacto, anteriormente, celebrado com ente da Administração Pública indireta continuará a existir mesmo após a transferência de comando da gestão pública para iniciativa privada.

Art. 10. Qualquer alteração na estrutura jurídica da empresa não afetará os direitos adquiridos por seus empregados.

A mudança da razão social ou do nome da empresa, independente das pessoas que fazem parte da sociedade ou que estão à frente da direção como sócios majoritários ou participantes acarreta alteração da estrutura jurídica mas não atinge os direitos adquiridos dos empregados.

Os direitos assegurados pelos contratos de emprego estão garantidos e qualquer alteração comercial não será capaz de afetar normas especiais de proteção ao trabalho.

Se uma empresa sofre alteração no contrato social ou muda o regime societário, os direitos aos créditos trabalhistas devidos aos empregados seguem resguardados.

A OJ nº 411 da SDI-1 do TST entende que o sucessor não responde solidariamente por débitos trabalhistas de empresa não adquirida, integrante do mesmo grupo econômico da empresa sucedida, quando, à época, a empresa devedora direta era solvente ou idônea economicamente, ressalvada a hipótese de má-fé ou fraude na sucessão.

Art. 10-A. O sócio retirante responde subsidiariamente pelas obrigações trabalhistas da sociedade relativas ao período em que figurou como sócio, somente em ações ajuizadas até dois anos depois de averbada a modificação do contrato, observada a seguinte ordem de preferência:

I – a empresa devedora;

II – os sócios atuais; e

III – os sócios retirantes.

Parágrafo único. O sócio retirante responderá solidariamente com os demais quando ficar comprovada fraude na alteração societária decorrente da modificação do contrato.

Pela Lei nº 13.467/17, a responsabilidade subsidiária do sócio que se retirou da sociedade segue somente nas reclamações trabalhistas ajuizadas até dois anos da exclusão deste referido sócio do contrato social da empresa. Fixa a lei que, por ocasião do ajuizamento de ação trabalhista, o peticionamento e consequente condenação deverá se orientar pela seguinte ordem de preferência: primeiro, na empresa sucedida (real devedora); segundo, pelos sócios que assumiram a empresa sucedida; e em terceiro, no ex-sócio se a ação for aforada durante o biênio da exclusão do retirante. Observa-se que haverá responsabilização dos ex-sócios, caso a alteração da sociedade tenha sido eivada de vícios insanáveis ou fraude.

Portanto, ficam garantidos os créditos trabalhistas decorrentes do contrato de emprego firmado por ocasião do regime que antecedeu a mudança da estrutura societária e a responsabilidade dos novos sócios por estes mesmos direitos trabalhistas não adimplidos pelos ex-sócios.

Em tempo, alerta-se para os cuidados que os compradores deverão ter com relação ao passivo trabalhista decorrente dos contratos firmados pelo vendedor que restarão recaindo sobre os sucessores.

Art. 11. A pretensão quanto a créditos resultantes das relações de trabalho prescreve em cinco anos para os trabalhadores urbanos e rurais, até o limite de dois anos após a extinção do contrato de trabalho.

I – (revogado);

II – (revogado).

§1º O disposto neste artigo não se aplica às ações que tenham por objeto anotações para fins de prova junto à Previdência Social. (Incluído pela Lei nº 9.658, de 5.6.1998)

§2º Tratando-se de pretensão que envolva pedido de prestações sucessivas decorrente de alteração ou descumprimento do pactuado, a prescrição é total, exceto quando o direito à parcela esteja também assegurado por preceito de lei.

§3º A interrupção da prescrição somente ocorrerá pelo ajuizamento de reclamação trabalhista, mesmo que em juízo incompetente, ainda que venha a ser extinta sem resolução do mérito, produzindo efeitos apenas em relação aos pedidos idênticos.

Trata-se de instituto que limita o tempo para se pleitear um direito protegido por lei. A prescrição pode ser considerada uma exceção do direito material, mas é adotada pela doutrina majoritária como matéria de direito processual, caracterizada, consequentemente, na perda do exercício do direito de ação. Também entendida como a convalescença de um direito material por não ter sido exercitado em tempo hábil. A "teoria subjetivista" de Chiovenda explica sua definição de forma simples e objetiva; senão, vejamos.

A prescrição é subjetiva, porque o agente tem conhecimento do tempo em que laborou e da lesão de direito que sofreu e somente o próprio saberá o prazo certo de reivindicá-lo.

A prescrição é volitiva, porque o agente que deu causa ao descumprimento das normas trabalhistas alheio pode manifestar-se em sua defesa quanto ao vencimento do prazo para que tais normas sejam arguidas em juízo. O direito do trabalho é essencialmente patrimonial e impede que o juiz se pronuncie de ofício sobre esse tipo de matéria, mas há controvérsias sobre a aplicação subsidiária do CPC quanto a este tipo de pretensão.

A prescrição no direito do trabalho é de até 2 anos, a contar da extinção das atividades laborais, para pleitear reparações na Justiça do Trabalho, e de 5 anos para garantir sejam assegurados outros créditos de natureza trabalhista que não foram honrados durante a relação de trabalho (por exemplo, horas extras, adicionais e salários), conforme prevê o inc. XXIX do art. 7º da CF/1988.

Atualmente, a discussão sobre o instituto da prescrição se concentra sobre a influência do texto do §1º do art. 332 do que assegura a possibilidade do magistrado julgar liminarmente improcedente o pedido se verificar, desde logo, a ocorrência de decadência ou de prescrição.

Tal disposição não se confronta com a exegese do art. 141 do CPC que afirma "o juiz decidirá o mérito nos limites propostos pelas partes, sendo-lhe vedado conhecer de questões não suscitadas a cujo respeito a lei exige iniciativa da parte". No processo civil, a prescrição pertence à categoria de matérias de ordem pública e o juiz pode dela conhecer por sua iniciativa.

Prematuramente, entendemos que caberá ao magistrado trabalhista, tão somente, oferecer manifestação ao réu e, em seguida, na proteção aos direitos do trabalhador

dar seguimento à lide. Há controvérsias sobre a necessidade de manifestação do juízo, de ofício, por se tratar de matéria de ordem pública amparada pela lei processual civil.

A prescrição referente às parcelas do FGTS, a partir da pretensão, alcança as parcelas remuneratórias contemporâneas ao recolhimento da respectiva contribuição, conforme a redação da Súmula nº 206 do TST.

A Súmula nº 268 do TST é clara ao afirmar que a prescrição se interrompe nas reclamações trabalhistas arquivadas tão somente em relação aos pedidos idênticos.

Observe-se que tais pedidos podem abordar a matéria que já havia sido tratada na demanda arquivada.

Nas equiparações salariais, a prescrição parcial (alínea *a* do inc. XXIX do art. 7º da CF/1988) que alcança as diferenças vencidas no período de cinco anos que precedeu o ajuizamento da demanda se consolida nos termos do inc. IX da Súmula nº 6 do TST.

A Súmula nº 294 do TST diz que, tratando-se de demanda que envolva pedido de prestações sucessivas decorrentes de alteração do pactuado, a prescrição é total, exceto quando o direito à parcela esteja também assegurado por preceito de lei.

O Supremo Tribunal Federal (STF) declarou a inconstitucionalidade das normas que previam prazo prescricional de 30 anos para ações relativas ao Fundo de Garantia do Tempo de Serviço (FGTS), prevista pela interpretação da Súmula nº 362 do TST, que prevê para os casos em que a ciência da lesão ocorreu a partir de 13.11.2014, com prazo

> quinquenal a prescrição do direito de reclamar contra o não recolhimento de contribuição para o FGTS, observado o prazo de dois anos após o término do contrato; e para os casos em que o prazo prescricional já estava em curso em 13.11.2014, aplica-se o prazo prescricional que se consumar primeiro: trinta anos, contados do termo inicial, ou cinco anos, a partir de 13.11.2014. (STF-ARE-709212/DF)

Tal redação tem natureza modular, atendendo aos direitos adquiridos em situação pretérita.

Art. 11-A. Ocorre a prescrição intercorrente no processo do trabalho no prazo de dois anos.

§1º A fluência do prazo prescricional intercorrente inicia-se quando o exequente deixa de cumprir determinação judicial no curso da execução.

§2º A declaração da prescrição intercorrente pode ser requerida ou declarada de ofício em qualquer grau de jurisdição.

A prescrição intercorrente, que trata da extinção do processo pelo decurso de tempo diante da ausência de manifestação das partes no prazo de dois anos entre o término do conhecimento e o início da execução ou pela própria inércia dos interessados no curso da fase executória, era regulada pelas Súmulas nºs 114 do TST e 327 do STF. Por sua vez, estas mesmas interpretações se colidiam e causavam um grande debate

quanto a aplicação do princípio do inquisitivo em que o juiz impulsiona o processo de ofício.

Contudo, a Lei nº 13.467/17 proporcionou o fim do conflito de jurisprudências e firma a possibilidade de extinção do feito caso as partes não promovam os atos necessários para continuidade do procedimento executivo. Ainda, fixa a possibilidade de o próprio juiz reconhecer a prescrição intercorrente ou das partes se manifestarem neste sentido em qualquer grau de jurisdição.

O TST promoverá o ajuste do texto da Súmula nº 114/TST, que deverá seguir com esta redação: PRESCRIÇÃO INTERCORRENTE (alterada em decorrência da Lei nº 13.467/2017). Aplica-se a prescrição intercorrente na fase de execução do processo do trabalho, nos termos do art. 11-A da CLT, acrescido pela Lei nº 13.467/2017.

Idem, quanto à Súmula nº 268/TST, que poderá ser ajustada para figurar desta forma: PRESCRIÇÃO. INTERRUPÇÃO. AÇÃO TRABALHISTA (alterada em decorrência da Lei nº 13.467/2017). A interrupção da prescrição somente ocorrerá pelo ajuizamento de reclamação trabalhista, produzindo efeitos apenas em relação aos pedidos idênticos. A propositura da ação em juízo incompetente e a sua extinção sem resolução do mérito, inclusive nos casos decorrentes de arquivamento, não obsta a interrupção do prazo prescricional.

E no que tange ao trabalho rural, após a revisão do TST, a Súmula nº 294/TST deverá seguir com a seguinte redação: PRESCRIÇÃO. ALTERAÇÃO CONTRATUAL. TRABALHADOR URBANO (alterada em decorrência da Lei nº 13.467/2017). I – Tratando-se de ação que envolva pedido de prestações sucessivas decorrente de alteração do pactuado, a prescrição é total, exceto quando o direito à parcela esteja também assegurado por preceito de lei. II – No caso de descumprimento do pactuado, a prescrição é total.

Instrução Normativa do TST, reconhece que o fluxo da prescrição intercorrente conta-se a partir da determinação judicial que trata o §1º deste artigo se declarada após 11.11.17.

Art. 12. Os preceitos concernentes ao regime de seguro social são objeto de lei especial.

Trata-se das regras que amparam a Previdência Social, ou seja, que protegem a saúde e a aposentadoria dos trabalhadores, pelo Instituto Nacional do Seguro Social (INSS), regulamentadas pelas Leis nºs 8.212 e 8.213/1991.

A relação previdenciária é independente da trabalhista e, em um sistema fragmentado como o brasileiro, suas demandas são resolvidas por meio de órgãos administrativos e judiciais distintos, no caso pelo Ministério da Previdência Social e do Trabalho e Emprego, bem como pelas Justiças Federal e do Trabalho, respectivamente.

Título II
DAS NORMAS GERAIS DE TUTELA DO TRABALHO

Capítulo I
DA IDENTIFICAÇÃO PROFISSIONAL

Seção I
DA CARTEIRA DE TRABALHO E PREVIDÊNCIA SOCIAL

Art. 13. A Carteira de Trabalho e Previdência Social é obrigatória para o exercício de qualquer emprego, inclusive de natureza rural, ainda que em caráter temporário, e para o exercício por conta própria de atividade profissional remunerada.

§1º O disposto neste artigo aplica-se, igualmente, a quem:

I – proprietário rural ou não, trabalhe individualmente ou em regime de economia familiar, assim entendido o trabalho dos membros da mesma família, indispensável à própria subsistência, e exercido em condições de mútua dependência e colaboração;

II – em regime de economia familiar e sem empregado, explore área não excedente do módulo rural ou de outro limite que venha a ser fixado, para cada região, pelo Ministério do Trabalho e Previdência Social.

§2º A Carteira de Trabalho e Previdência Social e respectiva Ficha de Declaração obedecerão aos modelos que o Ministério do Trabalho e Previdência Social adotar.

§3º Nas localidades onde não for emitida a Carteira de Trabalho e Previdência Social poderá ser admitido, até 30 (trinta) dias, o exercício de emprego ou atividade remunerada por quem não a possua, ficando a empresa obrigada a permitir o comparecimento do empregado ao posto de emissão mais próximo.

§4º Na hipótese do §3º:

I – o empregador fornecerá ao empregado, no ato da admissão, documento do qual constem a data da admissão, a natureza do trabalho, o salário e a forma de seu pagamento;

II – se o empregado ainda não possuir a carteira na data em que for dispensado, o empregador lhe fornecerá atestado de que conste o histórico da relação empregatícia.

Todos aqueles que trabalham sob subordinação, "ineventualidade", pessoalidade e remuneração, certamente, devem ter sua Carteira de Trabalho e Previdência Social (CTPS) registrada com as anotações necessárias que assegurem seus direitos trabalhistas, ou seja, um histórico da relação de emprego e a devida formalização dos respectivos contratos de emprego, inclusive os chamados "boias-frias", membros da família de pequenos produtores agrícolas que administram suas propriedades para o próprio sustento, domésticos, os que prestam serviços por conta própria mediante salário, enfim, aos que se consideram de alguma forma dependentes de um empregador.

A contratação de empregado sem CTPS está prevista na própria lei que faculta essa possibilidade por apenas 30 dias nas localidades de difícil acesso às Delegacias Regionais do Trabalho, mas exige que as anotações do histórico da relação de emprego sejam devidamente apontadas em documento próprio provisório, até que sejam transferidas para a CTPS e fichas funcionais.

A Lei nº 13.467/17 introduziu novas opções de prestação de serviços sem a necessidade de assinatura de CTPS, assim possibilitando trabalhadores que atuem sob o regime de autonomia desenvolver suas atividades para as empresa sem a obrigação ao consequente registro funcional.

Por evidências estes trabalhadores não poderão sofrer subordinação e nem estarão sujeitos a controles de frequência ou mesmo se tornarem dependentes econômicos de um mesmo empregador, evitando assim a caracterização de uma autentica relação de emprego que acarretaria a "pejotização" com a transformação de pessoa física em pessoa jurídica em patente fraude às relações de trabalho.

Seção II
DA EMISSÃO DA CARTEIRA DE TRABALHO E PREVIDÊNCIA SOCIAL

Art. 14. A Carteira de Trabalho e Previdência Social será emitida pelas Delegacias Regionais do Trabalho e Emprego ou, mediante convênio, pelos órgãos federais, estaduais e municipais da Administração direta ou indireta.

Parágrafo único. Inexistindo convênio com os órgãos indicados ou na inexistência destes, poderá ser admitido convênio com sindicatos para o mesmo fim.

Qualquer órgão público ou sindicato de classe, patronal ou de empregados, que esteja conveniado com o Ministério do Trabalho e suas respectivas Delegacias Regionais espalhadas por inúmeras municipalidades brasileiras. Atualmente, em prol da cidadania, têm-se emitido carteiras de trabalho em bairros e ruas das cidades, sempre em convênio com instituições competentes.

A Portaria Ministerial nº 210, de 29 de abril de 2008, institui a nova Carteira de Trabalho e Previdência Social informatizada, com capa azul e, na contracapa, a letra do Hino Nacional, com código de barras e número do PIS (NIT – Número de Identificação do Trabalhador) para identificação de todos os dados referentes ao trabalhador.

Art. 15. Para obtenção da Carteira de Trabalho e Previdência Social o interessado comparecerá pessoalmente ao órgão emitente, onde será identificado e prestará as declarações necessárias.

Ser brasileiro ou naturalizado e desejar ingressar no mercado de trabalho formal atende as exigências para obtenção de CTPS. Aos menores de 18 anos, uma autorização do seu responsável, devidamente orientada pelos órgãos emissores.

Art. 16. A Carteira de Trabalho e Previdência Social, além do número, série, data de emissão e folhas destinadas às anotações pertinentes ao contrato de trabalho e as de interesse da Previdência Social, conterá:

I – fotografia, de frente, modelo 3 x 4;

II – nome, filiação, data e lugar de nascimento e assinatura;

III – nome, idade e estado civil dos dependentes;

IV – número do documento de naturalização ou data da chegada ao Brasil e demais elementos constantes da identidade de estrangeiro, quando for o caso.

Parágrafo único. A Carteira de Trabalho e Previdência Social será fornecida mediante a apresentação de:

a) duas fotografias com as características mencionadas no inciso I;

b) qualquer documento oficial de identificação pessoal do interessado, no qual possam ser colhidos dados referentes ao nome completo, filiação, data e lugar de nascimento.

A CTPS serve para registrar o histórico de uma relação de emprego, ou seja, anotar todas as atividades laborais do seu portador, consequentemente a garantia dos seus direitos trabalhistas e previdenciários.

Em se tratando de um documento público, os dados pessoais só podem ser atualizados pelo órgão emissor, e, no que se refere aos dados funcionais, pelo empregador. Suas atualizações jamais podem ser feitas pelo próprio portador.

Mais de uma CTPS pode ser emitida a um mesmo empregado, mas deve ser comprovada a necessidade de emissão de segunda via por falta de espaço para anotações ou por perda da original.

Art. 17. Na impossibilidade de apresentação, pelo interessado, de documento idôneo que o qualifique, a Carteira de Trabalho e Previdência Social será fornecida com base em declarações verbais confirmadas por 2 (duas) testemunhas, lavrando-se, na primeira folha de anotações gerais da carteira, termo assinado pelas mesmas testemunhas.

§1º Tratando-se de menor de 18 (dezoito) anos, as declarações previstas neste artigo serão prestadas por seu responsável legal.

§2º Se o interessado não souber ou não puder assinar sua carteira, ela será fornecida mediante impressão digital ou assinatura a rogo.

De qualquer documento público idôneo podem ser extraídos dados para CTPS, como, por exemplo, Carteira de Identidade ou Certidão de Nascimento, senão mediante informações de terceiros que possam atestar as características pessoais do seu portador.

Poderá ser emitida aos que não sabem ler nem escrever, que serão informados dos dados nela apostos, bem como poderão assiná-la com sua impressão digital ou a rogo.

Art. 18. (Revogado pela Lei nº 7.855, de 24.10.1989)

Art. 19. (Revogado pela Lei nº 7.855, de 24.10.1989)

Art. 20. As anotações relativas à alteração do estado civil e aos dependentes do portador da Carteira de Trabalho e Previdência Social serão feitas pelo Instituto Nacional de Previdência Social (INPS) e somente em sua falta por qualquer dos órgãos emitentes.

Em se tratando de um documento público, tão somente os órgãos emissores que recebem delegação de competência para tal podem promover alterações na CTPS. Em regra, as Delegacias Regionais do Ministério do Trabalho e os postos do INSS do Ministério da Previdência Social estão aptos a atualizar e alterar a CTPS, ressalvando-se os locais próprios em que cada um poderá ocupar com as referidas anotações.

Art. 21. Em caso de imprestabilidade ou esgotamento do espaço destinado a registros e anotações, o interessado deverá obter outra carteira, conservando-se o número e a série da anterior.

§1º (Revogado)

§2º (Revogado)

Na falta de anotações, o interessado deve procurar um órgão emissor, que em regra recai nas Delegacias Regionais do Ministério do Trabalho, e solicitar uma segunda via, levando o primeiro documento expedido para que mantenha sua numeração e série, dando, consequentemente, continuidade às anotações que sejam necessárias à relação de emprego.

Art. 22. (Revogado pelo Decreto-Lei nº 926/1969)

Art. 23. (Revogado pelo Decreto-Lei nº 926/1969)

Art. 24. (Revogado pelo Decreto-Lei nº 926/1969)

<div align="center">Seção III

DA ENTREGA DAS CARTEIRAS DE TRABALHO E PREVIDÊNCIA SOCIAL</div>

Art. 25. As Carteiras de Trabalho e Previdência Social serão entregues aos interessados pessoalmente, mediante recibo.

Somente o próprio trabalhador interessado pode retirar sua CTPS dos postos autorizados. No ato, receberá um recibo para comprovar que a emissão foi realizada, e não será efetivada a entrega do documento a procuradores ou outro representante legal.

Art. 26. Os sindicatos poderão, mediante solicitação das respectivas diretorias, incumbir-se da entrega das Carteiras de Trabalho e Previdência Social pedidas por seus associados e pelos demais profissionais da mesma classe.

Parágrafo único. Não poderão os sindicatos, sob pena das sanções previstas neste Capítulo, cobrar remuneração pela entrega das Carteiras de Trabalho e Previdência Social, cujo serviço nas respectivas sedes será fiscalizado pelas Delegacias Regionais do Trabalho e Emprego ou órgãos autorizados.

Caso haja autorização ou delegação desses poderes pelo Ministério do Trabalho, as representações das categorias profissionais poderão providenciar a entrega da CTPS aos integrantes das suas respectivas categorias, devidamente acompanhados e fiscalizados pelas Delegacias Regionais do órgão competente, e o trabalhador não incorrerá em nenhum ônus pela prestação desses serviços, por parte dos referidos sindicatos.

Art. 27. (Revogado pela Lei nº 7.855, de 24.10.1989)

Art. 28. (Revogado pela Lei nº 7.855, de 24.10.1989)

<div align="center">Seção IV

DAS ANOTAÇÕES</div>

Art. 29. A Carteira de Trabalho e Previdência Social será obrigatoriamente apresentada, contra recibo, pelo trabalhador ao empregador que o admitir, o qual terá o prazo de

48 (quarenta e oito) horas para nela anotar, especificamente, a data de admissão, a remuneração e as condições especiais, se houver, sendo facultada a adoção de sistema manual, mecânico ou eletrônico, conforme instruções a serem expedidas pelo Ministério do Trabalho.

§1º As anotações concernentes à remuneração devem especificar o salário, qualquer que seja sua forma de pagamento, seja ele em dinheiro ou em utilidades, bem como a estimativa da gorjeta.

§2º As anotações na Carteira de Trabalho e Previdência Social serão feitas:

a) na data base;

b) a qualquer tempo, por solicitação do trabalhador;

c) no caso de rescisão contratual; ou

d) necessidade de comprovação perante a Previdência Social.

§3º A falta de cumprimento pelo empregador do disposto neste artigo acarretará a lavratura do auto de infração, pelo Fiscal do Trabalho, que deverá, de ofício, comunicar a falta de anotação ao órgão competente, para o fim de instaurar o processo de anotação.

§4º É vedado ao empregador efetuar anotações desabonadoras à conduta do empregado em sua Carteira de Trabalho e Previdência Social.

§5º O descumprimento do disposto no §4º deste artigo submeterá o empregador ao pagamento de multa prevista no art. 52 deste Capítulo.

O empregador tem apenas 48 horas para promover as anotações na CTPS do empregado, tanto na admissão como também nas atualizações em geral e dispensa, ficando responsável pela sua guarda durante esse período e obrigado a emitir recibo em todas as oportunidades em que receber o documento.

O não cumprimento desse prazo acarretará multa administrativa ao empregador, sem prejuízo de outras penalidades cíveis e criminais que possam ser levadas pelo interessado ao conhecimento e apreciação das respectivas esferas competentes.

Todas as que se referem ao contrato de emprego, como a data da admissão, remuneração, alterações salariais, contribuição sindical, banco depositário do FGTS e, em anotações gerais, as informações adjacentes que forem necessárias, como, por exemplo, o prazo dos contratos de experiência.

Os dados pessoais de qualificação que ficam no início sempre serão preenchidos pelo órgão emissor, nunca pelo empregador e seu portador, pois esta é uma atribuição do Estado, em se tratando de um documento público que é comum às partes, empregador e empregado.

A CTPS pode ser preenchida por sistemas eletrônicos ou mecânicos, até mesmo informatizados, desde que seja respeitada sua forma e característica oficial, adaptando-se tais inovações a sua estrutura básica, ou seja, sem alterar a ordem das informações e suas respectivas posições dentro do documento.

Art. 30. Os acidentes do trabalho serão obrigatoriamente anotados pelo Instituto Nacional de Previdência Social na carteira do acidentado.

Apesar de a CTPS ser emitida e atualizada pelo Ministério do Trabalho, as questões que envolvem os acidentes de trabalho devem ser tratadas pelo Ministério da Previdência Social, competente para promover as anotações necessárias ao reconhecimento de direitos do empregado, nesses casos.

Art. 31. Aos portadores de Carteiras de Trabalho e Previdência Social fica assegurado o direito de as apresentar aos órgãos autorizados, para o fim de ser anotado o que for cabível, não podendo ser recusada a solicitação, nem cobrado emolumento não previsto em lei.

Qualquer atualização feita na CTPS é gratuita e não há nenhum ônus para empregados ou empregadores que desejem atualizar dados trabalhistas ou previdenciários, necessários ao desenvolvimento profissional dos interessados.

Segundo, o Ministério do Trabalho é o órgão responsável pelas anotações na CTPS dos empregados, mediante suas Delegacias Regionais ou instituições conveniadas como prefeituras ou sindicatos de classe. Porém, a questão afeta ao sistema previdenciário, tradicionalmente, delegada ao Ministério da Previdência Social, por meio de seus postos de atendimento, competentes para proceder a apontamentos pertinentes a casos específicos, como, por exemplo, acidentes de trabalho ou contagem de tempo para aposentadoria.

Art. 32. As anotações relativas a alterações no estado civil dos portadores de Carteiras de Trabalho e Previdência Social serão feitas mediante prova documental. As declarações referentes aos dependentes serão registradas nas fichas respectivas, pelo funcionário encarregado da identificação profissional, a pedido do próprio declarante, que as assinará.

Parágrafo único. As Delegacias Regionais do Trabalho e Emprego e os órgãos autorizados deverão comunicar à Secretaria de Relações do Trabalho todas as alterações que anotarem nas Carteiras de Trabalho e Previdência Social.

O interessado em atualizar sua CTPS deve dirigir-se ao órgão competente munido de documentos que sirvam de prova necessária ao apontamento que deseja ver inserido na qualificação ou histórico da sua vida profissional. Caso seja a inclusão de um filho, por exemplo, terá de apresentar a Certidão de Nascimento do dependente, como registro comprobatório da sua declaração, devidamente assinada ao final do procedimento de anotação.

Por meio de todas as informações constantes dos registros funcionais dos trabalhadores anotadas e, posteriormente, repassadas ao Estado pelos seus órgãos controladores e fiscalizadores, o Governo Federal pode saber o tamanho do contingente laboral do país, bem como seus direitos, por exemplo, o acesso aos benefícios do seguro-desemprego.

Art. 33. As anotações nas fichas de declaração e nas Carteiras de Trabalho e Previdência Social serão feitas seguidamente sem abreviaturas, ressalvando-se no fim de cada assentamento, as emendas, entrelinhas e quaisquer circunstâncias que possam ocasionar dúvidas.

Todo apontamento que causar dúvida de interpretação ou mesmo de simples leitura deverá ser bem ressalvado pela instituição responsável por aquela anotação, seja a entidade empregadora, seja o Ministério do Trabalho e Emprego, seja o da Previdência Social, evitando quaisquer problemas posteriores.

O próprio interessado jamais poderá corrigir ou anotar dados na sua CTPS. Esta é uma missão exclusivamente delegada aos empregadores e órgãos competentes, sendo expressamente vedado ao seu portador promover qualquer tipo de atualização ou anotação.

Art. 34. Tratando-se de serviço de profissionais de qualquer atividade, exercido por empreitada individual ou coletiva, com ou sem fiscalização da outra parte contratante, a carteira será anotada pelo respectivo sindicato profissional ou pelo representante legal de sua cooperativa.

Aos que trabalham em serviços de empreitada, individual ou coletiva, as CTPS devem ser anotadas pelos sindicatos afins, por exemplo, operários e artífices, como também pelas cooperativas envolvidas naquelas atividades.

A independência e descaracterização de vínculo de emprego ficam claras, e tão somente serão admitidas as anotações pertinentes à Previdência Social e seus consectários.

Art. 35. (Revogado pela Lei nº 6.533, de 24.05.1978)

Seção V
DAS RECLAMAÇÕES POR FALTA OU RECUSA DE ANOTAÇÃO

Art. 36. Recusando-se a empresa a fazer as anotações a que se refere o art. 29 ou a devolver a Carteira de Trabalho e Previdência Social recebida, poderá o empregado comparecer, pessoalmente ou por intermédio de seu sindicato, perante a Delegacia Regional ou órgão autorizado, para apresentar reclamação.

O empregado que se sentir lesado porque o empregador se nega a assinar sua CTPS deve dirigir-se a uma Delegacia Regional do Trabalho e, de forma oral ou escrita, encaminhar uma simples reclamação da qual conste, principalmente, o nome do referido empregador e desde quando está prestando serviços para ele.

Com esses dados, a Delegacia Regional do Trabalho poderá autuar a empresa que age irregularmente, aplicando-lhe multas administrativas e punindo-a por não ter cumprido a legislação do trabalho que exige a assinatura da CTPS, quando se efetiva uma relação de emprego.

Em tempo, poderá o sindicato a que o trabalhador estiver vinculado também realizar tal tarefa, nos mesmos moldes mencionados acima.

Art. 37. No caso do art. 36, lavrado o termo de reclamação, determinar-se-á a realização de diligência para instrução do feito, observado, se for o caso, o disposto no §2º do art. 29, notificando-se posteriormente o reclamado por carta registrada, caso persista a recusa, para que, em dia e hora previamente designados, venha prestar esclarecimentos ou efetuar as devidas anotações na Carteira de Trabalho e Previdência Social ou sua entrega.

Parágrafo único. Não comparecendo o reclamado, lavrar-se-á termo de ausência, sendo considerado revel e confesso sobre os termos da reclamação feita, devendo as anotações ser efetuadas por despacho da autoridade que tenha processado a reclamação.

O Ministério do Trabalho e Emprego cumpre sua função de agente controlador e fiscalizador das relações de trabalho, abrindo um processo administrativo na Delegacia Regional do Trabalho competente, e tenta colher provas da existência de vínculo empregatício por meio de diligências, registrando, consequentemente, os dados fornecidos pelo interessado nos casos em que se caracteriza a revelia do empregador acusado da irregularidade.

Art. 38. Comparecendo o empregador e recusando-se a fazer as anotações reclamadas, será lavrado um termo de comparecimento, que deverá conter, entre outras indicações, o lugar, o dia e hora de sua lavratura, o nome e a residência do empregador, assegurando-se-lhe o prazo de 48 (quarenta e oito) horas, a contar do termo, para apresentar defesa.

Parágrafo único. Findo o prazo para a defesa, subirá o processo à autoridade administrativa de primeira instância, para se ordenarem diligências, que completem a instrução do feito, ou para julgamento, se o caso estiver suficientemente esclarecido.

Na oportunidade fica registrada a presença do empregador e são anotados seus dados, permitindo-lhe apresentar sua defesa junto ao processo administrativo instaurado.

Ainda, havendo recusa em assinar a CTPS, o referido processo será encaminhado ao delegado regional para que possa ser instruído com provas da existência de vínculo de emprego, e finalmente preparado para ser proferida uma decisão por parte daquela autoridade.

Art. 39. Verificando-se que as alegações feitas pelo reclamado versam sobre a não existência de relação de emprego, ou sendo impossível verificar essa condição pelos meios administrativos, será o processo encaminhado à Justiça do Trabalho, ficando, nesse caso, sobrestado o julgamento do auto de infração que houver sido lavrado.

§1º Se não houver acordo, a Junta de Conciliação e Julgamento, em sua sentença, ordenará que a Secretaria efetue as devidas anotações uma vez transitada em julgado, e faça a comunicação à autoridade competente para o fim de aplicar a multa cabível.

§2º Igual procedimento observar-se-á no caso de processo trabalhista de qualquer natureza, quando for verificada a falta de anotações na Carteira de Trabalho e Previdência Social, devendo o Juiz, nesta hipótese, mandar proceder, desde logo, àquelas sobre as quais não houver controvérsia.

O processo administrativo será encaminhado ao primeiro grau de jurisdição (Vara do Trabalho) da Justiça do Trabalho, oportunidade em que será apurada a existência de uma relação de emprego entre os envolvidos na questão e, verificada a procedência daquela reclamação, a secretaria da Vara do Trabalho promoverá a assinatura da CTPS do interessado, bem como será dirigido um ofício à Delegacia Regional do Trabalho para que haja a aplicação de multas cabíveis, dando continuidade ao processo administrativo anteriormente instaurado.

Em tempo, este procedimento é uma exceção ao "princípio do dispositivo", marcado pela procura das partes ao Judiciário, aqui, excepcionalmente, ao inverso.

Seção VI
DO VALOR DAS ANOTAÇÕES

Art. 40. As Carteiras de Trabalho e Previdência Social regularmente emitidas e anotadas servirão de prova nos atos em que sejam exigidas carteiras de identidade e especialmente:

I – nos casos de dissídio na Justiça do Trabalho entre a empresa e o empregado por motivo de salário, férias ou tempo de serviço;

II – perante a Previdência Social, para o efeito de declaração de dependentes;

III – para cálculo de indenização por acidente do trabalho ou moléstia profissional.

A CTPS é um documento público emitido pelo Ministério do Trabalho e Emprego, portanto pode integrar qualquer processo – judicial ou administrativo – como prova documental; porém, as anotações apostas pelo empregador não geram presunção absoluta de veracidade (*iuris et de iure*), apenas relativa (*iuris tantum*) nos dissídios na Justiça do Trabalho. Tal entendimento se firmou na Súmula nº 12 do TST e na Súmula nº 225 do STF que, também, se firma no sentido de não ser "absoluto o valor probatório das anotações da carteira profissional". Logicamente, há de se considerar que o empregador pode cometer erros ou abusos, não se tornando, assim, prova plena as suas anotações naquele documento.

Quanto aos processos administrativos, tanto no âmbito da Previdência Social como em qualquer outro órgão competente, as anotações na CTPS são consideradas mais um requisito necessário ao andamento daqueles procedimentos, observando-se que, em caso de dúvida quanto a sua veracidade, não se furtariam a promover um incidente de falsidade, até mesmo, na esfera judicial.

Seção VII
DOS LIVROS DE REGISTRO DE EMPREGADOS

Art. 41. Em todas as atividades será obrigatório para o empregador o registro dos respectivos trabalhadores, podendo ser adotados livros, fichas ou sistema eletrônico, conforme instruções a serem expedidas pelo Ministério do Trabalho.

Parágrafo único. Além da qualificação civil ou profissional de cada trabalhador, deverão ser anotados todos os dados relativos à sua admissão no emprego, duração e efetividade do trabalho, a férias, acidentes e demais circunstâncias que interessem à proteção do trabalhador.

Além da CTPS, os empregadores são obrigados a preencher e cadastrar os dados funcionais dos seus empregados em fichas ou livros, devidamente registrados com uma numeração própria pelas Delegacias Regionais do Trabalho.

Tais documentos (livros ou fichas) são adquiridos em qualquer comércio e posteriormente levados ao Ministério do Trabalho e Emprego para efetivação dos referidos registros. São preenchidos com os mesmos dados que integram a CTPS, por exemplo, qualificação do empregado, data da admissão, jornada de trabalho, salário, férias, recolhimentos de FGTS etc. Trata-se do histórico profissional daquele que presta serviços, necessário para efeitos de fiscalização do trabalho em uma empresa, já que a CTPS fica em poder do trabalhador.

Art. 42. (Revogado pela Lei nº 10.243, de 19.06.2001)

Art. 43. (Revogado pela Lei nº 7.855, de 24.10.1989)

Art. 44. (Revogado pela Lei nº 7.855, de 24.10.1989)

Art. 45. (Revogado pelo Decreto-Lei nº 229, de 28.02.1967)

Art. 46. (Revogado pelo Decreto-Lei nº 229, de 28.02.1967)

São multas administrativas aplicadas pelo Ministério do Trabalho e Emprego, por intermédio dos seus fiscais, no valor de um salário mínimo regional por empregado que não foi registrado, podendo dobrar nos casos de reincidência.

Art. 47. O empregador que mantiver empregado não registrado nos termos do art. 41 desta Consolidação ficará sujeito a multa no valor de R$3.000,00 (três mil reais) por empregado não registrado, acrescido de igual valor em cada reincidência.

§1º Especificamente quanto à infração a que se refere o *caput* deste artigo, o valor final da multa aplicada será de R$800,00 (oitocentos reais) por empregado não registrado, quando se tratar de microempresa ou empresa de pequeno porte.

§2º A infração de que trata o *caput* deste artigo constitui exceção ao critério da dupla visita.

A Lei nº 13.467/17 fixou o valor de R$3.000,00 (três mil reais) de multa administrativa para a empresa de grande e médio porte que não assinar a CTPS de empregado que presta serviços com vínculo empregatício. Para as micro e pequenas empresas, a referida multa é reduzida para R$800,00 (oitocentos reais) por empregado não registrado.

A questão da exceção ao critério da "dupla visita" assegura que, quando a empresa receber uma fiscalização do trabalho pela primeira vez, verificar-se-á oportunidade de comprovação da regularidade no retorno da fiscalização a empresa.

Art. 47-A. Na hipótese de não serem informados os dados a que se refere o parágrafo único do art. 41 desta Consolidação, o empregador ficará sujeito à multa de R$600,00 (seiscentos reais) por empregado prejudicado.

Nas fiscalizações promovidas pelo MTB, caso os auditores verifiquem a ausência de dados referentes às anotações funcionais de cada empregado, a empresa sofrerá auto de infração que sujeitará a multa de R$600,00 (seiscentos reais) por empregado cujos dados não estejam devidamente anotados e atualizados.

Art. 48. As multas previstas nesta Seção serão aplicadas pelas Delegacias Regionais do Trabalho e Emprego.

O Ministério do Trabalho e Emprego, enquanto órgão do Poder Executivo responsável pela fiscalização e controle das condições de trabalho no país, por meio de suas Delegacias Regionais, é competente para aplicação de penalidades administrativas e multas, no âmbito de suas áreas de atuação em todo o território nacional.

Faz-se mister esclarecer que a Procuradoria-Geral Federal expediu o Ofício nº 187, de 25 de abril de 2007, mediante delegação da Procuradoria-Geral da Fazenda Nacional, obrigando aos magistrados do trabalho acompanhar e proceder as execuções de multas provenientes da Delegacia Regional do Trabalho e Imposto de Renda, em processos trabalhistas, em consonância com o inc. VII do art. 114 da Carta Magna.

Seção VIII
DAS PENALIDADES

Art. 49. Para os efeitos da emissão, substituição ou anotação de Carteiras de Trabalho e Previdência Social, considerar-se-á crime de falsidade, com as penalidades previstas no art. 299 do Código Penal:

I – fazer, no todo ou em parte, qualquer documento falso ou alterar o verdadeiro;

II – afirmar falsamente a sua própria identidade, filiação, lugar de nascimento, residência, profissão ou estado civil e beneficiários, ou atestar os de outra pessoa;

III – servir-se de documentos, por qualquer forma falsificados;

IV – falsificar, fabricando ou alterando, ou vender, usar ou possuir Carteira de Trabalho e Previdência Social assim alterada;

V – anotar dolosamente em Carteira de Trabalho e Previdência Social ou registro de empregado, ou confessar ou declarar em juízo, ou fora dele, data de admissão em emprego diversa da verdadeira.

A CTPS e as fichas de registro de empregados são consideradas documentos públicos que ficam sob a guarda de trabalhadores e empregadores, respectivamente. Em qualquer falsificação ou tentativa de desvirtuá-los do seu objetivo principal, ou seja, de atestar o histórico de uma relação de emprego, os infratores, sem dúvida, estarão sujeitos às penalidades previstas no art. 297 do CP, sem prejuízo das punições no âmbito administrativo.

Art. 50. Comprovando-se falsidade, quer nas declarações para emissão de Carteira de Trabalho e Previdência Social, quer nas respectivas anotações, o fato será levado ao conhecimento da autoridade que houver emitido a carteira, para fins de direito.

Somente o órgão emissor terá competência para efetivar qualquer tipo de correção nas CTPS, simplesmente por se tratar de documento de ordem pública que é expedido por uma instituição pública; então, só as Delegacias Regionais do Ministério do Trabalho e Emprego podem proceder a essas alterações.

Art. 51. Incorrerá em multa de valor igual a 3 (três) vezes o salário mínimo regional aquele que, comerciante ou não, vender ou expuser à venda qualquer tipo de carteira igual ou semelhante ao tipo oficialmente adotado.

Em se tratando de documento de ordem pública, o comércio está proibido de comercializar CTPS de qualquer tipo ou espécie, cabendo, tão somente, ao Ministério do Trabalho e Emprego a sua emissão e expedição.

Art. 52. O extravio ou inutilização da Carteira de Trabalho e Previdência Social por culpa da empresa sujeitará esta à multa de valor igual à metade do salário mínimo regional.

Estará sujeita à penalidade de multa administrativa, responsabilizando-se pelo recolhimento de metade de um salário mínimo regional à delegacia do Ministério do

Trabalho e Emprego na localidade em que foi cometida a irregularidade e sem prejuízo de indenização de natureza civil em favor do trabalhador.

Art. 53. A empresa que receber Carteira de Trabalho e Previdência Social para anotar e a retiver por mais de 48 (quarenta e oito) horas ficará sujeita à multa de valor igual à metade do salário mínimo regional.

Se em 48 horas as anotações na CTPS do empregado não forem concluídas pelo empregador, este ficará sujeito à penalidade do pagamento de multa administrativa no valor de metade de 1 (um) salário mínimo regional à Delegacia Regional do Trabalho.

Não há prorrogação e suspensão de prazo, pois se trata de medida punitiva que não está sujeita a dilação ou quaisquer outras ilações inócuas por parte do infrator.

Art. 54. A empresa que, tendo sido intimada, não comparecer para anotar a Carteira de Trabalho e Previdência Social de seu empregado, ou cujas alegações para recusa tenham sido julgadas improcedentes, ficará sujeita à multa de valor igual a 1 (um) salário mínimo regional.

O empregador que descumprir a convocação pelo MTB pode sujeitar-se ao pagamento de multa administrativa equivalente a 1 (um) salário mínimo regional, além de correr o risco de ser processado, judicialmente, caso persista sua decisão de não adimplir suas obrigações com o Ministério do Trabalho e Emprego.

Art. 55. Incorrerá na multa de valor igual a 1 (um) salário mínimo regional a empresa que infringir o art. 13 e seus parágrafos.

Em caráter administrativo, estarão sempre sujeitos às penalidades impostas pela legislação trabalhista vigente, ou seja, ao pagamento de multa referente a *1 (um) salário mínimo regional*.

Art. 56. O sindicato que cobrar remuneração pela entrega de Carteira de Trabalho e Previdência Social ficará sujeito à multa de valor igual a 3 (três) vezes o salário mínimo regional.

Aos sindicatos de classe, também, são concedidas autorizações para proceder à emissão de CTPS; entretanto, em se tratando de um serviço público e por delegação de poderes, jamais poderão cobrar quaisquer taxas ou emolumentos por esses serviços prestados aos seus associados.

Capítulo II
DA DURAÇÃO DO TRABALHO

Seção I
DISPOSIÇÃO PRELIMINAR

Art. 57. Os preceitos deste Capítulo aplicam-se a todas as atividades, salvo as expressamente excluídas, constituindo exceções as disposições especiais, concernentes estritamente a peculiaridades profissionais constantes do Capítulo I do Título III.

Existem exceções na aplicação das normas que tratam das jornadas de trabalho na CLT; nesse sentido, o art. 62 do Texto Consolidado apresenta o elenco dos não abrangidos por esse regime, concluindo que devem abalizar-se por outras formas de controle de duração do trabalho. Contudo, além dos termos previstos no Texto Consolidado, a duração do trabalho se organiza conforme quadro sinóptico abaixo:

HORAS EXTRAORDINÁRIAS	REGIME DE TEMPO PARCIAL	COMPENSAÇÃO DE HORAS (BANCO DE HORAS)	ESCALA DE REVEZAMENTO	TURNO ININTERRUPTO DE REVEZAMENTO
Art. 59 CLT Art. 7º, XIII CRFB	Art. 58-A CLT (Lei nº 13.467/17)	Art. 59 §5º e 6º (Lei nº 13.467/17)	Art. 59-A e 59-B da CLT (Lei nº 13.467/17)	Art. 7º, XIV, CRFB/88

Seção II
DA JORNADA DE TRABALHO

Art. 58. A duração normal do trabalho, para os empregados em qualquer atividade privada, não excederá de 8 (oito) horas diárias, desde que não seja fixado expressamente outro limite.

§1º Não serão descontadas nem computadas como jornada extraordinária as variações de horário no registro de ponto não excedentes de 5 (cinco) minutos, observado o limite máximo de 10 (dez) minutos diários.

As novas regras introduzidas pela Lei nº 13.467/17 permitem maior flexibilidade de negociação direta entre empregados e empregadores ou por meio de pactos normativos, quanto à fixação da jornada de trabalho e suas consequentes compensações. Abstraindo as mudanças advindas da "Reforma Trabalhista", mantidas as previsões expostas no art. 7º, inciso da XIII da Carta Constitucional quanto a jornada semanal de 44h e de 08 horas diárias.

§2º O tempo despendido pelo empregado desde a sua residência até a efetiva ocupação do posto de trabalho e para o seu retorno, caminhando ou por qualquer meio de transporte, inclusive o fornecido pelo empregador, não será computado na jornada de trabalho, por não ser tempo à disposição do empregador.

§3º (Revogado)

Quanto ao deslocamento do empregado para empresa que tem sede em difícil local de acesso ou não arrefecidas por meios de transporte regulares, não estará mais sujeito a contabilização de horas *in itinere* em decorrência das mudanças previstas na Lei nº 13.467/17 e assim prejudicadas as interpretações das Súmulas nºs 90, 329 e 420 do TST que serão ajustadas para que figure com os seguintes textos: Súmula nº 90/TST sobre horas *in itinere* para seguir nesta direção: I – O tempo despendido pelo empregado, em condução fornecida pelo empregador, até o local de trabalho de difícil acesso, ou não servido por transporte público regular, e para o seu retorno é computável na jornada de trabalho. II – A incompatibilidade entre os horários de início e término da jornada do empregado e os do transporte público regular é circunstância que também gera o direito às horas *in itinere*. III – A mera insuficiência de transporte público não enseja o pagamento de horas *in itinere*. IV – Se houver transporte público regular em parte do trajeto percorrido em condução da empresa, as horas *in itinere* remuneradas limitam-se ao trecho não alcançado pelo transporte público. V – Considerando que as horas *in itinere* são computáveis na jornada de trabalho, o tempo que extrapola a jornada legal é considerado como extraordinário e sobre ele deve incidir o adicional respectivo. VI – Não tem direito a horas *in itinere* o empregado cujo contrato de trabalho haja sido celebrado a partir de 11 de novembro de 2017, data de vigência da Lei nº 13.467/2017, que alterou o §2º do art. 58 da CLT (art. 1º).

E para Súmula nº 320/TST, que deverá ser ajustada para: HORAS *IN ITINERE*. OBRIGATORIEDADE DE CÔMPUTO NA JORNADA DE TRABALHO (Incluído o item II em decorrência da Lei nº 13.467/2017). I – O fato de o empregador cobrar, parcialmente ou não, importância pelo transporte fornecido, para local de difícil acesso ou não servido por transporte regular, não afasta o direito à percepção das horas *in itinere*. II – Não tem direito a horas *in itinere* o empregado cujo contrato de trabalho haja sido celebrado a partir de 11 de novembro de 2017, data de vigência da Lei nº 13.467/2017, que alterou o §2º do art. 58 da CLT (art. 1º).

Também, quanto a redação da Súmula nº 429/TST, que deverá figurar com o seguinte texto: TEMPO À DISPOSIÇÃO DO EMPREGADOR. PERÍODO DE DESLOCAMENTO ENTRE A PORTARIA E O LOCAL DE TRABALHO (alterada em decorrência da Lei nº 13.467/2017). A partir de 11 de novembro de 2017, data de vigência da Lei nº 13.467/2017, o tempo despendido pelo empregado entre a portaria da empresa e o local de trabalho não é considerado à disposição do empregador, não se computando, pois, na jornada de trabalho, a teor do §2º do art. 58 da CLT, acrescentado pelo art. 1º da Lei nº 13.467/2017.

Art. 58-A. Considera-se trabalho em regime de tempo parcial aquele cuja duração não exceda a trinta horas semanais, sem a possibilidade de horas suplementares semanais, ou, ainda, aquele cuja duração não exceda a vinte e seis horas semanais, com a possibilidade de acréscimo de até seis horas suplementares semanais.

§3º As horas suplementares à duração do trabalho semanal normal serão pagas com o acréscimo de 50% (cinquenta por cento) sobre o salário-hora normal.

§4º Na hipótese de o contrato de trabalho em regime de tempo parcial ser estabelecido em número inferior a vinte e seis horas semanais, as horas suplementares a este quantitativo serão consideradas horas extras para fins do pagamento estipulado no §3º, estando também limitadas a seis horas suplementares semanais.

§5º As horas suplementares da jornada de trabalho normal poderão ser compensadas diretamente até a semana imediatamente posterior à da sua execução, devendo ser feita a sua quitação na folha de pagamento do mês subsequente, caso não sejam compensadas.

§6º É facultado ao empregado contratado sob regime de tempo parcial converter um terço do período de férias a que tiver direito em abono pecuniário.

§7º As férias do regime de tempo parcial são regidas pelo disposto no art. 130 desta Consolidação.

Essa modalidade deverá ser acordada no ato da admissão, respeitadas as condições impostas pela exegese do Texto Consolidado no que concerne à impossibilidade de acréscimo de trabalho em regime de horas extraordinárias e demais prescrições legais.

A Lei nº 13.467/17 assegura uma jornada especial de 26 horas semanais, permitidas as horas extraordinárias em até seis horas semanais ou compensadas até a semana seguinte e quitadas na folha do mês subsequente com os devidos acréscimos. É possível a opção pela jornada de 30 horas semanais, mas sem a permissão de horas suplementares.

É admitida a conversão de 1/3 das férias em paga salarial, devidamente regidas pelo capítulo próprio na CLT.

§2º Poderá ser dispensado o acréscimo de salário se, por força de acordo ou convenção coletiva de trabalho, o excesso de horas em um dia for compensado pela correspondente diminuição em outro dia, de maneira que não exceda, no período máximo de 1 (um) ano, à soma das jornadas semanais de trabalho previstas, nem seja ultrapassado o limite máximo de 10 (dez) horas diárias. (Revogado)

Art. 59. A duração diária do trabalho poderá ser acrescida de horas extras, em número não excedente de duas, por acordo individual, convenção coletiva ou acordo coletivo de trabalho.

§1º A remuneração da hora extra será, pelo menos, 50% (cinquenta por cento) superior à da hora normal.

§3º Na hipótese de rescisão do contrato de trabalho sem que tenha havido a compensação integral da jornada extraordinária, na forma dos parágrafos 2º e 5º deste artigo, o trabalhador terá direito ao pagamento das horas extras não compensadas, calculadas sobre o valor da remuneração na data da rescisão.

§4º (Revogado).

§5º O banco de horas de que trata o §2º deste artigo poderá ser pactuado por acordo individual escrito, desde que a compensação ocorra no período máximo de seis meses.

§6º É lícito o regime de compensação de jornada estabelecido por acordo individual, tácito ou escrito, para a compensação no mesmo mês.

As "horas extras", como são conhecidas, podem ser praticadas quando ocorrer necessidade de prorrogação das jornadas de trabalho. Tal prática se tornou rotineira nas empresas, porém não devem ser tratadas como regra se, na verdade, são exceções.

Na verdade as horas extraordinárias são sinônimo de ineficiência por parte do empregador ou do empregado, respectivamente. Quando não se consegue concluir o serviço no tempo normal estipulado por lei, fatalmente, há alguma anomalia que deverá ser registrada pelo empregador de forma a corrigi-la e evitar que se torne rotina ou costume.

A legislação trabalhista permite que sejam laboradas 2 (duas) horas além do expediente regular de trabalho, de 8 horas. Tal exceção deve ser formalizada entre empregados e empregadores, por escrito, como também através de acordos e convenções coletivas de trabalho.

Observe-se que, de acordo com a Súmula nº 423 do TST, caso seja estabelecida jornada superior a seis horas e limitada a oito horas por meio de regular negociação coletiva, os empregados submetidos a turnos ininterruptos de revezamento não têm direito ao pagamento das 7ª e 8ª horas como extras.

É inválido o instrumento normativo que, regularizando situações pretéritas, estabelece jornada de oito horas para o trabalho em turnos ininterruptos de revezamento (OJ nº 420 da SBDI-1 do TST, *DJE* 28.06.2012 – 1ª publicação).

Denota-se que a limitação legal da jornada suplementar em duas horas diárias não exime o empregador de pagar sobre o montante de horas suplementares trabalhadas. Ainda, o valor das horas suplementares habitualmente prestadas integra o cálculo dos demais créditos trabalhistas, independentemente da limitação prevista no *caput* do art. 59 da CLT (Súmula nº 376 do TST).

A Lei nº 13.467/17 permite que empregados e empregadores possam negociar diretamente regime de compensação de horas trabalhadas em até seis meses no máximo. Por diante, inicia-se outro regime de compensação, que poderá durar por mais seis meses, e assim sucessivamente.

As alterações previstas na Lei nº 13.447/17 facilitaram, sobremaneira, o regime de compensação de horas trabalhadas e permitem a composição de "banco de horas" em negociação direta entre empregados e empregadores. Em tempo, nos casos de término de contrato de trabalho antes de concluída a compensação das horas já trabalhadas, estas serão pagas na forma de horas suplementares na data da rescisão e calculadas sobre o último salário percebido pelo empregado.

Observe-se que a Lei nº 13.467/17 em consonância com a interpretação da Súmula nº 85 do TST ressalvam que a compensação de jornada de trabalho poder ser ajustada por acordo individual escrito, acordo coletivo ou convenção coletiva. Vale observar que o não atendimento das exigências legais para a compensação de jornada, inclusive quando encetada mediante acordo tácito, não implica na repetição do pagamento das horas excedentes à jornada normal diária caso não dilatada a jornada máxima semanal e devido apenas o respectivo adicional.

A prestação de horas extras habituais, prejudica a formatação de acordo de compensação de jornada. Nesta hipótese, as horas que ultrapassarem a jornada semanal normal deverão ser pagas como horas extraordinárias e, quanto àquelas destinadas à compensação, deverão respeitar o adicional por trabalho extraordinário.

Não será válido qualquer tipo de acordo de compensação de jornada em atividade insalubre, mesmo que previsto em norma coletiva e sem a necessária inspeção prévia ou permissão da autoridade competente, na forma do art. 60 da CLT.

A Súmula nº 264 do TST assevera que a remuneração do serviço suplementar é composta do valor da hora normal integrado por parcelas de natureza salarial e acrescido do adicional previsto em lei, contrato, acordo, convenção coletiva ou sentença normativa.

Conforme assevera a Súmula nº 291 do TST, a supressão total ou parcial, pelo empregador, do serviço suplementar prestado com habitualidade, durante pelo menos 1 ano, assegura ao empregado o direito à indenização correspondente ao valor de 1 (um) mês das horas suprimidas, total ou parcialmente, para cada ano ou fração igual ou superior a 6 meses de prestação de serviço acima da jornada normal. O cálculo observará a média das horas suplementares nos últimos 12 meses anteriores à mudança, multiplicada pelo valor da hora extra do dia da supressão.

Inexistindo acordo, por escrito, para prorrogação de jornada de trabalho, o adicional de 50%, em qualquer hipótese, será devido, assim definido no §1º do art. 59 da CLT combinado com o inc. XVI do art. 7º da CF/1988.

Denota-se, ainda, que o não atendimento das exigências legais para a compensação de jornada, até mesmo quando entabulado mediante acordo tácito, não implica a repetição do pagamento das horas excedentes à jornada normal diária, caso não dilatada a jornada máxima semanal, sendo devido somente o respectivo adicional.

Por fim, a prestação de horas extraordinárias habituais descaracteriza o acordo de compensação de jornada. Nessa hipótese, as horas que excederem a jornada semanal normal deverão ser quitadas como horas suplementares. Quanto às horas que forem destinadas à compensação, deve ser pago a mais apenas o adicional do referido trabalho realizado sob a tutela extraordinária (Súmula nº 85 do TST).

Ainda, o novo texto da Súmula nº 431 do TST aponta para aplicação do divisor 200 (duzentos) para o cálculo do valor do salário-hora do empregado sujeito a 40 (quarenta) horas semanais de trabalho. E a OJ nº 415 da SDI-1 do TST afirma que da dedução das horas extras comprovadamente pagas daquelas reconhecidas em juízo não pode ser limitada ao mês de apuração, devendo ser integral e aferida pelo total das horas extraordinárias quitadas durante o período imprescrito do contrato de trabalho.

É valida a jornada de 12 (doze) horas de trabalho por 36 (trinta e seis) de descanso mediante ajuste individual escrito, acordo ou convenção coletiva de trabalho, assegurada a remuneração em dobro dos feriados trabalhados. O empregado não tem direito ao pagamento de adicional referente ao labor prestado na décima primeira e décima segunda horas (Súmula nº 444 do TST acrescentada pela Res. TST nº 185/2012 – *DEJT* 25.09.2012).

O TST votou contra a Orientação Jurisprudencial nº 394/2010 e que as horas extraordinárias passem a refletir no pagamento do RSR e demais verbas trabalhistas como 13º salário, férias, FGTS e aviso-prévio. O tema foi julgado em sede de recurso com efeito repetitivo e será aplicado aos demais processos na modulação dos efeitos amparado pelos parágrafos 3º e 4º do art. 927 do CPC e §17º do art. 896-C CLT.

O TST deverá ajustar a redação da Súmula nº 366/TST que poderá ser alterada para: CARTÃO DE PONTO. REGISTRO. HORAS EXTRAS (alterada em decorrência da Lei nº 13.467/2017). A partir de 11 de novembro de 2017, data de vigência da Lei nº 13.467/2017, não será computado como período extraordinário o que exceder à jornada normal, ainda que ultrapasse o limite de cinco minutos, quando o empregado, por escolha própria, buscar proteção pessoal, em caso de insegurança nas vias públicas ou más condições climáticas, bem como adentrar ou permanecer nas dependências da empresa para exercer atividades particulares, a exemplo do tempo despendido em higiene pessoal, práticas religiosas, descanso, lazer, estudo, alimentação, atividades de relacionamento social e troca de uniforme, quando não houver obrigatoriedade de realizar a mudança na empresa.

E o TST também deverá adaptar o texto da Súmula nº 449/TST para que siga com esta redação: MINUTOS QUE ANTECEDEM E SUCEDEM A JORNADA DE TRABALHO. NORMA COLETIVA. FLEXIBILIZAÇÃO (alterada e incluído o item II em decorrência da Lei nº 13.467/2017). I – A partir da vigência da Lei nº 10.243, de 19.06.2001, que acrescentou o §1º ao art. 58 da CLT, e até 10 de novembro de 2017, é inválida cláusula prevista em convenção ou acordo coletivo que elastece o limite de 5 minutos que antecedem e sucedem a jornada de trabalho, para apuração das horas extras. II – A partir de 11 de novembro de 2017, data de vigência da Lei nº 13.467/2017, é válida a cláusula normativa que estabelece o limite de 5 minutos que antecedem e sucedem a jornada de trabalho para fins de apuração das horas extras, desde que observados os limites constitucionais.

Art. 59-A. Em exceção ao disposto no art. 59 desta Consolidação, é facultado às partes, mediante acordo individual escrito, convenção coletiva ou acordo coletivo de trabalho, estabelecer horário de trabalho de doze horas seguidas por trinta e seis horas ininterruptas de descanso, observados ou indenizados os intervalos para repouso e alimentação. (Incluído pela Lei nº 13.467, de 2017)

Parágrafo único. A remuneração mensal pactuada pelo horário previsto no *caput* deste artigo abrange os pagamentos devidos pelo descanso semanal remunerado e pelo descanso em feriados, e serão considerados compensados os feriados e as prorrogações de trabalho noturno, quando houver, de que tratam o art. 70 e o §5º do art. 73 desta Consolidação. (Incluído pela Lei nº 13.467, de 2017).

A Lei nº 13.467/17 inseriu o art. 59-A no Texto Consolidado que regula o trabalho realizado em regime de revezamento. As escalas de revezamento de 12x36, em regra adotadas nos serviços de enfermagem ou por atividades de segurança privada, passam a ser pactuadas por meio de acordo individual escrito ou pactos normativos.

A remuneração deste regime abrange o descanso semanal remunerado e descanso em feriados, considerando-se compensados junto com as prorrogações de trabalho noturno de que tratam o art. 70 e o §5º do art. 73 deste título.

Caso não sejam respeitadas as exigências para compensação de jornada, inclusive as fixadas por acordo tácito, o empregador não será punido com a repetição do pagamento das horas excedentes à jornada normal diária e só será devido o respectivo adicional.

Art. 59-B. O não atendimento das exigências legais para compensação de jornada, inclusive quando estabelecida mediante acordo tácito, não implica a repetição do pagamento das horas excedentes à jornada normal diária se não ultrapassada a duração máxima semanal, sendo devido apenas o respectivo adicional.

Parágrafo único. A prestação de horas extras habituais não descaracteriza o acordo de compensação de jornada e o banco de horas.

O presente artigo tem como objetivo promover a regularização do pagamento de horas excedentes quando o trabalho executado em regime de compensação ultrapassar os limites acordados pelo regime de compensação. Nestes casos, não haverá obrigação quanto a repetição das pagas decorrentes das horas excedentes e só serão devidas as horas referentes ao excesso da jornada efetivamente trabalhada.

Também, o fato de haver trabalho habitual em excesso não será motivo para caracterizar o descumprimento do acordo de compensação ou da adoção de banco de horas.

Enfim, o legislador deixa claro que se respeitará o *non bis in idem* e o empregador não será punido com repetição de débitos.

Art. 60. Nas atividades insalubres, assim consideradas as constantes dos quadros mencionados no Capítulo "Da Segurança e da Medicina do Trabalho", ou que neles venham a ser incluídas por ato do Ministro do Trabalho, Indústria e Comércio, quaisquer prorrogações só poderão ser acordadas mediante licença prévia das autoridades competentes em matéria de higiene do trabalho, as quais, para esse efeito, procederão aos necessários exames locais e à verificação dos métodos e processos de trabalho, quer diretamente, quer por intermédio de autoridades sanitárias federais, estaduais e municipais, com quem entrarão em entendimento para tal fim.

Parágrafo único. Excetuam-se da exigência de licença prévia as jornadas de doze horas de trabalho por trinta e seis horas ininterruptas de descanso.

Nos locais em que as autoridades (federais, estaduais ou municipais) constatem sujeitos a risco de insalubridade, só será permitida a prorrogação das jornadas de trabalho mediante autorização do Ministério do Trabalho e Emprego, por meio de suas delegacias regionais, por ato formal e restrito ao desenvolvimento das atividades, apenas naquele referido local.

Em tempo, o Ministério do Trabalho e Emprego costuma firmar convênios com outras entidades governamentais, em todos os níveis, visando à prática de fiscalizações em matéria de segurança e higiene do trabalho.

Entendeu que não foi revogado pelo art. 7º, XIII, da CF/1988, considerando-se por inválida cláusula de Convenção ou Acordo Coletivo que não observe as condições nele estabelecidas.

Art. 61. Ocorrendo necessidade imperiosa, poderá a duração do trabalho exceder do limite legal ou convencionado, seja para fazer face a motivo de força maior, seja para atender à realização ou conclusão de serviços inadiáveis ou cuja inexecução possa acarretar prejuízo manifesto.

§1º O excesso, nos casos deste artigo, pode ser exigido independentemente de convenção coletiva ou acordo coletivo de trabalho. (Redação dada pela Lei nº 13.467, de 2017)

§2º Nos casos de excesso de horário por motivo de força maior, a remuneração da hora excedente não será inferior à da hora normal. Nos demais casos de excesso previsto neste artigo, a remuneração será, pelo menos, 25% (vinte e cinco por cento) superior à da hora normal, e o trabalho não poderá exceder de 12 (doze) horas, desde que a lei não fixe expressamente outro limite.

§3º Sempre que ocorrer interrupção do trabalho, resultante de causas acidentais, ou de força maior, que determinem a impossibilidade de sua realização, a duração do trabalho poderá ser prorrogada pelo tempo necessário até o máximo de 2 (duas) horas, durante o número de dias indispensáveis à recuperação do tempo perdido, desde que não exceda de 10 (dez) horas diárias, em período não superior a 45 (quarenta e cinco) dias por ano, sujeita essa recuperação à prévia autorização da autoridade competente.

§1º O excesso, nos casos deste artigo, pode ser exigido independentemente de convenção coletiva ou acordo coletivo de trabalho.

Todos os casos de força maior são provenientes de um "ato de Deus" (*act of God*), ou seja, um ato de ininteligência humana como uma enchente provocada por fortes tempestades ou de atividades relacionadas aos serviços essenciais. Tais atos permitem ao empregador a possibilidade de prorrogar a jornada de trabalho além do limite legal, nos casos de prejuízo manifesto que não permitam atender à execução de serviços considerados inadiáveis.

A duração das horas trabalhadas nesses casos não poderá exceder a 12 horas diárias, salvo se houver outro limite estipulado por lei e independente de que seja submetido a apreciação de norma coletiva.

Com amparo no "princípio da conservação da empresa", considera-se que a proteção as atividades empresariais vincula a manutenção do emprego. Em qualquer hipótese, a hora extraordinária será remunerada acrescida de 50% do valor da hora normal até que o empregador recupere sua atividade empresarial.

O legislador excepciona no §3º do art. 61 da CLT a possibilidade de estender tais regalias, porém limita a 10 horas diárias ao contabilizar as 8 (oito) horas normais com mais 2 (duas) horas extras. Contudo, exige que essas condições perdurem por 45 dias, no máximo, sujeitando o empregador a uma autorização prévia do órgão competente do Ministério do Trabalho e Emprego.

Art. 62. Não são abrangidos pelo regime previsto neste Capítulo:

I – os empregados que exercem atividade externa incompatível com a fixação de horário de trabalho, devendo tal condição ser anotada na Carteira de Trabalho e Previdência Social e no registro de empregados;

II – os gerentes, assim considerados os exercentes de cargos de gestão, aos quais se equiparam, para efeito do disposto neste artigo, os diretores e chefes de departamento ou filial.

Parágrafo único. O regime previsto neste Capítulo será aplicável aos empregados mencionados no inciso II deste artigo, quando o salário do cargo de confiança, compreendendo a gratificação de função, se houver, for inferior ao valor do respectivo salário efetivo acrescido de 40% (quarenta por cento).

III – os empregados em regime de teletrabalho.

Serviços externos, fora da sede da empresa, que não comportem controle de jornada, bem como atividades de comando ou confiança, especificamente cargos de gestão.

Os gerentes, chefes de departamentos ou de filiais que, sem dúvida, exerçam suas atividades e caracterizem poder de gestão sobre os negócios do empregador, ou seja, que se envolvam com as atribuições de comando, até mesmo em cargos de confiança com ou sem gratificação para esta função.

Ademais, exige-se que esses cargos sejam remunerados de maneira que, se a referida gratificação de função for paga, jamais ultrapasse a soma do salário fixo acrescido de 40%, garantindo que a existência da chefia dependerá de um *plus* a ser creditado pelo empregador aos ganhos do empregado.

Os empregados comissionistas sujeitos ao controle de jornada de trabalho terão direito ao adicional de 50% pelas horas extraordinárias laboradas. O cálculo será realizado sobre o valor-hora das comissões concentradas no mês de referência, observando-se o número de horas efetivamente trabalhadas.

O teletrabalho, agraciado pela Lei nº 13.467/17, também está excluído do regime de controle de horário. Esta hipótese era questionada com elementos probatórios que poderiam atestar a entrada e saída do empregado por meio de sistemas remotos detectados pelos próprios equipamentos utilizados pelo empregado. Mas o parágrafo terceiro resta excluindo essas situações pela própria exegese do inciso III do presente artigo.

Observe-se a importância das empresas promoverem as devidas anotações na CTPS do empregado e também as condições do trabalho externo com objetivo de evitar futuros questionamentos sobre a natureza da atividade desempenhada em ambiente externo.

Art. 63. Não haverá distinção entre empregados e interessados, e a participação em lucros ou comissões, salvo em lucros de caráter social, não exclui o participante do regime deste Capítulo.

Aqueles que percebem participação em lucros de caráter social, por exemplo, sócios ou quotistas, estarão excluídos do controle de horas de trabalho. Os que se configuram empregados, mas recebem PL (participação nos lucros de caráter operacional), PIS/PASEP ou mesmo adicional de produtividade, estarão, sem dúvida, sujeitos aos limites das jornadas de trabalho previstos em lei.

Art. 64. O salário-hora normal, no caso do empregado mensalista, será obtido dividindo-se o salário mensal correspondente à duração do trabalho, a que se refere o art. 58, por 30 (trinta) vezes o número de horas dessa duração.

Parágrafo único. Sendo o número de dias inferior a 30 (trinta), adotar-se-á para o cálculo, em lugar desse número, o de dias de trabalho por mês.

Basta dividir o salário do empregado pelo número de horas trabalhadas em um mês, em regra 30 dias, como também pelo número de dias trabalhados durante o mês, caso as atividades sejam realizadas em tempo inferior a 30 dias.

Art. 65. No caso do empregado diarista, o salário-hora normal será obtido dividindo-se o salário diário correspondente à duração do trabalho, estabelecido no art. 58, pelo número de horas de efetivo trabalho.

Dividimos o salário percebido em um dia de trabalho pelo número de horas trabalhadas nesse mesmo dia.

Seção III
DOS PERÍODOS DE DESCANSO

Art. 66. Entre 2 (duas) jornadas de trabalho haverá um período mínimo de 11 (onze) horas consecutivas para descanso.

Os intervalos interjornadas devem ser de, no mínimo, 11 horas consecutivas de descanso, ou seja, entre uma jornada de trabalho praticada em um dia e outra praticada no dia seguinte, obrigatoriamente, deve-se parar de trabalhar por 11 horas.

Em tempo, existem atividades peculiares que são excepcionadas por legislações próprias, permitindo que esse intervalo seja reduzido, por exemplo, a dos aeronautas.

Sobre os intervalos intrajornada, o TST deverá adaptar o texto da Súmula nº 437/TST, que poderá seguir com esta redação: INTERVALO INTRAJORNADA PARA REPOUSO E ALIMENTAÇÃO. APLICAÇÃO DO ART. 71 DA CLT (alterada em decorrência da Lei nº 13.467/2017). I – A partir de 11 de novembro de 2017, data de vigência da Lei nº 13.467/2017, a não concessão ou a concessão parcial do intervalo intrajornada mínimo, para repouso e alimentação, a empregados urbanos e rurais, implica o pagamento, de natureza indenizatória, apenas do período suprimido, com acréscimo de 50% (cinquenta por cento) sobre o valor da remuneração da hora normal de trabalho. II – A partir de 11 de novembro de 2017, a parcela decorrente do intervalo intrajornada mínimo suprimido ostenta natureza indenizatória. III – Ultrapassada habitualmente a jornada de seis horas de trabalho, é devido o gozo do intervalo intrajornada mínimo para jornada superior a seis horas, estipulado em lei ou em norma coletiva, obrigando o empregador a remunerar o período para descanso e alimentação não usufruído, acrescido do respectivo adicional (houve a retirada de algumas palavras do dispositivo).

Art. 67. Será assegurado a todo empregado um descanso semanal de 24 (vinte e quatro) horas consecutivas, o qual, salvo motivo de conveniência pública ou necessidade imperiosa do serviço, deverá coincidir com o domingo, no todo ou em parte.

Parágrafo único. Nos serviços que exijam trabalho aos domingos, com exceção quanto aos elencos teatrais, será estabelecida escala de revezamento, mensalmente organizada e constando do quadro sujeito à fiscalização.

Os empregados devem ter um descanso semanal de 24 horas que, regularmente, recairá em um dia de domingo. Aos homens, em 7 (sete) semanas e, às mulheres, em 15 dias (art. 386 da CLT).

Tais descansos serão controlados em quadros de horários e sujeitos a fiscalização do trabalho, salvo as atividades que exijam trabalho aos domingos, por exemplo, artistas, técnicos em espetáculos de teatro e entretenimento em geral.

Art. 68. O trabalho em domingo, seja total ou parcial, na forma do art. 67, será sempre subordinado à permissão prévia da autoridade competente em matéria de trabalho.

Parágrafo único. A permissão será concedida a título permanente nas atividades que, por sua natureza ou pela conveniência pública, devem ser exercidas aos domingos, cabendo ao Ministro do Trabalho, Indústria e Comércio expedir instruções em que sejam especificadas tais atividades. Nos demais casos, ela será dada sob forma transitória, com discriminação do período autorizado, o qual, de cada vez, não excederá de 60 (sessenta) dias.

No passado, havia um rigor necessário nessas hipóteses e o empregador se via na obrigação de formalizar um pedido de autorização ao órgão competente do Ministério do Trabalho. Atualmente, basta fixar em local visível o quadro de horários e ter em mãos a justificativa para o desenvolvimento do trabalho aos domingos, obviamente ligado à natureza das atividades empresariais do referido empregador.

Em tempo, a abertura dos *shopping centers* aos domingos, oposta à natureza das atividades comerciais normais, sem dúvida, gera a necessidade de autorização especial, em regra, por ajuste sindical, pois presume-se que não há obrigatoriedade das lojas funcionarem nesse específico dia da semana.

Art. 69. Na regulamentação do funcionamento de atividades sujeitas ao regime deste Capítulo, os municípios atenderão aos preceitos nele estabelecidos, e as regras que venham a fixar não poderão contrariar tais preceitos nem as instruções que, para

seu cumprimento, forem expedidas pelas autoridades competentes em matéria de trabalho.

A CLT é lei especial e jamais se confrontará com leis municipais ou qualquer outra legislação de caráter geral. No que concerne às regras estabelecidas pelo Texto Consolidado, sempre prevalecerão sobre quaisquer outras normas e, independentemente da rotina de vida dos municípios, seguirão os comandos legais impostos pelo Capítulo II da CLT.

Art. 70. Salvo o disposto nos arts. 68 e 69, é vedado o trabalho em dias feriados nacionais e feriados religiosos, nos termos da legislação própria.

Nos dias feriados, nacionais (p. ex., 7 de setembro ou 15 de novembro) ou religiosos (p. ex., 12 de outubro ou 2 de novembro), o trabalho só será permitido nos casos em que a natureza das atividades empresariais exija tais exceções (p. ex., transportes coletivos, hospitais e cemitérios). Nesses casos, o empregador seguirá as regras estabelecidas nos arts. 68 e 69 da CLT, ou seja, terá condições de provar, administrativa ou judicialmente, a necessidade do desempenho daquelas atividades nos feriados também, obrigando-se a pagar os dias trabalhados com os devidos acréscimos salariais previstos em lei.

Art. 71. Em qualquer trabalho contínuo, cuja duração exceda de 6 (seis) horas, é obrigatória a concessão de um intervalo para repouso ou alimentação, o qual será, no mínimo, de 1 (uma) hora e, salvo acordo escrito ou contrato coletivo em contrário, não poderá exceder de 2 (duas) horas.

§1º Não excedendo de 6 (seis) horas o trabalho, será, entretanto, obrigatório um intervalo de 15 (quinze) minutos quando a duração ultrapassar 4 (quatro) horas.

§2º Os intervalos de descanso não serão computados na duração do trabalho.

§3º O limite mínimo de 1 (uma) hora para repouso ou refeição poderá ser reduzido por ato do Ministro do Trabalho, Indústria e Comércio quando, ouvido o Serviço de Alimentação de Previdência Social, se verificar que o estabelecimento atende integralmente às exigências concernentes à organização dos refeitórios e quando os respectivos empregados não estiverem sob regime de trabalho prorrogado a horas suplementares.

§4º A não concessão ou a concessão parcial do intervalo intrajornada mínimo, para repouso e alimentação, a empregados urbanos e rurais, implica o pagamento, de natureza indenizatória, apenas do período suprimido, com acréscimo de 50%

(cinquenta por cento) sobre o valor da remuneração da hora normal de trabalho. (Redação dada pela Lei nº 13.467, de 2017).

§5º Os intervalos expressos no *caput* e no §1º poderão ser fracionados quando compreendidos entre o término da primeira hora trabalhada e o início da última hora trabalhada, desde que previsto em convenção ou acordo coletivo de trabalho, ante a natureza do serviço e em virtude das condições especiais do trabalho a que são submetidos estritamente os motoristas, cobradores, fiscalização de campo e afins nos serviços de operação de veículos rodoviários, empregados no setor de transporte coletivo de passageiros, mantida a mesma remuneração e concedidos intervalos para descanso menores e fracionados ao final de cada viagem, não descontados da jornada.

§4º A não concessão ou a concessão parcial do intervalo intrajornada mínimo, para repouso e alimentação, a empregados urbanos e rurais, implica o pagamento, de natureza indenizatória, apenas do período suprimido, com acréscimo de 50% (cinquenta por cento) sobre o valor da remuneração da hora normal de trabalho.

Não ultrapassando 6 (seis) horas contínuas, o empregador poderá conceder um pequeno intervalo de 15 minutos durante a jornada de trabalho. Entretanto, se a duração das atividades exceder 6 horas por dia, certamente será obrigado a conceder um intervalo de 1 hora, no mínimo, e de 2 horas, no máximo.

Não se contabilizam os períodos de intervalo na duração do trabalho. Se uma empresa pratica jornada de trabalho de 8 horas diárias, há, com certeza, um intervalo de 1 ou até 2 horas para o almoço, o qual não será somado ao tempo de trabalho efetivamente prestado pelo empregado.

A Lei nº 13.467/17 regulou as atividades exercidas durante os intervalos intrajornada. Assevera o parágrafo quarto que as horas que forem dedicadas ao trabalho, por consequência suprimidas do período de descanso (por exemplo, almoço) deverão ser indenizadas. Em regra, haverá um intervalo mínimo de descanso para refeição de 1 hora que, caso não cumprido, acarretará efeitos indenizatórios. Abstraindo a nova interpretação do texto do §4º do presente artigo, a OJ nº 355 da SDI-1 e a Súmula nº 110 do TST, firmam entendimento no sentido de que deve-se pagar a integralidade das horas que foram subtraídas do intervalo acrescidas do respectivo adicional. A Súmula nº 437 do TST assegura que possui natureza salarial a parcela prevista no art. 71, §4º, da CLT (Lei nº 8.923/1994), quando não concedido ou reduzido pelo empregador o intervalo mínimo intrajornada, influenciando o cálculo de outras parcelas salariais.

Também dispõe, em seu inciso IV, que ultrapassada habitualmente a jornada de seis horas de trabalho, é devido o gozo do intervalo intrajornada mínimo de uma hora, obrigando o empregador a remunerar o período para descanso e alimentação não usufruído como extra, acrescido do respectivo adicional, na forma prevista no art. 71, *caput* e §4º, da CLT.

A Lei nº 12.619/2012 que regulamenta a atividade de rodoviário, fixa-se na grande concentração das atividades dos rodoviários que se traduz em corridas de transportes coletivos intermunicipais ou interestaduais. Contudo, mister que sigam uma rotina de idas e vindas diárias em um sem número de vezes por determinado

percurso que – devido ao trânsito das grandes cidades e ao incomensurável contingente humano envolvido – impossibilita qualquer tipo de estagnação ou de parada para que o profissional possa descansar. Assim, diante de uma realidade singular, as empresas se permitem a adotar critérios próprios que fogem aos ditames regulares prescritos no seu mesmo texto (art. 66 da CLT). Restam fixando um tempo mínimo de descanso aos referidos rodoviários, dentro do que é possível à ótica desta atividade profissional já classificada como categoria diferenciada. Nessa esteira, acordos e convenções coletivas poderão ajustar-se em 30 minutos antes e depois das viagens – então – considerados como intervalos intrajornada para descanso.

Vale ressalvar o entendimento da Súmula nº 437 do TST, que assegura inválida cláusula de acordo ou convenção coletiva de trabalho que permita a supressão ou redução do intervalo intrajornada em se tratando de medida de higiene, saúde e segurança do trabalho. Tal norma, de efeitos cogentes, está garantida por norma de ordem pública (art. 71 da CLT e art. 7º, XXII, da CF/1988), infenso à negociação coletiva.

A exceção vem das empresas de transporte público coletivo urbano, que contempla a redução do intervalo intrajornada caso garantida a redução da jornada para sete horas diárias ou quarenta e duas semanais, não prorrogada, mantida a mesma remuneração e concedidos intervalos para descanso menores e fracionados ao final de cada viagem, não descontados da jornada.

Por derradeiro, nos termos do parágrafo quarto em conformidade com a Lei nº 13.467/17, registre-se que caberá a indenização apenas do período suprimido do intervalo intrajornada e com acréscimo de 50% (cinquenta por cento) sobre o valor da remuneração da hora normal de trabalho.

Art. 72. Nos serviços permanentes de mecanografia (datilografia, escrituração ou cálculo), a cada período de 90 (noventa) minutos de trabalho consecutivo corresponderá um repouso de 10 (dez) minutos não deduzidos da duração normal de trabalho.

Há um tipo de intervalo intrajornada para aqueles que trabalham com serviços que impõem continuidade excessiva, por exemplo, os datilógrafos, calculistas e, atualmente, os digitadores em computadores. Tais atividades exigem um grau de continuidade muito grande, podendo exaurir o empregado e, consequentemente, ensejando os intervalos de 10 minutos dentro da jornada de trabalho. No detalhe, lembramos que os referidos intervalos não são computados na duração do trabalho.

Seção IV
DO TRABALHO NOTURNO

Art. 73. Salvo nos casos de revezamento semanal ou quinzenal, o trabalho noturno terá remuneração superior à do diurno e, para esse efeito, sua remuneração terá um acréscimo de 20% (vinte por cento), pelo menos, sobre a hora diurna.

§1º A hora do trabalho noturno será computada como de 52 (cinquenta e dois) minutos e 30 (trinta) segundos.

§2º Considera-se noturno, para os efeitos deste artigo, o trabalho executado entre as 22 (vinte e duas) horas de um dia e as 5 (cinco) horas do dia seguinte.

§3º O acréscimo a que se refere o presente artigo, em se tratando de empresas que não mantêm, pela natureza de suas atividades, trabalho noturno habitual, será feito tendo em vista os quantitativos pagos por trabalhos diurnos de natureza semelhante. Em relação às empresas cujo trabalho noturno decorra da natureza de suas atividades, o aumento será calculado sobre o salário mínimo, não sendo devido quando exceder desse limite, já acrescido da percentagem.

§4º Nos horários mistos, assim entendidos os que abrangem períodos diurnos e noturnos, aplica-se às horas de trabalho noturno o disposto neste artigo e seus parágrafos.

§5º Às prorrogações do trabalho noturno aplica-se o disposto neste Capítulo.

Nos casos em que o empregador opta pelo regime de compensação de horas, a lei o desobriga do pagamento de adicional noturno, pois o trabalho à noite será mero referencial das horas em excesso trabalhadas durante o dia. Tal desencargo só será válido nas escalas semanais ou quinzenais, conforme as determinações do §2º do art. 59 da CLT.

Será calculado na razão de 20% sobre o valor da hora diurna, assim considerada como 52 minutos e 30 segundos no trabalho urbano e de 60 minutos no trabalho rural, ressalvando-se as condições de trabalho determinadas pelo §3º do art. 73 da CLT.

No trabalho desenvolvido no meio urbano a hora noturna é contabilizada das 22 às 5 horas do dia seguinte.

No trabalho rural, especificamente: na pecuária, das 20 às 4 horas, e, na agricultura, das 21 às 5 horas do dia seguinte.

A Súmula nº 265 do TST diz que a transferência para o período diurno de trabalho implica a perda do direito ao adicional noturno.

O legislador do Texto Consolidado excepcionou no §3º do art. 73 a base de cálculo do adicional noturno das empresas que desenvolvem suas atividades durante o dia e, casual ou propositadamente, adentram a noite com trabalhos excessivos. Nesses casos, a lei obriga a que as horas noturnas sejam caracterizadas sobre o salário do empregado. Todavia, se as atividades se desenvolverem tão somente à noite e for natural a prática do trabalho noturno, certamente será beneficiado com o cálculo de 20% sobre o salário mínimo, e não sobre o salário normal, como ocorre no caso anterior.

Realmente, o legislador cria dificuldades para os que tentam desvirtuar as regras básicas de proteção ao trabalho.

Entretanto, a CF/1988 traz no inc. IX do art. 7º a necessidade de remunerar o trabalho noturno com bases superiores ao diurno, jamais impondo que o cálculo das horas noturnas seja contabilizado na razão de 20% sobre o salário do empregado, revogando, então, o §3º do art. 73 da CLT. Quem conhece o direito do trabalho poderia fazer valer o "princípio do favor" e, na dúvida, adotar a base de cálculo que permita a superioridade; porém, como em direito não há fórmulas exatas, defendemos, sem dúvida, que o presente comando legal é passível de amplas discussões.

O adicional noturno pago com habitualidade integra o salário do empregado para todos os efeitos. Cumprida, integralmente, a jornada no período noturno com sua consequente prorrogação, verifica-se devido o adicional quanto às horas prorrogadas (Súmula nº 60 do TST).

Seção V
DO QUADRO DE HORÁRIO

Art. 74. O horário do trabalho constará de quadro, organizado conforme modelo expedido pelo Ministro do Trabalho, Indústria e Comércio e afixado em lugar bem visível. Esse quadro será discriminativo no caso de não ser o horário único para todos os empregados de uma mesma seção ou turma.

§1º O horário de trabalho será anotado em registro de empregados com a indicação de acordos ou contratos coletivos porventura celebrados.

§2º Para os estabelecimentos de mais de dez trabalhadores será obrigatória a anotação da hora de entrada e de saída, em registro manual, mecânico ou eletrônico, conforme instruções a serem expedidas pelo Ministério do Trabalho, devendo haver pré-assinalação do período de repouso.

§3º Se o trabalho for executado fora do estabelecimento, o horário dos empregados constará, explicitamente, de ficha ou papeleta em seu poder, sem prejuízo do que dispõe o §1º deste artigo.

O critério adotado pelo empregador e subscrito pelo empregado, pessoal (contrato individual) ou em nível coletivo (acordo ou convenção), será apresentado em fichas de registro e quadros de horários fixados em local visível, contendo a duração da jornada válida para aquela atividade e local, e, ainda, nas empresas com mais de dez empregados, também, haverá controle por meio de cartões de ponto (eletrônicos ou manuais) ou livros de registro, especificamente, das horas de entrada e saída dos empregados, bem como dos períodos de descanso até mesmo dos que laboram fora do estabelecimento, por meio de fichas ou papeletas preparadas para esses fins.

Ultrapassado o limite de 10 empregados, o registro da jornada de trabalho deve ser feito na forma do §2º do art. 74 da CLT, importando em presunção de veracidade da existência de jornada de trabalho alegada na petição inicial, que pode ser atacada por prova em contrário, conforme o entendimento do TST apresentado na Súmula nº 338.

Seção VI
DAS PENALIDADES

Art. 75. Os infratores dos dispositivos do presente Capítulo incorrerão na multa de 50 (cinquenta) a 5.000 (cinco mil) cruzeiros, segundo a natureza da infração, sua extensão

e a intenção de quem a praticou, aplicada em dobro no caso de reincidência e oposição à fiscalização ou desacato à autoridade.

Parágrafo único. São competentes para impor penalidades as Delegacias Regionais do Trabalho e Emprego.

Em se tratando de normas de proteção ao trabalho, as delegacias regionais do Ministério do Trabalho e Emprego, por meio de seu corpo de fiscais, serão competentes para aplicação de multas aos infratores e, coercitivamente, exigirão o cumprimento destas regras que envolvem a duração do trabalho. Com relação às multas, recomendamos leitura da Portaria MTb nº 290/1997.

Capítulo II-A
DO TELETRABALHO

Art. 75-A. A prestação de serviços pelo empregado em regime de teletrabalho observará o disposto neste Capítulo.

Art. 75-B. Considera-se teletrabalho a prestação de serviços preponderantemente fora das dependências do empregador, com a utilização de tecnologias de informação e de comunicação que, por sua natureza, não se constituam como trabalho externo.

Parágrafo único. O comparecimento às dependências do empregador para a realização de atividades específicas que exijam a presença do empregado no estabelecimento não descaracteriza o regime de teletrabalho.

Art. 75-C. A prestação de serviços na modalidade de teletrabalho deverá constar expressamente do contrato individual de trabalho, que especificará as atividades que serão realizadas pelo empregado.

§1º Poderá ser realizada a alteração entre regime presencial e de teletrabalho desde que haja mútuo acordo entre as partes, registrado em aditivo contratual.

§2º Poderá ser realizada a alteração do regime de teletrabalho para o presencial por determinação do empregador, garantido prazo de transição mínimo de quinze dias, com correspondente registro em aditivo contratual.

Art. 75-D. As disposições relativas à responsabilidade pela aquisição, manutenção ou fornecimento dos equipamentos tecnológicos e da infraestrutura necessária e adequada à prestação do trabalho remoto, bem como ao reembolso de despesas arcadas pelo empregado, serão previstas em contrato escrito.

Parágrafo único. As utilidades mencionadas no *caput* deste artigo não integram a remuneração do empregado.

Art. 75-E. O empregador deverá instruir os empregados, de maneira expressa e ostensiva, quanto às precauções a tomar a fim de evitar doenças e acidentes de trabalho.

Parágrafo único. O empregado deverá assinar termo de responsabilidade comprometendo-se a seguir as instruções fornecidas pelo empregador.

A Lei nº 13.467/17 traz ao Texto Consolidado o modelo de *home office*, que até então não tinha previsão legal e se orientava por meio de entendimentos firmados pelos Tribunais Regionais e superior do trabalho.

A regra atual segue na direção do contrato que será fixado entre as partes. Neste, serão estabelecidas as condições quanto a tornar expressa a atividade de trabalho remoto seja desde a admissão ou por meio de aditivo contratual nos casos em que o empregado já esteja prestando serviços na empresa. Observe-se que haverá um período de transição para que empregado e empregador possam se adaptar ao novo conceito de atividade laboral. Idem quanto aos equipamentos que serão utilizados, que deverão constar as devidas responsabilidades no que concerne a manutenção e garantias das despesas que resultarem da prestação de serviços. Estas referidas despesas e seus respectivos reembolsos, por sua vez, não integram a remuneração do empregado e nem serão considerados como salário *in natura* (em utilidades).

Por óbvio, o trabalho em regime de *home office* é realizado fora da empresa e fica prejudicado quanto ao controle de horário nos termos do art. 62 da CLT. Contudo, há condições do empregador efetivar tal controle através dos sistemas de entrada e saída do provedor ou *out look* corporativo. Vale ressalvar que tais questões estarão restritas aos contratos celebrados entre as partes, também quanto às regras gerais que norteiam o trabalho e das instruções da empresa para evitar doenças ou acidentes de trabalho.

Capítulo III
DO SALÁRIO MÍNIMO

Seção I
DO CONCEITO

Art. 76. Salário mínimo é a contraprestação mínima devida e paga diretamente pelo empregador a todo trabalhador, inclusive ao trabalhador rural, sem distinção de sexo, por dia normal de serviço, e capaz de satisfazer, em determinada época e região do país, as suas necessidades normais de alimentação, habitação, vestuário, higiene e transporte.

O salário mínimo é um valor fixado por lei para servir de base de pagamento pelo trabalho prestado por qualquer trabalhador brasileiro, em todas as atividades laborais

(de caráter "ineventual", com pessoalidade, subordinada e remunerada) do país. Deverá atender às necessidades básicas estabelecidas, agora, no inc. IV do art. 7º pela CF/1988, como moradia, alimentação, educação, saúde, lazer, vestuário, higiene, transporte e previdência social, incluídos reajustes periódicos que permitam ao beneficiado a manutenção do seu poder aquisitivo.

Difere do valor pago estipulado livremente pelo empregador ou mesmo do valor firmado por acordo ou convenção coletiva de trabalho, denominado "piso salarial da categoria", exatamente por ser estipulado por lei ordinária e não por consenso entre as partes. O salário mínimo sempre será fruto de norma heterônoma (oriunda do estado), jamais autônoma (só com a participação das partes interessadas).

Art. 77. (Revogado pela Lei nº 4.589, de 11.12.1964)

Art. 78. Quando o salário for ajustado por empreitada, ou convencionado por tarefa ou peça, será garantida ao trabalhador uma remuneração diária nunca inferior à do salário mínimo por dia normal.

Parágrafo único. Quando o salário mínimo mensal do empregado a comissão ou que tenha direito a percentagem for integrado por parte fixa e parte variável, ser-lhe-á sempre garantido o salário mínimo, vedado qualquer desconto em mês subsequente a título de compensação.

O salário mínimo é a garantia do Estado de que todos os trabalhadores perceberão, sempre, um valor digno pela atividade laboral prestada a outrem. Trata-se de preocupação de cunho social, daí a necessidade de estabelecer um critério de natureza constitucional que principalmente assegure a ordem e a segurança de uma nação.

Se a liberalidade e consensualidade que existe nos contratos de trabalho não seguir esta característica básica que o Estado defende, consequentemente haverá sua interferência, de forma que se preserve um mínimo nas pagas sob a responsabilidade do empregador; então, não se podem reduzir vencimentos por menos que o limite previsto em lei.

Em tempo, os representantes das categorias econômicas e profissionais desde já estabelecem um piso para cada atividade em suas convenções e acordos coletivos de trabalho. Por exemplo, os comerciários que trabalham por comissões sobre vendas recebem sempre o piso salarial da categoria, quando não atingem um valor-limite nas comercializações previstas.

Art. 79. Quando se tratar da fixação do salário mínimo dos trabalhadores ocupados em serviços insalubres, poderão as Comissões de salário mínimo aumentá-lo até de metade do salário mínimo normal.

O salário mínimo fixado por lei é um só e não se dilata nem reduz, conforme as circunstâncias do trabalho praticado. Apenas, poderá ser analisado por representantes das categorias econômicas e profissionais restritas àquelas atividades que, consensualmente, decidirão sobre sua flexibilização no âmbito de suas competências, ou seja, nos limites das categorias envolvidas.

Art. 80. (Revogado pela Lei nº 10.097, de 19.12.2000)

Art. 81. O salário mínimo será determinado pela fórmula $Sm = a + b + c + d + e$, em que a, b, c, d e e representam, respectivamente, o valor das despesas diárias com alimentação, habitação, vestuário, higiene e transporte necessários à vida de um trabalhador adulto.

§1º A parcela correspondente à alimentação terá um valor mínimo igual aos valores da lista de provisões, constantes dos quadros devidamente aprovados e necessários à alimentação diária do trabalhador adulto.

§2º Poderão ser substituídos pelos equivalentes de cada grupo, também mencionados nos quadros a que alude o parágrafo anterior, os alimentos, respeitados os valores nutritivos determinados nos mesmos quadros.

§3º O Ministério do Trabalho, Indústria e Comércio fará, periodicamente, a revisão dos quadros a que se refere o §1º deste artigo.

Na verdade, não há fórmula para calcular o salário, tão somente parcelas isoladas que podem ser separadas para o efeito de critérios de pagamento. Por exemplo, a alimentação do trabalhador pode ser um título isolado e separado para o efeito de paga salarial, como também o transporte e até a moradia; entretanto, deverá prevalecer um valor total que não poderá ser inferior ao mínimo legal.

Art. 82. Quando o empregador fornecer, *in natura*, uma ou mais das parcelas do salário mínimo, o salário em dinheiro será determinado pela fórmula $Sd = Sm - P$, em que Sd representa o salário em dinheiro, Sm o salário mínimo e P a soma dos valores daquelas parcelas.

Parágrafo único. O salário mínimo pago em dinheiro não será inferior a 30% (trinta por cento) do salário mínimo.

Salário *in natura* é aquele que pode ser convertido em utilidades, por exemplo, alimentos, moradia, enfim, fazem parte dos itens considerados úteis ao trabalho do

empregado. O pagamento de salário *in natura*, ou seja, em utilidades, só poderá atingir 70% do salário mínimo e os outros 30% deverão ser pagos em dinheiro.

Para melhor caracterizar a natureza do salário *in natura*, exemplificamos o caso da empresa que cede um carro para o vendedor realizar seu trabalho com mais eficiência. O veículo é usado, exclusivamente, "para" o trabalho e ao final do expediente devolvido ao empregador. Trata-se de uma facilidade que atende, tão somente, aos interesses do empregador e como tal será acolhida. Porém, se este mesmo vendedor leva o veículo para sua casa e, também, pode utilizá-lo para uso próprio, ou seja, "pelo" que foi designado ao seu trabalho, também, servindo para ir à praia ou levar sua família para passear nos fins de semana, fatalmente o empregador será condenado pela Justiça do Trabalho a pagar por tais benefícios, que serão incorporados como *in natura* aos salários devidamente mensurados pelo valor de uma locação de um veículo por dia, multiplicando-se pelos dias trabalhados e, ao final, somados ao salário que o referido empregado perceba naquela empresa.

"Os percentuais fixados em lei relativos ao salário *in natura* apenas se referem às hipóteses em que o empregado percebe salário mínimo, apurando-se, nas demais, o real valor da utilidade" (Súmula nº 258 do TST).

Art. 83. É devido o salário mínimo ao trabalhador em domicílio, considerado este como o executado na habitação do empregado ou em oficina de família, por conta de empregador que o remunere.

Aqueles que comprovem a existência de vínculo de emprego, nos moldes do art. 6º da CLT, sem dúvida, terão direito a uma paga salarial que, se não atingir o valor estabelecido por lei, será de um salário mínimo, de conformidade às determinações do Capítulo III deste Título.

Seção II
DAS REGIÕES E SUB-REGIÕES

Art. 84. (Revogado pela Lei nº 13.467, de 2017)

Art. 85. (Revogado pela Lei nº 4.589, de 11.12.1964)

Art. 86. (Prejudicado pelo art. 7º da CF/1988)

Seção III
DA CONSTITUIÇÃO DAS COMISSÕES

Arts. 87 a 100. (Revogados pela Lei nº 4.589, de 11.12.1964)

Seção IV
DAS ATRIBUIÇÕES DAS COMISSÕES DE SALÁRIO MÍNIMO

Arts. 101 a 111. (Revogados pela Lei nº 4.589, de 11.12.1964)

Seção V
DA FIXAÇÃO DO SALÁRIO MÍNIMO

Arts. 112 a 115. (Revogados pela Lei nº 4.589, de 11.12.1964)

Art. 116. O decreto fixando o salário mínimo, decorridos 60 (sessenta) dias de sua publicação no *Diário Oficial*, obrigará a todos que utilizem o trabalho de outrem mediante remuneração.

§1º O salário mínimo, uma vez fixado, vigorará pelo prazo de 3 (três) anos, podendo ser modificado ou confirmado por novo período de 3 (três) anos, e assim seguidamente, por decisão da respectiva Comissão de Salário Mínimo, aprovada pelo Ministro do Trabalho, Indústria e Comércio.

§2º Excepcionalmente, poderá o salário mínimo ser modificado, antes de decorridos 3 (três) anos de sua vigência, sempre que a respectiva Comissão de Salário Mínimo, pelo voto de 3/4 (três quartos) de seus componentes, reconhecer que fatores de ordem econômica tenham alterado de maneira profunda a situação econômica e financeira da região interessada.

Atualmente, o salário mínimo é fixado pelo Poder Executivo, em regra, encaminhado ao Congresso Nacional por meio de uma medida provisória, e passa a viger a partir de 1º de maio de cada ano, sendo renovado no ano seguinte pelo mesmo método. Tal procedimento vem sendo adotado pelos últimos governos posteriores à implantação do Plano Real, independentemente das previsões estabelecidas no art. 116 da CLT.

As leis estaduais podem fixar um salário mínimo regional, de conformidade com a sua realidade social e geográfica. Tal salário deverá ser caracterizado de acordo com as atividades profissionais exercidas e valerá como uma espécie de piso para todos os efeitos legais, se for superior ao mínimo estabelecido pelo Governo Federal.

Seção VI
DISPOSIÇÕES GERAIS

Art. 117. Será nulo de pleno direito, sujeitando o empregador às sanções do art. 120, qualquer contrato ou convenção que estipule remuneração inferior ao salário mínimo.

O inc. VI do art. 8º da Carta Constitucional assegura que os acordos e as convenções coletivas serão, obrigatoriamente, precedidos da participação das entidades sindicais. Essa prerrogativa se estende para as questões de natureza salarial. Para tanto, os sindicatos poderão estabelecer critérios de ordem técnica para os ajustes salariais.

Contudo, essas negociações devem respeitar os valores fixados pelo governo ou mesmo pelas próprias categorias envolvidas, observando que as reduções de jornadas de trabalho jamais podem afetar os índices do salário/hora ou do que estiver determinado como salário-base dos empregados.

As reduções de carga horária a que o inc. XIII do art. 7º da CF/1988 se refere, tão somente, se firmam diante do número de horas trabalhadas e a redução de salário só será permitida de conformidade com os percentuais referentes aos ajustes salariais decorrentes dos acordos e convenções coletivas existentes.

Para acompanhar a rotina da lei, serão nulos todos os atos que tentem impedir, desvirtuar ou fraudar os preceitos contidos na CLT, conforme o preceituado pelo art. 9º do Texto Consolidado.

Art. 118. O trabalhador a quem for pago salário inferior ao mínimo terá direito, não obstante qualquer contrato, ou convenção em contrário, a reclamar do empregador o complemento de seu salário mínimo.

Se não chegar a um acordo amigável com o empregador, certamente deverá ajuizar uma reclamação trabalhista na Justiça do Trabalho, foro competente para a discussão da presente contenda, independentemente de quaisquer previsões contratuais (individual ou coletiva).

Importante fazer ressalvas quanto à existência de piso salarial da categoria a que o trabalhador estiver vinculado. Neste caso, valerá o valor que for mais benéfico ao empregado.

Art. 119. Prescreve em 2 (dois) anos a ação para reaver a diferença, contados, para cada pagamento, da data em que o mesmo tenha sido efetuado.

Deve ser aforada, no máximo, em 2 anos da extinção do contrato de trabalho. E, quanto às diferenças resultantes de créditos de natureza trabalhista como salários, pleiteados pelos últimos 5 anos de trabalho a contar da data do aforamento da reclamação trabalhista, conforme o art. 11 da CLT e as alíneas *a* e *b* do inc. XXIX do art. 7º da CF/1988.

Essa prescrição, parcial, refere-se às pagas salariais mensais que o artigo indica e devem ser respeitadas no período decorrente dos últimos cinco anos a contar da data do ajuizamento da reclamação trabalhista.

Art. 120. Aquele que infringir qualquer dispositivo concernente ao salário mínimo será passível de multa de 50 (cinquenta) a 2.000 (dois mil) cruzeiros, elevada ao dobro na reincidência.

Estarão sujeitos a multa administrativa, aplicada pelas Delegacias Regionais do Trabalho, sem prejuízo do ajuizamento de ação trabalhista pela parte que se sentir prejudicada.

Art. 121. (Revogado pelo Decreto-Lei nº 229, de 28.02.1967)

Arts. 122 e 123. (Revogados pela Lei nº 4.589, de 11.12.1964)

Art. 124. A aplicação dos preceitos deste Capítulo não poderá, em caso algum, ser causa determinante da redução do salário.

A própria Carta Constitucional, em seu inc. IV do art. 7º, veda, expressamente, a irredutibilidade salarial, assim corroborando com o Texto Consolidado.

Quanto à redução de jornada de trabalho, respeitados os valores fixados para o salário/hora ou base da categoria, podem ser ajustados por acordos e convenções coletivas sobre os percentuais que serão determinados para as categorias envolvidas, sempre considerando os índices de correção monetária e inflação do período negociado.

Art. 125. (Revogado pela Lei nº 4.589, de 11.12.1964)

Art. 126. O Ministro do Trabalho, Indústria e Comércio expedirá as instruções necessárias à fiscalização do salário mínimo, podendo cometer essa fiscalização a qualquer dos órgãos componentes do respectivo Ministério, e, bem assim, aos fiscais dos Institutos de Aposentadoria e Pensões, na forma da legislação em vigor.

Em regra, o Ministério do Trabalho e Emprego, por meio de suas delegacias regionais, será o órgão competente para fiscalizar o cumprimento das normas salariais.

Arts. 127 e 128. (Revogados pelo Decreto-Lei nº 229, de 28.02.1967)

Capítulo IV
DAS FÉRIAS ANUAIS

Seção I
DO DIREITO A FÉRIAS E DA SUA DURAÇÃO

Art. 129. Todo empregado terá direito anualmente ao gozo de um período de férias, sem prejuízo da remuneração.

Trata-se de um descanso concedido ao empregado que trabalha, pelo menos, 1 ano para empregador.

Esse descanso é remunerado e traduz um tipo de interrupção do contrato de trabalho, garantindo a contagem desse período como tempo de serviço, sob efeito de remuneração decorrente do período de acordo com art. 7º, XVI, da CF/1988.

Art. 130. Após cada período de 12 (doze) meses de vigência do contrato de trabalho, o empregado terá direito a férias, na seguinte proporção:

I – 30 (trinta) dias corridos, quando não houver faltado ao serviço mais de 5 (cinco) vezes;

II – 24 (vinte e quatro) dias corridos, quando houver tido de 6 (seis) a 14 (quatorze) faltas;

III – 18 (dezoito) dias corridos, quando houver tido de 15 (quinze) a 23 (vinte e três) faltas;

IV – 12 (doze) dias corridos, quando houver tido de 24 (vinte e quatro) a 32 (trinta e duas) faltas.

§1º É vedado descontar, do período de férias, as faltas do empregado ao serviço.

§2º O período de férias será computado, para todos os efeitos, como tempo de serviço.

Caso não tenha faltado, injustificadamente, ao serviço, o empregado terá direito a 30 dias corridos de férias. Porém, se forem registradas de 5 a 32 faltas durante o período aquisitivo, ou seja, no período em que o empregado trabalha para conquistar seu direito a férias, sem dúvida serão descontados os dias faltados no descanso hebdomadário, proporcionalmente ao prazo das suas respectivas faltas ao serviço.

O Texto Consolidado disse menos do que devia (*minus dixit quam voluit*).

A redação ideal do §1º do art. 130 da CLT deveria ser: "É vedado descontar na remuneração do empregado", tornando, assim, lógico o entendimento do presente artigo da lei. Não se podem descontar os dias de faltas nas férias, juntamente a descontos salariais, senão configuraria o *non bis in idem* (não há punição dupla decorrente de uma mesma falta).

Art. 131. Não será considerada falta ao serviço, para os efeitos do artigo anterior, a ausência do empregado:

I – nos casos referidos no art. 473;

II – durante o licenciamento compulsório da empregada por motivo de maternidade ou aborto, observados os requisitos para percepção do salário-maternidade custeado pela Previdência Social;

III – por motivo de acidente do trabalho ou enfermidade atestada pelo Instituto Nacional do Seguro Social – INSS, excetuada a hipótese do inc. IV do art. 133;

IV – justificada pela empresa, entendendo-se como tal a que não tiver determinado o desconto do correspondente salário;

V – durante a suspensão preventiva para responder a inquérito administrativo ou de prisão preventiva, quando for impronunciado ou absolvido; e

VI – nos dias em que não tenha havido serviço, salvo na hipótese do inc. III do art. 133.

Além das enumeradas pelo art. 473 da CLT, serão consideradas faltas justificadas: licença à gestante (inc. XVIII do art. 7º da CF/1988); acidentes de trabalho; afastamentos do empregado aceitos pelo empregador por consenso das partes; impronunciado ou absolvido por prisão preventiva sob a tutela da lei penal; e nos dias em que não há atividades laborais (p. ex., feriados), exceto quando deixar de trabalhar, assalariado, por mais de 30 dias, nos casos de paralisação total ou parcial da empresa.

Art. 132. O tempo de trabalho anterior à apresentação do empregado para serviço militar obrigatório será computado no período aquisitivo, desde que ele compareça ao estabelecimento dentro de 90 (noventa) dias da data em que se verificar a respectiva baixa.

O serviço militar caracteriza a suspensão do contrato de trabalho, porque não há paga salarial nesse período, independentemente do recolhimento dos depósitos do FGTS pelo empregador.

Nesses casos, o tempo do período aquisitivo de férias conquistado pelo empregado, antes de se agregar às Forças Armadas, será contabilizado a partir do seu retorno ao trabalho, exceto se não voltar à empresa dentro de 90 dias da "baixa" militar.

Art. 133. Não terá direito a férias o empregado que, no curso do período aquisitivo:

I – deixar o emprego e não for readmitido dentro dos 60 (sessenta) dias subsequentes à sua saída;

II – permanecer em gozo de licença, com percepção de salários, por mais de 30 (trinta) dias;

III – deixar de trabalhar, com percepção do salário, por mais de 30 (trinta) dias, em virtude de paralisação parcial ou total dos serviços da empresa; e

IV – tiver percebido da Previdência Social prestações de acidente de trabalho ou de auxílio-doença por mais de 6 (seis) meses, embora descontínuos.

§1º A interrupção da prestação de serviços deverá ser anotada na Carteira de Trabalho e Previdência Social.

§2º Iniciar-se-á o decurso de novo período aquisitivo quando o empregado, após o implemento de qualquer das condições previstas neste artigo, retornar ao serviço.

§3º Para os fins previstos no inciso III deste artigo a empresa comunicará ao órgão local do Ministério do Trabalho, com antecedência mínima de 15 (quinze) dias, as datas de início e fim da paralisação total ou parcial dos serviços da empresa, e, em igual prazo, comunicará, nos mesmos termos, ao sindicato representativo da categoria profissional, bem como afixará aviso nos respectivos locais de trabalho.

§4º (Vetado)

Nas hipóteses previstas no art. 133 da CLT, ressalvando que não se perdem férias, e sim a soma do período aquisitivo na contabilização do seu direito a férias, ou seja, terá de começar a contagem de novo período aquisitivo.

A contagem dos períodos para obtenção de férias se traduzem em "períodos aquisitivos" (com 12 meses de trabalho) que, vencidos, atingem os "períodos concessivos" pelos quais os empregadores se baseiam para conceder as férias aos empregados.

Seção II
DA CONCESSÃO E DA ÉPOCA DAS FÉRIAS

Art. 134. As férias serão concedidas por ato do empregador, em um só período, nos 12 (doze) meses subsequentes à data em que o empregado tiver adquirido o direito.

§1º Desde que haja concordância do empregado, as férias poderão ser usufruídas em até três períodos, sendo que um deles não poderá ser inferior a quatorze dias corridos e os demais não poderão ser inferiores a cinco dias corridos, cada um.

§2º (Revogado).

§3º É vedado o início das férias no período de dois dias que antecede feriado ou dia de repouso semanal remunerado.

O período de férias é previsto por lei, caracterizando o tempo que o empregado trabalha para adquiri-las com a necessidade de o empregador concedê-las em tempo hábil e legal. Porém, é ato do empregador a sua concessão, pois dentro do "princípio da *tutela gerenda, res gerenda* e *ius variandi*", que marcam o poder diretivo do empregador, este terá melhores condições de definir o melhor período para afastar aquele empregado das atividades laborais.

A Lei nº 13.467/17 autoriza que as férias sejam divididas em três partes, sendo que um dos períodos não pode ser inferior a 14 dias e nem que os outros sejam gozados por menos de cinco dias. Esta previsão acolhe interesse empresarial para evitar longos afastamentos do empregado e a descontinuidade dos serviços, mas só poderá ser efetivada com aceite do trabalhador. Na verdade, trata-se de uma exceção e neste caso não restringe ao empregador promover a escolha da melhor época para o empregado gozar as férias.

Por consequência, as pagas referentes as férias divididas seguem na mesma direção quanto ao pagamento antecipado.

As alterações da Lei nº 13.476/17 vedam a concessão de férias antes de feriados e do DSR para permitir que o empregado possa usufruir o período na sua totalidade e assim evitar que a contagem do tempo recaia em datas que já não haveria expediente de trabalho na empresa.

Art. 135. A concessão das férias será participada, por escrito, ao empregado, com antecedência de, no mínimo, 30 (trinta) dias. Dessa participação o interessado dará recibo.

§1º O empregado não poderá entrar no gozo das férias sem que apresente ao empregador sua Carteira de Trabalho e Previdência Social, para que nela seja anotada a respectiva concessão.

§2º A concessão das férias será, igualmente, anotada no livro ou nas fichas de registro dos empregados.

O empregador, em regra, propõe um programa de férias para os seus empregados de acordo com as necessidades da empresa. Então, deverá providenciar um "aviso-prévio de férias" aos que concluíram o período aquisitivo e adentraram no concessivo. Tal aviso deverá ser participado ao empregado com antecedência mínima de 30 dias, mediante recibo.

A CTPS do empregado deverá ser recolhida para as devidas anotações e, em seguida, devolvida ao interessado.

Art. 136. A época da concessão das férias será a que melhor consulte os interesses do empregador.

§1º Os membros de uma família, que trabalharem no mesmo estabelecimento ou empresa, terão direito a gozar férias no mesmo período, se assim o desejarem e se disto não resultar prejuízo para o serviço.

§2º O empregado estudante, menor de 18 (dezoito) anos, terá direito a fazer coincidir suas férias com as férias escolares.

Se uma empresa contar com os serviços de membros de uma mesma família, poderá o empregador conceder-lhes férias no mesmo período, ressalvando tratar-se de uma liberalidade do empregador protegida por lei. É faculdade e não obrigação.

A exceção quanto a redação do *caput* do artigo ocorrerá por ocasião das férias fragmentadas em três períodos, oportunidade que será necessária a anuência do empregado para que se proceda a tal modulação (art. 134, §1º, da CLT).

Quando, porém, o empregado for estudante e menor de 18 anos, o empregador se obrigará a conceder férias num período que coincida com as férias escolares. Saliente-se que esse ato de concessão é da alçada do empregador, apenas necessário que se adapte com o período de férias escolares do referido empregado.

Art. 137. Sempre que as férias forem concedidas após o prazo de que trata o art. 134, o empregador pagará em dobro a respectiva remuneração.

§1º Vencido o mencionado prazo sem que o empregador tenha concedido as férias, o empregado poderá ajuizar reclamação pedindo a fixação, por sentença, da época de gozo das mesmas.

§2º A sentença cominará pena diária de 5% (cinco por cento) do salário mínimo, devida ao empregado até que seja cumprida.

§3º Cópia da decisão judicial transitada em julgado será remetida ao órgão local do Ministério do Trabalho, para fins de aplicação da multa de caráter administrativo.

Após o vencimento do período aquisitivo e do respectivo período concessivo sem conceder férias ao empregado que lhe faria jus, o empregador estará sujeito a ser acionado na Justiça do Trabalho. Nessa oportunidade, poderá ser condenado a uma espécie de pena pecuniária, conhecida pelo direito francês como *astreinte*, fixada em 5% do salário mínimo, que deverá ser paga ao empregado lesado até que sejam concedidas suas férias, sem prejuízo de multas administrativas caracterizadas pelas Delegacias Regionais do Trabalho.

Conforme a Súmula nº 7 do TST, a indenização pelo não deferimento das férias no tempo oportuno será calculada com base na remuneração devida ao empregado à época da reclamação ou da extinção do contrato.

Art. 138. Durante as férias, o empregado não poderá prestar serviços a outro empregador, salvo se estiver obrigado a fazê-lo em virtude de contrato de trabalho regularmente mantido com aquele.

O descanso é característico daquele que presta serviços durante 1 ano e depois faz jus às suas dignas férias. Quebrar essa natureza não é de bom alvitre, porém a CLT ressalva os casos em que o empregado assume compromissos com outro empregador durante suas férias, e para tanto se excepcionará tal situação tão somente garantindo a proteção ao trabalho pela proibição de se laborar para o mesmo empregador, assim vedado expressamente.

Seção III
DAS FÉRIAS COLETIVAS

Art. 139. Poderão ser concedidas férias coletivas a todos os empregados de uma empresa ou de determinados estabelecimentos ou setores da empresa.

§1º As férias poderão ser gozadas em dois períodos anuais desde que nenhum deles seja inferior a 10 (dez) dias corridos.

§2º Para os fins previstos neste artigo, o empregador comunicará ao órgão local do Ministério do Trabalho, com a antecedência mínima de 15 (quinze) dias, as datas de início e fim das férias, precisando quais os estabelecimentos ou setores abrangidos pela medida.

§3º Em igual prazo, o empregador enviará cópia da aludida comunicação aos sindicatos representativos da respectiva categoria profissional, e providenciará a afixação de aviso nos locais de trabalho.

As férias coletivas permitem o descanso aos empregados de determinado setor ou de todos que trabalhem em uma mesma empresa, jamais se estendendo aos membros de uma categoria profissional.

Na verdade, trata-se de questão econômica em que o empregador poderá dispensar as atividades laborais dos seus empregados em períodos que coincidam com as épocas de baixa produção e consumo.

Deverá comunicar à Delegacia Regional do Trabalho mais próxima, em 15 dias, o período de início e fim das férias, bem como aos sindicatos representantes das categorias profissionais envolvidas, e também fixará avisos nos locais de trabalho atingidos pela medida.

Art. 140. Os empregados contratados há menos de 12 (doze) meses gozarão, na oportunidade, férias proporcionais, iniciando-se, então, novo período aquisitivo.

Os empregados que ainda não concluíram o período aquisitivo também entrarão em gozo de férias coletivas, sem exceções. No retorno, iniciarão outro período aquisitivo para conquistarem o direito às férias individuais, por exemplo.

A Súmula nº 261 do TST diz que o empregado que pede demissão antes de completar 12 meses de serviço terá direito a férias proporcionais.

Art. 141. Quando o número de empregados contemplados com as férias coletivas for superior a 300 (trezentos), a empresa poderá promover, mediante carimbo, as anotações de que trata o art. 135, §1º.

§1º O carimbo, cujo modelo será aprovado pelo Ministério do Trabalho, dispensará a referência ao período aquisitivo a que correspondem, para cada empregado, as férias concedidas.

§2º Adotado o procedimento indicado neste artigo, caberá à empresa fornecer ao empregado cópia visada do recibo correspondente à quitação mencionada no parágrafo único do art. 145.

§3º Quando da cessação do contrato de trabalho, o empregador anotará na Carteira de Trabalho e Previdência Social as datas dos períodos aquisitivos correspondentes às férias coletivas gozadas pelo empregado.

O empregador deverá anotar a CTPS do empregado e, no caso de ter atingido mais de 300 beneficiados, poderá ser utilizado um carimbo com descrições comuns aos interessados. Ainda, a empresa deverá emitir um recibo ao empregado, bem como fazer constar as datas dos períodos aquisitivos conquistados pelos empregados, de conformidade com as férias coletivas desfrutadas.

Seção IV
DA REMUNERAÇÃO E DO ABONO DE FÉRIAS

Art. 142. O empregado perceberá, durante as férias, a remuneração que lhe for devida na data da sua concessão.

§1º Quando o salário for pago por hora com jornadas variáveis, apurar-se-á a média do período aquisitivo, aplicando-se o valor do salário na data da concessão das férias.

§2º Quando o salário for pago por tarefa, tomar-se-á por base a média da produção no período aquisitivo do direito a férias, aplicando-se o valor da remuneração da tarefa na data da concessão das férias.

§3º Quando o salário for pago por percentagem, comissão ou viagem, apurar-se-á a média percebida pelo empregado nos 12 (doze) meses que precederem à concessão das férias.

§4º A parte do salário paga em utilidades será computada de acordo com a anotação na Carteira de Trabalho e Previdência Social.

§5º Os adicionais por trabalho extraordinário, noturno, insalubre ou perigoso serão computados no salário que servirá de base ao cálculo da remuneração das férias.

§6º Se, no momento das férias, o empregado não estiver percebendo o mesmo adicional do período aquisitivo, ou quando o valor deste não tiver sido uniforme, será computada a média duodecimal recebida naquele período, após a atualização das importâncias pagas, mediante incidência dos percentuais dos reajustamentos salariais supervenientes.

Perceberá, sempre, valor correspondente ao tempo do período concessivo, ou seja, seu último salário será referencial. E, na ordem dos parágrafos do art. 142 da CLT, da seguinte forma:

Primeiro, nos ganhos por hora trabalhada ou frutos de jornadas variáveis será calculado pela média dos ganhos à época do período aquisitivo, aplicando-se este referencial quando forem concedidas as férias.

Segundo, em salários por tarefa a base de pagamento será referente à média de produção do período aquisitivo, pelo valor da remuneração do período concessivo.

Terceiro, nas pagas por comissões ou percentuais será apurada a média destes títulos nos últimos 12 meses.

Quarto, os salários *in natura* serão computados para todos os efeitos.

Quinto, os demais títulos contratuais como horas extraordinárias, adicional noturno, insalubridade e periculosidade também serão integrados à remuneração das férias.

Sexto, se os adicionais que foram recebidos no período aquisitivo forem diferentes do período concessivo, valerá a média dos últimos 12 meses, considerando os reajustes anteriores e posteriores até a data de concessão das férias.

Finalmente, os cálculos referentes às férias devem contar com um abono de 33% sobre a remuneração, pois se trata de 1/3 que o inc. XVII do art. 7º da CF/1988 adotou como benefício ao empregado.

O pagamento das férias, integrais ou proporcionais, gozadas ou não, sujeita-se ao acréscimo de 1/3 previsto no inc. XVII do art. 7º da Carta Constitucional de 1988, de acordo com a Súmula nº 328 do TST.

Art. 143. É facultado ao empregado converter 1/3 (um terço) do período de férias a que tiver direito em abono pecuniário, no valor da remuneração que lhe seria devida nos dias correspondentes.

§1º O abono de férias deverá ser requerido até 15 (quinze) dias antes do término do período aquisitivo.

§2º Tratando-se de férias coletivas, a conversão a que se refere este artigo deverá ser objeto de acordo coletivo entre o empregador e o sindicato representativo da respectiva categoria profissional, independendo de requerimento individual a concessão do abono.

§ 3º (Revogado pela Lei nº 13.467, de 2017).

O empregador permitirá que o empregado negocie parte de suas férias em pecúnia. Do total dos 30 dias de descanso, apenas 10 dias poderão ser convertidos na forma de remuneração, pois se trata do abono pecuniário de férias facultado pela legislação do trabalho.

Ao empregado interessado é necessário que registre sua vontade nos 15 dias finais do vencimento do período aquisitivo.

No caso de férias coletivas, será obrigatória a participação das representações sindicais, via acordo ou convenção, independentemente dos pedidos individuais requeridos.

Nas oportunidades em que o empregado aceitar a divisão em três períodos nos termos do art. 134 da CLT, restará prejudicada a conversão das férias em pecúnia diante da obrigação em respeitar o período mínimo de 14 dias em gozo e a impossibilidade de convolar menos de 10 dias em paga salarial.

Art. 144. O abono de férias de que trata o artigo anterior, bem como o concedido em virtude de cláusula do contrato de trabalho, do regulamento da empresa, de convenção ou acordo coletivo, desde que não excedente de 20 (vinte) dias do salário, não integrarão a remuneração do empregado para os efeitos da legislação do trabalho.

Qualquer cláusula de contrato de trabalho, acordo ou convenção coletiva que conceda tais abonos, independentemente da prevista na CLT, jamais se integrará ao salário do empregado por se caracterizar, exclusivamente, dedicada ao período de férias e ao interesse do empregado em trocar o descanso por dinheiro. Entretanto, se o abono exceder 10 dias, consequentemente será integrado à remuneração do empregado, para todos os efeitos, descaracterizando a natureza de sua criação e aplicação.

Art. 145. O pagamento da remuneração das férias e, se for o caso, o do abono referido no art. 143 serão efetuados até 2 (dois) dias antes do início do respectivo período.

Parágrafo único. O empregado dará quitação do pagamento, com indicação do início e do termo das férias.

O pagamento das férias e do abono, se houver, será efetuado nos 2 dias anteriores ao gozo das férias pelo empregado, bem como haverá a necessidade de quitação, mediante recibo próprio, no qual constará o dia do início e o do fim das referidas férias.

Seção V
DOS EFEITOS DA CESSAÇÃO DO CONTRATO DE TRABALHO

Art. 146. Na cessação do contrato de trabalho, qualquer que seja a sua causa, será devida ao empregado a remuneração simples ou em dobro, conforme o caso, correspondente ao período de férias cujo direito tenha adquirido.

Parágrafo único. Na cessação do contrato de trabalho, após 12 (doze) meses de serviço, o empregado, desde que não haja sido demitido por justa causa, terá direito à remuneração relativa ao período incompleto de férias, de acordo com o art. 130, na proporção de 1/12 (um doze avos) por mês de serviço ou fração superior a 14 (quatorze) dias.

As férias vencidas serão pagas até nas dispensas com justa causa. As proporcionais devem ser quitadas nas terminações dos contratos de trabalho na razão de 1/12 avos por cada mês trabalhado. Assim, o empregado que ganha R$500,00 por mês e laborou 4 meses em período aquisitivo perceberá R$166,66 na proporção de 4/12 avos de férias, ou seja, seu salário será dividido por 12 e depois multiplicado pelo número de avos ou meses trabalhados (observar a Súmula nº 386 do STJ, para efeitos de IRRF).

Art. 147. O empregado que for despedido sem justa causa, ou cujo contrato de trabalho se extinguir em prazo predeterminado, antes de completar 12 (doze) meses de serviço, terá direito à remuneração relativa ao período incompleto de férias, de conformidade com o disposto no artigo anterior.

As férias proporcionais serão pagas nas dispensas sem justa causa, ao fim dos contratos a prazo determinado e nos pedidos de demissão do empregado que conte com menos de 12 meses de trabalho na empresa (Súmula nº 261 do TST). E também serão acrescidas de 1/3 do abono constitucional, em qualquer das hipóteses acima.

Art. 148. A remuneração das férias, ainda quando devida após a cessação do contrato de trabalho, terá natureza salarial, para os efeitos do art. 449.

Para todos os efeitos, a remuneração das férias será considerada como salário e esta natureza se convalida quando em falências, recuperação judicial ou extrajudicial são liquidadas em créditos privilegiados devidos aos empregados que fizeram jus para merecê-los (Lei nº 11.101/2005).

Seção VI
DO INÍCIO DA PRESCRIÇÃO

Art. 149. A prescrição do direito de reclamar a concessão das férias ou o pagamento da respectiva remuneração é contada do término do prazo mencionado no art. 134 ou, se for o caso, da cessação do contrato de trabalho.

A prescrição, neste caso, será considerada ao final do período concessivo, na vigência do contrato de trabalho. E, ao final deste, em 2 anos, conforme o prazo previsto no inc. XXIX do art. 7º da CF/1988.

Seção VII
DISPOSIÇÕES ESPECIAIS

Art. 150. O tripulante que, por determinação do armador, for transferido para o serviço de outro, terá computado, para o efeito de gozo de férias, o tempo de serviço prestado ao primeiro, ficando obrigado a concedê-las o armador em cujo serviço ele se encontra na época de gozá-las.

§1º As férias poderão ser concedidas, a pedido dos interessados e com aquiescência do armador, parceladamente, nos portos de escala de grande estadia do navio, aos tripulantes ali residentes.

§2º Será considerada grande estadia a permanência no porto por prazo excedente de 6 (seis) dias.

§3º Os embarcadiços, para gozarem férias nas condições deste artigo, deverão pedi-las, por escrito, ao armador, antes do início da viagem, no porto de registro ou armação.

§4º O tripulante, ao terminar as férias, apresentar-se-á ao armador, que deverá designá-lo para qualquer de suas embarcações ou o adir a algum dos seus serviços terrestres, respeitadas a condição pessoal e a remuneração.

§5º Em caso de necessidade, determinada pelo interesse público, e comprovada pela autoridade competente, poderá o armador ordenar a suspensão das férias já iniciadas ou a iniciar-se, ressalvado ao tripulante o direito ao respectivo gozo posteriormente.

§6º O Delegado do Trabalho Marítimo poderá autorizar a acumulação de dois períodos de férias do marítimo, mediante requerimento justificado:

I – do sindicato, quando se tratar de sindicalizado; e

II – da empresa, quando o empregado não for sindicalizado.

O procedimento de férias do marítimo seguirá os preceitos contidos na CLT, cumprindo, porém, a seguinte rotina:

a) aos que forem transferidos de embarcações, contabilizando o período aquisitivo e concessivo da última embarcação;
b) gozadas em portos onde a embarcação atracar por mais tempo (6 meses), parceladamente;
c) requisitadas ao armador antes do início de cada viagem;
d) na volta ao trabalho, passível de ser designado para qualquer embarcação disponível;
e) permitida a suspensão do gozo das férias, em caso de necessidade pelo interesse público, resguardando o direito de completá-las, posteriormente; e
f) as Delegacias de Trabalho Marítimo (cargo de delegado de trabalho marítimo extinto) poderão autorizar a acumulação de dois períodos de férias, sem prejuízos ao armador no que concerne ao pagamento em dobro, mediante justificativa do sindicato da categoria ou da própria empresa de navegação, quando o embarcadiço não for sindicalizado.

Art. 151. Enquanto não se criar um tipo especial de caderneta profissional para os marítimos, as férias serão anotadas pela Capitania do Porto na caderneta-matrícula do tripulante, na página das observações.

Nas cadernetas cedidas e sob o controle da Capitania dos Portos, especificamente nas anotações de observações.

Art. 152. A remuneração do tripulante, no gozo de férias, será acrescida da importância correspondente à etapa que estiver vencendo.

Serão sempre contabilizadas pelos períodos referentes às etapas vincendas, ou seja, considerando os serviços que estão em andamento.

Seção VIII
DAS PENALIDADES

Art. 153. As infrações ao disposto neste Capítulo serão punidas com multas de valor igual a 160 (cento e sessenta) BTN por empregado em situação irregular.

Parágrafo único. Em caso de reincidência, embaraço ou resistência à fiscalização, emprego de artifício ou simulação com o objetivo de fraudar a lei, a multa será aplicada em dobro.

Serão aplicadas multas administrativas, devidamente renovadas e amparadas pela Lei nº 8.177/1991, que declarou extinto o BTN, então, considerando a Lei nº 8.383/1991, que instituiu a UFIR.

Capítulo V
DA SEGURANÇA E DA MEDICINA DO TRABALHO

Seção I
DISPOSIÇÕES GERAIS

Art. 154. A observância, em todos os locais de trabalho, do disposto neste Capítulo, não desobriga as empresas do cumprimento de outras disposições que, com relação à matéria, sejam incluídas em códigos de obras ou regulamentos sanitários dos Estados ou Municípios em que se situem os respectivos estabelecimentos, bem como daquelas oriundas de convenções coletivas de trabalho.

Existem legislações federais, estaduais e municipais, até mesmo convenções e acordos coletivos de trabalho sobre o assunto que, sem dúvida, serão observados em

conjunto com as normas contidas na CLT, obrigando os empregadores ao cumprimento de todas essas regras, sem excluir uma pela outra.

Art. 155. Incumbe ao órgão de âmbito nacional competente em matéria de segurança e medicina do trabalho:

I – estabelecer, nos limites de sua competência, normas sobre a aplicação dos preceitos deste Capítulo, especialmente os referidos no art. 200;

II – coordenar, orientar, controlar e supervisionar a fiscalização e as demais atividades relacionadas com a segurança e a medicina do trabalho em todo o território nacional, inclusive a Campanha Nacional de Prevenção de Acidentes do Trabalho;

III – conhecer, em última instância, dos recursos, voluntários ou de ofício, das decisões proferidas pelos Delegados Regionais do Trabalho e Emprego, em matéria de segurança e medicina do trabalho.

O Ministério do Trabalho e Emprego, por meio de suas secretarias especiais, incluídas de higiene, segurança e medicina do trabalho, responsabilizar-se-á por firmar convênios com estados e municípios ou com organismos autônomos como, por exemplo, as procuradorias regionais do Ministério Público do Trabalho, visando ao controle e à fiscalização das condições de trabalho nas empresas, bem como a prevenção de acidentes e todas as questões que envolvam a proteção ao trabalho no país.

Art. 156. Compete especialmente às Delegacias Regionais do Trabalho e Emprego, nos limites de sua jurisdição:

I – promover a fiscalização do cumprimento das normas de segurança e medicina do trabalho;

II – adotar as medidas que se tornem exigíveis, em virtude das disposições deste Capítulo, determinando as obras e reparos que, em qualquer local de trabalho, se façam necessárias;

III – impor as penalidades cabíveis por descumprimento das normas constantes deste Capítulo, nos termos do art. 201.

As Delegacias Regionais do Trabalho, vinculadas ao Ministério do Trabalho e Emprego, serão competentes para controlar, fiscalizar e exigir alterações ou mudanças físicas e comportamentais aos que estiverem infringindo as regras de segurança e medicina do trabalho, também com a competência de impor multas administrativas aos faltosos.

Art. 157. Cabe às empresas:

I – cumprir e fazer cumprir as normas de segurança e medicina do trabalho;

II – instruir os empregados, através de ordens de serviço, quanto às precauções a tomar no sentido de evitar acidentes do trabalho ou doenças ocupacionais;

III – adotar as medidas que lhes sejam determinadas pelo órgão regional competente;

IV – facilitar o exercício da fiscalização pela autoridade competente.

Cabe às empresas o cumprimento das medidas de proteção ao trabalho, a orientação dos seus empregados, a prevenção de acidentes, bem como colaborar com as fiscalizações do trabalho.

Art. 158. Cabe aos empregados:

I – observar as normas de segurança e medicina do trabalho, inclusive as instruções de que trata o item II do artigo anterior;

II – colaborar com a empresa na aplicação dos dispositivos deste Capítulo.

Parágrafo único. Constitui ato faltoso do empregado a recusa injustificada:

a) à observância das instruções expedidas pelo empregador na forma do item II do artigo anterior;

b) ao uso dos equipamentos de proteção individual fornecidos pela empresa.

Cabe aos empregados seguir, rigorosamente, as orientações do empregador com relação às normas de proteção ao trabalho, colaborando com a aplicação de medidas preventivas, bem como observar o uso de EPIs (equipamentos de prevenção de acidentes). No caso de não cumprirem as regras impostas nesse sentido, estarão sujeitos a dispensa por justa causa. Tal dispensa por justa causa se adapta às outras integrantes do art. 482 da CLT, seguindo o mesmo modelo de conduta daquela norma, consequentemente necessária porque o empregador poderá ser condenado ao pagamento de indenização por responsabilidade civil (causado o dolo), em ação civil própria, caracterizando sua culpa *in vigilando*, ou seja, por não vigiar o cumprimento das medidas de segurança e medicina do trabalho expressas na lei.

Art. 159. Mediante convênio autorizado pelo Ministro do Trabalho, poderão ser delegadas a outros órgãos federais, estaduais ou municipais atribuições de fiscalização

ou orientação às empresas quanto ao cumprimento das disposições constantes deste Capítulo.

O Ministério do Trabalho e Emprego poderá firmar convênios com outros órgãos da Administração Pública, visando à proteção às normas de segurança e medicina do trabalho.

Seção II
DA INSPEÇÃO PRÉVIA E DO EMBARGO OU INTERDIÇÃO

Art. 160. Nenhum estabelecimento poderá iniciar suas atividades sem prévia inspeção e aprovação das respectivas instalações pela autoridade competente em matéria de segurança e medicina do trabalho.

§1º Nova inspeção deverá ser feita quando ocorrer modificação substancial nas instalações, inclusive equipamentos, que a empresa fica obrigada a comunicar, prontamente, à Delegacia Regional do Trabalho.

§2º É facultado às empresas solicitar prévia aprovação, pela Delegacia Regional do Trabalho, dos projetos de construção e respectivas instalações.

As Delegacias Regionais do Trabalho também são competentes para inspecionar e aprovar instalações em que serão desenvolvidas atividades laborais, bem como aprovar os locais em prévia fiscalização.

Atualmente, existem convênios com órgãos estaduais e municipais responsáveis pela segurança do trabalho para o cumprimento dessas determinações legais.

Art. 161. O Delegado Regional do Trabalho, à vista do laudo técnico do serviço competente que demonstre grave e iminente risco para o trabalhador, poderá interditar estabelecimento, setor de serviço, máquina ou equipamento, ou embargar obra, indicando na decisão, tomada com a brevidade que a ocorrência exigir, as providências que deverão ser adotadas para prevenção de infortúnios de trabalho.

§1º As autoridades federais, estaduais e municipais darão imediato apoio às medidas determinadas pelo Delegado Regional do Trabalho.

§2º A interdição ou embargo poderão ser requeridos pelo serviço competente da Delegacia Regional do Trabalho e, ainda, por agente da inspeção do trabalho ou por entidade sindical.

§3º Da decisão do Delegado Regional do Trabalho poderão os interessados recorrer, no prazo de 10 (dez) dias, para o órgão de âmbito nacional competente em matéria de segurança e medicina do trabalho, ao qual será facultado dar efeito suspensivo ao recurso.

§4º Responderá por desobediência, além das medidas penais cabíveis, quem, após determinada a interdição ou embargo, ordenar ou permitir o funcionamento do estabelecimento ou de um dos seus setores, a utilização de máquina ou equipamento, ou o prosseguimento de obra, se, em consequência, resultarem danos a terceiros.

§5º O Delegado Regional do Trabalho, independente de recurso, e após laudo técnico do serviço competente, poderá levantar a interdição.

§6º Durante a paralisação dos serviços, em decorrência da interdição ou embargo, os empregados receberão os salários como se estivessem em efetivo exercício.

A Delegacia Regional do Trabalho terá total independência para embargar qualquer tipo de edificação que ameaçar a segurança do trabalho, imediatamente apoiada pelos órgãos competentes da esfera federal, estadual ou municipal. Tais medidas serão passíveis de recurso administrativo que tramitará no organismo competente do Executivo federal, especificamente no Ministério do Trabalho e Emprego.

Vale salientar que, durante as paralisações provocadas pelas decisões do órgão competente, os empregados não deixarão de receber seus salários, na forma da lei, cumprindo assim suas obrigações por estarem aguardando ordens do empregador (art. 4º da CLT).

Seção III
DOS ÓRGÃOS DE SEGURANÇA E DE MEDICINA DO TRABALHO NAS EMPRESAS

Art. 162. As empresas, de acordo com normas a serem expedidas pelo Ministério do Trabalho, estarão obrigadas a manter serviços especializados em segurança e em medicina do trabalho.

Parágrafo único. As normas a que se refere este artigo estabelecerão:

a) classificação das empresas segundo o número de empregados e a natureza do risco de suas atividades;

b) o número mínimo de profissionais especializados exigido de cada empresa, segundo o grupo em que se classifique, na forma da alínea anterior;

c) a qualificação exigida para os profissionais em questão e o seu regime de trabalho;

d) as demais características e atribuições dos serviços especializados em segurança e em medicina do trabalho, nas empresas.

As normas regulamentares do Ministério do Trabalho e Emprego exigem a presença de técnicos especializados em segurança e medicina do trabalho, conforme o número de empregados e as atividades empresariais desenvolvidas pelo empregador. Tais técnicos serão selecionados de acordo com as características e atribuições a serem desempenhadas no âmbito das suas funções.

Art. 163. Será obrigatória a constituição de Comissão Interna de Prevenção de Acidentes (CIPA), de conformidade com instruções expedidas pelo Ministério do Trabalho, nos estabelecimentos ou locais de obra nelas especificadas.

Parágrafo único. O Ministério do Trabalho regulamentará as atribuições, a composição e o funcionamento das CIPAs.

As normas regulamentares do Ministério do Trabalho e Emprego indicarão a necessidade de as empresas constituírem CIPAs (Comissões Internas de Prevenção de Acidentes), assegurando as atividades e o seu funcionamento.

Art. 164. Cada CIPA será composta de representantes da empresa e dos empregados, de acordo com os critérios que vierem a ser adotados na regulamentação de que trata o parágrafo único do artigo anterior.

§1º Os representantes dos empregadores, titulares e suplentes, serão por eles designados.

§2º Os representantes dos empregados, titulares e suplentes, serão eleitos em escrutínio secreto, do qual participem, independentemente de filiação sindical, exclusivamente os empregados interessados.

§3º O mandato dos membros eleitos da CIPA terá a duração de 1 (um) ano, permitida uma reeleição.

§4º O disposto no parágrafo anterior não se aplicará ao membro suplente que, durante o seu mandato, tenha participado de menos da metade do número de reuniões da CIPA.

§5º O empregador designará, anualmente, dentre os seus representantes, o Presidente da CIPA e os empregados elegerão, dentre eles, o Vice-Presidente.

Ao empregador cabe a indicação do presidente da CIPA e aos empregados a designação dos seus representantes, titulares e suplentes, que serão escolhidos por meio do voto, secreto e livre, independentemente de os escolhidos pertencerem ou não a organizações sindicais. Logo após, os eleitos pelos empregados indicarão o membro que atuará como vice-presidente com mandato de 1 (um) ano e será permitida uma

reeleição, exceto para os suplentes que não participarem da metade do número de reuniões. Quanto à estabilidade, se suscitada em juízo, o empregado indicado pelo empregador não tem direito à reintegração porque ela mesma é assegurada apenas ao empregado eleito para cargo de direção das CIPAs.

Art. 165. Os titulares da representação dos empregados nas CIPAs não poderão sofrer despedida arbitrária, entendendo-se como tal a que não se fundar em motivo disciplinar, técnico, econômico ou financeiro.

Parágrafo único. Ocorrendo a despedida, caberá ao empregador, em caso de reclamação à Justiça do Trabalho, comprovar a existência de qualquer dos motivos mencionados neste artigo, sob pena de ser condenado a reintegrar o empregado.

A proteção ao emprego atinge apenas os membros eleitos pelos empregados. Recentemente, o TST abriu um precedente de uniformização da matéria, e a Súmula nº 339 firmou entendimento de que o membro suplente, mesmo aquele que não participa de metade das reuniões da CIPA, tem a garantia de emprego, pois estaria embasado na alínea *a* do inc. II do art. 10 do ADCT da CF/1988, que assevera a proteção aos membros eleitos, estendendo-se, então, aos suplentes.

Em tempo, as ações na Justiça do Trabalho pela garantia do emprego se alternam com pedidos de reintegração ou de indenização. Caberá ao juiz da causa a decisão de optar pela reintegração, em regra, quando o membro está na plenitude do mandato e é compatível seu retorno à empresa, ou mesmo pela indenização, quando já não há condições de retornar o empregado às suas atividades laborais naquela empresa.

Seção IV
DO EQUIPAMENTO DE PROTEÇÃO INDIVIDUAL

Art. 166. A empresa é obrigada a fornecer aos empregados, gratuitamente, equipamento de proteção individual adequado ao risco e em perfeito estado de conservação e funcionamento, sempre que as medidas de ordem geral não ofereçam completa proteção contra os riscos de acidentes e danos à saúde dos empregados.

O empregador é obrigado a fornecer, gratuitamente, todos os equipamentos de proteção ao trabalho dos seus empregados, zelando pela sua manutenção e condições de uso.

Art. 167. O equipamento de proteção só poderá ser posto à venda ou utilizado com a indicação do Certificado de Aprovação do Ministério do Trabalho.

Apenas aqueles equipamentos aprovados pelo Ministério do Trabalho e Emprego, mediante certificados próprios estabelecidos, também, por normas regulamentares.

Seção V
DAS MEDIDAS PREVENTIVAS DE MEDICINA DO TRABALHO

Art. 168. Será obrigatório exame médico, por conta do empregador, nas condições estabelecidas neste artigo e nas instruções complementares a serem expedidas pelo Ministério do Trabalho:

I – na admissão;

II – na demissão;

III – periodicamente.

§1º O Ministério do Trabalho baixará instruções relativas aos casos em que serão exigíveis exames:

a) por ocasião da demissão;

b) complementares.

§2º Outros exames complementares poderão ser exigidos, a critério médico, para apuração da capacidade ou aptidão física e mental do empregado para a função que deva exercer.

§3º O Ministério do Trabalho estabelecerá, de acordo com o risco da atividade e o tempo de exposição, a periodicidade dos exames médicos.

§4º O empregador manterá, no estabelecimento, o material necessário à prestação de primeiros socorros médicos, de acordo com o risco da atividade.

§5º O resultado dos exames médicos, inclusive o exame complementar, será comunicado ao trabalhador, observados os preceitos da ética médica.

§6º Serão exigidos exames toxicológicos, previamente à admissão e por ocasião do desligamento, quando se tratar de motorista profissional, assegurados o direito à contraprova em caso de resultado positivo e a confidencialidade dos resultados dos respectivos exames. (Incluído pela Lei nº 13.103, de 2015)

Não só por ocasião das admissões, mas também nas demissões ou quando se tornem necessários os exames complementares pelas condições de trabalho ambientais, bem como em ocasiões em que seja necessária a análise da capacidade e aptidão física ou mental na função que o empregado seja designado a exercer, não deixando de informar ao interessado os resultados dos referidos exames.

Todas as empresas terão condições de atender com a prestação de primeiros socorros aos seus empregados, nos locais de risco iminente, sempre, sob a tutela do Ministério do Trabalho e Emprego, em todas as questões que envolvam a proteção ao trabalho.

O parágrafo sexto insere obrigatoriedade aos exames toxicológicos para motoristas profissionais como medida profilática para evitar acidentes nas vias públicas e estradas. Tal medida, especificamente direcionada a uma categoria, assegura a contraprova e sigilo aos envolvidos.

Art. 169. Será obrigatória a notificação das doenças profissionais e das produzidas em virtude de condições especiais de trabalho, comprovadas ou objeto de suspeita, de conformidade com as instruções expedidas pelo Ministério do Trabalho.

Seguindo as orientações das normas regulamentares, deverão comunicar às Delegacias Regionais do Ministério do Trabalho e Emprego sobre o risco de doenças profissionais ou adquiridas durante a prestação de serviços em condições especiais de trabalho.

Em regra, não é comum as empresas registrarem tais informações. Por outro lado, a comprovação da ligação de doenças profissionais com as atividades funcionais se tornaram mais complexas para efetiva condenação por parte do Judiciário trabalhista. Há entendimentos que as causas de determinadas enfermidades como a LER (Lesão por Esforço Repetitivo) ou DORT (Doença Osteomuscular Relacionada ao Trabalho) podem estar relacionadas a questões multifatoriais, ou seja, a práticas habituais fora do ambiente de trabalho, como por exemplo as constantes digitações em aplicativos de *smartphones*.

Seção VI
DAS EDIFICAÇÕES

Art. 170. As edificações deverão obedecer aos requisitos técnicos que garantam perfeita segurança aos que nelas trabalhem.

Os prédios ou casas onde se exercem atividades laborais precisam seguir regras de edificações determinadas para tais fins, assim é necessário que qualquer edificação que mantenha atividades laborais siga, rigorosamente, as regras de proteção ao trabalho estabelecidas pela CLT.

Art. 171. Os locais de trabalho deverão ter, no mínimo, 3 (três) metros de pé-direito, assim considerada a altura livre do piso ao teto.

Parágrafo único. Poderá ser reduzido esse mínimo desde que atendidas as condições de iluminação e conforto térmico compatíveis com a natureza do trabalho, sujeitando-se tal redução ao controle do órgão competente em matéria de segurança e medicina do trabalho.

O teto dos ambientes de trabalho necessita ter 3 metros de altura e condições ideais de iluminação compatíveis com as atividades laborais que ali sejam desenvolvidas.

Art. 172. Os pisos dos locais de trabalho não deverão apresentar saliências nem depressões que prejudiquem a circulação de pessoas ou a movimentação de materiais.

Os pisos também deverão seguir os parâmetros estabelecidos por lei, que sejam lisos e possam permitir a livre circulação de pessoas.

Art. 173. As aberturas nos pisos e paredes serão protegidas de forma que impeçam a queda de pessoas ou de objetos.

Quantas forem suficientes para a perfeita circulação, ressalvando-se a segurança dos trabalhadores em caso de estarem sujeitos a quedas, bem como a importância das saídas de incêndio, dentro das regras dos códigos municipais de posturas.

Art. 174. As paredes, escadas, rampas de acesso, passarelas, pisos, corredores, coberturas e passagens dos locais de trabalho deverão obedecer às condições de segurança e de higiene do trabalho estabelecidas pelo Ministério do Trabalho e manter-se em perfeito estado de conservação e limpeza.

Os locais de trabalho precisam ser mantidos em perfeitas condições de higiene, salientando-se a necessidade de se ampararem em critérios técnicos de conservação e limpeza, e delegando-se tais tarefas a pessoas especializadas que cumpram as exigências estabelecidas pelo Ministério do Trabalho e Emprego.

Seção VII
DA ILUMINAÇÃO

Art. 175. Em todos os locais de trabalho deverá haver iluminação adequada, natural ou artificial, apropriada à natureza da atividade.

§1º A iluminação deverá ser uniformemente distribuída, geral e difusa, a fim de evitar ofuscamento, reflexos incômodos, sombras e contrastes excessivos.

§2º O Ministério do Trabalho estabelecerá os níveis mínimos de iluminamento a serem observados.

Adequada às necessidades impostas pelas atividades desempenhadas naqueles locais, bem como orientada pelos níveis apresentados nas normas regulamentares do Ministério do Trabalho e Emprego.

Seção VIII
DO CONFORTO TÉRMICO

Art. 176. Os locais de trabalho deverão ter ventilação natural, compatível com o serviço realizado.

Parágrafo único. A ventilação artificial será obrigatória sempre que a natural não preencha as condições de conforto térmico.

Deve ser de acordo com as atividades desenvolvidas naquele ambiente de trabalho. Poderá ser natural ou artificial, com ventiladores ou ar-condicionado, sempre de forma que não prejudique as condições de trabalho dos empregados.

Art. 177. Se as condições de ambiente se tornarem desconfortáveis, em virtude de instalações geradoras de frio ou de calor, será obrigatório o uso de vestimenta adequada para o trabalho em tais condições ou de capelas, anteparos, paredes

duplas, isolamento térmico e recursos similares, de forma que os empregados fiquem protegidos contra as radiações térmicas.

O empregador é obrigado a fornecer vestuário próprio aos empregados que trabalhem em locais em que existam radiações térmicas excessivas, tanto de frio como de calor.

Art. 178. As condições de conforto térmico dos locais de trabalho devem ser mantidas dentro dos limites fixados pelo Ministério do Trabalho.

Aquelas fixadas pelo Ministério do Trabalho e Emprego, mediante suas normas regulamentares.

Seção IX
DAS INSTALAÇÕES ELÉTRICAS

Art. 179. O Ministério do Trabalho disporá sobre as condições de segurança e as medidas especiais a serem observadas relativamente a instalações elétricas, em qualquer das fases de produção, transmissão, distribuição ou consumo de energia.

Todas as atividades desenvolvidas em locais onde existam instalações elétricas serão amparadas nas regras estabelecidas pelas normas do Ministério do Trabalho e Emprego.

Art. 180. Somente profissional qualificado poderá instalar, operar, inspecionar ou reparar instalações elétricas.

Os empregadores se obrigarão a conduzir tais serviços a profissionais experientes e capacitados para essas funções.

Art. 181. Os que trabalharem em serviços de eletricidade ou instalações elétricas devem estar familiarizados com os métodos de socorro a acidentados por choque elétrico.

Os técnicos designados para essas funções devem estar preparados para qualquer eventualidade, até mesmo o socorro aos acidentados.

Seção X
DA MOVIMENTAÇÃO, ARMAZENAGEM E MANUSEIO DE MATERIAIS

Art. 182. O Ministério do Trabalho estabelecerá normas sobre:

I – as precauções de segurança na movimentação de materiais nos locais de trabalho, os equipamentos a serem obrigatoriamente utilizados e as condições especiais a que estão sujeitas a operação e a manutenção desses equipamentos, inclusive exigências de pessoal habilitado;

II – as exigências similares relativas ao manuseio e à armazenagem de materiais, inclusive quanto às condições de segurança e higiene relativas aos recipientes e locais de armazenagem e os equipamentos de proteção individual;

III – a obrigatoriedade de indicação de carga máxima permitida nos equipamentos de transporte, dos avisos de proibição de fumar e de advertência quanto à natureza perigosa ou nociva à saúde das substâncias em movimentação ou em depósito, bem como das recomendações de primeiros socorros e de atendimento médico e símbolo de perigo, segundo padronização internacional, nos rótulos dos materiais ou substâncias armazenados ou transportados.

Parágrafo único. As disposições relativas ao transporte de materiais aplicam-se, também, no que couber, ao transporte de pessoas nos locais de trabalho.

Devem ser seguidos os padrões estabelecidos pelo Ministério do Trabalho e Emprego quanto ao carregamento, manutenção, avisos de perigo e aplicação de rótulos nos produtos armazenados, acompanhando o transporte de cargas em condições similares ao de pessoas nos locais de trabalho.

Art. 183. As pessoas que trabalharem na movimentação de materiais deverão estar familiarizadas com os métodos racionais de levantamento de cargas.

De preferência, aqueles que estiverem abalizados com a experiência do levantamento de cargas e seus métodos racionais.

Seção XI
DAS MÁQUINAS E EQUIPAMENTOS

Art. 184. As máquinas e os equipamentos deverão ser dotados de dispositivos de partida e parada e outros que se fizerem necessários para a prevenção de acidentes do trabalho, especialmente quanto ao risco de acionamento acidental.

Parágrafo único. É proibida a fabricação, a importação, a venda, a locação e o uso de máquinas e equipamentos que não atendam ao disposto neste artigo.

Atualmente, as máquinas contam com dispositivos automáticos de acionamento e de desligamento, evitando acidentes de trabalho.

Em tempo, as indústrias modernas já estão operando com máquinas que desligam sozinhas, quando alguém que não tem o crachá para se movimentar pelas proximidades invade a área de operação onde funciona a referida máquina.

Art. 185. Os reparos, limpeza e ajustes somente poderão ser executados com as máquinas paradas, salvo se o movimento for indispensável à realização do ajuste.

Com a máquina desligada, salvo se o movimento do motor for condição excepcional para sua manutenção.

Art. 186. O Ministério do Trabalho estabelecerá normas adicionais sobre proteção e medidas de segurança na operação de máquinas e equipamentos, especialmente quanto à proteção das partes móveis, distância entre estas, vias de acesso às máquinas e equipamentos de grandes dimensões, emprego de ferramentas, sua adequação e medidas de proteção exigidas quando motorizadas ou elétricas.

O Ministério do Trabalho e Emprego também será competente para emitir normas de proteção e medidas de segurança na operação do maquinário (motorizado ou elétrico) das empresas.

Seção XII
DAS CALDEIRAS, FORNOS E RECIPIENTES SOB PRESSÃO

Art. 187. As caldeiras, equipamentos e recipientes em geral que operam sob pressão deverão dispor de válvulas e outros dispositivos de segurança, que evitem seja ultrapassada a pressão interna de trabalho compatível com a sua resistência.

Parágrafo único. O Ministério do Trabalho expedirá normas complementares quanto à segurança das caldeiras, fornos e recipientes sob pressão, especialmente quanto ao revestimento interno, à localização, à ventilação dos locais e outros meios de eliminação de gases ou vapores prejudiciais à saúde, e demais instalações ou equipamentos necessários à execução segura das tarefas de cada empregado.

O Ministério do Trabalho e Emprego criará normas regulamentares, em regra, para as empresas siderúrgicas que operam com fornos e caldeiras, inclusive quanto às condições dos locais em que são produzidas estas operações.

Art. 188. As caldeiras serão periodicamente submetidas a inspeções de segurança, por engenheiro ou empresa especializada, inscritos no Ministério do Trabalho, de conformidade com as instruções que, para esse fim, forem expedidas.

§1º Toda caldeira será acompanhada de "Prontuário", com documentação original do fabricante, abrangendo, no mínimo: especificação técnica, desenhos, detalhes, provas e testes realizados durante a fabricação e a montagem, características funcionais e a pressão máxima de trabalho permitida (PMTP), esta última indicada, em local visível, na própria caldeira.

§2º O proprietário da caldeira deverá organizar, manter atualizado e apresentar, quando exigido pela autoridade competente, o Registro de Segurança, no qual serão anotadas, sistematicamente, as indicações das provas efetuadas, inspeções, reparos e quaisquer outras ocorrências.

§3º Os projetos de instalação de caldeiras, fornos e recipientes sob pressão deverão ser submetidos à aprovação prévia do órgão regional competente em matéria de segurança do trabalho.

Nessas atividades, serão designados pelos próprios empregadores técnicos especializados em segurança do trabalho, devidamente registrados no Ministério do Trabalho e Emprego. As empresas se encarregarão de controlar as atividades das caldeiras, mediante um sistema de "prontuário" com as especificações de funcionamento, bem como portar um "registro de segurança" para controle das fiscalizações periódicas do órgão competente do referido Ministério, que acompanhará o funcionamento dessas caldeiras.

Seção XIII
DAS ATIVIDADES INSALUBRES OU PERIGOSAS

Art. 189. Serão consideradas atividades ou operações insalubres aquelas que, por sua natureza, condições ou métodos de trabalho, exponham os empregados a agentes

nocivos à saúde, acima dos limites de tolerância fixados em razão da natureza e da intensidade do agente e do tempo de exposição aos seus efeitos.

Em regra, a insalubridade é detectada em locais onde os empregados estão sujeitos a exposição de agentes químicos ou poluentes, sempre caracterizados por meio de fiscalização por técnicos e peritos especializados em higiene e segurança do trabalho. É fundamental que se observe o tempo em que os empregados ficam expostos a essas condições e os riscos causados à saúde nessas atividades.

Art. 190. O Ministério do Trabalho aprovará o quadro das atividades e operações insalubres e adotará normas sobre os critérios de caracterização da insalubridade, os limites de tolerância aos agentes agressivos, meios de proteção e o tempo máximo de exposição do empregado a esses agentes.

Parágrafo único. As normas referidas neste artigo incluirão medidas de proteção do organismo do trabalhador nas operações que produzem aerodispersoides tóxicos, irritantes, alergênicos ou incômodos.

As Delegacias Regionais do Ministério do Trabalho e Emprego se responsabilizarão pela aprovação do trabalho nessas condições, bem como designarão corpo de fiscais para a devida caracterização da insalubridade e os meios de proteção necessários aos ambientes nocivos à saúde do trabalhador (Súmula nº 194 do STF). E, para efeito do adicional de insalubridade, a perícia judicial, requerida em meio à reclamação trabalhista, não dispensa o enquadramento da atividade entre as atividades insalubres porque considerada como ato da competência do Ministro do Trabalho e do Emprego (Súmula nº 460 do STF).

Art. 191. A eliminação ou a neutralização da insalubridade ocorrerá:

I – com a adoção de medidas que conservem o ambiente de trabalho dentro dos limites de tolerância;

II – com a utilização de equipamentos de proteção individual ao trabalhador, que diminuam a intensidade do agente agressivo a limites de tolerância.

Parágrafo único. Caberá às Delegacias Regionais do Trabalho e Emprego, comprovada a insalubridade, notificar as empresas, estipulando prazos para sua eliminação ou neutralização, na forma deste artigo.

A eliminação dos agentes nocivos ao organismo do trabalhador seria o ponto ideal, entretanto, na impossibilidade dessa tarefa, a utilização de EPIs que reduzam o grau de intensidade na exposição e seus consequentes riscos.

As Delegacias Regionais do Ministério do Trabalho e Emprego serão competentes para notificar as empresas que mantêm atividades nessas condições, dando a oportunidade para que eliminem ou neutralizem os agentes causadores da insalubridade.

Art. 192. O exercício de trabalho em condições insalubres, acima dos limites de tolerância estabelecidos pelo Ministério do Trabalho, assegura a percepção de adicional respectivamente de 40% (quarenta por cento), 20% (vinte por cento) e 10% (dez por cento) do salário mínimo da região, segundo se classifiquem nos graus máximo, médio e mínimo.

Caracterizada a insalubridade no ambiente de trabalho, o empregado que está exposto ao risco perceberá um adicional, conforme a intensidade de risco, na razão de 40, 20 ou 10% sobre o salário mínimo vigente, de acordo com as condições em que fique sujeito a essas atividades.

As normas de segurança e medicina do trabalho classificam essas condições em máxima, média e mínima, influenciando no percentual que incidirá sobre o salário mínimo fixado por lei.

O valor correspondente ao adicional de insalubridade incide sobre o salário mínimo previsto no art. 76 da CLT, salvas as hipóteses previstas na Res. nº 148/2008 do TST.

Quanto ao percebimento do respectivo adicional, durante o período em que for beneficiado, integrará a remuneração do empregado para todos os efeitos legais (Súmula nº 139 do TST).

Denota-se que a Súmula nº 307 do STF afirma que é devido o adicional de serviço insalubre, calculado à base do salário mínimo da região, ainda que a remuneração contratual seja superior ao salário mínimo acrescido da taxa de insalubridade. E, oportunamente, a Res. nº 148/2008 do TST ajustou o percentual do adicional de insalubridade que incidirá sobre o salário profissional de que cogita o art. 76 da CLT (Res. nº 148/2008, que tratava a Súmula nº 17 do TST).

A Súmula nº 228 cuja eficácia está suspensa por decisão liminar do Supremo Tribunal Federal desde 09.05.2008, data da publicação da Súmula Vinculante nº 4 do Supremo Tribunal Federal, dispõe que o adicional de insalubridade será calculado sobre o salário básico, salvo critério mais vantajoso fixado em instrumento coletivo (Súmula com redação determinada pela Res. TST nº 185/2012 – DEJT 25.09.2012)

Art. 193. São consideradas atividades ou operações perigosas, na forma da regulamentação aprovada pelo Ministério do Trabalho e Emprego, aquelas que, por

sua natureza ou métodos de trabalho, impliquem risco acentuado em virtude de exposição permanente do trabalhador a:

I – inflamáveis, explosivos ou energia elétrica;

II – roubos ou outras espécies de violência física nas atividades profissionais de segurança pessoal ou patrimonial.

§1º O trabalho em condições de periculosidade assegura ao empregado um adicional de 30% (trinta por cento) sobre o salário sem os acréscimos resultantes de gratificações, prêmios ou participações nos lucros da empresa.

§2º O empregado poderá optar pelo adicional de insalubridade que porventura lhe seja devido.

§3º Serão descontados ou compensados do adicional outros da mesma natureza eventualmente já concedidos ao vigilante por meio de acordo coletivo.

§4º São também consideradas perigosas as atividades de trabalhador em motocicleta.

Os ambientes sujeitos a periculosidade são caracterizados pelo contato dos empregados com inflamáveis, combustíveis ou explosivos, sempre com condições de risco acentuado durante a prestação dos serviços. Após ajustes do Texto Consolidado pela Lei nº 12.740/2012, foram incluídas as atividades realizadas com energia elétrica e os eventos em que profissionais de segurança patrimonial estiverem sujeitos a assaltos ou uso de violência com ajuda de armas de fogo ou congêneres.

Assegura aos que trabalham nessas condições o percebimento de adicional de 30% sobre o salário do empregado, exceto nas gratificações, prêmios ou participação nos lucros.

As horas suplementares serão integralizadas na base de cálculo para o adicional de periculosidade.

Nos casos de sobreaviso, o empregado não se encontra em condições de risco, razão pela qual é incabível a integração do adicional de periculosidade sobre as horas suplementares (Súmula nº 132 do TST).

Mas a Súmula nº 191 do TST orienta que o adicional de periculosidade incidirá apenas sobre o salário básico e não sobre este acrescido de outros adicionais. Caso a atividade de trabalho seja desenvolvida em ambiente com grau de periculosidade e insalubridade, terá de optar por um dos adicionais ou pelo que lhe seja mais favorável. E nos casos do empregado eletricitário contratado sob a égide da Lei nº 7.369/1985, o respectivo adicional deve ser calculado sobre a totalidade das parcelas de natureza salarial e não será válida norma coletiva que determine a incidência de adicional sobre o salário básico. Observe-se que qualquer alteração da base de cálculo do adicional de periculosidade do eletricitário, promovida pela Lei nº 12.740/2012, somente incidirá sobre contrato de trabalho firmado a partir de sua vigência e o cálculo será contabilizado exclusivamente sobre o salário básico (§1º do art. 193 da CLT).

As empresas que promovem atividades nessas condições, ou seja, expondo o empregado às duas situações, em regra concedem um adicional de risco de 100%, atualmente já previsto em inúmeros acordos e convenções coletivas de trabalho.

Por derradeiro, caso tenha ocorrido antecipações por parte do empregador – em via de pacto normativo – será considerada para efeitos de desconto ou abonos com compensações.

Art. 194. O direito do empregado ao adicional de insalubridade ou de periculosidade cessará com a eliminação do risco à sua saúde ou integridade física, nos termos desta Seção e das normas expedidas pelo Ministério do Trabalho.

Podem diminuir de percentual nos casos de insalubridade, quando são reduzidos os riscos, até mesmo com a adoção de EPIs que protejam o trabalho naquelas condições, bem como extintos com a total eliminação dos motivos que provocaram sua caracterização.

Com referência ao adicional de periculosidade, verifica-se indevido quando a exposição ocorrer de forma eventual ou fortuita, ou, se habitual, por tempo reduzido. A Súmula nº 364 do TST *assevera que não é válida cláusula de acordo ou convenção coletiva de trabalho que fixe adicional de periculosidade em percentual inferior ao estabelecido em lei e será considerada a proporcionalidade ao tempo de exposição ao risco já que tal parcela constitui medida de higiene, saúde e segurança do trabalho garantida por norma de ordem pública (arts. 7º, XXII e XXIII, da CF e 193, §1º, da CLT).*

Art. 195. A caracterização e a classificação da insalubridade e da periculosidade, segundo as normas do Ministério do Trabalho, far-se-ão através de perícia a cargo de Médico do Trabalho ou Engenheiro do Trabalho, registrado no Ministério do Trabalho.

§1º É facultado às empresas e aos sindicatos das categorias profissionais interessadas requererem ao Ministério do Trabalho a realização de perícia em estabelecimento ou setor deste, com o objetivo de caracterizar e classificar ou delimitar as atividades insalubres ou perigosas.

§2º Arguida em juízo insalubridade ou periculosidade, seja por empregado, seja por sindicato em favor de grupo de associados, o juiz designará perito habilitado na forma deste artigo, e, onde não houver, requisitará perícia ao órgão competente do Ministério do Trabalho.

§3º O disposto nos parágrafos anteriores não prejudica a ação fiscalizadora do Ministério do Trabalho, nem a realização *ex officio* da perícia.

As perícias técnicas promovidas por médicos ou engenheiros do trabalho, devidamente registrados no Ministério do Trabalho e Emprego.

As reclamações na Justiça do Trabalho podem ser movidas pelos empregados, com legitimação ordinária, representados por advogado ou por sindicatos (art. 513, a, da CLT), defendendo seus direitos em nome próprio, como também nos casos de legitimação extraordinária conferida aos sindicatos que atuarão na qualidade de substitutos processuais dos associados da categoria profissional, oportunidade em que serão avaliadas as condições de trabalho por perito habilitado indicado pelo juízo que caracterizará e classificará o grau do adicional a ser percebido pelo empregado-reclamante, independentemente das perícias promovidas pelo Ministério do Trabalho e Emprego. O art. 18 do CPC assegura que ninguém poderá pleitear direito alheio em nome próprio, só se autorizado pelo ordenamento jurídico e o substituído poderá intervir como assistente litisconsorcial.

Vale observar que caso haja autorização do ornamento jurídico, que envolve a lei, doutrina e a jurisprudência, assegura-se ao titular do direito material a pertinência subjetiva da causa que terá a legitimação ordinária para figurar no polo ativo da lide.

Há outras situações em que se afigura a legitimação *extraordinária* ou *anômala*, pela qual a substituição processual constitui espécie.

Vale salientar que a Súmula nº 460 do STF assevera que para os efeitos do adicional de insalubridade, a perícia judicial, em reclamação trabalhista, não dispensa o enquadramento da atividade entre as insalubres, que é ato da competência do Ministro do Trabalho e Previdência Social.

A Vara do Trabalho julgará a reclamação procedente à revelia por já haver laudo técnico que apurou a existência de insalubridade e ser a questão do pagamento do adicional matéria de fato.

A Súmula nº 293 do TST assegura que a verificação mediante perícia de prestação de serviços em condições nocivas, considerado agente insalubre diverso do apontado na inicial, não prejudica o pedido de adicional de insalubridade.

Posição do TST expressa pela Orientação Jurisprudencial nº 173 resta registrando que será indevida a fixação de adicional de insalubridade nas atividades realizadas a céu aberto com exposição ao sol e calor por ausência de legislação apropriada mesmo que verificada a sujeição à radiação solar (art. 195 da CLT e Anexo 7 da NR 15 da Portaria nº 3.214/1978 do MTE).

Entretanto, a mesma jurisprudência confirma o direito ao adicional de insalubridade para os trabalhadores que exercem atividades expostas ao calor acima dos limites de tolerância, inclusive, em ambiente externo com carga solar (Anexo 3 da NR 15 da Portaria nº 3.214/1978 MTB).

Art. 196. Os efeitos pecuniários decorrentes do trabalho em condições de insalubridade ou periculosidade serão devidos a contar da data da inclusão da respectiva atividade nos quadros aprovados pelo Ministério do Trabalho, respeitadas as normas do art. 11.

Desde a data da inclusão das condições de trabalho insalubres e perigosas nos registros do Ministério do Trabalho e Emprego para esses fins, considerando os efeitos da prescrição para as situações pretéritas não manifestadas em tempo hábil.

Caso os adicionais sejam reclassificados ou desclassificados, por meio de ato de autoridade competente, necessariamente, são devidos na defesa dos princípios da irredutibilidade salarial e do direito adquirido, pelo que consta na Súmula nº 248 do TST.

Art. 197. Os materiais e substâncias empregados, manipulados ou transportados nos locais de trabalho, quando perigosos ou nocivos à saúde, devem conter, no rótulo, sua composição, recomendações de socorro imediato e o símbolo de perigo correspondente, segundo a padronização internacional.

Parágrafo único. Os estabelecimentos que mantenham as atividades previstas neste artigo afixarão, nos setores de trabalho atingidos, avisos ou cartazes, com advertência quanto aos materiais e substâncias perigosos ou nocivos à saúde.

Fixando rótulo e cartazes de aviso nos referidos produtos, de acordo com as exigências legais, bem como restringindo a circulação e exposição nos ambientes de trabalho, devidamente alertados para os perigos iminentes.

Seção XIV
DA PREVENÇÃO DA FADIGA

Art. 198. É de 60 (sessenta) quilogramas o peso máximo que um empregado pode remover individualmente, ressalvadas as disposições especiais relativas ao trabalho do menor e da mulher.

Parágrafo único. Não está compreendida na proibição deste artigo a remoção de material feita por impulsão ou tração de vagonetes sobre trilhos, carros de mão ou quaisquer outros aparelhos mecânicos, podendo o Ministério do Trabalho, em tais casos, fixar limites diversos, que evitem sejam exigidos do empregado serviços superiores às suas forças.

Aos homens, o peso de 60kg é o limite para remoções e transportes individuais.

Quando o empregado contar com a ajuda de carros de mão, guindastes ou outros meios de transporte mecânicos, não valerá ao limite de 60kg, caracterizado somente para os trabalhos de remoção individual.

Art. 199. Será obrigatória a colocação de assentos que assegurem postura correta ao trabalhador, capazes de evitar posições incômodas ou forçadas, sempre que a execução da tarefa exija que trabalhe sentado.

Parágrafo único. Quando o trabalho deva ser executado de pé, os empregados terão à sua disposição assentos para serem utilizados nas pausas que o serviço permitir.

No trabalho em que o empregado o efetue sentado, será, sem dúvida, obrigatória a adoção de cadeiras ou bancos que possibilitem o conforto dos envolvidos naquela atividade, permitindo-se, ainda, aos que desempenhem suas tarefas de pé, assentos para possibilitar o descanso durante as paralisações.

Seção XV
DAS OUTRAS MEDIDAS ESPECIAIS DE PROTEÇÃO

Art. 200. Cabe ao Ministério do Trabalho estabelecer disposições complementares às normas de que trata este Capítulo, tendo em vista as peculiaridades de cada atividade ou setor de trabalho, especialmente sobre:

I – medidas de prevenção de acidentes e os equipamentos de proteção individual em obras de construção, demolição ou reparos;

II – depósitos, armazenagem e manuseio de combustíveis, inflamáveis e explosivos, bem como trânsito e permanência nas áreas respectivas;

III – trabalho em escavações, túneis, galerias, minas e pedreiras, sobretudo quanto à prevenção de explosões, incêndios, desmoronamentos e soterramentos, eliminação de poeiras, gases etc., e facilidades de rápida saída dos empregados;

IV – proteção contra incêndio em geral e as medidas preventivas adequadas, com exigências ao especial revestimento de portas e paredes, construção de paredes contra fogo, diques e outros anteparos, assim como garantia geral de fácil circulação, corredores de acesso e saídas amplas e protegidas, com suficiente sinalização;

V – proteção contra insolação, calor, frio, umidade e ventos, sobretudo no trabalho a céu aberto, com provisão, quanto a este, de água potável, alojamento e profilaxia de endemias;

VI – proteção do trabalhador exposto a substâncias químicas nocivas, radiações ionizantes e não ionizantes, ruídos, vibrações e trepidações ou pressões anormais ao ambiente de trabalho, com especificação das medidas cabíveis para eliminação ou atenuação desses efeitos, limites máximos quanto ao tempo de exposição, à intensidade da ação ou de seus efeitos sobre o organismo do trabalhador, exames

médicos obrigatórios, limites de idade, controle permanente dos locais de trabalho e das demais exigências que se façam necessárias;

VII – higiene nos locais de trabalho, com discriminação das exigências, instalações sanitárias, com separação de sexos, chuveiros, lavatórios, vestiários e armários individuais, refeitórios ou condições de conforto por ocasião das refeições, fornecimento de água potável, condições de limpeza dos locais de trabalho e modo de sua execução, tratamento de resíduos industriais;

VIII – emprego das cores nos locais de trabalho, inclusive nas sinalizações de perigo.

Parágrafo único. Tratando-se de radiações ionizantes e explosivos, as normas a que se refere este artigo serão expedidas de acordo com as resoluções a respeito adotadas pelo órgão técnico.

O Ministério do Trabalho e Emprego, enquanto órgão do Poder Executivo, tem a função de zelar pelas condições de proteção ao trabalho e orientar, educar, controlar, fiscalizar, bem como punir todas as irregularidades que envolvam as relações de trabalho no país; está, portanto, obrigado a criar e fazer cumprir as normas que favoreçam o bem-estar do trabalhador em todos os seus aspectos, até nas tarefas mais específicas, como prevenir acidentes, oferecendo consequentemente meios capazes de assegurar um bom local de trabalho a todos aqueles que compõem o grande contingente laboral brasileiro.

Seção XVI
DAS PENALIDADES

Art. 201. As infrações ao disposto neste Capítulo relativas à medicina do trabalho serão punidas com multa de 3 (três) a 30 (trinta) vezes o valor de referência previsto no art. 2º, parágrafo único, da Lei nº 6.205, de 29 de abril de 1975, e as concernentes à segurança do trabalho com multa de 5 (cinco) a 50 (cinquenta) vezes o mesmo valor.

Parágrafo único. Em caso de reincidência, embaraço ou resistência à fiscalização, emprego de artifício ou simulação com o objetivo de fraudar a lei, a multa será aplicada em seu valor máximo.

O descumprimento dos preceitos legais contidos na CLT, quanto à medicina do trabalho, gera multas administrativas menores, de 3 a 30 valores de referência, enquanto as de segurança do trabalho de 5 a 50 valores de referência; portanto, o legislador valoriza as questões que envolvem principalmente a proteção técnica e operacional, deixando para a Previdência Social as ligadas à saúde do trabalhador.

Arts. 202 a 223. (Revogados pela Lei nº 6.514, de 22.12.1977)

Título II-A
DO DANO EXTRAPATRIMONIAL

Art. 223-A. Aplicam-se à reparação de danos de natureza extrapatrimonial decorrentes da relação de trabalho apenas os dispositivos deste Título.

Art. 223-B. Causa dano de natureza extrapatrimonial a ação ou omissão que ofenda a esfera moral ou existencial da pessoa física ou jurídica, as quais são as titulares exclusivas do direito à reparação.

Art. 223-C. A honra, a imagem, a intimidade, a liberdade de ação, a autoestima, a sexualidade, a saúde, o lazer e a integridade física são os bens juridicamente tutelados inerentes à pessoa física.

Art. 223-D. A imagem, a marca, o nome, o segredo empresarial e o sigilo da correspondência são bens juridicamente tutelados inerentes à pessoa jurídica.

Art. 223-E. São responsáveis pelo dano extrapatrimonial todos os que tenham colaborado para a ofensa ao bem jurídico tutelado, na proporção da ação ou da omissão.

Art. 223-F. A reparação por danos extrapatrimoniais pode ser pedida cumulativamente com a indenização por danos materiais decorrentes do mesmo ato lesivo.

§1º Se houver cumulação de pedidos, o juízo, ao proferir a decisão, discriminará os valores das indenizações a título de danos patrimoniais e das reparações por danos de natureza extrapatrimonial.

§2º A composição das perdas e danos, assim compreendidos os lucros cessantes e os danos emergentes, não interfere na avaliação dos danos extrapatrimoniais.

Art. 223-G. Ao apreciar o pedido, o juízo considerará:

I – a natureza do bem jurídico tutelado;

II – a intensidade do sofrimento ou da humilhação;

III – a possibilidade de superação física ou psicológica;

IV – os reflexos pessoais e sociais da ação ou da omissão;

V – a extensão e a duração dos efeitos da ofensa;

VI – as condições em que ocorreu a ofensa ou o prejuízo moral;

VII – o grau de dolo ou culpa;

VIII – a ocorrência de retratação espontânea;

IX – o esforço efetivo para minimizar a ofensa;

X – o perdão, tácito ou expresso;

XI – a situação social e econômica das partes envolvidas;

XII – o grau de publicidade da ofensa.

§1º Se julgar procedente o pedido, o juízo fixará a indenização a ser paga, a cada um dos ofendidos, em um dos seguintes parâmetros, vedada a acumulação: (Incluído pela Lei nº 13.467, de 2017)

I – ofensa de natureza leve, até três vezes o último salário contratual do ofendido; (Incluído pela Lei nº 13.467, de 2017)

II – ofensa de natureza média, até cinco vezes o último salário contratual do ofendido; (Incluído pela Lei nº 13.467, de 2017)

III – ofensa de natureza grave, até vinte vezes o último salário contratual do ofendido; (Incluído pela Lei nº 13.467, de 2017)

IV – ofensa de natureza gravíssima, até cinquenta vezes o último salário contratual do ofendido. (Incluído pela Lei nº 13.467, de 2017)

§2º Se o ofendido for pessoa jurídica, a indenização será fixada com observância dos mesmos parâmetros estabelecidos no §1º deste artigo, mas em relação ao salário contratual do ofensor. (Incluído pela Lei nº 13.467, de 2017).

§3º Na reincidência entre partes idênticas, o juízo poderá elevar ao dobro o valor da indenização. (Incluído pela Lei nº 13.467, de 2017)

Todas as questões que envolvem o "dano moral" na Justiça do Trabalho, passam a ser reguladas por este título com advento da Lei nº 13.467/17. Por sua vez, dedica-se o legislador ao tratamento específico dos danos extrapatrimoniais que protegem "A honra, a imagem, a intimidade, a liberdade de ação, a autoestima, a sexualidade, a saúde, o lazer e a integridade física".

A responsabilidade pelo dano extrapatrimonial recairá sobre aquele que tenha colaborado com a ofensa ao bem jurídico tutelado, seja por ação ou omissão e medida sua proporcionalidade.

A reparação poderá estar vinculada cumulativamente com as demais indenizações decorrentes do mesmo ato lesivo. Neste caso, a justiça do trabalho discriminará os valores das indenizações a título de danos patrimoniais e das reparações de natureza extrapatrimonial.

Quando for necessário promover a composição das perdas e danos, agregando ao pedido lucros cessantes e os danos emergentes, o pedido não restará interferindo na avaliação dos danos extrapatrimoniais pleiteados.

A temática que fixa o nexo causal que gera o dano extrapatrimonial aqui tratado deverá estar bem fundamentada e terá amparo nas normas previstas no Código Civil, que se aplica subsidiariamente ao processo do trabalho. Por evidências, os requisitos essenciais para comprovação do dano moral decorrerão de ações ou omissões que possam gerar dor, prejuízo moral e sofrimento a outrem.

O texto da Lei nº 13.467/17 que traz o tema do dano extrapatrimonial para o âmbito da CLT não só aponta questões de natureza processual em sede de direito material do trabalho num claro exemplo de norma heterotópica, como também invade a seara civilista ao apontar de forma exemplificativa alguns pontos que poderão ser considerados para caracterização dos referidos danos como, por exemplo: a intensidade do sofrimento ou da humilhação; a capacidade de superação da vítima; os reflexos e extensão da ação ou da omissão praticada; as condições em que ocorreu a ofensa ou prejuízo; e o grau de dolo ou culpa. Por outro lado, traz atenuantes que podem reduzir a mensuração dos efeitos indenizatórios causados pelo dano como a própria retratação; esforço para minimizar a ofensa; pedido de perdão ou até mesmo a consideração da situação social dos envolvidos e o grau de publicidade que gerou a ofensa.

Por derradeiro, é importante analisar que tipo de classificação e indenização resultarão dos danos caraterizados que deverão considerar uma escala progressiva na qual o legislador aponta o grau da ofensa e os respectivos valores agregados que deverão constar do pedido de reparação junto a Justiça do Trabalho.

Nos casos de reincidência de quaisquer das partes e o juízo poderá elevar ao dobro o valor da indenização, se a segunda ofensa ocorrer em situação idêntica à que já tenha sido caracterizada no prazo de até dois anos contado do trânsito em julgado da decisão condenatória que determinou a penalização do agente motivador do dano extrapatrimonial.

Ainda é prematuro definir ou criar projeções para devida capitulação da ofensa e sua consequente adequação aos valores apresentados neste título, mas por certo a jurisprudência dos tribunais restará apontando os caminhos mais apropriados para se mensurar a ofensa diante do valor que ela representará para o Judiciário. A vetusta prática de confiar ao juízo a definição dos valores indenizatórios ainda seria a melhor solução para evitar que se superestime ou subestime valores indenizatórios por parte dos postulantes. Contudo, acredita-se que tal pragmatismo restará acolhido ao longo do tempo frente as próprias decisões que resultarão expendidas pelas Varas de Trabalho ou até mesmo reformada pelos Tribunais Regionais.

Enfim, é crível que nestes casos valerá a aplicação literal da parêmia latina *da mihi factum dabo tibi ius* (me dê o fato e lhe dou o direito).

Título III
DAS NORMAS ESPECIAIS DE TUTELA DO TRABALHO

Capítulo I
DAS DISPOSIÇÕES ESPECIAIS SOBRE DURAÇÃO E CONDIÇÕES DE TRABALHO

Seção I
DOS BANCÁRIOS

Art. 224. A duração normal do trabalho dos empregados em bancos, casas bancárias e Caixa Econômica Federal será de 6 (seis) horas contínuas nos dias úteis, com exceção dos sábados, perfazendo um total de 30 (trinta) horas de trabalho por semana.

§1º A duração normal do trabalho estabelecida neste artigo ficará compreendida entre 7 (sete) e 22 (vinte e duas) horas, assegurando-se ao empregado, no horário diário, um intervalo de 15 (quinze) minutos para alimentação.

§2º As disposições deste artigo não se aplicam aos que exercem funções de direção, gerência, fiscalização, chefia e equivalentes, ou que desempenhem outros cargos de confiança, desde que o valor da gratificação não seja inferior a 1/3 (um terço) do salário do cargo efetivo.

A duração do trabalho para os que desempenham atividades em instituições financeiras, especificamente em casas bancárias e correlatas, é de 6 horas diárias e 30 horas semanais, entre 7 e 22 horas, com intervalo intrajornada de 15 minutos para alimentação.

A única exceção nas jornadas de 6 horas se concentra nos empregados que exerçam funções de gestão e afins, que percebam gratificações superiores a 1/3 dos seus respectivos salários.

O bancário que exerce a função a que se refere o §2º do art. 224 da CLT e recebe gratificação não inferior a 1/3 de seu salário já tem remuneradas as duas horas extraordinárias excedentes da sexta hora trabalhada. Ademais, ao bancário exercente de cargo de confiança previsto no art. 224 da CLT são devidas a sétima e a oitava horas como extras, no período em que se verificar o pagamento a menor da gratificação de 1/3 do salário normal.

Em tempo, o bancário sujeito à regra do art. 224, §2º, da CLT cumpre jornada de trabalho de oito horas, sendo consideradas extraordinárias as trabalhadas além da oitava.

O bancário que exerce função de confiança e percebe gratificação não inferior ao terço legal, ainda que norma coletiva contemple percentual superior, não tem direito à sétima e à oitava horas como extras, mas apenas às gratificações de função, se postuladas (Súmula nº 102 do TST).

Realmente, algumas casas bancárias tentam fraudar a lei e denominam funções de chefia as atividades desempenhadas por todos os empregados em agências ou postos, provocando o aumento da carga horária diária de 6 para 8 horas de trabalho, de acordo com a exceção prevista pelo §2º do art. 224 da CLT. Tal procedimento é infrutífero, pois baseado no "princípio da primazia da realidade" (mais valor aos fatos e condições reais de trabalho), e os Tribunais do Trabalho estão reconhecendo a fraude e condenando as empresas a pagar pelas horas suplementares trabalhadas.

Observe-se que "a configuração, ou não, do exercício da função de confiança a que se refere o art. 224, §2º, da CLT, dependente da prova das reais atribuições do empregado, é insuscetível de exame mediante recurso de revista ou de embargos" (Súmula nº 102 do TST).

No trabalho extraordinário realizado pelo bancário o divisor aplicável para o cálculo das horas extras, se houver ajuste individual expresso ou coletivo no sentido de considerar o sábado como dia de descanso remunerado, será de 150, para os empregados submetidos à jornada de seis horas, prevista no *caput* do art. 224 da CLT; 200, para os empregados submetidos à jornada de oito horas, nos termos do §2º do art. 224 da CLT.

Nas demais hipóteses aplicar-se-á: 180, para os empregados submetidos à jornada de seis horas prevista no *caput* do art. 224 da CLT; 220, para os empregados submetidos à jornada de oito horas, nos termos do §2º do art. 224 da CLT (Súmula nº 124 do TST com redação determinada pela Res. TST nº 185/2012 – *DEJT* 25.09.2012).

Em tempo, a jornada de trabalho dos gerentes de agência bancária está prevista neste artigo e do gerente-geral presume-se diante do seu poder de gestão, aplicando-se lhe o art. 62 da CLT (Súmula nº 287 do TST).

Art. 225. A duração normal de trabalho dos bancários poderá ser excepcionalmente prorrogada até 8 (oito) horas diárias, não excedendo de 40 (quarenta) horas semanais, observados os preceitos gerais sobre a duração do trabalho.

Como qualquer outro empregado, o bancário também está sujeito ao trabalho em horas suplementares, no limite de 2 horas além da jornada de 6 horas diárias, sem, entretanto, exceder 40 horas semanais.

"A contratação do serviço suplementar, quando da admissão do trabalhador bancário, é nula. Os valores assim ajustados apenas remuneram a jornada normal, sendo devidas as horas extras com o adicional de, no mínimo, 50% (cinquenta por cento)" (Súmula nº 199 do TST).

Art. 226. O regime especial de 6 (seis) horas de trabalho também se aplica aos empregados de portaria e de limpeza, tais como porteiros, telefonistas de mesa, contínuos e serventes, empregados em bancos e casas bancárias.

Parágrafo único. A direção de cada banco organizará a escala de serviço do estabelecimento de maneira a haver empregados do quadro da portaria em função, meia hora antes e até meia hora após o encerramento dos trabalhos, respeitado o limite de 6 (seis) horas diárias.

Vale, também, para porteiros, telefonistas de mesa, contínuos, serventes e para os empregados de limpeza e conservação de ambientes, devidamente contratados pelas casas bancárias.

Nas atividades não relacionadas diretamente com as casas bancárias como limpeza e conservação ou vigilância patrimonial, em regra, são utilizadas empresas de "terceirização" como prestadoras de serviço. Os empregados dessas empresas locadoras de mão de obra, não estão sujeitos a jornada de trabalho dos bancários, pois pertencem a outra categoria e têm vínculo empregatício com diferentes atividades empresariais e não são considerados bancários.

O texto da Súmula nº 226 do TST reflete a indagação com a assertiva de que "a gratificação por tempo de serviço integra o cálculo das horas extras".

Observe-se, os vigilantes contratados – diretamente – por instituições bancárias, ou por intermédio de empresas especializadas, não são considerados como bancários (Súmula nº 257 do TST).

Seção II
DOS EMPREGADOS NOS SERVIÇOS DE TELEFONIA, DE TELEGRAFIA SUBMARINA E SUBFLUVIAL, DE RADIOTELEGRAFIA E RADIOTELEFONIA

Art. 227. Nas empresas que explorem o serviço de telefonia, telegrafia submarina ou subfluvial, de radiotelegrafia ou de radiotelefonia, fica estabelecida para os respectivos operadores a duração máxima de 6 (seis) horas contínuas de trabalho por dia ou 36 (trinta e seis) horas semanais.

§1º Quando, em caso de indeclinável necessidade, forem os operadores obrigados a permanecer em serviço além do período normal fixado neste artigo, a empresa pagar-lhes-á extraordinariamente o tempo excedente com acréscimo de 50% (cinquenta por cento) sobre o seu salário-hora normal.

§2º O trabalho aos domingos, feriados e dias santos de guarda será considerado extraordinário e obedecerá, quanto à sua execução e remuneração, ao que dispuserem empregadores e empregados em acordo, ou os respectivos sindicatos em contrato coletivo de trabalho.

As atividades tratadas no art. 227 exigem um esforço de concentração maior, bem como movimentos repetidos, e para esses operadores a legislação trabalhista estabeleceu a duração máxima de 6 horas de trabalho contínuo por dia ou 36 horas semanais.

Nos casos em que se prove uma real necessidade, poderão manter suas atividades em regime de horas suplementares com o acréscimo de 50% sobre o salário recebido por horas normais de trabalho.

Nos domingos e feriados, nacionais ou religiosos, o trabalho será considerado como extraordinário e seguirá critérios estabelecidos entre as partes para a execução e consequente remuneração dos respectivos serviços realizados naquelas condições.

Art. 228. Os operadores não poderão trabalhar, de modo ininterrupto, na transmissão manual, bem como na recepção visual, auditiva, com escrita manual ou datilográfica, quando a velocidade for superior a 25 (vinte e cinco) palavras por minuto.

A lei especifica as atividades desempenhadas por operadores em transmissão manual ou em recepção visual, auditiva, escrita e datilográfica, que atuam em velocidades superiores a 25 palavras por minuto, excepcionando a vedação do trabalho praticado de modo ininterrupto.

Art. 229. Para os empregados sujeitos a horários variáveis, fica estabelecida a duração máxima de 7 (sete) horas diárias de trabalho e 17 (dezessete) horas de folga, deduzindo-se desse tempo 20 (vinte) minutos para descanso, de cada um dos empregados, sempre que se verificar um esforço contínuo de mais de 3 (três) horas.

§1º São considerados empregados sujeitos a horários variáveis, além dos operadores, cujas funções exijam classificação distinta, os que pertençam a seções de técnica, telefones, revisão, expedição, entrega e balcão.

§2º Quanto à execução e remuneração aos domingos, feriados e dias santos de guarda e às prorrogações de expediente, o trabalho dos empregados a que se refere o parágrafo anterior será regido pelo que se contém no §1º do art. 227 desta Seção.

Os empregadores podem estabelecer escalas de revezamento nessas atividades, cumprindo com a duração máxima de 7 horas diárias e 17 de descanso, sem contar com os 20 minutos de intervalo intrajornada nos trabalhos realizados com esforço contínuo por mais de 3 horas.

Art. 230. A direção das empresas deverá organizar as turmas de empregados, para a execução dos seus serviços, de maneira que prevaleça sempre o revezamento entre os que exercem a mesma função, quer em escalas diurnas, quer em noturnas.

§1º Aos empregados que exerçam a mesma função será permitida, entre si, a troca de turmas, desde que isso não importe em prejuízo dos serviços, cujo chefe ou encarregado resolverá sobre a oportunidade ou possibilidade dessa medida, dentro das prescrições desta Seção.

§2º As empresas não poderão organizar horários que obriguem os empregados a fazer a refeição do almoço antes das 10 (dez) e depois das 13 (treze) horas e a do jantar antes das 16 (dezesseis) e depois das 19 (dezenove) horas e 30 (trinta) minutos.

Entre os empregados que exercem a mesma função, em horários noturnos ou diurnos, não havendo prejuízo à continuidade dos serviços, restará ao gestor de plantão organizar a aplicabilidade do sistema em regime de revezamento.

Nessas atividades não será permitido o intervalo para almoço antes das 10 e depois das 13 horas, bem como para o jantar antes das 16 e depois das 19h30min.

Art. 231. As disposições desta Seção não abrangem o trabalho dos operadores de radiotelegrafia embarcados em navios ou aeronaves.

Estes empregados (operadores de rádio e demais embarcados) estão excluídos das regras de proteção ao trabalho da CLT, pois se enquadram em outras categorias profissionais com normas específicas e restritas àquelas atividades como, por exemplo, os aeronautas.

Seção III
DOS MÚSICOS PROFISSIONAIS

Arts. 232 e 233. (Revogados pela Lei nº 3.857, de 22.12.1960)

Seção IV
DOS OPERADORES CINEMATOGRÁFICOS

Art. 234. A duração normal do trabalho dos operadores cinematográficos e seus ajudantes não excederá de 6 (seis) horas diárias, assim distribuídas:

a) 5 (cinco) horas consecutivas de trabalho em cabina, durante o funcionamento cinematográfico;

b) um período suplementar, até o máximo de 1 (uma) hora para limpeza, lubrificação dos aparelhos de projeção, ou revisão de filmes.

Parágrafo único. Mediante remuneração adicional de 25% (vinte e cinco por cento) sobre o salário da hora normal e observado um intervalo de 2 (duas) horas para folga, entre o período a que se refere a alínea *b* deste artigo e o trabalho em cabina de que trata a alínea *a*, poderá o trabalho dos operadores cinematográficos e seus ajudantes ter a duração prorrogada por 2 (duas) horas diárias, para exibições extraordinárias.

Os operadores cinematográficos e seus ajudantes trabalham 6 horas diárias, contabilizando 5 horas para as projeções em cabines e 1 hora na manutenção das máquinas, com um intervalo de 2 horas para descanso entre as duas atividades.

Por 2 horas diárias, em exibições extraordinárias, percebendo 50% sobre o salário da hora normal trabalhada.

Art. 235. Nos estabelecimentos cujo funcionamento normal seja noturno, será facultado aos operadores cinematográficos e seus ajudantes, mediante acordo ou convenção coletiva de trabalho e com um acréscimo de 25% (vinte e cinco por cento) sobre o salário da hora normal, executar o trabalho em sessões diurnas extraordinárias e, cumulativamente, nas noturnas, desde que isso se verifique até 3 (três) vezes por semana e entre as sessões diurnas e as noturnas haja o intervalo de 1 (uma) hora, no mínimo, de descanso.

§1º A duração de trabalho cumulativo a que alude o presente artigo não poderá exceder de 10 (dez) horas.

§2º Em seguida a cada período de trabalho haverá um intervalo de repouso no mínimo de 12 (doze) horas.

Por três vezes em cada semana, é permitido o trabalho contínuo dos operadores cinematográficos, em horários noturnos e diurnos, conforme acordo ou convenção coletiva de trabalho, garantindo-se um intervalo intrajornada de 1 hora entre os dois períodos e outro intervalo interjornada de 12 horas, também, não ultrapassando de 10 horas diárias de trabalho.

Seção IV-A
DO SERVIÇO DO MOTORISTA PROFISSIONAL
(Lei nº 12.619/2012)

Art. 235-A. Os preceitos especiais desta Seção aplicam-se ao motorista profissional empregado: (Redação dada pela Lei nº 13.103, de 2015)

I – de transporte rodoviário coletivo de passageiros; (Incluído pela Lei nº 13.103, de 2015)

II – de transporte rodoviário de cargas. (Incluído pela Lei nº 13.103, de 2015)

Trata-se de atividades profissionais desempenhadas por motoristas profissionais que atuam sob o regime celetista, tutelados por contrato de emprego para atuar em empresas de transporte rodoviário de passageiros e transportadoras de carga, que foram acolhidos pelo Texto Consolidado em conformidade com as determinações previstas na Lei nº 13.103/15.

Art. 235-B. São deveres do motorista profissional empregado: (Redação dada pela Lei nº 13.103, de 2015)

I – estar atento às condições de segurança do veículo;

II – conduzir o veículo com perícia, prudência, zelo e com observância aos princípios de direção defensiva;

III – respeitar a legislação de trânsito e, em especial, as normas relativas ao tempo de direção e de descanso controlado e registrado na forma do previsto no art. 67-E da Lei nº 9.503, de 23 de setembro de 1997 – Código de Trânsito Brasileiro; (Redação dada pela Lei nº 13.103, de 2015)

IV – zelar pela carga transportada e pelo veículo;

V – colocar-se à disposição dos órgãos públicos de fiscalização na via pública;

VI – (Vetado);

VII – submeter-se a exames toxicológicos com janela de detecção mínima de 90 (noventa) dias e a programa de controle de uso de droga e de bebida alcoólica, instituído pelo empregador, com sua ampla ciência, pelo menos uma vez a cada 2 (dois) anos e 6 (seis) meses, podendo ser utilizado para esse fim o exame obrigatório previsto na Lei nº 9.503, de 23 de setembro de 1997 – Código de Trânsito Brasileiro, desde que realizado nos últimos 60 (sessenta) dias. (Redação dada pela Lei nº 13.103, de 2015)

Parágrafo único. A recusa do empregado em submeter-se ao teste ou ao programa de controle de uso de droga e de bebida alcoólica previstos no inciso VII será considerada infração disciplinar, passível de penalização nos termos da lei. (Redação dada pela Lei nº 13.103, de 2015)

Art. 235-C. A jornada diária de trabalho do motorista profissional será de 8 (oito) horas, admitindo-se a sua prorrogação por até 2 (duas) horas extraordinárias ou, mediante previsão em convenção ou acordo coletivo, por até 4 (quatro) horas extraordinárias. (Redação dada pela Lei nº 13.103, de 2015)

§1º Será considerado como trabalho efetivo o tempo em que o motorista empregado estiver à disposição do empregador, excluídos os intervalos para refeição, repouso e descanso e o tempo de espera. (Redação dada pela Lei nº 13.103, de 2015)

§2º Será assegurado ao motorista profissional empregado intervalo mínimo de 1 (uma) hora para refeição, podendo esse período coincidir com o tempo de parada obrigatória na condução do veículo estabelecido pela Lei nº 9.503, de 23 de setembro de 1997 – Código de Trânsito Brasileiro, exceto quando se tratar do motorista profissional enquadrado no §5º do art. 71 desta Consolidação. (Redação dada pela Lei nº 13.103, de 2015)

§3º Dentro do período de 24 (vinte e quatro) horas, são asseguradas 11 (onze) horas de descanso, sendo facultados o seu fracionamento e a coincidência com os períodos de parada obrigatória na condução do veículo estabelecida pela Lei nº 9.503, de 23 de setembro de 1997 – Código de Trânsito Brasileiro, garantidos o mínimo de 8 (oito) horas

ininterruptas no primeiro período e o gozo do remanescente dentro das 16 (dezesseis) horas seguintes ao fim do primeiro período. (Redação dada pela Lei nº 13.103, de 2015)

§4º Nas viagens de longa distância, assim consideradas aquelas em que o motorista profissional empregado permanece fora da base da empresa, matriz ou filial e de sua residência por mais de 24 (vinte e quatro) horas, o repouso diário pode ser feito no veículo ou em alojamento do empregador, do contratante do transporte, do embarcador ou do destinatário ou em outro local que ofereça condições adequadas. (Redação dada pela Lei nº 13.103, de 2015)

§5º As horas consideradas extraordinárias serão pagas com o acréscimo estabelecido na Constituição Federal ou compensadas na forma do §2º do art. 59 desta Consolidação. (Redação dada pela Lei nº 13.103, de 2015)

§6º À hora de trabalho noturno aplica-se o disposto no art. 73 desta Consolidação. (Redação dada pela Lei nº 13.103, de 2015)

§8º São considerados tempo de espera as horas em que o motorista profissional empregado ficar aguardando carga ou descarga do veículo nas dependências do embarcador ou do destinatário e o período gasto com a fiscalização da mercadoria transportada em barreiras fiscais ou alfandegárias, não sendo computados como jornada de trabalho e nem como horas extraordinárias. (Redação dada pela Lei nº 13.103, de 2015)

§9º As horas relativas ao tempo de espera serão indenizadas na proporção de 30% (trinta por cento) do salário-hora normal. (Redação dada pela Lei nº 13.103, de 2015)

§10. Em nenhuma hipótese, o tempo de espera do motorista empregado prejudicará o direito ao recebimento da remuneração correspondente ao salário-base diário. (Incluído pela Lei nº 13.103, de 2015) (Vigência)

§11. Quando a espera de que trata o §8º for superior a 2 (duas) horas ininterruptas e for exigida a permanência do motorista empregado junto ao veículo, caso o local ofereça condições adequadas, o tempo será considerado como de repouso para os fins do intervalo de que tratam os parágrafos 2º e 3º, sem prejuízo do disposto no §9º. (Incluído pela Lei nº 13.103, de 2015) (Vigência)

§12. Durante o tempo de espera, o motorista poderá realizar movimentações necessárias do veículo, as quais não serão consideradas como parte da jornada de trabalho, ficando garantido, porém, o gozo do descanso de 8 (oito) horas ininterruptas aludido no §3º. (Incluído pela Lei nº 13.103, de 2015) (Vigência)

§13. Salvo previsão contratual, a jornada de trabalho do motorista empregado não tem horário fixo de início, de final ou de intervalos. (Incluído pela Lei nº 13.103, de 2015) (Vigência)

§14. O empregado é responsável pela guarda, preservação e exatidão das informações contidas nas anotações em diário de bordo, papeleta ou ficha de trabalho externo, ou no registrador instantâneo inalterável de velocidade e tempo, ou nos rastreadores ou sistemas e meios eletrônicos, instalados nos veículos, normatizados pelo Contran, até que o veículo seja entregue à empresa. (Incluído pela Lei nº 13.103, de 2015) (Vigência)

§15. Os dados referidos no §14 poderão ser enviados a distância, a critério do empregador, facultando-se a anexação do documento original posteriormente. (Incluído pela Lei nº 13.103, de 2015) (Vigência)

§16. Aplicam-se as disposições deste artigo ao ajudante empregado nas operações em que acompanhe o motorista. (Incluído pela Lei nº 13.103, de 2015) (Vigência)

§17. O disposto no *caput* deste artigo aplica-se também aos operadores de automotores destinados a puxar ou a arrastar maquinaria de qualquer natureza ou a executar trabalhos de construção ou pavimentação e aos operadores de tratores, colheitadeiras, autopropelidos e demais aparelhos automotores destinados a puxar ou a arrastar maquinaria agrícola ou a executar trabalhos agrícolas. (Incluído pela Lei nº 13.154, de 2015).

Este capítulo é dedicado aos motoristas, regulando as atividades dos profissionais que atuam sob a égide do contrato de emprego e regidos pela CLT.

Nos termos da lei, se submeteram a exames toxicológicos pelo menos uma vez a cada 2 (dois) anos e 6 (seis) meses. A recusa acarretará ato de indisciplina e insubordinação previstos no art. 482 da CLT.

As jornadas diárias de trabalho dos motoristas serão de 8 (oito) horas, admitindo-se prorrogação por até 2 (duas) horas extraordinárias ou até 4 (quatro) horas extraordinárias. Todo o período que o empregado estiver à disposição do empregador será considerado como parte integrante da jornada de trabalho e excluídos os intervalos para repouso como uma hora para refeição. No período de 24 horas são asseguradas 11 horas de intervalo interjornada, facultado fracionamento em conformidade com os períodos de parada obrigatória regulada pelo Código de Trânsito e garantido o mínimo de 8 (oito) horas ininterruptas no primeiro período dentro das 16 (dezesseis) horas seguintes ao fim do primeiro período.

Nas oportunidades em que o empregado permanece fora da base da empresa ou residência por mais de 24 (vinte e quatro) horas, as horas de descanso podem ser gozadas no interior do próprio veículo ou em locais disponibilizados pelo contratante do transporte.

O tempo de espera que o motorista estiver aguardando carregamento ou descarregamento do veículo e o período gasto com a fiscalização da mercadoria transportada em barreiras fiscais ou alfandegárias fazem parte da natureza da atividade e indenizadas na proporção de 30% (trinta por cento) do salário-hora normal. E o tempo de espera não prejudicará o direito ao recebimento da remuneração correspondente ao salário-base diário. Também, registre-se que se o tempo de espera for superior a 2 horas ininterruptas com a necessária permanência do motorista junto ao veículo o tempo será considerado como de repouso. Contudo, no tempo de espera o motorista poderá realizar movimentações necessárias do veículo que não serão consideradas como parte da jornada de trabalho. Observe-se que os motoristas empregados não terão horário fixo de início e final ou de intervalos inter ou intrajornada.

As regras deste capítulo se aplicam ao ajudante nas operações em que acompanhe o motorista. Também, para os operadores de automotores destinados a movimentar

maquinaria e aos operadores de tratores, colheitadeiras, auto propelidos e demais equipamentos agrícolas.

Art. 235-D. Nas viagens de longa distância com duração superior a 7 (sete) dias, o repouso semanal será de 24 (vinte e quatro) horas por semana ou fração trabalhada, sem prejuízo do intervalo de repouso diário de 11 (onze) horas, totalizando 35 (trinta e cinco) horas, usufruído no retorno do motorista à base (matriz ou filial) ou ao seu domicílio, salvo se a empresa oferecer condições adequadas para o efetivo gozo do referido repouso.

Caso a jornada se estender por mais de uma semana, será garantido um repouso de 24 horas sem prejuízo do intervalo interjornada de 11 horas com 35 horas totais de descanso e permitindo retorno do empregado à base caso não se ofereça condições de pouso e descanso ao motorista.

§1º É permitido o fracionamento do repouso semanal em 2 (dois) períodos, sendo um destes de, no mínimo, 30 (trinta) horas ininterruptas, a serem cumpridos na mesma semana e em continuidade a um período de repouso diário, que deverão ser usufruídos no retorno da viagem. (Incluído pela Lei nº 13.103, de 2015)

§2º A cumulatividade de descansos semanais em viagens de longa distância de que trata o *caput* fica limitada ao número de 3 (três) descansos consecutivos. (Incluído pela Lei nº 13.103, de 2015)

§3º O motorista empregado, em viagem de longa distância, que ficar com o veículo parado após o cumprimento da jornada normal ou das horas extraordinárias fica dispensado do serviço, exceto se for expressamente autorizada a sua permanência junto ao veículo pelo empregador, hipótese em que o tempo será considerado de espera. (Incluído pela Lei nº 13.103, de 2015)

§4º Não será considerado como jornada de trabalho, nem ensejará o pagamento de qualquer remuneração, o período em que o motorista empregado ou o ajudante ficarem espontaneamente no veículo usufruindo dos intervalos de repouso. (Incluído pela Lei nº 13.103, de 2015)

§5º Nos casos em que o empregador adotar 2 (dois) motoristas trabalhando no mesmo veículo, o tempo de repouso poderá ser feito com o veículo em movimento, assegurado o repouso mínimo de 6 (seis) horas consecutivas fora do veículo em alojamento externo ou, se na cabine leito, com o veículo estacionado, a cada 72 (setenta e duas) horas. (Incluído pela Lei nº 13.103, de 2015)

§6º Em situações excepcionais de inobservância justificada do limite de jornada de que trata o art. 235-C, devidamente registradas, e desde que não se comprometa a

segurança rodoviária, a duração da jornada de trabalho do motorista profissional empregado poderá ser elevada pelo tempo necessário até o veículo chegar a um local seguro ou ao seu destino. (Incluído pela Lei nº 13.103, de 2015)

§7º Nos casos em que o motorista tenha que acompanhar o veículo transportado por qualquer meio onde ele siga embarcado e em que o veículo disponha de cabine leito ou a embarcação disponha de alojamento para gozo do intervalo de repouso diário previsto no §3º do art. 235-C, esse tempo será considerado como tempo de descanso. (Incluído pela Lei nº 13.103, de 2015)

§8º Para o transporte de cargas vivas, perecíveis e especiais em longa distância ou em território estrangeiro poderão ser aplicadas regras conforme a especificidade da operação de transporte realizada, cujas condições de trabalho serão fixadas em convenção ou acordo coletivo de modo a assegurar as adequadas condições de viagem e entrega ao destino final. (Incluído pela Lei nº 13.103, de 2015)

Vale o fracionamento do repouso semanal em 2 (dois) períodos, sendo um destes de 30 (trinta) horas ininterruptas no mínimo, em regra usufruídos no retorno da viagem. O acúmulo de descansos semanais em viagens de longa distância fica limitado a 3 (três) descansos consecutivos. Não será considerado como jornada de trabalho o período em que o motorista ou ajudante ficarem espontaneamente no veículo usufruindo dos intervalos de repouso. Quando houver 2 motoristas para o mesmo veículo, o repouso será com veículo em movimento e assegurado o repouso mínimo de 6 horas consecutivas fora do veículo em alojamento externo ou com veículo estacionado para cada 72 (setenta e duas) horas.

A duração da jornada de trabalho do motorista profissional empregado poderá ser elevada pelo tempo necessário até o veículo chegar a um local seguro ou ao seu destino, contanto que não se comprometa a segurança e as leis de trânsito vigentes.

Art. 235-E. Para o transporte de passageiros, serão observados os seguintes dispositivos.

I – é facultado o fracionamento do intervalo de condução do veículo previsto na Lei nº 9.503, de 23 de setembro de 1997 – Código de Trânsito Brasileiro, em períodos de no mínimo 5 (cinco) minutos; (Incluído pela Lei nº 13.103, de 2015)

II – será assegurado ao motorista intervalo mínimo de 1 (uma) hora para refeição, podendo ser fracionado em 2 (dois) períodos e coincidir com o tempo de parada obrigatória na condução do veículo estabelecido pela Lei nº 9.503, de 23 de setembro de 1997 – Código de Trânsito Brasileiro, exceto quando se tratar do motorista profissional enquadrado no §5º do art. 71 desta Consolidação; (Incluído pela Lei nº 13.103, de 2015) III – nos casos em que o empregador adotar 2 (dois) motoristas no curso da mesma viagem, o descanso poderá ser feito com o veículo em movimento, respeitando-se os horários de jornada de trabalho, assegurado, após 72 (setenta e

duas) horas, o repouso em alojamento externo ou, se em poltrona correspondente ao serviço de leito, com o veículo estacionado. (Incluído pela Lei nº 13.103, de 2015)

As determinações impostas para o transporte de passageiros, em regra, seguem as mesmas proteções e garantias previstas para transporte de cargas.

Art. 235-F. Convenção e acordo coletivo poderão prever jornada especial de 12 (doze) horas de trabalho por 36 (trinta e seis) horas de descanso para o trabalho do motorista profissional empregado em regime de compensação. (Redação dada pela Lei nº 13.103, de 2015)

As normas previstas em pactos coletivos ajustados pelos sindicatos da categoria poderão prever jornadas em escala de revezamento de 12x36h em regimes de compensação.

Art. 235-G. É permitida a remuneração do motorista em função da distância percorrida, do tempo de viagem ou da natureza e quantidade de produtos transportados, inclusive mediante oferta de comissão ou qualquer outro tipo de vantagem, desde que essa remuneração ou comissionamento não comprometa a segurança da rodovia e da coletividade ou possibilite a violação das normas previstas nesta Lei. (Redação dada pela Lei nº 13.103, de 2015)

As remunerações dos motoristas profissionais empregados poderão ser ajustadas em conformidade com a distância ou pela própria natureza da carga transportada, mas sempre de maneira que não seja inferior ao mínimo previsto nos pactos normativos da classe.

<div align="center">

Seção V
DO SERVIÇO FERROVIÁRIO

</div>

Art. 236. No serviço ferroviário – considerado este o de transporte em estradas de ferro abertas ao tráfego público, compreendendo a administração, construção, conservação e remoção das vias férreas e seus edifícios, obras de arte, material rodante, instalações complementares e acessórias, bem como o serviço de tráfego, de telegrafia, telefonia e

funcionamento de todas as instalações ferroviárias – aplicam-se os preceitos especiais constantes desta Seção.

O projeto de Vargas procurava atender principalmente os trabalhadores em ferrovias do Brasil, e a CLT dedicou uma seção própria a essa categoria, incluindo todos aqueles que prestavam serviços na construção e manutenção das vias férreas e os que cuidavam do acervo e da história daquela atividade, tão importante na época. A CLT ainda protege a todos os ferroviários, sem exceção.

Art. 237. O pessoal a que se refere o artigo antecedente fica dividido nas seguintes categorias:

a) funcionários de alta administração, chefes e ajudantes de departamentos e seções, engenheiros residentes, chefes de depósito, inspetores e demais empregados que exercem funções administrativas ou fiscalizadoras;

b) pessoal que trabalhe em lugares ou trechos determinados e cujas tarefas requeiram atenção constante; pessoal de escritório, turmas de conservação e construção da via permanente, oficinas e estações principais, inclusive os respectivos telegrafistas; pessoal de tração, lastro e revistadores;

c) das equipagens de trens em geral;

d) pessoal cujo serviço é de natureza intermitente ou de pouca intensidade, embora com permanência prolongada nos locais de trabalho; vigias e pessoal das estações do interior, inclusive os respectivos telegrafistas.

Todos os que trabalham na RFFSA (Rede Ferroviária Federal) e nas empresas que atuam em vias férreas estão protegidos pelos preceitos constantes na Seção V da CLT, incluído o pessoal de administração, manutenção de estradas de rodagem e até mesmo os que trabalham em serviços intermitentes e de pouca intensidade, em estações de trens ou telegrafia.

Entretanto, as atividades que estão, atualmente, sob os cuidados de terceiros, prestadores de serviço, não se incluem nessa proteção, salvo se estiverem trabalhando em alguma atividade-fim, então submetidos aos preceitos contidos no art. 455 do Texto Consolidado.

Art. 238. Será computado como de trabalho efetivo todo o tempo em que o empregado estiver à disposição da Estrada.

§1º Nos serviços efetuados pelo pessoal da categoria c, não será considerado como de trabalho efetivo o tempo gasto em viagens do local ou para o local de terminação e início dos mesmos serviços.

§2º Ao pessoal removido ou comissionado fora da sede será contado como de trabalho normal e efetivo o tempo gasto em viagens, sem direito à percepção de horas extraordinárias.

§3º No caso das turmas de conservação da via permanente, o tempo efetivo do trabalho será contado desde a hora da saída da casa da turma até a hora em que cessar o serviço em qualquer ponto compreendido dentro dos limites da respectiva turma. Quando o empregado trabalhar fora dos limites da sua turma, ser-lhe-á também computado como de trabalho efetivo o tempo gasto no percurso da volta a esses limites.

§4º Para o pessoal da equipagem de trens, só será considerado esse trabalho efetivo, depois de chegado ao destino, o tempo em que o ferroviário estiver ocupado ou retido à disposição da Estrada. Quando, entre dois períodos de trabalho, não mediar intervalo superior a 1 (uma) hora, será esse intervalo computado como de trabalho efetivo.

§5º O tempo concedido para refeição não se computa como de trabalho efetivo, senão para o pessoal da categoria c, quando as refeições forem tomadas em viagem ou nas estações durante as paradas. Esse tempo não será inferior a 1 (uma) hora, exceto para o pessoal da referida categoria em serviço de trens.

§6º No trabalho das turmas encarregadas da conservação de obras de arte, linhas telegráficas ou telefônicas e edifícios, não será contado como de trabalho efetivo o tempo de viagem para o local do serviço, sempre que não exceder de 1 (uma) hora, seja para ida ou para volta, e a Estrada fornecer os meios de locomoção, computando-se sempre o tempo excedente a esse limite.

O tempo gasto em deslocamentos para o local de início e fim dos serviços não será computado nas jornadas de trabalho. Porém, aos removidos ou comissionados serão somados às horas trabalhadas os deslocamentos, não considerados como horas extras.

Quanto aos ferroviários que trabalhem em conservação, serão contabilizados os períodos no transporte como horas *in itinere*, ou seja, da saída de casa ao término do serviço ou, quando estiver fora da sede, também o retorno a sua residência. Ainda, aos responsáveis por obras de arte, telefonia e conservação de edifícios, o tempo que ultrapassar 1 (uma) hora na locomoção será registrado como de trabalho.

A Lei nº 13.467/17 alterou o texto do parágrafo segundo do art. 58 da CLT, que não mais considera como horas *in itinere* o tempo dispendido pelo empregado no deslocamento entre residência e local de trabalho em locais de difícil acesso. Contudo, em se tratando de capítulo próprio dedicado aos ferroviários, a contabilização desse período no caso dos ferroviários segue incólume diante das mudanças impostas pela "Reforma Trabalhista". Certo será que a jurisprudência dos tribunais reste redimensionando a necessidade ou não de manter a aplicação deste comando para atender a esta categoria, em especial.

E, nos intervalos intrajornada para alimentação, serão considerados como trabalho efetivo os inferiores a 1 (uma) hora, bem como aqueles em que o ferroviário se alimente dentro das composições férreas.

Art. 239. Para o pessoal da categoria c, a prorrogação do trabalho independe de acordo ou contrato coletivo, não podendo, entretanto, exceder de 12 (doze) horas, pelo que as empresas organizarão, sempre que possível, os serviços de equipagens de trens com destacamentos nos trechos das linhas de modo a ser observada a duração normal de 8 (oito) horas de trabalho.

§1º Para o pessoal sujeito ao regime do presente artigo, depois de cada jornada de trabalho haverá um repouso de 10 (dez) horas contínuas, no mínimo, observando-se, outrossim, o descanso semanal.

§2º Para o pessoal da equipagem de trens, a que se refere o presente artigo, quando a empresa não fornecer alimentação, em viagem, e hospedagem, no destino, concederá uma ajuda de custo para atender a tais despesas.

§3º As escalas do pessoal abrangido pelo presente artigo serão organizadas de modo que não caiba a qualquer empregado, quinzenalmente, um total de horas de serviço noturno superior às de serviço diurno.

§4º Os períodos de trabalho do pessoal a que alude o presente artigo serão registrados em cadernetas especiais, que ficarão sempre em poder do empregado, de acordo com o modelo aprovado pelo Ministro do Trabalho, Indústria e Comércio.

O trabalho não poderá ultrapassar 12 horas diárias, com duração normal de 8 horas, e os intervalos devem ser de, no mínimo, 10 horas entre uma jornada e outra. Em tempo, as horas de serviço noturno devem ser organizadas de forma que, quinzenalmente, não sejam superiores ao diurno.

Art. 240. Nos casos de urgência ou de acidente, capazes de afetar a segurança ou regularidade do serviço, poderá a duração do trabalho ser excepcionalmente elevada a qualquer número de horas, incumbindo à Estrada zelar pela incolumidade dos seus empregados e pela possibilidade de revezamento de turmas, assegurando ao pessoal um repouso correspondente e comunicando a ocorrência ao Ministério do Trabalho, Indústria e Comércio, dentro de 10 (dez) dias da sua verificação.

Parágrafo único. Nos casos previstos neste artigo, a recusa, sem causa justificada, por parte de qualquer empregado, à execução de serviço extraordinário será considerada falta grave.

O art. 240 da CLT abre uma exceção em casos de urgência e assegura o trabalho ininterrupto, sem descanso e intervalos, por um número ilimitado de horas.

Tal comando legal fere de morte toda e qualquer regra ou norma de proteção ao trabalho, bem como expõe o ferroviário a uma situação esdrúxula se negar a prestação dos serviços nessas condições, caracterizando, consequentemente, um exemplo de justa causa.

A fadiga total do empregado servirá de base para o fim das suas atividades laborais nessas condições. Dessa forma, há que se considerar absurdo o Texto Consolidado e, por isonomia aos demais trabalhadores (art. 5º da CF/1988), registrar como inconstitucional o presente artigo, apenas levando em conta as condições emergenciais e o limite de 12 horas diárias para o trabalho ferroviário.

As regras trazidas pela Lei nº 13.467/17 quanto à flexibilização da jornada de trabalho ser tratada diretamente entre empregado e empregadores deverá se estender para categoria dos ferroviários, que restará permitindo a negociação direta entre as partes envolvidas.

Art. 241. As horas excedentes das do horário normal de 8 (oito) horas serão pagas como serviço extraordinário na seguinte base: as 2 (duas) primeiras com o acréscimo de 25% (vinte e cinco por cento) sobre o salário-hora normal; as 2 (duas) subsequentes com um adicional de 50% (cinquenta por cento) e as restantes com um adicional de 75% (setenta e cinco por cento).

Parágrafo único. Para o pessoal da categoria c, a primeira hora será majorada de 25% (vinte e cinco por cento), a segunda hora será paga com o acréscimo de 50% (cinquenta por cento) e as 2 (duas) subsequentes com o de 60% (sessenta por cento), salvo caso de negligência comprovada.

As primeiras 4 horas suplementares serão pagas na razão de 50% sobre o salário do empregado e as restantes com um adicional de 75%, com a exceção da categoria c dos ferroviários que percebem pelas restantes 60%, salvo se for caracterizada a negligência durante a prestação dos serviços, eximindo o empregador do pagamento de qualquer adicional por trabalho extraordinário.

Art. 242. As frações de meia hora superiores a 10 (dez) minutos serão computadas como meia hora.

Quando o trabalho extraordinário ultrapassar 10 minutos, as frações serão contabilizadas na proporção de 1/2 hora, para todos os efeitos.

Art. 243. Para os empregados de estações do interior, cujo serviço for de natureza intermitente ou de pouca intensidade, não se aplicam os preceitos gerais sobre duração do trabalho, sendo-lhes, entretanto, assegurado o repouso contínuo de 10 (dez) horas, no mínimo, entre 2 (dois) períodos de trabalho e descanso semanal.

Os ferroviários que prestam serviços em localidades onde há trabalho intermitente e com pouca intensidade não estarão sujeitos ao regime de duração do trabalho previsto para todos os integrantes da categoria e, excepcionalmente, seguirão as normas referentes ao intervalo interjornada e ao descanso semanal (Súmula nº 61 do TST).

Art. 244. As estradas de ferro poderão ter empregados extranumerários, de sobreaviso e de prontidão, para executarem serviços imprevistos ou para substituições de outros empregados que faltem à escala organizada.

§1º Considera-se "extranumerário" o empregado não efetivo, candidato à efetivação, que se apresentar normalmente ao serviço, embora só trabalhe quando for necessário. O extranumerário só receberá os dias de trabalho efetivo.

§2º Considera-se de "sobreaviso" o empregado efetivo, que permanecer em sua própria casa, aguardando a qualquer momento o chamado para o serviço. Cada escala de "sobreaviso" será, no máximo, de 24 (vinte e quatro) horas. As horas de "sobreaviso", para todos os efeitos, serão contadas à razão de 1/3 (um terço) do salário normal.

§3º Considera-se de "prontidão" o empregado que ficar nas dependências da Estrada, aguardando ordens. A escala de prontidão será, no máximo, de 12 (doze) horas. As horas de prontidão serão, para todos os efeitos, contadas à razão de 2/3 (dois terços) do salário-hora normal.

§4º Quando, no estabelecimento ou dependência em que se achar o empregado, houver facilidade de alimentação, as 12 (doze) horas de prontidão, a que se refere o parágrafo anterior, poderão ser contínuas. Quando não existir essa facilidade, depois de 6 (seis) horas de prontidão, haverá sempre um intervalo de 1 (uma) hora para cada refeição, que não será, nesse caso, computada como de serviço.

A denominação "extranumerário" surgiu na Administração Pública e foi agregada pela CLT para caracterizar os trabalhadores que atuam em serviços eventuais, recebendo por tarefa e aptos a serem efetivados como ferroviários. Atualmente, o que se denominava "extranumerário" passa a ser compreendido como "empregado público", de acordo com a EC nº 19/1998.

Aqueles que estiverem em casa e que poderão ser convocados ao trabalho a qualquer momento, sem dúvida, estarão sujeitos ao regime de "sobreaviso".

Essas horas não são consideradas como suplementares (com natureza própria e distinta), mas serão remuneradas na razão de 1/3 do salário normal e não poderão ultrapassar 24 horas diárias.

Essa base de cálculo é utilizada, por analogia, em serviços ou situações de trabalho semelhantes, dentro das condições previstas no §2º do art. 244 da CLT.

Aqueles que estiverem nas dependências da empresa, aguardando ordens, seja na hora de repouso ou em qualquer outra situação, e que podem ser convocados ao trabalho a qualquer momento, sem dúvida, estarão sujeitos ao regime de "prontidão". Essas horas não são consideradas como suplementares (com natureza própria e distinta), mas serão remuneradas na razão de 2/3 do salário-hora normal e não podem ultrapassar 12 horas diárias, vedado o trabalho contínuo quando não houver facilidades para refeição no local; consequentemente, garante-se um intervalo de 1 hora para repouso, que não será computado na jornada de trabalho.

Tais condições são aplicadas, por analogia, em questões que envolvam situações semelhantes em outras categorias profissionais.

Por analogia aos ferroviários, o "sobreaviso" se aplica aos eletricitários na razão de 1/3 sobre a totalidade das parcelas de natureza salarial, de acordo com a Súmula nº 229 do TST.

Em recente decisão jurisprudencial, o TST estabeleceu que o uso de aparelhos como BIP, *pager*, *tablets*, celular ou congênere pelo empregado não caracteriza por si só o regime de "sobreaviso", visto que o empregado pode não permanecer em sua residência aguardando, a qualquer momento, convocação para o serviço. Na verdade, considera-se como "sobreaviso" o empregado que estando à distância é submetido a controle patronal por meio de instrumentos telemáticos ou informatizados que possam caracterizar regime de plantão ou equivalente (Súmula nº 428 do TST, com redação determinada pela Res. TST nº 185/2012 – *DEJT* 25.09.2012).

Com advento da Lei nº 13.467/17 o trabalho realizado em regime de *home office* não mais obriga ao controle de jornada e o trabalho intermitente, também será regulado por novas diretrizes. Observa-se que as horas de "sobreaviso" serão redimensionadas, em conformidade com o art. 59 da CLT.

Art. 245. O horário normal de trabalho dos cabineiros nas estações de tráfego intenso não excederá de 8 (oito) horas e deverá ser dividido em 2 (dois) turnos com intervalo não inferior a 1 (uma) hora de repouso, não podendo nenhum turno ter duração superior a 5 (cinco) horas, com um período de descanso entre 2 (duas) jornadas de trabalho de 14 (quatorze) horas consecutivas.

Será dividida em dois turnos de, no máximo, 5 (cinco) horas, com intervalos de 1 (uma) hora para repouso e com intervalos interjornada de 14 horas.

Art. 246. O horário de trabalho dos operadores telegrafistas nas estações de tráfego intenso não excederá de 6 (seis) horas diárias.

Nas estações com tráfego intenso, não poderá ultrapassar 6 (seis) horas diárias; excepcionadas tais condições, segue a jornada normal de 8 (oito) horas diárias.

Art. 247. As estações principais, estações de tráfego intenso e estações do interior serão classificadas para cada empresa pelo Departamento Nacional de Estradas de Ferro.

Atualmente, o Departamento Nacional de Estradas de Ferro é que poderá mensurar as condições de tráfego e circulação de cada estação do país.

Seção VI
DAS EQUIPAGENS DAS EMBARCAÇÕES DA MARINHA MERCANTE NACIONAL, DE NAVEGAÇÃO FLUVIAL E LACUSTRE, DO TRÁFEGO NOS PORTOS E DA PESCA

Art. 248. Entre as horas 0 (zero) e 24 (vinte e quatro) de cada dia civil, o tripulante poderá ser conservado em seu posto durante 8 (oito) horas, quer de modo contínuo, quer de modo intermitente.

§1º A exigência do serviço contínuo ou intermitente ficará a critério do comandante e, neste último caso, nunca por período menor que 1 (uma) hora.

§2º Os serviços de quarto nas máquinas, passadiço, vigilância e outros que, consoante parecer médico, possam prejudicar a saúde do tripulante, serão executados por períodos não maiores e com intervalos não menores de 4 (quatro) horas.

O comandante de cada embarcação terá competência para estabelecer os horários de serviço, dentro dos parâmetros estabelecidos pela lei, oportunidade em que designará os intervalos de 1 (uma) hora, no mínimo, para repouso em jornadas de 8 (oito) horas diárias, bem como protegerá os que trabalhem com máquinas ou vigilância, que atuaram em períodos menores e com intervalos intrajornada de 4 (quatro) horas, no mínimo.

Art. 249. Todo o tempo de serviço efetivo, excedente de 8 (oito) horas, ocupado na forma do artigo anterior, será considerado de trabalho extraordinário, sujeito à compensação a que se refere o art. 250, exceto se se tratar de trabalho executado:

a) em virtude de responsabilidade pessoal do tripulante e no desempenho de funções de direção, sendo consideradas como tais todas aquelas que a bordo se achem constituídas em um único indivíduo com responsabilidade exclusiva e pessoal;

b) na iminência de perigo, para salvaguarda ou defesa da embarcação, dos passageiros, ou da carga, a juízo exclusivo do comandante ou do responsável pela segurança a bordo;

c) por motivo de manobras ou fainas gerais que reclamem a presença, em seus postos, de todo o pessoal de bordo;

d) na navegação lacustre e fluvial, quando se destina ao abastecimento do navio ou embarcação de combustível e rancho, ou por efeito das contingências da natureza da navegação, na transposição de passos ou pontos difíceis, inclusive operações de alívio ou transbordo de carga, para obtenção de calado menor para essa transposição.

§1º O trabalho executado aos domingos e feriados será considerado extraordinário, salvo se se destinar:

a) ao serviço de quartos e vigilância, movimentação das máquinas e aparelhos de bordo, limpeza e higiene da embarcação, preparo de alimentação da equipagem e dos passageiros, serviço pessoal destes e, bem assim, aos socorros de urgência ao navio ou ao pessoal;

b) ao fim da navegação ou das manobras para a entrada ou saída de portos, atracação, desatracação, embarque ou desembarque de carga e passageiros.

§2º Não excederá de 30 (trinta) horas semanais o serviço extraordinário prestado para o tráfego nos portos.

 Todas as jornadas que ultrapassem as 8 horas diárias serão, para todos os efeitos, contabilizadas como horas suplementares.
 Apenas em casos excepcionais previstos na lei não serão computadas as horas extras, sendo de 30 horas semanais o período máximo permitido para o trabalho em regime de horas suplementares em portos no Brasil.

Art. 250. As horas de trabalho extraordinário serão compensadas, segundo a conveniência do serviço, por descanso em período equivalente, no dia seguinte ou no subsequente, dentro das do trabalho normal, ou no fim da viagem, ou pelo pagamento do salário correspondente.

Parágrafo único. As horas extraordinárias de trabalho são indivisíveis, computando-se a fração de hora como hora inteira.

Os preceitos estabelecidos pelo novo texto do art. 59 da CLT pela Lei nº 13.467/17 se aplicam, integralmente, nessas atividades, e as compensações podem ser efetivadas dentro da jornada de trabalho ou mesmo no final das navegações em acordo direto entre empregados e empregadores.

Vale ressaltar que as horas extras são computadas em horas inteiras, evitando-se o fracionamento.

Art. 251. Em cada embarcação haverá um livro em que serão anotadas as horas extraordinárias de trabalho de cada tripulante, e outro, do qual constarão, devidamente circunstanciadas, as transgressões dos mesmos tripulantes.

Parágrafo único. Os livros de que trata este artigo obedecerão a modelos organizados pelo Ministério do Trabalho, Indústria e Comércio, serão escriturados em dia pelo comandante da embarcação e ficam sujeitos às formalidades instituídas para os livros de registro de empregados em geral.

Há um livro específico que deverá conter anotações gerais, bem como o controle das jornadas efetivamente trabalhadas pelos tripulantes daquela embarcação, sujeito a fiscalização do Ministério do Trabalho e Emprego, que considerará esse documento paradigma dos livros de registro de empregados das empresas.

Art. 252. Qualquer tripulante que se julgue prejudicado por ordem emanada de superior hierárquico poderá interpor recurso, em termos, perante a Delegacia do Trabalho Marítimo, por intermédio do respectivo comandante, o qual deverá encaminhá-lo com a respectiva informação dentro de 5 (cinco) dias, contados de sua chegada ao porto.

As questões prejudiciais aos tripulantes embarcados poderão ser encaminhadas ao Ministério do Trabalho para apreciação e possível providência. Entretanto, devem sair das embarcações pela via hierárquica natural, ou seja, pelo comandante, que as remeterá ao órgão competente. Tal tramitação pode parecer ridícula se produzida pelo tripulante contra o próprio comandante que, mal-intencionado, poderia não conduzi-la ao seu ponto final. Entretanto, salientamos que as delegacias regionais do Ministério do Trabalho e Emprego estão aptas a recepcionar qualquer denúncia sobre condições

de trabalho, e estas podem ser feitas, pessoalmente ou por escrito, com o simples detalhamento dos fatos narrados pelo denunciante.

Seção VII
DOS SERVIÇOS FRIGORÍFICOS

Art. 253. Para os empregados que trabalham no interior das câmaras frigoríficas e para os que movimentam mercadorias do ambiente quente normal para o frio e vice-versa, depois de 1 (uma) hora e 40 (quarenta) minutos de trabalho contínuo, será assegurado um período de 20 (vinte) minutos de repouso, computado esse intervalo como de trabalho efetivo.

Parágrafo único. Considera-se artificialmente frio, para os fins do presente artigo, o que for inferior, nas primeira, segunda e terceira zonas climáticas do mapa oficial do Ministério do Trabalho, Indústria e Comércio, a 15º (quinze graus), na quarta zona a 12º (doze graus), e nas quinta, sexta e sétima zonas a 10º (dez graus).

Aqueles que trabalham dentro das câmaras frigoríficas terão jornada de 8 horas diárias, semelhante aos trabalhadores normais. Porém, a continuidade do trabalho não excederá 1 hora e 40 minutos nas atividades que exijam entrar e sair de locais considerados pelo Ministério do Trabalho e Emprego como artificialmente frios, classificados por zonas climáticas 1ª, 2ª e 3ª a 15º (quinze graus), na 4ª zona a 12º (doze graus) e a 10º (dez graus) nas 5ª, 6ª e 7ª zonas, oportunidade em que terão assegurados 20 minutos de descanso respectivamente computados na jornada total de trabalho do empregado.

O empregado submetido a trabalho contínuo em ambiente artificialmente frio, nos termos do parágrafo único do art. 253 da CLT, mesmo que não labore em câmara frigorífica, tem direito ao intervalo intrajornada previsto no *caput* do art. 253 da CLT (Súmula nº 438 do TST, acrescentada pela Res. TST nº 185/2012 – *DEJT* 25.09.2012).

As tratativas decorrentes da jornada de trabalho reguladas pela Lei nº 13.467/17 poderão ser pactuadas diretamente entre empregados e empregadores, independente do estabelecido neste comando e das normas coletivas de trabalho da categoria.

Seção VIII
DOS SERVIÇOS DE ESTIVA

Arts. 254 a 284. (Revogados pela Lei nº 8.630, de 25.02.1993)

Seção IX
DOS SERVIÇOS DE CAPATAZIAS NOS PORTOS

Arts. 285 a 292. (Revogados pela Lei nº 8.630, de 25.02.1993)

Seção X
DO TRABALHO EM MINAS DE SUBSOLO

Art. 293. A duração normal do trabalho efetivo para os empregados em minas no subsolo não excederá de 6 (seis) horas diárias ou de 36 (trinta e seis) semanais.

A jornada de trabalho para os que trabalham no interior de minas de subsolo, em prospecção ou mesmo em análise de terrenos, será de 6 horas diárias ou 36 horas semanais.

Art. 294. O tempo despendido pelo empregado da boca da mina ao local do trabalho e vice-versa será computado para o efeito de pagamento do salário.

Considera-se como horas de trabalho o tempo que o empregado dedicar no deslocamento entre a entrada da mina subterrânea até o fundo – exatamente – no local onde prestará o serviço (horas *in itinere*).

O texto do §2º do art. 58 da CLT que expressa sobre a não aplicação de horas *in itinere* não se aplica aos trabalhadores em minas e subsolo, mantendo-se a contabilização do tempo despendido entre a entrada da mina e o subsolo como parte integrante da jornada de trabalho com objetivo de atender a esta categoria.

O TST deverá ajustar o texto da Súmula nº 90/TST sobre horas *in itinere* para seguir nesta direção: I – O tempo despendido pelo empregado, em condução fornecida pelo empregador, até o local de trabalho de difícil acesso, ou não servido por transporte público regular, e para o seu retorno é computável na jornada de trabalho. II – A incompatibilidade entre os horários de início e término da jornada do empregado e os do transporte público regular é circunstância que também gera o direito às horas *in itinere*. III – A mera insuficiência de transporte público não enseja o pagamento de horas *in itinere*. IV – Se houver transporte público regular em parte do trajeto percorrido em condução da empresa, as horas *in itinere* remuneradas limitam-se ao trecho não alcançado pelo transporte público. V – Considerando que as horas *in itinere* são computáveis na jornada de trabalho, o tempo que extrapola a jornada legal é considerado como extraordinário e sobre ele deve incidir o adicional respectivo. VI – Não tem direito a horas *in itinere* o empregado cujo contrato de trabalho haja sido celebrado a partir de 11 de novembro de 2017, data de vigência da Lei nº 13.467/2017, que alterou o §2º do art. 58 da CLT (art. 1º).

Idem quanto a Súmula nº 320/TST, que deverá ser ajustada para que o texto siga: HORAS *IN ITINERE*. OBRIGATORIEDADE DE CÔMPUTO NA JORNADA DE TRABALHO (Incluído o item II em decorrência da Lei nº 13.467/2017). I – O fato de o empregador cobrar, parcialmente ou não, importância pelo transporte fornecido, para local de difícil acesso ou não servido por transporte regular, não afasta o direito à percepção das horas *in itinere*. II – Não tem direito a horas *in itinere* o empregado cujo

contrato de trabalho haja sido celebrado a partir de 11 de novembro de 2017, data de vigência da Lei nº 13.467/2017, que alterou o §2º do art. 58 da CLT (art. 1º).

> **Art. 295.** A duração normal do trabalho efetivo no subsolo poderá ser elevada até 8 (oito) horas diárias ou 48 (quarenta e oito) semanais, mediante acordo escrito entre empregado e empregador ou contrato coletivo de trabalho, sujeita essa prorrogação à prévia licença da autoridade competente em matéria de saúde do trabalho.
>
> Parágrafo único. A duração normal do trabalho efetivo no subsolo poderá ser inferior a 6 (seis) horas diárias, por determinação da autoridade de que trata este artigo, tendo em vista condições locais de insalubridade e os métodos e processos do trabalho adotado.

Será permitido o acréscimo da duração do trabalho até 8 (oito) horas diárias ou 44 horas semanais, mediante acordo ou convenção coletiva de trabalho, sujeita à avaliação das autoridades responsáveis pelas condições de trabalho locais, bem como poderá ser reduzida a jornada para 6 horas diárias, conforme as normas de proteção ao trabalho em condições de insalubridade ou devido às características de higiene e segurança do trabalho daquela localidade (art. 7º, XIII, da CF/1988).

A Lei nº 13.467/17 cria a possibilidade de pactuação direta entre empregados e empregadores, independente da lei e das normas coletivas de trabalho da categoria.

> **Art. 296.** A remuneração da hora prorrogada será no mínimo de 25% (vinte e cinco por cento) superior à da hora normal e deverá constar do acordo ou contrato coletivo de trabalho.

A hora prorrogada será 50% superior à hora normal e, necessariamente, deverá constar de norma estipulada em acordo ou convenção coletiva de trabalho.

> **Art. 297.** Ao empregado no subsolo será fornecida, pelas empresas exploradoras de minas, alimentação adequada à natureza do trabalho, de acordo com as instruções estabelecidas pelo Serviço de Alimentação da Previdência Social e aprovadas pelo Ministério do Trabalho, Indústria e Comércio.

Será específica e resultará das regras estabelecidas pelas secretarias de segurança e medicina do trabalho, devidamente aprovadas pelo Ministério do Trabalho e Emprego;

atualmente, garante-se, dentre outros itens, o fornecimento de leite para os que trabalham nessas condições.

Art. 298. Em cada período de 3 (três) horas consecutivas de trabalho, será obrigatória uma pausa de 15 (quinze) minutos para repouso, a qual será computada na duração normal de trabalho efetivo.

Nos trabalhos que ultrapassem 3 horas consecutivas haverá paralisação de 15 minutos de repouso, devidamente, computada na jornada total de trabalho dos empregados.

Art. 299. Quando nos trabalhos de subsolo ocorrerem acontecimentos que possam comprometer a vida ou a saúde do empregado, deverá a empresa comunicar o fato imediatamente à autoridade regional do trabalho, do Ministério do Trabalho, Indústria e Comércio.

Em qualquer fato que venha prejudicar as condições de trabalho dos que prestam serviços no interior de minas de subsolo, será obrigatória a interferência do Ministério do Trabalho e Emprego, na defesa da segurança dos trabalhadores envolvidos, bem como a participação do empregador nesse sentido.

Art. 300. Sempre que, por motivo de saúde, for necessária a transferência do empregado, a juízo da autoridade competente em matéria de segurança e saúde do trabalho, dos serviços no subsolo para os de superfície, é a empresa obrigada a realizar essa transferência, assegurando ao transferido a remuneração atribuída ao trabalhador de superfície em serviço equivalente, respeitada a capacidade profissional do interessado.

Parágrafo único. No caso de recusa do empregado em atender a essa transferência, será ouvida a autoridade competente em matéria de segurança e saúde do trabalho, que decidirá a respeito.

Diante de problemas de saúde do empregado que trabalha no interior de minas e subsolo o empregador terá de promover a sua transferência para as atividades de superfície, bem como garantir o pagamento de salário equivalente aos que trabalham próximo a sua nova atividade. Caso haja recusa do empregado, será contatada a

autoridade responsável pela segurança e medicina do trabalho daquela localidade, a qual decidirá a validade da referida transferência.

Art. 301. O trabalho no subsolo somente será permitido a homens, com idade compreendida entre 21 (vinte e um) e 50 (cinquenta) anos, assegurada a transferência para a superfície nos termos previstos no artigo anterior.

O trabalho só é permitido aos maiores e não será possível continuar desempenhando atividades nessas condições aqueles trabalhadores que contarem com mais de 50 anos de idade, garantida a sua transferência para a superfície, de acordo com as condições previstas no art. 300 da CLT.

Por certo, este trabalho deveria se estender as mulheres conforme art. 7º, XXX, da CF/1988.

Seção XI
DOS JORNALISTAS PROFISSIONAIS

Art. 302. Os dispositivos da presente Seção se aplicam aos que nas empresas jornalísticas prestem serviços como jornalistas, revisores, fotógrafos, ou na ilustração, com as exceções nela previstas.

§1º Entende-se como jornalista o trabalhador intelectual cuja função se estende desde a busca de informações até a redação de notícias e artigos e a organização, orientação e direção desse trabalho.

§2º Consideram-se empresas jornalísticas, para os fins desta Seção, aquelas que têm a seu cargo a edição de jornais, revistas, boletins e periódicos, ou a distribuição de noticiário, e, ainda, a radiodifusão e em suas seções destinadas à transmissão de notícias e comentários.

A CLT se aplica a todos aqueles que trabalhem para empresas jornalísticas, que promovam edição de jornais, revistas, periódicos e demais publicações que contenham informações e notícias, incluindo as que atuam por meio de radiodifusão ou através da televisão, incorporadas a esse título legal por motivos óbvios, apesar de não terem sido incluídas no Texto Consolidado naquela época.

Art. 303. A duração normal do trabalho dos empregados compreendidos nesta Seção não deverá exceder de 5 (cinco) horas, tanto de dia como à noite.

A duração do trabalho daqueles que desempenham as atividades de imprensa, especificamente os jornalistas profissionais, será de 5 (cinco) horas diárias, indiferente de atuarem em horário diurno ou noturno.

Essa jornada se concentra nos jornalistas que trabalham para empresas, isentando os que atuam no regime de autonomia.

Art. 304. Poderá a duração normal do trabalho ser elevada a 7 (sete) horas, mediante acordo escrito, em que se estipule aumento de ordenado, correspondente ao excesso do tempo de trabalho, e em que se fixe um intervalo destinado a repouso ou a refeição.

Parágrafo único. Para atender a motivos de força maior, poderá o empregado prestar serviços por mais tempo do que aquele permitido nesta Seção. Em tais casos, porém, o excesso deve ser comunicado à Divisão de Fiscalização da Secretaria de Segurança e Saúde no Trabalho e às Delegacias Regionais do Trabalho e Emprego, dentro de 5 (cinco) dias, com a indicação expressa dos seus motivos.

A jornada de trabalho efetiva dos empregados em empresas jornalísticas poderá ser elevada a 7 horas diárias, bem como ultrapassar esse limite em casos de força maior, devidamente comunicados as Delegacias Regionais do Trabalho com expressa motivação.

A Lei nº 13.467/17 dá azo a negociação direta entre empregados e empregadores com relação a repactuação de horas trabalhadas, independente das determinações previstas nas normas coletivas de trabalho.

Art. 305. As horas de serviço extraordinário, quer as prestadas em virtude de acordo, quer as que derivam das causas previstas no parágrafo único do artigo anterior, não poderão ser remuneradas com quantia inferior à que resulta do quociente da divisão da importância do salário mensal por 150 (cento e cinquenta) para os mensalistas, e do salário diário por 5 (cinco) para os diaristas, acrescido de, pelo menos, 25% (vinte e cinco por cento).

Deverão ser calculadas de acordo com o número de horas trabalhadas na proporção de 150, se dividido pelo salário mensal, e de 5 (cinco), se dividido pelo salário diário, acrescido de 50% da hora suplementar de acordo com texto constitucional.

Art. 306. Os dispositivos dos arts. 303, 304 e 305 não se aplicam àqueles que exercem as funções de redator chefe, secretário, subsecretário, chefe e subchefe de revisão, chefe de oficina, de ilustração e chefe de portaria.

Parágrafo único. Não se aplicam, do mesmo modo, os artigos acima referidos aos que se ocuparem unicamente em serviços externos.

Serão excepcionados aqueles que trabalham nas funções de redator-chefe, secretário, subsecretário, chefe e subchefe de revisão, chefe de oficina, ilustração e portaria, bem como os que atuam em serviços externos. Em resumo, consideram-se apenas os que desenvolvem serviços de natureza jornalística, como os repórteres, âncoras e redatores.

Art. 307. A cada 6 (seis) dias de trabalho efetivo corresponderá 1 (um) dia de descanso obrigatório, que coincidirá com o domingo, salvo acordo escrito em contrário, no qual será expressamente estipulado o dia em que se deve verificar o descanso.

Após 6 (seis) dias de trabalho, haverá um dia de repouso que deve recair no domingo, exceto se houver um acordo contrário entre as partes interessadas, que estipulariam outro dia para o referido descanso.

Art. 308. Em seguida a cada período diário de trabalho haverá um intervalo mínimo de 10 (dez) horas, destinado ao repouso.

Os intervalos entre uma jornada e outra devem ser de, no mínimo, 10 horas de repouso.

Art. 309. Será computado como de trabalho efetivo o tempo em que o empregado estiver à disposição do empregador.

Nos moldes do art. 4º da CLT, o tempo em que o empregado estiver à disposição do empregador, aguardando ou executando ordens, será computado para todos os efeitos na jornada efetiva de trabalho do jornalista.

Vale observar que a Lei nº 13.467/17 que alterou o art. 4º da CLT prevê não mais será considerado como horas extraordinárias o tempo em que o empregado permaneça no local de trabalho além da jornada normal, com a exceção aos casos em que a troca de uniforme seja necessariamente realizada no ambiente de trabalho. As motivações de

caráter particular que justifiquem a presença do trabalhador na empresa após o termino do expediente normal não mais serão computadas como tempo de serviço efetivo.

Arts. 310 a 314. (Revogados pelo Decreto-Lei nº 972, de 17.10.1969)

Art. 315. O Governo Federal, de acordo com os governos estaduais, promoverá a criação de escolas de preparação ao jornalismo, destinadas à formação dos profissionais da imprensa.

A CLT menciona que o Governo Federal, de acordo com os governos estaduais, responsabilizar-se-á pela criação de escolas preparatórias de jornalismo, porém a lei que regulamenta a profissão exige formação em nível superior e resguarda o aperfeiçoamento em escolas preparatórias para aqueles que atuavam antes da regulamentação dessa atividade profissional. Contudo, o STF decidiu em junho de 2009 que é inconstitucional a exigência do diploma de jornalismo e registro profissional no Ministério do Trabalho como condição para o exercício da profissão de jornalista (Recurso Extraordinário nº 511.961).

Art. 316. (Revogado pelo Decreto-Lei nº 368, de 19.12.1968)

<div align="center">

Seção XII

DOS PROFESSORES

</div>

Art. 317. O exercício remunerado do magistério, em estabelecimentos particulares de ensino, exigirá apenas habilitação legal e registro no Ministério da Educação.

Nos estabelecimentos particulares de ensino será exigida a habilitação legal para desempenhar a atividade de professor, ou seja, o certificado de conclusão de curso normal ou diploma de licenciatura, bem como o devido registro profissional expedido pelo Ministério da Educação.

Art. 318. O professor poderá lecionar em um mesmo estabelecimento por mais de um turno, desde que não ultrapasse a jornada de trabalho semanal estabelecida legalmente, assegurado e não computado o intervalo para refeição. (Redação dada pela Lei nº 13.415, de 2017)

Em se tratando de um mesmo estabelecimento de ensino, o professor não poderá dar mais de 4 aulas consecutivas ou ultrapassar 6 aulas intercaladas por dia, de acordo

com o tempo de hora/aula previsto pelo contrato firmado entre as partes e pelo uso e costume do mercado de trabalho.

A Lei nº 13.467/17 permite a negociação direta entre empregados e empregadores quanto ao regime de compensação de horas, independente das normas previstas nos pactos normativos da categoria.

Art. 319. Aos professores é vedado, aos domingos, a regência de aulas e o trabalho em exames.

É vedado o trabalho para os professores nos domingos, até mesmo nas atividades que incluam exames, provas e testes de avaliação.

Art. 320. A remuneração dos professores será fixada pelo número de aulas semanais, na conformidade dos horários.

§1º O pagamento far-se-á mensalmente, considerando-se para este efeito cada mês constituído de quatro semanas e meia.

§2º Vencido cada mês, será descontada, na remuneração dos professores, a importância correspondente ao número de aulas a que tiverem faltado.

§3º Não serão descontadas, no decurso de 9 (nove) dias, as faltas verificadas por motivo de gala ou de luto em consequência de falecimento do cônjuge, do pai ou mãe, ou de filho.

A remuneração será fixada pelo número de aulas e de sua respectiva carga horária semanal ministrada, e o pagamento será efetuado, mensalmente, considerando-se o mês compreendido entre 4 semanas e 1/2 para todos os efeitos, descontando-se, ainda, as aulas que não foram lecionadas, exceto as ocorridas no decorrer de 9 dias por motivo de casamento ou falecimento de cônjuge, ascendentes ou descendentes em 1º grau.

A Súmula nº 351 do TST assegura que "o professor que recebe salário mensal à base de hora-aula tem direito ao acréscimo de 1/6 (um sexto) a título de repouso semanal remunerado, considerando-se para esse fim o mês de quatro semanas e meia".

Art. 321. Sempre que o estabelecimento de ensino tiver necessidade de aumentar o número de aulas marcado nos horários, remunerará o professor, findo cada mês, com uma importância correspondente ao número de aulas excedentes.

As horas suplementares serão consideradas conforme o aumento do limite de aulas e horários, os quais serão remunerados pelo correspondente excesso ao fim de cada mês, observando-se os limites do art. 318 da CLT e respectivas compensações.

Art. 322. No período de exames e no de férias escolares, é assegurado aos professores o pagamento, na mesma periodicidade contratual, da remuneração por eles percebida, na conformidade dos horários, durante o período de aulas.

§1º Não se exigirá dos professores, no período de exames, a prestação de mais de 8 (oito) horas de trabalho diário, salvo mediante o pagamento complementar de cada hora excedente pelo preço correspondente ao de uma aula.

§2º No período de férias, não se poderá exigir dos professores outro serviço senão o relacionado com a realização de exames.

§3º Na hipótese de dispensa sem justa causa, ao término do ano letivo ou no curso das férias escolares, é assegurado ao professor o pagamento a que se refere o *caput* deste artigo.

No período de férias, os professores recebem o equivalente ao período de aulas, mesmo se convocados para realização de exames.

Não será permitido o trabalho além de 8 horas diárias no período designado pelos estabelecimentos de ensino para realização de provas, bem como o professor perceberá o equivalente à hora/aula se prestar serviços suplementares.

Será quitada de acordo com as horas/aula realizadas durante todo o período de trabalho.

O direito aos salários do período de férias escolares será assegurado (art. 322, *caput* e §3º, da CLT) e não exclui percebimento do aviso-prévio nas hipóteses de dispensa sem justa causa ao término do ano letivo ou no curso das férias escolares (Súmula nº 10 do TST, com redação determinada pela Res. TST nº 185/2012 – *DEJT* 25.09.2012).

Art. 323. Não será permitido o funcionamento do estabelecimento particular de ensino que não remunere condignamente os seus professores, ou não lhes pague pontualmente a remuneração de cada mês.

Parágrafo único. Compete aos Ministérios da Educação e da Cultura fixar os critérios para a determinação da condigna remuneração devida aos professores bem como assegurar a execução do preceito estabelecido no presente artigo.

O papel do Ministério do Trabalho e Emprego é fiscalizar o cumprimento das condições de trabalho; cabe, porém, aos representantes das categorias econômicas e profissionais estabelecer os valores de piso das suas respectivas atividades laborais.

Art. 324. (Revogado pela Lei nº 7.855, de 24.10.1989)

Seção XIII
DOS QUÍMICOS

Art. 325. É livre o exercício da profissão de químico em todo o território da República, observadas as condições de capacidade técnica e outras exigências previstas na presente Seção:

a) aos possuidores de diploma de químico, químico industrial, químico industrial agrícola ou engenheiro químico, concedido, no Brasil, por escola oficial ou oficialmente reconhecida;

b) aos diplomados em química por instituto estrangeiro de ensino superior, que tenham, de acordo com a lei e a partir de 14 de julho de 1934, revalidado os seus diplomas;

c) aos que, ao tempo da publicação do Decreto 24.693, de 12 de julho de 1934, se achavam no exercício efetivo de função pública ou particular, para a qual seja exigida a qualidade de químico, e que tenham requerido o respectivo registro até a extinção do prazo fixado pelo Decreto-Lei nº 2.298, de 10 de junho de 1940.

§1º Aos profissionais incluídos na alínea c deste artigo, se dará, para os efeitos da presente Seção, a denominação de "licenciados".

§2º O livre exercício da profissão de que trata o presente artigo só é permitido a estrangeiros, quando compreendidos:

a) nas alíneas *a* e *b*, independentemente de revalidação do diploma, se exerciam, legitimamente, na República, a profissão de químico quando da data da promulgação da Constituição de 1934;

b) na alínea *b*, se a seu favor militar a existência de reciprocidade internacional, admitida em lei, para o reconhecimento dos respectivos diplomas;

c) na alínea *c*, satisfeitas as condições nela estabelecidas.

§3º O livre exercício da profissão a brasileiros naturalizados está subordinado à prévia prestação do serviço militar, no Brasil.

§4º Só aos brasileiros natos é permitida a revalidação dos diplomas de químicos, expedidos por institutos estrangeiros de ensino superior.

A legislação contida no Texto Consolidado se aplica, integralmente, aos químicos diplomados por escolas oficialmente reconhecidas e aos licenciados que atuavam nessa

atividade antes do decreto que regulamentou a profissão, bem como aos estrangeiros que tenham seus diplomas reconhecidos, por reciprocidade, pelo Brasil.

Para esclarecimentos, a Constituição de 1988 veda a distinção entre brasileiro nato e naturalizado (art. 12, §2º, da CF/1988).

Art. 326. Todo aquele que exercer ou pretender exercer as funções de químico é obrigado ao uso de Carteira de Trabalho e Previdência Social, devendo os profissionais que se encontrarem nas condições das alíneas *a* e *b* do art. 325 registrar os seus diplomas de acordo com a legislação vigente.

§1º A requisição de Carteiras de Trabalho e Previdência Social para uso dos químicos, além do disposto no capítulo "Da Identificação Profissional", somente será processada mediante apresentação dos seguintes documentos que provem

a) ser o requerente brasileiro, nato ou naturalizado, ou estrangeiro;

b) estar, se for brasileiro, de posse dos direitos civis e políticos;

c) ter diploma de químico, químico industrial, químico industrial agrícola ou engenheiro químico, expedido por escola superior oficial ou oficializada;

d) ter, se diplomado no estrangeiro, o respectivo diploma revalidado nos termos da lei;

e) haver, o que for brasileiro naturalizado, prestado serviço militar no Brasil;

f) achar-se o estrangeiro, ao ser promulgada a Constituição de 1934, exercendo legitimamente, na República, a profissão de químico, ou concorrer a seu favor a existência de reciprocidade internacional, admitida em lei, para o reconhecimento dos diplomas dessa especialidade.

§2º A requisição de que trata o parágrafo anterior deve ser acompanhada:

a) do diploma devidamente autenticado, no caso da alínea *b* do artigo precedente, e com as firmas reconhecidas no país de origem e na Secretaria de Estado das Relações Exteriores, ou da respectiva certidão, bem como do título de revalidação, ou certidão respectiva, de acordo com a legislação em vigor;

b) do certificado ou atestado comprobatório de se achar o requerente na hipótese da alínea *c* do referido artigo, ao tempo da publicação do Decreto 24.693, de 12 de julho de 1934, no exercício efetivo de função pública, ou particular, para a qual seja exigida a qualidade de químico, devendo esses documentos ser autenticados pelo Delegado Regional do Trabalho, quando se referirem a requerentes moradores nas capitais dos Estados, ou coletor federal, no caso de residirem os interessados nos municípios do interior;

c) de 3 (três) exemplares de fotografia exigida pelo art. 329 e de uma folha com as declarações que devem ser lançadas na Carteira de Trabalho e Previdência Social, de conformidade com o disposto nas alíneas do mesmo artigo e seu parágrafo único.

§3º (Revogado)

Mediante registro convalidado pela CTPS, obrigam-se aos que obtiveram aceite aos requisitos essenciais no reconhecimento da atividade de químico com as respectivas exigências para sua regularização (Lei nº 2.800/1956).

Art. 327. Além dos emolumentos fixados no Capítulo "Da Identificação Profissional", o registro do diploma fica sujeito à taxa de Cr$30,00 (trinta cruzeiros).

Este artigo está prejudicado em face dos regulamentos atualizados pelo respectivo conselho profissional e suas ordens de serviço quanto à emissão de registros.

Art. 328. Só poderão ser admitidos a registro os diplomas, certificados de diplomas, cartas e outros títulos, bem como atestados e certificados que estiverem na devida forma e cujas firmas hajam sido regularmente reconhecidas por tabelião público e, sendo estrangeiros, pela Secretaria do Estado das Relações Exteriores, acompanhados estes últimos da respectiva tradução, feita por intérprete comercial brasileiro.

Que diplomas ou certificados sejam encaminhados aos Conselhos Federal e Regionais, devidamente autenticados em cartório. Aos diplomados no exterior, que os referidos diplomas sejam validados por instituição de ensino superior brasileira credenciada pelo MEC para o devido reconhecimento das titulações e consequente aceitação pela comunidade acadêmica nacional.

Art. 329. A cada inscrito, e como documento comprobatório do registro, será fornecida pelos Conselhos Regionais de Química, uma Carteira de Trabalho e Previdência Social numerada, que, além da fotografia, medindo 3 (três) por 4 (quatro) centímetros, tirada de frente, com a cabeça descoberta, e das impressões do polegar, conterá as declarações seguintes:

a) o nome por extenso;

b) a nacionalidade e, se estrangeiro, a circunstância de ser ou não naturalizado;

c) a data e lugar do nascimento;

d) a denominação da escola em que houver feito o curso;

e) a data da expedição do diploma e o número do registro no respectivo Conselho Regional de Química;

f) a data da revalidação do diploma, se de instituto estrangeiro;

g) a especificação, inclusive data, de outro título ou títulos de habilitação;

h) a assinatura do inscrito.

Parágrafo único. (Revogado)

À semelhança de outras profissões liberais, os químicos portarão uma carteira que contenha foto e qualificação pessoal, bem como dados profissionais que permitam o exercício da atividade.

Art. 330. A Carteira de Trabalho e Previdência Social, expedida nos termos desta Seção, é obrigatória para o exercício da profissão, substitui em todos os casos o diploma ou título e servirá de carteira de identidade.

A CTPS substitui não só o diploma como também a carteira de identidade, pois contém todos os dados necessários à identificação da pessoa portadora, incluindo filiação, impressão digital e fotografia.

Art. 331. Nenhuma autoridade poderá receber impostos relativos ao exercício profissional de químico, senão à vista da prova de que o interessado se acha registrado de acordo com a presente Seção, e essa prova será também exigida para a realização de concursos periciais e todos os outros atos oficiais que exijam capacidade técnica de químico.

Não há impostos a pagar, apenas a comprovação de seu registro, que servirá para o desempenho de suas atividades e para a realização de concursos e demais atos da vida civil.

Art. 332. Quem, mediante anúncios, placas, cartões comerciais ou outros meios capazes de ser identificados, se propuser ao exercício da química, em qualquer dos seus ramos, sem que esteja devidamente registrado, fica sujeito às penalidades aplicáveis ao exercício ilegal da profissão.

Poderá ser punido na esfera criminal ou cível por exercício ilegal da profissão.

Art. 333. Os profissionais a que se referem os dispositivos anteriores só poderão exercer legalmente as funções de químicos depois de satisfazerem as obrigações constantes do art. 330 desta Seção.

Logo após o cumprimento das exigências formais referentes ao seu registro profissional (Lei nº 2.800/1956).

Art. 334. O exercício da profissão de químico compreende:

a) a fabricação de produtos e subprodutos químicos em seus diversos graus de pureza;

b) a análise química, a elaboração de pareceres, atestados e projetos de especialidade e sua execução, perícia civil ou judiciária sobre essa matéria, a direção e a responsabilidade de laboratórios ou departamentos químicos, de indústria e empresas comerciais;

c) o magistério nas cadeiras de química dos cursos superiores especializados em química;

d) a engenharia química.

§1º Aos químicos, químicos industriais e químicos industriais agrícolas que estejam nas condições estabelecidas no art. 325, alíneas *a* e *b*, compete o exercício das atividades definidas nos itens *a*, *b* e *c* deste artigo, sendo privativa dos engenheiros químicos a do item d.

§2º Aos que estiverem nas condições do art. 325, alíneas *a* e *b*, compete, como aos diplomados em medicina ou farmácia, as atividades definidas no art. 2º, alíneas *d*, *e* e *f* do Dec. 20.377, de 8 de setembro de 1931, cabendo aos agrônomos e engenheiros agrônomos as que se acham especificadas no art. 6º, alínea *h*, do Dec. 23.196, de 12 de outubro de 1933.

A fabricação e a análise de produtos químicos, a engenharia e o magistério na área são as principais atividades da profissão de químico.

Art. 335. É obrigatória a admissão de químicos nos seguintes tipos de indústria:

a) de fabricação de produtos químicos;

b) que mantenham laboratório de controle químico;

c) de fabricação de produtos industriais que são obtidos por meio de reações químicas dirigidas, tais como: cimento, açúcar e álcool, vidro, curtume, massas plásticas artificiais, explosivos, derivados de carvão ou de petróleo, refinação de óleos vegetais ou minerais, sabão, celulose e derivados.

Há atividades que exigem a presença desse profissional, por exemplo, na fabricação de produtos químicos, em laboratórios que mantenham esses tipos de produtos e em certas indústrias onde seus agentes possam produzir reações químicas.

Art. 336. No preenchimento de cargos públicos, para os quais se faz mister a qualidade de químico, ressalvadas as especializações referidas no §2º do art. 334, a partir da data da publicação do Decreto 24.693, de 12 de julho de 1934, requer-se, como condição essencial, que os candidatos previamente hajam satisfeito as exigências do art. 333 desta Seção.

Especificamente, o registro profissional é o passaporte para que um químico se candidate a um cargo público que exija sua habilitação.

Art. 337. Fazem fé pública os certificados de análises químicas, pareceres, atestados, laudos de perícias e projetos relativos a essa especialidade, assinados por profissionais que satisfaçam as condições estabelecidas nas alíneas *a* e *b* do art. 325.

Serão reconhecidos com fé pública os laudos e pareceres que sejam produzidos por químicos, devidamente registrados pelos seus conselhos profissionais.

Art. 338. É facultado aos químicos que satisfizerem as condições constantes do art. 325, alíneas *a* e *b*, o ensino da especialidade a que se dedicarem, nas escolas superiores, oficiais ou oficializadas.

Parágrafo único. Na hipótese de concurso para o provimento de cargo ou emprego público, os químicos a que este artigo se refere terão preferência, em igualdade de condições.

Podem ministrar aulas em escolas ou faculdades, em se tratando de matérias que se aperfeiçoem com as suas especialidades.

Art. 339. O nome do químico responsável pela fabricação dos produtos de uma fábrica, usina ou laboratório deverá figurar nos respectivos rótulos, faturas e anúncios, compreendida entre estes últimos a legenda impressa em cartas e sobrecartas.

Qualquer produto químico que circular no comércio deverá ter, obrigatoriamente, o registro do nome do profissional responsável por sua aprovação nos rótulos ou anúncios.

Art. 340. Somente os químicos habilitados, nos termos do art. 325, alíneas *a* e *b*, poderão ser nomeados *ex officio* para os exames periciais de fábricas, laboratórios e usinas e de produtos aí fabricados.

Parágrafo único. Não se acham compreendidos no artigo anterior os produtos farmacêuticos e os laboratórios de produtos farmacêuticos.

Somente os químicos podem atuar como peritos em laboratórios ou fábricas de produtos químicos.

Art. 341. Cabe aos químicos habilitados, conforme estabelece o art. 325, alíneas *a* e *b*, a execução de todos os serviços que, não especificados no presente regulamento, exijam por sua natureza o conhecimento de química.

Todas as atividades que sejam vinculadas à natureza da profissão, mesmo aquelas que não constam da CLT, podem ser executadas pelos químicos, ressalvando-se a necessidade do seu conhecimento técnico para o desenvolvimento do trabalho que está sendo contratado.

Art. 342. (Revogado)

Art. 343. São atribuições dos órgãos de fiscalização:

a) examinar os documentos exigidos para o registro profissional de que trata o art. 326 e seus parágrafos 1º e 2º e o art. 327, proceder à respectiva inscrição e indeferir o pedido dos interessados que não satisfizerem as exigências desta Seção;

b) registrar as comunicações e contratos, a que aludem o art. 350 e seus parágrafos, e dar as respectivas baixas;

c) verificar o exato cumprimento das disposições desta Seção, realizando as investigações que forem necessárias, bem como o exame dos arquivos, livros de escrituração, folhas de pagamento, contratos e outros documentos de uso de firmas ou empresas industriais ou comerciais, em cujos serviços tome parte 1 (um) ou mais profissionais que desempenhem função para a qual se deva exigir a qualidade de químico.

Observa-se a necessidade de verificar a documentação do profissional em serviço, bem como acompanhar o exato cumprimento das normas estabelecidas pela CLT aos químicos também dentro das empresas que contratarem esse tipo de mão de obra.

Art. 344. Aos sindicatos de químicos devidamente reconhecidos é facultado auxiliar a fiscalização, no tocante à observação da alínea *c* do artigo anterior.

Os sindicatos poderão acompanhar os trabalhos desenvolvidos pelos conselhos regionais e pelas delegacias do trabalho, principalmente nas atividades empresariais que exigem a presença desses profissionais.

Art. 345. Verificando-se, pelo Conselho Regional de Química, serem falsos os diplomas ou outros títulos dessa natureza, atestados, certificados e quaisquer documentos exibidos para os fins de que trata esta Seção, incorrerão os seus autores e cúmplices nas penalidades estabelecidas em lei.

Parágrafo único. A falsificação de diploma ou outros quaisquer títulos, uma vez verificada, implicará a instauração, pelo respectivo Conselho Regional de Química, do processo que no caso couber.

Independentemente das penalidades previstas na lei penal, os envolvidos estarão sujeitos a processo disciplinar instaurado pelo próprio órgão de classe.

Art. 346. Será suspenso do exercício de suas funções, independentemente de outras penas em que possa incorrer, o químico, inclusive o licenciado, que incidir em alguma das seguintes faltas:

a) revelar improbidade profissional, dar falso testemunho, quebrar o sigilo profissional e promover falsificações, referentes à prática de atos de que trata esta Seção;

b) concorrer com seus conhecimentos científicos para a prática de crime ou atentado contra a pátria, a ordem social ou a saúde pública;

c) deixar, no prazo marcado nesta Seção, de requerer a revalidação e registro do diploma estrangeiro, ou o seu registro profissional no respectivo Conselho Regional de Química.

Parágrafo único. O tempo de suspensão a que alude este artigo variará entre 1 (um) mês e 1 (um) ano, a critério do respectivo Conselho Regional de Química, após processo regular, ressalvada a ação da justiça pública.

Cometendo essas irregularidades, bem como outras previstas em lei, o químico infrator poderá ser suspenso do exercício da sua profissão de 1 mês até 1 ano, conforme resultado de processo disciplinar instaurado pelo Conselho, independentemente de qualquer ação judicial que venha a ser aforada.

Art. 347. Aqueles que exercerem a profissão de químico sem ter preenchido as condições do art. 325 e suas alíneas, nem promovido o seu registro, nos termos do art. 326, incorrerão na multa de 2/5 (dois quintos) do salário mínimo a dez salários mínimos regionais, que será elevada ao dobro, no caso de reincidência.

Serão apenados com multas aqueles que ainda não foram registrados profissionalmente, bem como os que não concluíram seus respectivos cursos e estiverem atuando na profissão de químico sem prejuízo da aplicação das leis penal e civil próprias.

Art. 348. Aos licenciados a que alude o §1º do art. 325 poderão, por ato do respectivo Conselho Regional de Química, sujeito à aprovação do Conselho Federal de Química, ser cassadas as garantias asseguradas por esta Seção, desde que interrompam, por motivo de falta prevista no art. 346, a função pública ou particular em que se encontravam por ocasião da publicação do Decreto 24.693, de 12 de julho de 1934.

Esses químicos que a lei denomina "licenciados", ou seja, aqueles que já atuavam antes da regulamentação da profissão, podem ser punidos com a cassação caso cometam irregularidades que acarretem suspensão na época da referida regulamentação.

Art. 349. O número de químicos estrangeiros a serviço de particulares, empresas ou companhias não poderá exceder de 1/3 (um terço) ao dos profissionais brasileiros compreendidos nos respectivos quadros.

A vetusta legislação trabalhista limita essas contratações em 1/3 dos profissionais que atuem em uma empresa privada; entretanto, as questões que envolvem essas atividades foram produzidas em uma época em que havia poucos químicos no país, provocando, consequentemente, uma espécie de "reserva de mercado" que não permitisse uma invasão de profissionais alienígenas.

Art. 350. O químico que assumir a direção técnica ou cargo de químico de qualquer usina, fábrica, ou laboratório industrial ou de análise deverá, dentro de 24 (vinte e quatro) horas e por escrito, comunicar essa ocorrência ao órgão fiscalizador, contraindo, desde essa data, a responsabilidade da parte técnica referente à sua profissão, assim como a responsabilidade técnica dos produtos manufaturados.

§1º Firmando-se contrato entre o químico e o proprietário da usina, fábrica ou laboratório, será esse documento apresentado, dentro do prazo de 30 (trinta) dias, para registro, ao órgão fiscalizador.

§2º Comunicação idêntica à de que trata a primeira parte deste artigo fará o químico quando deixar a direção técnica ou o cargo de químico, em cujo exercício se encontrava, a fim de ressalvar a sua responsabilidade e fazer-se o cancelamento do contrato. Em caso de falência do estabelecimento, a comunicação será feita pela firma proprietária.

A comunicação imediata ao seu Conselho Regional, mediante documento por escrito, que também será convalidado quando ele se ausentar do referido cargo.

Seção XIV
DAS PENALIDADES

Art. 351. Os infratores dos dispositivos do presente Capítulo incorrerão na multa de cinquenta a cinco mil cruzeiros segundo a natureza da infração, sua extensão e a intenção de quem a praticou, aplicada em dobro no caso de reincidência, oposição à fiscalização ou desacato à autoridade.

Parágrafo único. São competentes para impor penalidades as autoridades de primeira instância incumbidas da fiscalização dos preceitos constantes do presente Capítulo.

Todas as infrações serão punidas com multas, conforme a natureza da falta, e, sempre, aplicadas em dobro nos casos de reincidência.

Capítulo II
DA NACIONALIZAÇÃO DO TRABALHO

Seção I
DA PROPORCIONALIDADE DE EMPREGADOS BRASILEIROS

Arts. 352 a 358. (Prejudicados pelo art. 165 da Constituição da República Federativa do Brasil de 1988, Lei nº 6.651, de 23.05.1979, Lei nº 6.815, de 19.08.1980, Lei nº 6.192, de 19.12.1974, e Decreto nº 81.663, de 16.05.1978)

Seção II
DAS RELAÇÕES ANUAIS DE EMPREGADOS

Arts. 359 a 362. (Prejudicados pelo Decreto nº 76.900, de 23.12.1975, e Lei nº 8.522, de 11.12.1992)

Seção III
DAS PENALIDADES

Arts. 363 e 364. (Prejudicados pelo Decreto nº 76.900, de 23.12.1975, e Lei nº 8.522, de 11.12.1992)

Seção IV
DISPOSIÇÕES GERAIS

Arts. 365 a 367. (Prejudicados pelo Decreto nº 76.900, de 23.12.1975, e Lei nº 8.522, de 11.12.1992)

Seção V
DAS DISPOSIÇÕES ESPECIAIS SOBRE A NACIONALIZAÇÃO DA MARINHA MERCANTE

Arts. 368 a 371. (Prejudicados pela Lei nº 6.192, de 19.12.1974)

Capítulo III
DA PROTEÇÃO DO TRABALHO DA MULHER

Seção I
DA DURAÇÃO, CONDIÇÕES DO TRABALHO E DA DISCRIMINAÇÃO CONTRA A MULHER (REDAÇÃO DADA PELA LEI Nº 9.799, DE 26.05.1999)

Art. 372. Os preceitos que regulam o trabalho masculino são aplicáveis ao trabalho feminino, naquilo em que não colidirem com a proteção especial instituída por este capítulo.

A Lei nº 13.467/17 revogou o parágrafo único do presente artigo e segue a aplicação das normas previstas no Texto Consolidado para mulheres e homens, ressalvadas as regras específicas de proteção ao trabalho da mulher.

Art. 373. A duração normal de trabalho da mulher será de 8 (oito) horas diárias, exceto nos casos para os quais for fixada duração inferior.

A duração do trabalho da mulher será de 8 horas diárias e 44 semanais, exatamente a mesma estipulada para todos os trabalhadores brasileiros.

A Lei nº 13.467/17 promoveu a possibilidade de negociação direta entre empregados e empregadores, independente das normas previstas nos pactos normativos das respectivas categorias.

Art. 373-A. Ressalvadas as disposições legais destinadas a corrigir as distorções que afetam o acesso da mulher ao mercado de trabalho e certas especificidades estabelecidas nos acordos trabalhistas, é vedado:

I – publicar ou fazer publicar anúncio de emprego no qual haja referência ao sexo, à idade, à cor ou situação familiar, salvo quando a natureza da atividade a ser exercida, pública e notoriamente, assim o exigir;

II – recusar emprego, promoção ou motivar a dispensa do trabalho em razão de sexo, idade, cor, situação familiar ou estado de gravidez, salvo quando a natureza da atividade seja notória e publicamente incompatível;

III – considerar o sexo, a idade, a cor ou situação familiar como variável determinante para fins de remuneração, formação profissional e oportunidades de ascensão profissional;

IV – exigir atestado ou exame, de qualquer natureza, para comprovação de esterilidade ou gravidez, na admissão ou permanência no emprego;

V – impedir o acesso ou adotar critérios subjetivos para deferimento de inscrição ou aprovação em concursos, em empresas privadas, em razão de sexo, idade, cor, situação familiar ou estado de gravidez;

VI – proceder o empregador ou preposto a revistas íntimas nas empregadas ou funcionárias.

Parágrafo único. O disposto neste artigo não obsta a adoção de medidas temporárias que visem ao estabelecimento das políticas de igualdade entre homens e mulheres, em particular as que se destinam a corrigir as distorções que afetam a formação profissional, o acesso ao emprego e as condições gerais de trabalho da mulher.

Além das condições já previstas no próprio Texto Consolidado quanto ao transporte de peso, amamentação e descanso, uma especial alteração passou a figurar na jurisprudência dominante do TST e no texto do art. 114 da CF/1988 após a EC nº 45/2004, sobretudo no que concerne a temas que tratam de discriminação do trabalho da mulher, por sua formação social ou profissional, estado de gravidez e até sujeição a revistas íntimas que certas empresas costumam praticar na saída dos empregados, ou seja, questões que envolvam a responsabilidade civil e o dano moral.

Tais garantias são tratadas pela *Justiça do Trabalho, que é competente para processar e julgar ações de indenização por dano moral e material, decorrentes da relação de trabalho,*

*inclusive as oriundas de acidente de trabalho e doenças a ele equiparadas, **ainda que propostas pelos dependentes ou sucessores do trabalhador falecido.***

Arts. 374 e 375. (Revogados pela Lei nº 7.855, de 24.10.1989)

Art. 376. (Revogado pela Lei nº 10.244, de 27.06.2001)

Art. 377. A adoção de medidas de proteção ao trabalho das mulheres é considerada de ordem pública, não justificando, em hipótese alguma, a redução de salário.

A regulamentação do trabalho da mulher é considerada norma cogente, ou seja, norma necessária e de ordem pública, passível, portanto, de ser cumprida sob todos os efeitos; jamais se permitirá discussão sobre sua capacidade e consequente redução salarial.

Art. 378. (Revogado pela Lei nº 7.855, de 24.10.1989)

Seção II
DO TRABALHO NOTURNO

Arts. 379 e 380. (Revogados pela Lei nº 7.855, de 24.10.1989)

Art. 381. O trabalho noturno das mulheres terá salário superior ao diurno.

§1º Para os fins desse artigo, os salários serão acrescidos duma percentagem adicional de 20% (vinte por cento) no mínimo.

§2º Cada hora do período noturno de trabalho das mulheres terá 52 (cinquenta e dois) minutos e 30 (trinta) segundos.

O mesmo valor pago a todos os trabalhadores brasileiros, ou seja, 20% sobre o salário percebido pelo trabalho realizado durante o dia, nos moldes do art. 73 da CLT e do inc. IX do art. 7º da CF/1988. Ressalve-se que a hora noturna será contabilizada na razão de 52 minutos e 30 segundos, em se tratando de trabalho em área urbana.

Seção III
DOS PERÍODOS DE DESCANSO

Art. 382. Entre 2 (duas) jornadas de trabalho, haverá um intervalo de 11 (onze) horas consecutivas, no mínimo, destinado ao repouso.

Com base no art. 66 da CLT, o intervalo entre uma jornada de trabalho e outra no dia seguinte será de 11 horas consecutivas.

A Lei nº 13.467/17 assegura a possibilidade de empregados e empregadores promoverem diretamente acordos sobre jornada de trabalho, independente das previsões legais e dos pactos normativos das respectivas categorias de trabalhadores.

Art. 383. Durante a jornada de trabalho, será concedido à empregada um período para refeição e repouso não inferior a 1 (uma) hora nem superior a 2 (duas) horas, salvo a hipótese prevista no art. 71, §3º.

Com base no art. 71 da CLT, o intervalo para alimentação e repouso após 6 (seis) horas de trabalho consecutivas será de 1 (uma) hora, no mínimo, ressalvadas as condições expostas no referido artigo, as quais merecerão o mesmo tratamento dedicado aos homens.

Esses intervalos poderão ser ajustados em acordos diretos entre empregados e empregadores, inclusive quanto a redução do intervalo e sua consequente conversão em indenização de natureza pecuniária pelas horas trabalhadas.

Art. 384. (Revogado pela Lei nº 13.467, de 2017)

Art. 385. O descanso semanal será de 24 (vinte e quatro) horas consecutivas e coincidirá no todo ou em parte com o domingo, salvo motivo de conveniência pública ou necessidade imperiosa de serviço, a juízo da autoridade competente, na forma das disposições gerais, caso em que recairá em outro dia.

Parágrafo único. Observar-se-ão, igualmente, os preceitos da legislação geral sobre a proibição de trabalho nos feriados civis e religiosos.

O descanso semanal da mulher será contabilizado em 1 dia (24 horas), que deverá recair preferencialmente no domingo.

Art. 386. Havendo trabalho aos domingos, será organizada uma escala de revezamento quinzenal, que favoreça o repouso dominical.

Esta é uma exceção dedicada somente às mulheres, que terão seu repouso semanal necessariamente confirmado de 15 em 15 dias (quinzenalmente) em um dia de domingo, sem precedentes ou quaisquer desvios por parte dos empregadores.

Seção IV
DOS MÉTODOS E LOCAIS DE TRABALHO

Art. 387. (Revogado pela Lei nº 7.855, de 24.10.1989)

Art. 388. (Prejudicado pela Lei nº 7.855, de 24.10.1989)

Art. 389. Toda empresa é obrigada:

I – a prover os estabelecimentos de medidas concernentes à higienização dos métodos e locais de trabalho, tais como ventilação e iluminação e outros que se fizerem necessários à segurança e ao conforto das mulheres, a critério da autoridade competente;

II – a instalar bebedouros, lavatórios, aparelhos sanitários, dispor de cadeiras ou bancos, em número suficiente, que permitam às mulheres trabalhar sem grande esgotamento físico;

III – a instalar vestiários com armários individuais privativos das mulheres, exceto os estabelecimentos comerciais, escritórios, bancos e atividades afins, em que não seja exigida a troca de roupa, e outros, a critério da autoridade competente em matéria de segurança e saúde do trabalho, admitindo-se como suficientes as gavetas ou escaninhos, onde possam as empregadas guardar seus pertences;

IV – a fornecer, gratuitamente, a juízo da autoridade competente, os recursos de proteção individual, tais como óculos, máscaras, luvas e roupas especiais, para a defesa dos olhos, do aparelho respiratório e da pele, de acordo com a natureza do trabalho.

§1º Os estabelecimentos em que trabalharem pelo menos trinta mulheres, com mais de 16 (dezesseis) anos de idade, terão local apropriado onde seja permitido às empregadas guardar sob vigilância e assistência os seus filhos no período da amamentação.

§2º A exigência do §1º poderá ser suprida por meio de creches distritais mantidas, diretamente ou mediante convênios, com outras entidades públicas ou privadas, pelas próprias empresas, em regime comunitário, ou a cargo do SESI, do SESC, da LBA ou de entidades sindicais.

Não deverá, necessariamente, existir um local apropriado para que a mulher possa desenvolver suas atividades laborais. Há, sim, a obrigação de banheiros e vestiários separados para troca de roupa quando, por exemplo, for exigido o uso de uniformes.

Sem dúvida, nas empresas em que trabalharem 30 mulheres com mais de 16 anos será obrigatória a designação de um local onde as empregadas possam deixar seus filhos sob assistência, nos períodos de amamentação.

Se a empresa não tem um local apropriado para atender pelo menos 30 mulheres que podem passar pelo período de amamentação, será necessário manter um convênio com creches, públicas ou privadas, seja com a colaboração do SESI, SENAI, SESC ou mesmo com os sindicatos de classe, visando suprir as exigências do art. 389 da CLT.

Art. 390. Ao empregador é vedado empregar a mulher em serviço que demande o emprego de força muscular superior a 20 (vinte) quilos para o trabalho contínuo, ou 25 (vinte e cinco) quilos para o trabalho ocasional.

Parágrafo único. Não está compreendida na determinação deste artigo a remoção de material feita por impulsão ou tração de vagonetes sobre trilhos, de carros de mão ou quaisquer aparelhos mecânicos.

Art. 390-A. (Vetado)

Art. 390-B. As vagas dos cursos de formação de mão de obra, ministrados por instituições governamentais, pelos próprios empregadores ou por qualquer órgão de ensino profissionalizante, serão oferecidas aos empregados de ambos os sexos.

Art. 390-C. As empresas com mais de 100 (cem) empregados, de ambos os sexos, deverão manter programas especiais de incentivos e aperfeiçoamento profissional da mão de obra.

Art. 390-D. (Vetado)

Art. 390-E. A pessoa jurídica poderá associar-se a entidade de formação profissional, sociedades civis, sociedades cooperativas, órgãos e entidades públicas ou entidades sindicais, bem como firmar convênios para o desenvolvimento de ações conjuntas, visando à execução de projetos relativos ao incentivo ao trabalho da mulher.

 Quanto ao esforço físico, são vedados serviços que obriguem a empreender força muscular superior a 20kg em atividades ininterruptas, ou 25kg, nas intercaladas.

 No que concerne aos incentivos ao trabalho da mulher, as mais recentes mudanças na legislação do trabalho obrigam as empresas a manter programas de aperfeiçoamento profissional e formação de mão de obra, visando, principalmente, incentivar o trabalho feminino.

Seção V
DA PROTEÇÃO À MATERNIDADE

Art. 391. Não constitui justo motivo para a rescisão do contrato de trabalho da mulher o fato de haver contraído matrimônio ou de encontrar-se em estado de gravidez.

Parágrafo único. Não serão permitidos, em regulamentos de qualquer natureza, contratos coletivos ou individuais de trabalho, restrições ao direito da mulher ao seu emprego, por motivo de casamento ou de gravidez.

Essa questão é interessante, pois remonta a um passado bem recente no qual a mulher era totalmente submissa aos desmandos de uma "sociedade machista". O art. 391 da CLT vem retificar e proteger o que, anteriormente, era possível. Logicamente, não será considerada justa causa o fato de a mulher casar ou ficar grávida, bem como impossível restringir qualquer dos seus direitos no trabalho por esses motivos. Ainda, protegida pela Lei nº 9.029/95, que veda atestados de gravidez e esterilização para efeitos admissionais.

Art. 391-A. A confirmação do estado de gravidez advindo no curso do contrato de trabalho, ainda que durante o prazo do aviso-prévio trabalhado ou indenizado, garante à empregada gestante a estabilidade provisória prevista na alínea *b* do inciso II do art. 10 do Ato das Disposições Constitucionais Transitórias. (Incluído pela Lei nº 12.812/2013)

Art. 392. A empregada gestante tem direito à licença-maternidade de 120 (cento e vinte) dias, sem prejuízo do emprego e do salário.

§1º A empregada deve, mediante atestado médico, notificar o seu empregador da data do início do afastamento do emprego, que poderá ocorrer entre o 28º (vigésimo oitavo) dia antes do parto e ocorrência deste.

§2º Os períodos de repouso, antes e depois do parto, poderão ser aumentados de duas semanas cada um, mediante atestado médico.

§3º Em caso de parto antecipado, a mulher terá direito aos 120 (cento e vinte) dias previstos neste artigo.

§4º É garantido à empregada, durante a gravidez, sem prejuízo do salário e demais direitos:

I – transferência de função, quando as condições de saúde o exigirem, assegurada a retomada da função anteriormente exercida, logo após o retorno ao trabalho;

II – dispensa do horário de trabalho pelo tempo necessário para a realização de, no mínimo, 6 (seis) consultas médicas e demais exames complementares.

§5º (Vetado)

A Carta Constitucional e a CLT asseguram licença de até 120 dias após o parto, sem prejuízo do emprego até 30 dias contados do retorno ao trabalho (art. 10, II, *b*, do ADCT da CRFB/88 c/c o art. 392 da CLT).

Quanto aos casos de adoção ou guarda judicial de criança, o Texto Consolidado abarcou em seu art. 392-A concessão de licença regulada pela idade do menor adotado. Tal proteção incentiva a reintegração do menor abandonado ao seio da família com o amparo da legislação trabalhista.

O atraso da nossa legislação nos diferencia de outros países do mundo que concedem períodos de até um ano para a licença à gestante.

No Brasil, a Constituição de 1988 trouxe ao mundo jurídico um prazo de 120 dias para a gestante ter seu filho e se recuperar do parto. Ressalve-se que a licença poderá ser concedida entre o 28º dia antes do parto e a ocorrência deste, observando-se que os períodos de repouso, antes e depois do parto, estão sujeitos à extensão de duas semanas cada um, mediante atestado médico.

A Lei nº 11.770, de 9 de setembro de 2008, cria o Programa Empresa Cidadã, que é destinado à prorrogação da licença-maternidade mediante concessão de incentivo fiscal e altera a Lei nº 8.212, de 24 de julho de 1991. Assim, para as empresas que adotarem o sistema, o afastamento da empregada gestante ficará prorrogado por mais 60 (sessenta) dias além dos 120 dias previstos no inc. XVIII do art. 7º da CF/1988, totalizando seis meses de proteção à maternidade.

O atestado médico é o passaporte para a gestante se licenciar legalmente das suas atividades laborais. Vale salientar que esse prazo poderá ser estabelecido por ordem médica, caso seja conveniente e necessário para a saúde da mulher grávida, tempo este não superior a 2 semanas antes e mais 2 semanas depois do parto.

Em hipótese alguma poderá ser descontado na licença à gestante de 120 dias, por motivos alheios à vontade da mulher, o nascimento de filho prematuro.

Se as atividades laborais da mulher forem incompatíveis com seu estado de gravidez, será assegurada sua transferência de função (quando as condições de saúde o exigirem), bem como a retomada da função anteriormente exercida, logo após o seu retorno ao trabalho e, ainda, a garantia de dispensa da jornada de trabalho pelo tempo necessário para a realização de, no mínimo, seis consultas médicas e demais exames complementares.

Tal garantia também poderá ser fixada por meio de decisão judicial em que, em sede de Reclamação Trabalhista, seja requerido o cumprimento de uma obrigação de fazer, ou seja, que do pleito conste um pedido constitutivo.

A garantia de emprego à gestante só autoriza a reintegração se esta se der durante o período de estabilidade. Assim, pode ser realizado pedido alternativo em reclamação trabalhista – reintegração ou indenização, que dependerá da efetivação da ação ao tempo da licença à gestante, da qual resultará o direito correspondente ao referido período de proteção ao emprego (Súmula nº 244 do TST).

Por derradeiro, a Súmula nº 244 do TST trouxe à baila discussão pertinente sobre o desconhecimento do estado de gravidez pelo empregador que não afasta o direito ao pagamento da indenização decorrente da estabilidade (art. 10, II, *b* do ADCT). Ainda, que a garantia de emprego à gestante só autoriza a reintegração se esta se der durante o período de estabilidade. Do contrário, a garantia restringe-se a indenização pelos direitos correspondentes ao período de estabilidade.

Recente, na mesma esteira o TST consolidou outra forte polêmica que envolvia a empregada gestante nas hipóteses em que estivesse sobre a tutela de um contrato por prazo determinado. Neste caso, os julgados eram conflitantes e indicavam a possibilidade da dispensa em se tratando de pacto aprazado e pré-determinado entre as partes contraentes. Contudo, a revisão da presente Súmula nº 244 do TST pretendeu ignorar as condições contratuais apostas e preservar a condição humana ou a proteção inexorável do trabalho da mulher (Súmula nº 244 do TST com redação determinada pela Res. TST nº 185/2012 – *DEJT* 25.09.2012).

Art. 392-A. À empregada que adotar ou obtiver guarda judicial para fins de adoção de criança será concedida licença-maternidade nos termos do art. 392.

§1º (Revogado)

§2º (Revogado)

§3º (Revogado)

§4º A licença-maternidade só será concedida mediante apresentação do termo judicial de guarda à adotante ou guardiã.

§5º A adoção ou guarda judicial conjunta ensejará a concessão de licença-maternidade a apenas um dos adotantes ou guardiães empregado ou empregada. (Incluído pela Lei nº 12.873/2013)

Art. 392-B. Em caso de morte da genitora, é assegurado ao cônjuge ou companheiro empregado o gozo de licença por todo o período da licença-maternidade ou pelo tempo restante a que teria direito a mãe, exceto no caso de falecimento do filho ou de seu abandono. (Redação dada pela Lei nº 12.873/2013)

Art. 392-C. Aplica-se, no que couber, o disposto no art. 392-A e 392-B ao empregado que adotar ou obtiver guarda judicial para fins de adoção. (Incluído pela Lei nº 12.873/2013)

Art. 393. Durante o período a que se refere o art. 392, a mulher terá direito ao salário integral e, quando variável, calculado de acordo com a média dos 6 (seis) últimos meses de trabalho, bem como aos direitos e vantagens adquiridos, sendo-lhe ainda facultado reverter à função que anteriormente ocupava.

O auxílio-maternidade, provento que o empregador adianta à empregada gestante e depois reembolsa junto à Previdência Social, será referente ao mesmo valor recebido por ela enquanto estava na ativa, ressalvando-se que, nos casos de comissionadas ou daquelas assalariadas com ganhos variáveis, a gestante perceberá uma média dos últimos 6 (seis) meses de trabalho, bem como todos os benefícios garantidos ao cargo que ocupa.

Sob a tutela do §1º do art. 392 da CLT, a licença-maternidade poderá ser providenciada 28 dias antes do parto (120 dias), e, se não é obrigatória, garante que a determinação de prazo contratual (experiência) não impossibilite a dispensa da empregada gestante durante o pactuado, ressalvando-se a indenização prescrita no art. 479 da CLT.

Art. 394. Mediante atestado médico, à mulher grávida é facultado romper o compromisso resultante de qualquer contrato de trabalho, desde que este seja prejudicial à gestação.

Caso o empregador resolva rescindir o contrato de trabalho de uma gestante, terá de pagar uma indenização equivalente ao período da estabilidade – da confirmação da gravidez até 5 meses após o parto (art. 10, II, *b*, do ADCT da CF/1988) –, ou seja, arcar com os salários a que teria direito a mulher grávida, exatamente do dia da dispensa até o final do seu período de garantia no emprego.

Se, porém, a gestante estiver desempenhando função absolutamente incompatível com o seu estado de gravidez, sendo ignorado pelo empregador, poderá rescindir o contrato de trabalho e perceber, na mesma razão, valores determinados para as dispensas sem justa causa, ou melhor, haverá rescisão de contrato de trabalho calculada como se tivesse ocorrido a dispensa pelo empregador e não pelo pedido de demissão do empregado.

Art. 394-A. Sem prejuízo de sua remuneração, nesta incluído o valor do adicional de insalubridade, a empregada deverá ser afastada de: (Redação dada pela Lei nº 13.467, de 2017)

I – atividades consideradas insalubres em grau máximo, enquanto durar a gestação; (Incluído pela Lei nº 13.467, de 2017)

II – atividades consideradas insalubres em grau médio ou mínimo, quando apresentar atestado de saúde, emitido por médico de confiança da mulher, que recomende o afastamento durante a gestação; (Incluído pela Lei nº 13.467, de 2017)

III – atividades consideradas insalubres em qualquer grau, quando apresentar atestado de saúde, emitido por médico de confiança da mulher, que recomende o afastamento durante a lactação. (Incluído pela Lei nº 13.467, de 2017)

§1º (VETADO) (Redação dada pela Lei nº 13.467, de 2017)

§2º Cabe à empresa pagar o adicional de insalubridade à gestante ou à lactante, efetivando-se a compensação, observado o disposto no art. 248 da Constituição Federal, por ocasião do recolhimento das contribuições incidentes sobre a folha de salários e demais rendimentos pagos ou creditados, a qualquer título, à pessoa física que lhe preste serviço. (Incluído pela Lei nº 13.467, de 2017)

§3º Quando não for possível que a gestante ou a lactante afastada nos termos do *caput* deste artigo exerça suas atividades em local salubre na empresa, a hipótese será considerada como gravidez de risco e ensejará a percepção de salário-maternidade, nos termos da Lei nº 8.213, de 24 de julho de 1991, durante todo o período de afastamento. (Incluído pela Lei nº 13.467, de 2017)

A Lei nº 13.467/17 traz a possibilidade das gestantes trabalharem em ambiente com grau médio ou mínimo de insalubridade, exceto se apresentado atestado médico que desaconselhe tal exposição. Em troca do trabalho nestas condições, pagas pelo adicional respectivo. A proteção da mulher em geral é uma conquista que perdura por anos e que recentemente vem sendo acolhida de forma tímida e paulatina pelas mais

diversas correntes legislativas do país. Por óbvio, a gestação exige cuidados especiais e por regra não é aconselhável permitir que a mulher grávida trabalhe em locais insalubres sob qualquer grau de exposição. A empregada lactante será afastada de atividades consideradas insalubres em qualquer grau ao apresentar atestado de saúde emitido por seu médico de confiança, recomendando o afastamento durante a lactação.

> **Art. 395.** Em caso de aborto não criminoso, comprovado por atestado médico oficial, a mulher terá um repouso remunerado de 2 (duas) semanas, ficando-lhe assegurado o direito de retornar à função que ocupava antes de seu afastamento.

Somente nos casos de aborto não criminoso a mulher terá direito a um afastamento de 2 semanas, sem prejuízo do salário, garantido seu retorno à função que ocupava anteriormente.

> **Art. 396.** Para amamentar o próprio filho, até que este complete 6 (seis) meses de idade, a mulher terá direito, durante a jornada de trabalho, a 2 (dois) descansos especiais, de meia hora cada um.
>
> Parágrafo único. Quando o exigir a saúde do filho, o período de 6 (seis) meses poderá ser dilatado, a critério da autoridade competente.
>
> §1º Quando o exigir a saúde do filho, o período de 6 (seis) meses poderá ser dilatado, a critério da autoridade competente.
>
> §2º Os horários dos descansos previstos no *caput* deste artigo deverão ser definidos em acordo individual entre a mulher e o empregador.

A mulher poderá amamentar seu filho até que este complete 6 meses de idade, no próprio local de trabalho ou em casa (se morar próximo ao local de trabalho), pois serão concedidos dois intervalos intrajornada de 1/2 hora cada um, visando o bem-estar da criança. E, caso a saúde do menor exija, poderá ser dilatado esse prazo a critério médico e da autoridade competente do Ministério do Trabalho e Emprego.

No período de amamentação, empregadas e empregadores poderão ajustar seus horários e respectivos intervalos por meio de acordos diretos sem a interferência de normas coletivas de trabalho.

> **Art. 397.** O SESI, o SESC, a LBA e outras entidades públicas destinadas à assistência à infância manterão ou subvencionarão, de acordo com suas possibilidades financeiras,

escolas maternais e jardins de infância, distribuídos nas zonas de maior densidade de trabalhadores, destinados especialmente aos filhos das mulheres empregadas.

Os órgãos e instituições públicas e privadas que tratam do trabalho, como o SESI, SESC e outros, responsabilizar-se-ão pela criação de políticas de proteção à maternidade e de condições próprias ao desenvolvimento dos filhos das mulheres trabalhadoras.

A Lei nº 11.770/2008 criou o Programa Empresa Cidadã, que é destinado à prorrogação da licença-maternidade mediante concessão de incentivo fiscal e altera a Lei nº 8.212/1991. Assim, para as empresas que adotarem o sistema, o afastamento da empregada gestante ficará prorrogado por mais 60 dias além dos 120 dias previstos no inc. XVIII do art. 7º da CF/1988, totalizando seis meses de proteção à maternidade.

Art. 398. (Revogado pelo Decreto-Lei nº 229, de 28.02.1967)

Art. 399. O Ministro do Trabalho, Indústria e Comércio conferirá diploma de benemerência aos empregadores que se distinguirem pela organização e manutenção de creches e de instituições de proteção aos menores em idade pré-escolar, desde que tais serviços se recomendem por sua generosidade e pela eficiência das respectivas instalações.

Dedica-se a benemerência do Ministério do Trabalho e Emprego aos empresários que promovem reais condições de trabalho às suas empregadas, bem como estarão livre de quaisquer ônus decorrentes do não cumprimento de normas de proteção ao trabalho da mulher.

Art. 400. Os locais destinados à guarda dos filhos das operárias durante o período da amamentação deverão possuir, no mínimo, um berçário, uma saleta de amamentação, uma cozinha dietética e uma instalação sanitária.

Será necessária a instalação de berçário, sala própria de amamentação, cozinha que comporte alimentos específicos para bebês e sanitários para dar condições a trabalhadora de manter seus filhos próximos durante o período de amamentação.

<div align="center">

Seção VI
DAS PENALIDADES

</div>

Art. 401. Pela infração de qualquer dispositivo deste Capítulo, será imposta ao empregador a multa de 2 (dois) a 20 (vinte) valores de referência regionais, aplicada

pelas Delegacias Regionais do Trabalho e Emprego ou por autoridades que exerçam funções delegadas.

§1º A penalidade será sempre aplicada no grau máximo:

a) se ficar apurado o emprego de artifício ou simulação para fraudar a aplicação dos dispositivos deste Capítulo;

b) nos casos de reincidência.

§2º O processo na verificação das infrações, bem como na aplicação e cobrança das multas, será o previsto no Título "Do Processo de Multas Administrativas", observadas as disposições deste artigo.

Art. 401-A. (Vetado)

Art. 401-B. (Vetado)

As irregularidades detectadas pelos fiscais do Ministério do Trabalho e Emprego geram a imposição de penalidades administrativas, sem prejuízo de futuras ações trabalhistas que os prejudicados podem mover na Justiça do Trabalho. Tais penalidades poderão variar conforme a pena e grau de incidência.

Capítulo IV
DA PROTEÇÃO DO TRABALHO DO MENOR

Seção I
DISPOSIÇÕES GERAIS

Art. 402. Considera-se menor para os efeitos desta Consolidação o trabalhador de 14 (quatorze) até 18 (dezoito) anos.

Parágrafo único. O trabalho do menor reger-se-á pelas disposições do presente Capítulo, exceto no serviço em oficinas em que trabalhem exclusivamente pessoas da família do menor e esteja este sob a direção do pai, mãe ou tutor, observado, entretanto, o disposto nos arts. 404, 405 e na Seção II.

Art. 403. É proibido qualquer trabalho a menores de 16 (dezesseis) anos de idade, salvo na condição de aprendiz, a partir dos 14 (quatorze) anos.

Parágrafo único. O trabalho do menor não poderá ser realizado em locais prejudiciais à sua formação, ao seu desenvolvimento físico, psíquico, moral e social e em horários e locais que não permitam a frequência à escola.

a) (Revogada pela Lei nº 10.097, de 19.12.2000)

b) (Revogada pela Lei nº 10.097, de 19.12.2000)

Em seu art. 402, a CLT considera a menoridade entre 14 e 18 anos para efeitos de legislação trabalhista. Ressalva-se, contudo, que dos 14 aos 16 anos serão permitidas as atividades de aprendiz, atendendo aos requisitos definidos na lei.

A CLT excepciona o trabalho realizado sob a tutela dos pais ou responsáveis, em oficinas próprias ou em casa, não definindo para este um limite mínimo de idade. Esta atividade não será regida pela legislação trabalhista, a menos que se trate de atividade comercial, em que o menor seja submetido a condições diversas às do trabalho familiar, como, por exemplo, consertar um veículo que atenda exclusivamente à residência onde mora, cuidar da horta etc.

Primeiro, devemos diferenciar "trabalho" de "aprendizado", com naturezas distintas e opostas.

"Trabalho efetivo" é o realizado por meio de obrigações de fazer do empregado, ou seja, de prestar serviços que acrescentem ao patrimônio do empregador, e de obrigações de dar do empregador, ou melhor, de recompensar o trabalho realizado com salário.

O "aprendizado" tem outra natureza: há interesse do empregador em formar mão de obra especializada para utilizá-la em seu benefício no futuro e há interesse do aprendiz em desenvolver um ofício com eficiência. O contrato de aprendizagem está rigorosamente disciplinado nos arts. 424 a 433 da CLT.

Tendo definidas as diferenças entre trabalho e aprendizado, vale lembrar que ao menor de 14 a 16 anos é permitido, tão somente, atuar como aprendiz. Porém, aos aprendizes de 16 a 24 anos será opcional praticar aprendizado ou trabalho, assim abalizado pela alteração do inc. XXXIII do art. 7º da CF/1988 pela EC nº 20/1998 e o texto do art. 428 da CLT.

Art. 404. Ao menor de 18 (dezoito) anos é vedado o trabalho noturno, considerado este o que for executado no período compreendido entre as 22 (vinte e duas) e as 5 (cinco) horas.

É vedado o trabalho noturno aos menores de 18 anos, assim considerada toda atividade realizada das 22 às 5 horas, na zona urbana. Em zonas rurais, o período noturno é dividido conforme a atividade desenvolvida, sendo, para pecuária, das 20 às 4 horas e, para agricultura, das 21 às 5 horas da manhã.

Art. 405. Ao menor não será permitido o trabalho:

I – nos locais e serviços perigosos ou insalubres, constantes de quadro para esse fim aprovado pela Secretaria da Segurança e Saúde no Trabalho;

II – em locais ou serviços prejudiciais à sua moralidade.

§1º (Revogado)

§2º O trabalho exercido nas ruas, praças e outros logradouros dependerá de prévia autorização do Juiz da Infância e da Juventude, ao qual cabe verificar se a ocupação é indispensável à sua própria subsistência ou à de seus pais, avós ou irmãos e se dessa ocupação não poderá advir prejuízo à sua formação moral.

§3º Considera-se prejudicial à moralidade do menor o trabalho:

a) prestado de qualquer modo em teatros de revista, cinemas, boates, cassinos, cabarés, *dancings* e estabelecimentos análogos;

b) em empresas circenses, em funções de acrobata, saltimbanco, ginasta e outras semelhantes;

c) de produção, composição, entrega ou venda de escritos, impressos, cartazes, desenhos, gravuras, pinturas, emblemas, imagens e quaisquer outros objetos que possam, a juízo da autoridade competente, prejudicar sua formação moral;

d) consistente na venda, a varejo, de bebidas alcoólicas.

§4º Nas localidades em que existirem, oficialmente reconhecidas, instituições destinadas ao amparo dos menores jornaleiros, só aos que se encontrem sob o patrocínio dessas entidades será outorgada a autorização do trabalho a que alude o §2º.

§5º Aplica-se ao menor o disposto no art. 390 e seu parágrafo único.

É proibido o trabalho do menor em locais com níveis de insalubridade ou de periculosidade.

Os menores não podem trabalhar em casas noturnas como boates, discotecas, quadras de escolas de samba e similares; também são proibidas atividades em salas de projeção e teatros que apresentem espetáculos imorais e obscenos, bem como em empresas circenses que exijam apresentações dos menores em trapézio, camas elásticas e em atividades que se espalhem por vários locais, sem endereço fixo, por exemplo, saltimbancos.

Tais proibições, ainda, constam na lei e, por mais que o tempo diga o contrário, são sujeitas à imposição de penalidades pelo Ministério do Trabalho e Emprego. Atualmente, entretanto, vemos diversos menores desenvolvendo esses tipos de atividades, até focalizadas pelas emissoras de televisão e sob a vista das autoridades competentes. Sem dúvida, trata-se de uma evolução natural do mundo em que vivemos e, carregados de uma boa dose de bom senso, não há motivos de punição para aqueles que não ultrapassem os limites do aceitável.

A lei do trabalho veda tal situação, porém tal proibição não condiz com a realidade. Hoje, milhares de menores estão nas ruas, sem amparo do Poder Público, responsável pelo seu bem-estar. Mesmo assim a vedação é vigente e os menores que trabalham nas ruas e logradouros públicos devem provar que essa atividade é fundamental para a sua própria sobrevivência ou a de seus familiares, autorizada, consequentemente, pelo juiz da Infância e da Adolescência com base no ECA.

É proibido ao menor trabalhar vendendo ou distribuindo jornais, revistas ou outras publicações, norma que se torna incompreensível quando se pensa no símbolo do menor trabalhador que foi e sempre será "pequeno jornaleiro".

A lei afirma que, nas localidades em que ainda existirem instituição oficial destinada ao amparo destes menores jornaleiros, os mesmos poderão trabalhar desde que protegidos por esta. Contudo, tais instituições já são raríssimas no Brasil, o que nos obriga a adaptar tal vedação ao contexto social, considerando o trabalho permitido, em se tratando de empresa que cumpra as normas de proteção ao trabalho do menor, sob a fiscalização do Ministério do Trabalho e Emprego.

Em qualquer lugar em que se verifique a comercialização de bebidas alcoólicas é vedado o trabalho do menor.

Art. 406. O juiz da Infância e da Juventude poderá autorizar ao menor o trabalho a que se referem as letras *a* e *b* do §3º do art. 405:

I – desde que a representação tenha fim educativo ou a peça de que participe não possa ser prejudicial à sua formação moral;

II – desde que se certifique ser a ocupação do menor indispensável à própria subsistência ou à de seus pais, avós ou irmãos e não advir nenhum prejuízo à sua formação moral.

Não há como caracterizar a interferência de um juiz da Infância e da Juventude frente à CLT; apenas devem se adaptar às regras impostas pela legislação trabalhista. Caso haja alguma exceção à lei e esta dependa, também, da autorização daquele magistrado, será, sem dúvida, somada a sua ordem com as especificações legais; por exemplo, o trabalho realizado por menor em casas noturnas, teatros, cinemas e similares, que exigem uma autorização daquele juízo competente para que possa desenvolver-se sob a tutela da ordem e da lei, sempre, com a interferência do Ministério Público do Trabalho – inclusive – nas audiências trabalhistas que envolvam menores e incapazes.

Art. 407. Verificado pela autoridade competente que o trabalho executado pelo menor é prejudicial à sua saúde, ao seu desenvolvimento físico ou à sua moralidade, poderá ela obrigá-lo a abandonar o serviço, devendo a respectiva empresa, quando for o caso, proporcionar ao menor todas as facilidades para mudar de funções.

Parágrafo único. Quando a empresa não tomar as medidas possíveis e recomendadas pela autoridade competente para que o menor mude de função, configurar-se-á a rescisão do contrato de trabalho, na forma do art. 483.

Além das medidas cabíveis na esfera administrativa, com penalidades impostas pelo Ministério do Trabalho e Emprego, o menor ou seu responsável poderá requerer a "rescisão indireta" do contrato de trabalho, com base no art. 483 da CLT, ou seja, o referido contrato de trabalho será extinto, acarretando ao empregador o ônus de pagar todos os títulos e créditos trabalhistas devidos como fosse um caso de dispensa sem justa causa. Trata-se de uma justa causa, caracterizada pelo empregado pelo não cumprimento das cláusulas contratuais acordadas entre as partes, por parte do empregador.

Art. 408. Ao responsável legal do menor é facultado pleitear a extinção do contrato de trabalho, desde que o serviço possa acarretar para ele prejuízos de ordem física ou moral.

O próprio menor ou seu responsável, especificamente, nos casos em que as atividades realizadas venham prejudicar a sua saúde física ou a moral e os bons costumes, são legitimados para pleitear a extinção do contrato de trabalho.

Art. 409. Para maior segurança do trabalho e garantia da saúde dos menores, a autoridade fiscalizadora poderá proibir-lhes o gozo dos períodos de repouso nos locais de trabalho.

Caso o Ministério do Trabalho e Emprego observe que é fundamental para a segurança do menor descansar fora do ambiente de trabalho, poderá determinar outro local para que o intervalo seja desfrutado com garantias a sua saúde.

Art. 410. O Ministro do Trabalho, Indústria e Comércio poderá derrogar qualquer proibição decorrente do quadro a que se refere o inciso I do art. 405 quando se certificar haver desaparecido, parcial ou totalmente, o caráter perigoso ou insalubre, que determinou a proibição.

As atividades realizadas em locais considerados insalubres e perigosos podem sofrer modificações e ser creditadas como perfeitas ao trabalho do menor, sob a orientação e fiscalização do Ministério do Trabalho e Emprego.

Seção II
DA DURAÇÃO DO TRABALHO

Art. 411. A duração do trabalho do menor regular-se-á pelas disposições legais relativas à duração do trabalho em geral, com as restrições estabelecidas neste Capítulo.

A jornada de trabalho do menor será o mesmo determinado aos adultos: 8 horas diárias e 44 horas semanais, salvo as determinações de proteção ao trabalho do menor, como, por exemplo, a proibição do trabalho noturno.

Art. 412. Após cada período de trabalho efetivo, quer contínuo, quer dividido em 2 (dois) turnos, haverá um intervalo de repouso, não inferior a 11 (onze) horas.

O intervalo de repouso do menor será o mesmo determinado a todos os trabalhadores, especificamente, de 11 horas entre uma jornada realizada em um dia e outra trabalhada no dia seguinte.

Art. 413. É vedado prorrogar a duração normal diária do trabalho do menor, salvo:

I – até mais 2 (duas) horas, independentemente de acréscimo salarial, mediante convenção ou acordo coletivo nos termos do Título VI desta Consolidação, desde que o excesso de horas em um dia seja compensado pela diminuição em outro, de modo a ser observado o limite máximo de 48 (quarenta e oito) horas semanais ou outro inferior legalmente fixado;

II – excepcionalmente, por motivo de força maior, até o máximo de 12 (doze) horas, com acréscimo salarial de pelo menos 25% (vinte e cinco por cento) sobre a hora normal e desde que o trabalho do menor seja imprescindível ao funcionamento do estabelecimento.

Parágrafo único. Aplica-se à prorrogação do trabalho do menor o disposto no art. 375, no parágrafo único do art. 376, no art. 378 e no art. 384 desta Consolidação.

[Arts. 375 e 378 foram revogados pela Lei nº 7.855/1989 e art. 376 foi revogado pela Lei nº 10.244/2001.]

O menor só poderá ter sua jornada de trabalho prorrogada mediante o regime de compensação de horas previsto no §2º do art. 59 da CLT, sob a tutela de acordo ou convenção coletiva de trabalho. E, excepcionalmente, quando seja fundamental ao funcionamento e sobrevivência das atividades da empresa, prorrogadas em 12 horas, no máximo, com acréscimo de salário de 50% sobre a hora normal, caracterizada a força maior nos moldes dos arts. 501 e ss. da CLT (art. 7º, XVI, da CF/1988).

Deverá ser admitida a validade do contrato, fazendo jus o empregado a todas as reparações decorrentes do distrato já que a legislação trabalhista se caracteriza pela proteção ao menor e não permitiria que tal vício jurídico pudesse beneficiar o empregador vez que o contrato foi executado regularmente.

Art. 414. Quando o menor de 18 (dezoito) anos for empregado em mais de um estabelecimento, as horas de trabalho em cada um serão totalizadas.

O menor pode trabalhar para vários empregadores, contanto que sua jornada não ultrapasse 8 horas diárias e 44 horas semanais, considerando-se o total de horas trabalhadas para todos os seus referidos empregadores.

Seção III
DA ADMISSÃO EM EMPREGO E DA CARTEIRA DE TRABALHO E PREVIDÊNCIA SOCIAL

Art. 415. (Revogado pelo Decreto-Lei nº 926, de 10.10.1969)

Arts. 416 e 417. (Revogados pela Lei nº 5.686, de 03.08.1971)

Art. 418. (Revogado pela Lei nº 7.855, de 24.10.1989)

Arts. 419 a 423. (Revogados pela Lei nº 5.686, de 03.08.1971)

Seção IV
DOS DEVERES DOS RESPONSÁVEIS LEGAIS DE MENORES E DOS EMPREGADORES. DA APRENDIZAGEM

Art. 424. É dever dos responsáveis legais de menores, pais, mães, ou tutores, afastá-los de empregos que diminuam consideravelmente o seu tempo de estudo, reduzam o tempo de repouso necessário à sua saúde e constituição física, ou prejudiquem a sua educação moral.

Os responsáveis por menores trabalhadores têm a obrigação de afastá-los de atividades laborais que sejam prejudiciais a sua saúde e educação, bem como de serviços que afetem a criação e o seu desenvolvimento físico e moral. Para tanto, os pais e/ou responsáveis podem valer-se da regra prevista no art. 408 da CLT.

Art. 425. Os empregadores de menores de 18 (dezoito) anos são obrigados a velar pela observância, nos seus estabelecimentos ou empresas, dos bons costumes e da decência pública, bem como das regras de segurança e saúde do trabalho.

Deverá zelar pela saúde do menor e também pela sua formação moral dentro do ambiente de trabalho.

Art. 426. É dever do empregador, na hipótese do art. 407, proporcionar ao menor todas as facilidades para mudar de serviço.

Os empregadores devem encontrar meios de facilitar, ao máximo, a troca por um novo emprego e incentivá-lo nas tarefas relacionadas com essa mudança de serviço.

Art. 427. O empregador, cuja empresa ou estabelecimento ocupar menores, será obrigado a conceder-lhes o tempo que for necessário para a frequência às aulas.

Parágrafo único. Os estabelecimentos situados em lugar onde a escola estiver a maior distância que 2 (dois) quilômetros, e que ocuparem, permanentemente, mais de 30 (trinta) menores analfabetos, de 14 (quatorze) a 18 (dezoito) anos, serão obrigados a manter local apropriado em que lhes seja ministrada a instrução primária.

As empresas devem conceder todas as oportunidades necessárias à formação educacional do menor trabalhador, até mesmo liberando-o pelo tempo que for preciso para frequência às aulas ou criando locais apropriados ao ensino dentro do ambiente de trabalho, nos casos em que empreguem mais de 30 menores com idade de 14 a 18 anos, sem alfabetização.

Art. 428. Contrato de aprendizagem é o contrato de trabalho especial, ajustado por escrito e por prazo determinado, em que o empregador se compromete a assegurar ao maior de 14 (quatorze) e menor de 24 (vinte e quatro) anos inscrito em programa de aprendizagem formação técnico-profissional metódica, compatível com o seu desenvolvimento físico, moral e psicológico, e o aprendiz, a executar com zelo e diligência as tarefas necessárias a essa formação.

§1º A validade do contrato de aprendizagem pressupõe anotação na Carteira de Trabalho e Previdência Social, matrícula e frequência do aprendiz na escola, caso não haja concluído o ensino médio, e inscrição em programa de aprendizagem desenvolvido sob orientação de entidade qualificada em formação técnico-profissional metódica.

§2º Ao aprendiz, salvo condição mais favorável, será garantido o salário mínimo hora. (Redação dada pela Lei nº 13.420, de 2017)

§3º O contrato de aprendizagem não poderá ser estipulado por mais de 2 (dois) anos, exceto quando se tratar de aprendiz portador de deficiência.

§4º A formação técnico-profissional a que se refere o *caput* deste artigo caracteriza-se por atividades teóricas e práticas, metodicamente organizadas em tarefas de complexidade progressiva desenvolvidas no ambiente de trabalho.

§5º A idade máxima prevista no *caput* deste artigo não se aplica a aprendizes portadores de deficiência.

§6º Para os fins do contrato de aprendizagem, a comprovação da escolaridade de aprendiz com deficiência deve considerar, sobretudo, as habilidades e competências relacionadas com a profissionalização. (Redação dada pela Lei nº 13.146, de 2015)

§7º Nas localidades onde não houver oferta de ensino médio para o cumprimento do disposto no §1º deste artigo, a contratação do aprendiz poderá ocorrer sem a frequência à escola, desde que ele já tenha concluído o ensino fundamental.

§8º Para o aprendiz com deficiência com 18 (dezoito) anos ou mais, a validade do contrato de aprendizagem pressupõe anotação na CTPS e matrícula e frequência em programa de aprendizagem desenvolvido sob orientação de entidade qualificada em formação técnico-profissional metódica. (Incluído pela Lei nº 13.146, de 2015)

Aprendizagem geral é um contrato de trabalho especial, por escrito, por prazo determinado, pelo qual o empregador se obriga a assegurar aos trabalhadores entre 14 e 24 anos (incompletos), inscritos no programa de aprendizagem, formação técnico-profissional compatível com seu desenvolvimento físico, moral e psicológico; e o aprendiz se compromete a executar, com zelo e diligência, as tarefas necessárias a essa formação.

Para a validade desse contrato, deve haver anotação na carteira de trabalho, garantido o salário mínimo, caracterizando-se a aprendizagem por atividades teóricas e práticas.

Em tempo, cumpre-nos salientar que a opção do empregador ao aprendizado atinge também os trabalhadores de 16 a 24 anos (incompletos), nos termos do Decreto nº 5.598/2005.

Anteriormente, o estágio era regulado pela Lei nº 6.494/1977, que foi revogada pela Lei nº 11.788/2008, passando esta a normatizar a atividade dos estagiários, dando nova redação ao art. 428 da CLT.

Desde então, as instituições de ensino estão obrigadas, em relação aos estágios de seus educandos, a exigir apresentação periódica em prazo não superior a 6 (seis) meses

de relatório das atividades e garantir que a duração do estágio não exceda 2 (dois) anos, exceto quando se tratar de estagiário portador de deficiência.

Ademais, assegura que a jornada de atividade em estágio será definida de comum acordo entre a instituição de ensino e a parte concedente com o aluno estagiário, em 4 (quatro) horas diárias e 20 (vinte) horas semanais, na educação especial e ensino fundamental; também, de 6 (seis) horas diárias e 30 (trinta) horas semanais para estudantes do ensino superior, educação profissional de nível médio e médio regular.

Por fim, concede ao estágio que tenha duração igual ou superior a 1 (um) ano um período de recesso de 30 (trinta) dias, remunerado, quando o estagiário receber bolsa ou outra forma de contraprestação.

Os aprendizes que forem portadores de deficiência e alcançarem 18 (dezoito) anos ou mais, o contrato de aprendizagem exige frequência em programas desenvolvidos sob orientação de entidade qualificada em formação técnico-profissional metódica.

Art. 429. Os estabelecimentos de qualquer natureza são obrigados a empregar e matricular nos cursos dos Serviços Nacionais de Aprendizagem número de aprendizes equivalente a 5% (cinco por cento), no mínimo, e 15% (quinze por cento), no máximo, dos trabalhadores existentes em cada estabelecimento, cujas funções demandem formação profissional.

a) (Revogada pela Lei nº 10.097, de 19.12.2000)

b) (Revogada pelo Decreto-Lei nº 9.576, de 12.08.1946, e pela Lei nº 10.097/2000)

§1º-A. O limite fixado neste artigo não se aplica quando o empregador for entidade sem fins lucrativos, que tenha por objetivo a educação profissional.

§1º-B. Os estabelecimentos a que se refere o *caput* poderão destinar o equivalente a até 10% (dez por cento) de sua cota de aprendizes à formação técnico-profissional metódica em áreas relacionadas a práticas de atividades desportivas, à prestação de serviços relacionados à infraestrutura, incluindo as atividades de construção, ampliação, recuperação e manutenção de instalações esportivas e à organização e promoção de eventos esportivos. (Redação dada pela Lei nº 13.420, de 2017)

§1º As frações de unidade, no cálculo da percentagem de que trata o *caput*, darão lugar à admissão de um aprendiz.

§2º Os estabelecimentos de que trata o *caput* ofertarão vagas de aprendizes a adolescentes usuários do Sistema Nacional de Atendimento Socioeducativo (Sinase) nas condições a serem dispostas em instrumentos de cooperação celebrados entre os estabelecimentos e os gestores dos Sistemas de Atendimento Socioeducativo locais.

Os estabelecimentos de qualquer natureza estão obrigados a matricular os aprendizes no percentual equivalente a 5% no mínimo e 15% no máximo dos trabalhadores existentes em cada estabelecimento cujas funções demandem formação profissional.

Ficam dispensadas da contratação de aprendizes: I – as microempresas e as empresas de pequeno porte; e II – as entidades sem fins lucrativos que tenham por objetivo a educação profissional (art. 14 do Decreto nº 5.598/2005).

Poderão destinar o equivalente a até 10% (dez por cento) de sua cota de aprendizes à formação técnico-profissional metódica em áreas relacionadas a práticas de atividades desportivas, à prestação de serviços relacionados à infraestrutura, incluindo as atividades de construção, ampliação, recuperação e manutenção de instalações esportivas e à organização e promoção de eventos esportivos os estabelecimentos de qualquer natureza (Redação dada pela Lei nº 13.420, de 2017).

Art. 430. Na hipótese de os Serviços Nacionais de Aprendizagem não oferecerem cursos ou vagas suficientes para atender à demanda dos estabelecimentos, esta poderá ser suprida por outras entidades qualificadas em formação técnico-profissional metódica, a saber:

I – Escolas Técnicas de Educação;

II – entidades sem fins lucrativos, que tenham por objetivo a assistência ao adolescente e à educação profissional, registradas no Conselho Municipal dos Direitos da Criança e do Adolescente.

III – entidades de prática desportiva das diversas modalidades filiadas ao Sistema Nacional do Desporto e aos Sistemas de Desporto dos Estados, do Distrito Federal e dos Municípios. (Incluído pela Lei nº 13.420, de 2017)

§1º As entidades mencionadas neste artigo deverão contar com estrutura adequada ao desenvolvimento dos programas de aprendizagem, de forma a manter a qualidade do processo de ensino, bem como acompanhar e avaliar os resultados.

§2º Aos aprendizes que concluírem os cursos de aprendizagem, com aproveitamento, será concedido certificado de qualificação profissional.

§3º O Ministério do Trabalho fixará normas para avaliação da competência das entidades mencionadas nos incisos II e III deste artigo. (Redação dada pela Lei nº 13.420, de 2017)

§4º As entidades mencionadas nos incisos II e III deste artigo deverão cadastrar seus cursos, turmas e aprendizes matriculados no Ministério do Trabalho. (Incluído pela Lei nº 13.420, de 2017)

§5º As entidades mencionadas neste artigo poderão firmar parcerias entre si para o desenvolvimento dos programas de aprendizagem, conforme regulamento. (Incluído pela Lei nº 13.420, de 2017)

Caso inexista possibilidade dos Serviços Nacionais de Aprendizagem oferecerem cursos ou vagas suficientes, poderão ser contratadas outras entidades idôneas para esse

fim ou parcerias entre si, desde que seus cursos estejam cadastrados e regulamentados pelo Ministério do Trabalho.

Art. 431. A contratação do aprendiz poderá ser efetivada pela empresa onde se realizará a aprendizagem ou pelas entidades mencionadas nos incisos II e III do art. 430, caso em que não gera vínculo de emprego com a empresa tomadora dos serviços. (Redação dada pela Lei nº 13.420, de 2017)

a) (Revogada pela Lei nº 10.097, de 19.12.2000)

b) (Revogada pela Lei nº 10.097, de 19.12.2000)

c) (Revogada pela Lei nº 10.097, de 19.12.2000)

Parágrafo único. Aos candidatos rejeitados pela seleção profissional deverá ser dada, tanto quanto possível orientação profissional para ingresso em atividade mais adequada às qualidades e aptidões que tiverem demonstrado.

A contratação de aprendiz, desde que realizada de acordo com a lei, poderá ser feita pela empresa onde se realizará a aprendizagem, como também por entidades como os Serviços Nacionais de Aprendizagem ou por meio de parcerias entre estas mesmas entidades.

Art. 432. A duração do trabalho do aprendiz não excederá de 6 (seis) horas diárias, sendo vedadas a prorrogação e a compensação de jornada.

§1º O limite previsto neste artigo poderá ser de até 8 (oito) horas diárias para os aprendizes que já tiverem completado o ensino fundamental, se nelas forem computadas as horas destinadas à aprendizagem teórica.

§2º (Revogado)

A duração do trabalho do aprendiz não excederá seis horas diárias, impossibilitando qualquer hipótese de prorrogação da jornada de trabalho. Quando o aprendiz ingressar no ensino médio, será permitido o acréscimo de horas de trabalho caso inseridas no contexto da aprendizagem teórica – ou seja – incorporadas como horas/aula correspondentes ao ensino que não seja de natureza prática.

Art. 433. O contrato de aprendizagem extinguir-se-á no seu termo ou quando o aprendiz completar 24 (vinte e quatro) anos, ressalvada a hipótese prevista no §5º do art. 428 desta Consolidação, ou ainda antecipadamente nas seguintes hipóteses:

a) (Revogada pela Lei nº 10.097, de 19.12.2000)

b) (Revogada pela Lei nº 10.097, de 19.12.2000)

I – desempenho insuficiente ou inadaptação do aprendiz, salvo para o aprendiz com deficiência quando desprovido de recursos de acessibilidade, de tecnologias assistivas e de apoio necessário ao desempenho de suas atividades; (Redação dada pela Lei nº 13.146, de 2015)

II – falta disciplinar grave;

III – ausência injustificada à escola que implique perda do ano letivo; ou

IV – a pedido do aprendiz.

Parágrafo único. (Revogado pela Lei nº 3.519, de 30.12.1958).

§2º Não se aplica o disposto nos arts. 479 e 480 desta Consolidação às hipóteses de extinção do contrato mencionadas neste artigo.

Esse tipo de contrato se extinguirá no término, ou quando o aprendiz completar 24 anos ou nas hipóteses descritas nos incisos do art. 28 do Decreto nº 5.598/2005. Serão observadas as seguintes disposições: I – o "desempenho insuficiente ou inadaptação do aprendiz" referente às atividades do programa de aprendizagem, mediante a comprovação de que a empresa fornecia toda infraestrutura e apoio necessário para realização das atividades de aprendizado.; II – a "falta disciplinar grave" caracteriza-se por quaisquer das hipóteses descritas no art. 482 da CLT; III – a "ausência injustificada à escola que implique perda do ano letivo" será caracterizada por meio de declaração da instituição de ensino; ou IV – "a pedido do aprendiz".

Seção V
DAS PENALIDADES

Art. 434. Os infratores das disposições deste Capítulo ficam sujeitos à multa de valor igual a 1 (um) salário mínimo regional, aplicada tantas vezes quantos forem os menores empregados em desacordo com a lei, não podendo, todavia, a soma das multas exceder a 5 (cinco) vezes o salário mínimo regional, salvo no caso de reincidência, em que esse total poderá ser elevado ao dobro.

Serão punidos com multas administrativas aplicadas pelo Ministério do Trabalho e Emprego, entre um e cinco salários mínimos, dobrando nos casos de reincidência.

Art. 435. Fica sujeita à multa de valor igual a um salário mínimo regional e ao pagamento da emissão de nova via a empresa que fizer na Carteira de Trabalho e Previdência Social do menor anotação não prevista em lei.

Estará sujeito ao pagamento de multa administrativa de um salário mínimo, caso anote incorretamente a CTPS de menor trabalhador.

Arts. 436 e 437. (Revogados pela Lei nº 10.097, de 19.12.2000)

Art. 438. São competentes para impor as penalidades previstas neste capítulo:

a) no Distrito Federal, a autoridade de 1ª instância do Departamento Nacional do Trabalho;

b) nos Estados e Território do Acre, os delegados regionais do Ministério do Trabalho, Indústria e Comércio ou os funcionários por eles designados para tal fim.

Parágrafo único. O processo, na verificação das infrações, bem como na aplicação e cobrança das multas, será o previsto no Título "Do Processo de Multas Administrativas", observadas as disposições deste artigo.

As Delegacias Regionais do Ministério do Trabalho e Emprego, por meio de seu corpo de fiscais, sempre de acordo com os procedimentos determinados pela CLT, são competentes para aplicar as penalidades administrativas.

<div align="center">

Seção VI

DISPOSIÇÕES FINAIS

</div>

Art. 439. É lícito ao menor firmar recibo pelo pagamento dos salários. Tratando-se, porém, de rescisão do contrato de trabalho, é vedado ao menor de 18 (dezoito) anos dar, sem assistência dos seus responsáveis legais, quitação ao empregador pelo recebimento da indenização que lhe for devida.

Os menores trabalhadores, incluindo os aprendizes, têm direito a receber salários sem necessidade de assistência, controle ou autorização de seus responsáveis. Porém, é necessário o acompanhamento e assistência destes responsáveis, no recebimento de quitação de verbas rescisórias, motivadas por término do contrato de trabalho entre o menor e a empresa.

O ato de quitação deve ser presenciado pelo responsável do menor trabalhador, que aporá seu acordo com o aval da Delegacia Regional do Trabalho ou Sindicato de Classe, caso o menor tenha prestado serviços por mais de 1 ano na empresa. O responsável também participará nas hipóteses em que a rescisão contratual for realizada na própria empresa, onde o menor tenha trabalhado em prazo inferior a 1 ano.

Art. 440. Contra os menores de 18 (dezoito) anos não corre nenhum prazo de prescrição.

Não há prazo prescricional para os trabalhadores, que, a qualquer momento, poderão aforar ação na Justiça do Trabalho para reaver direitos trabalhistas não cumpridos por empregador, durante o período em que tenham prestado serviços na empresa na qualidade de menor trabalhador.

Art. 441. O quadro a que se refere o item I do art. 405 será revisto bienalmente.

De dois em dois anos será atualizado o quadro de trabalho sobre condições de insalubridade e periculosidade, previsto na lei para adaptação ao trabalho do menor.

<div align="center">

Título IV
DO CONTRATO INDIVIDUAL DO TRABALHO

Capítulo I
DISPOSIÇÕES GERAIS

</div>

Art. 442. Contrato individual de trabalho é o acordo tácito ou expresso, correspondente à relação de emprego.

Parágrafo único. Qualquer que seja o ramo de atividade da sociedade cooperativa, não existe vínculo empregatício entre ela e seus associados, nem entre estes e os tomadores de serviços daquela.

Art. 442-A. Para fins de contratação, o empregador não exigirá do candidato a emprego comprovação de experiência prévia por tempo superior a 6 (seis) meses no mesmo tipo de atividade.

Trata-se de acordo de caráter privativo, bilateral, consensual, sinalagmático, comutativo, do tipo adesão, de trato sucessivo e oneroso.

A relação de emprego se consolida por meio do vínculo jurídico que liga um empregador a um trabalhador. Tais características estão concentradas no art. 3º da CLT, especificamente: subordinação, ineventualidade, remuneração e pessoalidade. Comprovando-se a existência desse vínculo de emprego, o trabalhador torna-se empregado, consequentemente protegido por um contrato de emprego, e terá garantidos todos os direitos constantes da legislação trabalhista.

A maioria das pessoas que lidam com o direito do trabalho denomina a relação jurídica entre empregador e empregado "contrato de trabalho". Tal expressão foi consolidada pela lei e pela doutrina majoritária, mas trata-se de termo impróprio. Senão, vejamos.

Todo empregado é um trabalhador? Sim. Todo trabalhador é um empregado? Não.

Um sargento que cumpre um contrato de adesão ao Estatuto Militar com o Exército é um trabalhador, não é um empregado. Um servidor público que cumpre um contrato de adesão ao RJU (Regime Jurídico dos Servidores Públicos Civis da União – Lei nº 8.112/1990) com a Administração Pública federal é um trabalhador, não é um empregado. Um contabilista autônomo que cumpre um contrato de prestação de serviços com seu cliente é um trabalhador, não é um empregado. Um parlamentar (Deputado Federal ou Senador) que, como mandatário, representa seu estado no Congresso Nacional é um trabalhador, mas não é um empregado. Um cardiologista que cumpre um contrato de assistência médica com seu cliente é um trabalhador, não é um empregado. Um empregado que cumpre um "contrato de emprego" em uma empresa é um trabalhador e, por consequência, um empregado. Concluímos que contrato de trabalho é um "contrato de atividades", classificando-se como um gênero que comporta várias espécies, por exemplo: serviço militar, serviço público, prestação de serviços, profissão liberal ou de emprego.

Então, o legislador do Texto Consolidado deveria ter definido esse contrato, no art. 442, assim: "Contrato individual *de emprego* é o acordo tácito ou expresso correspondente à relação de emprego".

Contrato tácito é aquele que decorre de fatos, em regra, informais. Por exemplo se alguém que, constantemente, e com certa periodicidade, limpa um jardim particular, mesmo sem pedido do dono, mas com a concordância tácita deste, ajuizar ação trabalhista pleiteando salários, certamente o proprietário do jardim será condenado a pagá-lo, além de 13º salário, férias, horas extras e todos os créditos resultantes de uma relação de emprego, caracterizando a existência de um contrato – tácito – de emprego.

Contrato expresso pode ser verbal ou por escrito. Se você contrata um serviço sem ajustar nada por escrito e a pessoa desenvolve aquela atividade combinada, caracterizou-se um contrato (verbal) de emprego. Já o contrato escrito é aquele mais comum, com CTPS assinada e a ficha ou livro de registro de empregados apontados, lembrando que a existência de termo próprio (contrato de emprego) não é necessário,

porém é exigido por lei em determinados casos, como, por exemplo, contrato de trabalho temporário (Lei nº 6.019/1974) e no aprendizado.

Contrato individual de trabalho é aquele realizado entre o empregador e um empregado. Caso fosse necessária a contratação de vários empregados para o desenvolvimento de uma tarefa em conjunto, por exemplo, uma orquestra para tocar música em um clube, caracterizar-se-ia a existência de um contrato individual plúrimo, mais conhecido como "contrato de equipe" ou "comandita de mão de obra".

Contrato coletivo de trabalho não existe no Brasil. Trata-se de um modelo adotado em países que não há regime estatutário, ou seja, em que o Estado não interfere nas relações de trabalho com uma legislação semelhante à nossa CLT. As regras são estabelecidas por meio de acordos entre as partes interessadas, patrões e empregados, de forma negocial e sem a presença do Estado.

Contrato em nível coletivo é outra modalidade, sempre convalidado pelas representações sindicais na forma de acordo ou convenção coletiva de trabalho, conforme veremos nos arts. 611 e ss. da CLT.

O sistema de cooperativismo no Brasil é regido por lei (nº 5.764/1971), e essencial que seja montado sob a égide dessas regras. Trata-se de espécie de sociedade em que os cooperados devem unir-se para criar métodos e formas de trabalho, em conjunto, visando ao bem do sistema de cooperativismo para o qual resolveram empenhar-se, bem como redistribuindo tarefas e lucros entre seus membros, de acordo com os objetivos alcançados pelo sistema.

O legislador inseriu o tema no parágrafo único do art. 442 da CLT, indevidamente, pois se trata de norma heterotópica que não se afigura pertinente com aquele comando legal. Enfim, considerando o erro cometido, vamos analisar a questão do vínculo empregatício. Cooperativados não podem requerer o vínculo com a sua própria cooperativa, pois dela são membros integrantes e, como tal, sofrem com os riscos que aquela atividade pode impor-lhes, em interpretação semelhante às condições expostas pelo art. 2º da CLT para aqueles que carregam consigo o caráter "forfetário" da relação de emprego. Quanto ao vínculo entre o cooperativado e a tomadora de serviços da cooperativa, também inviável na medida em que é considerado um prestador de serviços e não um empregado daquele cliente.

Entrementes, cumpre-nos salientar que a Justiça do Trabalho estará atenta aos casos em que se caracterizem os elementos da relação de emprego que marcam a condição de empregado, como subordinação, pessoalidade, remuneração e ineventualidade, os quais podem estar "mascarados" e presentes na relação de cooperativismo, mas observados pelo "princípio da primazia da realidade".

Quanto à experiência exigida na contratação, com o intuito de gerar empregos, a CLT proíbe aos empregadores exigir tempo superior a 6 (seis) meses no mesmo tipo de atividade aos candidatos a emprego. Tal prerrogativa se coaduna com a previsão legal exposta na Lei nº 11.644/2008, que visa proteger os candidatos do rigor dos processos seletivos.

Observe-se que o cumprimento desse comando legal só será possível mediante denúncia do próprio interessado diante da comprovação do fato por meio de norma, expressamente consignada pelo processo seletivo das empresas envolvidas. Fica claro que se trata de medida preventiva, que impedirá tal prática, acredita-se, pelo aculturamento dos interessados, e não por prerrogativas de ordem contratual.

Art. 442-B. A contratação do autônomo, cumpridas por este todas as formalidades legais, com ou sem exclusividade, de forma contínua ou não, afasta a qualidade de empregado prevista no art. 3º desta Consolidação. (Incluído pela Lei nº 13.467, de 2017)

A Lei nº 13.467/17 oferece condições de contratação de trabalhadores autônomos exigindo, tão somente, que essas atividades sejam formalizadas por contratos específicos de prestação de serviços com emissão de RPA (Recibo de Pagamento de Autônomo) ou emissão de nota fiscal. Tal mudança, na verdade, se traduz num novo diferencial para as empresas que desejam contar com profissional liberal, técnicos especializados e até mesmo com motoristas, representantes comerciais, corretores de imóveis, parceiros e demais trabalhadores de outras categorias reguladas por leis específicas em atividades compatíveis com o contrato de autonomia se o empregador evitar as características do vínculo de emprego como subordinação, habitualidade, pessoalidade e remuneração (com imposição de dependência econômica) que poderão remeter o regime de autonomia a condição de empregado prevista o art. 3º da CLT em consonância com a Portaria nº 349 expedida pelo Ministério do Trabalho em 23 de maio de 2018.

A Portaria nº 349 (23.05.18) em comento assegura que não se caracteriza a relação de emprego prevista no art. 3º da CLT o fato de o autônomo prestar serviços a apenas um tomador de serviços, considerando a natureza do regime de autonomia para as atividades desenvolvidas com ou sem exclusividade. Portanto, entende-se que o autônomo poderá prestar serviços de qualquer natureza a outros tomadores que exerçam ou não a mesma atividade econômica, sob qualquer modalidade de contrato de trabalho e garantida a possibilidade de a oferta demandada pelo contratante com garantia de aplicação de cláusula de penalidade se houver previsão contratual.

A Justiça do Trabalho sempre condenou a "pejotização", ou seja, a contratação de serviços praticados por profissionais que se obrigavam a figurar na relação de trabalho como "Pessoa Jurídica" para evitar a caracterização da relação de emprego.

Ocorre que, sem a tradição de promover uma leitura moderna dessa filosofia de trabalho e acostumada a interpretar que as atividades praticadas com habitualidade, pessoalidade, remunerada e até mesmo subordinada são típicos disfarces para evitar ou mesmo fraudar o vínculo empregatício, será um desafio para todos os envolvidos a possibilidade de as empresas passarem a contratar mão de obra sob o regime de autonomia.

A observância quanto a se evitar controle e subordinação sobre este tipo de mão de obra, bem como possibilitar que os autônomos atendam outros clientes com pulverização da fonte de renda e que não se exija frequência sistemática para convertê-la em cobrança de resultados – sem dúvida – podem ser essenciais para perfeita harmonização dessas relações de trabalho com a exegese expressa na lei e decisões judiciais de plantão. Vê-se que tal mudança poderá servir como uma excelente oportunidade para geração de novas oportunidades de trabalho e consequente amadurecimento das relações de trabalho no país.

Art. 443. O contrato individual de trabalho poderá ser acordado tácita ou expressamente, verbalmente ou por escrito, por prazo determinado ou indeterminado, ou para prestação de trabalho intermitente. (Redação dada pela Lei nº 13.467, de 2017)

§1º Considera-se como de prazo determinado o contrato de trabalho cuja vigência dependa de termo prefixado ou da execução de serviços especificados ou ainda da realização de certo acontecimento suscetível de previsão aproximada. (Parágrafo único renumerado pelo Decreto-Lei nº 229, de 28.02.1967)

§2º O contrato por prazo determinado só será válido em se tratando: (Incluído pelo Decreto-Lei nº 229, de 28.2.1967)

a) de serviço cuja natureza ou transitoriedade justifique a predeterminação do prazo; (Incluída pelo Decreto-Lei nº 229, de 28.02.1967)

b) de atividades empresariais de caráter transitório; (Incluída pelo Decreto-Lei nº 229, de 28.02.1967)

c) de contrato de experiência. (Incluída pelo Decreto-lei nº 229, de 28.02.1967)

§3º Considera-se como intermitente o contrato de trabalho no qual a prestação de serviços, com subordinação, não é contínua, ocorrendo com alternância de períodos de prestação de serviços e de inatividade, determinados em horas, dias ou meses, independentemente do tipo de atividade do empregado e do empregador, exceto para os aeronautas, regidos por legislação própria. (Incluído pela Lei nº 13.467, de 2017)

Todo contrato a prazo determinado necessariamente deverá ter uma motivação extra para que o seu prazo seja previamente fixado. É uma exceção, exemplificada pela lei em três oportunidades apenas, por exemplo: uma empreitada, projetos técnicos ou serviços programados, com tempo certo para se desenvolver; os hotéis ou parques temáticos, que funcionam somente em tempo de férias; e os contratos de experiência, que trazem em sua natureza o sentido de provar alguém na função, visando a adaptá-lo ao serviço que será desempenhado por diante.

O contrato a prazo determinado da Lei nº 9.601/1998 tem identidade própria e não segue as condições previstas no §2º do art. 443 da CLT, como também os arts. 479 e 480 do mesmo diploma.

Trata-se de modalidade contratual, que procura beneficiar as empresas que pretendem admitir mão de obra temporária por 2 anos, dentro dos limites percentuais permitidos pela legislação, isentando a empresa contratante de encargos na rescisão, bem como reduzindo recolhimentos institucionais, por exemplo, de 8% para 2% o depósito do FGTS na conta vinculada dos empregados que forem contratados por esse sistema.

Quanto a figura do "contrato intermitente", passa a figurar como uma nova modalidade trazida ao mundo jurídico pela Lei nº 13.467/17. As contratações de pessoal em regime sazonal poderão se concretizar mediante a utilização de mão de obra que atue, tão somente, nos períodos que a demanda é pujante e sempre regido pela legislação do trabalho vigente.

Nestes casos, a admissão segue a rotina regular e só haverá paga salarial e reflexos decorrentes dos períodos em que o empregado prestou seus serviços. Na ociosidade, não haverá trabalho e por consequência não resultará em obrigações para as partes contraentes.

Nos hotéis de veraneio, por exemplo, os empregados poderão ser convocados às vésperas das férias ou feriados prolongados e neste período estarão sob os efeitos

da relação de emprego e protegidos pela legislação trabalhista vigente, inclusive com assinatura de CTPS. Nos demais períodos em que não houver atividades, estarão livres e não haverá caracterização de "tempo à disposição" ou quaisquer tipo de vinculação empregatícia. Os obreiros poderão optar por não seguir nas atividades, quando convocados. Também, se obrigam a comparecer caso expressem seu interesse em atender a convocação pela qual se comprometeram a atuar naquele período estipulado.

Esse regime de trabalho intermitente e sazonal obriga ao empregador cumprir todos os trâmites de admissão e dispensa do empregado com respectivo pagamento correspondente ao período laborado e sem ônus decorrente da rescisão de contrato de emprego.

Art. 444. As relações contratuais de trabalho podem ser objeto de livre estipulação das partes interessadas em tudo quanto não contravenha às disposições de proteção ao trabalho, aos contratos coletivos que lhes sejam aplicáveis e às decisões das autoridades competentes.

Parágrafo único. A livre estipulação a que se refere o *caput* deste artigo aplica-se às hipóteses previstas no art. 611-A desta Consolidação, com a mesma eficácia legal e preponderância sobre os instrumentos coletivos, no caso de empregado portador de diploma de nível superior e que perceba salário mensal igual ou superior a duas vezes o limite máximo dos benefícios do Regime Geral de Previdência Social.

Talvez o art. 444 da CLT seja o registro definitivo da caracterização do direito do trabalho como ramo do direito privado. Vê-se isto pela possibilidade de negociação de horas extras na razão de 70% sobre o salário, por exemplo – figuração do direito do trabalho como ramo do direito privado – e impossibilidade de negociação do valor de um IPTU, em contrapartida – figuração do direito tributário como ramo do direito público.

Assim, diz o art. 444 da CLT, poderá haver acordo entre as partes sobre qualquer matéria trabalhista, por exemplo, acrescer para 30% um adicional noturno, para 100% o abono de férias; enfim, as partes têm liberdade de acertar seus interesses, cumprindo, porém, um contrato mínimo estabelecido pela legislação do trabalho. Assim também é a prática do Direito Civil, em que há em seu código regras mínimas para casamento, contratos de locação e compra e venda, registro de pessoas, sucessão etc.

Entre patrões e empregados, as regras serão livres e só será necessário que sejam cumpridas as exigências mínimas trazidas pela CLT, em seus 922 artigos.

A Lei nº 13.467/17 trouxe ao mundo jurídico a premissa de que o "NEGOCIADO" poderá superar-se diante do "LEGISLADO". Porém, é necessário considerar que essa liberdade de negociação está restrita ao respeito aos comandos legais fixados na Carta Constitucional.

Caso haja interesse de negociar a jornada de trabalho, esta transação poderá estender ou reduzir horas de trabalho sob a tutela do regime de horas extraordinárias ou de compensações. Jamais, alterar a fixação das 44 horas semanais e oito diárias para mais ou para menos.

Por diante, as negociações sindicais que dão azo aos Acordos e Convenções Coletivas de Trabalho poderão estipular normas que ultrapassem os limites da lei e que permitam as categorias maior flexibilização das relações de trabalho sem ofender a Carta Magna.

Trata-se de um passo decisivo da legislação trabalhista na direção do desenvolvimento e do empreendedorismo com fito de valorizar a livre negociação e gerar mais condições para que os empregadores possam se ajustar à realidade do país, sempre sujeito a crises sociais e econômicas. Por outro lado, poderá caminhar na direção da precarização do trabalho se não houver consciência e respeito entre os negociadores (empregados e empregadores) com relação aos pontos essenciais que preveem garantias à saúde do trabalhador.

A liberdade de que trata a lei estará sendo monitorada pelo Ministério Público do Trabalho, Justiça do Trabalho e Ministério do Trabalho, que juntos exercerão o controle e acompanhamento das negociações que, provavelmente, sigam na direção da flexibilização das jornadas de trabalho.

Art. 445. O contrato de trabalho por prazo determinado não poderá ser estipulado por mais de 2 (dois) anos, observada a regra do art. 451.

Parágrafo único. O contrato de experiência não poderá exceder de 90 (noventa) dias.

Em todas as oportunidades em que um contrato por prazo determinado suceder, em um período inferior a 6 meses, outro contrato por prazo determinado, haverá caracterizada sua indeterminação de prazo.

O prazo máximo de duração de um contrato a prazo determinado é de 2 anos. Além desse limite, os contratos se tornarão a prazo indeterminado.

Os contratos de experiência, espécie do gênero contrato a prazo determinado, têm duração de 90 dias no máximo.

Art. 446. (Revogado pela Lei nº 7.855, de 24.10.1989)

Art. 447. Na falta de acordo ou prova sobre condição essencial ao contrato verbal, esta se presume existente, como se a tivessem estatuído os interessados, na conformidade dos preceitos jurídicos adequados à sua legitimidade.

Como dizia Malatesta, "o ordinário se presume e o extraordinário se prova". Fica ressalvada a sua presunção de veracidade, e as condições estipuladas entre as partes contraentes são aquelas abalizadas pela Carta Magna, CLT e leis adjacentes.

Art. 448. A mudança na propriedade ou na estrutura jurídica da empresa não afetará os contratos de trabalho dos respectivos empregados.

A simples alteração da razão social de uma empresa, por exemplo, *B*arig Viação Aérea S.A. para *B*ol Linhas Aéreas S.A., jamais afetará os direitos trabalhistas dos empregados, bem como a possibilidade de mudança dos sócios ou do tipo de gestão. Nesse caso enquadra-se a sucessão de empregadores prevista, também, pelo art. 10 da CLT.

Art. 448-A. Caracterizada a sucessão empresarial ou de empregadores prevista nos arts. 10 e 448 desta Consolidação, as obrigações trabalhistas, inclusive as contraídas à época em que os empregados trabalhavam para a empresa sucedida, são de responsabilidade do sucessor.

Parágrafo único. A empresa sucedida responderá solidariamente com a sucessora quando ficar comprovada fraude na transferência.

A Lei nº 13.467/17 deu outra redação ao texto anterior e caracteriza com correção a "sucessão de empregadores", que na verdade melhor traduz o espírito que prevê a própria exegese do artigo em comento. Independente de estarem envolvidas empresas, que numa tratativa sucessória se alternam no comando de pessoas jurídicas, concentra-se a questão na relação de trabalho que terá o novo empregador com o empregado que seguiu sob a égide do mesmo contrato de emprego anteriormente fixado.

Quanto às responsabilidades, resta claro que o empregador que passou seu negócio só assumirá prejuízos futuros decorrentes da relação de emprego pretérita caso tenha concretizado a negociação por meio de fraude ou agido com claro objetivo de desvirtuar-se da aplicação da lei.

Ao sucessor, ou seja, quem adquiriu a empresa, caberá as responsabilidades sobre o passivo trabalhista passado e/ou atual.

Essa é a real interpretação do texto do presente artigo sobre os casos de alterações na propriedade ou na estrutura jurídica da empresa.

Art. 449. Os direitos oriundos da existência do contrato de trabalho subsistirão em caso de falência, concordata ou dissolução da empresa.

§1º Na falência, constituirão créditos privilegiados a totalidade dos salários devidos ao empregado e a totalidade das indenizações a que tiver direito.

§2º Havendo concordata na falência, será facultado aos contratantes tornar sem efeito a rescisão do contrato de trabalho e consequente indenização, desde que o empregador pague, no mínimo, a metade dos salários que seriam devidos ao empregado durante o interregno.

A Lei nº 11.101/2005 – Falência e Recuperação de Empresas alterou sobremaneira o Texto Consolidado, adaptando-o às novas regras empresariais.

Numa interpretação de caráter geral, temos como base as seguintes observações.

1. É válido assegurar que há permissivo legal para pleitear perante o administrador judicial a habilitação, a exclusão ou a modificação de créditos derivados da relação de trabalho, ressalvando-se que tais atos devem estar amparados em ações processadas perante a Justiça do Trabalho até a apuração total do respectivo crédito proferido em sentença.
2. Na hipótese de recuperação judicial, será suspenso o processo pelo prazo improrrogável de 180 dias contados do deferimento do processamento da referida recuperação.
3. Observa-se a criação de um "Comitê de Credores" constituído com um representante indicado pela classe de credores trabalhistas.
4. Pelo "Plano de Recuperação Judicial", não será permitido prazo superior a 1 ano para pagamentos de créditos trabalhistas ou acidentes de trabalho vencidos até a data do pedido da referida recuperação. Ainda, o plano não poderá prever prazo superior a 30 dias para pagamento até 5 salários mínimos por trabalhador dos créditos salariais vencidos nos 3 meses anteriores ao pedido de recuperação judicial.
5. Na classificação dos créditos, constam os derivados da legislação do trabalho como principais, até 150 salários mínimos por credor e acidentes de trabalho.

Outras alterações, por consequência, deverão ser atendidas nos termos da lei em referência, de acordo com a legislação trabalhista.

Também, compete à Justiça do Trabalho dirimir controvérsias acerca da existência de sucessão entre o falido ou o recuperado e a entidade que adquira total ou parcialmente suas unidades de produção.

A Súmula nº 86/TST deverá ser alterada pelo TST para figurar com seguinte texto: DESERÇÃO. MASSA FALIDA. EMPRESA EM LIQUIDAÇÃO EXTRAJUDICIAL (incluído o item II em decorrência da Lei nº 13.467/2017). I – Não ocorre deserção de recurso da massa falida por falia de pagamento de custas ou de depósito do valor da condenação. Esse privilégio, todavia. Não se aplica à empresa em liquidação extrajudicial. II. Nos recursos interpostos de decisões publicadas a partir de 11 de novembro de 2017, início da vigência da Lei nº 13.467/2017, as empresas em recuperação judicial, os beneficiários da justiça gratuita e as entidades filantrópicas ficam isentas do recolhimento do depósito recursal.

Art. 450. Ao empregado chamado a ocupar, em comissão, interinamente, ou em substituição eventual ou temporária, cargo diverso do que exercer na empresa, serão garantidas a contagem do tempo naquele serviço, bem como volta ao cargo anterior.

Não só estará garantida a contagem do tempo de serviço como também o retorno ao cargo que ocupava anteriormente.

Tal situação, por vezes, convalida-se nas hipóteses em que o empregado é eleito a cargo de direção em assembleia geral ordinária e, posteriormente, destituído da diretoria por outra assembleia, volta ao cargo de origem. Nesse caso, terá seu contrato de trabalho suspenso e passará a perceber pró-labore, enquanto estiver na função de diretor, então, mandatário. A Súmula nº 269 do TST assevera que se continuar existindo subordinação, será descaracterizada a condição de diretor mandatário e assumida a sua condição de empregado, contando-se o tempo de afastamento como interrupção e não como suspensão, consequentemente protegido pelos títulos contratuais que percebia e pela contagem do tempo de serviço que havia na situação inicial.

A reversão do empregado ao cargo efetivo resultará na perda das vantagens auferidas durante o tempo em que laborou no cargo em comissão, considerando o tempo de serviço e o cargo anteriormente ocupado.

No que concerne ao empregado substituto de cargo – em caráter provisório – durante o período em que estiver substituindo o titular, receberá salário igual ao que havia sido pago ao substituído (titular). Quando, porém, se fizer necessária a ocupação definitiva do cargo, não fará jus ao salário contratual do referido titular (Súmula nº 159 do TST).

Art. 451. O contrato de trabalho por prazo determinado que, tácita ou expressamente, for prorrogado mais de uma vez, passará a vigorar sem determinação de prazo.

Um contrato por prazo determinado que for prorrogado duas vezes será considerado, após a segunda prorrogação, como contrato por prazo indeterminado.

Por exemplo, se num contrato de experiência de 90 dias for fixado – com direito a uma prorrogação – dois prazos de 45 dias cada um, ambos os períodos serão contabilizados como contrato por prazo determinado. Mas, se o prazo do contrato for dividido em três períodos de 30 dias, num total de 90 dias, renovando-o por duas vezes, os últimos 30 dias certamente serão caracterizados como contrato por prazo indeterminado, mesmo que esteja dentro do prazo máximo de 90 dias.

Então, um contrato por prazo determinado poderá ser convertido em contrato por prazo indeterminado caso se verifique mais de uma renovação no seu prazo total de existência.

A exceção fica por conta do contrato de trabalho intermitente, previstos no art. 452-A da CLT.

Art. 452. Considera-se por prazo indeterminado todo contrato que suceder, dentro de 6 (seis) meses, a outro contrato por prazo determinado, salvo se a expiração deste dependeu da execução de serviços especializados ou da realização de certos acontecimentos.

Se a sua renovação for dentro do seu prazo-limite, apenas por uma vez poderá ser prorrogado. Se, porém, passou do seu limite de prazo, não poderá ser prorrogado sem que se aguarde um período de 6 meses em seu interstício, ou seja, após o vencimento do prazo máximo de 2 anos outro contrato a prazo determinado só poderá ser convalidado se houver um intervalo de 6 meses entre eles. A única exceção está caracterizada na hipótese de serviços considerados especializados, por exemplo, projetos de arquitetura ou um serviço médico, como também nos casos previstos e suscetíveis da realização de certo evento, como uma feira, convenção, bienal ou algo que venha a ocorrer com o conhecimento das partes.

A regra tem exceção pela previsão expressa nos contratos de trabalho intermitentes, previstos no art. 452-A da CLT.

Art. 452-A. O contrato de trabalho intermitente deve ser celebrado por escrito e deve conter especificamente o valor da hora de trabalho, que não pode ser inferior ao valor horário do salário mínimo ou àquele devido aos demais empregados do estabelecimento que exerçam a mesma função em contrato intermitente ou não. (Incluído pela Lei nº 13.467, de 2017)

§1º O empregador convocará, por qualquer meio de comunicação eficaz, para a prestação de serviços, informando qual será a jornada, com, pelo menos, três dias corridos de antecedência. (Incluído pela Lei nº 13.467, de 2017)

§2º Recebida a convocação, o empregado terá o prazo de um dia útil para responder ao chamado, presumindo-se, no silêncio, a recusa. (Incluído pela Lei nº 13.467, de 2017)

§3º A recusa da oferta não descaracteriza a subordinação para fins do contrato de trabalho intermitente. (Incluído pela Lei nº 13.467, de 2017)

§4º Aceita a oferta para o comparecimento ao trabalho, a parte que descumprir, sem justo motivo, pagará à outra parte, no prazo de trinta dias, multa de 50% (cinquenta por cento) da remuneração que seria devida, permitida a compensação em igual prazo. (Incluído pela Lei nº 13.467, de 2017)

§5º O período de inatividade não será considerado tempo à disposição do empregador, podendo o trabalhador prestar serviços a outros contratantes. (Incluído pela Lei nº 13.467, de 2017)

§6º Ao final de cada período de prestação de serviço, o empregado receberá o pagamento imediato das seguintes parcelas: (Incluído pela Lei nº 13.467, de 2017)

I – remuneração; (Incluído pela Lei nº 13.467, de 2017)

II – férias proporcionais com acréscimo de um terço; (Incluído pela Lei nº 13.467, de 2017)

III – décimo terceiro salário proporcional; (Incluído pela Lei nº 13.467, de 2017)

IV – repouso semanal remunerado; e (Incluído pela Lei nº 13.467, de 2017)

V – adicionais legais. (Incluído pela Lei nº 13.467, de 2017)

§7º O recibo de pagamento deverá conter a discriminação dos valores pagos relativos a cada uma das parcelas referidas no §6º deste artigo. (Incluído pela Lei nº 13.467, de 2017)

§8º O empregador efetuará o recolhimento da contribuição previdenciária e o depósito do Fundo de Garantia do Tempo de Serviço, na forma da lei, com base nos valores pagos no período mensal e fornecerá ao empregado comprovante do cumprimento dessas obrigações. (Incluído pela Lei nº 13.467, de 2017)

§9º A cada doze meses, o empregado adquire direito a usufruir, nos doze meses subsequentes, um mês de férias, período no qual não poderá ser convocado para prestar serviços pelo mesmo empregador. (Incluído pela Lei nº 13.467, de 2017)

A Lei nº 13.467/17 cria a possibilidade de contratação de mão de obra por meio de "contrato de trabalho intermitente", que deve ser celebrado por escrito e expresso o valor da hora de trabalho. Esta hora não pode ser inferior ao valor do salário mínimo, piso da categoria ou àquele praticado para os demais empregados do estabelecimento em que o trabalhador intermitente exerça função idêntica com a mesma perfeição técnica seja em contrato intermitente ou contínuo.

Este será celebrado por escrito e registrado na CTPS e conterá identificação, assinatura e domicílio ou sede das partes, como também valores da hora ou dia de trabalho, que não poderão ser inferiores ao salário mínimo e sua respectiva proporcionalidade. Fica assegurada a remuneração do trabalho noturno superior à do diurno, observando que este contrato deverá ter consignado o local e o prazo para o pagamento da remuneração.

Fica ao encargo do empregador a obrigação de comunicar ao trabalhador sazonal a jornada de trabalho que será praticada com três dias corridos de antecedência. Após receber a convocação para trabalhar neste regime, o trabalhador intermitente terá o prazo de um dia útil para responder se interessa ou não atender a convocação, presumindo-se a recusa pela não resposta a referida convocação. A simples recusa não descaracteriza a subordinação para fins do contrato de trabalho intermitente.

Se aceita a oferta para o comparecimento ao trabalho, qualquer das partes que descumprir sem justificativa ao trabalho intermitente estará sujeita ao pagamento à

outra parte em trinta dias, sem prejuízo de multa de 50% da remuneração ajustada e permitida a compensação em igual prazo.

Durante o período de inatividade o empregado poderá prestar serviços de qualquer natureza a outros tomadores de serviço, que exerçam ou não a mesma atividade econômica, em qualquer outra modalidade contratual e este período de inatividade não será considerado tempo à disposição do empregador, e caso haja remuneração por tempo à disposição no período de inatividade não será considerado como contrato intermitente.

Cada período de trabalho intermitente será remunerado de imediato com a remuneração devida, férias proporcionais com 1/3, décimo terceiro proporcional, RSR e demais adicionais afins como horas extraordinárias, insalubridade, periculosidade e outros consectários e reflexos. A contribuição previdenciária e o depósito do Fundo de Garantia do Tempo de Serviço terão como base os valores pagos no período mensal e o empregado terá acesso aos comprovantes dessas obrigações.

Por cada doze meses de trabalho em regime intermitente, o empregado adquire direito a usufruir férias, e neste período não poderá ser convocado para prestar serviços pelo mesmo empregador.

Na rescisão, o aviso prévio será calculado com base na média dos valores recebidos pelo empregado no curso do contrato de trabalho intermitente e serão considerados apenas os meses durante os quais o empregado tenha recebido parcelas remuneratórias no intervalo dos últimos doze meses ou período de vigência do contrato de trabalho intermitente se este for inferior.

Esta modalidade de contrato de trabalho deverá atender a natureza de sazonalidade para a qual o empregado estará sendo admitido e seguirá essa essência dentro dos parâmetros estabelecidos pelo presente artigo, em acordo com as normas que regem a respectiva categoria vinculada à atividade preponderante ou diferenciada para a qual o empregado estará sendo contratado.

Há liberdade para as partes negociarem, sem prejuízo das regras estabelecidas pela lei no que tange aos limites impostos pela própria CLT, normas coletivas de trabalho e as regras que regulam a segurança e a higiene do trabalho.

Art. 453. No tempo de serviço do empregado, quando readmitido, serão computados os períodos, ainda que não contínuos, em que tiver trabalhado anteriormente na empresa, salvo se houver sido despedido por falta grave, recebido indenização legal ou se aposentado espontaneamente. (Redação dada pela Lei nº 6.204, de 29.04.1975)

§1º Revogado pela ADIN nº 1.770-4

§2º O ato de concessão de benefício de aposentadoria a empregado que não tiver completado 35 (trinta e cinco) anos de serviço, se homem, ou trinta, se mulher, importa em extinção do vínculo empregatício. (Incluído pela Lei nº 9.528, de 10.12.1997) (Vide ADIN nº 1.721-3).

Trata-se da *accessio temporis*, ou seja, serão contabilizados os dois períodos de trabalho em uma mesma empresa, caso o empregado não tenha recebido indenização, nem haja sido dispensado por justa causa ou se aposentado. O tempo de serviço será

computado em um único período, sem considerar o intervalo entre a saída e o seu retorno à mesma empresa.

Cabe a "extinção do vínculo empregatício" para aqueles que perceberem benefícios previdenciários antes de completar 35 anos, se homem, ou 30 anos, se mulher.

Vale ressalvar que o presente parágrafo constitui norma heterotópica inserida, desmotivadamente, na CLT. As regras estabelecidas para regulamentar as atividades laborais não se podem misturar com normas previdenciárias, projetadas para os inativos. Ademais, o Texto Consolidado não esclarece como será a "extinção do vínculo empregatício", a qual, antecipadamente, propugnamos seja equiparada às dispensas sem justa causa.

Tempestivamente, assegura-se aos aposentados por tempo de serviço que continuem trabalhando na mesma empresa – sem solução de continuidade – mantendo-se os direitos de natureza trabalhista. No entanto, se o empregador o dispensar, sob a pecha da aposentadoria junto à Previdência Social, será obrigado a pagar as indenizações cabíveis às dispensas sem justa causa, inclusive, a multa de 40% do FGTS. Para corroborar com a tese, não pode mais prevalecer o entendimento esposado na OJ nº 177, cancelada, porque a aposentadoria espontânea não extingue, automaticamente, o contrato de trabalho como reconhece o STF pela ADIn nº 1721-3.

Art. 454. (Revogado pela Lei nº 5.772, de 21.12.1971)

Art. 455. Nos contratos de subempreitada responderá o subempreiteiro pelas obrigações derivadas do contrato de trabalho que celebrar, cabendo, todavia, aos empregados, o direito de reclamação contra o empreiteiro principal pelo inadimplemento daquelas obrigações por parte do primeiro.

Parágrafo único. Ao empreiteiro principal fica ressalvada, nos termos da lei civil, ação regressiva contra o subempreiteiro e a retenção de importâncias a este devidas, para a garantia das obrigações previstas neste artigo.

O art. 455 da CLT remonta a uma parte da história do direito do trabalho.

Em 1891, o Papa Leão XIII criou a Encíclica *Rerum Novarum*, asseverando que a dignidade de um homem se expressava por meio do trabalho; então, não poderia ser usado como mercadoria e muito menos vendida a sua mão de obra por terceiros.

Na época da Segunda Guerra Mundial, o ditador italiano Benito Mussolini escreveu a famosa *Carta del Lavoro* e, repetindo os pensamentos da Encíclica *Rerum Novarum*, expressou sua posição sobre o mesmo assunto.

Em priscas eras, na Roma Antiga, havia obras que ergueram grandes patrimônios da humanidade e um deles, o Coliseu Romano, foi construído pela *locatio operarum*, ou seja, por meio de empreitada com locação de mão de obra, infringindo os desígnios da Igreja e do regime ditatorial.

A CLT, em 1943, copiou a Encíclica de Leão XIII e a Carta de Mussolini e inviabilizou o trabalho realizado por subempreitada, ou melhor, dificultou a contratação de mão de obra por interposta pessoa, ensejando aos empregados contratados meios de ajuizarem ações contra o tomador dos serviços considerado, então, empreiteiro principal.

A palavra "terceirização" é um neologismo que surgiu, recentemente, no nosso dicionário e já havia sido reconhecida há anos por outros nomes: *locatio operarum*, subempreitada e locação de mão de obra.

Por certo a terceirização não significa "subempreitada". Trata-se de conceito muito mais amplo que se coaduna muito mais com as operações logísticas das corporações.

No âmbito trabalhista, a terceirização nada mais é do que a contratação de mão de obra por via de interposta pessoa. Existe uma tomadora de serviços e uma locadora de pessoal que se unem para desenvolver uma empreitada qualquer. Atualmente, trata-se de uma evolução da economia que permite ao empreendedor projetar-se em suas atividades-fim, tornando-se competitivo e produtivo, pois entrega suas atividades-meio a uma terceira pessoa que se encarregará de cuidar dos pontos que não estão dentro dos objetivos finais do seu negócio. Por exemplo, uma empresa que fabrica televisores não pode preocupar-se com o cardápio que será servido aos seus empregados no refeitório, bem como perder tempo com o sabão que será usado na limpeza dos ambientes de trabalho, visto que tão somente objetiva montar um excelente aparelho de TV e tornar-se competitivo no mercado. Assim, delega a terceiros a missão de cuidar dessas atividades consideradas meio.

Esse processo é denominado de terceirização pelos profissionais que atuam na área trabalhista.

A terceirização não era "proibida", pois não seria esta a correta definição para se constatar irregularidades diante das suas limitações. Na verdade é um fenômeno que se tem alastrado, ultimamente, e assim vinha sendo perseguida de perto pelos tribunais trabalhistas que a interpretavam no sentido da precarização do trabalho.

O art. 455 permite que a mão de obra contratada pelo subempreiteiro (locador de serviços ou agente terceirizador) entre com ação trabalhista contra o empreiteiro principal (tomador de serviços ou agente terceirizado), caso o primeiro não assuma seus compromissos trabalhistas. Entretanto, permite ao empreiteiro principal cobrar esses prejuízos ao subempreiteiro na Justiça Comum, em ação denominada regressiva, com o intuito de denunciar o contrato de prestação de serviços realizado entre ambos, ressalvando que tudo isso é feito na forma da lei civil.

O TST já havia se manifestado sobre a matéria na Súmula nº 331, considerando que não gera vínculo de emprego o trabalho temporário (Lei nº 6.019/1974) e a vigilância patrimonial (Lei nº 7.102/1983), por serem reconhecidos por lei, e também o trabalho realizado em atividades-meio do tomador, enfim, tudo que não esteja relacionado com seus objetivos empresariais.

Resumindo, entendia-se que a terceirização impunha risco ao contratante dos serviços, simplesmente levando-o ao pagamento de indenizações pela mão de obra contratada por intermédio de terceiros e assim caracterizando-se a "responsabilidade subsidiária".

A terceirização só seria admitida na prestação de serviços especializados, de caráter transitório, desvinculados das necessidades permanentes da empresa tomadora e, em caso de entes públicos, restam preservados os direitos trabalhistas com a responsabilidade do órgão tomador quanto às devidas indenizações (Súmula nº 363 do TST).

Observe-se que a OJ nº 383 da SDI-1 do TST assegurava que a contratação irregular de trabalhador, mediante empresa interposta, não geraria vínculo de emprego com ente da Administração Pública, não afastando, contudo, pelo princípio da isonomia, o

direito dos empregados terceirizados às mesmas verbas trabalhistas legais e normativas asseguradas àqueles contratados pelo tomador dos serviços, desde que presente a igualdade de funções. Aplicação analógica do art. 12, *a*, da Lei nº 6.019, de 03.01.1974.

Ocorre que com advento da Lei nº 13.429/17, que alterou a Lei nº 6.019/74, o trabalho temporário passou a permitir que as terceirizações fossem autorizadas no âmbito das atividades fim do tomador dos serviços em conformidade com os artigos 4º-A e B; 5º-A e B; e 19-A e C.

Art. 456. A prova do contrato individual de trabalho será feita pelas anotações constantes da Carteira de Trabalho e Previdência Social ou por instrumento escrito e suprida por todos os meios permitidos em direito.

Parágrafo único. À falta de prova ou inexistindo cláusula expressa a tal respeito, entender-se-á que o empregado se obrigou a todo e qualquer serviço compatível com a sua condição pessoal.

A CTPS e a ficha ou livro de registro de empregados, devidamente numerados pela Delegacia Regional do Trabalho, são as principais provas da existência de um contrato de emprego. Um instrumento próprio, também, serve como peça comprobatória, porém não é necessário à convalidação do acordo, salvo se exigido por lei.

Caso não exista documento e mesmo assim o contrato de emprego se firme, consequentemente suas cláusulas serão entendidas como válidas e o empregado estará sujeito à prestação de serviços compatível com a sua condição profissional, no sentido técnico e até físico.

Todos os meios por direito admitidos, na falta de anotação da CTPS, excluindo-se as provas obtidas por meios ilícitos (inc. LVI do art. 5º da CF/1988).

Art. 456-A. Cabe ao empregador definir o padrão de vestimenta no meio ambiente laboral, sendo lícita a inclusão no uniforme de logomarcas da própria empresa ou de empresas parceiras e de outros itens de identificação relacionados à atividade desempenhada.

Parágrafo único. A higienização do uniforme é de responsabilidade do trabalhador, salvo nas hipóteses em que forem necessários procedimentos ou produtos diferentes dos utilizados para a higienização das vestimentas de uso comum.

A Lei nº 13.467/17 inseriu este comando com objetivo de evitar quaisquer tipos de danos de ordem moral quanto à utilização de logotipos ou mesmo de titulações que possam ofender a imagem do trabalhador. Os Tribunais do Trabalho têm decisões diversas em que determinadas vestimentas criam situações de constrangimento e

humilhação aos empregados. Assim, o presente artigo busca evitar tais prejuízos e limita que a apresentação funcional que seja condizente com a atividade desempenhada pelo trabalhador.

Por outro lado, divide as responsabilidades quanto à limpeza e asseio dos uniformes. Cabe ao empregador a cessão dos mesmos e a manutenção fica ao encargo do empregado, exceto quanto à necessidade de serem submetidos a limpeza especial como nos casos de roupas de hospitais e laboratórios ou de equipamentos de mergulho ou soldas por exemplo.

Capítulo II
DA REMUNERAÇÃO

Art. 457. Compreendem-se na remuneração do empregado, para todos os efeitos legais, além do salário devido e pago diretamente pelo empregador, como contraprestação do serviço, as gorjetas que receber.

§1º Integram o salário a importância fixa estipulada, as gratificações legais e de função e as comissões pagas pelo empregador.

§2º As importâncias, ainda que habituais, pagas a título de ajuda de custo, limitadas a cinquenta por cento da remuneração mensal, o auxílio-alimentação, vedado o seu pagamento em dinheiro, as diárias para viagem e os prêmios não integram a remuneração do empregado, não se incorporam ao contrato de trabalho e não constituem base de incidência de encargo trabalhista e previdenciário.

§3º Considera-se gorjeta não só a importância espontaneamente dada pelo cliente ao empregado, como também o valor cobrado pela empresa, como serviço ou adicional, a qualquer título, e destinado à distribuição aos empregados.

§4º Consideram-se prêmios as liberalidades concedidas pelo empregador em forma de bens, serviços ou valor em dinheiro a empregado ou a grupo de empregados, em razão de desempenho superior ao ordinariamente esperado no exercício de suas atividades.

A remuneração seria a soma do salário mais as gorjetas que o empregado receber.
Parte da doutrina diverge com relação a essas interpretações e afirma que remuneração é o salário e todos os outros títulos que não foram expressos pela lei, por exemplo, ajuda de custo, prêmios, participação nos lucros, 14º salário etc. Portanto, remuneração é a soma de todas as pagas que um empregado recebe.

Gorjeta é a importância concedida ao empregado por terceiros e não pelo seu empregador e destina-se aos trabalhadores, sendo distribuída pelo sistema de rateio definido por convenção ou acordo coletivo de trabalho e em conformidade com a Lei nº 13.419, de 2017. Caso não esteja prevista em pactos coletivos de trabalho, os critérios de rateio serão definidos por meio de assembleia geral dos próprios trabalhadores (art. 612 da CLT c/c Lei nº 13.419, de 2017).

Fica a critério das empresas a cobrança de gorjeta, para tanto será necessário se inscrever em regime de tributação federal diferenciado que faculta a retenção de até 20% (vinte por cento) da arrecadação para cobrir encargos sociais, previdenciários e trabalhistas derivados da sua integração à remuneração dos empregados e o restante deverá ser revertido integralmente em favor dos empregados. Para as empresas que não se inscreverem no regime supra será facultada a retenção de até 33% (trinta e três por cento) do que for arrecadado nas mesmas condições anteriormente apontadas. Os que adotarem essas condições, deverão anotar na CTPS dos empregados e deixar expresso nos contracheques o salário contratual e o percentual pago sob o título de gorjeta. Observe que as referidas anotações deverão expressar a média dos valores das gorjetas referente aos últimos doze meses. Se a empresa adotar a extinção da cobrança da gorjeta e caso tenha sido cobrada por mais de doze meses, se obrigará a incorporá-la ao salário do empregado com base na média dos últimos doze meses.

A Comissão é um *plus* que o empregado recebe do empregador por ter alcançado um objetivo, seja por meio de vendas, seja por serviços. A comissão pode ser considerada como paga salarial independente, porém deverá garantir ao empregado o percebimento de um valor que jamais será inferior ao salário mínimo previsto em lei ou àquele estipulado como piso salarial de uma categoria, em acordo ou convenção coletiva de trabalho.

Integram o salário as gratificações e comissões concedidas pelo empregador. E ajuda de custo e o auxílio-alimentação não podem ser pagos em dinheiro, para evitar sejam considerados como "salário por fora".

Todos os títulos contratuais que se agregam ao salário na forma de percentuais – como as horas suplementares em 50%, adicional de periculosidade em 30%, insalubridade em 10%, 20% ou 40%, adicional noturno em 20% ou adicional de transferência em 25% –, bem como todas as outras pagas que se completam em números percentuais, se integram ao salário para todos os efeitos legais.

Caracteriza-se a gratificação ajustada pela condição em que é criada, ou seja, mediante acordo entre patrão e empregado que estipule um valor a ser agregado ao salário. Sobre as diárias para viagem, estas se consolidam por título contratual, decorrente da necessidade do empregador deslocar seu empregado para prestar serviços em localidade diversa da que resultar do local onde foi contratado. A base de cálculo para essa paga será arbitrada pelo próprio empregador, que, por meio de contrato ou regulamento, designará quanto será gasto em cada viagem a que submeterá seu empregado. Cabe lembrar, ainda, que a natureza das viagens realizadas pelo empregado deve ser aleatória ou programada de acordo com as necessidades momentâneas ou esporádicas, não se aplicando este *plus* aos que trabalham em atividades que exijam deslocamentos constantes ou fixos, como no caso dos caixeiros viajantes.

O TST ajustará o texto da Súmula nº 101/TST, que deverá seguir com esta redação: DIÁRIAS DE VIAGEM. SALÁRIO (alterado item I e incluído o item II em decorrência da Lei nº 13.467/2017). I – Relativamente aos empregados admitidos até 10 de novembro de 2017, integram o salário, pelo seu valor total e para efeitos indenizatórios, as diárias de viagem que excedam a 50% (cinquenta por cento) do salário do empregado, enquanto perdurarem as viagens. II – Não integram a remuneração do empregado e não se incorporam ao contrato de trabalho as diárias para viagem do empregado cujo contrato de trabalho haja sido celebrado a partir de 11 de novembro de 2017, data de vigência da Lei nº 11.3467/2017, que alterou o §2º do art. 457 da CLT (art. 1º).

E quanto aos cálculos, o TST deverá corrigir a Súmula nº 318/TST para que o texto seja: DIÁRIAS. BASE DE CÁLCULO PARA SUA INTEGRAÇÃO NO SALÁRIO (alterado o item I e incluído o item II em decorrência da Lei nº 13.467/2017). I – Tratando-se de empregado mensalista cujo contrato de trabalho haja sido firmado até 10 de novembro de 2017, integração das diárias no salário deve ser feita tomando-se por base o salário mensal por ele percebido e não o valor do dia de salário. II – Não integram a remuneração do empregado e não se incorporam ao contrato de trabalho as diárias para viagem do empregado cujo contrato de trabalho haja sido celebrado a partir de 11 de novembro de 2017, data de vigência da Lei nº 13.467/2017, que alterou o §2º do art. 457 da CLT (art. 1º).

Sobre os abonos salariais, estes têm natureza singular, pois apenas são utilizados nos casos em que se configuram perdas ou defasagens salariais. Quando o empregado está recebendo um valor aquém do que é pago no mercado de trabalho para sua atividade ou profissão e existe uma convenção ou acordo coletivo em vista, até mesmo um dissídio da sua categoria para ser instaurado, cabe, sem dúvida, ao empregador recorrer ao pagamento de um abono para que cubra, temporariamente, aquela defasagem salarial. Com natureza provisória, os abonos devem ser caracterizados pela necessidade de cobrir uma perda de ganhos, até que seja providenciada solução definitiva. A jurisprudência dominante assevera que "a gratificação por tempo de serviço integra o salário para todos os efeitos legais" (Súmula nº 203 do TST).

As empresas que adotarem o regime de participação nos lucros ou resultados estarão sujeitas a negociação com seus empregados mediante determinados procedimentos escolhidos pelas partes ou por via de convenção ou acordo coletivo nos termos do art. 611-A da CLT que têm prevalência sobre a lei para tratar dessa matéria.

Serão considerados os índices de produtividade, qualidade ou lucratividade da empresa, bem como os programas de metas, resultados e prazos, pactuados previamente.

Tal participação não substitui ou complementa a remuneração devida a qualquer empregado, nem constitui base de incidência de qualquer encargo trabalhista, não se lhe aplicando o princípio da habitualidade.

A Súmula nº 451 do TST ressalva que fere o princípio da isonomia instituir vantagem mediante acordo coletivo ou norma regulamentar que condiciona a percepção da parcela de participação nos lucros e resultados ao fato de estar o contrato de trabalho em vigor na data prevista para a distribuição dos lucros. Assim, inclusive na rescisão contratual antecipada, é devido o pagamento da parcela de forma proporcional aos meses trabalhados, pois o ex-empregado concorreu para os resultados positivos da empresa.

O prêmio é um benefício acertado entre empregador e empregado sobre o valor do serviço ou negócio executado, assimilado pela lei como um tipo de gratificação ajustada e poderá ser convertido na forma de bens, serviços ou valor em dinheiro ao empregado ou a grupo de empregados pela qualidade do trabalho desenvolvido ou bom desempenho no exercício das atividades funcionais. Os prêmios não mais integram salários, em conformidade com a Lei nº 13.467/17.

Na Lei nº 13.467/17, que alterou o texto do §2º do presente artigo, as diárias para viagem, prêmios e abonos não integram a remuneração do empregado e não se incorporam ao contrato de trabalho, como também não constituem base de incidência de qualquer encargo trabalhista e /ou previdenciário.

Art. 458. Além do pagamento em dinheiro, compreende-se no salário, para todos os efeitos legais, a alimentação, habitação, vestuário ou outras prestações *in natura* que a empresa, por força do contrato ou do costume, fornecer habitualmente ao empregado. Em caso algum será permitido o pagamento com bebidas alcoólicas ou drogas nocivas.

§1º Os valores atribuídos às prestações in natura deverão ser justos e razoáveis, não podendo exceder, em cada caso, os dos percentuais das parcelas componentes do salário mínimo (arts. 81 e 82).

§2º Para os efeitos previstos neste artigo, não serão consideradas como salário as seguintes utilidades concedidas pelo empregador:

I – vestuários, equipamentos e outros acessórios fornecidos aos empregados e utilizados no local de trabalho, para a prestação do serviço;

II – educação, em estabelecimento de ensino próprio ou de terceiros, compreendendo os valores relativos a matrícula, mensalidade, anuidade, livros e material didático;

III – transporte destinado ao deslocamento para o trabalho e retorno, em percurso servido ou não por transporte público;

IV – assistência médica, hospitalar e odontológica, prestada diretamente ou mediante seguro-saúde;

V – seguros de vida e de acidentes pessoais;

VI – previdência privada;

VII – (Vetado)

VIII – o valor correspondente ao vale-cultura.

§3º A habitação e a alimentação fornecidas como salário-utilidade deverão atender aos fins a que se destinam e não poderão exceder, respectivamente, a 25% (vinte e cinco por cento) e 20% (vinte por cento) do salário-contratual.

§4º Tratando-se de habitação coletiva, o valor do salário-utilidade a ela correspondente será obtido mediante a divisão do justo valor da habitação pelo número de coocupantes, vedada, em qualquer hipótese, a utilização da mesma unidade residencial por mais de uma família.

A "Reforma Trabalhista" incluiu paragrafo 5º:

§5º O valor relativo à assistência prestada por serviço médico ou odontológico, próprio ou não, inclusive o reembolso de despesas com medicamentos, óculos, aparelhos ortopédicos, próteses, órteses, despesas médico-hospitalares e outras similares, mesmo quando concedido em diferentes modalidades de planos e coberturas, não integram o

salário do empregado para qualquer efeito nem o salário de contribuição, para efeitos do previsto na alínea q do §9º do art. 28 da Lei nº 8.212, de 24 de julho de 1991.

Os valores pagos *in natura*, ou melhor, em utilidades podem ser creditados como salário na razão estipulada pelos arts. 81 e 82 da CLT, simplesmente, quitando-se 30% em dinheiro e 70%, no máximo, convertidos em habitação, vestuário ou alimentação (com desconto de até 25% sobre o salário, no caso em que seja preparada pelo próprio empregador – Lei nº 3.030/1956, ou em até 20% pelo PAT – Programa de Alimentação do Trabalhador).

Os valores que podem ser acrescidos à paga normal de salário sob o título de "salário *in natura*" terão, necessariamente, de orientar-se por indícios que possam provar seja sua utilidade, única e exclusivamente, voltada "pelo trabalho" (por consequências que decorrem das atividades diárias do empregado e que não fazem parte do contrato) e não "para o trabalho" (por motivações legais que decorrem de obrigações legais ou de natureza contratual).

Cumpre salientar que as mudanças no Texto Consolidado pela Lei nº 13.467/17 apontam que não integram ao salário as utilidades concedidas pelo empregador quanto a serviço médico ou odontológico e reembolso de despesas com medicamentos, óculos, aparelhos ortopédicos, próteses, órteses, despesas médico-hospitalares e demais benefícios similares.

Na esteira dos benefícios concedidos pelo empregador ao empregado assegura-se o direito à manutenção de plano de saúde ou de assistência médica oferecido pela empresa ao empregado, não obstante suspenso o contrato de trabalho em virtude de auxílio doença acidentário ou de aposentadoria por invalidez (Súmula nº 440 do TST).

Em tempo, no que tange a habitação, energia elétrica e veículo concedido pelo empregador ao empregado, quando indispensáveis para a realização do trabalho, não têm natureza salarial. E, especialmente, no caso do veículo, mesmo que seja utilizado pelo empregado também em atividades particulares, não integra o salário (*in natura*) para todos os efeitos legais (Súmula nº 367 do TST).

O vale-refeição fornecido pelo empregador por meio de contrato de trabalho tem caráter salarial e integra a remuneração do empregado, conforme prevê a Súmula nº 241 do TST. Já a OJ nº 413 da SDI-1 do TST entende que a pactuação em norma coletiva conferindo caráter indenizatório à verba "auxílio-alimentação" ou a adesão posterior do empregador ao PAT não altera a natureza salarial da parcela, instituída anteriormente, para aqueles empregados que, habitualmente, já percebiam o benefício, a teor das Súmula nºs 51, I, e 241 do TST.

Art. 459. O pagamento do salário, qualquer que seja a modalidade do trabalho, não deve ser estipulado por período superior a 1 (um) mês, salvo no que concerne a comissões, percentagens e gratificações.

§1º Quando o pagamento houver sido estipulado por mês, deverá ser efetuado, o mais tardar, até o quinto dia útil do mês subsequente ao vencido.

Até o 5º dia útil do período subsequente para os empregados que percebem por mês, e até o 1º dia útil do período subsequente, para os que recebem por semana.

Não será admitido o pagamento bimestral ou trimestral de salários. Uma das características do contrato de trabalho é o trato sucessivo marcado por obrigações de dar e fazer, ou seja, o empregado trabalha e o empregador paga.

Há também princípios salariais que corroboram a tese do pagamento ao fim do exercício laboral, como a "pós-numeração", que obriga o empregador a promover a quitação do salário ao fim de cada mês trabalhado.

As exceções ficam por conta das comissões, percentagens e gratificações que dependam de cálculos de agrupamento, visando a suas respectivas quitações ao final, assim permitida sua prorrogação para os meses seguintes.

Não há dia ideal, simplesmente a obrigação legal de pagar salários no 5º dia útil do mês subsequente ao trabalhado, considerando-se sábado como dia útil (Instrução Normativa 1, de 07.11.1989).

Existem empresas que promovem pagamentos em duas etapas, com 40% no 20º dia do mês em exercício e os 60% restantes no 5º dia útil do mês subsequente. Tal prática não fere as regras legais e, por vezes, alivia o problema dos empregados que sentem falta de dinheiro no meio do mês, bem como os desembolsos do próprio patrão com encargos e ônus decorrentes das folhas de pagamento.

Art. 460. Na falta de estipulação do salário ou não havendo prova sobre a importância ajustada, o empregado terá direito a perceber salário igual ao daquele que, na mesma empresa, fizer serviço equivalente, ou do que for habitualmente pago para serviço semelhante.

A origem do "princípio da isonomia" e da igualdade salarial está no Tratado de Versalhes, assinado em 1919.

Cada empresa terá condições de estabelecer critérios próprios para definir seu quadro de carreira e folha de pagamento, sempre com bom senso e dentro dos parâmetros de mercado.

Nos casos em que o empregado resolva recorrer à Justiça do Trabalho, por meio de ação trabalhista, e tente equiparar-se a colega de profissão, ou, sem ter um salário fixo pago pelo seu empregador, deseje obtê-lo pela via judicial, será, sem dúvida, arbitrado um valor correspondente ao pago ao colega que trabalhe em atividade semelhante ou ao mercado de trabalho, com os paradigmas ideais para abalizar o pleito solicitado.

Ressalve-se que as questões sobre o tema podem estar incorrendo nos limites estabelecidos pelo art. 460 da CLT.

Art. 461. Sendo idêntica a função, a todo trabalho de igual valor, prestado ao mesmo empregador, no mesmo estabelecimento empresarial, corresponderá igual salário, sem distinção de sexo, etnia, nacionalidade ou idade.

§1º Trabalho de igual valor, para os fins deste Capítulo, será o que for feito com igual produtividade e com a mesma perfeição técnica, entre pessoas cuja diferença de tempo de serviço para o mesmo empregador não seja superior a quatro anos e a diferença de tempo na função não seja superior a dois anos.

§2º Os dispositivos deste artigo não prevalecerão quando o empregador tiver pessoal organizado em quadro de carreira ou adotar, por meio de norma interna da empresa ou de negociação coletiva, plano de cargos e salários, dispensada qualquer forma de homologação ou registro em órgão público.

§3º No caso do §2º deste artigo, as promoções poderão ser feitas por merecimento e por antiguidade, ou por apenas um destes critérios, dentro de cada categoria profissional.

§4º O trabalhador readaptado em nova função por motivo de deficiência física ou mental atestada pelo órgão competente da Previdência Social não servirá de paradigma para fins de equiparação salarial.

§5º A equiparação salarial só será possível entre empregados contemporâneos no cargo ou na função, ficando vedada a indicação de paradigmas remotos, ainda que o paradigma contemporâneo tenha obtido a vantagem em ação judicial própria.

§6º No caso de comprovada discriminação por motivo de sexo ou etnia, o juízo determinará, além do pagamento das diferenças salariais devidas, multa, em favor do empregado discriminado, no valor de 50% (cinquenta por cento) do limite máximo dos benefícios do Regime Geral de Previdência Social.

A isonomia é relacionada à igualdade de direitos, prevista pela nossa Carta Magna no art. 5º, quando assevera que todos são iguais perante a lei. A igualdade de direitos se direciona no fato de não discriminar trabalhadores como deficientes físicos, mulheres, raças ou menores nas relações de trabalho. O conceito de isonomia se orienta por princípios de igualdade caracterizada entre iguais, que por óbvio não permitem equiparar de forma genérica homens e mulheres ou menores com adultos.

A equiparação é espécie do gênero isonomia e se traduz pela necessidade do empregador promover as atividades de trabalho com suas respectivas pagas salariais, respeitando as condições de igualdade para todos aqueles que atuam com a mesma produtividade e perfeição técnica com diferenças inferiores a quatro anos de empresa e dois anos na função pela Lei nº 13.467/17.

Na equiparação, verificam-se os casos de equivalência ou equipolência no que tange as condições em que o trabalho é realizado.

Na equivalência pelo texto da Lei nº 13.467/17, caso um empregado atue há menos de quatro anos na empresa e por período inferior a dois anos na mesma função que outro empregado com igual produtividade, perfeição técnica e salários diferenciados, caberá a justiça do trabalho julgar procedente a equiparação salarial. Na equipolência, caso um empregado atue na mesma empresa há menos de quatro anos e na função há menos de 2 anos que outro e se verifique que um deles tem à disposição secretária, carro, telefone exclusivo, computador e outros tipos de infraestrutura, caracterizada

estaria a equiparação condicional que dá azo ao pedido concentrado na igualdade de condições de trabalho.

O primeiro exemplo de equiparação daria ensejo a uma ação condenatória, pois se caracteriza o pleito num *quantum debeatur* (valor devido). Mas, no segundo exemplo, trata-se de uma ação constitutiva que cria, modifica ou extingue uma situação de fato ou de direito com pedido vinculado na obrigação de fazer.

Na hipótese em que o empregador tiver quadro de pessoal ou carreira, como também se orientar na organização de cargos e salários por meio de normas internas ou através de negociação coletiva de trabalho no tratamento da estrutura funcional da empresa, estará isento de promover homologação e/ou registro em órgão público para a devida validação dos referidos quadros de pessoal ou carreira.

Os critérios de promoções poderão atender aos interesses da empresa no que concerne ao merecimento e antiguidade ou por apenas um destes, em conformidade com cada categoria profissional.

A equiparação só será possível se caracterizada entre empregados contemporâneos no cargo ou na função, ou seja, que vivenciaram períodos comuns na empresa que não sejam superiores a quatro anos e por menos de dois anos na função que exercem ou exerceram, observando-se vedada a indicação de paradigmas que atuaram de forma remota ou passageira naquela atividade ou mesmo que tenham obtido vantagens através de ação judicial própria.

Por derradeiro, se for comprovada qualquer espécie de discriminação por motivo de sexo, etnia ou religião que possam diminuir ou subestimar a capacidade do trabalhador diante da sua condição social em atividade de trabalho estará a justiça do trabalho apta para condenar ao pagamento das diferenças salariais decorrentes da equiparação e a aplicação de multa em favor do empregado discriminado no valor de 50% (cinquenta por cento) do limite máximo dos benefícios do Regime Geral de Previdência Social.

Só é possível caracterizar a equiparação salarial se o empregado e o paradigma (colega que trabalha nas mesmas condições e recebe mais) exercerem a mesma função e desempenharem as mesmas tarefas. São irrelevantes os cargos dos envolvidos, pois importante é a função (atividade) exercida (ex-OJ nº 328 da SBDI-1 – *DJ* 09.12.2003). Ainda, não se obriga que uma possível contenda sobre equiparação salarial o reclamante e paradigma estejam a serviço do estabelecimento, apenas que o pedido se relacione com situação vivenciada entre ambos na empresa (ex-Súmula nº 22 – RA 57/1970, *DO-GB* 27.11.1970).

É possível a existência de equiparação salarial na ocorrência de trabalho de natureza intelectual, a qual poderá ser avaliada por sua perfeição técnica e cuja aferição se baseará em critérios objetivos (ex-OJ nº 298 da SBDI-1 – *DJ* 11.08.2003).

Na instrução processual de demandas sobre equiparação salarial, é do empregador o ônus da prova quanto ao fato impeditivo, modificativo ou extintivo que se constitui o direito (ex-Súmula nº 68 – RA 9/1977, *DJ* 11.02.1977). Neste tipo de ação a prescrição é parcial e só alcançará diferenças salariais vencidas no período de 5 (cinco) anos que antecede ao ajuizamento (ex-Súmula nº 274 – alterada pela Res. nº 121/2003, *DJ* 21.11.2003).

Por derradeiro, o conceito de "mesma localidade" (art. 461 da CLT) refere-se ao mesmo município ou distintos que pertençam à mesma região metropolitana (ex-OJ nº 252 da SBDI-1 – inserida em 13.03.2002).

A Lei nº 13.467/17 resta minimizando condenações por equiparação das empresas que se adaptaram aos quadros de carreira por meio de procedimentos internos ou por acolhimento de negociação coletiva. Tal isenção não desobriga os empregadores de todos os problemas que envolvem a questão, pois terão de seguir critérios de promoções por antiguidade e merecimento, lembrando que o primeiro é objetivo e o segundo é subjetivo quando caracterizados por merecimento e por antiguidade ou por apenas um destes critérios dentro de cada categoria profissional.

Art. 462. Ao empregador é vedado efetuar qualquer desconto nos salários do empregado, salvo quando este resultar de adiantamentos, de dispositivos de lei ou de contrato coletivo.

§1º Em caso de dano causado pelo empregado, o desconto será lícito, desde que esta possibilidade tenha sido acordada ou na ocorrência de dolo do empregado.

§2º É vedado à empresa que mantiver armazém para venda de mercadorias aos empregados ou serviços destinados a proporcionar-lhes prestações in natura exercer qualquer coação ou induzimento no sentido de que os empregados se utilizem do armazém ou dos serviços.

§3º Sempre que não for possível o acesso dos empregados a armazéns ou serviços não mantidos pela empresa, é lícito à autoridade competente determinar a adoção de medidas adequadas, visando a que as mercadorias sejam vendidas e os serviços prestados a preços razoáveis, sem intuito de lucro e sempre em benefício dos empregados.

§4º Observado o disposto neste Capítulo, é vedado às empresas limitar, por qualquer forma, a liberdade dos empregados de dispor do seu salário.

A questão salarial é marcada pelo "princípio da intangibilidade", ou seja, é vedado aos empregadores promover descontos dos salários dos seus empregados.

A própria CLT, porém, limita essa prática e excepciona alguns casos, como, por exemplo, os adiantamentos salariais resultantes de pactos entre empregadores e empregados ou mesmo de acordo e convenção coletiva de trabalho, em regra caracterizados como antecipações de dissídios ou destes mesmos convênios coletivos. Também se verificam os descontos de imposto de renda (IRPF) e previdenciários (INSS) sobre os salários, bem como os que decorrem de prejuízos causados pelo empregado ao empregador nos casos em que o primeiro age com dolo.

Para ocorrer o desconto é fundamental a comprovação de dolo (intenção manifesta) ou da culpa (caracterização da negligência, imperícia ou imprudência). Se não ficar provado que o empregado, realmente, obrou de forma dolosa ou culposa, o referido desconto não será válido e, caso requerido em juízo, certamente a empresa será condenada à devolução de todos os valores que tenham sido suprimidos do salário total do empregado.

Recente alteração legislativa propugna presente exceção com fulcro na Lei nº 10.820/2003, que assegura ser irrevogável e irretratável a consignação voluntária de empregado para efetivar desconto em folha de pagamento de valor referente ao pagamento de empréstimo, financiamento e operação de arrendamento mercantil concedidos por instituição financeira e sociedade de arrendamento mercantil, quando previsto nos respectivos contratos, inclusive sobre verbas rescisórias no limite de até 30% da remuneração disponível e 40% da consignação voluntária mensal.

Por derradeiro, a Súmula nº 342 do TST assegura que os descontos salariais efetuados pelo empregador, com a autorização prévia e por escrito do empregado, para ser integrado em planos de assistência odontológica, médico-hospitalar, de seguro, de previdência privada, ou de entidade cooperativa, cultural ou recreativo-associativa de seus trabalhadores, em seu benefício e de seus dependentes, não afrontam o disposto no art. 462 da CLT, salvo se ficar demonstrada a existência de coação ou de outro defeito que vicie o ato jurídico.

Quando o empregador comercializar produtos que o empregado deseje adquirir, é necessário que não se caracterize induzimento para que o segundo compre todos os produtos e fique sem salário. É vedado o *truck system*, que consiste no lucro do empregador com a venda de produtos aos seus próprios empregados.

Art. 463. A prestação, em espécie, do salário será paga em moeda corrente do país.

Parágrafo único. O pagamento do salário realizado com inobservância deste artigo considera-se como não feito.

A CLT exige que seja em moeda corrente do país, no caso Reais em espécie. Porém, a Portaria nº 3.281/1984 do Ministério do Trabalho, permitiu que o pagamento do salário fosse realizado em cheque. E, na prática, isso vem ocorrendo no dia a dia das empresas.

Vale ressalvar, empresas que mantenham atividades em outros países e designem empregados para serviços no exterior (Lei nº 7.064/1982) pagarão, certamente, salários na moeda corrente local, sempre correspondendo ao valor fixado em Real em contrato firmado no Brasil.

Art. 464. O pagamento do salário deverá ser efetuado contra recibo, assinado pelo empregado; em se tratando de analfabeto, mediante sua impressão digital, ou, não sendo esta possível, a seu rogo.

Parágrafo único. Terá força de recibo o comprovante de depósito em conta bancária, aberta para esse fim em nome de cada empregado, com o consentimento deste, em estabelecimento de crédito próximo ao local de trabalho.

Esses recibos que a CLT menciona são os contracheques ou holerites que serão devidamente assinados pelos empregados no ato do pagamento. Atualmente, esses documentos são emitidos por sistemas informatizados que dispensam qualquer tipo de formalidades, ressalvando-se a necessidade da ciência e reconhecimento pelo empregado do documento que lhe está sendo entregue.

Art. 465. O pagamento dos salários será efetuado em dia útil e no local do trabalho, dentro do horário do serviço ou imediatamente após o encerramento deste, salvo quando efetuado por depósito em conta bancária, observado o disposto no artigo anterior.

A Lei nº 9.528/1997, que alterou o art. 465, abre precedente e permite que o salário seja efetivado por meio de depósito em favor do empregado, mesmo por meio de cheque ou ordem de pagamento. Em tempo, cumpre salientar que nesses casos será necessário que o empregado tenha conta bancária em estabelecimento de crédito próximo ao local de trabalho.

Ressalve-se que o pagamento dos salários até o quinto dia útil do mês subsequente ao vencido não está sujeito à correção monetária. Caso essa data seja ultrapassada, restará incidindo o índice da correção monetária do mês subsequente ao da prestação de serviços, a partir do primeiro dia do mês (Súmula nº 381 do TST).

Art. 466. O pagamento de comissões e percentagens só é exigível depois de ultimada a transação a que se referem.

§1º Nas transações realizadas por prestações sucessivas, é exigível o pagamento das percentagens e comissões que lhes disserem respeito proporcionalmente à respectiva liquidação.

§2º A cessação das relações de trabalho não prejudica a percepção das comissões e percentagens devidas na forma estabelecida por este artigo.

As pagas referentes a comissões só serão quitadas após a liquidação do crédito concedido, ou seja, em compras realizadas pelo sistema de prestações sucessivas (crediário), o pagamento do empregado comissionado será realizado de acordo com a efetivação de cada parcela recebida pelo empregador.

Caso o empregado seja dispensado, as parcelas recebidas pelo empregador após o término do contrato devem ser creditadas em favor do empregado, na forma de rescisão complementar, ou projetados os valores estimados até o fim da transação.

Art. 467. Em caso de rescisão de contrato de trabalho, havendo controvérsia sobre o montante das verbas rescisórias, o empregador é obrigado a pagar ao trabalhador, à data do comparecimento à Justiça do Trabalho, a parte incontroversa dessas verbas, sob pena de pagá-las acrescidas de 50% (cinquenta por cento).

Parágrafo único. O disposto no *caput* não se aplica à União, aos Estados, ao Distrito Federal, aos Municípios e às suas autarquias e fundações públicas.

As verbas rescisórias, na conformidade do art. 467 da CLT, devem ser pagas na audiência inaugural, sob pena de multa de 50% do valor devido.

Ressalva-se que tais verbas, em regra, são pertinentes à rescisão do contrato de trabalho que, provavelmente, não tenham sido adimplidas no prazo.

Capítulo III
DA ALTERAÇÃO

Art. 468. Nos contratos individuais de trabalho só é lícita a alteração das respectivas condições por mútuo consentimento, e, ainda assim, desde que não resultem, direta ou indiretamente, prejuízos ao empregado, sob pena de nulidade da cláusula infringente desta garantia.

Parágrafo único. Não se considera alteração unilateral a determinação do empregador para que o respectivo empregado reverta ao cargo efetivo, anteriormente ocupado, deixando o exercício de função de confiança.

§1º Não se considera alteração unilateral a determinação do empregador para que o respectivo empregado reverta ao cargo efetivo, anteriormente ocupado, deixando o exercício de função de confiança.

§2º A alteração de que trata o §1º deste artigo, com ou sem justo motivo, não assegura ao empregado o direito à manutenção do pagamento da gratificação correspondente, que não será incorporada, independentemente do tempo de exercício da respectiva função.

Dentro do poder diretivo do empregador são-lhe dedicados os princípios da *tutela gerenda* (gerenciamento tutelar), *res gerenda* (gerenciamento do negócio) e *ius variandi* (direito de alterar) na relação de emprego.

Ao empregado é garantido o *ius resistentiae* (direito de resistir).

As relações de trabalho se sucedem num círculo cuja borda é marcada pela lei, contrato, jurisprudência, analogia, equidade, direito comparado, usos e costumes, princípios e todas as fontes do direito do trabalho previstas no art. 8º da CLT. Dentro

dessa circunferência o empregador exerce seu poder diretivo configurado pela *tutela gerenda, res gerenda* e *ius variandi*. O empregado atua nos limites deste círculo e caso seja compelido a ultrapassar linha divisória dessa circunferência terá em seu favor o *ius resistentiae* que está amparado pelas fontes de direito que atuam em sua proteção, assim considerando-se nulos todos os atos de que o empregador se utilizar ao descumprir os limites impostos pela lei e demais fontes do direito.

Figurativamente, esta é a melhor forma de interpretação do art. 468 da CLT. Das alterações contratuais, sempre amparadas pelas fontes legais, jamais resultarão prejuízos ao empregado, sob pena de nulidade.

As "declarações de vontade" oriundas do Código Civil brasileiro, subsidiariamente aplicadas ao Texto Consolidado pelo que assevera o parágrafo único do art. 8º da CLT, são fixadas na medida da bilateralidade, consensualidade, comutatividade, onerosidade e do sinalagmatismo que norteiam os pactos laborais.

As disposições de proteção ao trabalho, os convênios coletivos e as decisões das autoridades competentes somam-se à vontade de empregado e empregador para fixação do contrato de emprego e garantia do seu cumprimento. Note-se que nas declarações de vontade das partes contraentes deve-se respeitar o interesse expresso e sem prejuízo dos envolvidos, de forma que a todo tempo possam extinguir o acordo firmado também por declarações receptícias de vontade.

Nos casos em que as alterações contratuais vierem acompanhadas de motivação por parte do empregador que vise à renúncia de direitos anteriormente conquistados pelo empregado, seja por via de documentos que o empregado seja conduzido a assinar, seja por meio de normas internas que ignorem vantagens já auferidas, restará caracterizada a irrenunciabilidade quanto às vantagens já incorporadas ao contrato de trabalho e inválido qualquer documento que contrarie tal determinação (art. 9º da CLT).

As causas regulamentares, que revoguem ou alterem vantagens deferidas anteriormente, só atingirão os trabalhadores admitidos após a revogação ou alteração do regulamento (Súmula nº 51 do TST).

Vale ressalvar que as mudanças trazidas pela Lei nº 13.467/17 no que tange ao direito material do trabalho e as regras contratuais fixadas antes da "Reforma Trabalhista" só terão validade para os novos contratos, exceto que empregados e empregadores promovam aditivos que validem as regras atuais. Quanto às normas que tratam do direito processual advindas da nova legislação, serão aplicadas de forma instantânea e passarão a viger a partir do dia 11 de novembro de 2017.

O TST deverá ajustar a redação da Súmula nº 372/TST, que poderá seguir com este texto: GRATIFICAÇÃO DE FUNÇÃO. SUPRESSÃO OU REDUÇÃO. LIMITES (incluídos os itens III e IV em decorrência da Lei nº 13.467/2017). I – Percebida a gratificação de função por dez ou mais anos pelo empregado, se o empregador, sem justo motivo, revertê-lo a seu cargo efetivo, não poderá retirar-lhe a gratificação tendo em vista o princípio da estabilidade financeira. II – Mantido o empregado no exercício da função comissionada, não pode o empregador reduzir o valor da gratificação. III – Em face do que dispõe o §2º do art. 468 da CLT, com a redação da Lei nº 13.467/17, a partir de 11 de novembro de 2017, a alteração contratual que implique destituição do empregado do exercício de função de confiança ou de função comissionada, com ou sem justo motivo, não assegura o direito à manutenção do pagamento da gratificação correspondente, que não será incorporada, independentemente do tempo de exercício da respectiva

função. IV – O §2º do art. 468 da CLT, referido no item anterior, somente não afeta o empregado com contrato de trabalho em curso em 11 de novembro de 2017, e que, então, já incorporara a gratificação de função quando da rescisão ao cargo efetivo.

Art. 469. Ao empregador é vedado transferir o empregado, sem a sua anuência, para localidade diversa da que resultar do contrato, não se considerando transferência a que não acarretar necessariamente a mudança do seu domicílio.

§1º Não estão compreendidos na proibição deste artigo os empregados que exerçam cargos de confiança e aqueles cujos contratos tenham como condição, implícita ou explícita, a transferência, quando esta decorra de real necessidade de serviço.

§2º É lícita a transferência quando ocorrer extinção do estabelecimento em que trabalhar o empregado.

§3º Em caso de necessidade de serviço o empregador poderá transferir o empregado para localidade diversa da que resultar do contrato, não obstante as restrições do artigo anterior, mas, nesse caso, ficará obrigado a um pagamento suplementar, nunca inferior a 25% (vinte e cinco por cento) dos salários que o empregado percebia naquela localidade, enquanto durar essa situação.

As transferências só ocorrem quando se caracteriza a mudança de domicílio do empregado.

A CLT diz que com a anuência do empregado tudo se torna mais fácil. Realmente, quando o empregado concorda com a mudança as dificuldades se diluem sem maiores problemas.

No caso de se configurarem cláusulas contratuais que assegurem a transferência para outras filiais da empresa, bem como naquele em que o empregado esteja vinculado a um cargo de confiança com poderes de gestão, também será facilitada a transferência, contanto que esta decorra de uma real necessidade de serviço, especificamente no local onde o empregado transferido deve assumir suas novas funções. No detalhe, ressalvamos que essa real necessidade é condição inquestionável e indiscutível para que a transferência seja realizada sem a expressão de vontade do empregado, independentemente da existência de cláusulas contratuais ou do cargo de confiança a que esteja atrelado.

Quando se verificar a extinção do estabelecimento onde o empregado prestava seus serviços, obrigar-se-á, sem dúvida, a transferência para outro local designado pelo empregador.

Nas transferências, será imputado ao empregador o pagamento de um adicional de 25% sobre o salário percebido pelo empregado. Esse adicional tem natureza provisória e só poderá ser creditado ao empregado durante o período em que esteja, temporariamente, prestando serviços fora do seu lugar de origem. Caso o empregado fixe domicílio no local da transferência e caracterize ali o ânimo definitivo de moradia, o adicional deverá ser excluído do pagamento, e se, num lapso de esquecimento do

empregador, continuar sendo creditado, será integrado ao salário do transferido sob o título de gratificação ajustada.

Constitui legítimo exercício do poder diretivo patronal e não configura alteração contratual vedada pela legislação a mudança da sede de uma empresa nos limites do município.

Art. 470. As despesas resultantes da transferência correrão por conta do empregador.

Além do adicional de transferência previsto no §3º do art. 469 da CLT, cabe ao empregador assumir os gastos com as mudanças de mobiliário, transportes, estadia e alimentação durante o deslocamento do empregado para a localidade diversa a que foi designado para trabalhar. Tais despesas serão acordadas entre as partes e se abalizarão pelas condições impostas para cada caso, dependendo sempre da extensão dos transtornos causados com a distância e os artifícios logísticos a ela imputados.

Capítulo IV
DA SUSPENSÃO E DA INTERRUPÇÃO

Art. 471. Ao empregado afastado do emprego, são asseguradas, por ocasião de sua volta, todas as vantagens que, em sua ausência, tenham sido atribuídas à categoria a que pertencia na empresa.

A diferença entre a suspensão e a interrupção do contrato de emprego está ligada ao pagamento de salários. Senão, vejamos: no caso de interrupção, o empregador continua pagando salários ao empregado afastado, por exemplo, nos primeiros 15 dias, em que as faltas são justificadas por atestado médico, ou nas férias, onde há pagamento antecipado e o empregado se afasta 30 dias do trabalho; no caso de suspensão, o empregador não paga salários ao empregado afastado do trabalho, que pode receber benefícios de terceiros: Por exemplo, logo após os 15 dias faltados e justificados por atestado médico, o empregado é protegido pelo auxílio-doença pago pela Previdência Social; ou no serviço militar, quando é obrigado a servir às Forças Armadas e, afastado das atividades de trabalho, não recebe salário.

Esses dois institutos tratam dos afastamentos do empregado que, percebendo ou não salário, manterá seu contrato de trabalho interrompido ou suspenso, respectivamente.

Manutenção do vínculo contratual, retorno ao serviço, vantagens atribuídas à categoria do empregado, prazo para o retorno e não contagem do tempo de serviço no período de afastamento.

A Súmula nº 269 do TST afirma que o empregado eleito para ocupar cargo de diretor tem o respectivo contrato de trabalho suspenso, não se computando o tempo de serviço desse período, salvo se permanecer a subordinação jurídica inerente à relação de emprego.

O art. 319 do CPP foi recentemente alterado pela Lei nº 12.403/2011, asseverando: "São medidas cautelares diversas da prisão: [...] VI – suspensão do exercício de função pública ou de atividade de natureza econômica ou financeira quando houver justo receio de sua utilização para a prática de infrações penais; [...]".

Até então a doutrina trabalhista podia afirmar que nenhuma interferência da Justiça Comum ou de outros títulos considerados como leis de "caráter geral" seriam capazes de promover ingerências sobre uma Lei Especial como o Texto Consolidado. Enfim, impossível inferir sobre a relação de emprego protegida pela CLT. Contudo, diante do novo texto do CPP, torna-se possível a um juiz criminal determinar a suspensão do contrato de emprego pela via cautelar. Trata-se de uma exceção, que se firma diante da possibilidade de um empregado se utilizar da função exercida para concorrer para ou praticar uma ação criminosa. A Justiça Comum, mediante tal prerrogativa, teria o condão de adentrar no âmbito da relação de trabalho e – justificadamente – impedir qualquer tipo de ação delituosa em defesa do cidadão e da sociedade em geral.

Vivencia-se tal situação diante de empregado que trabalhava para empresa responsável pelo reboque de automóveis no estado do Rio de Janeiro. Descoberta ação criminosa em torno de fraudes, desvios e estelionato cometidos por empregados ligados ao sistema, o juiz criminal acionou o recente comando e promoveu a suspensão dos contratos de trabalho dos empregados supostamente ligados ao crime. Após apurados os fatos com o inquérito fechado na direção de alguns dos envolvidos, os demais tiveram a devolução das atividades laborais, enquanto outros tiveram a resolução contratual pela justa causa. Tal fato se repetiu em São Paulo, no aeroporto internacional, onde foram descobertos desvios de bagagens com drogas e os empregados envolvidos tiveram seus contratos suspensos até a solução do inquérito policial.

Mister observar que a manutenção da suspensão do empregado por mais de 30 dias provoca a resolução automática do contrato de emprego. Portanto, qualquer ação neste sentido deverá respeitar os termos do art. 474 da CLT, *in verbis*: "A suspensão do empregado por mais de 30 (trinta) dias consecutivos importa na rescisão injusta do contrato de trabalho". Ainda, os parágrafos 3º e 4º do art. 472 afirmam:

> §3º Ocorrendo motivo relevante de interesse para a segurança nacional, poderá a autoridade competente solicitar o afastamento do empregado do serviço ou do local de trabalho, sem que se configure a suspensão do contrato de trabalho. §4º O afastamento a que se refere o parágrafo anterior será solicitado pela autoridade competente diretamente ao empregador, em representação fundamentada, com audiência da Procuradoria Regional do Trabalho, que providenciará desde logo a instauração do competente inquérito administrativo.

Denota-se que estes procedimentos se diferenciam do comando extraído do processo penal, visto que os vinculados ao art. 319 do CPP procedem da medida cautelar tutelada pelo juiz criminal.

Esta posição se traduz em uma singela contribuição para a elucidação da questão.

Art. 472. O afastamento do empregado em virtude das exigências do serviço militar, ou de outro encargo público, não constituirá motivo para a alteração ou rescisão do contrato de trabalho por parte do empregador.

§1º Para que o empregado tenha direito a voltar a exercer o cargo do qual se afastou em virtude de exigência do serviço militar ou de encargo público, é indispensável que notifique o empregador dessa intenção, por telegrama ou carta registrada, dentro do prazo máximo de 30 (trinta) dias, contados da data em que se verificar a respectiva baixa ou a terminação do encargo a que estava obrigado.

§2º Nos contratos por prazo determinado, o tempo de afastamento, se assim acordarem as partes interessadas, não será computado na contagem do prazo para a respectiva terminação.

§3º Ocorrendo motivo relevante de interesse para a segurança nacional, poderá a autoridade competente solicitar o afastamento do empregado do serviço ou do local de trabalho, sem que se configure a suspensão do contrato de trabalho.

§4º O afastamento a que se refere o parágrafo anterior será solicitado pela autoridade competente diretamente ao empregador, em representação fundamentada, com audiência da Procuradoria Regional do Trabalho, que providenciará desde logo a instauração do competente inquérito administrativo.

§5º Durante os primeiros 90 (noventa) dias desse afastamento, o empregado continuará percebendo sua remuneração.

Devemos diferençar alistamento de engajamento nas Forças Armadas. O primeiro serve apenas para inscrever o jovem no serviço militar, e a lei determina até 2 dias consecutivos de afastamento ou não para esse fim. No segundo caso, o empregado é convocado para servir ao Exército, Marinha ou Aeronáutica, submetendo-se às regras impostas por essas entidades e obrigando-se ao afastamento das atividades laborais, provocando, consequentemente, a suspensão do contrato de trabalho.

O empregador continua a recolher o FGTS do empregado, mas não paga salários, e o período de afastamento é contabilizado no seu tempo de serviço para fins previdenciários.

O empregado deve comunicar ao empregador em 30 dias seu interesse em retornar às atividades a partir da baixa em seus registros nas Forças Armadas.

Em casos excepcionais, que afetem a segurança do país ou sejam de ordem pública, os empregados podem afastar-se das atividades de trabalho ao serem convocados por autoridade competente, oportunidade em que não será considerado caso de suspensão, e o afastado perceberá salários nos primeiros 90 dias que não comparecer ao serviço.

Finalmente, nos contratos por prazo determinado, as partes podem decidir sobre a continuidade da contagem do seu tempo de duração e consequente extinção nos casos em que se verificar o engajamento do empregado ao serviço militar.

Art. 473. O empregado poderá deixar de comparecer ao serviço sem prejuízo do salário:

I – até 2 (dois) dias consecutivos, em caso de falecimento do cônjuge, ascendente, descendente, irmão ou pessoa que, declarada em sua Carteira de Trabalho e Previdência Social, viva sob sua dependência econômica;

II – até 3 (três) dias consecutivos, em virtude de casamento;

III – por 1 (um) dia, em caso de nascimento de filho, no decorrer da primeira semana;

(O prazo a que se refere o inciso III passou a ser de cinco dias em face do §1º do art. 10 das Disposições Transitórias da CF/1988, até que seja disciplinado o art. 7º, XIX, da CF/1988)

IV – por 1 (um) dia, em cada 12 (doze) meses de trabalho, em caso de doação voluntária de sangue devidamente comprovada;

V – até 2 (dois) dias consecutivos ou não, para o fim de se alistar eleitor, nos termos da lei respectiva;

VI – no período de tempo em que tiver de cumprir as exigências do serviço militar referidas na letra c do art. 65 da Lei nº 4.375, de 17 de agosto de 1964 (Lei do Serviço Militar);

VII – nos dias em que estiver comprovadamente realizando provas de exame vestibular para ingresso em estabelecimento de ensino superior;

VIII – pelo tempo que se fizer necessário, quando tiver que comparecer a juízo;

IX – pelo tempo que se fizer necessário, quando, na qualidade de representante de entidade sindical, estiver participando de reunião oficial de organismo internacional do qual o Brasil seja membro.

X – até 2 (dois) dias para acompanhar consultas médicas e exames complementares durante o período de gravidez de sua esposa ou companheira; (Incluído dada pela Lei nº 13.257, de 2016)

XI – por 1 (um) dia por ano para acompanhar filho de até 6 (seis) anos em consulta médica. (Incluído dada pela Lei nº 13.257, de 2016)

As faltas justificadas são nos casos de luto por falecimento de pessoa declarada como dependente na CTPS, ou pais, filhos e irmãos; gala, para comemorar o casamento; nascimento de filho, atualmente, de 5 dias; doação de sangue; serviço eleitoral e alistamento militar e, recentemente, para prestar provas de exame vestibular e quando tiver de comparecer em juízo.

Vale ressaltar que a necessidade de comparecimento em juízo garante o abono da falta ao empregado qualificado como reclamante (autor) em uma Ação Trabalhista, visto que tais ausências sempre foram abonadas pelo empregador para os intimados como testemunhas por previsão do Código de Processo Civil, aplicado subsidiariamente.

A Lei nº 13.467/17 permite também a ausência justificada ao trabalho por até 2 (dois) dias para acompanhar consultas médicas e exames complementares da esposa ou companheira durante o período de gravidez e 1 (um) dia por ano para acompanhar filho de até 6 (seis) anos em consulta médica.

Oportunamente importante registrar que as ausências injustificadas dos empregados ao trabalho e não atendidas pelo presente artigo resultam em descontos salariais e não geram dispensa por justa causa, exceto quando somarem mais de 30 dias nos termos do art. 482, *i*, da CLT e Súmula nº 32 do TST. "Art. 474. A suspensão do empregado por mais de 30 (trinta) dias consecutivos importa na rescisão injusta do contrato de trabalho."

Art. 474. A suspensão do empregado por mais de 30 (trinta) dias consecutivos importa na rescisão injusta do contrato de trabalho.

As suspensões são penalidades de caráter punitivo e só podem ser efetivadas no prazo máximo de 30 dias. Caso ultrapasse esse período, o contrato de trabalho será extinto, como no caso das dispensas sem justa causa.

Art. 475. O empregado que for aposentado por invalidez terá suspenso o seu contrato de trabalho durante o prazo fixado pelas leis de previdência social para a efetivação do benefício.

§1º Recuperando o empregado a capacidade de trabalho e sendo a aposentadoria cancelada, ser-lhe-á assegurado o direito à função que ocupava ao tempo da aposentadoria, facultado, porém, ao empregador, o direito de indenizá-lo por rescisão do contrato de trabalho, nos termos dos arts. 477 e 478, salvo na hipótese de ser ele portador de estabilidade, quando a indenização deverá ser paga na forma do art. 497.

§2º Se o empregador houver admitido substituto para o aposentado, poderá rescindir, com este, o respectivo contrato de trabalho sem indenização, desde que tenha havido ciência inequívoca da interinidade ao ser celebrado o contrato.

O contrato de trabalho deve ser suspenso durante o prazo em que o empregado esteja sob a tutela da Previdência Social. Se recuperar sua capacidade e reabilitar-se ao trabalho, o empregador deve garantir todas as prerrogativas concedidas anteriormente, sendo-lhe facultado também promover a dispensa sem justa causa, salvo no período de estabilidade previsto no art. 118 da Lei nº 8.213/1991 ou nas outras diversas modalidades de proteção ao emprego previstas em lei.

Se o empregador substituir o empregado afastado por outro, temporariamente, poderá dispensar o substituto sem ônus se lhe foi informada tal situação ao tempo da convalidação do contrato de trabalho.

Art. 476. Em caso de seguro-doença ou auxílio-enfermidade, o empregado é considerado em licença não remunerada, durante o prazo desse benefício.

Sem esquecer que o empregado afastado está sob a tutela da Previdência Social, em auxílio-doença, sua situação no âmbito da empresa fica como se estivesse sob licença não remunerada, assegurado seu retorno e direitos ao cargo anterior, assim considerada como suspensão do contrato de trabalho.

Observe-se que, nas oportunidades em que for constatado que a doença adquirida pelo empregado decorre das atividades de trabalho, será necessário que a empresa proceda ao preenchimento de uma CAT (Comunicação de Acidente de Trabalho) e a referida doença será caracterizada como acidente de trabalho. Consequentemente, com a CAT assegura-se a proteção ao emprego até um ano após a reabilitação do empregado ao labor (art. 118 da Lei nº 8.213/1991).

Ressalve-se que, em se tratando de demanda versando sobre doença do trabalho, há de inverter-se o ônus da prova, em juízo, de conformidade com o art. 6º, VIII, da Lei nº 8.078/1990 (Código de Defesa do Consumidor), então, aplicado subsidiariamente a esses casos específicos.

Art. 476-A. O contrato de trabalho poderá ser suspenso, por um período de 2 (dois) a 5 (cinco) meses, para participação do empregado em curso ou programa de qualificação profissional oferecido pelo empregador, com duração equivalente à suspensão contratual, mediante previsão em convenção ou acordo coletivo de trabalho e aquiescência formal do empregado, observado o disposto no art. 471 desta Consolidação.

§1º Após a autorização concedida por intermédio de convenção ou acordo coletivo, o empregador deverá notificar o respectivo sindicato, com antecedência mínima de 15 (quinze) dias da suspensão contratual.

§2º O contrato de trabalho não poderá ser suspenso em conformidade com o disposto no *caput* deste artigo mais de uma vez no período de 16 (dezesseis) meses.

§3º O empregador poderá conceder ao empregado ajuda compensatória mensal, sem natureza salarial, durante o período de suspensão contratual nos termos do *caput* deste artigo, com valor a ser definido em convenção ou acordo coletivo.

§4º Durante o período de suspensão contratual para participação em curso ou programa de qualificação profissional, o empregado fará jus aos benefícios voluntariamente concedidos pelo empregador.

§5º Se ocorrer a dispensa do empregado no transcurso do período de suspensão contratual ou nos 3 (três) meses subsequentes ao seu retorno ao trabalho, o empregador pagará ao empregado, além das parcelas indenizatórias previstas na legislação em vigor, multa a ser estabelecida em convenção ou acordo coletivo, sendo de, no mínimo, 100% (cem por cento) sobre o valor da última remuneração mensal anterior à suspensão do contrato.

§6º Se durante a suspensão do contrato não for ministrado o curso ou programa de qualificação profissional, ou o empregado permanecer trabalhando para o empregador, ficará descaracterizada a suspensão, sujeitando o empregador ao pagamento imediato dos salários e dos encargos sociais referentes ao período, às penalidades cabíveis

previstas na legislação em vigor, bem como às sanções previstas em convenção ou acordo coletivo.

§7º O prazo limite fixado no *caput* poderá ser prorrogado mediante convenção ou acordo coletivo de trabalho e aquiescência formal do empregado, desde que o empregador arque com o ônus correspondente ao valor da bolsa de qualificação profissional, no respectivo período.

A suspensão poderá acontecer até 5 meses, tratando-se de programa de qualificação profissional em que o empregado esteja participando, desde que haja previsão em Convenção ou Acordo Coletivo. Ocorrendo suspensão contratual, não haverá paga salarial no período.

Esse limite e a concessão de certas vantagens poderão ocorrer, sempre com a ciência ao sindicato da categoria.

Convém observar que, apesar do esforço do Governo Federal em conter o desemprego no país, este *lay off* fere uma série de institutos do direito do trabalho e principalmente sua doutrina, quando nomeia de suspensão um caso patente de interrupção de contrato de trabalho, visto que o empregado pode continuar percebendo vantagens auferidas ao contrato já celebrado.

<div align="center">

Capítulo V
DA RESCISÃO

</div>

Art. 477. Na extinção do contrato de trabalho, o empregador deverá proceder à anotação na Carteira de Trabalho e Previdência Social, comunicar a dispensa aos órgãos competentes e realizar o pagamento das verbas rescisórias no prazo e na forma estabelecidos neste artigo.

§1º (Revogado).

§2º O instrumento de rescisão ou recibo de quitação, qualquer que seja a causa ou forma de dissolução do contrato, deve ter especificada a natureza de cada parcela paga ao empregado e discriminado o seu valor, sendo válida a quitação, apenas, relativamente às mesmas parcelas. (Redação dada pela Lei nº 5.584, de 26.6.1970)

§3º (Revogado).

§4º O pagamento a que fizer jus o empregado será efetuado:

I – em dinheiro, depósito bancário ou cheque visado, conforme acordem as partes; ou

II – em dinheiro ou depósito bancário quando o empregado for analfabeto.

§6º A entrega ao empregado de documentos que comprovem a comunicação da extinção contratual aos órgãos competentes bem como o pagamento dos valores

constantes do instrumento de rescisão ou recibo de quitação deverão ser efetuados até dez dias contados a partir do término do contrato.

a) (Revogada);

b) (Revogada).

§7º (Revogado).

§10. A anotação da extinção do contrato na Carteira de Trabalho e Previdência Social é documento hábil para requerer o benefício do seguro desemprego e a movimentação da conta vinculada no Fundo de Garantia do Tempo de Serviço, nas hipóteses legais, desde que a comunicação prevista no *caput* deste artigo tenha sido realizada.

O direito do trabalho denomina as diversas formas de extinção do contrato de emprego como rescisão. O Direito Civil usa diferentes terminologias para distinguir as modalidades para encerrar um contrato; e, para tanto, devemos analisá-las mesmo que a CLT não as mencione no texto da lei.

Rescisão: termo genérico utilizado pela doutrina majoritária para definir todas as formas de extinção de contratos de trabalho; também serve para caracterizar as terminações ocorridas nos casos de nulidade (por exemplo, nos contratos firmados com menores de 12 anos).

Resilição: termo próprio do direito civil, define as extinções que sucederam sem justa causa (por exemplo, os pedidos de demissão do empregado ou as simples dispensas por parte do empregador).

Resolução: afigura-se nos casos de justa causa pelo empregador, no art. 482, ou pelo empregado, no art. 483 da CLT; também nos casos de término de contrato de trabalho por prazo determinado, resolvendo-se ao seu cobro.

No que concerne à dispensa do empregado, por diante, poderá ser declarada abusiva e nula quando implique violação de algum direito fundamental, assegurada a reintegração do trabalhador.

Além de receber os créditos de natureza trabalhista, como 13º salário, férias, aviso-prévio e outros, perceberá multa no valor de 40% do valor depositado de FGTS no caso de dispensa desmotivada (art. 7º, I, da CF/1988 c/c o art. 10, I, do ADCT da Carta Magna de 1988), bem como a liberação total do seu saldo de FGTS depositado pelo empregador ao longo da relação de emprego (Lei nº 8.036/1990).

Só receberá saldo de salários, ou seja, o valor correspondente aos dias trabalhados até o dia da dispensa e férias vencidas, ou melhor, aquelas em que ao passar pelo período aquisitivo não obteve o concessivo.

Qualquer compensação no pagamento de que trata o §4º refere-se tão somente àqueles valores que corresponderem a 1 mês de salário, não sendo permitidos descontos que ultrapassem o maior ganho percebido pelo empregado naquela empresa.

Em conformidade com a Lei nº 13.467/17, no aviso-prévio indenizado o empregado é dispensado do cumprimento das atividades laborais e o pagamento da rescisão deverá ser efetuado em até dez dias contados a partir do término do contrato. No aviso-prévio trabalhado, quando o empregado for obrigado a prestar serviços durante

aquele período, o pagamento também será realizado até dez dias contados a partir do término do contrato.

Caso não seja respeitado este prazo para pagamento da indenização pela dispensa, o empregador pagará uma multa administrativa ao Ministério do Trabalho e Emprego e ao empregado em multa referente a 1 salário percebido por ele à época da rescisão.

É devida indenização adicional nas dispensas ocorridas nos 30 dias que antecedem a data-base do empregado desligado, conforme previsão expressa nas Leis nº 6.708/1979 e 7.238/1984.

A Carteira de Trabalho e Previdência Social é documento hábil para requerer o benefício do seguro desemprego junto ao Ministério do Trabalho e a movimentação do Fundo de Garantia do Tempo de Serviço decorre da comunicação pelo empregador da dispensa aos órgãos competentes com consequente pagamento das verbas rescisórias no prazo legal.

O fato da relação de emprego ter sido reconhecida pela Justiça do Trabalho não tem o condão de afastar a aplicação da multa prevista no art. 477, §8º, da CLT. A Penalidade pelo descumprimento das regras impostas para quitação das verbas resilitórias nos termos da Lei nº 13.467/17 só caberá nos casos em que, comprovadamente, o empregado der causa à mora no pagamento das verbas rescisórias, como prevê a Súmula nº 462 do TST.

A obrigatoriedade das homologações das rescisões de contrato de trabalho para empregados com mais de um ano de serviço pelos sindicatos ou Delegacias do Trabalho foi extinta pela Lei nº 13.467/17 e o TST promoverá alterações na Súmula nº 330/TST, que deverá seguir com esta redação: QUITAÇÃO. VALIDADE (alterada em decorrência da Lei nº 13.467/2017). I – Até 10 de novembro de 2017, a quitação passada pelo empregado, com assistência de entidade sindical de sua categoria, ao empregador, com observância dos requisitos exigidos nos parágrafos do art. 477 da CLT, tem eficácia liberatória em relação às parcelas expressamente consignadas no recibo, salvo se oposta ressalva expressa e especificada ao valor dado à parcela ou parcelas impugnadas. II – Nas rescisões contratuais realizadas a partir de 11 de novembro de 2017, início da vigência da Lei nº 13.467/2017, não é exigida a assistência do sindicato da categoria profissional para a validade da quitação do extinto contrato de emprego. III – A quitação não abrange parcelas não consignadas no recibo de quitação e, consequentemente, seus reflexos em outras parcelas, ainda que estas constem desse recibo. IV – Quanto a direitos que deveriam ter sido satisfeitos durante a vigência do contrato de trabalho, a quitação é válida em relação ao período expressamente consignado no recibo de quitação.

Art. 477-A. As dispensas imotivadas individuais, plúrimas ou coletivas equiparam se para todos os fins, não havendo necessidade de autorização prévia de entidade sindical ou de celebração de convenção coletiva ou acordo coletivo de trabalho para sua efetivação.

A Lei nº 13.467/17 assegura que as dispensas "em massa", ou seja, que envolvem inúmeros empregados devem seguir a mesma rotina e tratamento das dispensas

individuais que não obrigam quaisquer autorizações ou comunicações a órgãos públicos ou entidades sindicais.

Matéria polêmica que ainda não está sedimentada pelos Tribunais Regionais do trabalho, registra-se que em recente decisão do TST em sede de Medida Correicional Parcial o Ministro Ives Gandra da Silva Martins Filho garantiu a dispensa coletiva de 150 professores de uma universidade no RGS.

Há julgadores que entendem que a ausência prévia de mediação no plano da representação coletiva encontra óbice na ordem constitucional e exige a intervenção sindical nas dispensas em massa em virtude dos prejuízos a sociedade.

Em contrário senso as correntes opostas asseguram que, mesmo o art. 8º, III, da CRFB tratando do tema, só em 2009 a SDC do TST criou precedente sobre essa questão calcado em princípios gerais. Contudo, tais argumentos não podem se esgrimir frente a Lei nº 13.467/17, que isenta a participação dos sindicatos em desligamentos coletivos (Processo nº 10782-38.2015.5.03.0000 de 18.12.17).

Art. 477-B. Plano de Demissão Voluntária ou Incentivada, para dispensa individual, plúrima ou coletiva, previsto em convenção coletiva ou acordo coletivo de trabalho, enseja quitação plena e irrevogável dos direitos decorrentes da relação empregatícia, salvo disposição em contrário estipulada entre as partes.

As dispensas que decorrerem que Planos de Demissão Voluntária asseguram a quitação plena, geral e irrevogável dos valores de natureza indenizatória e só poderão ser questionadas no âmbito dos próprios PDVs.

Art. 478. A indenização devida pela rescisão de contrato por prazo indeterminado será de 1 (um) mês de remuneração por ano de serviço efetivo, ou por ano e fração igual ou superior a 6 (seis) meses.

§1º O primeiro ano de duração do contrato por prazo indeterminado é considerado como período de experiência, e, antes que se complete, nenhuma indenização será devida.

§2º Se o salário for pago por dia, o cálculo da indenização terá por base 30 (trinta) dias.

§3º Se pago por hora, a indenização apurar-se-á na base de 200 (duzentas) horas por mês.

§4º Para os empregados que trabalhem à comissão ou que tenham direito a percentagens, a indenização será calculada pela média das comissões ou percentagens percebidas nos últimos 12 (doze) meses de serviço.

§5º Para os empregados que trabalhem por tarefa ou serviço feito, a indenização será calculada na base média do tempo costumeiramente gasto pelo interessado

para realização de seu serviço, calculando-se o valor do que seria feito durante 30 (trinta) dias.

O art. 478 da CLT só se aplica ao empregado considerado estável decenal, ou seja, aquele que não optou pelo FGTS antes da promulgação da Constituição brasileira de 1988. Esse tipo de estabilidade já não existe, pois a Carta Magna obrigou a vinculação ao sistema do FGTS no inc. III do art. 7º. Aos poucos estáveis decenais que restaram, a base de cálculo para a indenização é feita sobre um salário por ano de trabalho ou fixada em 60% sobre todos os ganhos percebidos em frações.

Essa indenização não se aplica aos atuais empregados optantes do FGTS, atingindo somente aqueles que não optaram pelo sistema antes do dia 05.10.1988.

Art. 479. Nos contratos que tenham termo estipulado, o empregador que, sem justa causa, despedir o empregado, será obrigado a pagar-lhe, a título de indenização, e por metade, a remuneração a que teria direito até o termo do contrato.

Parágrafo único. Para a execução do que dispõe o presente artigo, o cálculo da parte variável ou incerta dos salários será feito de acordo com o prescrito para o cálculo da indenização referente à rescisão dos contratos por prazo indeterminado.

Nos contratos a termo, as dispensas realizadas pelo empregador antes do término do prazo estipulado importam em uma indenização em favor do empregado, correspondente à metade do valor dos salários que este receberia até o seu cobro. Por exemplo, o empregado percebe R$1.000,00 por mês e trabalha sob a égide de um contrato por prazo determinado de 12 meses. Se o empregador resolver dispensá-lo sem justa causa com 6 meses de contrato cumprido, certamente será obrigado a pagar-lhe R$3.000,00 de indenização, referente ao restante do prazo (6 meses) e divididos pela metade (3 meses).

Os salários variáveis, como comissões ou no trabalho por tarefa, devem seguir as mesmas condições adotadas nas rescisões de contrato de trabalho, ou seja, a indenização será computada pela média percebida por ano ou nos últimos meses que sirvam como base de cálculo para que seja dividido pela metade o período em que o empregado, ainda, estaria ligado ao contrato.

Art. 480. Havendo termo estipulado, o empregado não se poderá desligar do contrato, sem justa causa, sob pena de ser obrigado a indenizar o empregador dos prejuízos que desse fato lhe resultarem.

§1º A indenização, porém, não poderá exceder àquela a que teria direito o empregado em idênticas condições.

§2º (Revogado)

Nesse caso invertem-se as situações e o empregado terá de pagar uma indenização correspondente à mesma base de cálculo adotada para o empregador que dispensa o empregado, ou seja, pela metade dos salários devidos até o final do contrato. Existem, porém, duas condições legais para que o empregado seja obrigado a pagar a referida indenização ao seu empregador. Vejamos: primeira, que haja um prejuízo comprovado, e não falamos do salarial, mas sim de prejuízos com os quais o empregador tenha arcado pela atitude do empregado em se desligar antes de um projeto ter sido concluído, por exemplo; segunda, que tal indenização não poderá ultrapassar o mesmo valor que seria arbitrado na outra condição, ou melhor, em que o empregador oferecesse a dispensa.

Entretanto, cumpre salientar que as duas condições só serão convalidadas perante a Justiça do Trabalho. Fica lógico que esses arbitramentos são fruto de uma decisão judicial onde, também, seria mensurado o prejuízo alegado pelo empregador. Caso contrário, poder-se-ia efetivar a dispensa em outras condições sem alegações de prejuízos, apenas por meio de mera rescisão que resultasse negativa, é claro, sem ônus demasiado e possível ao empregado.

Art. 481. Aos contratos por prazo determinado, que contiverem cláusula assecuratória do direito recíproco de rescisão antes de expirado o termo ajustado, aplicam-se, caso seja exercido tal direito por qualquer das partes, os princípios que regem a rescisão dos contratos por prazo indeterminado.

Ao estabelecer essa cláusula, consensualmente, tanto o empregador como o empregado podem rescindir o contrato por prazo determinado antes do seu cobro, assegurando-se às partes direito de extinção nos moldes das rescisões dos contratos por prazo indeterminado.

Art. 482. Constituem justa causa para rescisão do contrato de trabalho pelo empregador:

a) ato de improbidade;

b) incontinência de conduta ou mau procedimento;

c) negociação habitual por conta própria ou alheia sem permissão do empregador, e quando constituir ato de concorrência à empresa para a qual trabalha o empregado, ou for prejudicial ao serviço;

d) condenação criminal do empregado, passada em julgado, caso não tenha havido suspensão da execução da pena;

e) desídia no desempenho das respectivas funções;

f) embriaguez habitual ou em serviço;

g) violação de segredo da empresa;

h) ato de indisciplina ou de insubordinação;

i) abandono de emprego;

j) ato lesivo da honra ou da boa fama praticado no serviço contra qualquer pessoa, ou ofensas físicas, nas mesmas condições, salvo em caso de legítima defesa, própria ou de outrem;

k) ato lesivo da honra ou da boa fama ou ofensas físicas praticadas contra o empregador e superiores hierárquicos, salvo em caso de legítima defesa, própria ou de outrem;

l) prática constante de jogos de azar.

Parágrafo único. Constitui igualmente justa causa para dispensa de empregado a prática, devidamente comprovada em inquérito administrativo, de atos atentatórios à segurança nacional.

m) perda da habilitação ou dos requisitos estabelecidos em lei para o exercício da profissão, em decorrência de conduta dolosa do empregado.

Havendo irregularidade praticada pelo empregado, durante a relação de emprego, o empregador certamente poderá dispensá-lo por justa causa. Tal dispensa acarreta indenização ao empregado que corresponda ao saldo de salários, ou seja, ao pagamento dos dias trabalhados até ocorrer o fato que gerou a extinção do contrato, bem como a quitação de férias vencidas que acaso o empregador não lhe tenha concedido.

Existem vários princípios que norteiam os términos de contratos de trabalho por justa causa; há, entretanto, dois básicos que não podem ser ignorados, especificamente: os princípios da imediatidade e o da exaustão.

O princípio da imediatidade exige uma atitude imediata do empregador no instante em que ocorreu o fato gerador da justa causa. No momento em que se descobre a irregularidade será necessária uma providência, que pode ser a convalidação da dispensa na mesma hora, caso a falta não exija apuração posterior, e, também, a publicação de uma circular e consequente ciência dos envolvidos, ou mesmo de todos os empregados, de que a empresa estará colhendo provas que assegurem a dispensa por justa causa do culpado, logo após a elucidação do incidente. Ressalve-se que a inexistência dessa prerrogativa poderá sugerir o assentimento tácito do empregador com relação à falta cometida pelo empregado.

O princípio da exaustão, em que os fatos geradores das irregularidades cometidas pelo empregado se classificam em uma síntese de faltas leves e restam em penalidades que devem ser caracterizadas entre a advertência, a suspensão e a própria dispensa,

sempre em escala progressiva da menor para a maior, ou seja, uma advertência, uma suspensão de 5 dias e depois a dispensa ou uma suspensão de 2 dias, outra de 10 dias, mais uma de 15 dias e a dispensa, jamais uma advertência, uma suspensão de 5 dias e outra advertência ou uma suspensão de 5 dias, de 2 dias e outra de 10 dias, acarretando nesses casos o assentimento tácito de que o empregador perdoou o empregado pelo erro cometido anteriormente.

A dispensa por justa causa pode ocorrer também por meio de situações em que o empregado tenha agido com interesses escusos, visando a privilégios materiais em seu próprio benefício ou alheio, contanto que se enquadre como ato deletério, ou seja, que se afigure como tipos semelhantes a uma apropriação indébita, furto, roubo, estelionato ou mediante ações que sejam previstas na lei como irregulares, sempre no âmbito das atividades laborais.

No detalhe, salientamos que para os efeitos da legislação trabalhista não se faz mister obter um Boletim de Ocorrência nem solicitar a presença da autoridade policial ao local para caracterizar o ato ilícito, o que é exclusivamente necessário ao inquérito ou ao processo criminal, jamais ao processo do trabalho. Este funciona com provas próprias que devem ser reunidas pelo empregador no âmbito das atividades laborais e levadas ao Judiciário trabalhista, caso o fato seja submetido àquela justiça, em ação trabalhista competente.

Em relação à incontinência de conduta ou mau procedimento, aqui não se avalia a conduta moral entre o bem e o mal, com visão maniqueísta. Apenas se caracteriza a conduta imprópria do empregado no âmbito da atividade laboral. Assim, o homossexualismo, por exemplo, não é motivo para que se efetive uma dispensa por mau procedimento, visto que a opção sexual por si só não influencia o desenvolvimento dos trabalhos funcionais. Mas se o empregado entrar sorrateiramente em um local onde há uma reunião de diretoria reservada, ouvir tudo e depois andar bradando alto e bom tom pela empresa o que ali tenha sido discutido sob reservas, estar-se-á sem dúvida presenciando uma falta de conduta, pelo menos ética, de quem esteve escutando assuntos que não lhe dizem respeito, no âmbito das atividades laborais.

A CLT diz "negociação habitual por conta própria ou alheia sem permissão do empregador". Então, não será permitida nenhuma comercialização de produtos sem ordem expressa do empregador. Pior ainda quando "constituir ato de concorrência à empresa para a qual trabalha o empregado", por exemplo, se trabalhar em uma fábrica de chocolates e nas horas livres vender ovos de páscoa artesanais e feitos à mão aos seus vizinhos e amigos, incluídos aos colegas de trabalho, prejudicando o andamento do serviço.

Não se caracterizam as dispensas por justa causa dos empregados que respondem a inquéritos ou que ainda não foram submetidos à execução da pena (se, por exemplo, o inspetor de uma escola de adolescentes for flagrado num caso de estupro de uma menor, fora do ambiente de trabalho). Se ainda não existir uma sentença que o condene e o consequente trânsito em julgado desta, jamais caberá a justa causa ao empregado. Será possível apenas a dispensa sem justa causa se o empregador quiser preservar os alunos da sua escola.

A desídia refere-se a uma síntese de faltas leves, que serão caracterizadas por pequenas irregularidades e punidas com advertências e suspensões, consequentemente com a dispensa por justa causa.

A negligência, a imprudência e a imperícia podem servir como elementos sinalizadores das faltas leves. Na primeira estão presentes os casos em que o empregado sabe fazer o serviço, mas não o realiza por desinteresse. Na segunda, o empregado sabe fazer o serviço até certo limite e o faz com má-fé, causando prejuízos ao empregador. Na terceira, o empregado sabe fazer o serviço até certo limite e, agindo com boa-fé e sem avaliar possíveis prejuízos, o faz e acaba causando danos ao empregador.

Vale salientar que a negligência é a mais abalizada fonte de caracterização da desídia, haja vista que a imprudência e a imperícia exigem um conhecimento maior do fato que causa a falta leve, exatamente uma linha tênue entre a boa e a má-fé do agente.

O alcoolismo é um tema que sofreu alterações, ultimamente. A CLT exemplifica como justa causa a "embriaguez habitual ou em serviço". O estado de embriaguez pode ser entendido como alcoolismo e gerar inúmeras discussões. A Organização Mundial de Saúde (OMS) divulgou ao mundo que o alcoolismo é uma doença e, como tal, deve ser tratada por meio de recursos médico-hospitalares. Um empregado que vive embriagado fora do ambiente de trabalho deve receber apoio psicológico da família, amigos, colegas de trabalho e, principalmente, do seu patrão; deve, ainda, ser acompanhado por atendimento médico e por entidades sociais afins, como o Alcoólicos Anônimos (AA). Dispensar um empregado alcoólatra por justa causa, caracterizando a "embriaguez habitual", é o mesmo que caminhar na contramão da história, pois a grande maioria dos tribunais trabalhistas está-se valendo desse estudo da OMS para proferir suas sentenças.

Quanto à "embriaguez em serviço", já que o texto é alternativo, deverá ser analisada caso a caso; se o empregador estiver consciente e aparelhado para resolver problemas de alcoolismo na sua empresa, poderá certamente caracterizar a justa causa do empregado que, apesar dos esforços patronais, pode provocar a sua própria dispensa se ficar comprovado que não se trata de um caso de alcoolismo.

Sobre a violação de segredos da empresa, é importante lembrar que o texto da CLT não trata de segredos pessoais. Segredo e sigilo são palavras que devem ser adaptadas às condições técnicas que envolvem as relações de trabalho e como tais devem ser analisadas. Só existirão condições de caracterizar a justa causa por violação de segredos que constem expressos em regulamentos, normas, regras ou cláusulas contratuais, jamais de ouvir dizer ou comentar a respeito. É necessário que o empregado seja cientificado formalmente, por escrito, de que não deverá estender comentários ou passar informações sobre isto ou aquilo, senão fica impossível a convalidação desse tipo de dispensa por justa causa.

A insubordinação reside em não atender às ordens de superior hierárquico, ou seja, ignorar uma determinação de quem estiver interligado, mediante uma estrutura funcional, a outrem que tem poderes superiores de mando.

Presume-se o abandono de emprego se o empregado não comparecer ao serviço por mais de 30 dias, sem justificativa de faltas e após a cessação do benefício previdenciário, nem justificar o motivo de não o fazer (Súmula nº 32 do TST). Em regra, a dispensa é efetivada após a empresa tentar comunicar-se com o ausente por meio de correspondência enviada com aviso de recebimento; não havendo manifestação, procederá à baixa na ficha de registro de empregados. Essas atitudes tomadas pela empresa serão consideradas inúteis caso o empregado compareça ao serviço, mesmo após os 30 dias

e a dispensa confirmada, comprovando que não houve o *animus abandonandi*, ou seja, o ânimo de abandonar o trabalho.

Ato lesivo da honra e da boa fama está ligado ao escândalo, ou seja, ao que é notório porque todos tomam conhecimento. Tais atos devem ser caracterizados com objetividade, jamais com subjetividade. Se o empregado imputa um fato criminoso ao colega ou ao empregador e estes não cometeram o referido ato, poderá, com certeza, ser dispensado por justa causa. Entretanto, se o fato traz consigo um caráter subjetivista, por exemplo, achar que alguém está agindo errado porque na sua opinião não deveria agir assim, logicamente não acarretará a justa causa.

Quanto às ofensas, devem ser testemunhadas e ferir a integridade física das pessoas ou do próprio empregador.

Analisando agora a questão dos jogos de azar, cabe ressaltar que em 1943, quando a CLT foi escrita, não havia loterias, "raspadinhas" e outros jogos também considerados de azar com o aval do Governo. Atualmente, fica difícil saber o que não é jogo de azar, mas a vedação e consequente dispensa por justa causa deve estender-se apenas aos jogos realizados por empregados no ambiente de trabalho, especificamente os que incorrem em apostas e valem dinheiro ou prejudiquem a vida financeira do empregado, como dados, "truco" ou carteado diverso.

Em última análise, cabe considerar a respeito dos atos atentatórios à segurança nacional e sua caracterização. Numa época em que o país vivia certas atribulações políticas e constitucionais, consequentemente, sob a égide de um regime bem próximo ao ditatorial, não seria difícil caracterizar atos atentatórios à segurança nacional. Se necessário fosse caracterizá-los, talvez pudéssemos citar o caso de um empregado que conspirasse contra o Governo ou mesmo que praticasse simples furto de munições das Forças Armadas, ensejando ao empregador promover a dispensa por justa causa.

Presume-se discriminatória a despedida de empregado portador do vírus HIV ou de outra doença de igual gravidade que comprove tenha sido submetido a discriminação ou preconceito por parte de colegas ou chefia no ambiente e durante as atividades de trabalho. Considera-se inválido o ato da referida dispensa e o empregado terá direito à reintegração com percebimento de todos os créditos decorrentes do seu retorno ao trabalho de verbas vencidas e vincendas, consideradas desde a dispensa até a data da reintegração ao emprego (Súmula nº 443 do TST acrescentada pela Res. TST nº 185/2012 – *DEJT* 25.09.2012).

A Lei nº 13.467/17 acrescenta a alínea *m* ao presente artigo e caracteriza como justa causa o fato do empregado ter sido punido no âmbito do conselho de classe com a perda da inscrição profissional, por consequência impedido de atuar na sua atividade profissional. Vale salientar que tal hipótese só se concretizará nos casos em que o empregado atue na empresa com a referida habilitação e que dela dependa sua atividade profissional.

Art. 483. O empregado poderá considerar rescindido o contrato e pleitear a devida indenização quando:

a) forem exigidos serviços superiores às suas forças, defesos por lei, contrários aos bons costumes, ou alheios ao contrato;

b) for tratado pelo empregador ou por seus superiores hierárquicos com rigor excessivo;

c) correr perigo manifesto de mal considerável;

d) não cumprir o empregador as obrigações do contrato;

e) praticar o empregador ou seus prepostos, contra ele ou pessoas de sua família, ato lesivo da honra e boa fama;

f) o empregador ou seus prepostos ofenderem-no fisicamente, salvo em caso de legítima defesa, própria ou de outrem;

g) o empregador reduzir o seu trabalho, sendo este por peça ou tarefa, de forma a afetar sensivelmente a importância dos salários.

§1º O empregado poderá suspender a prestação dos serviços ou rescindir o contrato, quando tiver de desempenhar obrigações legais, incompatíveis com a continuação do serviço.

§2º No caso de morte do empregador constituído em empresa individual, é facultado ao empregado rescindir o contrato de trabalho.

§3º Nas hipóteses das letras d e g, poderá o empregado pleitear a rescisão de seu contrato de trabalho e o pagamento das respectivas indenizações, permanecendo ou não no serviço até final decisão do processo.

Trata-se de uma espécie de justa causa do empregado para o empregador, denominada, em regra, nos meios forenses e pela doutrina, como rescisão indireta de contrato de trabalho.

Comprovada a irregularidade por parte do empregador, o empregado poderá rescindir o contrato e requerer a indenização a que teria direito na mesma razão das dispensas sem justa causa que, na maioria dos casos, são promovidas pela empresa, e receberá aviso-prévio, férias vencidas e proporcionais, 13º salário, 40% de multa e mais o FGTS.

Na falta de provas ou não existindo cláusula expressa sobre o tema, o empregado se obriga a cumprir qualquer tipo de serviço compatível com a sua condição pessoal (parágrafo único do art. 456 da CLT); entretanto, vale salientar que o trabalho exigido não poderá ser além da possibilidade e dos limites suportados pelo empregado, em todos os sentidos, incluindo o técnico e o físico. Digamos que o empregado foi contratado para ser enfermeiro e o empregador o obriga a cumprir atendimento destinado a um profissional médico. Logicamente, não estaria apto para tal, e os serviços seriam superiores ao seu conhecimento, ensejando a rescisão por parte do empregado.

Quanto aos serviços vedados por lei, trata-se de atividades irregulares (objeto ilícito) que geram um trabalho proibido, consequentemente, incompatível com a capacidade laborativa provocando o rompimento do contrato por parte do empregado.

Atividades realizadas em casas noturnas, onde menores não podem frequentar, por exemplo, podem ser classificadas como serviços contrários aos bons costumes.

Também, pertinente ao trabalho que interfira na formação social e psicológica da criança ou adolescente.

Finalmente, os serviços alheios ao contrato podem ser caracterizados nas situações em que se agrupam outros fins ao objetivo final do pacto laboral como, por exemplo, o empregador determinar que o empregado o atenda, em particular e pessoalmente, fora do ambiente da empresa. Tal procedimento, restará na rescisão indireta por parte do empregado.

Em todas as oportunidades em que forem estabelecidos, entre empregado e empregador, critérios objetivos de conduta e o empregador ignorá-los, exigindo que lhe sejam atendidas as necessidades sem observar os limites e determinantes anteriormente acordados, a rescisão indireta será possível.

Assim sendo, é possível caracterizar a rescisão do contrato por iniciativa do empregado, que poderá provar as regras que lhe serviam de parâmetro ao trabalho.

Essas hipóteses foram adrede preparadas pelo legislador para atender, exclusivamente, os trabalhadores em indústria química e laboratórios, visto que a situação em nada se afigura com outros casuísmos. Nesse sentido, os empregados que estiverem expostos ao trabalho sob condições absolutamente impróprias e de risco, mesmo que percebam os adicionais de lei, sem dúvida, estão aptos a promover a sua própria rescisão de contrato de trabalho.

Essa é uma situação simples, pois basta o empregador não pagar salários e o empregado pode promover a rescisão contratual. Há outras diversas hipóteses, mas em todas se deve verificar a possibilidade de o empregador não cumprir as cláusulas estabelecidas no contrato firmado com seu empregado, ensejando a este motivos suficientes para recorrer ao término da relação contratual existente.

Ressalvamos que nesse caso, especificamente, o empregado poderá promover a rescisão indireta do contrato de trabalho por meio de ação trabalhista competente e continuar desempenhando suas respectivas funções sem a necessidade de deixar as atividades laborais, aguardando, consequentemente, a decisão da Justiça do Trabalho.

Sem adentrar o campo do subjetivismo, é necessário que o empregador ou qualquer dos seus prepostos, ou melhor, um dos seus dignos representantes, que podem materializar-se na figura de um chefe de seção, de um diretor ou de um gerente, desonre o empregado perante testemunhas, prejudicando-o na possibilidade de que ele encontre outro emprego, por exemplo. Também se faz presente a desonra a pessoas vinculadas por laços de família com o empregado, ferindo, por consequência, a moral e a capacidade de retidão desta junto aos amigos, parentes e ao próprio empregado na empresa onde trabalha.

A alínea *f* descreve a atitude de ferir a integridade física do empregado, passível, portanto, de sofrer lesões corporais, sempre testemunhadas. Importa em rescisão de contrato por parte do empregado, apenas isentando o empregador se constatado um caso de legítima defesa, ou seja, se o empregador tivesse sido agredido e se defendeu usando a força física sobre o empregado.

No caso da alínea *g* haverá uma motivação de caráter salarial e, sem dúvida, atingirá os ganhos do empregado. Tais reduções devem ser fruto de ato unilateral e desamparado de qualquer acordo ou convenção coletiva de trabalho, permitindo,

fatalmente, que o empregado promova a rescisão indireta do contrato de trabalho, sem abandonar suas atividades, por meio de ação na Justiça do Trabalho.

O §2º prevê que, se o empregador, proprietário de uma empresa individual, falecer, consequentemente o empregado terá a possibilidade de rescindir o contrato de trabalho sem prejuízo das indenizações que lhe são delegadas nos casos de rescisão contratual sem justa causa.

A Portaria nº 1.129/17 expedida pelo Ministério do Trabalho, para fins de concessão de beneficio de seguro-desemprego, só reconhecerá o regime de trabalho forçado ou reduzido a condição análoga à de escravo nas seguintes hipóteses:

I – trabalho forçado: aquele exercido sem o consentimento por parte do trabalhador e que lhe retire a possibilidade de expressar sua vontade;

II – jornada exaustiva: a submissão do trabalhador, contra a sua vontade e com privação do direito de ir e vir, a trabalho fora dos ditames legais aplicáveis a sua categoria;

III – condição degradante: caracterizada por atos comissivos de violação dos direitos fundamentais da pessoa do trabalhador, consubstanciados no cerceamento da liberdade de ir e vir, seja por meios morais ou físicos, e que impliquem na privação da sua dignidade;

IV – condição análoga à de escravo:

a) a submissão do trabalhador a trabalho exigido sob ameaça de punição, com uso de coação, realizado de maneira involuntária;

b) o cerceamento do uso de qualquer meio de transporte por parte do trabalhador, com o fim de retê-lo no local de trabalho em razão de dívida contraída com o empregador ou preposto, caracterizando isolamento geográfico;

c) a manutenção de segurança armada com o fim de reter o trabalhador no local de trabalho em razão de dívida contraída com o empregador ou preposto;

d) a retenção de documentação pessoal do trabalhador, com o fim de reter o trabalhador no local de trabalho.

Tal portaria, muito criticada por organismos internacionais, ministério público do trabalho, sindicatos de classe e demais entidades ligadas as relações de trabalho, resta restringindo o reconhecimento da condição análoga de escravo ao fato do empregador impedir ou não a saída do trabalhador do local de trabalho.

Essa absurda posição ministerial dá azo a exploração do trabalho e poderá abrir precedentes quando forem exigidos pelos empregadores aos empregados serviços superiores às suas forças defesos por lei e contrários aos bons costumes ou alheios ao contrato, como também for o trabalhador tratado pelo empregador ou por seus superiores hierárquicos com rigor excessivo.

Art. 484. Havendo culpa recíproca no ato que determinou a rescisão do contrato de trabalho, o tribunal de trabalho reduzirá a indenização à que seria devida em caso de culpa exclusiva do empregador, por metade.

Durante a tramitação de uma rescisão indireta do contrato de emprego na Justiça do Trabalho, o empregado pratica uma irregularidade prevista no art. 482 da CLT, ensejando a sua dispensa por justa causa. Reconhecida a culpa recíproca na rescisão do pacto laboral, o empregado faz jus a 50% do aviso-prévio, 13º salário e férias proporcionais (Súmula nº 14 do TST).

Em tempo, cumpre salientar que o art. 18 da Lei nº 8.036/1990 assevera que ocorrendo rescisão do contrato de trabalho, por parte do empregador, ficará este obrigado a depositar na conta vinculada do trabalhador no FGTS importância igual a 40% (quarenta por cento) do montante de todos os depósitos realizados na conta vinculada durante a vigência do contrato de trabalho e, no §2º da referida lei, ressalva que quando ocorrer despedida por culpa recíproca ou força maior (reconhecida pela Justiça do Trabalho) o percentual será de 20% (vinte por cento).

Art. 484-A. O contrato de trabalho poderá ser extinto por acordo entre empregado e empregador, caso em que serão devidas as seguintes verbas trabalhistas:

I – por metade:

a) o aviso-prévio, se indenizado; e

b) a indenização sobre o saldo do Fundo de Garantia do Tempo de Serviço, prevista no §1º do art. 18 da Lei nº 8.036, de 11 de maio de 1990;

II – na integralidade, as demais verbas trabalhistas.

§1º A extinção do contrato prevista no *caput* deste artigo permite a movimentação da conta vinculada do trabalhador no Fundo de Garantia do Tempo de Serviço na forma do inciso I-A do art. 20 da Lei nº 8.036, de 11 de maio de 1990, limitada até 80% (oitenta por cento) do valor dos depósitos.

§2º A extinção do contrato por acordo prevista no *caput* deste artigo não autoriza o ingresso no Programa de Seguro-Desemprego.

A Lei nº 13.467/17 acolheu o que já se praticava no dia a dia quanto a evitar o pedido de demissão, que não permitia ao empregado acesso às indenizações e à liberação dos depósitos do FGTS. Amparando-se próximo aos instrumentos utilizados nas dispensas por "culpa recíproca" previstos no art. 484 da CLT, os acordos poderão ser formalizados com a paga de metade do aviso-prévio indenizado e quitação das

demais verbas trabalhistas (férias, 13º salário e outros créditos). Do Fundo de Garantia do Tempo de Serviço, caberá ao trabalhador a multa de 20% e limitado os saques em até 80% (oitenta por cento) dos depósitos. Essa modalidade de extinção contratual não autoriza o recebimento do seguro-desemprego.

Importante registrar que esse tipo de rescisão contratual não será efetivada, caso não seja aprovada pelos empregados e empregadores em comum acordo.

Art. 485. Quando cessar a atividade da empresa, por morte do empregador, os empregados terão direito, conforme o caso, à indenização a que se referem os arts. 477 e 497.

Não sendo uma empresa individual, se as atividades paralisarem, terá os mesmos direitos das hipóteses em que ocorrem dispensas sem justa causa, ou seja, receberá aviso-prévio, férias vencidas e proporcionais, 13º salário e a liberação dos depósitos sem a multa de 40% do FGTS.

Art. 486. No caso de paralisação temporária ou definitiva do trabalho, motivada por ato de autoridade municipal, estadual ou federal, ou pela promulgação de lei ou resolução que impossibilite a continuação da atividade, prevalecerá o pagamento da indenização, que ficará a cargo do governo responsável.

§1º Sempre que o empregador invocar em sua defesa o preceito do presente artigo, o tribunal do trabalho competente notificará a pessoa de direito público apontada como responsável pela paralisação do trabalho, para que, no prazo de 30 (trinta) dias, alegue o que entender devido, passando a figurar no processo como chamada à autoria.

§2º Sempre que a parte interessada, firmada em documento hábil, invocar defesa baseada na disposição deste artigo e indicar qual o juiz competente, será ouvida a parte contrária, para, dentro de 3 (três) dias, falar sobre essa alegação.

§3º Verificada qual a autoridade responsável, a Junta de Conciliação ou Juiz dar-se-á por incompetente, remetendo os autos ao Juiz Privativo da Fazenda, perante o qual correrá o feito nos termos previstos no processo comum.

Para a análise deste dispositivo, cabe-nos elucidar o significado da expressão *factum principis*. Trata-se de um vetusto casuísmo que ocorria quando o Estado Monárquico, representado pelo príncipe, influenciava diretamente nas atividades comerciais daquele principado.

O fato é que a situação narrada ainda se reflete na atual legislação do trabalho, especificamente nos casos em que a Administração Pública federal, estadual ou municipal

obriga a paralisação de atividades de trabalho, quer pela realização de uma obra, quer pela desapropriação, oportunidade em que se verifica que aquele ato de império restou prejudicando o empregador. Este, em seguida, poderá chamar à autoria o culpado pela sua possível inadimplência junto aos empregados que ajuizarem ação trabalhista em face da sua empresa, lembrando que essa modalidade não se afigura como exemplo de intervenção de terceiros. Tal prerrogativa processual civil é inaplicável ao processo do trabalho, além de ser classificada como exemplo próprio das contendas trabalhistas. Ademais, vale salientar que, se o empregador prejudicado invocar o *factum principis*, consequentemente a Justiça do Trabalho remeterá os autos às Varas de Fazenda da Justiça Comum, competente para dirimir o conflito e, se for o caso, condenar a Administração Pública a pagar os salários devidos pela empresa aos empregados.

Capítulo VI
DO AVISO-PRÉVIO

Art. 487. Não havendo prazo estipulado, a parte que, sem justo motivo, quiser rescindir o contrato deverá avisar a outra da sua resolução com a antecedência mínima de:

I – 8 (oito) dias, se o pagamento for efetuado por semana ou tempo inferior;

II – 30 (trinta) dias aos que perceberem por quinzena ou mês, ou que tenham mais de 12 (doze) meses de serviço na empresa.

§1º A falta do aviso-prévio por parte do empregador dá ao empregado o direito aos salários correspondentes ao prazo do aviso, garantida sempre a integração desse período no seu tempo de serviço.

§2º A falta de aviso-prévio por parte do empregado dá ao empregador o direito de descontar os salários correspondentes ao prazo respectivo.

§3º Em se tratando de salário pago na base de tarefa, o cálculo, para os efeitos dos parágrafos anteriores, será feito de acordo com a média dos últimos 12 (doze) meses de serviço.

§4º É devido o aviso-prévio na despedida indireta.

§5º O valor das horas extraordinárias habituais integra o aviso-prévio indenizado.

§6º O reajustamento salarial coletivo, determinado no curso do aviso-prévio, beneficia o empregado pré-avisado da despedida, mesmo que tenha recebido antecipadamente os salários correspondentes ao período do aviso, que integra seu tempo de serviço para todos os efeitos legais.

Como Minerva não surgiu da cabeça de Júpiter, o direito do trabalho, que foi transformado em texto legal em 1943, veio do direito civil, convertido em lei em 1916. A própria CLT, no parágrafo único do art. 8º, avisa que na falta de disposições legais

ou contratuais o CC atuará como sua fonte subsidiária. No Estatuto Beviláqua, o direito das obrigações se firma nas declarações de vontade, matéria que nos servirá para definir a questão da natureza do aviso-prévio nos contratos de trabalho.

Observamos que um contrato inicia com uma declaração de vontade, ou seja, as partes contraentes apresentam seus sinais no sentido de realizarem um acordo, caracterizando o sinalagma. Da mesma forma, no término do contrato, as partes voltam a emitir sinais e declaram sua vontade em extinguir o pacto, apenas ressalvando um detalhe: a declaração emanada pelo empregador ou pelo empregado necessita ser recebida por ambos, sempre dando ciência da intenção de extinção daquele contrato.

Concluindo, a natureza jurídica do aviso-prévio é fixada nas declarações receptícias de vontade, em que cada parte demonstrará sua intenção em terminar um contrato de trabalho existente.

O aviso-prévio será de 30 dias, resguardada a proporcionalidade a que estiver sujeito, com a contagem de tempo amparada pelo art. 132 do CC/2002 excluído o dia do começo e incluído o do vencimento (Súmula nº 380 do TST).

Quanto aos trabalhadores que percebem por semana, valerá a regra da proporcionalidade, nos termos do inc. XXI do art. 7º da CF/1988.

O aviso-prévio trabalhado exige que o empregado preste serviços, ou seja, permaneça trabalhando do momento da sua ciência até o final do contrato.

O aviso-prévio indenizado dispensa o empregado das atividades laborais, ou seja, não há prestação de serviços do momento da sua ciência até o fim do contrato.

No aviso-prévio trabalhado, a quitação das verbas rescisórias e sua consequente paga em até dias a contar do último dia trabalhado.

No aviso-prévio indenizado, a quitação também ocorrerá dentro de 10 dias a contar do final da prestação de serviço.

O aviso-prévio é uma declaração de vontade que emana do interesse das partes em extinguir um contrato de trabalho. Em um aviso-prévio indenizado, independentemente da homologação de verbas rescisórias que ocorre dentro de 10 dias, o término do contrato só se convalida ao final dos 30 dias, ou seja, o empregado permanece vinculado à empresa dentro desse período, e caso haja reajuste da categoria, por exemplo, haverá necessidade de proceder a uma rescisão complementar. Portanto, o aviso-prévio indenizado simplesmente dispensa o empregado das atividades laborais, mas o contrato de trabalho perdura até o fim do prazo e integra a relação de emprego para todos os efeitos legais.

Na aplicação do art. 483 da CLT, o empregado que se desligar da empresa mediante as rescisões indiretas, ou seja, pleiteando o término do contrato por motivos provocados pelo empregador, terá assegurado o percebimento de aviso-prévio integral.

É ilegal substituir o tempo de redução da jornada de trabalho do empregado no aviso-prévio pelo pagamento de horas correspondentes, conforme prevê a Súmula nº 230 do TST.

Se ambas as partes, empregado e empregador, concordarem com a reconsideração, o aviso-prévio poderá tornar-se ineficaz e o contrato de trabalho seguir seu rumo, normalmente.

A Súmula nº 276 do TST assegura que o direito ao aviso-prévio é irrenunciável pelo empregado. O pedido de dispensa de cumprimento não exime o empregador de

pagar o valor respectivo, salvo comprovação de haver o prestador dos serviços obtido novo emprego.

Os reajustes salariais coletivos determinados no curso do aviso-prévio beneficiam os empregados que os receberam, mesmo para aqueles que já haviam sido agraciados com indenização antecipada, consequentemente, devida rescisão complementar.

O pagamento referente ao aviso-prévio, sendo trabalhado ou indenizado, estará sujeito ao recolhimento do FGTS (Súmula nº 305 do TST).

A Lei nº 12.506/2011 regulamentou o Texto Constitucional, em especial o inc. XXI do art. 7º da CF/1988, asseverando que o aviso-prévio será concedido na proporção de 30 (trinta) dias aos empregados que contem até 1 (um) ano de serviço na mesma empresa. E, no parágrafo único, a legislação afirma que serão acrescidos 3 (três) dias por ano de serviço prestado na mesma empresa, até o máximo de 60 (sessenta) dias, perfazendo um total de até 90 (noventa) dias.

Para quem trabalhou durante 5 anos na mesma empresa, haveria, por ocasião da dispensa, o equivalente a 15 dias proporcionais somados aos 30 dias de aviso-prévio já previstos em lei. Perceberia o empregado, neste exemplo, 45 dias de aviso-prévio, de acordo com a Lei nº 12.506/2011.

O direito ao aviso-prévio proporcional ao tempo de serviço somente é assegurado nas rescisões de contrato de trabalho ocorridas a partir da publicação da Lei nº 12.506, em 13 de outubro de 2011 (Súmula nº 441 do TST acrescentada pela Res. TST nº 185/2012 – DEJT 25.09.2012).

Art. 488. O horário normal de trabalho do empregado, durante o prazo do aviso, e se a rescisão tiver sido promovida pelo empregador, será reduzido de 2 (duas) horas diárias, sem prejuízo do salário integral.

Parágrafo único. É facultado ao empregado trabalhar sem a redução das 2 (duas) horas diárias previstas neste artigo, caso em que poderá faltar ao serviço, sem prejuízo do salário integral, por 1 (um) dia, na hipótese do inciso I, e por 7 (sete) dias corridos, na hipótese do inciso II do art. 487 desta Consolidação.

O empregado tem direito a optar por chegar ao trabalho 2 horas mais tarde ou sair 2 horas antes do fim da jornada, durante o cumprimento do aviso-prévio. Também pode afastar-se do trabalho 7 dias antes do fim do período do aviso-prévio. Tais benefícios têm como objetivo oferecer mais tempo ao empregado de encontrar outra oportunidade no mercado de trabalho.

Art. 489. Dado o aviso-prévio, a rescisão torna-se efetiva depois de expirado o respectivo prazo, mas, se a parte notificante reconsiderar o ato, antes de seu termo, à outra parte é facultado aceitar ou não a reconsideração.

Parágrafo único. Caso seja aceita a reconsideração ou continuando a prestação depois de expirado o prazo, o contrato continuará a vigorar, como se o aviso não tivesse sido dado.

Realmente, qualquer das partes poderá externar vontade de cancelar o aviso-prévio e dar continuidade ao contrato de trabalho, logicamente com a concordância dos envolvidos. A continuação da relação de emprego ocorrerá como se o aviso não tivesse sido convalidado.

Art. 490. O empregador que, durante o prazo do aviso-prévio dado ao empregado, praticar ato que justifique a rescisão imediata do contrato, sujeita-se ao pagamento da remuneração correspondente ao prazo do referido aviso, sem prejuízo da indenização que for devida.

Caso o empregador dê motivos ao fim imediato do cumprimento do aviso-prévio, antes do seu término, o empregado terá direito a perceber o pagamento integral do referido aviso e de todas as verbas rescisórias anteriormente devidas.

Art. 491. O empregado que, durante o prazo do aviso-prévio, cometer qualquer das faltas consideradas pela lei como justas para a rescisão, perde o direito ao restante do respectivo prazo.

O empregado que, durante o prazo do aviso-prévio, cometer uma falta que caracterize qualquer irregularidade prevista no art. 482 da CLT terá consequentemente convalidada sua dispensa nos mesmos moldes estabelecidos para as rescisões por justa causa.

Capítulo VII
DA ESTABILIDADE

Art. 492. O empregado que contar mais de 10 (dez) anos de serviço na mesma empresa não poderá ser despedido senão por motivo de falta grave ou circunstância de força maior, devidamente comprovadas.

Parágrafo único. Considera-se como de serviço todo o tempo em que o empregado esteja à disposição do empregador.

1) Decenal (Art. 492 da CLT);
2) Dirigente Sindical (Art. 543, §3º, da CLT c/c Art. 8º, VIII, da CF/1988 e Súmula nº 369 do TST);
3) Membro da CIPA – Comissão Interna de Prevenção de Acidentes (Art. 10, II, *a*, do ADCT c/c art. 165 da CLT c/c Súmula nº 339 do TST);
4) Gestante (Art. 10, II, *b*, do ADCT c/c art. 7º, XVIII, da CF/1988, Súmula nº 244 do TST, OJ nº 30 da SDC do TST), inclusive, a doméstica (Lei nº 11.324/2006, inclui o art. 4º à Lei nº 5.859/1972). A Lei nº 11.770/2008 (Programa Empresa Cidadã), concedendo mais 60 (sessenta) dias após a duração da licença-maternidade prevista no art. 7º, XVIII, da CF/1988 à empregada das empresas que aderirem ao Programa e requerida até o final do primeiro mês após o parto. Idem, à empregada que adotar ou obtiver guarda judicial para fins de adoção de criança.
5) Protegido por acordo e convenção coletiva de trabalho ou regulamento da empresa (Art. 7º, XXVI, da CF/1988 c/c art. 611 da CLT);
6) Membro do Conselho Curador do FGTS (Art. 3º, §9º, da Lei nº 8.036/1990);
7) Membro do CNPS – Conselho Nacional de Previdência Social (Art. 3º, II, *b*, §7º, da Lei nº 8.213/1991);
8) Diretores de Sociedades Cooperativas (Art. 55 da Lei nº 5.764/1971 e OJ nº 253 da SDI-1 do TST);
9) Segurado em Acidente do Trabalho (Art. 118 da Lei nº 8.213/1991, Súmula nº 378 do TST, OJ 41 SDI-1 do TST e OJ nº 31 da SDC do TST);
10) Membro das Comissões de Conciliação Prévia (§1º do III do Art. 625-B da CLT).
11) Membro da Comissão de Representação dos Empregados nas Empresas (§3º do Art. 510-D, Lei nº 13.467/17).

A "estabilidade decenal" era conquistada por todo empregado que tivesse prestado serviços, por mais de 10 anos, a um mesmo empregador. Em 1967, veio ao mundo jurídico a Lei do Fundo de Garantia por Tempo de Serviço, e, inovadora, restou desmontando a proteção ao emprego garantida pelo art. 492 da CLT. Por diante, todo empregado poderia optar pelo sistema do FGTS e teria depositado 8% da sua remuneração em uma conta vinculada para que, no futuro, pudesse sacar seus depósitos em caso de desemprego, aquisição de casa própria e em outras situações. Nos térmios de contratos, já não seria aplicada a regra do art. 478 do Texto Consolidado e tão somente haveria direito às verbas rescisórias previstas em lei, bem como à retirada total e mais 40% do montante dos depósitos fundiários, após a Constituição de 1988.

Atualmente, a Carta Magna determina que é direito do trabalhador a vinculação ao FGTS, enterrando de vez a estabilidade decenal. Já não é possível um empregado tornar-se estável decenal, mas o art. 492 da CLT não é "letra morta da lei", visto que fica valendo para os que já haviam conquistado tal proteção.

A equivalência entre os regimes do FGTS e da estabilidade decenal prevista na CLT é meramente jurídica e não econômica, sendo indevidos valores a título de reposição de diferenças sobre o período anterior. Ademais, a estabilidade contratual ou a derivada de regulamento próprio da empresa são compatíveis com o regime do FGTS, não excluindo nenhum tipo de percebimento dos depósitos fundiários agregados ao

empregado beneficiário. Diversamente ocorre com a estabilidade legal (decenal – art. 492 da CLT), que é recepcionada como renúncia perante a opção pelo FGTS, respeitando-se o direito adquirido do período anterior à referida opção (Súmula nº 98 do TST).

Será necessário que o empregador suspenda o empregado estável que cometa a falta grave, durante 30 dias no máximo. Esse tempo será suficiente para o empregador preparar as provas para que se ratifique seu ato perante o Poder Judiciário, mediante uma ação denominada "Inquérito para apuração de falta grave" aforada na Justiça do Trabalho (art. 853 da CLT). Tal ação será analisada por uma Vara do Trabalho, que decidirá pela convalidação da dispensa ou pelo retorno do empregado às suas atividades, ressalvando-se que, na primeira hipótese, o empregado não receberá salários desde a sua suspensão e, na segunda hipótese, será paga toda a remuneração devida desde a sua suspensão. Em tempo, essa ação permite que cada parte arrole até 6 testemunhas para a oitiva, em audiência.

A "Estabilidade Decenal" é a única que se entende definitiva, mesmo que rara nos dias atuais por atender somente aos empregados remanescentes que trabalharam por mais de dez anos na mesma empresa e não optaram pelo FGTS antes de 05 de outubro de 1988.

As demais possibilidades de estabilidade previstas em lei podem ser consideradas como "proteção ao emprego" por serem de caráter temporário e não definitivo, também sujeitas a indenizações projetadas pelo período de garantia ao emprego.

Art. 493. Constitui falta grave a prática de qualquer dos fatos a que se refere o art. 482, quando por sua repetição ou natureza representem séria violação dos deveres e obrigações do empregado.

Falta grave é a justa causa praticada pelo estável, que recebe outra denominação e tratamento para se diferenciar dos empregados sem a proteção do emprego.

Trata-se das irregularidades previstas no art. 482 da CLT, aplicadas aos estáveis e não estáveis.

Art. 494. O empregado acusado de falta grave poderá ser suspenso de suas funções, mas a sua despedida só se tornará efetiva após o inquérito em que se verifique a procedência da acusação.

Parágrafo único. A suspensão, no caso deste artigo, perdurará até a decisão final do processo.

A lei permite, excepcionalmente, que a suspensão seja até a decisão final do processo, mas a ação precisa ser ajuizada no prazo de 30 dias, sob pena de ser caracterizada a decadência.

Art. 495. Reconhecida a inexistência de falta grave praticada pelo empregado, fica o empregador obrigado a readmiti-lo no serviço e a pagar-lhe os salários a que teria direito no período da suspensão.

A lei diz, erroneamente, que o empregado deverá ser readmitido. O certo porém é permitir seu retorno ao trabalho, pois não houve término de contrato até aquele momento. Nesse caso, o empregador fica obrigado a pagar salários desde o dia do início da suspensão.

Art. 496. Quando a reintegração do empregado estável for desaconselhável, dado o grau de incompatibilidade resultante do dissídio, especialmente quando for o empregador pessoa física, o tribunal do trabalho poderá converter aquela obrigação em indenização devida nos termos do artigo seguinte.

A readmissão ocorre nas hipóteses em que o empregado é dispensado, com ou sem justa causa, encerrando as atividades laborais e considerando extinto o seu contrato de emprego. Caso haja interesse do empregador em readmiti-lo, será necessário aguardar 90 dias da data da dispensa para que retorne ao trabalho naquela mesma empresa, visto que a Portaria Ministerial nº 384/1992 entende como fraude ao sistema do FGTS a volta do empregado em período inferior.

A reintegração firma-se nos casos em que o empregado é estável e, sendo dispensado pelo empregador, tem direito a retornar às suas atividades de trabalho, com base nas regras de proteção ao emprego previstas em lei. Em regra, a reintegração convalida-se por meio de ordem judicial, pois o empregado recorre à Justiça do Trabalho para ver assegurada sua garantia de retorno ao emprego.

Essa é uma faculdade do juízo prevista em lei, dando condições ao magistrado de optar pela reintegração ou indenização. Trata-se de exceção que possibilita os julgamentos *extra petitum* (fora do pedido), ou seja, caso o empregado pleiteie seu retorno ao trabalho em juízo, a Justiça do Trabalho poderá verificar a incompatibilidade e designar indenização do período protegido pela estabilidade (Súmula nº 28 do TST).

Exaurido o período de estabilidade, são devidos ao empregado apenas os salários do período compreendido entre a data da despedida e o fim do período de estabilidade, não sendo assegurada a ele a reintegração no emprego. Não há nulidade por julgamento *extra petita* da decisão que deferir indenização salarial quando o pedido for de reintegração, dados os termos do art. 496 da CLT (Súmula nº 396 do TST).

Art. 497. Extinguindo-se a empresa, sem a ocorrência de motivo de força maior, ao empregado estável despedido é garantida a indenização por rescisão do contrato por prazo indeterminado, paga em dobro.

Terá direito a uma indenização com base no dobro dos valores que perceberia nos demais casos de extinção de contrato de trabalho, sem justa causa.

Vale ressalvar que essa regra não se aplica às hipóteses em que a extinção da empresa seja causada por um caso fortuito, especificamente força maior, que se caracteriza por um ato de Deus (por exemplo, tempestades).

Art. 498. Em caso de fechamento do estabelecimento, filial ou agência, ou supressão necessária de atividade, sem ocorrência de motivo de força maior, é assegurado aos empregados estáveis, que ali exerçam suas funções, o direito à indenização, na forma do artigo anterior.

Também será obrigado a pagar indenização em dobro, com base no art. 497 da CLT, ou mesmo optar pela transferência do empregado, com fulcro no §2º do art. 469 do Texto Consolidado.

Art. 499. Não haverá estabilidade no exercício dos cargos de diretoria, gerência ou outros de confiança imediata do empregador, ressalvado o cômputo do tempo de serviço para todos os efeitos legais.

§1º Ao empregado garantido pela estabilidade, que deixar de exercer cargo de confiança, é assegurada, salvo no caso de falta grave, a reversão ao cargo efetivo que haja anteriormente ocupado.

§2º Ao empregado despedido sem justa causa, que só tenha exercido cargo de confiança e que contar mais de 10 (dez) anos de serviço na mesma empresa, é garantida a indenização proporcional ao tempo de serviço nos termos dos arts. 477 e 478.

§3º A despedida que se verificar com o fim de obstar ao empregado a aquisição de estabilidade sujeitará o empregador a pagamento em dobro da indenização prescrita nos arts. 477 e 478.

Os cargos de diretoria, gerência e de confiança são essencialmente regidos na forma da lei civil e não se submetem aos preceitos legais impostos pela CLT ou à subordinação do empregador.

O legislador do Texto Consolidado não foi enfático ao mencionar tais funções de chefia, as quais podem estar subordinadas ao regime de relação de emprego ou aos contratos civis, por exemplo, ao mandato.

Um empregado com poderes gerenciais, que tenha procuração para representar o empregador ou assinar por ele e seja subordinado, estará, com certeza, trabalhando sob a tutela da CLT. Se, porém, esse empregado for indicado por uma Assembleia Geral Ordinária ao cargo de diretor, gerente ou outra função de confiança que o transforme em mandatário e for visto como o *alter ego* do patrão, jamais subordinado ou sujeito à tutela gerencial e às alterações funcionais promovidas pelo empregador, estará, consequentemente, sob a égide de um contrato civil de mandato, recebendo pró-labore em vez de salário, e, provavelmente, não será qualificado como empregado.

Ressalvamos que a Súmula nº 269 do TST exemplifica a situação de mandatário que tem o contrato de trabalho suspenso, isentando o empregador de qualquer ônus decorrente dos títulos contratuais (férias, 13º salário etc.), salvo se for caracterizada a subordinação, que acarretará a interrupção, gerando a necessidade do pagamento de todos os títulos vinculados aos contratos de emprego no período em que esteve subordinado.

Art. 500. O pedido de demissão do empregado estável só será válido quando feito com a assistência do respectivo sindicato e, se não o houver, perante autoridade local competente do Ministério do Trabalho e Previdência Social ou da Justiça do Trabalho.

A qualquer momento os estáveis podem pedir seu desligamento da empresa onde trabalham. Para evitar, entretanto, que seja caracterizada a suspeita de coação e de influência negativa sobre o "princípio da irrenunciabilidade" (art. 9º da CLT), é necessário que a homologação dessa rescisão seja acompanhada pelo sindicato de classe ou pelos fiscais da Delegacia Regional do Trabalho do Ministério do Trabalho.

Capítulo VIII
DA FORÇA MAIOR

Art. 501. Entende-se como força maior todo acontecimento inevitável, em relação à vontade do empregador, e para realização do qual este não concorreu, direta ou indiretamente.

§1º A imprevidência do empregador exclui a razão de força maior.

§2º À ocorrência do motivo de força maior que não afetar substancialmente, nem for suscetível de afetar, em tais condições, a situação econômica e financeira da empresa, não se aplicam as restrições desta Lei referentes ao disposto neste Capítulo.

Os atos de força maior são atos de Deus, ou seja, de ininteligência humana. A força maior é caracterizada por fenômenos da natureza, para os quais o homem não concorre e dos quais não participa de forma alguma (por exemplo, tempestades, enchentes ou terremoto). A ocorrência de tais eventos pode gerar prejuízos financeiros a uma atividade econômica que, consequentemente, poderá contar com a proteção do "princípio da conservação da empresa" em seu favor, até reduzindo o pagamento de salários e até que se restabeleça o potencial de produção daquela atividade empresarial.

Art. 502. Ocorrendo motivo de força maior que determine a extinção da empresa, ou de um dos estabelecimentos em que trabalhe o empregado, é assegurada a este, quando despedido, uma indenização na forma seguinte:

I – sendo estável, nos termos dos arts. 477 e 478;

II – não tendo direito à estabilidade, metade da que seria devida em caso de rescisão sem justa causa;

III – havendo contrato por prazo determinado, aquela a que se refere o art. 479 desta Lei, reduzida igualmente à metade.

Em razão da "força maior", o empregador poderá, pelo "princípio da conservação da empresa", ajustar sua realidade às obrigações trabalhistas com seus empregados e beneficiar-se com pagas inferiores ao que se deve, normalmente, nas rescisões de contratos de trabalho.

Art. 503. É lícita, em caso de força maior ou prejuízos devidamente comprovados, a redução geral dos salários dos empregados da empresa, proporcionalmente aos salários de cada um, não podendo, entretanto, ser superior a 25% (vinte e cinco por cento), respeitado, em qualquer caso, o salário mínimo.

Parágrafo único. Cessados os efeitos decorrentes do motivo de força maior, é garantido o restabelecimento dos salários reduzidos.

O empregador que comprovar dificuldade em adimplir obrigações causadas por motivos de força maior poderá reduzir em 25% os ganhos do empregado, sem ferir os preceitos legais de irredutibilidade salarial previstos no inciso IV do art. 7º da CF/1988.

Art. 504. Comprovada a falsa alegação do motivo de força maior, é garantida a reintegração aos empregados estáveis, e aos não estáveis o complemento da indenização já percebida, assegurado a ambos o pagamento da remuneração atrasada.

Se o empregador agir com falsidade na alegação de força maior, será condenado ao pagamento integral de salários devidos aos seus empregados, bem como à reintegração dos estáveis que foram dispensados sob o efeito de tais alegações.

Capítulo IX
DISPOSIÇÕES ESPECIAIS

Art. 505. São aplicáveis aos trabalhadores rurais os dispositivos constantes dos Capítulos I, II e VI do presente Título.

O "princípio da conservação da empresa" que se exemplifica nos casos de força maior aplica-se a todas as atividades empresariais, bem como aos empregadores rurais, que sempre são afetados pelos fenômenos da natureza.

Art. 506. No contrato de trabalho agrícola é lícito o acordo que estabelecer a remuneração *in natura*, contanto que seja de produtos obtidos pela exploração do negócio e não exceda de 1/3 (um terço) do salário total do empregado.

Em que pese seja o momento impróprio para discutir tais questões, caracterizando o art. 506 da CLT como uma norma heterotópica, ou seja, inserida em um título adverso ao que se vem tratando, especificamente, força maior, alertamos que o presente artigo se aplica ao trabalho rural, como fonte subsidiária da Lei nº 5.889/73, e permite que seja pago salário *in natura* na razão de 70% aos empregados rurais, sendo que a prestação deverá ser caracterizada por produtos obtidos na própria cultura agrícola.

Art. 507. As disposições do Capítulo VII do presente Título não serão aplicáveis aos empregados em consultórios ou escritórios de profissionais liberais.

Parágrafo único. (Revogado pela Lei nº 6.533, de 24.05.1978)

O profissional liberal, por exemplo, médico, advogado ou arquiteto, não pode arguir a força maior em seu benefício, visto que suas atividades são específicas e podem ser desempenhadas em qualquer local que possa ser atingido por fenômenos da natureza, além de empregar número reduzido de pessoas.

Art. 507-A. Nos contratos individuais de trabalho cuja remuneração seja superior a duas vezes o limite máximo estabelecido para os benefícios do Regime Geral de Previdência Social, poderá ser pactuada cláusula compromissória de arbitragem, desde que por iniciativa do empregado ou mediante a sua concordância expressa, nos termos previstos na Lei nº 9.307, de 23 de setembro de 1996.

A Lei nº 13.467/17 assegura a possibilidade de empregados e empregadores pactuarem cláusulas contratuais com maior flexibilidade a partir de pagas salariais mensais que sejam superiores a duas vezes o teto do INSS, fixado, em 2017, em R$5.579,06 (cinco mil, quinhentos e setenta e nove reais e seis centavos). No ato da contratação poderá ser acordada a possibilidade de promover as tratativas sobre o pactuado por meio de arbitragem, como modalidade capaz de dirimir eventuais litígios sobre o que foi ajustado entre as partes.

Ao nosso ver, esta modalidade contratual poderá interagir com a contratação de autônomo do art. 442-B da CLT e caberá ao empregador se orientar pelas previsões legais que assegurem ao empregado liberdade suficiente para não descaracterizar a condição de autonomia.

A jurista italiana Luisa Riva Sanseverino preconiza que a subordinação é inversamente proporcional à capacidade intelectual do trabalhador. Porquanto, quanto mais o prestador de serviço for capacitado será reduzida a necessidade de o empregador diligenciar a relação de trabalho. Amparado pelas mudanças trazidas pela Lei nº 13.467/17, as contratações poderão desenvolver maior poder de negociação entre empregados e empregadores.

Art. 507-B. É facultado a empregados e empregadores, na vigência ou não do contrato de emprego, firmar o termo de quitação anual de obrigações trabalhistas, perante o sindicato dos empregados da categoria.

Parágrafo único. O termo discriminará as obrigações de dar e fazer cumpridas mensalmente e dele constará a quitação anual dada pelo empregado, com eficácia liberatória das parcelas nele especificadas.

Com advento da Lei nº 13.467/17, que alterou o art. 477 da CLT, verifica-se a desobrigação das rescisões de contrato de trabalho serem homologadas pelos sindicatos e/ou Delegacias Regionais do Trabalho. Em contrapartida, empregadores ou empregados poderão promover a quitação anual das obrigações trabalhistas junto aos sindicatos de classe. Estas mesmas obrigações deverão estar expressas de forma mensal e resultarão em quitação anual das parcelas que estiverem pagas e dos valores ali registrados.

Quanto a qualquer outra obrigação que reputem as partes não quitadas, poderão acionar a Justiça do Trabalho para discuti-las em processo específico. A decisão judicial se encarregará de considerar as obrigações já adimplidas em conformidade com as informações constantes dos termos de quitação anual.

Art. 508. (Revogado pela Lei nº 12.347, de 10.12.2010)

O presente artigo foi revogado pela Lei nº 12.347, de 10 de dezembro de 2010, oportunidade que não mais será possível dispensar empregado bancário por justa causa em face da falta contumaz de pagamento de dívidas legalmente exigíveis.

Por diante, a relação de fidúcia entre bancário e instituição financeira assume maior dimensão e promove o respeito entre ambos sem a interferência da lei. Essa alteração, por consequência, impõe às casas bancárias maior responsabilidade junto aos seus empregados, visto não mais permitida a dispensa por justa causa para empregados inadimplentes.

Art. 509. (Revogado pela Lei nº 6.533, de 24.05.1978)

Art. 510. Pela infração das proibições constantes deste Título, será imposta à empresa a multa de valor igual a 1 (um) salário mínimo regional, elevada ao dobro, no caso de reincidência, sem prejuízo das demais cominações legais.

As empresas que não cumprirem os preceitos do Título IV – Do contrato individual do trabalho (arts. 442 a 510) poderão ser autuadas pela Delegacia Regional do Trabalho e sofrer a imposição de multas administrativas.

Título IV-A
DA REPRESENTAÇÃO DOS EMPREGADOS

Art. 510-A. Nas empresas com mais de duzentos empregados, é assegurada a eleição de uma comissão para representá-los, com a finalidade de promover-lhes o entendimento direto com os empregadores.

§1º A comissão será composta:

I – nas empresas com mais de duzentos e até três mil empregados, por três membros;

II – nas empresas com mais de três mil e até cinco mil empregados, por cinco membros;

III – nas empresas com mais de cinco mil empregados, por sete membros.

§2º No caso de a empresa possuir empregados em vários Estados da Federação e no Distrito Federal, será assegurada a eleição de uma comissão de representantes dos empregados por Estado ou no Distrito Federal, na mesma forma estabelecida no §1º deste artigo.

Art. 510-B. A comissão de representantes dos empregados terá as seguintes atribuições:

I – representar os empregados perante a administração da empresa;

II – aprimorar o relacionamento entre a empresa e seus empregados com base nos princípios da boa-fé e do respeito mútuo;

III – promover o diálogo e o entendimento no ambiente de trabalho com o fim de prevenir conflitos;

IV – buscar soluções para os conflitos decorrentes da relação de trabalho, de forma rápida e eficaz, visando à efetiva aplicação das normas legais e contratuais;

V – assegurar tratamento justo e imparcial aos empregados, impedindo qualquer forma de discriminação por motivo de sexo, idade, religião, opinião política ou atuação sindical;

VI – encaminhar reivindicações específicas dos empregados de seu âmbito de representação;

VII – acompanhar o cumprimento das leis trabalhistas, previdenciárias e das convenções coletivas e acordos coletivos de trabalho.

§1º As decisões da comissão de representantes dos empregados serão sempre colegiadas, observada a maioria simples.

§2º A comissão organizará sua atuação de forma independente.

Art. 510-C. A eleição será convocada, com antecedência mínima de trinta dias, contados do término do mandato anterior, por meio de edital que deverá ser fixado na empresa, com ampla publicidade, para inscrição de candidatura.

§1º Será formada comissão eleitoral, integrada por cinco empregados, não candidatos, para a organização e o acompanhamento do processo eleitoral, vedada a interferência da empresa e do sindicato da categoria.

§2º Os empregados da empresa poderão candidatar-se, exceto aqueles com contrato de trabalho por prazo determinado, com contrato suspenso ou que estejam em período de aviso-prévio, ainda que indenizado.

§3º Serão eleitos membros da comissão de representantes dos empregados os candidatos mais votados, em votação secreta, vedado o voto por representação.

§4º A comissão tomará posse no primeiro dia útil seguinte à eleição ou ao término do mandato anterior.

§5º Se não houver candidatos suficientes, a comissão de representantes dos empregados poderá ser formada com número de membros inferior ao previsto no art. 510-A desta Consolidação.

§6º Se não houver registro de candidatura, será lavrada ata e convocada nova eleição no prazo de um ano.

Art. 510-D. O mandato dos membros da comissão de representantes dos empregados será de um ano.

§1º O membro que houver exercido a função de representante dos empregados na comissão não poderá ser candidato nos dois períodos subsequentes.

§2º O mandato de membro de comissão de representantes dos empregados não implica suspensão ou interrupção do contrato de trabalho, devendo o empregado permanecer no exercício de suas funções.

§3º Desde o registro da candidatura até um ano após o fim do mandato, o membro da comissão de representantes dos empregados não poderá sofrer despedida arbitrária, entendendo-se como tal a que não se fundar em motivo disciplinar, técnico, econômico ou financeiro.

§4º Os documentos referentes ao processo eleitoral devem ser emitidos em duas vias, as quais permanecerão sob a guarda dos empregados e da empresa pelo prazo de cinco anos, à disposição para consulta de qualquer trabalhador interessado, do Ministério Público do Trabalho e do Ministério do Trabalho.

A Lei nº 13.467/17 cria as Comissões de Representantes dos Empregados nas empresas, que promoverá maior aproximação dos trabalhadores com empresários, buscando flexibilizar as relações de trabalho de forma concreta e eficiente. As negociações que serão objeto de tratativas diretas entre empregados e empregadores de certa forma esvaziam os sindicatos de classe e oferecem a oportunidade das partes ajustarem condições de trabalho com maior agilidade.

As questões que se concentram na jornada de trabalho serão a tônica dessas tratativas diretas e tal proximidade facilitará a aplicação imediata dos ajustes fixados em favor da produção. Contudo, importante registrar que haverá maior acuidade dos empresários nas decisões que importem em medidas de redução de despesas com a

consequente dispensa de empregados. Há quem entenda que esta medida seja prejudicial ao trabalhador e beneficie o capital, mas trata-se de modelo eficaz no trato das relações de trabalho que já é adotado em vários países e também por algumas empresas no Brasil.

Vale salientar que a criação das comissões não é obrigatória e sim assegurada por lei, que regula a sua composição por meios eleitorais internos e permite estabilidade aos seus membros nos mesmos moldes dos representantes da CIPA.

Por derradeiro, as empresas que tenham filiais poderão compor suas respectivas representações caso somem o número mínimo de empregados nessas filiais para atender ao comando do §1º do art. 510-A da CLT, independente das comissões compostas na sede da empresa.

Vale registrar que essas comissões se concentram na representação específica dos interesses vinculados aos empregados da empresa no âmbito das suas especificidades, que não se estende para defesa da categoria. A Portaria do MTB nº 349 de 23.05.18 assevera que as referidas comissões não substituirão a função do sindicato de defender os direitos e os interesses coletivos ou individuais da categoria, inclusive em questões judiciais ou administrativas e resta obrigatória a participação dos sindicatos em negociações coletivas de trabalho (art. 8º, incisos III e VI, da CRFB).

Título V
DA ORGANIZAÇÃO SINDICAL
Capítulo I
DA INSTITUIÇÃO SINDICAL
Seção I
DA ASSOCIAÇÃO EM SINDICATO

Art. 511. É lícita a associação para fins de estudo, defesa e coordenação dos seus interesses econômicos ou profissionais de todos os que, como empregadores, empregados, agentes ou trabalhadores autônomos, ou profissionais liberais, exerçam, respectivamente, a mesma atividade ou profissão ou atividades ou profissões similares ou conexas.

§1º A solidariedade de interesses econômicos dos que empreendem atividades idênticas, similares ou conexas, constitui o vínculo social básico que se denomina categoria econômica.

§2º A similitude de condições de vida oriunda da profissão ou trabalho em comum, em situação de emprego na mesma atividade econômica ou em atividades econômicas similares ou conexas, compõe a expressão social elementar compreendida como categoria profissional.

§3º Categoria profissional diferenciada é a que se forma dos empregados que exerçam profissões ou funções diferenciadas por força de estatuto profissional especial ou em consequência de condições de vida singulares.

§4º Os limites de identidade, similaridade ou conexidade fixam as dimensões dentro das quais a categoria econômica ou profissional é homogênea e a associação é natural.

As associações e sindicatos têm natureza de justiça comunitária e traduzem sua essência na composição de forças em benefício do bem comum aos que lutam pelos mesmos ideais.

Sindicatos são formados por grupos homogêneos que visam reunir-se para buscarem juntos os mesmos ideais e direitos comunitários. Assim, os metalúrgicos da região do ABC, em São Paulo, agruparam-se para tornarem-se representativos e fortes na luta por melhores salários e proteção ao trabalho.

Associações surgem a partir de um interesse comum que, não necessariamente, obrigue seus membros a pertencerem ou enquadrarem-se em uma mesma atividade, pois trata-se de característica natural e não segmentada a grupos específicos.

As categorias profissionais diferenciadas são atividades que, pela sua natureza, destacam-se das demais tarefas laborais que integram o dia a dia dos trabalhadores. Por exemplo, poderíamos citar os motoristas, ascensoristas de elevadores e telefonistas, que, exatamente por atuarem em condições adversas e específicas de trabalho, diferenciam-se dos outros trabalhadores. Tais categorias são protegidas por leis ou normas próprias que lhes garantem proteção e melhores condições de trabalho, bem como piso salarial peculiar.

Tempestivamente, vale salientar que "o empregado de categoria diferenciada eleito dirigente sindical só goza de estabilidade se exercer na empresa atividade pertinente à categoria profissional do sindicato para o qual foi eleito dirigente" (inc. III da Súmula nº 369 do TST).

Ressalve-se que "empregado integrante de categoria profissional diferenciada não tem o direito de haver de seu empregador vantagens previstas em instrumento coletivo no qual a empresa não foi representada por órgão de classe de sua categoria" (Súmula nº 374 do TST).

Em caráter exemplificativo, a Lei nº 12.619/2012, que regula o exercício da profissão de motorista, resta disciplinando a jornada de trabalho e o tempo de direção do motorista profissional. Tal atividade, considerada categoria diferenciada, permite que sejam ajustados seus próprios regramentos em separado – sempre – respeitando os "contratos mínimos" estabelecidos pela CLT e Lei Maior. Neste sentido, o sindicato singular da categoria diferenciada em epígrafe direciona as normas essenciais para o exercício da profissão.

Art. 512. Somente as associações profissionais constituídas para os fins e na forma do artigo anterior e registradas de acordo com o art. 558 poderão ser reconhecidas como sindicatos e investidas nas prerrogativas definidas nesta Lei.

As associações que desejam compartilhar as prerrogativas estabelecidas pela lei aos sindicatos podem ser reconhecidas e conquistar os direitos previstos pela CLT para atuarem como dignos representantes de uma categoria profissional, caso se adaptem às exigências previstas nos incs. I, II e III do art. 8º da Carta Magna de 1988, combinado com o art. 558 da CLT.

Art. 513. São prerrogativas dos sindicatos:

a) representar, perante as autoridades administrativas e judiciárias, os interesses gerais da respectiva categoria ou profissão liberal ou os interesses individuais dos associados relativos à atividade ou profissão exercida;

b) celebrar convenções coletivas de trabalho;

c) eleger ou designar os representantes da respectiva categoria ou profissão liberal;

d) colaborar com o Estado, como órgãos técnicos e consultivos, no estudo e solução dos problemas que se relacionam com a respectiva categoria ou profissão liberal;

e) impor contribuições a todos aqueles que participam das categorias econômicas ou profissionais ou das profissões liberais representadas.

Parágrafo único. Os sindicatos de empregados terão, outrossim, a prerrogativa de fundar e manter agências de colocação.

Além de representarem os interesses da sua categoria, os sindicatos deverão estabelecer critérios de conduta da profissão e promover um trabalho institucional de apoio aos seus membros, caracterizando sua função conciliadora, reguladora e protetora dos direitos da classe que representam.

Art. 514. São deveres dos sindicatos:

a) colaborar com os poderes públicos no desenvolvimento da solidariedade social;

b) manter serviços de assistência judiciária para os associados;

c) promover a conciliação nos dissídios de trabalho;

d) sempre que possível, e de acordo com as suas possibilidades, manter no seu quadro de pessoal, em convênio com entidades assistenciais ou por conta própria, um assistente social com as atribuições específicas de promover a cooperação operacional na empresa e a integração profissional na classe.

Parágrafo único. Os sindicatos de empregados terão, outrossim, o dever de:

a) promover a fundação de cooperativas de consumo e de crédito;

b) fundar e manter escolas de alfabetização e pré-vocacionais.

É dever dos sindicatos, principalmente, promover esforços para defesa de sua categoria, que se convalida em atos institucionais, como assistência judiciária, educacional e financeira, bem como participação em eventos que possam desenvolver a solidariedade

entre comuns e, tecnicamente, acompanhar os conflitos que envolvem a categoria, seja em dissídios, seja em acordos coletivos de trabalho.

Seção II
DO RECONHECIMENTO E INVESTIDURA SINDICAL

Art. 515. As associações profissionais deverão satisfazer os seguintes requisitos para serem reconhecidas como sindicatos:

a) reunião de 1/3 (um terço), no mínimo, de empresas legalmente constituídas, sob a forma individual ou de sociedade, se se tratar de associação de empregadores; ou de 1/3 (um terço) dos que integrem a mesma categoria ou exerçam a mesma profissão liberal, se se tratar de associação de empregados ou de trabalhadores ou agentes autônomos ou de profissão liberal;

b) duração de 3 (três) anos para o mandato da diretoria;

c) exercício do cargo de presidente e dos demais cargos de administração e representação por brasileiros.

Parágrafo único. O Ministro do Trabalho, Indústria e Comércio poderá, excepcionalmente, reconhecer como sindicato a associação cujo número de associados seja inferior ao terço a que se refere a alínea *a*.

Tal procedimento importa em participação direta do Estado em questões típicas dos sindicatos, em absoluta contradição com os princípios de pluralidade e independência sindical previstos no art. 8º da CF/1988. Nesse sentido, deverá haver uma ressalva quanto aos artigos que referenciam interferência do Ministério do Trabalho e Emprego em assuntos de exclusiva competência do Poder Público, em especial quanto aos trâmites de natureza administrativa.

Contudo, após a regularização pertinente aos órgãos cartoriais – na forma da lei civil – os interessados devem procurar o setor de enquadramento sindical do Ministério do Trabalho e Emprego, reunindo os dados necessários para promover tal alteração que, no mínimo, permitirá à associação tornar-se representativa e autorizada para atuar em condições técnicas na defesa da categoria. Vale salientar que o Ministério do Trabalho pode reconhecer como sindicatos as associações que não tenham completado o número de associados suficientes para tal direito, visto que poderá considerar a importância de sua representatividade junto à categoria profissional que defendem.

Todos os dirigentes de associações profissionais que estão legalmente registradas gozam de proteção ao emprego. É importante ressalvar, também, que a legislação esparsa assegura a estabilidade provisória aos dirigentes de cooperativas criadas dentro das próprias empresas (art. 55 da Lei nº 5.764/1971), como também aos membros do Conselho Curador do FGTS (art. 3º, §9º, da Lei nº 8.036/1990) e do Conselho Nacional de Previdência Social – CNPS (art. 3º, II, *b* e §7º, da Lei nº 8.213/1991).

Art. 516. Não será reconhecido mais de um sindicato representativo da mesma categoria econômica ou profissional, ou profissão liberal, em uma dada base territorial.

Essa é uma ignorância técnica que os legisladores do Texto Consolidado e os da Carta Magna cometeram.

Os limites de base territorial de um sindicato não podem ser marcados por um município, como assegura o inc. II do art. 8º da CF. Os limites de um município definem-se como organização político-administrativa, jamais por uma linha riscada no chão que divide duas municipalidades. Seria ridículo entender que pode existir um sindicato de bancários no município do Rio de Janeiro e outro no município de Caxias, separados por uma fronteira entre as duas cidades. Assim, será necessário que as organizações sindicais constituídas na forma da lei civil procurem as delegacias regionais do Ministério do Trabalho e Emprego e registrem seus dados no setor de enquadramento sindical, o qual terá condições de averiguar se já existe uma representação semelhante naquela área de atuação e se a base territorial se constitui inferior aos limites de um município.

Na compreensão do art. 8º, II, da CF, vincula-se a concessão da personalidade sindical à efetiva representatividade exercida pelo ente em relação à sua categoria, não podendo restringir-se aos critérios de precedência e especificidade. Dessa forma, a exclusividade para representação de grupo profissional deverá se pautar pela representatividade, sendo vedada a discricionariedade pública na escolha do detentor da representação sindical.

Art. 517. Os sindicatos poderão ser distritais, municipais, intermunicipais, estaduais e interestaduais. Excepcionalmente, e atendendo às peculiaridades de determinadas categorias ou profissões, o Ministro do Trabalho, Indústria e Comércio poderá autorizar o reconhecimento de sindicatos nacionais.

§1º O Ministro do Trabalho, Indústria e Comércio outorgará e delimitará a base territorial do sindicato.

§2º Dentro da base territorial que lhe for determinada é facultado ao sindicato instituir delegacias ou seções para melhor proteção dos associados e da categoria econômica ou profissional ou profissão liberal representada.

Os sindicatos podem ser distribuídos em municipais, estaduais, intermunicipais ou interestaduais, conforme a autorização expedida pelo Ministério do Trabalho e Emprego, que delimitará sua área de atuação.

Art. 518. O pedido de reconhecimento será dirigido ao Ministro do Trabalho, Indústria e Comércio instruído com exemplar ou cópia autenticada dos estatutos da associação.

§1º Os estatutos deverão conter:

a) a denominação e a sede da associação;

b) a categoria econômica ou profissional ou a profissão liberal cuja representação é requerida;

c) a afirmação de que a associação agirá como órgão de colaboração com os poderes públicos e as demais associações no sentido da solidariedade social e da subordinação dos interesses econômicos ou profissionais ao interesse nacional;

d) as atribuições, o processo eleitoral e das votações, os casos de perda de mandato e de substituição dos administradores;

e) o modo de constituição e administração do patrimônio social e o destino que lhe será dado no caso de dissolução;

f) as condições em que se dissolverá a associação.

§2º O processo de reconhecimento será regulado em instruções baixadas pelo Ministro do Trabalho, Indústria e Comércio.

A autorização para funcionamento sindical é requerida mediante ofício dirigido ao Ministro do Trabalho e Emprego, que, de posse dos documentos necessários ao reconhecimento da instituição de classe, abalizará seu funcionamento e limites territoriais para que sejam desenvolvidas as atividades representativas da sua categoria.

Art. 519. A investidura sindical será conferida sempre à associação profissional mais representativa, a juízo do Ministro do Trabalho, Indústria e Comércio, constituindo elementos para essa apreciação, entre outros:

a) o número de associados;

b) os serviços sociais fundados e mantidos;

c) o valor do patrimônio.

O poder de representatividade será fundamental na decisão do órgão competente para que seja autorizado o funcionamento de uma organização sindical, ou seja, o principal requisito para a concessão dessa autorização será o número de associados envolvidos e ligados ao movimento de sua criação.

Art. 520. Reconhecida como sindicato a associação profissional, ser-lhe-á expedida carta de reconhecimento, assinada pelo Ministro do Trabalho, Indústria e Comércio, na qual será especificada a representação econômica ou profissional conferida e mencionada a base territorial outorgada.

Parágrafo único. O reconhecimento investe a associação nas prerrogativas do art. 513 e a obriga aos deveres do art. 514, cujo inadimplemento a sujeitará às sanções desta Lei.

O reconhecimento de uma organização sindical tem por característica básica, fundamentalmente, atuar em favor da categoria que representará por diante, ou seja, será marcada pelas prerrogativas dos arts. 513 e 514 da CLT.

Art. 521. São condições para o funcionamento do sindicato:

a) proibição de qualquer propaganda de doutrinas incompatíveis com as instituições e os interesses da Nação, bem como de candidaturas a cargos eletivos estranhos ao sindicato;

b) proibição de exercício de cargo eletivo cumulativamente com o de emprego remunerado pelo sindicato ou por entidade sindical de grau superior;

c) gratuidade do exercício dos cargos eletivos;

d) proibição de quaisquer atividades não compreendidas nas finalidades mencionadas no art. 511, inclusive as de caráter político-partidário;

e) proibição de cessão gratuita ou remunerada da respectiva sede a entidade de índole político-partidária.

Parágrafo único. Quando, para o exercício de mandato, tiver o associado de sindicato de empregados, de trabalhadores autônomos ou de profissionais liberais de se afastar do seu trabalho, poderá ser-lhe arbitrada pela assembleia geral uma gratificação nunca excedente da importância de sua remuneração na profissão respectiva.

As exigências para o funcionamento de um sindicato resumem-se em não se confundir ou envolver-se com movimentos de cunho político, nem mesmo agregar-se a tais ideais como degrau para o pleito de cargos públicos eletivos, bem como despir-se de interesses econômicos ou financeiros e, principalmente, evitar atuar como dirigente sindical em troca de remuneração.

Seção III
DA ADMINISTRAÇÃO DO SINDICATO

Art. 522. A administração do sindicato será exercida por uma diretoria constituída, no máximo, de 7 (sete) e, no mínimo, de 3 (três) membros e de um conselho fiscal composto de 3 (três) membros, eleitos esses órgãos pela assembleia geral.

§1º A diretoria elegerá, dentre os seus membros, o presidente do sindicato.

§2º A competência do conselho fiscal é limitada à fiscalização da gestão financeira do sindicato.

§3º Constituirá atribuição exclusiva da diretoria do sindicato e dos delegados sindicais, a que se refere o art. 523, a representação e a defesa dos interesses da entidade perante os poderes públicos e as empresas, salvo mandatário com poderes outorgados por procuração da diretoria, ou associado investido em representação prevista em lei.

Como qualquer entidade representativa de classe, a administração do sindicato deverá ser formada por uma diretoria com membros designados para cada função, de acordo com as determinações da CLT. Atuará por via de mandato na defesa dos interesses da categoria que representa, observando a limitação máxima de sete dirigentes sindicais por entidade, limitação esta que foi recepcionada pela Constituição de 1988 (inc. II da Súmula nº 369 do TST).

Art. 523. Os delegados sindicais destinados à direção das delegacias ou seções instituídas na forma estabelecida no §2º do art. 517 serão designados pela diretoria dentre os associados radicados no território da correspondente delegacia.

Os delegados sindicais são responsáveis pela direção das seções e delegacias constituídas pelos sindicatos e atuarão em seus territórios de origem, recaindo a escolha naqueles que estão fixados em bases próximas a sua área de atividades. Em se tratando de cargo não eletivo, nem mesmo protegido pelo art. 543, §3º, da CLT, não gozam de estabilidade sindical.

Art. 524. Serão sempre tomadas por escrutínio secreto, na forma estatutária, as deliberações da assembleia geral concernentes aos seguintes assuntos:

a) eleição de associado para representação da respectiva categoria prevista em lei;

b) tomada e aprovação de contas da diretoria;

c) aplicação do patrimônio;

d) julgamento dos atos da diretoria, relativos a penalidades impostas a associados;

e) pronunciamento sobre relações ou dissídio de trabalho. Neste caso, as deliberações da assembleia geral só serão consideradas válidas quando ela tiver sido especialmente convocada para esse fim, de acordo com as disposições dos estatutos da entidade sindical. O *quorum* para validade da assembleia será de metade mais um dos associados quites; não obtido esse *quorum* em primeira convocação, reunir-se-á a assembleia em segunda convocação com os presentes, considerando-se aprovadas as deliberações que obtiverem 2/3 (dois terços) dos votos.

§1º A eleição para cargos de diretoria e conselho fiscal será realizada por escrutínio secreto, durante 6 (seis) horas contínuas, pelo menos, na sede do sindicato, na de suas delegacias e seções e nos principais locais de trabalho, onde funcionarão as mesas coletoras designadas pelos Delegados Regionais do Trabalho e Emprego.

§2º Concomitantemente ao término do prazo estipulado para a votação, instalar-se-á, em assembleia eleitoral pública e permanente, na sede do sindicato, a mesa apuradora, para a qual serão enviadas, imediatamente, pelos presidentes das mesas coletoras, as urnas receptoras e as atas respectivas. Será facultada designação de mesa apuradora supletiva sempre que as peculiaridades ou conveniências do pleito a exigirem.

§3º A mesa apuradora será presidida por membro do Ministério Público do Trabalho ou pessoa de notória idoneidade, designada pelo Procurador-Geral da Justiça do Trabalho ou procuradores regionais.

§4º O pleito só será válido na hipótese de participarem da votação mais de 2/3 (dois terços) dos associados com capacidade para votar. Não obtido esse coeficiente, será realizada nova eleição dentro de 15 (quinze) dias, a qual terá validade se nela tomarem parte mais de 50% (cinquenta por cento) dos referidos associados. Na hipótese de não ter sido alcançado, na segunda votação, o coeficiente exigido, será realizado o terceiro e último pleito, cuja validade dependerá do voto de mais de 40% (quarenta por cento) dos aludidos associados, proclamando o presidente da mesa apuradora, em qualquer dessas hipóteses, os eleitos, os quais serão empossados automaticamente na data do término do mandato expirante, não tendo efeito suspensivo os protestos ou recursos oferecidos na conformidade da lei.

§5º Não sendo atingido o coeficiente legal para a eleição, o Ministério do Trabalho, Indústria e Comércio declarará a vacância da administração, a partir do término do mandato dos membros em exercício, e designará administrador para o sindicato, realizando-se novas eleições dentro de 6 (seis) meses.

Todas as deliberações de uma organização sindical devem ser precedidas de assembleia geral, a qual fixará o elenco de atividades sindicais que vão desde a instituição de contribuições até a escolha dos membros que participarão da administração da categoria, ressalvando que os escrutínios a serem submetidos à classe serão, sempre, secretos.

Art. 525. É vedada a pessoas físicas ou jurídicas, estranhas ao sindicato, qualquer interferência na sua administração ou nos seus serviços.

Parágrafo único. Estão excluídos dessa proibição:

a) os Delegados do Ministério do Trabalho, Indústria e Comércio especialmente designados pelo Ministro ou por quem o represente;

b) os que, como empregados, exerçam cargos no sindicato mediante autorização da assembleia geral.

Ninguém, além dos representantes eleitos pela categoria, pode interferir nas questões afetas aos sindicatos. Após a promulgação da Carta Magna de 1988, afasta-se o Estado de qualquer modo de participação em assuntos de interesse exclusivo das organizações sindicais.

Art. 526. Os empregados do sindicato serão nomeados pela diretoria respectiva *ad referendum* da assembleia geral, não podendo recair tal nomeação nos que estiverem nas condições previstas nos itens II, IV, V, VI, VII e VIII do art. 530 e, na hipótese de o nomeador haver sido dirigente sindical, também nas do item I do mesmo artigo.

Parágrafo único. (Revogado pela Lei nº 11.295, de 09.05.2006)

§2º Aplicam-se ao empregado de entidade sindical os preceitos das leis de proteção do trabalho e de previdência social, inclusive o direito de associação em sindicato.

Os sindicatos, como qualquer pessoa jurídica e empregador, podem contratar empregados para atuarem na administração dos serviços, apenas com as ressalvas previstas no art. 530 da CLT.

Em tempo, vale salientar que as contratações ocorrem dentro das características de uma relação de emprego, nos limites estabelecidos pela legislação trabalhista vigente.

Art. 527. Na sede de cada sindicato haverá um livro de registro, autenticado pelo funcionário competente do Ministério do Trabalho, Indústria e Comércio, e do qual deverão constar:

a) tratando-se de sindicato de empregadores, a firma, individual ou coletiva, ou a denominação das empresas e sua sede, o nome, idade, estado civil, nacionalidade e residência dos respectivos sócios, ou, em se tratando de sociedade por ações, dos diretores, bem como a indicação desses dados quanto ao sócio ou diretor que representar a empresa no sindicato;

b) tratando-se de sindicato de empregados, ou de agentes ou trabalhadores autônomos ou de profissionais liberais, além do nome, idade, estado civil, nacionalidade, profissão ou função e residência de cada associado, o estabelecimento ou lugar onde exerce a sua profissão ou função, o número e a série da respectiva Carteira de Trabalho e Previdência Social e o número da inscrição na instituição de previdência a que pertencer.

É importante que os sindicatos tenham em seus registros todos os dados dos seus associados, tanto para os representantes das categorias profissionais como, também, para os representantes das categorias econômicas, assim reconhecidos pelos nomes dos sócios e suas respectivas qualificações pessoais.

Art. 528. Ocorrendo dissídio ou circunstâncias que perturbem o funcionamento de entidade sindical ou motivos relevantes de segurança nacional, o Ministro do Trabalho e Previdência Social poderá nela intervir, por intermédio de Delegado ou de Junta Interventora, com atribuições para administrá-la e executar ou propor as medidas necessárias para normalizar-lhe o funcionamento.

Antes do advento da Constituição de 1988 os sindicatos podiam sofrer intervenção do Ministério do Trabalho e Emprego; porém, depois – especificamente em seu art. 8º –, tal interferência ficou vedada e os artigos da CLT que mencionam que essas situações ficaram, consequentemente, prejudicadas.

O "princípio da unicidade sindical" era o regime adotado até a promulgação da Carta Magna de 1988, visto que o Estado exercia o controle direto sobre as organizações sindicais.

Atualmente, qualquer entidade sindical poderá efetivar seu registro em cartório, na forma da lei civil, caracterizando o "princípio da pluralidade sindical".

Entretanto, o permissivo ao registro realizado na forma da lei civil não exime a entidade sindical de promover outro registro junto ao Ministério do Trabalho e Emprego, especificamente, no enquadramento sindical. Nesse caso, dando azo à discussão sobre a continuidade da interferência do Estado nas organizações sindicais, propugnando-se por um sistema híbrido que abarca ambos os princípios – unicidade e pluralidade sindical.

Seção IV
DAS ELEIÇÕES SINDICAIS

Art. 529. São condições para o exercício do direito do voto como para a investidura em cargo de administração ou representação econômica ou profissional:

a) ter o associado mais de 6 (seis) meses de inscrição no quadro social e mais de 2 (dois) anos de exercício da atividade ou da profissão;

b) ser maior de 18 (dezoito) anos;

c) estar no gozo dos direitos sindicais.

Parágrafo único. É obrigatório aos associados o voto nas eleições sindicais.

Para o associado ter direito a voto ou para se candidatar a cargos sindicais, basta cumprir as exigências que a CLT determina, como: estar o associado trabalhando há mais de dois anos em atividade profissional ligada à categoria que pretende representar, e na mesma base territorial; ser associado há mais de seis meses daquele mesmo sindicato; ser maior de dezoito anos e sem impedimentos junto à categoria que possam impossibilitar-lhe o lançamento de sua candidatura.

Art. 530. Não podem ser eleitos para cargos administrativos ou de representação econômica ou profissional, nem permanecer no exercício desses cargos:

I – os que não tiverem definitivamente aprovadas as suas contas de exercício em cargos de administração;

II – os que houverem lesado o patrimônio de qualquer entidade sindical;

III – os que não estiverem, desde 2 (dois) anos antes, pelo menos, no exercício efetivo da atividade ou da profissão dentro da base territorial do sindicato, ou no desempenho de representação econômica ou profissional;

IV – os que tiverem sido condenados por crime doloso enquanto persistirem os efeitos da pena;

V – os que não estiverem no gozo de seus direitos políticos;

VI – (Revogado pela Lei nº 8.865, de 29.03.1994)

VII – má conduta, devidamente comprovada;

VIII – (Revogado pela Lei nº 8.865, de 29.03.1994)

Não podem se candidatar para cargos sindicais os condenados pela Justiça Criminal e os que assumiram cargos sindicais e lesaram o patrimônio da entidade ou não apresentaram suas contas aprovadas na administração passada, bem como aqueles que não provarem exercício na atividade ou profissão por dois anos antes da candidatura.

Art. 531. Nas eleições para cargos de diretoria e do conselho fiscal serão considerados eleitos os candidatos que obtiverem maioria absoluta de votos em relação ao total dos associados eleitores.

§1º Não ocorrendo à primeira convocação maioria absoluta de eleitores, ou não obtendo nenhum dos candidatos essa maioria, proceder-se-á a nova convocação para dia posterior, sendo então considerados eleitos os candidatos que obtiverem maioria dos eleitores presentes.

§2º Havendo somente uma chapa registrada para as eleições, poderá a assembleia, em última convocação, ser realizada 2 (duas) horas após a primeira convocação, desde que do edital respectivo conste essa advertência.

§3º Concorrendo mais de uma chapa, poderá o Ministro do Trabalho, Indústria e Comércio designar o presidente da sessão eleitoral, desde que o requeiram os associados que encabeçarem as respectivas chapas.

§4º O Ministro do Trabalho, Indústria e Comércio expedirá instruções regulando o processo das eleições.

As votações sindicais são realizadas em um processo simples, que determinará eleitos à diretoria e ao Conselho Fiscal que obtiverem maior número de votos entre os eleitores votantes.

Art. 532. As eleições para a renovação da diretoria e do conselho fiscal deverão ser procedidas dentro do prazo máximo de 60 (sessenta) dias e mínimo de 30 (trinta) dias, antes do término do mandato dos dirigentes em exercício.

§1º Não havendo protesto na ata da assembleia eleitoral ou recurso interposto por algum dos candidatos, dentro de 15 (quinze) dias, a contar da data das eleições, a posse da diretoria eleita independerá da aprovação das eleições pelo Ministério do Trabalho, Indústria e Comércio.

§2º Competirá à diretoria em exercício, dentro de 30 (trinta) dias da realização das eleições e não tendo havido recurso, dar publicidade ao resultado do pleito, fazendo comunicação ao órgão local do Ministério do Trabalho, Indústria e Comércio da relação dos eleitos, com os dados pessoais de cada um e a designação da função que vai exercer.

§3º Havendo protesto na ata da assembleia eleitoral ou recurso interposto dentro de 15 (quinze) dias da realização das eleições, competirá à diretoria em exercício encaminhar, devidamente instruído, o processo eleitoral ao órgão local do Ministério do Trabalho, Indústria e Comércio, que o encaminhará para decisão do Ministro de Estado. Nesta hipótese, permanecerão na administração, até despacho final do processo, a diretoria e o conselho fiscal que se encontrarem em exercício.

§4º Não se verificando as hipóteses previstas no parágrafo anterior, a posse da nova diretoria deverá se verificar dentro de 30 (trinta) dias subsequentes ao término do mandato da anterior.

§5º Ao assumir o cargo, o eleito prestará, por escrito e solenemente, o compromisso de respeitar, no exercício do mandato, a Constituição, as leis vigentes e os estatutos da entidade.

A renovação dos mandatos a cargos sindicais ocorre com a repetição do processo eletivo, respeitado o prazo de 60 a 30 dias antes do término dos mandatos vigentes. Ainda serão considerados recursos ao referido processo eletivo, e todos precedidos de prazos para sua respectiva interposição, bem como sua decisão em tempo hábil de renovação dos novos mandatos.

Seção V
DAS ASSOCIAÇÕES SINDICAIS DE GRAU SUPERIOR

Art. 533. Constituem associações sindicais de grau superior as federações e confederações organizadas nos termos desta Lei.

Dentro de um sistema piramidal, podemos ver na base dos sindicatos, no meio das federações e no topo as confederações, sendo as duas últimas consideradas como representações de grau superior.

Art. 534. É facultado aos sindicatos, quando em número não inferior a 5 (cinco), desde que representem a maioria absoluta de um grupo de atividades ou profissões idênticas, similares ou conexas, organizarem-se em federação.

§1º Se já existir federação no grupo de atividades ou profissões em que deva ser constituída a nova entidade, a criação desta não poderá reduzir a menos de 5 (cinco) o número de sindicatos que àquela devam continuar filiados.

§2º As federações serão constituídas por Estados, podendo o Ministro do Trabalho, Indústria e Comércio autorizar a constituição de federações interestaduais ou nacionais.

§3º É permitido a qualquer federação, para o fim de lhes coordenar os interesses, agrupar os sindicatos de determinado município ou região a ela filiados, mas a União não terá direito de representação das atividades ou profissões agrupadas.

As centrais sindicais como a CUT, Força Sindical e CGT, até então, cumpriam apenas papel político junto à organização sindical, sem prerrogativas para estabelecer

acordos ou convenções coletivas de trabalho, nem mesmo como beneficiários das contribuições previstas em lei.

Ocorre que a Lei nº 11.648/2008 passou a considerar a central sindical como entidade associativa de direito privado, composta por organizações sindicais de trabalhadores. Também, reconheceu a central sindical como entidade de representação geral dos trabalhadores, constituída em âmbito nacional, com atribuições e prerrogativas de coordenar a representação dos trabalhadores por meio das organizações sindicais a ela filiadas; participar de negociações em fóruns, colegiados de órgãos públicos e demais espaços de diálogo social que possuam composição tripartite, nos quais estejam em discussão assuntos de interesse geral dos trabalhadores.

Ademais, indicou requisitos para a manutenção que passam pela obrigatoriedade da filiação de, no mínimo, cem sindicatos distribuídos nas cinco regiões do país; filiação em pelo menos três regiões do país de, no mínimo, vinte sindicatos em cada uma; filiação de sindicatos em, no mínimo, cinco setores de atividade econômica; e filiação de sindicatos que representem, no mínimo, 7% (sete por cento) do total de empregados sindicalizados em âmbito nacional. Observe-se que o índice previsto para a representação dos trabalhadores será de 5% (cinco por cento) do total de empregados sindicalizados em âmbito nacional no período de vinte e quatro meses a contar da publicação desta Lei.

Ainda, haverá indicação pela central sindical de representantes nos fóruns tripartites, conselhos e colegiados de órgãos públicos em número proporcional ao índice de representatividade previsto na lei, salvo acordo entre centrais sindicais. Quanto ao critério de proporcionalidade, bem como a possibilidade de acordo entre as centrais, não poderá prejudicar a participação de outras centrais sindicais que atenderem aos requisitos estabelecidos na lei, e deverá preservar a paridade de representação de trabalhadores e empregadores em qualquer organismo mediante o qual sejam levadas a cabo as consultas. Por fim, o Ministro de Estado do Trabalho e Emprego divulgará, anualmente, relação das centrais sindicais que atendem aos requisitos da Lei nº 11.648/2008, indicando seus índices de representatividade. E, para efeitos de contribuição sindical, os sindicatos de trabalhadores indicarão ao Ministério do Trabalho e Emprego a central sindical a que estiver filiado como beneficiária da respectiva contribuição, para fins de destinação dos créditos previstos neste artigo. Tempestivamente, vale salientar, houve veto do Presidente da República ao controle do Tribunal de Contas junto às referidas contribuições, sob a justificativa da não intervenção do Estado na organização sindical, de acordo com o texto da Carta Magna.

Existindo cinco sindicatos em uma base territorial que tenha como parâmetro um Estado, poderá haver uma federação que represente a categoria, salvo se o Ministério do Trabalho e Emprego determinar sua atuação em nível interestadual ou nacional.

Art. 535. As Confederações organizar-se-ão com o mínimo de 3 (três) federações e terão sede na Capital da República.

§1º As confederações formadas por federações de sindicatos de empregadores denominar-se-ão: Confederação Nacional da Indústria, Confederação Nacional do Comércio, Confederação Nacional de Transportes Marítimos, Fluviais e Aéreos, Confederação Nacional de Transportes Terrestres, Confederação Nacional de

Comunicações e Publicidade, Confederação Nacional das Empresas de Crédito e Confederação Nacional de Educação e Cultura.

§2º As confederações formadas por federações de sindicatos de empregados terão a denominação de: Confederação Nacional dos Trabalhadores na Indústria, Confederação Nacional dos Trabalhadores no Comércio, Confederação Nacional dos Trabalhadores em Transportes Marítimos, Fluviais e Aéreos, Confederação Nacional dos Trabalhadores em Transportes Terrestres, Confederação Nacional dos Trabalhadores em Comunicações e Publicidade, Confederação Nacional dos Trabalhadores nas Empresas de Crédito e Confederação Nacional dos Trabalhadores em Estabelecimentos de Educação e Cultura.

§3º Denominar-se-á Confederação Nacional das Profissões Liberais a reunião das respectivas federações.

§4º As associações sindicais de grau superior da Agricultura e Pecuária serão organizadas na conformidade do que dispuser a lei que regular a sindicalização dessas atividades ou profissões.

As confederações se constituem com, no mínimo, três federações (estaduais) e devem ter sede em Brasília, atuando em nível nacional.

Art. 536. (Revogado pelo Decreto-Lei nº 229, de 28.02.1967)

Art. 537. O pedido de reconhecimento de uma federação será dirigido ao Ministro do Trabalho, Indústria e Comércio acompanhado de um exemplar dos respectivos estatutos e das cópias autenticadas das atas da assembleia de cada sindicato ou federação que autorizar a filiação.

§1º A organização das federações e confederações obedecerá às exigências contidas nas alíneas b e c do art. 515.

§2º A carta de reconhecimento das federações será expedida pelo Ministro do Trabalho, Indústria e Comércio, na qual será especificada a coordenação econômica ou profissional conferida e mencionada a base territorial outorgada.

§3º O reconhecimento das confederações será feito por decreto do Presidente da República.

O Ministério do Trabalho e Emprego reconhecerá o funcionamento das federações, e o Presidente da República, por decreto, reconhecerá as confederações como entidades de classe de grau superior na defesa dos interesses de uma categoria.

Art. 538. A administração das federações e confederações será exercida pelos seguintes órgãos:

a) diretoria;

b) conselho de representantes;

c) conselho fiscal.

§1º A diretoria será constituída no mínimo de três membros e de três membros se comporá o conselho fiscal, os quais serão eleitos pelo conselho de representantes com mandato por 3 (três) anos.

§2º Só poderão ser eleitos os integrantes dos grupos das federações ou dos planos das confederações, respectivamente.

§3º O presidente da federação ou confederação será escolhido dentre os seus membros, pela diretoria.

§4º O conselho de representantes será formado pelas delegações dos sindicatos ou das federações filiadas, constituída cada delegação de dois membros, com mandato por 3 (três) anos, cabendo um voto a cada delegação.

§5º A competência do conselho fiscal é limitada à fiscalização da gestão financeira.

A escolha das diretorias e conselho fiscal das federações e confederações ocorre por diretorias formadas por conselhos de representantes, sempre escolhidos por sindicatos e federações, os quais terão delegação de poderes na indicação dos membros que irão compor as diretorias e conselhos fiscais das representações de grau superior.

Art. 539. Para a constituição e administração das federações serão observadas, no que for aplicável, as disposições das Seções II e III do presente Capítulo.

A administração das federações e confederações é desenvolvida seguindo o mesmo modelo dos sindicatos, já determinado pelos artigos da CLT que formam o Capítulo – "Da Instituição Sindical" (arts. 511 a 569).

Seção VI
DOS DIREITOS DOS EXERCENTES DE ATIVIDADES OU PROFISSÕES E DOS SINDICALIZADOS

Art. 540. A toda empresa ou indivíduo que exerçam, respectivamente, atividade ou profissão, desde que satisfaçam as exigências desta Lei, assiste o direito de ser admitido

no sindicato da respectiva categoria, salvo o caso de falta de idoneidade, devidamente comprovada, com recurso para o Ministério do Trabalho, Indústria e Comércio.

§1º Perderá os direitos de associado o sindicalizado que, por qualquer motivo, deixar o exercício de atividade ou de profissão.

§2º Os associados de sindicatos de empregados, de agentes ou trabalhadores autônomos e de profissões liberais que forem aposentados, estiverem em desemprego ou falta de trabalho ou tiverem sido convocados para prestação de serviço militar não perderão os respectivos direitos sindicais e ficarão isentos de qualquer contribuição, não podendo, entretanto, exercer cargo de administração sindical ou de representação econômica ou profissional.

Toda pessoa física ou jurídica pode participar da organização sindical, apenas excluídos os que se afastarem das atividades ligadas às suas respectivas categorias, bem como aposentados, desempregados ou em serviço militar.

Art. 541. Os que exercerem determinada atividade ou profissão onde não haja sindicato da respectiva categoria, ou de atividade ou profissão similar ou conexa, poderão filiar-se a sindicato de profissão idêntica, similar ou conexa, existente na localidade mais próxima.

Parágrafo único. O disposto neste artigo se aplica aos sindicatos em relação às respectivas federações, na conformidade do Quadro de Atividades e Profissões a que se refere o art. 577.

Poderá filiar-se a um sindicato que atue em uma localidade mais próxima do seu trabalho e também em atividade similar ou conexa, caso não exista categoria própria.

Art. 542. De todo ato lesivo de direitos ou contrário a esta Lei, emanado da diretoria, do conselho ou da assembleia geral da entidade sindical, poderá qualquer exercente de atividade ou profissão recorrer, dentro de 30 (trinta) dias, para a autoridade competente do Ministério do Trabalho, Indústria e Comércio.

Qualquer pessoa que exerça uma atividade profissional poderá denunciar aquele que cometer ato lesivo à organização sindical e normas da CLT, oportunidade em que o Ministério do Trabalho e Emprego será competente para providenciar a punição ao agente infrator.

Art. 543. O empregado eleito para cargo de administração sindical ou representação profissional, inclusive junto a órgão de deliberação coletiva, não poderá ser impedido do exercício de suas funções, nem transferido para lugar ou mister que lhe dificulte ou torne impossível o desempenho das suas atribuições sindicais.

§1º O empregado perderá o mandato se a transferência for por ele solicitada ou voluntariamente aceita.

§2º Considera-se de licença não remunerada, salvo assentimento da empresa ou cláusula contratual, o tempo em que o empregado se ausentar do trabalho no desempenho das funções a que se refere este artigo.

§3º Fica vedada a dispensa do empregado sindicalizado ou associado, a partir do momento do registro de sua candidatura a cargo de direção ou representação de entidade sindical ou de associação profissional, até 1 (um) ano após o final do seu mandato, caso seja eleito, inclusive como suplente, salvo se cometer falta grave devidamente apurada nos termos desta Consolidação.

§4º Considera-se cargo de direção ou de representação sindical aquele cujo exercício ou indicação decorre de eleição prevista em lei.

§5º Para os fins deste artigo, a entidade sindical comunicará por escrito à empresa, dentro de 24 (vinte e quatro) horas, o dia e a hora do registro da candidatura do seu empregado e, em igual prazo, sua eleição e posse, fornecendo, outrossim, a este, comprovante no mesmo sentido. O Ministério do Trabalho e Previdência Social fará no mesmo prazo a comunicação no caso da designação referida no final do §4º.

§6º A empresa que, por qualquer modo, procurar impedir que o empregado se associe a sindicato, organize associação profissional ou sindical ou exerça os direitos inerentes à condição de sindicalizado fica sujeita à penalidade prevista na letra a do art. 553, sem prejuízo da reparação a que tiver direito o empregado.

Em hipótese alguma os empregados que exercem cargos de representação sindical podem ser transferidos dos locais em que atuam, junto às suas respectivas entidades de classe, bem como aqueles que desejam transferir-se de modo espontâneo estarão automaticamente desligados de suas funções sindicais.

O §3º do art. 543 da CLT assegura estabilidade para o dirigente sindical eleito, desde o registro da candidatura até um ano após o término do mandato. Observe-se que, nos casos em que o dirigente sindical continuar trabalhando e cometer qualquer irregularidade prescrita no art. 482 da CLT ou outras previstas no próprio Texto Consolidado, poderá ser submetido a "inquérito para apuração de falta grave" (art. 853 da CLT). Nessa oportunidade, se comprovada a irregularidade funcional em juízo, poderá ser dispensado e receber salários até o dia em que foi suspenso; caso contrário, não caracterizada a falta grave, poderá retornar ao trabalho e receber todos os salários devidos desde o dia em que foi suspenso, por ordem judicial.

O período em que o empregado está a serviço do sindicato é considerado como licença não remunerada, salvo se ficar acertado entre empregado e empregador o percebimento de salários durante aquele período.

Para efeitos de contagem de tempo de serviço, caso exista remuneração será contabilizado o tempo licenciado. Mas se não for remunerado pelo empregador, o empregado deverá providenciar junto a sua entidade de classe a contabilização do tempo em que ficou à disposição do seu sindicato.

A justa causa está prevista no Texto Consolidado, em regra no art. 482 (v., ainda, parágrafo único do art. 158; parágrafo único do art. 240; e art. 433, todos da CLT).

A falta grave se diferencia da justa causa tão somente pelo tratamento que se obriga por via de "inquérito para apuração de falta grave" (art. 853 da CLT).

Observe-se que o ato que deu causa à dispensa do empregado vem prescrito na lei como "falta grave"; consequentemente, obrigará à suspensão de 30 dias seguida de ajuizamento de inquérito por parte da empresa (autora) em face do empregado (réu).

Entende a jurisprudência dominante que o dirigente sindical está amparado por essa prerrogativa, conforme Súmula nº 379 do TST.

A Súmula nº 369 do TST, recém ajustada, assegura a estabilidade provisória ao empregado dirigente sindical, ainda que a comunicação do registro da candidatura ou eleição e posse seja realizada fora do prazo previsto no art. 543, §5º, da CLT. Contudo, observando que a ciência ao empregador ocorra na vigência do contrato de trabalho.

O art. 522 da CLT foi recepcionado pela Carta Magna de 1988. No entanto, a estabilidade prevista no art. 543, §3º, da CLT se resume aos sete primeiros dirigentes sindicais que constarem da chapa eleita e igual quanto ao número de suplentes. Já quanto ao empregado de categoria diferenciada (art. 511 §3º, da CLT) eleito dirigente sindical só goza de estabilidade se exercer na empresa atividade pertinente à categoria profissional do sindicato para o qual foi eleito dirigente.

E, havendo extinção da atividade empresarial no âmbito da base territorial do sindicato, não há razão para subsistir a estabilidade. O registro da candidatura do empregado a cargo de dirigente sindical durante o período de aviso-prévio, ainda que indenizado, não lhe assegura a estabilidade, visto que inaplicável a regra do §3º do art. 543 da CLT (Súmula com redação determinada pela Res. nº TST 185/2012, *DEJT* 25.09.2012).

Art. 544. É livre a associação profissional ou sindical, mas ao empregado sindicalizado é assegurada, em igualdade de condições, preferência:

I – para a admissão nos trabalhos de empresa que explore serviços públicos ou mantenha contrato com os poderes públicos;

II – para ingresso em funções públicas ou assemelhadas, em caso de cessação coletiva de trabalho, por motivo de fechamento de estabelecimento;

III – nas concorrências para aquisição de casa própria, pelo Plano Nacional de Habitação ou por intermédio de quaisquer instituições públicas;

IV – nos loteamentos urbanos ou rurais, promovidos pela União, por seus órgãos de administração direta ou indireta ou sociedades de economia mista;

V – na locação ou compra de imóveis, de propriedade de pessoa de direito público ou sociedade de economia mista, quando sob ação de despejo em tramitação judicial;

VI – na concessão de empréstimos simples concedidos pelas agências financeiras do Governo ou a ele vinculadas;

VII – na aquisição de automóveis, outros veículos e instrumentos relativos ao exercício da profissão, quando financiados pelas autarquias, sociedades de economia mista ou agências financeiras do Governo;

VIII – (Revogado pela Lei nº 8.630, de 25.02.1993)

IX – na concessão de bolsas de estudo para si ou para seus filhos, obedecida a legislação que regule a matéria.

A CLT promove uma lista de benefícios de que o empregado sindicalizado pode usufruir, porém o mais importante é manter-se informado e participante, permitindo, consequentemente, maior representatividade nas suas atividades de trabalho. Os sindicatos devem, principalmente, educar o filiado a entender melhor sua profissão e as atitudes que deve tomar em defesa dos seus ideais trabalhistas.

Art. 545. Os empregadores ficam obrigados a descontar da folha de pagamento dos seus empregados, desde que por eles devidamente autorizados, as contribuições devidas ao sindicato, quando por este notificados (Redação dada pela Lei nº 13.467, de 2017)

Existem três tipos de contribuição, especificamente: sindical, assistencial e confederativa.

A contribuição sindical está prevista em lei (art. 578 da CLT), sendo descontada todo mês de março, e corresponde a um dia de trabalho do empregado. A Lei nº 13.467/17 alterou o texto do art. 579, condicionando à autorização prévia e expressa dos empregados para que o recolhimento seja efetivado em favor do sindicato representativo da categoria.

A contribuição assistencial é fruto de cláusula contratual e serve para custear os gastos com os referidos acordos ou convenções coletivas de trabalho, isentando aqueles que não desejam manterem-se agregados a uma entidade de classe ou não autorizam sua cobrança. A Lei nº 13.467/17 alterou o presente artigo, restringindo o recolhimento aos empregados que autorizem e não mais exigindo que estes expressassem tal motivação por escrito.

E a contribuição confederativa veio prevista no inc. IV do art. 8º da CF/1988, sem critério definido e por não ser uma norma de plena aplicabilidade, sua cobrança está

assegurada somente aos empregados sindicalizados (filiados) nos termos da Súmula nº 666 do STF.

Art. 546. Às empresas sindicalizadas é assegurada preferência, em igualdade de condições, nas concorrências para exploração de serviços públicos, bem como nas concorrências para fornecimento às repartições federais, estaduais e municipais e às entidades paraestatais.

A CLT tenta convencer os empresários da importância da sindicalização por meio de troca de favores, acenando com a possibilidade de participar de concorrências públicas; entretanto, esquece-se do principal motivo, que é a necessidade da união de esforços no sentido de manter uma classe representativa perante as suas atividades empresariais.

Art. 547. É exigida a qualidade de sindicalizado para o exercício de qualquer função representativa de categoria econômica ou profissional, em órgão oficial de deliberação coletiva, bem como para o gozo de favores ou isenções tributárias, salvo em se tratando de atividades não econômicas.

Parágrafo único. Antes da posse ou exercício das funções a que alude o artigo anterior ou de concessão dos favores, será indispensável comprovar a sindicalização, ou oferecer prova, mediante certidão negativa no Departamento Nacional do Trabalho, no Distrito Federal, ou da autoridade regional do Ministério do Trabalho, Indústria e Comércio, nos Estados e no Território do Acre, de que não existe sindicato no local onde o interessado exerce a respectiva atividade ou profissão.

Para obter a função representativa de categoria econômica ou profissional é necessário manter-se sindicalizado e estar em atividade dentro da sua categoria profissional ou empresarial.

Seção VII
DA GESTÃO FINANCEIRA DO SINDICATO E SUA FISCALIZAÇÃO

Art. 548. Constituem o patrimônio das associações sindicais:

a) as contribuições devidas aos sindicatos pelos que participem das categorias econômicas ou profissionais ou das profissões liberais representadas pelas referidas

entidades, sob a denominação de contribuição sindical, pagas e arrecadadas na forma do Capítulo III deste Título;

b) as contribuições dos associados, na forma estabelecida nos estatutos ou pelas assembleias gerais;

c) os bens e valores adquiridos e as rendas produzidas pelos mesmos;

d) as doações e legados;

e) as multas e outras rendas eventuais.

O patrimônio dos sindicatos compreende os próprios adquiridos e suas rendas, bem como as contribuições dos associados, doações, presentes e multas que agreguem o patrimônio das organizações sindicais.

Art. 549. A receita dos sindicatos, federações e confederações só poderá ter aplicação na forma prevista nos respectivos orçamentos anuais, obedecidas as disposições estabelecidas na lei e nos seus estatutos.

§1º Para alienação, locação ou aquisição de bens imóveis, ficam as entidades sindicais obrigadas a realizar avaliação prévia pela Caixa Econômica Federal ou pelo Banco Nacional da Habitação ou, ainda, por qualquer outra organização legalmente habilitada a tal fim.

§2º Os bens imóveis das entidades sindicais não serão alienados sem a prévia autorização das respectivas assembleias gerais, reunidas com a presença da maioria absoluta dos associados com direito a voto ou dos conselhos de representantes com a maioria absoluta dos seus membros.

§3º Caso não seja obtido o quórum estabelecido no parágrafo anterior, a matéria poderá ser decidida em nova assembleia geral, reunida com qualquer número de associados com direito a voto, após o transcurso de 10 (dez) dias da primeira convocação.

§4º Nas hipóteses previstas nos parágrafos 2º e 3º a decisão somente terá validade se adotada pelo mínimo de 2/3 (dois terços) dos presentes, em escrutínio secreto.

§5º Da deliberação da assembleia geral, concernente à alienação de bens imóveis, caberá recurso voluntário, dentro do prazo de 15 (quinze) dias, ao Ministro do Trabalho, com efeito suspensivo.

§6º A venda do imóvel será efetuada pela diretoria da entidade, após a decisão da assembleia geral ou do conselho de representantes, mediante concorrência pública, com edital publicado no Diário Oficial da União e na imprensa diária, com antecedência mínima de 30 (trinta) dias da data de sua realização.

§7º Os recursos destinados ao pagamento total ou parcelado dos bens imóveis adquiridos serão consignados, obrigatoriamente, nos orçamentos anuais das entidades sindicais.

Todo o faturamento de uma entidade sindical deverá ser redistribuído na forma de serviços em benefício da categoria, e os imóveis só podem ser alugados, vendidos ou negociados de acordo com as formas estatutárias previstas para cada organização sindical e, sempre, precedida de assembleias gerais para esse fim designadas.

Art. 550. Os orçamentos das entidades sindicais serão aprovados, em escrutínio secreto, pelas respectivas assembleias gerais ou conselho de representantes, até 30 (trinta) dias antes do início do exercício financeiro a que se referem, e conterão a discriminação da receita e da despesa, na forma das instruções e modelos expedidos pelo Ministério do Trabalho.

§1º Os orçamentos, após a aprovação prevista no presente artigo, serão publicados, em resumo, no prazo de 30 (trinta) dias, contados da data da realização da respectiva assembleia geral ou da reunião do conselho de representantes, que os aprovou, observada a seguinte sistemática:

a) no *Diário Oficial da União* – Seção I – Parte II, os orçamentos das confederações, federações e sindicatos de base interestadual ou nacional;

b) no órgão de imprensa oficial do Estado ou Território ou jornal de grande circulação local, os orçamentos das federações estaduais e sindicatos distritais municipais, intermunicipais e estaduais.

§2º As dotações orçamentárias que se apresentarem insuficientes para o atendimento das despesas, ou não incluídas nos orçamentos correntes, poderão ser ajustadas ao fluxo dos gastos, mediante a abertura de créditos adicionais solicitados pela diretoria da entidade às respectivas assembleias gerais ou conselho de representantes, cujos atos concessórios serão publicados até o último dia do exercício correspondente, obedecida a mesma sistemática prevista no parágrafo anterior.

§3º Os créditos adicionais classificam-se em:

a) suplementares, os destinados a reforçar dotações alocadas no orçamento; e

b) especiais, os destinados a incluir dotações no orçamento, a fim de fazer face às despesas para as quais não se tenha consignado crédito específico.

§4º A abertura dos créditos adicionais depende da existência de receita para sua compensação, considerando-se, para esse efeito, desde que não comprometidos:

a) o *superávit* financeiro apurado em balanço do exercício anterior;

b) o excesso de arrecadação, assim entendido o saldo positivo da diferença entre a renda prevista e a realizada, tendo-se em conta, ainda, a tendência do exercício; e

c) a resultante da anulação parcial ou total de dotações alocadas no orçamento ou de créditos adicionais abertos no exercício.

§5º Para efeito orçamentário e contábil sindical, o exercício financeiro coincidirá com o ano civil, a ele pertencendo todas as receitas arrecadadas e as despesas compromissadas.

Para realizar o balanço de receitas e despesas, os sindicatos devem reunir-se em assembleias gerais que designarão, em escrutínio secreto, as formas de aplicação de despesas e receitas absorvidas pela categoria a cada exercício, sempre acompanhadas da respectiva prestação de contas, requisito necessário para a permanência da diretoria na representação da classe.

Art. 551. Todas as operações de ordem financeira e patrimonial serão evidenciadas pelos registros contábeis das entidades sindicais, executadas sob a responsabilidade de contabilista legalmente habilitado, em conformidade com o plano de contas e as instruções baixadas pelo Ministério do Trabalho.

§1º A escrituração contábil a que se refere este artigo será baseada em documentos de receita e despesa, que ficarão arquivados nos serviços de contabilidade, à disposição dos órgãos responsáveis pelo acompanhamento administrativo e da fiscalização financeira da própria entidade, ou do controle que poderá ser exercido pelos órgãos da União, em face da legislação específica.

§2º Os documentos comprobatórios dos atos de receita e despesa, a que se refere o parágrafo anterior, poderão ser incinerados, após decorridos 5 (cinco) anos da data de quitação das contas pelo órgão competente.

§3º É obrigatório o uso do livro Diário, encadernado, com folhas seguida e tipograficamente numeradas, para a escrituração, pelo método das partidas dobradas, diretamente ou por reprodução, dos atos ou operações que modifiquem ou venham a modificar a situação patrimonial da entidade, o qual conterá, respectivamente, na primeira e na última páginas, os termos de abertura e de encerramento.

§4º A entidade sindical que se utilizar de sistema mecânico ou eletrônico para sua escrituração contábil poderá substituir o Diário e os livros facultativos ou auxiliares por fichas ou formulários contínuos, cujos lançamentos deverão satisfazer a todos os requisitos e normas de escrituração exigidos com relação aos livros mercantis, inclusive no que respeita a termos de abertura e de encerramento e numeração sequencial e tipográfica.

§5º Na escrituração por processos de fichas ou formulários contínuos, a entidade adotará livro próprio para inscrição do balanço patrimonial e da demonstração do resultado do exercício, o qual conterá os mesmos requisitos exigidos para os livros de escrituração.

§6º Os livros e fichas ou formulários contínuos serão obrigatoriamente submetidos a registro e autenticação das Delegacias Regionais do Trabalho e Emprego localizadas na base territorial da entidade.

§7º As entidades sindicais manterão registro específico dos bens de qualquer natureza, de sua propriedade, em livros ou fichas próprias, que atenderão às mesmas formalidades exigidas para o livro Diário, inclusive no que se refere ao registro e autenticação da Delegacia Regional do Trabalho local.

§8º As contas dos administradores das entidades sindicais serão aprovadas, em escrutínio secreto, pelas respectivas assembleias gerais ou conselhos de representantes, com prévio parecer do conselho fiscal, cabendo ao Ministro do Trabalho estabelecer prazos e procedimentos para a sua elaboração e destinação.

A contabilidade dos sindicatos é feita por profissional competente, designado pela diretoria para o cumprimento dessa finalidade, bem como apto a desenvolver suas atividades de acordo com as normas expressas na CLT e nos respectivos estatutos da entidade de classe. Tal contabilidade será sempre aprovada por assembleias gerais ou pelos conselhos de representantes, sob a orientação do Ministério do Trabalho e Emprego.

Art. 552. Os atos que importem em malversação ou dilapidação do patrimônio das associações ou entidades sindicais ficam equiparados ao crime de peculato, julgado e punido na conformidade da legislação penal.

A natureza das organizações sindicais é pública, ou seja, com atividade vinculada ao interesse público. Não há interferência do poder publico nesses órgãos, todavia sua específica função social obriga-se diante da sociedade civil organizada e, para tanto, qualquer malversação ou dilapidação dos patrimônios envolvidos restará julgado de acordo com o interesse público.

Neste sentido, em especial quanto à tipificação do delito, a legislação trabalhista se compatibiliza com os crimes ligados à Administração Pública e como tal se equiparam para efeitos de caracterização dos dirigentes sindicais aos servidores públicos de conformidade ao art. 312 do CP. Este, por sua vez, traduz o peculato como um crime de apropriação por parte do funcionário público, de dinheiro, valor ou qualquer outro bem móvel, público ou privado de que tenha a posse em razão do cargo, ou desviá-lo em proveito próprio ou alheio. Além de, não tendo a posse, mas valendo-se da facilidade que lhe proporciona o cargo, o subtrai ou concorre para que seja subtraído para si ou para alheio.

Seção VIII
DAS PENALIDADES

Art. 553. As infrações ao disposto neste Capítulo serão punidas, segundo o seu caráter e a sua gravidade, com as seguintes penalidades:

a) multa de1/5 (um quinto) a 10 (dez) salários mínimos regionais, dobrada na reincidência;

b) suspensão de diretores por prazo não superior a 30 (trinta) dias;

c) destituição de diretores ou de membros de conselho;

d) fechamento de sindicato, federação ou confederação por prazo nunca superior a 6 (seis) meses;

e) cassação da carta de reconhecimento;

f) multa de 1/3 (um terço) do salário mínimo regional, aplicável ao associado que deixar de cumprir, sem causa justificada, o disposto no parágrafo único do art. 529.

§1º A imposição de penalidades aos administradores não exclui a aplicação das que este artigo prevê para a associação.

§2º Poderá o Ministro do Trabalho e Previdência Social determinar o afastamento preventivo de cargo ou representação sindicais de seus exercentes, com fundamento em elementos constantes de denúncia formalizada que constituam indício veemente ou início de prova bastante do fato e da autoria denunciados.

Serão punidos com multas administrativas os infratores que não cumprirem as normas para as organizações sindicais previstas na CLT, bem como com suspensão de direitos para representar a categoria, ou, até mesmo, com o fechamento dos respectivos sindicatos.

Art. 554. Destituída a administração, na hipótese da alínea c do artigo anterior, o Ministro do Trabalho, Indústria e Comércio nomeará um delegado para dirigir a associação e proceder, dentro do prazo de 90 (noventa) dias, em assembleia geral por ele convocada e presidida, à eleição dos novos diretores e membros do conselho fiscal.

Antes da Carta Política de 1988, caso os diretores sindicais em exercício fossem punidos, era designado uma espécie de interventor, provavelmente um delegado do trabalho, que atuava durante o período necessário para a convocação de uma assembleia

para eleição de novos diretores. Hoje, é imediatamente convocada assembleia que apontará uma diretoria provisória, até que seja realizada outra eleição.

Art. 555. A pena de cassação da carta de reconhecimento será imposta à entidade sindical:

a) que deixar de satisfazer as condições de constituição e funcionamento estabelecidas nesta Lei;

b) que se recusar ao cumprimento de ato do Presidente da República, no uso da faculdade conferida pelo art. 536;

c) que criar obstáculos à execução da política econômica adotada pelo Governo.

Entendemos que após a Constituição Federal de 1988 já não é possível ocorrer intervenção do Estado em questões sindicais, porém o Poder Judiciário poderá intervir nos sindicatos sempre que for necessário.

Art. 556. A cassação da carta de reconhecimento da entidade sindical não importará o cancelamento de seu registro, nem, consequentemente, a sua dissolução, que se processará de acordo com as disposições da lei que regulam a dissolução das associações civis.

Parágrafo único. No caso de dissolução, por se achar a associação incursa nas leis que definem crimes contra a personalidade internacional, a estrutura e a segurança do Estado e a ordem política e social, os seus bens, pagas as dívidas decorrentes das suas responsabilidades, serão incorporados ao patrimônio da União e aplicados em obras de assistência social.

No caso de cassação de um sindicato, se houver interferência do Judiciário, ele pode até sofrer execução de seus bens para atender ao pagamento de possíveis dívidas com credores, respeitando os direitos de representatividade da categoria que defende.

Art. 557. As penalidades de que trata o art. 553 serão impostas:

a) as das alíneas *a* e *b*, pelo diretor-geral do Departamento Nacional do Trabalho, com recurso para o Ministro de Estado;

b) as demais, pelo Ministro de Estado.

§1º Quando se tratar de associações de grau superior, as penalidades serão impostas pelo Ministro de Estado, salvo se a pena for de cassação da carta de reconhecimento de confederação, caso em que a pena será imposta pelo Presidente da República.

§2º Nenhuma pena será imposta sem que seja assegurada defesa ao acusado.

Não mais se admitindo a interferência do Estado, a única instituição que pode promover a cessação das atividades de uma organização sindical no Brasil é o Poder Judiciário.

Seção IX
DISPOSIÇÕES GERAIS

Art. 558. São obrigadas ao registro todas as associações profissionais constituídas por atividades ou profissões idênticas, similares ou conexas, de acordo com o art. 511 e na conformidade do Quadro de Atividades e Profissões a que alude o Capítulo II deste Título. As associações profissionais registradas nos termos deste artigo poderão representar, perante as autoridades administrativas e judiciárias, os interesses individuais dos associados relativos à sua atividade ou profissão, sendo-lhes também extensivas as prerrogativas contidas na alínea *d* e no parágrafo único do art. 513.

§1º O registro a que se refere o presente artigo competirá às Delegacias Regionais do Ministério do Trabalho e Previdência Social ou às repartições autorizadas em virtude da lei.

§2º O registro das associações far-se-á mediante requerimento, acompanhado da cópia autêntica dos estatutos e da declaração do número de associados, do patrimônio e dos serviços sociais organizados.

§3º As alterações dos estatutos das associações profissionais não entrarão em vigor sem aprovação da autoridade que houver concedido o respectivo registro.

Qualquer organização sindical é obrigada a se cadastrar perante o Ministério do Trabalho e Emprego, visando ao seu reconhecimento pelo Estado; e, consequentemente, estará autorizada a funcionar em base territorial limitada, bem como apta para representar sua categoria profissional ou econômica em acordos ou convenções coletivas de trabalho.

Tal necessidade está prevista na OJ nº 15 da SDC (TST), que alude ao registro sindical, porém não exclui a tese de que esta exigência esteja em contradição com as normas constitucionais da Carta Política de 1988.

A Portaria Ministerial nº 186, de 10.04.2008, expedida pelo MTE, determina as regras sobre a realização do registro sindical que, por diante, atenderá aos procedimentos administrativos para solicitação de registro com acesso ao Sistema do Cadastro Nacional

de Entidades Sindicais (CNES), disponível em: <www.mte.gov.br>, e seguir as instruções ali constantes para a emissão do formulário de pedido de registro.

Art. 559. O Presidente da República, excepcionalmente e mediante proposta do Ministro do Trabalho, Indústria e Comércio, fundada em razões de utilidade pública, poderá conceder, por decreto, às associações civis constituídas para a defesa e coordenação de interesses econômicos e profissionais e não obrigadas ao registro previsto no artigo anterior, a prerrogativa da alínea *d* do art. 513 deste Capítulo.

O Presidente da República também pode autorizar o funcionamento de entidade sindical, por razões de utilidade pública, mediante decreto. Entretanto, cumpre salientar que tais prerrogativas já não estão sendo utilizadas pelo Chefe de Estado após a promulgação da Constituição Federal de 1988, entendendo-se contraditórias ao comando exposto no inc. I do art. 8º da CF.

Art. 560. Não se reputará transmissão de bens, para efeitos fiscais, a incorporação do patrimônio de uma associação profissional ao da entidade sindical, ou das entidades aludidas entre si.

Entre uma associação que se converteu em sindicato, para efeitos fiscais, não se reputará a incorporação de patrimônio como irregular ou ilegal, entendendo-se como tal a passagem de bens entre entidades que se sucedem em associação por sindicato.

Art. 561. A denominação "sindicato" é privativa das associações profissionais de primeiro grau, reconhecidas na forma desta Lei.

Trata-se de um sistema piramidal. Na base estão os sindicatos em primeiro grau; em posição superior, as federações e confederações.

Art. 562. As expressões "federação" e "confederação", seguidas da designação de uma atividade econômica ou profissional, constituem denominações privativas das entidades sindicais de grau superior.

Estariam, num sistema piramidal, em grau superior e instaladas em posição elevada, se comparadas aos sindicatos.

Art. 563. (Revogado pelo Decreto-Lei nº 925, de 10.10.1969)

Art. 564. Às entidades sindicais, sendo-lhes peculiar e essencial a atribuição representativa e coordenadora das correspondentes categorias ou profissões, é vedado, direta ou indiretamente, o exercício de atividade econômica.

Com natureza oposta aos fins lucrativos peculiares das atividades econômicas e visando à defesa e proteção dos seus associados, as entidades sindicais estão proibidas de exercer qualquer propósito que não seja atuar, principalmente objetivando a natureza de justiça comunitária na proteção dos interesses sociais da categoria e dos trabalhadores a ela vinculados.

Art. 565. As entidades sindicais reconhecidas nos termos desta Lei não poderão filiar-se a organizações internacionais, nem com elas manter relações, sem prévia licença concedida por decreto do Presidente da República.

As entidades sindicais nacionais só podem promover intercâmbio cultural e científico, por exemplo, com organizações internacionais, afastando qualquer hipótese de filiação por questões políticas ou econômicas, ou seja, de ajuda financeira, mas permitida a ligação com fins institucionais.

Art. 566. Não podem sindicalizar-se os servidores do Estado e os das instituições paraestatais.

Parágrafo único. Excluem-se da proibição constante deste artigo os empregados das sociedades de economia mista, da Caixa Econômica Federal e das fundações criadas ou mantidas pelo Poder Público da União, dos Estados e Municípios.

Atualmente, os servidores da União, estados e municípios são filiados a organizações sindicais próprias e regularmente reconhecidas. Os empregados de empresas estatais ou paraestatais também estão filiando-se a entidades sindicais, ressalvada a vedação na condição de associado, apenas permitida aos que trabalhem sob o regime da CLT e sujeitos à contribuição sindical.

Arts. 567 a 569. (Revogados pelo Decreto-Lei nº 229, de 28.02.1967)

Capítulo II
DO ENQUADRAMENTO SINDICAL

Art. 570. Os sindicatos constituir-se-ão, normalmente, por categorias econômicas ou profissionais específicas, na conformidade da discriminação do Quadro de Atividades e Profissões a que se refere o art. 577, ou segundo as subdivisões que, sob proposta da Comissão do Enquadramento Sindical, de que trata o art. 576, forem criadas pelo Ministro do Trabalho, Indústria e Comércio.

Parágrafo único. Quando os exercentes de quaisquer atividades ou profissões se constituírem, seja pelo número reduzido, seja pela natureza mesma dessas atividades ou profissões, seja pelas afinidades existentes entre elas, em condições tais que não se possam sindicalizar eficientemente pelo critério de especificidade de categoria, é-lhes permitido sindicalizar-se pelo critério de categorias similares ou conexas, entendendo-se como tais as que se acham compreendidas nos limites de cada grupo constante do Quadro de Atividades e Profissões.

As categorias e seus respectivos sindicatos se classificam por meio de um "Quadro de Atividades e Profissões" previsto na CLT e posteriormente analisado por uma "Comissão do Enquadramento Sindical", que determinará o exercício sindical conforme as atividades específicas de cada entidade de classe.

Art. 571. Qualquer das atividades ou profissões concentradas na forma do parágrafo único do artigo anterior poderá dissociar-se do sindicato principal, formando um sindicato específico, desde que o novo sindicato, a juízo da Comissão do Enquadramento Sindical, ofereça possibilidade de vida associativa regular e de ação sindical eficiente.

Caso o novo sindicato prove que pode atuar sem ferir os limites da categoria de origem, resguardando seu espaço na organização sindical, qualquer entidade de classe poderá dissociar-se e formar outro sindicato específico.

Art. 572. Os sindicatos que se constituírem por categorias similares ou conexas, nos termos do parágrafo único do art. 570, adotarão denominação em que fiquem, tanto quanto possível, explicitamente mencionadas as atividades ou profissões concentradas, de conformidade com o Quadro de Atividades e Profissões, ou se se tratar de subdivisões, de acordo com o que determinar a Comissão do Enquadramento Sindical.

Parágrafo único. Ocorrendo a hipótese do artigo anterior, o sindicato principal terá a denominação alterada, eliminando-se-lhe a designação relativa à atividade ou profissão dissociada.

Não será necessária a união de sindicatos similares ou conexos, contanto que especifiquem ao máximo suas características de atuação junto à categoria que representam, bem como a razão social que denominará sua propositura junto ao setor de enquadramento sindical do Ministério do Trabalho e Emprego.

Art. 573. O agrupamento dos sindicatos em federações obedecerá às mesmas regras que as estabelecidas neste Capítulo para o agrupamento das atividades e profissões em sindicatos.

Parágrafo único. As federações de sindicatos de profissões liberais poderão ser organizadas independentemente do grupo básico da confederação, sempre que as respectivas profissões se acharem submetidas, por disposições de lei, a um único regulamento.

Serão previstas as mesmas regras dos sindicatos no caso das federações e, dessa forma, agrupadas de conformidade aos parâmetros estabelecidos por classe em atividades e profissões.

Art. 574. Dentro da mesma base territorial, as empresas industriais do tipo artesanal poderão constituir entidades sindicais, de primeiro e segundo graus, distintas das associações sindicais das empresas congêneres, de tipo diferente.

Parágrafo único. Compete à Comissão do Enquadramento Sindical definir, de modo genérico, com a aprovação do Ministro do Trabalho, Indústria e Comércio, a dimensão e os demais característicos das empresas industriais de tipo artesanal.

Se estiverem atuando dentro da mesma base territorial, as empresas artesanais podem constituir-se em sindicatos.

Art. 575. O Quadro de Atividades e Profissões será revisto de 2 (dois) em 2 (dois) anos, por proposta da Comissão do Enquadramento Sindical, para o fim de ajustá-lo às condições da estrutura econômica e profissional do país.

§1º Antes de proceder à revisão do Quadro, a Comissão deverá solicitar sugestões às entidades sindicais e às associações profissionais.

§2º A proposta de revisão será submetida à aprovação do Ministro do Trabalho, Indústria e Comércio.

O Quadro de Atividades e Profissões será submetido a revisões de dois em dois anos e, nessa oportunidade, contará com a colaboração das entidades sindicais para aperfeiçoar as suas reavaliações.

Art. 576. A Comissão do Enquadramento Sindical será constituída pelo Diretor-Geral do Departamento Nacional do Trabalho e Emprego, que a presidirá, e pelos seguintes membros:

I – 2 (dois) representantes do Departamento Nacional do Trabalho;

II – 1 (um) representante da Diretoria das Relações do Trabalho;

III – 1 (um) representante do Instituto Nacional de Tecnologia, do Ministério da Indústria, do Comércio e do Turismo;

IV – 1 (um) representante do Instituto Nacional de Colonização e Reforma Agrária, do Ministério da Agricultura;

V – 1 (um) representante do Ministério dos Transportes;

VI – 2 (dois) representantes das categorias econômicas; e

VII – 2 (dois) representantes das categorias profissionais.

1º Os membros da CES serão designados pelo Ministro do Trabalho e Previdência Social, mediante:

a) indicação dos titulares das Pastas, quanto aos representantes dos outros Ministérios;

b) indicação do respectivo Diretor-Geral, quanto ao da Secretaria das Relações do Trabalho;

c) eleição pelas respectivas confederações, em conjunto, quanto aos representantes das categorias econômicas e profissionais, de acordo com as instruções que forem expedidas pelo Ministro do Trabalho e Previdência Social.

§2º Cada membro terá um suplente designado juntamente com o titular.

§3º Será de 3 (três) anos o mandato dos representantes das categorias econômica e profissional.

§4º Os integrantes da Comissão perceberão a gratificação de presença que for estabelecida por decreto executivo.

§5º Em suas faltas ou impedimentos, o Diretor-Geral do DNT será substituído na presidência pelo Diretor substituto do Departamento ou pelo representante deste na Comissão, nesta ordem.

§6º Além das atribuições fixadas no presente Capítulo e concernentes ao enquadramento sindical, individual ou coletivo, e à classificação das atividades e profissões, competirá também à CES resolver, com recurso para o Ministro do Trabalho e Previdência Social, todas as dúvidas e controvérsias concernentes à organização sindical.

A Comissão de Enquadramento Sindical é composta por dez membros designados pelo Ministro do Trabalho, dentre eles representantes de ministérios do Governo Federal, bem como de trabalhadores e empresários que representem suas respectivas associações de classe.

Art. 577. O Quadro de Atividades e Profissões em vigor fixará o plano básico do enquadramento sindical.

O próprio Quadro de Atividades Profissionais será responsável pelas regras aplicáveis ao enquadramento sindical.

Capítulo III
DA CONTRIBUIÇÃO SINDICAL

Seção I
DA FIXAÇÃO E DO RECOLHIMENTO DA CONTRIBUIÇÃO SINDICAL

Art. 578. As contribuições devidas aos sindicatos pelos participantes das categorias econômicas ou profissionais ou das profissões liberais representadas pelas referidas entidades serão, sob a denominação de contribuição sindical, pagas, recolhidas e aplicadas na forma estabelecida neste Capítulo, desde que prévia e expressamente autorizadas. (Redação dada pela Lei nº 13.467, de 2017).

Na prática, a contribuição sindical é conhecida como "imposto sindical", porém sua denominação exata vem expressa no Texto Consolidado e deve ser denominada, corretamente, como contribuição sindical para que não se confunda com as demais contribuições – assistencial e confederativa.

A Lei nº 13.467/17 desobrigou o recolhimento obrigatório da Contribuição Sindical, que só poderá ser aplicado desde que previamente autorizado pelos empregados.

Tal medida promove uma "revolução" nas arrecadações das organizações sindicais que sempre dependeram destes recursos e terão que se adaptar para gerar receitas com eficiência e qualidade na prestação de serviços à categoria.

O STF reafirmou entendimento no sentido da inconstitucionalidade da contribuição assistencial imposta por pactos normativos a empregados não sindicalizados. A decisão foi tomada em análise ao Recurso Extraordinário com Agravo (ARE nº 1.018.459) com repercussão geral.

O Ministério Público do Trabalho expendiu Nota Técnica nº 01 de 27 de abril de 2018 sobre a Contribuição Sindical e sua natureza jurídica tributária. Trata a referida nota da inconstitucionalidade formal e material da Lei nº 13.467/17 ("Reforma Trabalhista"), a qual comentamos no artigo seguinte com mais detalhamentos e também das últimas decisões do judiciário sobre a matéria.

Art. 579. O desconto da contribuição sindical está condicionado à autorização prévia e expressa dos que participarem de uma determinada categoria econômica ou profissional, ou de uma profissão liberal, em favor do sindicato representativo da mesma categoria ou profissão ou, inexistindo este, na conformidade do disposto no art. 591 desta Consolidação. (Redação dada pela Lei nº 13.467, de 2017)

A Lei nº 13.467/17 desobrigou o recolhimento obrigatório da Contribuição Sindical, que só poderá ser efetivado na folha de pagamento e contracheques desde que previamente autorizado pelos empregados.

Na verdade, a natureza jurídica dessa contribuição é tributária e há diversas interpretações na direção da inconstitucionalidade formal e material da Lei nº 13.467/17 ("Reforma Trabalhista"). Formal, por não observar a necessidade de Lei Complementar para a instituição, modificação e extinção de um tributo (arts. 146 e 149 da CRFB/1988) e mesmo nos casos de Contribuição Parafiscal. Ainda, por não ter sido acompanhada do impacto orçamentário e financeiro em se tratando de proposição legislativa que implica em renúncia de receita (art. 113 do ADCT, acrescido pela EC nº 95/2016). Tal contribuição, é fato, participa do financiamento do Fundo de Amparo ao Trabalhador (FAT) por meio da "Conta Especial Emprego e Salário" do MTB. Material, porque a Carta Magna prevê expressamente tal fonte de financiamento no inciso IV do art. 8º c/c art. 149 da CRFB e por ofender aos princípios da Unicidade Sindical (CF, art. 8º, II e III) ao imputar aos associados o custo da atividade dos respectivos sindicatos.

Nos casos em que houver autorização prévia para recolhimento expressa de forma coletiva através de assembleias convocadas para atender a essa específica finalidade, os entendimentos da Justiça do Trabalho seguem pela garantia da efetividade da contribuição sindical. Contudo, há muita divergência de decisões quanto ao referido recolhimento compulsório e sua consequente extinção pela "Reforma Trabalhista".

Para enriquecer o debate externamos uma prévia que retrata as mais diversas e conflitantes decisões do judiciário, fruto de uma pesquisa preliminar produzida pela FIESP quanto à inexigibilidade de recolhimento compulsório da contribuição sindical.

CONSOLIDAÇÃO DAS LEIS DO TRABALHO — Art. 579

DECISÕES EM PRIMEIRA E SEGUNDA INSTÂNCIA QUE DETERMINAM O DESCONTO DA CONTRIBUIÇÃO SINDICAL

	Número do Processo e Vara	Autor e Réu	Tipo de Decisão	Últimos andamentos
1	0000117-92.2018.5.12.0036 6ª Vara do Trabalho de Florianópolis (Santa Catarina)	Autor: Sind. Emp. Entid. Cult. Recr. Assist. Soc. Orient. Form. Prof. SC Réu: Serviço Social da Indústria, Serviço Nacional de Aprendizagem Industrial, União Federal	Tutela Antecipada (Considerou Inconstitucional a Contr. Facultativa)	Tutela Antecipada deferida em 08/03/2018. Aguardando apresentação de contestação. (OBS. Tutela já derrubada pelo TRT da 12ª Região)
2	0000084-35.2018.5.12.0026 3ª Vara do Trabalho de Florianópolis (Santa Catarina)	Autor: Sind. dos Empregados em Posto de Venda de Combustíveis e Derivados de Petróleo da Grande Florianópolis Réu: Auto Posto Imperador Eireli - ME	Tutela Antecipada (Considerou Inconstitucional a Contr. Facultativa)	Tutela antecipada deferida em 19/02/2018. Aguardando citação do Réu.
3	0000088-47.2018.5.12.0002 1ª Vara do Trabalho de Blumenau (Santa Catarina)	Autor: Federação dos Trabalhadores em Turismo, Hospitalidade e de Hotéis, Restaurantes, Bares e Similares no Estado de SC. Réu: Esferatur Passagens e Turismo S.A	Tutela Antecipada (Considerou Inconstitucional a Contr. Facultativa)	Tutela antecipada deferida em 23/02/2018. Aguardando citação do Réu.
4	0000092-15.2018.5.12.0025 Vara do Trabalho de Xanxerê (Santa Catarina)	Autor: Sindicato Dos Trab. no Serviço Público Municipal de Chape. Réu: Município de Abelardo Luz	Tutela Antecipada (Considerou Inconstitucional a Contr. Facultativa)	Tutela antecipada deferida em 09/02/2018 Aguardando citação do Réu.
5	0001183-34.2017.5.12.0007 1ª Vara do Trabalho de Lages (Santa Catarina)	Autor: Sind. dos Auxiliares em Adm. Escolar da Região Serrana Réu: Sociedade Educacional Santo Expedito LTDA - EPP	Tutela Antecipada (Considerou Inconstitucional a Contr. Facultativa)	Tutela antecipada deferida em 03/12/2017. O Réu já apresentou contestação. Autos conclusos para sentença.
6	0001193-78.2017.5.12.0007 1ª Vara do Trabalho de Lages (Santa Catarina)	Autor: Federação dos Trabalhadores Serviço Público Municipal de SC Réu: Município de Lages	Tutela Antecipada (Considerou Inconstitucional a Contr. Facultativa)	Município já apresentou contestação e o autor informou que não tem mais provas a produzir. Aguardando sentença. (OBS. Tutela já derrubada pelo TRT da 12ª Região)

315

7	0100096-11.2018.5.01.0302 2ª Vara do Trabalho de Petrópolis (Rio de Janeiro)	Autor: Federação dos Servidores Municipais do Rio de Janeiro Réu: Município De Petrópolis	Tutela Antecipada (Considerou Inconstitucional a Contr. Facultativa)	Após deferida a tutela antecipada, o réu peticionou requerendo a reconsideração da decisão. Aguardando apreciação da petição.
8	0100111-08.2018.5.01.0034 34ª Vara do Trabalho do Rio de Janeiro (Rio de Janeiro)	Autor: Sindicato dos Auxiliares e Técnicos de Enfermagem do Rio de Janeiro Réu: Polar Id Serviços Médicos LTDA	Tutela Antecipada (Considerou Inconstitucional a Contr. Facultativa)	Tutela antecipada deferida em 23/02/2018. Sem novos andamentos.
9	0010154-73.2018.5.15.0141 Vara do Trabalho de Mococa (São Paulo)	Autor: Sind. dos Trab. Instr. Diret. em Auto Escola, CFC A E B, Despachantes e Anexos de Ribeirão Preto e Região Réu: Centro de Formação de Condutores Lourencini S/S LTDA - Me e outros (4)	Tutela Antecipada (Considerou Inconstitucional a Contr. Facultativa)	Tutela antecipada deferida em 27/02/2018. Aguardando apresentação da contestação.
10	0010109-96.2018.5.15.0035 Vara do Trabalho de São José do Rio Pardo (São Paulo)	Autor: Sind. dos Trab. Instr. Diret. em Auto Escola, CFC A E B, Despachantes e Anexos de Ribeirão Preto e Região Réu: Centro De Formação De Condutores Girona & Girona S/C Ltda - Me e outros (3)	Tutela Antecipada (Considerou Inconstitucional a Contr. Facultativa)	Tutela antecipada deferida em 28/02/2018. Aguardando citação do Réu.
11	1000238-73.2018.5.02.0718 18ª Vara do Trabalho de São Paulo (São Paulo)	Autor: Sind. dos Trab. em Ent. de Assist. e Educação à Criança ao Adolescente e à Família do Est. De São Paulo Réu: Instituto Social Santa Lucia e outros (4)	Tutela Antecipada (Considerou Inconstitucional a Contr. Facultativa)	Tutela antecipada deferida em 13/03/2018. Aguardando audiência UNA em 03/04/2018.
12	0005385-57.2018.5.15.0000 TRT 15ª Região (São Paulo) Gab. do Des. Francisco Alberto da Motta Peixoto	Autor: Sind. dos Trab. Instr. Diret. em Auto Escola, CFC A E B, Despachantes e Anexos de Ribeirão Preto e Região Réu: Juiz da Vara de Trabalho de Batatais	Medida Liminar em Mandado de Segurança (Considerou Inconstitucional a Contr. Facultativa)	Após deferida a medida liminar, o desembargador determinou a intimação da Vara para prestar informações. Aguardando as informações da Vara.
13	0005461-81.2018.5.15.0000 TRT 15ª Região (São Paulo) Gab. do Des. João Batista Martins César	Autor: Sindicato dos Trab. nas Ind. M. M. Mat. El. de Itatiba Réu: Segunda Vara do Trabalho de Jundiaí	Medida Liminar em Mandado de Segurança (Considerou Inconstitucional a Contr. Facultativa)	Após deferida a medida liminar, o desembargador determinou a intimação da Vara para prestar informações. Aguardando as informações da Vara.

14	0005514-62.2018.5.15.0000 TRT 15ª Região **(São Paulo)** Gab. do Des. João Batista Martins César	Autor: Sindicato dos Empregados no Comércio de Araras Réu: Juízo da Vara do Trabalho de Araras	Medida Liminar em Mandado de Segurança (Considerou Inconstitucional a Contr. Facultativa)	Após deferida a medida liminar, o desembargador determinou a intimação da Vara para prestar informações. Aguardando as informações da Vara.
15	1000182-96.2018.5.02.0473 3ª Vara do Trabalho de **São Caetano do Sul** **(São Paulo)**	Autor: Sindicato dos Trabal. nas Inds. de Alimentação São Paulo Réu: Dan Vigor Indústria e Comercio De Laticínios LTDA	Tutela Antecipada (Considerou Inconstitucional a Contr. Facultativa)	Tutela antecipada deferida em 20/03/2018. Aguardando intimação do Autor para se manifestar sobre a contestação.
16	1000195-95.2018.5.02.0473 3ª Vara do Trabalho de **São Caetano do Sul** **(São Paulo)**	Autor: Sindicato dos Trab. nas Indústrias Gráficas, Jornais e Revistas de Santo André, São Bernardo do Campo, São Caetano do sul, Diadema, Mauá, Ribeirão Preto e Regiões. Réu: Sindigraf Indústria Gráfica LTDA – EPP e outros (8)	Tutela Antecipada (Considerou Inconstitucional a Contr. Facultativa)	Tutela antecipada deferida em 20/03/2018. Aguardando intimação do Autor para se manifestar sobre a contestação.
17	1000201-05.2018.5.02.0473 3ª Vara do Trabalho de **São Caetano do Sul** **(São Paulo)**	Autor: Sind. Trab. nas Indústrias Met. Mec. de MEESV e Autopeças de São Caetano do Sul Réu: Piaui-Auto Estufa Ltda - ME	Tutela Antecipada (Considerou Inconstitucional a Contr. Facultativa)	Tutela antecipada deferida em 20/03/2018. Aguardando intimação do Autor para se manifestar sobre a contestação.
18	1000211-49.2018.5.02.0473 3ª Vara do Trabalho de **São Caetano do Sul** **(São Paulo)**	Autor: Sind. Trab. nas Indústrias Met. Mec. de MEESV e Autopeças de São Caetano do Sul Réu: ZTN Indústria Eletrometalurgica Ltda e outros (2)	Tutela Antecipada (Considerou Inconstitucional a Contr. Facultativa)	Tutela antecipada deferida em 20/03/2018. Aguardando intimação do Autor para se manifestar sobre a contestação.
19	0020453-53.2018.5.04.0000 TRT 4ª Região **(Rio Grande do Sul)** Gab. Des. Marcelo José Ferlin D'Ambroso	Autor: C R Ivoti Turismo LTDA – EPP Réu: Juízo da Vara do Trabalho de Estância Velha	Medida Liminar em Mandado de Segurança (Manteve decisão que determinava o desconto)	Medida Liminar indeferida em 22/03/2018. Aguardando informações da Vara.

18	1000205-13.2018.5.02.0321 11ª Vara do Trabalho de Guarulhos (São Paulo)	Autor: Sindicato dos Trab. nas Empresas de Fabricação, Benefic. e Trans. De Vidros, Cristais, Espelhos, Fibra e Lã de Vidro no Estado de São Paulo Réu: Saint Mariane Vidros Especiais LTDA e outro	Sentença (Julgou extinto o processo, entendeu que a ACP é via inadequada)	Sentença proferida em 20/03/2018. Sem novos andamentos.
19	1000036-61.2018.5.02.0374 04ª Vara do Trabalho de Mogi das Cruzes (São Paulo)	Autor: Sind. dos Trab. nas Indús. de Laticinios e Produtos Derivados do Açúcar e de Torrefação, Moagem e Solúvel de Café e do Fumo dos Municipios de SP, Grd. SP, Mogi das Cruzes, São Roque e Cajamar Réu: Café Lourenço Indústria e Comercio LTDA	Sentença (Julgou extinto o processo, entendeu que a ACP é via inadequada)	Sentença proferida em 20/03/2018. Sem novos andamentos.
20	1000215-62.2018.5.02.0384 04ª Vara do Trabalho de Osasco (São Paulo)	Autor: Sindicato dos Auxiliares de Administração Escolar de Osasco e Região Réu: Vale Encantado Berçário e Pré-escola EIRELI - ME	Sentença (Julgou extinto o processo, entendeu que a ACP é via inadequada)	Sentença proferida em 20/03/2018. Sem novos andamentos.
21	1000220-84.2018.5.02.0384 04ª Vara do Trabalho de Osasco (São Paulo)	Autor: Sind. dos Práticos de Farmácia e dos Empr. no Comércio de Drogas, Medicamentos, Produtos Farmac. e em Farmácias de Manipulação dos Mun. de Osasco, Itapevi, Jandira, Barueri, Carapicuiba, Embu e Taboão da Serra – SP Réu: Drogaria São Paulo S/A	Sentença (Julgou extinto o processo, entendeu que a ACP é via inadequada)	Sentença proferida em 20/03/2018. Sem novos andamentos.
22	1000207-45.2018.5.02.0462 02ª Vara do Trabalho de São Bernardo do Campo (São Paulo)	Autor: Sindicato dos Trab. nas Empresas de Fabricação, Benefic. e Trans. De Vidros, Cristais, Espelhos, Fibra e Lã de Vidro no Estado de São Paulo Réu: Wheaton Brasil Vidros S.A. e outros (4)	Sentença (Julgou extinto o processo, entendeu que a competência é do STF)	Sentença proferida em 20/03/2018. Sem novos andamentos.
23	1000235-04.2018.5.02.0465 05ª Vara do Trabalho de São Bernardo do Campo (São Paulo)	Autor: Sind. dos Empr. em Empresas de Prest. de Serv., Asseio e Cons., Limp. Urb. e Manut. A.V. Pub e Priv. de SBC, Diad., São Cae. so Sul,San. André,.Mauá,.Rib.Pre.e Regiões. Réu: Boa Hora Central de Tratamento de Resíduos LTDA	Sentença (Julgou extinto o processo, entendeu que a ACP é via inadequada)	Sentença proferida em 20/03/2018. Sem novos andamentos.

Art. 580. A contribuição sindical será recolhida, de uma só vez, anualmente, e consistirá:

I – na importância correspondente à remuneração de 1 (um) dia de trabalho, para os empregados, qualquer que seja a forma da referida remuneração;

II – para os agentes ou trabalhadores autônomos e para os profissionais liberais, numa importância correspondente a 30% (trinta por cento) do maior valor de referência fixado pelo Poder Executivo, vigente à época em que é devida a contribuição sindical, arredondada para Cr$1,00 (um cruzeiro) a fração porventura existente;

III – para os empregadores, numa importância proporcional ao capital social da firma ou empresa, registrado nas respectivas Juntas Comerciais ou órgãos equivalentes, mediante a aplicação de alíquotas, conforme a seguinte tabela progressiva:

Classes de Capital	Alíquota (%)
1 – Até 150 vezes o maior valor de referência	0,8
2 – Acima de 150, até 1.500 vezes o maior valor de referência	0,2
3 – Acima de 1.500, até 150.000 vezes o maior valor de referência	0,1
4 – Acima de 150.000, até 800.000 vezes o maior valor de referência	0,02

§1º A contribuição sindical prevista na tabela constante do item III deste artigo corresponderá à soma da aplicação das alíquotas sobre a porção do capital distribuído em cada classe, observados os respectivos limites.

§2º Para efeito do cálculo de que trata a tabela progressiva inserta no item III deste artigo, considerar-se-á o valor de referência fixado pelo Poder Executivo, vigente à data de competência da contribuição, arredondando-se para Cr$1,00 (um cruzeiro) a fração porventura existente.

§3º É fixado em 60% (sessenta por cento) do maior valor de referência, a que alude o parágrafo anterior, a contribuição mínima devida pelos empregadores, independentemente do capital social da firma ou empresa, ficando, do mesmo modo, estabelecido o capital equivalente a 800.000 (oitocentas mil) vezes o maior valor de referência, para efeito do cálculo da contribuição máxima, respeitada a tabela progressiva constante do item III.

§4º Os agentes ou trabalhadores autônomos e os profissionais liberais, organizados em firma ou empresa, com capital social registrado, recolherão a contribuição sindical de acordo com a tabela progressiva a que se refere o item III.

§5º As entidades ou instituições que não estejam obrigadas ao registro de capital social considerarão como capital, para efeito do cálculo de que trata a tabela progressiva constante do item III deste artigo, o valor resultante da aplicação do percentual de 40% (quarenta por cento) sobre o movimento econômico registrado no exercício imediatamente anterior, do que darão conhecimento à respectiva entidade sindical

ou à Delegacia Regional do Trabalho, observados os limites estabelecidos no §3º deste artigo.

§6º Excluem-se da regra do §5º as entidades ou instituições que comprovarem, através de requerimento dirigido ao Ministério do Trabalho, que não exercem atividade econômica com fins lucrativos.

Sem dúvida, a contribuição sindical trata-se de um encargo que é recolhido anualmente de empregados e empregadores e posteriormente distribuído aos sindicatos representantes das categorias e ao Ministério do Trabalho e Emprego, com o intuito de preservar e fomentar as atividades sindicais no país.

Se analisarmos sua natureza jurídica, certamente concluiremos tratar-se de tributo, pois parte desse valor recolhido se endereça ao Governo Federal, especificamente na figura da Secretaria de Emprego e Salário do Ministério do Trabalho e Emprego, inclusive caracterizando fato gerador e demais detalhes afetos à natureza tributária.

O Texto Consolidado determina os valores de recolhimento, em regra na razão de um dia de trabalho para os empregados, 30% do salário mínimo aos autônomos ou profissionais liberais e um percentual-base de acordo com o capital social das empresas ao empregador.

O desconto da contribuição sindical recai apenas sobre a jornada normal de trabalho, não se computando, para tanto, as horas extras.

Art. 581. Para os fins do item III do artigo anterior, as empresas atribuirão parte do respectivo capital às suas sucursais, filiais ou agências, desde que localizadas fora da base territorial da entidade sindical representativa da atividade econômica do estabelecimento principal, na proporção das correspondentes operações econômicas, fazendo a devida comunicação às Delegacias Regionais do Trabalho e Emprego, conforme a localidade da sede da empresa, sucursais, filiais ou agências.

§1º Quando a empresa realizar diversas atividades econômicas, sem que nenhuma delas seja preponderante, cada uma dessas atividades será incorporada à respectiva categoria econômica, sendo a contribuição sindical devida à entidade sindical representativa da mesma categoria, procedendo-se, em relação às correspondentes sucursais, agências ou filiais, na forma do presente artigo.

§2º Entende-se por atividade preponderante a que caracterizar a unidade de produto, operação ou objetivo final, para cuja obtenção todas as demais atividades convirjam, exclusivamente, em regime de conexão funcional.

O capital social equacionar-se-á entre as filiais ou agências localizadas fora da sede, resguardando-se as devidas proporções das operações ali realizadas.

Art. 582. Os empregadores são obrigados a descontar, da folha de pagamento de seus empregados relativa ao mês de março de cada ano, a contribuição sindical por estes devida aos respectivos sindicatos.

§1º Considera-se 1 (um) dia de trabalho para efeito de determinação da importância a que alude o item I do art. 580, o equivalente:

a) a uma jornada normal de trabalho, se o pagamento ao empregado for feito por unidade de tempo;

b) a 1/30 (um trinta avos) da quantia percebida no mês anterior, se a remuneração for paga por tarefa, empreitada ou comissão.

§2º Quando o salário for pago em utilidades, ou nos casos em que o empregado receba, habitualmente, gorjetas, a contribuição sindical corresponderá a 1/30 (um trinta avos) da importância que tiver servido de base, no mês de janeiro, para a contribuição do empregado à Previdência Social.

Os empregadores descontarão da folha de pagamento dos empregados o referente a um dia de trabalho, no mês de março, que será recolhido em abril de cada ano. Tal desconto será anotado na CTPS do empregado, em local apropriado, especificamente na página da "contribuição sindical" se autorizado pelo empregado previamente (Lei nº 13.467/17).

Art. 583. O recolhimento da contribuição sindical referente aos empregados e trabalhadores avulsos será efetuado no mês de abril de cada ano, e o relativo aos agentes ou trabalhadores autônomos e profissionais liberais realizar-se-á no mês de fevereiro, observada a exigência de autorização prévia e expressa prevista no art. 579 desta Consolidação. (Redação dada pela Lei nº 13.467, de 2017)

§1º O recolhimento obedecerá ao sistema de guias, de acordo com as instruções expedidas pelo Ministro do Trabalho.

§2º O comprovante de depósito da contribuição sindical será remetido ao respectivo sindicato; na falta deste, à correspondente entidade sindical de grau superior, e, se for o caso, ao Ministério do Trabalho.

O recolhimento da contribuição sindical dos trabalhadores avulsos será feito no mês de abril e o dos autônomos ou profissionais liberais será realizado no mês de fevereiro, ambos em guia própria expedida pelo Ministério do Trabalho e Emprego se previamente autorizado pelo trabalhador (Lei nº 13.467/17).

Art. 584. Servirá de base para o pagamento da contribuição sindical, pelos agentes ou trabalhadores autônomos e profissionais liberais, a lista de contribuintes organizada pelos respectivos sindicatos e, na falta destes, pelas federações ou confederações coordenadoras da categoria.

Os trabalhadores autônomos e profissionais liberais serão conhecidos, para que sejam emitidas as guias de recolhimento da contribuição sindical, por meio de listagens próprias fornecidas por suas respectivas entidades de classe.

Art. 585. Os profissionais liberais poderão optar pelo pagamento da contribuição sindical unicamente à entidade sindical representativa da respectiva profissão, desde que a exerça, efetivamente, na firma ou empresa e como tal sejam nelas registrados.

Parágrafo único. Na hipótese referida neste artigo, à vista da manifestação do contribuinte e da exibição da prova de quitação da contribuição, dada por sindicato de profissionais liberais, o empregador deixará de efetuar, no salário do contribuinte, o desconto a que se refere o art. 582.

Caso o empregado exerça um trabalho relacionado com a sua atividade de profissional liberal, por exemplo, um advogado empregado de uma empresa, como advogado, estará, sem dúvida, isento da contribuição à atividade preponderante daquela empresa e, tão somente, contribuirá para sua categoria de profissional liberal, no caso, para a OAB.

Se não exercer função ligada a sua atividade de profissional liberal, poderá estar sujeito ao recolhimento da contribuição sindical relacionada à atividade principal da empresa para a qual trabalhe se autorizado previamente.

Art. 586. A contribuição sindical será recolhida, nos meses fixados no presente Capítulo, à Caixa Econômica Federal, ao Banco do Brasil S/A, ou aos estabelecimentos bancários nacionais integrantes do Sistema de Arrecadação dos Tributos Federais, os quais, de acordo com instruções expedidas pelo Conselho Monetário Nacional, repassarão à Caixa Econômica Federal as importâncias arrecadadas.

§1º Integrarão a rede arrecadadora as Caixas Econômicas Estaduais, nas localidades onde inexistam os estabelecimentos previstos no *caput* deste artigo.

§2º Tratando-se de empregador, agentes ou trabalhadores autônomos ou profissionais liberais, o recolhimento será efetuado pelos próprios, diretamente ao estabelecimento arrecadador.

§3º A contribuição sindical devida pelos empregados e trabalhadores avulsos será recolhida pelo empregador e pelo sindicato, respectivamente.

A contribuição sindical deve ser recolhida nos estabelecimentos bancários vinculados ao sistema de arrecadação de tributos, especificamente no Banco do Brasil ou na Caixa Econômica Federal. Em se tratando de empregadores ou representações de profissionais liberais ou autônomos, em estabelecimentos arrecadadores.

Art. 587. O recolhimento da contribuição sindical dos empregadores efetuar-se-á no mês de janeiro de cada ano, ou, para os que venham a estabelecer-se após aquele mês, na ocasião em que requeiram às repartições o registro ou a licença para o exercício da respectiva atividade.

A contribuição sindical dos empregadores que optaram pelo recolhimento (Lei nº 13.467/17) será efetivada no mês de janeiro de cada ano ou na oportunidade em que registrarem suas empresas.

Art. 588. A Caixa Econômica Federal manterá conta corrente intitulada "Depósitos da Arrecadação da Contribuição Sindical", em nome de cada uma das entidades sindicais beneficiadas, cabendo ao Ministério do Trabalho cientificá-la das ocorrências pertinentes à vida administrativa dessas entidades.

§1º Os saques na conta corrente referida no *caput* deste artigo far-se-ão mediante ordem bancária ou cheque com as assinaturas conjuntas do presidente e do tesoureiro da entidade sindical.

§2º A Caixa Econômica Federal remeterá, mensalmente, a cada entidade sindical, um extrato da respectiva conta corrente, e, quando solicitado, aos órgãos do Ministério do Trabalho.

Os presidentes e tesoureiros dos sindicatos podem sacar os valores depositados e receberão, mensalmente, da Caixa Econômica Federal, uma relação de acompanhamento das suas contas correntes.

Art. 589. Da importância da arrecadação da contribuição sindical serão feitos os seguintes créditos pela Caixa Econômica Federal, na forma das instruções que forem expedidas pelo Ministro do Trabalho:

I – para os empregadores:

a) 5% (cinco por cento) para a confederação correspondente;

b) 15% (quinze por cento) para a federação;

c) 60% (sessenta por cento) para o sindicato respectivo; e

d) 20% (vinte por cento) para a "Conta Especial Emprego e Salário";

II – para os trabalhadores:

a) 5% (cinco por cento) para a confederação correspondente;

b) 10% (dez por cento) para a central sindical;

c) 15% (quinze por cento) para a federação;

d) 60% (sessenta por cento) para o sindicato respectivo; e

e) 10% (dez por cento) para a "Conta Especial Emprego e Salário";

III – (Revogado pela Lei nº 11.648, de 31.03.2008)

IV – (Revogado pela Lei nº 11.648, de 31.03.2008)

§1º O sindicato de trabalhadores indicará ao Ministério do Trabalho e Emprego a central sindical a que estiver filiado como beneficiária da respectiva contribuição sindical, para fins de destinação dos créditos previstos neste artigo.

§2º A central sindical a que se refere a alínea b do inciso II do *caput* deste artigo deverá atender aos requisitos de representatividade previstos na legislação específica sobre a matéria.

Dos valores arrecadados com a contribuição sindical paga pelos empregadores, são destinados, de acordo com a Lei nº 11.648/2008, 5% (cinco por cento) para a confederação correspondente; 15% (quinze por cento) para a federação; 60% (sessenta por cento) para o sindicato respectivo; e 20% (vinte por cento) para a "Conta Especial Emprego e Salário". Já da contribuição paga pelos trabalhadores são destinados 5% (cinco por cento) para a confederação correspondente; 10% (dez por cento) para a central sindical; 15% (quinze por cento) para a federação; 60% (sessenta por cento) para o sindicato respectivo; e 10% (dez por cento) para a "Conta Especial Emprego e Salário".

Observa-se a necessária arrecadação de 10% (dez por cento) para a central sindical correspondente somente para os trabalhadores.

Art. 590. Inexistindo confederação, o percentual previsto no art. 589 desta Consolidação caberá à Federação representativa do grupo.

§§1º e 2º(Revogados pela Lei nº 11.648, de 31.03.2008)

§3º Não havendo sindicato, nem entidade sindical de grau superior ou central sindical, a contribuição sindical será creditada, integralmente, à "Conta Especial Emprego e Salário".

§4º Não havendo indicação de central sindical, na forma do §1º do art. 589 desta Consolidação, os percentuais que lhe caberiam serão destinados à "Conta Especial Emprego e Salário".

Pelo texto da Lei nº 11.648/2008, as centrais sindicais passam a receber os percentuais e, na falta delas, a "Conta Especial Emprego e Salário".

Art. 591. Inexistindo sindicato, os percentuais previstos na alínea c do inciso I e na alínea d do inciso II do *caput* do art. 589 desta Consolidação serão creditados à federação correspondente à mesma categoria econômica ou profissional.

Parágrafo único. Na hipótese do *caput* deste artigo, os percentuais previstos nas alíneas a e b do inciso I e nas alíneas a e c do inciso II do *caput* do art. 589 desta Consolidação caberão à confederação.

Na ausência do sindicato correspondente, os percentuais da contribuição sindical serão creditados à federação da mesma categoria econômica ou profissional e, por fim, à confederação respectiva.

Seção II
DA APLICAÇÃO DA CONTRIBUIÇÃO SINDICAL

Art. 592. A contribuição sindical, além das despesas vinculadas à sua arrecadação, recolhimento e controle, será aplicada pelos sindicatos, na conformidade dos respectivos estatutos, visando aos seguintes objetivos:

I – sindicatos de empregadores e de agentes autônomos:

a) assistência técnica e jurídica;

b) assistência médica, dentária, hospitalar e farmacêutica;

c) realização de estudos econômicos e financeiros;

d) agências de colocação;

e) cooperativas;

f) bibliotecas;

g) creches;

h) congressos e conferências;

i) medidas de divulgação comercial e industrial no país, e no estrangeiro, bem como em outras tendentes a incentivar e aperfeiçoar a produção nacional;

j) feiras e exposições;

l) prevenção de acidentes do trabalho;

m) finalidades desportivas.

II – sindicatos de empregados:

a) assistência jurídica;

b) assistência médica, dentária, hospitalar e farmacêutica;

c) assistência à maternidade;

d) agências de colocação;

e) cooperativas;

f) bibliotecas;

g) creches;

h) congressos e conferências;

i) auxílio-funeral;

j) colônias de férias e centros de recreação;

l) prevenção de acidentes do trabalho;

m) finalidades desportivas e sociais;

n) educação e formação profissional;

o) bolsas de estudo.

III – sindicatos de profissionais liberais:

a) assistência jurídica;

b) assistência médica, dentária, hospitalar e farmacêutica;

c) assistência à maternidade;

d) bolsas de estudo;

e) cooperativas;

f) bibliotecas;

g) creches;

h) congressos e conferências;

i) auxílio-funeral;

j) colônias de férias e centros de recreação;

l) estudos técnicos e científicos;

m) finalidades desportivas e sociais;

n) educação e formação profissional;

o) prêmios por trabalhos técnicos e científicos.

IV – Sindicatos de trabalhadores autônomos:

a) assistência técnica e jurídica;

b) assistência médica, dentária, hospitalar e farmacêutica;

c) assistência à maternidade;

d) bolsas de estudo;

e) cooperativas;

f) bibliotecas;

g) creches;

h) congressos e conferências;

i) auxílio-funeral;

j) colônias de férias e centros de recreação;

l) educação e formação profissional;

m) finalidades desportivas e sociais.

§1º A aplicação prevista neste artigo ficará a critério de cada entidade, que, para tal fim, obedecerá, sempre, às peculiaridades do respectivo grupo ou categoria, facultado ao Ministro do Trabalho permitir a inclusão de novos programas, desde que assegurados os serviços assistenciais fundamentais da entidade.

§2º Os sindicatos poderão destacar, em seus orçamentos anuais, até 20% (vinte por cento) dos recursos da contribuição sindical para o custeio das suas atividades administrativas, independentemente de autorização ministerial.

§3º O uso da contribuição sindical prevista no §2º não poderá exceder do valor total das mensalidades sociais, consignadas nos orçamentos dos sindicatos, salvo autorização expressa do Ministro do Trabalho.

Os sindicatos têm liberdade para gastar até 20% (vinte por cento) dos valores arrecadados em atividades administrativas, porém são obrigados a investir o restante em todos os itens relacionados no art. 592 da CLT, ficando a critério de cada entidade a sua aplicação e as prioridades que deverá considerar de acordo com as necessidades dos associados e dos programas em defesa da categoria.

Art. 593. As percentagens atribuídas às entidades sindicais de grau superior e às centrais sindicais serão aplicadas de conformidade com o que dispuserem os respectivos conselhos de representantes ou estatutos.

Parágrafo único. Os recursos destinados às centrais sindicais deverão ser utilizados no custeio das atividades de representação geral dos trabalhadores decorrentes de suas atribuições legais.

Os valores arrecadados com a contribuição sindical, destinados às federações e confederações, serão aplicados de acordo com as determinações dos seus respectivos conselhos de representantes ou estatutos, observando a inclusão das centrais sindicais pela Lei nº 11.648/2008, e deverão ser destinados ao custeio das atividades de representação dos trabalhadores vinculados às suas atribuições legais sem a intervenção do Tribunal de Contas, atendendo ao veto do Presidente da República.

Art. 594. (Revogado pela Lei nº 4.589, de 11.12.1964)

A Lei nº 13.467/17 estabelece que um fundo característico da organização sindical será gerenciado de forma que atenda aos interesses gerais das categorias.

Seção III
DA COMISSÃO DA CONTRIBUIÇÃO SINDICAL

Arts. 595 a 597. (Revogados pela Lei nº 4.589, de 11.12.1964)

Seção IV
DAS PENALIDADES

Art. 598. Sem prejuízo da ação criminal e das penalidades previstas no art. 553, serão aplicadas multas de 10 (dez) cruzeiros a 10.000 (dez mil) cruzeiros, pelas infrações deste Capítulo, impostas pelas Delegacias Regionais do Trabalho e Emprego.

Parágrafo único. A gradação da multa atenderá à natureza da infração e às condições sociais e econômicas do infrator.

Quem não cumprir as determinações previstas na CLT sobre arrecadação e aplicação das contribuições sindicais estará sujeito à multa administrativa imposta pelo Ministério do Trabalho e Emprego, sem prejuízo da ação penal cabível.

Art. 599. Para os profissionais liberais, a penalidade consistirá na suspensão do exercício profissional, até a necessária quitação, e será aplicada pelos órgãos públicos ou autárquicos disciplinadores das respectivas profissões mediante comunicação das autoridades fiscalizadoras.

A penalidade para as irregularidades cometidas pelas entidades de classe que representam profissionais liberais poderá chegar à suspensão do exercício profissional, até que se cumpram as determinações previstas na lei, independentemente de ação penal cabível.

Art. 600. O recolhimento da contribuição sindical efetuado fora do prazo referido neste Capítulo, quando espontâneo, será acrescido da multa de 10% (dez por cento), nos 30 (trinta) primeiros dias, com o adicional de 2% (dois por cento) por mês subsequente de atraso, além de juros de mora de 1% (um por cento) ao mês e correção monetária, ficando, nesse caso, o infrator, isento de outra penalidade.

§1º O montante das cominações previstas neste artigo reverterá sucessivamente:

a) ao sindicato respectivo;

b) à federação respectiva, na ausência de sindicato;

c) à confederação respectiva, inexistindo federação.

§2º Na falta de sindicato ou entidade de grau superior, o montante a que alude o parágrafo precedente reverterá à conta "Emprego e Salário".

As contribuições recolhidas fora do prazo previsto em lei serão acrescidas de multa, juros e correção monetária em favor das entidades de classe, ou do Ministério do Trabalho, na falta destas.

O recolhimento a destempo da contribuição sindical rural não acarreta a aplicação da multa progressiva prevista no art. 600 da CLT, em decorrência da sua revogação tácita pela Lei nº 8.022, de 12.04.1990, nos termos da Súmula nº 432 do TST.

Seção V
DISPOSIÇÕES GERAIS

Art. 601. (Revogado pela Lei nº 13.467, de 2017)

Art. 602. Os empregados que não estiverem trabalhando no mês destinado ao desconto da contribuição sindical e que venham a autorizar prévia e expressamente o recolhimento serão descontados no primeiro mês subsequente ao do reinício do trabalho.

Se o empregado entrar na empresa após o período de arrecadação ou ainda não tiver recolhido a contribuição sindical e autorizada previamente, esta será imediatamente recolhida e descontada no mês subsequente a sua admissão na empresa.

Art. 603. Os empregadores são obrigados a prestar aos encarregados da fiscalização os esclarecimentos necessários ao desempenho de sua missão e a exibir-lhes, quando exigidos, na parte relativa ao pagamento de empregados, os seus livros, folhas de pagamento e outros documentos comprobatórios desses pagamentos, sob pena da multa cabível.

Sempre que a fiscalização do trabalho exigir comprovação de recolhimento da contribuição sindical, o empregador obriga-se a apresentá-la sob qualquer das suas formas de prova, ou seja, em folha de pagamento, livros ou guias.

Art. 604. (Revogado pela Lei nº 13.467, de 2017)

Art. 605. As entidades sindicais são obrigadas a promover a publicação de editais concernentes ao recolhimento da contribuição sindical, durante 3 (três) dias, nos jornais de maior circulação local e até 10 (dez) dias da data fixada para depósito bancário.

As entidades de classe são obrigadas a promover a publicação de editais com a data de recolhimento e depósito da contribuição sindical, em jornais de grande circulação.

Art. 606. Às entidades sindicais cabe, em caso de falta de pagamento da contribuição sindical, promover a respectiva cobrança judicial, mediante ação executiva, valendo como título de dívida a certidão expedida pelas autoridades regionais do Ministério do Trabalho e Previdência Social.

§1º O Ministro do Trabalho, Indústria e Comércio baixará as instruções regulando a expedição das certidões a que se refere o presente artigo, das quais deverá constar a individualização do contribuinte, a indicação do débito e a designação da entidade a favor da qual é recolhida a importância da contribuição sindical, de acordo com o respectivo enquadramento sindical.

§2º Para os fins da cobrança judicial da contribuição sindical, são extensivos às entidades sindicais, com exceção do foro especial, os privilégios da Fazenda Pública, para cobrança da dívida ativa.

Caso não se verifique o pagamento referente ao recolhimento contribuição em referência por parte das empresas, os sindicatos podem efetivar cobranças de contribuição sindical na Justiça do Trabalho (art. 114 da CRFB), que é o foro competente para esse tipo de ação de cobrança, oportunidade em que serão concedidos os privilégios da Fazenda Pública na aplicação da Lei nº 6.830/1980 na fase do processo de execução.

Art. 607. São consideradas como documento essencial ao comparecimento às concorrências públicas ou administrativas e para o fornecimento às repartições paraestatais ou autárquicas a prova da quitação da respectiva contribuição sindical e a de recolhimento da contribuição sindical descontada dos respectivos empregados.

A comprovação da quitação da contribuição sindical é documento necessário para participação em concorrências públicas a prova de quitação de débitos com o recolhimento da contribuição sindical.

Art. 608. As repartições federais, estaduais ou municipais não concederão registro ou licenças para funcionamento ou renovação de atividades aos estabelecimentos de empregadores e aos escritórios ou congêneres dos agentes ou trabalhadores autônomos e profissionais liberais, nem concederão alvarás de licença ou localização,

sem que sejam exibidas as provas de quitação da contribuição sindical, na forma do artigo anterior.

Parágrafo único. A não observância do disposto neste artigo acarretará, de pleno direito, a nulidade dos atos nele referidos, bem como dos mencionados no art. 607.

Qualquer repartição pública que expede licenças ou alvarás de funcionamento deverá exigir o comprovante de quitação de débitos com a contribuição sindical, bem como invalidar a autorização concedida à atividade empresarial que não provar estar em dia com tais exigências.

Art. 609. O recolhimento da contribuição sindical e todos os lançamentos e movimentos nas contas respectivas são isentos de selos e taxas federais, estaduais ou municipais.

A contribuição sindical está isenta de recolhimento de taxas federais, estaduais e municipais.

Art. 610. As dúvidas no cumprimento deste Capítulo serão resolvidas pelo Secretário das Relações de Trabalho que expedirá as instruções que se tornarem necessárias à sua execução.

O Ministério do Trabalho e Emprego encarregar-se-á de resolver todas as pendências referentes à contribuição sindical, bem como expedirá instruções sobre sua arrecadação e aplicação na forma da lei.

Título VI
DAS CONVENÇÕES COLETIVAS DE TRABALHO

Art. 611. Convenção Coletiva de Trabalho é o acordo de caráter normativo, pelo qual dois ou mais sindicatos representativos de categorias econômicas e profissionais estipulam condições de trabalho aplicáveis, no âmbito das respectivas representações, às relações individuais de trabalho.

§1º É facultado aos sindicatos representativos de categorias profissionais celebrar Acordos Coletivos com uma ou mais empresas da correspondente categoria

econômica, que estipulem condições de trabalho, aplicáveis no âmbito da empresa ou das empresas acordantes às respectivas relações de trabalho.

§2º As federações e, na falta destas, as confederações representativas de categorias econômicas ou profissionais poderão celebrar convenções coletivas de trabalho para reger as relações das categorias a elas vinculadas, inorganizadas em sindicatos, no âmbito de suas representações.

Os acordos e convenções coletivas de trabalho possuem natureza jurídica de declarações de vontade, que se aperfeiçoam em nível coletivo e se convalidam por meio de representações sindicais, cumprindo sua natureza contratual.

Acordo é o contrato estipulado entre representante ou representantes das categorias profissionais, ou seja, sindicato de trabalhadores com empresa ou empresas, firmando cláusulas que passarão a valer no âmbito das referidas atividades empresariais acordantes.

Convenção é o contrato estipulado entre representante ou representantes das categorias econômicas, ou seja, sindicatos patronais com representante ou representantes das categorias profissionais, isto é, sindicatos de trabalhadores, firmando cláusulas que passarão a valer no âmbito e no limite territorial em que atuam as referidas categorias, profissional e econômica.

Essa modalidade de contrato ainda não existe no Brasil.

Contrato coletivo de trabalho, em que pese seja citado no texto da CLT como acordo e convenção, constitui neologismo, ou melhor, nova palavra ou expressão que vem sendo utilizada para definir formas contratuais autônomas, sem a interferência do Estado, portanto sem a participação de fontes heterônomas, como, por exemplo, a CLT.

Nossas relações de trabalho são regidas pelo Estado, tornando impossível a existência dos contratos coletivos de trabalho, que se aperfeiçoam mediante acordos regidos e controlados pelas próprias partes contraentes.

Podem ser produzidos por meio de pactos, como nos países que integram a Escandinávia (Suécia, Dinamarca e Noruega), ou mesmo por categorias ou profissões, como é praticado nos EUA. Nesses casos não se verifica a interferência estatal, mas sim a participação das partes envolvidas.

Na falta dos sindicatos, as federações e confederações podem celebrar acordos e convenções coletivas de trabalho.

As centrais sindicais representam o braço institucional das entidades de classe. Elas atuam com características políticas e, ao manterem sob a sua tutela as representações profissionais filiadas, movimentam-se com capacidade para discutir temas gerais em defesa das suas respectivas categorias, reservando-se o direito de torná-las cada vez mais representativas, ou seja, falam em nome de todos os filiados, ou melhor, de todos os trabalhadores brasileiros.

As centrais sindicais, como a CUT, a CGT e a Força Sindical, não têm poderes para celebrar acordos ou convenções coletivas de trabalho.

São fontes autônomas, pois sem a interferência da lei e do Estado as partes podem acordar, livremente, suas condições e cláusulas contratuais.

Art. 611-A. A convenção coletiva e o acordo coletivo de trabalho têm prevalência sobre a lei quando, entre outros, dispuserem sobre: (Incluído pela Lei nº 13.467, de 2017)

I – pacto quanto à jornada de trabalho, observados os limites constitucionais; (Incluído pela Lei nº 13.467, de 2017)

II – banco de horas anual; (Incluído pela Lei nº 13.467, de 2017)

III – intervalo intrajornada, respeitado o limite mínimo de trinta minutos para jornadas superiores a seis horas; (Incluído pela Lei nº 13.467, de 2017)

IV – adesão ao Programa Seguro-Emprego (PSE), de que trata a Lei nº 13.189, de 19 de novembro de 2015; (Incluído pela Lei nº 13.467, de 2017)

V – plano de cargos, salários e funções compatíveis com a condição pessoal do empregado, bem como identificação dos cargos que se enquadram como funções de confiança; (Incluído pela Lei nº 13.467, de 2017)

VI – regulamento empresarial; (Incluído pela Lei nº 13.467, de 2017)

VII – representante dos trabalhadores no local de trabalho; (Incluído pela Lei nº 13.467, de 2017)

VIII – teletrabalho, regime de sobreaviso, e trabalho intermitente; (Incluído pela Lei nº 13.467, de 2017)

IX – remuneração por produtividade, incluídas as gorjetas percebidas pelo empregado, e remuneração por desempenho individual; (Incluído pela Lei nº 13.467, de 2017)

X – modalidade de registro de jornada de trabalho; (Incluído pela Lei nº 13.467, de 2017)

XI – troca do dia de feriado; (Incluído pela Lei nº 13.467, de 2017)

XII – enquadramento do grau de insalubridade; (Incluído pela Lei nº 13.467, de 2017)

XIII – prorrogação de jornada em ambientes insalubres, sem licença prévia das autoridades competentes do Ministério do Trabalho; (Incluído pela Lei nº 13.467, de 2017)

XIV – prêmios de incentivo em bens ou serviços, eventualmente concedidos em programas de incentivo; (Incluído pela Lei nº 13.467, de 2017)

XV – participação nos lucros ou resultados da empresa. (Incluído pela Lei nº 13.467, de 2017)

§1º No exame da convenção coletiva ou do acordo coletivo de trabalho, a Justiça do Trabalho observará o disposto no §3º do art. 8º desta Consolidação. (Incluído pela Lei nº 13.467, de 2017)

§2º A inexistência de expressa indicação de contrapartidas recíprocas em convenção coletiva ou acordo coletivo de trabalho não ensejará sua nulidade por não caracterizar um vício do negócio jurídico. (Incluído pela Lei nº 13.467, de 2017)

§3º Se for pactuada cláusula que reduza o salário ou a jornada, a convenção coletiva ou o acordo coletivo de trabalho deverão prever a proteção dos empregados contra dispensa imotivada durante o prazo de vigência do instrumento coletivo. (Incluído pela Lei nº 13.467, de 2017)

§4º Na hipótese de procedência de ação anulatória de cláusula de convenção coletiva ou de acordo coletivo de trabalho, quando houver a cláusula compensatória, esta deverá ser igualmente anulada, sem repetição do indébito. (Incluído pela Lei nº 13.467, de 2017)

§5º Os sindicatos subscritores de convenção coletiva ou de acordo coletivo de trabalho deverão participar, como litisconsortes necessários, em ação individual ou coletiva, que tenha como objeto a anulação de cláusulas desses instrumentos. (Incluído pela Lei nº 13.467, de 2017)

A Lei nº 13.467/17 introduziu no ordenamento jurídico trabalhista a possibilidade de adotar o "NEGOCIADO" sobre o "LEGISLADO", ou seja, que as negociações realizadas no âmbito sindical poderão prevalecer sobre o que a lei determina com a necessária observação aos incisos III e VI do *caput* do art. 8º da CRFB que assegura ao sindicato a defesa dos direitos e interesses coletivos ou individuais da categoria em questões judiciais ou administrativas e sua participação obrigatória nas negociações coletivas de trabalho.

Temática polêmica, possibilita a "FLEXIBILIZAÇÃO" nas relações de trabalho e impõe mais agilidade nas negociações entre empregados e empregadores. Contudo, restringe tais tratativas ao próprio texto do artigo em comento e impede qualquer possibilidade de confronto com as normas constitucionais.

Por certo, tal comando vai gerar infundadas discussões na Justiça do Trabalho até que seja sedimentada por meio da jurisprudência própria expendida pelo próprio TST e até pelo STF em se tratando de infringência as normas constitucionais.

Observe-se que as restrições impostas para que as negociações superem a lei apontam em grande parte para flexibilização de temas direcionados para jornada de trabalho e salários. Estes direitos, por sua vez, também são protegidos pelo viés constitucional e estarão sujeitos a reações por parte do Ministério Público do Trabalho através de ações civis públicas na interpretação de que as negociações realizadas pelos sindicatos afrontam a Constituição.

As demais tratativas se concentram na necessidade examinar as convenções ou acordos coletivos de trabalho, vez que a Justiça do Trabalho observará exclusivamente a conformidade dos elementos essenciais do negócio jurídico realizado entre as partes e respeitará o princípio da intervenção mínima na autonomia da vontade coletiva (§3º do art. 8º da CLT).

Caso não esteja expressa a indicação de contrapartidas recíprocas nos termos pactuados pelas partes em convenção ou acordo coletivo de trabalho, ressalve-se que não ensejará nulidade vez que não induz a existência de vício do negócio jurídico.

Se o pacto tratar de redução de salário ou jornada de trabalho, as partes deverão inserir no termo a proteção dos empregados contra dispensa imotivada durante o prazo de vigência do referido instrumento coletivo.

Prevendo-se não prosperar o pacto e for contestado por meio de ação anulatória que aponte para cláusula infringente e a convenção ou acordo coletivo de trabalho registre a existência de cláusula compensatória, esta deverá ser igualmente anulada sem repetição do indébito. Na verdade, pretende-se valorizar e incentivar os pactos legítimos e desprezar qualquer medida compensatória que tente converter direitos por indenizações de natureza pecuniária.

A obrigação de formar o litisconsórcio necessário a que se refere este artigo dar-se-á nos processos ajuizados após 11.11.17, em consonância com Instrução Normativa do TST.

Art. 611-B. Constituem objeto ilícito de convenção coletiva ou de acordo coletivo de trabalho, exclusivamente, a supressão ou a redução dos seguintes direitos:

I – normas de identificação profissional, inclusive as anotações na Carteira de Trabalho e Previdência Social;

II – seguro-desemprego, em caso de desemprego involuntário;

III – valor dos depósitos mensais e da indenização rescisória do Fundo de Garantia do Tempo de Serviço (FGTS);

IV – salário mínimo;

V – valor nominal do décimo terceiro salário;

VI – remuneração do trabalho noturno superior à do diurno;

VII – proteção do salário na forma da lei, constituindo crime sua retenção dolosa;

VIII – salário-família;

IX – repouso semanal remunerado;

X – remuneração do serviço extraordinário superior, no mínimo, em 50% (cinquenta por cento) à do normal;

XI – número de dias de férias devidas ao empregado;

XII – gozo de férias anuais remuneradas com, pelo menos, um terço a mais do que o salário normal;

XIII – licença-maternidade com a duração mínima de cento e vinte dias;

XIV – licença-paternidade nos termos fixados em lei;

XV – proteção do mercado de trabalho da mulher, mediante incentivos específicos, nos termos da lei;

XVI – aviso-prévio proporcional ao tempo de serviço, sendo no mínimo de trinta dias, nos termos da lei;

XVII – normas de saúde, higiene e segurança do trabalho previstas em lei ou em normas regulamentadoras do Ministério do Trabalho;

XVIII – adicional de remuneração para as atividades penosas, insalubres ou perigosas;

XIX – aposentadoria;

XX – seguro contra acidentes de trabalho, a cargo do empregador;

XXI – ação, quanto aos créditos resultantes das relações de trabalho, com prazo prescricional de cinco anos para os trabalhadores urbanos e rurais, até o limite de dois anos após a extinção do contrato de trabalho;

XXII – proibição de qualquer discriminação no tocante a salário e critérios de admissão do trabalhador com deficiência;

XXIII – proibição de trabalho noturno, perigoso ou insalubre a menores de dezoito anos e de qualquer trabalho a menores de dezesseis anos, salvo na condição de aprendiz, a partir de quatorze anos;

XXIV – medidas de proteção legal de crianças e adolescentes;

XXV – igualdade de direitos entre o trabalhador com vínculo empregatício permanente e o trabalhador avulso;

XXVI – liberdade de associação profissional ou sindical do trabalhador, inclusive o direito de não sofrer, sem sua expressa e prévia anuência, qualquer cobrança ou desconto salarial estabelecidos em convenção coletiva ou acordo coletivo de trabalho;

XXVII – direito de greve, competindo aos trabalhadores decidir sobre a oportunidade de exercê-lo e sobre os interesses que devam por meio dele defender;

XXVIII – definição legal sobre os serviços ou atividades essenciais e disposições legais sobre o atendimento das necessidades inadiáveis da comunidade em caso de greve;

XXIX – tributos e outros créditos de terceiros;

XXX – as disposições previstas nos arts. 373-A, 390, 392, 392-A, 394, 394-A, 395, 396 e 400 desta Consolidação.

Parágrafo único. Regras sobre duração do trabalho e intervalos não são consideradas como normas de saúde, higiene e segurança do trabalho para os fins do disposto neste artigo.

A Lei nº 13.467/17 dá azo à livre negociação entre as partes com possibilidades de flexibilizar sobre o que está legislado, mas restringe as tratativas em grande parte para questões de natureza salarial e jornada de trabalho. Por sua vez, não permite qualquer tipo de ajuste que atente contra direitos fixados pela Carta Constitucional e de normas de proteção ao trabalho.

Vale salientar que, em se tratando de regras salariais e de horário de trabalho, também reserva os direitos mínimos estabelecidos por lei.

Enfim, acredita-se que todas as negociações que sigam na direção da flexibilização respeitem o "contrato mínimo" previsto em lei sob pena de nulidade das cláusulas que ultrapassarem a barreira do bom senso, ferindo a integridade física e dignidade do trabalhador.

Art. 612. Os sindicatos só poderão celebrar Convenções ou Acordos Coletivos de Trabalho, por deliberação de assembleia geral especialmente convocada para esse fim, consoante o disposto nos respectivos estatutos, dependendo a validade da mesma do comparecimento e votação, em primeira convocação, de 2/3 (dois terços) dos associados da entidade, se se tratar de Convenção, e dos interessados, no caso de Acordo, e, em segunda, de 1/3 (um terço) dos membros.

Parágrafo único. O *quorum* de comparecimento e votação será de 1/8 (um oitavo) dos associados em segunda convocação, nas entidades sindicais que tenham mais de 5.000 (cinco mil) associados.

A principal exigência para a convalidação dos acordos e convenções coletivas de trabalho é que as bases do convênio sejam submetidas à assembleia geral convocada para essa finalidade.

Somente após a aprovação pela assembleia geral da categoria as cláusulas contratuais ajustadas podem tomar forma e firmarem-se válidas para integrar o referido acordo ou convenção coletiva.

Se for para formalizar uma convenção, será necessária a presença de dois terços dos que recolhem a contribuição social, ou seja, dos associados à categoria em primeira convocação e, na segunda convocação, um terço dos membros, enfim, de quem participar da assembleia, seja associado ou interessado ligado ao sindicato.

No caso de acordo, na primeira convocação será necessária a presença de dois terços dos interessados, ou melhor, de todos que estiverem presentes naquela assembleia; na segunda convocação só serão contabilizados os votos de um terço dos membros que participaram da assembleia.

Finalmente, as entidades de classe que tiverem mais de cinco mil associados terão de contar com pelo menos um oitavo dos associados em segunda convocação, tanto nos acordos como nas convenções coletivas de trabalho.

Vale salientar que a previsão legal oferece nas segundas convocações a possibilidade de alguns poucos interessados decidirem o que uma categoria inteira pode discordar no futuro.

Art. 613. As Convenções e os Acordos deverão conter obrigatoriamente:

I – designação dos sindicatos convenentes ou dos sindicatos e empresas acordantes;

II – prazo de vigência;

III – categorias ou classes de trabalhadores abrangidas pelos respectivos dispositivos;

IV – condições ajustadas para reger as relações individuais de trabalho durante sua vigência;

V – normas para a conciliação das divergências surgidas entre os convenentes por motivos da aplicação de seus dispositivos;

VI – disposições sobre o processo de sua prorrogação e de revisão total ou parcial de seus dispositivos;

VII – direitos e deveres dos empregados e empresas;

VIII – penalidades para os sindicatos convenentes, os empregados e as empresas em caso de violação de seus dispositivos.

Parágrafo único. As Convenções e os Acordos serão celebrados por escrito, sem emendas nem rasuras, em tantas vias quantos forem os sindicatos convenentes ou as empresas acordantes, além de uma destinada a registro.

Além das exigências que constam do elenco do art. 613 da CLT, os acordos e convenções coletivas de trabalho deverão ser celebrados por escrito e distribuídos em quantas vias forem necessárias para os sindicatos participantes, bem como ao órgão competente do Ministério do Trabalho e Emprego.

Art. 614. Os sindicatos convenentes ou as empresas acordantes promoverão, conjunta ou separadamente, dentro de 8 (oito) dias da assinatura da Convenção ou Acordo, o depósito de uma via do mesmo, para fins de registro e arquivo, no Departamento Nacional do Trabalho, em se tratando de instrumento de caráter nacional ou interestadual, ou nos órgãos regionais do Ministério do Trabalho e Previdência Social, nos demais casos.

§1º As Convenções e os Acordos entrarão em vigor 3 (três) dias após a data da entrega dos mesmos no órgão referido neste artigo.

§2º Cópias autênticas das Convenções e dos Acordos deverão ser afixadas de modo visível, pelos sindicatos convenentes, nas respectivas sedes e nos estabelecimentos das empresas compreendidas no seu campo de aplicação, dentro de 5 (cinco) dias da data do depósito previsto neste artigo.

§3º Não será permitido estipular duração de convenção coletiva ou acordo coletivo de trabalho superior a dois anos, sendo vedada a ultratividade.

Para a validade dos termos acordados é necessário, fundamentalmente, seguir a hierarquia que a lei determina para sua convalidação, apenas lembrando que os acordos

ou convenções que forem formalizados em nível nacional ou interestadual deverão ser encaminhados ao Ministério do Trabalho e Emprego, deixando os regionais ou municipais para as Delegacias do Trabalho nos estados e municípios.

Os acordos e convenções, em regra, duram um ano, mas a lei permite que sejam estipulados em até dois anos, com direito a renovações.

A Lei nº 13.467/17 impede a possibilidade de se retroagir na aplicação de normas estabelecidas por meio de pactos normativos que já tenha vencida sua validade, independente de expirado o prazo máximo previsto em lei (02 anos).

Cai por terra a discussão sobre a manutenção de cláusulas obrigacionais previstas em termos coletivos anteriores, ou seja, aquelas se inferem no contrato de trabalho como salários e que poderiam ser mantidas pelos novos pactos normativos. As normas de natureza negocial, como assistência médica, já não eram recepcionadas pelos termos posteriores. Contudo, o parágrafo terceiro do presente artigo é cristalino quanto à impossibilidade de permitir que vigore qualquer tipo de cláusula pactuada em convênios coletivos passados e convertida aos termos ulteriores.

A redação da Súmula nº 277/TST, após ajustes promovidos pelo TST, deverá seguir nessa direção: CONVENÇÃO COLETIVA DE TRABALHO OU ACORDO COLETIVO DE TRABALHO. EFICÁCIA. ULTRATIVIDADE (alterada e inserido o item II em decorrência da Lei nº 13.467/2017). I – As cláusulas normativas previstas em acordos coletivos ou convenções coletivas, firmados até 10 de novembro de 2017, integram os contratos individuais de trabalho e somente poderão ser modificadas ou suprimidas mediante negociação coletiva de trabalho. II – Às convenções coletivas de trabalho e aos acordos coletivos de trabalho celebrados a partir de 11 de novembro de 2017, vigentes pelo prazo máximo de dois anos, é vedada a ultratividade, nos termos do §3º do art. 614 da CLT, com a redação do art. 1º da Lei nº 13.467/2017.

Art. 615. O processo de prorrogação, revisão, denúncia ou revogação de Convenção ou Acordo ficará subordinado, em qualquer caso, à aprovação de assembleia geral dos sindicatos convenentes ou partes acordantes, com observância do disposto no art. 612.

§1º O instrumento de prorrogação, revisão, denúncia ou revogação de Convenção ou Acordo será depositado, para fins de registro e arquivamento, na repartição em que o mesmo originariamente foi depositado, observado o disposto no art. 614.

§2º As modificações introduzidas em Convenção ou Acordo, por força de revisão ou de revogação parcial de suas cláusulas, passarão a vigorar 3 (três) dias após a realização do depósito previsto no §1º.

As convenções ou os acordos coletivos de trabalho podem, após aprovação em assembleia geral, serem prorrogados por mais dois anos, no máximo, ficando sujeitos a novas prorrogações. Podem, ainda, serem denunciados pelo não cumprimento ou por estarem eivados de vícios, bem como ser revogados pelas partes em determinadas cláusulas ou em todo o seu conteúdo.

Nesses casos, ressalva-se a necessidade de repetir o trâmite previsto na sua convalidação inicial.

Art. 616. Os sindicatos representativos de categorias econômicas ou profissionais e as empresas, inclusive as que não tenham representação sindical, quando provocados, não podem recusar-se à negociação coletiva.

§1º Verificando-se recusa à negociação coletiva, cabe aos sindicatos ou empresas interessadas dar ciência do fato, conforme o caso, ao Departamento Nacional do Trabalho ou aos órgãos regionais do Ministério do Trabalho e Previdência Social para convocação compulsória dos sindicatos ou empresas recalcitrantes.

§2º No caso de persistir a recusa à negociação coletiva, pelo desatendimento às convocações feitas pelo Departamento Nacional do Trabalho ou órgãos regionais do Ministério do Trabalho e Previdência Social, ou se malograr a negociação entabulada, é facultada aos sindicatos ou empresas interessadas a instauração de dissídio coletivo.

§3º Havendo convenção, acordo ou sentença normativa em vigor, o dissídio coletivo deverá ser instaurado dentro dos 60 (sessenta) dias anteriores ao respectivo termo final, para que o novo instrumento possa ter vigência no dia imediato a esse termo.

§4º Nenhum processo de dissídio coletivo de natureza econômica será admitido sem antes se esgotarem as medidas relativas à formalização da Convenção ou Acordo correspondente.

A recusa de um sindicato ou empresa em promover o acordo ou convenção coletiva de trabalho será encaminhada ao órgão competente do Ministério do Trabalho e Emprego, que, imediatamente, convocará o sindicato ou a empresa que impede a negociação. Caso persista a recusa injustificada ou mesmo que não seja possível efetivar o acordo ou convenção coletiva de trabalho, as partes interessadas (sindicatos ou empresas) podem aforar dissídio coletivo no TRT.

O dissídio coletivo, caso exista acordo, convenção ou outro dissídio coletivo em vigência, deverá ser instaurado dentro de 60 dias anteriores aos seus respectivos termos finais, para que possa decorrer de forma que sua validade se firme a partir do final dos referidos pactos ou ações que estão em andamento.

Art. 617. Os empregados de uma ou mais empresas que decidirem celebrar Acordo Coletivo de Trabalho com as respectivas empresas darão ciência de sua resolução, por escrito, ao sindicato representativo da categoria profissional, que terá o prazo de 8 (oito) dias para assumir a direção dos entendimentos entre os interessados, devendo igual procedimento ser observado pelas empresas interessadas com relação ao sindicato da respectiva categoria econômica.

§1º Expirado o prazo de 8 (oito) dias sem que o sindicato tenha se desincumbido do encargo recebido, poderão os interessados dar conhecimento do fato à federação a que estiver vinculado o sindicato e, em falta dessa, à correspondente confederação, para que, no mesmo prazo, assuma a direção dos entendimentos. Esgotado esse prazo, poderão os interessados prosseguir diretamente na negociação coletiva até final.

§2º Para o fim de deliberar sobre o Acordo, a entidade sindical convocará assembleia geral dos diretamente interessados, sindicalizados ou não, nos termos do art. 612.

A lei determina que o interesse dos empregados em formalizar o acordo deverá passar pelos sindicatos, que, não se manifestando em oito dias, darão ensejo a um convite à federação e à confederação vinculada à categoria, as quais, por sua vez, não se manifestando, permitirão, consequentemente, aos próprios empregados, a possibilidade de firmarem acordo coletivo de trabalho.

O processo será extinto sem julgamento do mérito.

Art. 618. As empresas e instituições que não estiverem incluídas no enquadramento sindical a que se refere o art. 577 desta Consolidação poderão celebrar Acordos Coletivos de Trabalho com os sindicatos representativos dos respectivos empregados, nos termos deste Título.

Mesmo aquelas empresas que não estiverem incluídas no enquadramento sindical do Ministério do Trabalho e Emprego podem celebrar acordo coletivo de trabalho, sem acarretar prejuízos aos seus empregados.

Art. 619. Nenhuma disposição de contrato individual de trabalho que contrarie normas de Convenção ou Acordo Coletivo de Trabalho poderá prevalecer na execução do mesmo, sendo considerada nula de pleno direito.

Nenhuma cláusula de contrato de emprego poderá conflitar com normas estabelecidas em acordo ou convenção coletiva de trabalho, sob pena de ser considerada nula de pleno direito, ressalvando-se a aplicação do "princípio da norma mais favorável".

Art. 620. As condições estabelecidas em acordo coletivo de trabalho sempre prevalecerão sobre as estipuladas em convenção coletiva de trabalho.

Nesse caso aplicam-se o "princípio da condição mais benéfica" e o "princípio da norma mais favorável", isto é, todas as condições de trabalho que produzam mais benefícios e as normas que sejam mais favoráveis aos empregados terão um peso maior perante as outras consideradas menos propícias ao desenvolvimento das atividades laborais. Tais princípios se arraigaram na aplicabilidade das normas que norteiam as relações entre empregados e empregadores mesmo quanto a contratos, regulamentos da empresa, sentenças normativas e leis em geral.

Contudo, a Lei nº 13.467/17 assevera que os termos extraídos de acordos prevalecerão sobre o pactuado em convenções coletivas. Resta registrar que, independente da assertiva de ordem legal fixar tal medida, restará a aplicação dos princípios da norma mais favorável e da condição mais benéfica que sempre nortearam o direito do trabalho.

Se existir ao mesmo tempo um benefício outorgado pelo empregador e outros por via de acordo, convenção ou sentença normativa, o empregado receberá o que for mais favorável, de conformidade com a Súmula nº 202 do TST.

Art. 621. As Convenções e os Acordos poderão incluir, entre suas cláusulas, disposição sobre a constituição e funcionamento de comissões mistas de consulta e colaboração, no plano da empresa e sobre participação nos lucros. Estas disposições mencionarão a forma de constituição, o modo de funcionamento e as atribuições das comissões, assim como o plano de participação, quando for o caso.

O art. 11 da CF/1988 assegura a eleição de um representante dos empregados para promover o entendimento direto com os empregadores. Tal comando constitucional convalida-se com a necessidade de os acordos e convenções incluírem em suas cláusulas a participação dos empregados em assuntos afetos às relações de trabalho, até mesmo no que concerne à participação nos lucros (Lei nº 10.101/2000, que dispõe sobre a participação dos trabalhadores nos lucros ou resultados da empresa e dá outras providências).

Art. 622. Os empregados e as empresas que celebrarem contratos individuais de trabalho, estabelecendo condições contrárias ao que tiver sido ajustado em Convenção ou Acordo que lhes for aplicável, serão passíveis da multa neles fixada.

Parágrafo único. A multa a ser imposta ao empregado não poderá exceder da metade daquela que, nas mesmas condições, seja estipulada para a empresa.

As empresas que firmarem contratos de trabalho contrariando normas expressas em acordo ou convenção coletiva estarão sujeitas a multas administrativas aplicadas pelo Ministério do Trabalho e Emprego, bem como as cláusulas irregulares serão consideradas nulas para todos os efeitos legais.

Quando não for honrada qualquer cláusula constante de instrumentos normativos diversos, não há permissivo legal para que o empregado possa ajuizar várias ações, pleiteando em cada uma o pagamento da multa referente ao descumprimento de obrigações previstas nas cláusulas respectivas. Ainda, é aplicável multa prevista em sentença normativa, convenção ou acordo coletivo em caso de não cumprimento de obrigação prevista em lei, independentemente de a norma coletiva ser idêntica ao texto legal (Súmula nº 384 do TST).

"As cláusulas normativas fruto dos acordos ou convenções coletivas que integram os contratos individuais de trabalho, somente, poderão ser modificadas ou suprimidas mediante negociação coletiva de trabalho" (Súmula nº 277 do TST com redação determinada pela Res. TST nº 185/2012 – *DEJT* 25.09.2012).

Os tribunais divergem quanto à natureza das cláusulas constantes dos pactos normativos. Acredita-se que quando inseridas no contrato de emprego podem ser conduzidas ao novo acordo ou convenção coletiva caracterizadas como "norma obrigacional". Mas se interpretadas como "norma negocial" não podem constar do novo acordo/convenção coletiva.

Ocorre que com advento da Lei nº 13.467/17, o §3º do art.614 da CLT assevera que não será mais permitido estipular duração de convenção coletiva ou acordo coletivo de trabalho superior a dois anos e vedada a ultratividade de cláusulas normativas advindas de pactos anteriores.

Art. 623. Será nula de pleno direito disposição de Convenção ou Acordo que, direta ou indiretamente, contrarie proibição ou norma disciplinadora da política econômico-financeira do Governo ou concernente à política salarial vigente, não produzindo quaisquer efeitos perante autoridades e repartições públicas, inclusive para fins de revisão de preços e tarifas de mercadorias e serviços.

Parágrafo único. Na hipótese deste artigo, a nulidade será declarada, de ofício ou mediante representação, pelo Ministro do Trabalho e Previdência Social, ou pela Justiça do Trabalho, em processo submetido ao seu julgamento.

A interferência do Estado nas relações de trabalho convalida-se com as regras estabelecidas pelo Governo no que concerne a sua política econômica, vinculada consequentemente à necessidade de que empregados e empregadores criem regras próprias que não conflitem com os interesses públicos ou mesmo com a vontade dos governantes em ditar normas que acreditam ser melhores para as relações de trabalho.

Todas as regras estabelecidas em acordo ou convenção coletiva de trabalho não podem contrariar os interesses expressos na política governamental para tais fins, sob pena de nulidade e consequente inaplicabilidade.

Art. 624. A vigência de cláusula de aumento ou reajuste salarial, que implique elevação de tarifas ou de preços sujeitos à fixação por autoridade pública ou repartição governamental, dependerá de prévia audiência dessa autoridade ou repartição e sua expressa declaração no tocante à possibilidade de elevação da tarifa ou do preço e quanto ao valor dessa elevação.

Só será válida a norma que implique elevação de tarifas públicas quando autorizada pela autoridade competente, considerando-se os princípios antitrustes.

Art. 625. As controvérsias resultantes da aplicação de Convenção ou de Acordo celebrado nos termos deste Título serão dirimidas pela Justiça do Trabalho.

A Justiça do Trabalho é o foro competente para dirimir conflitos oriundos de acordos e convenções coletivas de trabalho, ressalvando-se que nos dissídios coletivos a competência é dos Tribunais Regionais do Trabalho, enquanto nos debates individuais serão competentes as Varas do Trabalho.

Título VI-A
DAS COMISSÕES DE CONCILIAÇÃO PRÉVIA

Art. 625-A. As empresas e os sindicatos podem instituir Comissões de Conciliação Prévia, de composição paritária, com representantes dos empregados e dos empregadores, com a atribuição de tentar conciliar os conflitos individuais do trabalho.

Parágrafo único. As Comissões referidas no *caput* deste artigo poderão ser constituídas por grupos de empresas ou ter caráter intersindical.

Art. 625-B. A Comissão instituída no âmbito da empresa será composta de, no mínimo, 2 (dois) e, no máximo, 10 (dez) membros, e observará as seguintes normas:

I – a metade de seus membros será indicada pelo empregador e a outra metade eleita pelos empregados, em escrutínio secreto, fiscalizado pelo sindicato da categoria profissional;

II – haverá na Comissão tantos suplentes quantos forem os representantes titulares;

III – o mandato dos seus membros, titulares e suplentes, é de 1 (um) ano, permitida uma recondução.

§1º É vedada a dispensa dos representantes dos empregados membros da Comissão de Conciliação Prévia, titulares e suplentes, até 1 (um) ano após o final do mandato, salvo se cometerem falta grave, nos termos da lei.

§2º O representante dos empregados desenvolverá seu trabalho normal na empresa, afastando-se de suas atividades apenas quando convocado para atuar como conciliador, sendo computado como tempo de trabalho efetivo o despendido nessa atividade.

Art. 625-C. A Comissão instituída no âmbito do sindicato terá sua constituição e normas de funcionamento definidas em convenção ou acordo coletivo.

Art. 625-D. Qualquer demanda de natureza trabalhista será submetida à Comissão de Conciliação Prévia se, na localidade da prestação de serviços, houver sido instituída a Comissão no âmbito da empresa ou do sindicato da categoria.

§1º A demanda será formulada por escrito ou reduzida a termo por qualquer dos membros da Comissão, sendo entregue cópia datada e assinada pelo membro aos interessados.

§2º Não prosperando a conciliação, será fornecida ao empregado e ao empregador declaração da tentativa conciliatória frustrada com a descrição de seu objeto, firmada pelos membros da Comissão, que deverá ser juntada à eventual reclamação trabalhista.

§3º Em caso de motivo relevante que impossibilite a observância do procedimento previsto no *caput* deste artigo, será a circunstância declarada na petição inicial da ação intentada perante a Justiça do Trabalho.

§4º Caso exista, na mesma localidade e para a mesma categoria, Comissão de empresa e Comissão sindical, o interessado optará por uma delas para submeter a sua demanda, sendo competente aquela que primeiro conhecer do pedido.

Art. 625-E. Aceita a conciliação, será lavrado termo assinado pelo empregado, pelo empregador ou seu preposto e pelos membros da Comissão, fornecendo-se cópia às partes.

Parágrafo único. O termo de conciliação é título executivo extrajudicial e terá eficácia liberatória geral, exceto quanto às parcelas expressamente ressalvadas.

Art. 625-F. As Comissões de Conciliação Prévia têm prazo de 10 (dez) dias para a realização da sessão de tentativa de conciliação a partir da provocação do interessado.

Parágrafo único. Esgotado o prazo sem a realização da sessão, será fornecida, no último dia do prazo, a declaração a que se refere o §2º do art. 625-D.

Art. 625-G. O prazo prescricional será suspenso a partir da provocação da Comissão de Conciliação Prévia, recomeçando a fluir, pelo que lhe resta, a partir da tentativa frustrada de conciliação ou do esgotamento do prazo previsto no art. 625-F.

Art. 625-H. Aplicam-se aos Núcleos Intersindicais de Conciliação Trabalhista em funcionamento ou que vierem a ser criados, no que couber, as disposições previstas neste Título, desde que observados os princípios da paridade e da negociação coletiva na sua constituição.

Os sindicatos e as empresas podem instituir essas comissões, cujo funcionamento será definido em convenção ou acordo coletivo, as quais podem, previamente, conciliar os conflitos individuais do trabalho.

Qualquer demanda de natureza trabalhista será submetida a essa comissão e, conciliada, lavrar-se-á termo de eficácia liberatória geral, suspendendo-se o prazo prescricional a partir da provocação da comissão.

O termo extraído das Comissões de Conciliação Prévia será, por diante, considerado o único título executivo extrajudicial aceito no processo do trabalho, nos termos do atual texto do art. 876 da CLT.

Em se tratando de título executivo extrajudicial, por exceção, o termo de acordo firmado por Comissões de Conciliação Prévia pode, no prazo e justificativa legal, ser apreciado pelo Poder Judiciário Trabalhista sem o devido processo de conhecimento e executado diretamente.

Título VII
DO PROCESSO DE MULTAS ADMINISTRATIVAS

Capítulo I
DA FISCALIZAÇÃO, DA AUTUAÇÃO E DA IMPOSIÇÃO DE MULTAS

Art. 626. Incumbe às autoridades competentes do Ministério do Trabalho, Indústria e Comércio, ou àquelas que exerçam funções delegadas, a fiscalização do fiel cumprimento das normas de proteção ao trabalho.

Parágrafo único. Os fiscais dos Institutos de Seguro Social e das entidades paraestatais em geral, dependentes do Ministério do Trabalho, Indústria e Comércio, serão competentes para a fiscalização a que se refere o presente artigo, na forma das instruções que forem expedidas pelo Ministro do Trabalho, Indústria e Comércio.

As Delegacias do Ministério do Trabalho e Emprego terão competência para realizar fiscalização do trabalho em questões coletivas e individuais, inclusive no que concerne aos acordos e convenções coletivas de trabalho.

Art. 627. A fim de promover a instrução dos responsáveis no cumprimento das leis de proteção do trabalho, a fiscalização deverá observar o critério de dupla visita nos seguintes casos:

a) quando ocorrer promulgação ou expedição de novas leis, regulamentos ou instruções ministeriais, sendo que, com relação exclusivamente a esses atos, será feita apenas a instrução dos responsáveis;

b) em se realizando a primeira inspeção dos estabelecimentos ou dos locais de trabalho, recentemente inaugurados ou empreendidos.

As fiscalizações do trabalho podem repetir-se quantas vezes forem necessárias, ressalvando-se que nas expedições de novos regulamentos as visitas até se tornam obrigatórias e denominadas "dupla visita".

Art. 627-A. Poderá ser instaurado procedimento especial para ação fiscal, objetivando a orientação sobre o cumprimento das leis de proteção ao trabalho, bem como a prevenção e o saneamento de infrações à legislação mediante Termo de Compromisso, na forma a ser disciplinada no Regulamento da Inspeção do Trabalho.

É possível a instauração de procedimento especial para a ação fiscal, com a finalidade de orientar sobre o cumprimento das leis de proteção ao trabalho, prevenção e saneamento, mediante Termo de Compromisso.

Art. 628. Salvo o disposto nos arts. 627 e 627-A, a toda verificação em que o Auditor Fiscal do Trabalho concluir pela existência de violação de preceito legal deve corresponder, sob pena de responsabilidade administrativa, a lavratura de auto de infração.

§1º Ficam as empresas obrigadas a possuir o livro intitulado "Inspeção do Trabalho", cujo modelo será aprovado por portaria ministerial.

§2º Nesse livro, registrará o agente da inspeção sua visita ao estabelecimento, declarando a data e a hora do início e término da mesma, bem como o resultado da inspeção, nele consignando, se for o caso, todas as irregularidades verificadas e as exigências feitas, com os respectivos prazos para seu atendimento, e, ainda, de modo legível, os elementos de sua identificação funcional.

§3º Comprovada má-fé do agente da inspeção, quanto à omissão ou lançamento de qualquer elemento no livro, responderá ele por falta grave no cumprimento do dever, ficando passível, desde logo, da pena de suspensão até 30 (trinta) dias, instaurando-se, obrigatoriamente, em caso de reincidência, inquérito administrativo.

§4º A lavratura de autos contra empresas fictícias e de endereços inexistentes, assim como a apresentação de falsos relatórios, constituem falta grave, punível na forma do §3º.

Toda empresa é obrigada a oferecer aos fiscais do Ministério do Trabalho e Emprego um livro chamado "Inspeção do Trabalho", em que serão apontadas as visitas, bem como as irregularidades encontradas, ou mesmo dados sobre a fiscalização. Esses livros devem seguir modelo expedido pelo Ministério do Trabalho e Emprego, por meio de normas regulamentares.

As empresas que se sentirem lesadas pela fiscalização do trabalho devem dirigir-se às Delegacias do Ministério do Trabalho e Emprego da sua cidade e formalizar queixa, que será convertida em sindicância ou inquérito administrativo, sede em que será apurada a irregularidade cometida pelo fiscal. Provada sua culpabilidade, poderá ser suspenso ou demitido a bem do serviço público, com base na Lei nº 8.112/1990.

Art. 629. O auto de infração será lavrado em duplicata, nos termos dos modelos e instruções expedidos, sendo uma via entregue ao infrator, contra recibo, ou ao mesmo enviada, dentro de 10 (dez) dias da lavratura, sob pena de responsabilidade, em registro postal, com franquia e recibo de volta.

§1º O auto não terá o seu valor probante condicionado à assinatura do infrator ou de testemunhas, e será lavrado no local da inspeção, salvo havendo motivo justificado que será declarado no próprio auto, quando então deverá ser lavrado no prazo de 24 (vinte e quatro) horas, sob pena de responsabilidade.

§2º Lavrado o auto de infração, não poderá ele ser inutilizado, nem sustado o curso do respectivo processo, devendo o agente da inspeção apresentá-lo à autoridade competente, mesmo se incidir em erro.

§3º O infrator terá, para apresentar defesa, o prazo de 10 (dez) dias contados do recebimento do auto.

§4º O auto de infração será registrado com a indicação sumária de seus elementos característicos, em livro próprio que deverá existir em cada órgão fiscalizador, de modo a assegurar o controle do seu processamento.

A fiscalização é promovida pelo fiscal da Delegacia Regional do Trabalho que, ao verificar a irregularidade, lavra o auto de infração com as características do erro cometido pela empresa, que terá dez dias para recorrer; caso contrário, a autuação convalidar-se-á e será processada com o intuito de punir a referida irregularidade mediante a imposição de multa administrativa.

Art. 630. Nenhum agente da inspeção poderá exercer as atribuições do seu cargo sem exibir a carteira de identidade fiscal, devidamente autenticada, fornecida pela autoridade competente.

§1º É proibida a outorga de identidade fiscal a quem não esteja autorizado, em razão do cargo ou função, a exercer ou praticar, no âmbito da legislação trabalhista, atos de fiscalização.

§2º A credencial a que se refere este artigo deverá ser devolvida para inutilização, sob as penas da lei, em casos de provimento em outro cargo público, exoneração ou demissão, bem como nos de licenciamento por prazo superior a 60 (sessenta) dias e de suspensão do exercício do cargo.

§3º O agente da inspeção terá livre acesso a todas as dependências dos estabelecimentos sujeitos ao regime da legislação trabalhista, sendo as empresas, por seus dirigentes ou prepostos, obrigadas a prestar-lhe os esclarecimentos necessários ao desempenho de suas atribuições legais e a exibir-lhe, quando exigidos, quaisquer documentos que digam respeito ao fiel cumprimento das normas de proteção ao trabalho.

§4º Os documentos sujeitos à inspeção deverão permanecer, sob as penas da lei, nos locais de trabalho, somente se admitindo, por exceção, a critério da autoridade competente, sejam os mesmos apresentados em dia e hora previamente fixados pelo agente da inspeção.

§5º No território do exercício de sua função, o agente da inspeção gozará de passe livre nas empresas de transportes, públicas ou privadas, mediante a apresentação da carteira de identidade fiscal.

§6º A inobservância do disposto nos parágrafos 3º, 4º e 5º configurará resistência ou embaraço à fiscalização e justificará a lavratura do respectivo auto de infração, cominada a multa de valor igual a 1/2 (meio) salário mínimo regional, até 5 (cinco) vezes esse valor, levando-se em conta, além das circunstâncias atenuantes ou agravantes, a situação econômico-financeira do infrator e os meios a seu alcance para cumprir a lei.

§7º Para o efeito do disposto no §5º, a autoridade competente divulgará, em janeiro e julho de cada ano, a relação dos agentes da inspeção titulares da carteira de identidade fiscal.

§8º As autoridades policiais, quando solicitadas, deverão prestar aos agentes da inspeção a assistência de que necessitarem para o fiel cumprimento de suas atribuições legais.

A fiscalização realizada por servidores da União vinculados ao Ministério do Trabalho e Emprego tem competência e poder de polícia para entrar em qualquer recinto particular com o intuito de verificar irregularidades nas condições de trabalho, bem como agir em defesa da sua função fiscalizadora com a ajuda de força policial, se necessário. Tais atribuições estão previstas pelas regras de competência delegadas a esses servidores por lei, sendo mister que eles se apresentem munidos de suas identidades profissionais para o perfeito exercício das suas atividades.

Art. 631. Qualquer funcionário público federal, estadual ou municipal, ou representante legal de associação sindical, poderá comunicar à autoridade competente do Ministério do Trabalho, Indústria e Comércio as infrações que verificar.

Parágrafo único. De posse dessa comunicação, a autoridade competente procederá desde logo às necessárias diligências, lavrando os autos de que haja mister.

Além de qualquer interessado, os servidores públicos da União, estados e municípios, bem como representantes de associações sindicais, podem oferecer denúncia sobre irregularidades concernentes às condições de trabalho.

Art. 632. Poderá o autuado requerer a audiência de testemunhas e as diligências que lhe parecerem necessárias à elucidação do processo, cabendo, porém, à autoridade julgar da necessidade de tais provas.

Sem dúvida, a parte autuada poderá requerer audiência para apresentar provas em sua defesa e elucidar o processo de multa, cabendo ao órgão competente do Ministério do Trabalho e Emprego julgar a necessidade das provas aos autos do referido processo.

Art. 633. Os prazos para defesa ou recurso poderão ser prorrogados de acordo com despacho expresso da autoridade competente, quando o autuado residir em localidade diversa daquela onde se achar essa autoridade.

O prazo para recurso e apresentação de defesa pode ser dilatado, de acordo com a localidade onde se encontra o autuado em consideração à região onde se encontra a autoridade competente para o julgamento.

Art. 634. Na falta de disposição especial, a imposição das multas incumbe às autoridades regionais competentes em matéria de trabalho, na forma estabelecida por este Título.

Parágrafo único. A aplicação da multa não eximirá o infrator da responsabilidade em que incorrer por infração das leis penais.

§1º A aplicação da multa não eximirá o infrator da responsabilidade em que incorrer por infração das leis penais.

§2º Os valores das multas administrativas expressos em moeda corrente serão reajustados anualmente pela Taxa Referencial (TR), divulgada pelo Banco Central do Brasil, ou pelo índice que vier a substituí-lo.

Ao cometerem outras irregularidades, mesmo nos casos de reincidência, as empresas autuadas estarão sujeitas a novas multas reajustadas anualmente pela TR ou outro índice definido por lei, sem prejuízo da imposição de penalidades previstas na legislação criminal.

Capítulo II
DOS RECURSOS

Art. 635. De toda decisão que impuser multa por infração das leis e disposições reguladoras do trabalho, e não havendo forma especial de processo, caberá recurso para o Diretor-Geral Departamento ou Serviço do Ministério do Trabalho e da Previdência Social, que for competente na matéria.

Parágrafo único. As decisões serão sempre fundamentadas.

Não existindo forma processual própria, pode-se recorrer da decisão que imponha multa por fiscalização do trabalho. Dessa decisão caberá recurso ao diretor-geral de serviços do Ministério do Trabalho e Emprego.

Em regra, tais recursos são dirigidos aos Delegados Regionais ou ao Ministro do Trabalho.

Art. 636. Os recursos devem ser interpostos no prazo de 10 (dez) dias, contados do recebimento da notificação, perante a autoridade que houver imposto a multa, a qual, depois de os informar, encaminha-los-á à autoridade de instância superior.

§1º O recurso só terá seguimento se o interessado o instruir com a prova do depósito da multa.

§2º A notificação somente será realizada por meio de edital, publicado no órgão oficial, quando o infrator estiver em lugar incerto e não sabido.

§3º A notificação de que trata este artigo fixará igualmente o prazo de 10 (dez) dias para que o infrator recolha o valor da multa, sob pena de cobrança executiva.

§4º As guias de depósito ou recolhimento serão emitidas em três vias e o recolhimento da multa deverá proceder-se dentro de 5 (cinco) dias às repartições federais competentes, que escriturarão a receita a crédito do Ministério do Trabalho e Previdência Social.

§5º A segunda via da guia de recolhimento será devolvida pelo infrator à repartição que a emitiu, até o sexto dia depois de sua expedição, para a averbação no processo.

§6º A multa será reduzida de 50% (cinquenta por cento) se o infrator, renunciando ao recurso, a recolher ao Tesouro Nacional dentro do prazo de 10 (dez) dias contados do recebimento da notificação ou da publicação do edital.

§7º Para a expedição da guia, no caso do §6º, deverá o infrator juntar a notificação com a prova da data do seu recebimento, ou a folha do órgão oficial que publicou o edital.

A guia de depósito da multa é o requisito essencial para o conhecimento do recurso.

A notificação fixará o prazo para o recolhimento da multa, o qual, em regra, será de 10 dias.

Quem não recolher a multa será compelido ao pagamento pelas regras estabelecidas no inc. VII do art. 114 da CF, alterado pela EC nº 45/2004, cujas cobranças executivas serão de responsabilidade e competência da Justiça do Trabalho.

Faz-se mister esclarecer que a Procuradoria-Geral Federal expediu o Ofício nº 187, de 25.04.2007, mediante delegação da Procuradoria-Geral da Fazenda Nacional, obrigando aos magistrados do trabalho acompanhar e proceder às execuções de multas provenientes da Delegacia Regional do Trabalho e Imposto de Renda, em processos trabalhistas, em consonância com o inc. VIII do art. 114 da Carta Magna.

Cumpre salientar que, em breve, a Justiça do Trabalho criará meios de efetivar a cobrança dessas multas nos próprios processos trabalhistas a que estariam vinculadas. Tal fato poderá modificar a cultura do empresariado no sentido de evitar que sejam aplicadas pela celeridade que poderiam tramitar, bem como sujeita ao sistema de penhora *on line* (BacenJud) da Justiça do Trabalho.

Art. 637. De todas as decisões que proferirem em processos de infração das leis de proteção ao trabalho e que impliquem arquivamento destes, observado o disposto no parágrafo único do art. 635, deverão as autoridades prolatoras recorrer de ofício para a autoridade competente de instância superior.

A autoridade que julgou pelo arquivamento deverá enviar ofício ao seu superior hierárquico para convalidar sua decisão, no âmbito administrativo (Ministério do Trabalho).

Art. 638. Ao Ministro do Trabalho, Indústria e Comércio é facultado avocar ao seu exame e decisão, dentro de 90 (noventa) dias do despacho final do assunto, ou no curso do processo, as questões referentes à fiscalização dos preceitos estabelecidos nesta Consolidação.

O Ministro de Trabalho não só pode intervir nos processos de imposição de multa, como também avocar para si o processo e submetê-lo à análise apurada dos motivos de sua tramitação junto a sua pasta.

Capítulo III
DO DEPÓSITO, DA INSCRIÇÃO E DA COBRANÇA

Art. 639. Não sendo provido o recurso, o depósito se converterá em pagamento.

O depósito realizado será imediatamente convertido em pagamento da multa caso seja negado provimento ao recurso.

Art. 640. É facultado às Delegacias Regionais do Trabalho e Emprego, na conformidade de instruções expedidas pelo Ministro de Estado, promover a cobrança amigável das multas antes do encaminhamento dos processos à cobrança executiva.

Apenas na forma do regulamento do próprio Ministério do Trabalho e Emprego será admitida a possibilidade da cobrança ser realizada de forma amigável, ao invés de ser efetivada pela Fazenda Pública.

Art. 641. Não comparecendo o infrator, ou não depositando a importância da multa ou penalidade, far-se-á a competente inscrição em livro especial, existente nas repartições das quais se tiver originado a multa ou penalidade, ou de onde tenha provindo a reclamação que a determinou, sendo extraída cópia autêntica dessa inscrição e enviada às autoridades competentes para a respectiva cobrança judicial, valendo tal instrumento como título de dívida líquida e certa.

Se não houver o depósito da multa, será efetivada a cobrança judicial, juntando-se o instrumento de cobrança ao processo, o qual valerá como título executivo de dívida líquida e certa.

Art. 642. A cobrança judicial das multas impostas pelas autoridades administrativas do trabalho obedecerá ao disposto na legislação aplicável à cobrança da dívida ativa da União, sendo promovida, no Distrito Federal e nas capitais dos Estados em que funcionarem Tribunais Regionais do Trabalho, pela Procuradoria da Justiça do Trabalho, e, nas demais localidades, pelo Ministério Público Estadual, nos termos do Decreto-Lei nº 960, de 17 de dezembro de 1938.

Parágrafo único. (Revogado pelo Decreto-Lei nº 9.509, de 24.07.1946)

O art. 114 da CF/1988 fixa a competência da Justiça do Trabalho para cobrança das referidas multas.

A Justiça do Trabalho acompanha e procede às execuções de multas provenientes da Delegacia Regional do Trabalho e Imposto de Renda, em processos trabalhistas, em consonância com o texto da Carta Magna.

Título VII-A
DA PROVA DE INEXISTÊNCIA DE DÉBITOS TRABALHISTAS

Art. 642-A. É instituída a Certidão Negativa de Débitos Trabalhistas (CNDT), expedida gratuita e eletronicamente, para comprovar a inexistência de débitos inadimplidos perante a Justiça do Trabalho.

§1º O interessado não obterá a certidão quando em seu nome constar:

I – o inadimplemento de obrigações estabelecidas em sentença condenatória transitada em julgado proferida pela Justiça do Trabalho ou em acordos judiciais trabalhistas, inclusive no concernente aos recolhimentos previdenciários, a honorários, a custas, a emolumentos ou a recolhimentos determinados em lei; ou

II – o inadimplemento de obrigações decorrentes de execução de acordos firmados perante o Ministério Público do Trabalho ou Comissão de Conciliação Prévia.

§2º Verificada a existência de débitos garantidos por penhora suficiente ou com exigibilidade suspensa, será expedida Certidão Positiva de Débitos Trabalhistas em nome do interessado com os mesmos efeitos da CNDT.

§3º A CNDT certificará a empresa em relação a todos os seus estabelecimentos, agências e filiais.

§4º O prazo de validade da CNDT é de 180 (cento e oitenta) dias, contado da data de sua emissão.

Fica assim instituída a Certidão Negativa de Débitos Trabalhistas (CNDT), que obriga as empresas que desejam participar de concorrências públicas ou atender ao Estado à comprovação de estarem quites com as obrigações junto à Justiça do Trabalho. Tal medida advém do interesse do próprio Estado em ver solucionadas as querelas que perduram por anos no Judiciário e, por consequência, promove a celeridade necessária na condução de procedimentos licitatórios, nos quais figura uma grande maioria de empresas impossibilitadas de participar de concorrências públicas. Tempestivamente, não resta dúvida que tal alteração promoverá uma razoável arrecadação de impostos (IRRF e INSS), o que favorece o próprio Estado.

Título VIII
DA JUSTIÇA DO TRABALHO

Capítulo I
INTRODUÇÃO

Art. 643. Os dissídios, oriundos das relações entre empregados e empregadores, bem como de trabalhadores avulsos e seus tomadores de serviços, em atividades reguladas na legislação social, serão dirimidos pela Justiça do Trabalho, de acordo com o presente Título e na forma estabelecida pelo processo Judiciário do trabalho.

§1º As questões concernentes à Previdência Social serão decididas pelos órgãos e autoridades previstos no Capítulo V deste Título e na legislação sobre Seguro Social.

§2º As questões referentes a acidentes do trabalho continuam sujeitas à justiça ordinária, na forma do Dec. 24.637, de 10 de julho de 1934, e legislação subsequente.

§3º A Justiça do Trabalho é competente, ainda, para processar e julgar as ações entre trabalhadores portuários e os operadores portuários ou o Órgão Gestor de Mão de Obra – OGMO decorrentes da relação de trabalho.

A Justiça Trabalhista é competente para processar e julgar as ações de indenização por dano moral ou patrimonial quando resultantes da relação de trabalho (Súmula nº 392 do TST, ex-OJ nº 327 da SBDI-1, *DJ* 09.12.2003).

Observe-se que este posicionamento expresso pela Súmula nº 392 do TST sobre o fato de o empregador incorrer em culpa ou dolo, por consequência, também consolida a competência da justiça especializada para julgar as questões que tenham como causa o descumprimento de normas relativas à segurança, higiene e saúde do trabalhador

expressa na Súmula nº 736 do STF, tempestivamente, acompanhando-se nos termos da lei civil nos arts. 186, 187, 205 e 927 da Lei nº 10.406/2002 que abarcam essa temática.

E nas condenações por dano moral a atualização monetária é devida a partir da data da decisão de arbitramento ou de alteração do valor. Os juros incidem desde o ajuizamento da ação, nos termos do art. 883 da CLT (Súmula nº 439 do TST acrescentada pela Res. TST nº 185/2012 – *DEJT* 25.09.2012).

Entende que a ausência da CAT (Comunicação de Acidente de Trabalho) não impede o direito à estabilidade do art. 118 da Lei nº 8.213/1991, desde que comprovado que o trabalhador deveria ter se afastado em razão do acidente por período superior a 15 (quinze) dias.

Quanto ao prazo prescricional, não corre nas hipóteses de suspensão e/ou interrupção do contrato de emprego decorrentes de acidente de trabalho.

A ação de indenização por danos morais e materiais decorrentes de doença profissional deve ser processada e julgada pela Justiça do Trabalho, conforme se observa da exegese do art. 114 da CF/1988 e Súmula nº 392 do TST.

O assédio moral no trabalho, previsto naquela conduta abusiva com gestos, palavras, comportamento ou atitude que atente, com sua sistematização, contra a dignidade, física ou psíquica, de uma pessoa ou ameaçando o emprego, até mesmo colocando o fruto do trabalho em risco, quando praticado no ambiente empresarial, decerto que, se for caracterizado como de alguém advindo do empregador, seguirá o previsto no art. 114 da CF/1988.

Se o assédio moral for continuado, de modo que atente contra a dignidade e integridade física ou psíquica do trabalhador, que provoque fato ou ato decorrente da relação de emprego, a competência é da Justiça do Trabalho, de conformidade com o texto prescrito no inc. VI do art. 114 da CF/1988.

A fixação dos valores indenizatórios decorrentes da relação de emprego deve observar os critérios da proporcionalidade e razoabilidade preconizados pelo art. 5º, V, da CF/1988 e pelo art. 223-A e seguintes da CLT. Tal princípio se faz presente por tratar-se de ação reparadora de dano moral, cuja natureza se ampara na pretensão de ofertar compensação à vítima, recaindo, consequentemente, em montante razoável, no patrimônio do ofensor, de tal modo que o causador do dano não persista na sua conduta ilícita, sob pena de tornar-se desproporcional o auferido pelo indenizatório.

Resta necessária a existência de equilíbrio entre o dano causado e o ressarcimento devido.

Norteia entendimento resultante de exposição de imagem do trabalhador sem autorização, por violação do direito de imagem e à preservação das expressões da personalidade (art. 5º, V, da CF/1988) que resultará em indenização ao obreiro envolvido, não reconhecendo como válida a tese de que tais imagens estariam sendo captadas na decorrência de um contrato de emprego. Idem, quanto à revista íntima que afeta direitos fundamentais da dignidade e intimidade do trabalhador (art. 373-A, VI, da CLT c/c 223-C da CLT).

A criação do Órgão Gestor de Mão de Obra (OGMO) indicava a possibilidade de o Brasil adotar de forma pioneira a primeira versão de um "contrato coletivo de trabalho", modalidade negocial (não estatutária) capaz de regrar e dirimir litígios sem a interferência do Estado, ou seja, pactuado entre as partes e com a interveniência do Direito Alternativo.

A ideia, porém, não prosperou e a Justiça do Trabalho será competente para solucionar os conflitos pertinentes aos trabalhos realizados sob a tutela do OGMO.

Trata-se de uma "Justiça Social" cuja natureza se caracteriza pela prestação de tutela jurisdicional ao *minus valido*, ou seja, ao hipossuficiente que recorre ao Estado para ver sua pretensão assistida. Na verdade, a legislação do trabalho cria desigualdades para os desiguais, atendendo mediante um Judiciário especial aqueles que, por estarem em condições econômicas inferiores, precisam resguardar o cumprimento do direito que lhes foi delegado pelo próprio Estado, especificamente por seu Poder Legislativo.

O Sistema Judiciário no Brasil não é unificado, como nos EUA. Nestes, uma só Justiça atende a todo tipo de demanda, enquanto no Brasil o modelo aperfeiçoa-se de forma fragmentada. Aqui, vários segmentos do Poder Judiciário organizam-se em diferentes atividades jurisdicionais. Temos, por exemplo, a Justiça Eleitoral, a Militar, a Comum, a Federal, a do Trabalho e até a Desportiva.

A Justiça do Trabalho é especial, federal e atua em todo o território nacional, convalidando sua tarefa jurisdicional na função de dirimir conflitos individuais e coletivos entre trabalhadores e empregadores, conforme a previsão constitucional dos arts. 111 e ss. da CF/1988.

Em tempo, cumpre salientar que as questões que envolvem servidores públicos afetos a regimes jurídicos específicos, em que pese sejam assuntos afetos às atividades laborais ou consequência delas, em nada se misturam com as atribuições de competência da Justiça do Trabalho, reservando sua tramitação à Justiça Federal e Comum (servidores públicos federais, estaduais e municipais, respectivamente), conforme a avaliação de cada tema em questão.

Observa-se que a competência da Justiça do Trabalho atende a "relação de emprego", fruto de vínculo empregatício e da existência de "contrato de emprego" (art. 3º da CLT), em espécie; e da "relação de trabalho" (inc. I do art. 114 da CF/1988), consequência da prestação de serviço – p. ex.: autônoma, liberal, eventual ou terceirizada prevista em "contrato de trabalho", em gênero; observando-se o texto do art. 652, III, da CLT que, de certa forma, já desenhava tal condição desde 1943.

Cabe à Justiça do Trabalho a execução de honorários advocatícios a partir do momento em que o advogado promove a juntada do contrato especifico ao processo. Com advento da Lei nº 13.467/17, que assegura honorários de sucumbência na Justiça do Trabalho, as execuções sobre estes serão contextualizadas no próprio processo. De acordo com o §3º do art. 114 da CF/1988, poderão ser executadas de ofício pela Justiça do Trabalho as contribuições sociais previstas no art. 195, I, *a*, e II, e seus acréscimos legais, decorrentes das sentenças que proferir.

Inscreve-se na competência material da Justiça do Trabalho a lide entre empregado e empregador tendo por objeto indenização pelo não fornecimento das guias do seguro desemprego (Súmula nº 389 do TST).

A Lei nº 13.467/17 aponta para possibilidade da homologação de acordo extrajudicial em matéria de natureza trabalhista cuja competência será da Justiça do Trabalho.

Por derradeiro, a Súmula nº 736 do STF aponta para Justiça do Trabalho a competência para julgar as demandas que tratem do descumprimento de normas referentes à segurança e higiene dos trabalhadores.

E o TST deverá ajustar o texto com objetivo de adaptar a redação da Súmula nº 389/TST para que a Justiça do Trabalho assuma competência nesta direção:

SEGURO-DESEMPREGO. JUSTIÇA DO TRABALHO. COMPETÊNCIA MATERIAL. INDENIZAÇÃO. PROVIDÊNCIAS A CARGO DO EMPREGADOR INDISPENSÁVEIS À FRUIÇÃO DO BENEFÍCIO. NÃO ADOÇÃO (alterada em decorrência da Lei nº 13.467/2017). I – Inscreve-se na competência material da Justiça do Trabalho a lide entre empregado e empregador, tendo por objeto indenização pela não adoção de providências necessárias ao recebimento do seguro-desemprego. II – A partir da vigência da Lei nº 13.467/2017, em 11.11.2017, o empregador responde pelo pagamento de indenização substitutiva do seguro-desemprego em caso de falta de anotação da extinção do contrato na Carteira de Trabalho e Previdência Social e de comunicação da dispensa do empregado aos órgãos competentes.

Art. 644. São órgãos da Justiça do Trabalho:

a) o Tribunal Superior do Trabalho;

b) os Tribunais Regionais do Trabalho;

c) as Juntas de Conciliação e Julgamento ou os Juízos de Direito.

Nos termos do art. 114 da CF/1988 fica patente que a "relação de trabalho", típica dos prestadores de serviço, atende aos que atuam com comutatividade (obrigações de dar e fazer) na realização de trabalho remunerado.

Para tanto é importante esclarecer que a "relação de trabalho" é distinta da "relação de emprego", sendo que a primeira é fruto da prestação de serviços não subordinada, eventual e remunerada; enquanto a segunda se traduz pelo trabalho assalariado, não eventual, subordinado e vinculado a regras estabelecidas neste título. Denote-se, ambas tratadas no âmbito e competência da Justiça do Trabalho

Esta Justiça Especializada funciona organizada em três níveis, especificamente: no 1º grau de jurisdição, com as Varas do Trabalho; no 2º grau, com os Tribunais Regionais; e no 3º grau, com o Tribunal Superior do Trabalho.

Vale salientar que nos locais onde não houver órgãos de 1º grau de jurisdição e o seu acesso for difícil, os juízos de direito vinculados à Justiça Comum poderão excepcionalmente atender às demandas de caráter urgente e, posteriormente, remetê-las ao tribunal mais próximo, visando ao esclarecimento dos motivos do dissídio que ali tenha sido aforado.

Art. 645. O serviço da Justiça do Trabalho é relevante e obrigatório, ninguém dele podendo eximir-se, salvo motivo justificado.

A Justiça do Trabalho como órgão do Poder Judiciário terá competência de determinar a presença de todos aqueles que forem necessários ao esclarecimento dos feitos sob sua tutela, conduzindo, coercitivamente, os que se recusarem a comparecer sem motivo justificado.

Art. 646. Os órgãos da Justiça do Trabalho funcionarão perfeitamente coordenados, em regime de mútua colaboração, sob a orientação do presidente do Tribunal Superior do Trabalho.

Não existe hierarquia, pois cada grau de jurisdição atua de forma independente e com a determinação legal nos limites da sua competência, interagindo tão somente nos processos sob sua tutela.

Capítulo II
DAS JUNTAS DE CONCILIAÇÃO E JULGAMENTO

Seção I
DA COMPOSIÇÃO E FUNCIONAMENTO

Art. 647. Cada Junta de Conciliação e Julgamento terá a seguinte composição:

a) um juiz do trabalho, que será seu presidente;

b) dois vogais, sendo um representante dos empregadores e outro dos empregados.

Parágrafo único. Haverá um suplente para cada vogal.

Observe-se que a EC nº 24/99 restou substituindo as Juntas de Conciliação e Julgamento pelas Varas de Trabalho com a consequente extinção da representação paritária – enfim – dos juízes classistas. A partir de então, as Varas passaram a atuar como órgão monocrático com um juiz togado e vitalício que inicia suas atividades como juiz substituto, assumindo, posteriormente, a titularidade de acordo com as determinações do Regimento Interno e Corregedoria dos Tribunais Regionais.

A maioria dos Tribunais Regionais tem utilizado, pelo menos, dois juízes (titular e substituto) para cada Vara de Trabalho.

Art. 648. São incompatíveis entre si, para os trabalhos da mesma Junta, os parentes consanguíneos e afins até o terceiro grau civil.

Parágrafo único. A incompatibilidade resolve-se a favor do primeiro vogal designado ou empossado, ou por sorteio, se a designação ou posse for da mesma data.

Não poderá haver parentesco consanguíneo ou afim até o terceiro grau civil entre os membros que atuam na mesma Vara.

Art. 649. As Juntas poderão conciliar, instruir ou julgar com qualquer número, sendo, porém, indispensável a presença do presidente, cujo voto prevalecerá em caso de empate.

§1º No julgamento de embargos deverão estar presentes todos os membros da Junta.

§2º Na execução e na liquidação das decisões funciona apenas o presidente.

As Varas do Trabalho operam, diuturnamente, como órgãos monocráticos. Apenas um juiz será responsável pela administração dos processos distribuídos, em razão da extinção das juntas e da representação paritária (juízes classistas).

Seção II
DA JURISDIÇÃO E COMPETÊNCIA DAS JUNTAS

Art. 650. A jurisdição de cada Junta de Conciliação e Julgamento abrange todo o território da Comarca em que tem sede, só podendo ser estendida ou restringida por lei federal.

Parágrafo único. As leis locais de Organização Judiciária não influirão sobre a competência de Juntas de Conciliação e Julgamento já criadas, até que lei federal assim determine.

Não há limites geográficos estabelecidos, cabendo às Varas do Trabalho atuar dentro dos limites legais estabelecidos no art. 651 da CLT, que trata da competência territorial (*ratione loci*). É importante ressaltar que as leis civis sobre organização judiciária só se limitam à Justiça Comum, excluindo a Justiça do Trabalho, que atua em nível federal e só poderá sofrer alterações por meio de leis especiais, privativamente, pela União (art. 22 da CF/1988).

Art. 651. A competência das Juntas de Conciliação e Julgamento é determinada pela localidade onde o empregado, reclamante ou reclamado, prestar serviços ao empregador, ainda que tenha sido contratado noutro local ou no estrangeiro.

§1º Quando for parte no dissídio agente ou viajante comercial, a competência será da Junta da localidade em que a empresa tenha agência ou filial e a esta o empregado esteja subordinado e, na falta, será competente a Junta da localização em que o empregado tenha domicílio ou a localidade mais próxima.

§2º A competência das Juntas de Conciliação e Julgamento, estabelecida neste artigo, estende-se aos dissídios ocorridos em agência ou filial no estrangeiro, desde que o empregado seja brasileiro e não haja convenção internacional dispondo em contrário.

§3º Em se tratando de empregador que promova realização de atividades fora do lugar do contrato de trabalho, é assegurado ao empregado apresentar reclamação no foro da celebração do contrato ou no da prestação dos respectivos serviços.

O art. 651 da CLT optou pelo princípio da *lex loci executiones*, ou seja, a lei será a do local da execução do serviço. Assim, qualquer empregado contratado no Brasil que trabalhe fora do país deverá juntar à sua reclamação a lei do local em que executava seus serviços e aforar ação em uma Vara do Trabalho no Brasil, é claro. Tal princípio convalida a tese de que cada localidade do mundo tem condições específicas e peculiares de trabalho que não podem ser ignoradas em se tratando de questões que envolvem relações de trabalho, como, por exemplo, a jornada de trabalho na Espanha com o intervalo de descanso entre 12 e 16 horas, conhecido como *siesta*.

Em tempo, a exceção prevista nos casos de países que tenham convenções internacionais dispondo sobre o tema fica prejudicada em se tratando do Brasil, pois não temos nenhum acordo com outros países sobre a matéria, inclusive nada se verifica com relação ao Mercosul e a Portugal, país considerado irmão e detentor de inúmeros pactos internacionais com o Brasil.

A relação jurídica trabalhista será redigida pelas leis do país onde o empregado prestou seus serviços e, consequentemente, traduzida nos tribunais por intérprete indicado pelo juízo, corroborando com o princípio da *lex loci executiones*, mas atendendo exceção quanto a privilegiar a aplicação do princípio da norma mais favorável no confronto das leis com fito de atender a jurisprudência firmada pelo TST sobre o trabalho realizado no exterior. Quanto ao trabalho realizado no Brasil por empregado viajante, há duas situações distintas, a saber:

Primeiro será necessário observar que, independentemente de onde resida, o empregado poderá distribuir sua reclamação em qualquer local onde tenha sido caracterizada subordinação e, na falta de órgãos da Justiça do Trabalho nessa região, passará a ser competente a Vara de Trabalho mais próxima em que o empregado esteja domiciliado ou em outra localidade adjacente em que haja representação do Judiciário Trabalhista.

Segundo, caso não exista subordinação junto às filiais, o empregado só poderá acionar na localidade onde foi contratado, amparando-se no princípio da *lex loci contractus*.

Em consonância com a interpretação do art. 5º, XXXV, da CF/1988, poderá o trabalhador optar por ingressar com a reclamação na Vara de Trabalho do seu domicílio, no local da contratação ou no local da prestação dos serviços.

Art. 652. Compete às Juntas de Conciliação e Julgamento:

a) conciliar e julgar:

I – os dissídios em que se pretenda o reconhecimento da estabilidade de empregado;

II – os dissídios concernentes a remuneração, férias e indenizações por motivo de rescisão do contrato individual de trabalho;

III – os dissídios resultantes de contratos de empreitadas em que o empreiteiro seja operário ou artífice;

IV – os demais dissídios concernentes ao contrato individual de trabalho;

V – as ações entre trabalhadores portuários e os operadores portuários ou o Órgão Gestor de Mão de Obra (OGMO) decorrentes da relação de trabalho.

b) processar e julgar os inquéritos para apuração de falta grave;

c) julgar os embargos opostos às suas próprias decisões;

d) impor multas e demais penalidades relativas aos atos de sua competência;

e) (Revogada pelo Decreto-Lei nº 6.353, de 20.03.1944)

f) decidir quanto à homologação de acordo extrajudicial em matéria de competência da Justiça do Trabalho.

Parágrafo único. Terão preferência para julgamento os dissídios sobre pagamento de salário e aqueles que derivarem da falência do empregador, podendo o Presidente da Junta, a pedido do interessado, constituir processo em separado, sempre que a reclamação também versar sobre outros assuntos.

A empreitada é matéria afeta à lei civil e à Justiça Comum. Entretanto, quando essa empreitada conta com um operário ou artífice o tema muda de figura. A contratação de operários para trabalhar sob subordinação, em serviços não eventuais e remunerados pela mesma pessoa, sem dúvida, começa a produzir características de vínculo de emprego com o contratante. Fugir da relação de emprego é tarefa simples que exige manter o verdadeiro serviço de empreitada, eximindo-se do contato direto com os obreiros e delegando a um empreiteiro a tarefa de conduzir a obra, sem se imiscuir nas atividades diárias de trabalho. Tal atitude isenta a caracterização de vínculo que poderia convalidar-se com o empreiteiro e seus obreiros, que, em hostes trabalhistas,

se conhece pela existência de jargão comum intitulado como "dono da obra", que, *in casu*, passaria a figurar no polo passivo da lide.

Caso se verifique a relação de emprego decorrente da empreitada, sempre, a Justiça do Trabalho será competente para dirimir esse conflito com a consequente condenação de verbas de natureza trabalhista.

Sobre a responsabilidade em obras decorrentes das relações contratuais entre o "dono da obra" (proprietário do imóvel) e o empreiteiro (mestre de obras) enseja responsabilidade subsidiária resultante das obrigações trabalhistas contraídas pelo empreiteiro, salvo na utilização da prestação de serviços como instrumento de produção de mero valor de uso, por exemplo, em reformas residenciais.

As Varas são competentes para conciliar e julgar todos os dissídios que tratem de assuntos afetos ao contrato de emprego, incluindo estabilidade, férias e salários.

Art. 653. Compete, ainda, às Juntas de Conciliação e Julgamento:

a) requisitar às autoridades competentes a realização das diligências necessárias ao esclarecimento dos feitos sob sua apreciação, representando contra aquelas que não atenderem a tais requisições;

b) realizar as diligências e praticar os atos processuais ordenados pelos Tribunais Regionais do Trabalho ou pelo Tribunal Superior do Trabalho;

c) julgar as suspeições arguidas contra os seus membros;

d) julgar as exceções de incompetência que lhes forem opostas;

e) expedir precatórias e cumprir as que lhes forem deprecadas;

f) exercer, em geral, no interesse da Justiça do Trabalho, quaisquer outras atribuições que decorram da sua jurisdição.

As Varas podem requerer de outras autoridades a expedição de guias, ofícios e demais informações sobre quaisquer assuntos de interesse processual, como, por exemplo, oficiar a Receita Federal para averiguar no imposto de renda de um reclamante se, realmente, não se trata de um trabalhador autônomo. Enfim, terá competência para expedir e cumprir cartas precatórias de outros juízos, julgar exceções de incompetência em razão do lugar, da matéria e funcional e demais objetos que estejam sob sua jurisdição.

Seção III
DOS PRESIDENTES DAS JUNTAS

Art. 654. O ingresso na magistratura do trabalho far-se-á para o cargo de juiz do trabalho substituto. As nomeações subsequentes por promoção, alternadamente, por antiguidade e merecimento.

§1º Nas 7ª e 8ª Regiões da Justiça do Trabalho, nas localidades fora das respectivas sedes, haverá suplentes de juiz do trabalho presidente de Junta, sem direito a acesso, nomeados pelo Presidente da República, dentre brasileiros, bacharéis em direito, de reconhecida idoneidade moral, especializados em direito do trabalho, pelo período de 2 (dois) anos, podendo ser reconduzidos.

§2º Os suplentes de juiz do trabalho receberão, quando em exercício, vencimentos iguais aos dos juízes que substituíram.

§3º Os juízes substitutos serão nomeados após aprovação em concurso público de provas e títulos realizado perante o Tribunal Regional do Trabalho da Região, válido por 2 (dois) anos e prorrogável, a critério do mesmo órgão, por igual período, uma só vez, e organizado de acordo com as instruções expedidas pelo Tribunal Superior do Trabalho.

§4º Os candidatos inscritos só serão admitidos ao concurso após apreciação prévia, pelo Tribunal Regional do Trabalho da respectiva Região, dos seguintes requisitos:

a) idade maior de 25 (vinte e cinco) anos e menor de 45 (quarenta e cinco) anos;

b) idoneidade para o exercício das funções.

§5º O preenchimento dos cargos de presidente de Junta, vagos ou criados por lei, será feito dentro de cada Região:

a) pela remoção de outro presidente, prevalecendo a antiguidade no cargo, caso haja mais de um pedido, desde que a remoção tenha sido requerida, dentro de 15 (quinze) dias, contados da abertura da vaga, ao presidente do Tribunal Regional, a quem caberá expedir o respectivo ato.

b) pela promoção do substituto, cuja aceitação será facultativa, obedecido o critério alternado de antiguidade e merecimento.

§6º Os juízes do trabalho, presidentes de Junta, juízes substitutos e suplentes de juiz tomarão posse perante o presidente do Tribunal da respectiva Região. Nos Estados que não forem sede de Tribunal Regional do Trabalho a posse dar-se-á perante o presidente do Tribunal de Justiça, que remeterá o termo ao presidente do Tribunal Regional da jurisdição do empossado. Nos Territórios, a posse dar-se-á perante o presidente do Tribunal Regional do Trabalho da respectiva Região.

Os advogados que exerçam suas atividades há mais de 02 (dois) anos podem participar de concurso de provas e títulos, amplamente divulgado pelo tribunal onde será efetivado o referido concurso, que se desenvolve em cinco etapas. A primeira será uma prova objetiva, de múltipla escolha. O candidato terá a oportunidade de marcar um gabarito com 100 (cem) questões, contendo diversas matérias afetas ao curso de direito. Na segunda etapa, os candidatos aprovados na primeira fase se submeterão a uma prova dissertativa em que serão avaliados os critérios de fundamentação e conhecimento jurídico, contendo matérias mais específicas ao direito do trabalho. Na terceira etapa, os candidatos aprovados na segunda fase passarão por uma prova prática de sentença em que poderão julgar um processo fictício e proferir uma decisão. Na quarta etapa, os

aprovados na terceira fase serão avaliados em uma prova oral. Uma banca examinadora composta de membros do próprio tribunal e representantes da OAB questionará os candidatos sobre matérias alusivas ao direito do trabalho. Finalmente, na quinta e última etapa, classificatória, os aprovados na quarta fase terão de apresentar os seus títulos conquistados ao longo de suas atividades, como, por exemplo, pós-graduação, prêmios, livros e obras jurídicas.

Depois de aprovados, os que tomarem posse serão denominados juízes substitutos, até conquistarem a titularidade em uma Vara do Trabalho. Cumprirão 02 (dois) anos de estágio probatório e seguirão carreira na magistratura, oportunidade em que, por antiguidade e merecimento, poderão atingir a condição de ministros do TST.

Em tempo, a Res. nº 75, de 12.05.2009, do Conselho Nacional de Justiça regulamenta o critério de atividade jurídica para a inscrição em concurso público de ingresso na carreira da magistratura nacional, atualmente exigindo a comprovação do período de três anos de atividade jurídica, efetivo exercício da advocacia ou de cargo, emprego ou função, exercida após a obtenção do grau de bacharel em direito que deverá ser comprovada por ocasião da inscrição definitiva no concurso.

Art. 655. Os Presidentes e os Presidentes substitutos tomarão posse do cargo perante o presidente do Tribunal Regional da respectiva jurisdição. (Redação dada pelo Decreto-Lei nº 8.737, de 1946)

§1º Nos Estados em que não houver sede de Tribunais a posse dar-se-á perante o presidente do Tribunal de Apelação, que remeterá o respectivo termo ao presidente do Tribunal Regional da Jurisdição do empossado.(Redação dada pelo Decreto-Lei nº 8.737, de 1946)

§2º Nos Territórios a posse dar-se-á perante a Juiz de Direito da capital, que procederá na forma prevista no §1º. (Redação dada pelo Decreto-Lei nº 8.737, de 1946).

A Lei nº 13.467/17 assegura a posse dos juízes de primeiro grau e excepciona as regiões em que a Justiça do Trabalho não atende, oportunidade que o magistrado será recepcionado pelo Tribunal de Apelação local que remeterá ao Regional respectivo. E nos territórios, o juiz de direito se encarregará de empossar o juiz do trabalho recém-aprovado em concurso público.

Art. 656. O juiz do trabalho substituto, sempre que não estiver substituindo o Juiz-Presidente de Junta, poderá ser designado para atuar nas Juntas de Conciliação e Julgamento.

§1º Para o fim mencionado no *caput* deste artigo, o território da Região poderá ser dividido em zonas, compreendendo a jurisdição de uma ou mais Juntas, a juízo do Tribunal Regional do Trabalho respectivo.

§2º A designação referida no *caput* deste artigo será de atribuição do juiz-presidente do Tribunal Regional do Trabalho ou, não havendo disposição regimental específica, de quem este indicar.

§3º Os juízes do trabalho substitutos, quando designados ou estiverem substituindo os juízes-presidentes de Juntas, perceberão os vencimentos destes.

§4º O juiz-presidente do Tribunal Regional do Trabalho ou, não havendo disposição regimental específica, que este indicar, fará a lotação e a movimentação dos juízes substitutos entre as diferentes zonas da Região na hipótese de terem sido criadas na forma do §1º deste artigo.

Na falta dos juízes presidentes, em regra, atuam nas Varas recém-criadas ou em todas as oportunidades em que se fizer necessário, ressalvando-se que as suas atividades são designadas e controladas pelos presidentes dos Tribunais Regionais.

Art. 657. Os presidentes de Juntas e os presidentes substitutos perceberão a remuneração ou os vencimentos fixados em lei.

Os juízes do trabalho têm vencimentos em torno de R$22.000,00 (vinte e dois mil reais), com a gratificação de representação mensal em valores fixados por lei e válido para todos os Tribunais do Trabalho.

Art. 658. São deveres precípuos dos presidentes das Juntas, além dos que decorram do exercício de sua função:

a) manter perfeita conduta pública e privada;

b) abster-se de atender a solicitações ou recomendações relativamente aos feitos que hajam sido ou tenham de ser submetidos à sua apreciação;

c) residir dentro dos limites de sua jurisdição, não podendo ausentar-se sem licença do presidente do Tribunal Regional;

d) despachar e praticar todos os atos decorrentes de suas funções, dentro dos prazos estabelecidos, sujeitando-se ao desconto correspondente a 1 (um) dia de vencimento para cada dia de retardamento.

Além de se comportarem dentro dos limites de conduta exigidos aos agentes políticos, assim classificados nas funções de Estado no direito administrativo (Hely Lopes Meirelles), devem agir com isenção nos processos sob sua tutela, residir nos limites do

tribunal em que atuam, bem como promover a função jurisdicional, respeitando prazos estabelecidos por lei. Também estão sujeitos a penalidades e descontos nos vencimentos pelo retardamento dos feitos.

Art. 659. Competem privativamente aos presidentes das Juntas, além das que lhes forem conferidas neste Título e das decorrentes de seu cargo, as seguintes atribuições:

I – presidir as audiências das Juntas;

II – executar as suas próprias decisões, as proferidas pela Junta e aquelas cuja execução lhes for deprecada;

III – dar posse aos vogais nomeados para a Junta, ao chefe de Secretaria e aos demais funcionários da Secretaria;

IV – convocar os suplentes dos vogais, no impedimento destes;

V – representar ao Presidente do Tribunal Regional da respectiva jurisdição, no caso de falta de qualquer vogal a 3 (três) reuniões consecutivas, sem motivo justificado, para os fins do art. 727;

VI – despachar os recursos interpostos pelas partes, fundamentando a decisão recorrida antes da remessa ao Tribunal Regional, ou submetendo-os à decisão da Junta, no caso do art. 894;

VII – assinar as folhas de pagamento dos membros e funcionários da Junta;

VIII – apresentar ao presidente do Tribunal Regional, até 15 de fevereiro de cada ano, o relatório dos trabalhos do ano anterior;

IX – conceder medida liminar, até decisão final do processo, em reclamações trabalhistas que visem a tornar sem efeito transferência disciplinada pelos parágrafos do art. 469 desta Consolidação;

X – conceder medida liminar, até decisão final do processo, em reclamações trabalhistas que visem reintegrar no emprego dirigente sindical afastado, suspenso ou dispensado pelo empregador.

Além daquelas expostas na lei, os juízes das Varas do Trabalho podem conceder medida liminar e sustar transferência realizada sem atender aos requisitos estabelecidos no art. 469 da CLT, bem como conceder liminar que reintegre dirigente sindical estável que arbitrariamente tenha sido desligado da empresa para a qual trabalhe. Tais decisões independem da presença dos juízes classistas e podem ser resolvidas tão somente pelos presidentes das Varas do Trabalho.

Seção IV
DOS VOGAIS DAS JUNTAS

Arts. 660 ao 667. A Emenda Constitucional nº 24, de 09 de dezembro de 1999, altera dispositivos da CRFB pertinentes à representação classista na Justiça do Trabalho. Os vogais e suas respectivas participações foram extintas e não há mais representação classista na Justiça do Trabalho.

Capítulo III
DOS JUÍZOS DE DIREITO

Art. 668. Nas localidades não compreendidas na jurisdição das Juntas de Conciliação e Julgamento, os Juízos de Direito são os órgãos de administração da Justiça do Trabalho, com a jurisdição que lhes for determinada pela lei de organização judiciária local.

Onde não esteja compreendida a jurisdição de um tribunal os juízes de direito podem conciliar e julgar dissídios individuais e plúrimos aforados na Comarca que não seja atendida por Varas de Trabalho, ressalvando que a legislação utilizada é a CLT e que os conflitos de competência estarão prescritos nos termos do inc. VII do art. 114 da CF/1988.

Art. 669. A competência dos Juízos de Direito, quando investidos na administração da Justiça do Trabalho, é a mesma das Juntas de Conciliação e Julgamento, na forma da Seção II do Capítulo II.

§1º Nas localidades onde houver mais de um Juízo de Direito a competência é determinada, entre os juízes do cível, por distribuição ou pela divisão judiciária local, na conformidade da lei de organização respectiva.

§2º Quando o critério de competência da lei de organização judiciária for diverso do previsto no parágrafo anterior, será competente o juiz do cível mais antigo.

A competência dos juízes de direito investidos na administração da Justiça do Trabalho segue, rigorosamente, as determinações expressas pela Justiça do Trabalho e pelos termos do inc. V do art. 114 da CF/1988.

Capítulo IV
DOS TRIBUNAIS REGIONAIS DO TRABALHO

Seção I
DA COMPOSIÇÃO E DO FUNCIONAMENTO

Art. 670. Os Tribunais Regionais das 1ª e 2ª Regiões compor-se-ão de onze juízes togados, vitalícios, e de seis juízes classistas, temporários; os da 3ª e 4ª Regiões, de oito juízes togados, vitalícios, e de quatro classistas, temporários; os da 5ª e 6ª Regiões, de sete juízes togados, vitalícios e de dois classistas, temporários; os da 7ª e 8ª Regiões, de seis juízes togados, vitalícios, e de dois classistas, temporários, todos nomeados pelo Presidente da República.

§1º Haverá um suplente para cada juiz representante classista.

§2º Nos Tribunais Regionais constituídos de seis ou mais juízes togados, e menos de onze, um deles será escolhido dentre advogados, um dentre membros do Ministério Público da União junto à Justiça do Trabalho e os demais dentre juízes do trabalho, presidentes de Junta da respectiva Região, na forma prevista no parágrafo anterior.

§3º Nos Tribunais do Trabalho das demais Regiões, terão assento três juízes alheios aos interesses profissionais.

§4º Os juízes classistas referidos neste artigo representarão, paritariamente, empregadores e empregados.

§5º Haverá um suplente para cada juiz classista.

§6º Os Tribunais Regionais, no respectivo regimento interno, disporão sobre a substituição de seus juízes, observados, na convocação de juízes inferiores, os critérios de livre escolha e antiguidade, alternadamente.

§7º Dentre os seus juízes togados, os Tribunais Regionais elegerão os respectivos presidente e vice-presidente, assim como os presidentes de Turmas, onde as houver.

§8º Os Tribunais Regionais da 1ª e 2ª Regiões dividir-se-ão em Turmas, facultada essa divisão aos constituídos de, pelo menos, doze juízes. Cada Turma se comporá de três juízes togados e dois classistas, um representante dos empregados e outro dos empregadores.

Os Tribunais Regionais são compostos de juízes togados, representantes da OAB (quinto constitucional) e da Procuradoria-Geral do Trabalho, que designarão vagas que serão preenchidas pelos seus membros, com um representante em cada tribunal. A lei determinará a quantidade de juízes para cada tribunal, os quais devem formar as turmas ou grupo de turmas para atuação nos processos sob sua tutela.

Nos tribunais os juízes são denominados como desembargadores, atuando no segundo grau de jurisdição.

Art. 671. Para os trabalhos dos Tribunais Regionais existe a mesma incompatibilidade prevista no art. 648, sendo idêntica a forma de sua resolução.

O impedimento previsto no art. 648 do Texto Consolidado aplica-se também aos membros dos tribunais.

Art. 672. Os Tribunais Regionais, em sua composição plena, deliberarão com a presença, além do presidente, da metade e mais um do número de seus juízes, dos quais, no mínimo, um representante dos empregados e outro dos empregadores.

§1º As Turmas somente poderão deliberar presentes, pelo menos, três dos seus juízes, entre eles os dois classistas. Para a integração desse quorum, poderá o presidente de uma Turma convocar juízes de outra, da classe a que pertencer o ausente ou impedido.

§2º Nos Tribunais Regionais, as decisões tomar-se-ão pelo voto da maioria dos juízes presentes, ressalvada, no Tribunal Pleno, a hipótese de declaração de inconstitucionalidade de lei ou ato do poder público (art. 116 da Constituição).

§3º O presidente do Tribunal Regional, excetuada a hipótese de declaração de inconstitucionalidade de lei ou ato do poder público, somente terá voto de desempate. Nas sessões administrativas, o presidente votará como os demais juízes, cabendo-lhe, ainda, o voto de qualidade.

§4º No julgamento de recursos contra decisão ou despacho do presidente, do vice-presidente ou do relator, ocorrendo empate, prevalecerá a decisão ou despacho recorrido.

Os Tribunais Regionais atuam analisando processos em 2º grau de jurisdição oriundos das Varas do Trabalho, por via recursal, bem como dissídios coletivos de forma originária e demais procedimentos especiais. Haverá um desembargador relator e o presidente de cada turma ou grupo de turma. Em regra, os processos remetidos aos tribunais são estudados de acordo com as decisões já proferidas, as quais se convalidam em ementas que formarão o ementário daquela Corte, ou seja, a jurisprudência firmada pelas suas decisões.

Todo tribunal atua dividindo suas turmas em seções de dissídios individuais ou coletivos e também funcionam com um Pleno, responsável por decisões de cunho administrativo e processual.

Art. 673. A ordem das sessões dos Tribunais Regionais será estabelecida no respectivo regimento interno.

Os regimentos internos estabelecem a ordem de cada tribunal, podendo diferençar em procedimentos, como, por exemplo, o trâmite de uma medida correicional, mandado de segurança ou agravo regimental.

Seção II
DA JURISDIÇÃO E COMPETÊNCIA

Art. 674. Para efeito da jurisdição dos Tribunais Regionais, o território nacional é dividido nas oito regiões seguintes: (Redação dada pela Lei nº 5.839, de 5.12.1972)

1ª Região – Estados da Guanabara, Rio de Janeiro e Espírito Santo;

2ª Região – Estados de São Paulo, Paraná e Mato Grosso;

3ª Região – Estados de Minas Gerais e Goiás e Distrito Federal;

4ª Região – Estados do Rio Grande do Sul e Santa Catarina;

5ª Região – Estados da Bahia e Sergipe;

6ª Região – Estados de Alagoas, Pernambuco, Paraíba e Rio Grande do Norte;

7ª Região – Estados do Ceará, Piauí e Maranhão;

8ª Região – Estados do Amazonas, Pará, Acre e Territórios Federais do Amapá, Rondônia e Roraima.

A Carta Magna de 1988 definiu que todos os estados necessitam ser representados por um Tribunal Regional. Apenas alguns estados brasileiros ainda não formaram seus próprios tribunais e encontram-se vinculados a outros estados, como, por exemplo, Amazonas e Roraima.

Art. 675. (Revogado pela Lei nº 5.442, de 24.05.1968)

Art. 676. O número de regiões, a jurisdição e a categoria dos Tribunais Regionais, estabelecidos nos artigos anteriores, somente podem ser alterados pelo Presidente da República.

Art. 677. A competência dos Tribunais Regionais determina-se pela forma indicada no art. 651 e seus parágrafos e, nos casos de dissídio coletivo, pelo local onde este ocorrer.

Com base no art. 651, a competência em razão do local está marcada para os tribunais, também. A competência em razão da matéria, logicamente, passa por temas de ordem trabalhista, e a hierárquica ou funcional é fixada pela função jurisdicional que cabe a cada juízo ou tribunal. Quanto ao dissídio coletivo, prevalecerá sempre o local onde for suscitado, conforme as atividades sindicais interessadas e seus limites de atuação.

Art. 678. Aos Tribunais Regionais, quando divididos em Turmas, compete:

I – ao Tribunal Pleno, especialmente;

a) processar, conciliar e julgar originariamente os dissídios coletivos;

b) processar e julgar originariamente:

1) as revisões de sentenças normativas;

2) a extensão das decisões proferidas em dissídios coletivos;

3) os mandados de segurança;

4) as impugnações à investidura de vogais e seus suplentes nas Juntas de Conciliação e Julgamento;

c) processar e julgar em última instância:

1) os recursos das multas impostas pelas Turmas;

2) as ações rescisórias das decisões das Juntas de Conciliação e Julgamento, dos juízes de direito investidos na jurisdição trabalhista, das Turmas e de seus próprios acórdãos;

3) os conflitos de jurisdição entre as suas Turmas, os juízes de direito investidos na jurisdição trabalhista, as Juntas de Conciliação e Julgamento, ou entre aqueles e estas;

d) julgar em única ou última instância:

1) os processos e os recursos de natureza administrativa atinentes aos seus serviços auxiliares e respectivos servidores;

2) as reclamações contra atos administrativos de seu presidente ou de qualquer de seus membros, assim como dos juízes de primeira instância e de seus funcionários;

II – às Turmas:

a) julgar os recursos ordinários previstos no art. 895, *a*;

b) julgar os agravos de petição e de instrumento, estes de decisões denegatórias de recursos de sua alçada;

c) impor multas e demais penalidades relativas a atos de sua competência jurisdicional, e julgar os recursos interpostos das decisões das Juntas e dos juízes de direito que as impuserem.

Parágrafo único. Das decisões das Turmas não caberá recurso para o Tribunal Pleno, exceto no caso do inciso I, alínea *c*, item 1, deste artigo.

Todas as funções jurisdicionais são bem distribuídas pela lei, ressalvados os julgamentos de primeira, única, última instância e aqueles caracterizados como especialmente atribuídos, pois marcam as atuações dos tribunais. Portanto, como enriquecimento esclarecemos – em primeiro plano – que a palavra "instância" não

se adapta à justiça especial e federal, sendo ideal nominarmos grau de jurisdição. E, quando há julgamento em primeiro grau, o processo se origina naquele grau de jurisdição desde o início. Em única, quando só há aquele grau de jurisdição para julgar o tema. E, especialmente, quando a matéria só pode ser avaliada por aquele órgão, com características próprias para julgá-lo.

Os conflitos de competência na Justiça do Trabalho estão sendo julgados pela própria Justiça do Trabalho, de acordo com a Emenda nº 45/2004 (art. 114, V, da CF/1988). Em 2005, o Pleno do TST consolidou a Súmula nº 420 (Res. nº 137/2005) que assevera não haver conflito de competência entre Varas e Tribunais da mesma jurisdição.

Art. 679. Aos Tribunais Regionais não divididos em Turmas compete o julgamento das matérias a que se refere o artigo anterior, exceto a de que trata o inciso I, alínea c, item 1, como os conflitos de jurisdição entre Turmas.

As turmas e grupos de turmas dependem da demanda do tribunal, pois quanto maiores suas atividades mais necessária será sua criação. Por exemplo, no TRT da 1ª Região existem 10 (dez) turmas atuando no segundo grau de jurisdição e no TRT do Maranhão (16ª região) um tribunal pleno, com única turma.

Art. 680. Compete, ainda, aos Tribunais Regionais, ou suas Turmas:

a) determinar às Juntas e aos juízes de direito a realização dos atos processuais e diligências necessárias ao julgamento dos feitos sob sua apreciação;

b) fiscalizar o cumprimento de suas próprias decisões;

c) declarar a nulidade dos atos praticados com infração de suas decisões;

d) julgar as suspeições arguidas contra seus membros;

e) julgar as exceções de incompetência que lhes forem opostas;

f) requisitar às autoridades competentes as diligências necessárias ao esclarecimento dos feitos sob apreciação, representando contra aquelas que não atenderem a tais requisições;

g) exercer, em geral, no interesse da Justiça do Trabalho, as demais atribuições que decorram de sua jurisdição.

Além das atribuições previstas em lei, os Tribunais Regionais poderão determinar a reabertura de uma instrução em 1º grau, para que o feito possa amealhar mais provas e receber sua decisão final.

Seção III
DOS PRESIDENTES DOS TRIBUNAIS REGIONAIS

Art. 681. Os presidentes e vice-presidentes dos Tribunais Regionais do Trabalho tomarão posse perante os respectivos Tribunais.

Parágrafo único. (Revogado pela Lei nº 6.320, de 05.04.1976)

O próprio tribunal de origem servirá como sede para a posse dos seus presidentes e vices.

Art. 682. Competem privativamente aos presidentes dos Tribunais Regionais, além das que forem conferidas neste e no título e das decorrentes do seu cargo, as seguintes atribuições:

I – (Revogado pela Lei nº 5.442, de 24.05.1968);

II – designar os vogais das Juntas e seus suplentes;

III – dar posse aos presidentes de Juntas e presidentes substitutos, aos vogais e suplentes e funcionários do próprio Tribunal e conceder férias e licenças aos mesmos e aos vogais e suplentes das Juntas;

IV – presidir às sessões do Tribunal;

V – presidir às audiências de conciliação nos dissídios coletivos;

VI – executar suas próprias decisões e as proferidas pelo Tribunal;

VII – convocar suplentes dos juízes do Tribunal, nos impedimentos destes;

VIII – representar ao presidente do Tribunal Superior do Trabalho contra os presidentes e os vogais, nos casos previstos no art. 727 e seu parágrafo único;

IX – despachar os recursos interpostos pelas partes;

X – requisitar às autoridades competentes, nos casos de dissídio coletivo, a força necessária, sempre que houver ameaça de perturbação da ordem;

XI – exercer correição, pelo menos uma vez por ano, sobre as Juntas, ou parcialmente sempre que se fizer necessário, e solicitá-la, quando julgar conveniente, ao presidente do Tribunal de Justiça, relativamente aos juízes de direito investidos na administração da Justiça do Trabalho;

XII – distribuir os feitos, designando os juízes que os devem relatar;

XIII – designar, dentre os funcionários do Tribunal e das Juntas existentes em uma mesma localidade, o que deve exercer a função de distribuidor;

XIV – assinar as folhas de pagamento dos juízes e servidores do Tribunal.

§1º Na falta ou impedimento do presidente da Junta e do substituto da mesma localidade, é facultado ao presidente do Tribunal Regional designar substituto de outra localidade, observada a ordem de antiguidade entre os substitutos desimpedidos.

§2º Na falta ou impedimento do vogal da Junta e do respectivo suplente, é facultado ao presidente do Tribunal Regional designar suplente de outra Junta, respeitada a categoria profissional ou econômica do representante e a ordem de antiguidade dos suplentes desimpedidos.

§3º Na falta ou impedimento de qualquer juiz representante classista e seu respectivo suplente, é facultado ao presidente do Tribunal Regional designar um dos vogais de Junta de Conciliação de Julgamento para funcionar nas sessões do Tribunal, respeitada a categoria profissional ou econômica do representante.

Além das estabelecidas por lei, os presidentes e vices devem exercer correição nos juízos vinculados aos seus respectivos tribunais, ressalvando-se as correições parciais exercidas nos casos de *error in procedendo* (erro no procedimento), bem como a possibilidade de requisitar força policial em dissídios que provoquem situações de perturbação da ordem.

Art. 683. Na falta ou impedimento dos presidentes dos Tribunais Regionais, e como auxiliares destes, sempre que necessário, funcionarão seus substitutos.

§1º Nos casos de férias, por 30 (trinta) dias, licença, morte ou renúncia, a convocação competirá diretamente ao presidente do Tribunal Superior do Trabalho.

§2º Nos demais casos, mediante convocação do próprio presidente do Tribunal ou comunicação do secretário deste, o presidente substituto assumirá imediatamente o exercício, ciente o presidente do Tribunal Superior do Trabalho.

O TST determinará os juízes que, eventualmente, substituirão os presidentes de tribunais, impedidos ou afastados da função.

Seção IV
DOS JUÍZES REPRESENTANTES CLASSISTAS DOS TRIBUNAIS REGIONAIS
(SEÇÃO PREJUDICADA PELAS LEIS Nº 9.957 E Nº 9.958/2000 C/C EC 24/99 DA CRFB)

Art. 684. Os juízes representantes classistas dos Tribunais Regionais são designados pelo Presidente da República.

Parágrafo único. Aos juízes representantes classistas dos empregados e dos empregadores, nos Tribunais Regionais, aplicam-se as disposições do art. 661.

Art. 685. A escolha dos juízes e suplentes dos Tribunais Regionais, representantes dos empregadores e empregados, é feita dentre os nomes constantes das listas para esse fim encaminhadas ao presidente do Tribunal Superior do Trabalho pelas associações sindicais de grau superior com sede nas respectivas Regiões.

§1º Para o efeito deste artigo, o conselho de representantes de cada associação sindical de grau superior, na ocasião determinada pelo presidente do Tribunal Superior do Trabalho, organizará, por maioria de votos, uma lista de três nomes.

§2º O presidente do Tribunal Superior do Trabalho submeterá os nomes constantes das listas ao Presidente da República, por intermédio do Ministro da Justiça.

Art. 686. (Revogado pelo Decreto-Lei nº 9.797, de 09.09.1946)

Art. 687. Os juízes representantes classistas dos Tribunais Regionais tomam posse perante o respectivo presidente.

Art. 688. Aos juízes representantes classistas dos Tribunais Regionais aplicam-se as disposições do art. 663, sendo a nova escolha feita dentre os nomes constantes das listas a que se refere o art. 685, ou na forma indicada no art. 686 e, bem assim, as dos arts. 665 e 667.

Art. 689. Por sessão a que comparecerem, até o máximo de quinze por mês, perceberão os juízes representantes classistas e suplentes dos Tribunais Regionais a gratificação fixada em lei.

Parágrafo único. Os juízes representantes classistas que retiverem processos além dos prazos estabelecidos no Regimento Interno dos Tribunais Regionais sofrerão automaticamente, na gratificação mensal a que teriam direito, desconto equivalente a 1/30 (um trinta avos) por processo retido.

A representação classista foi extinta pelas Leis nºs 9.957 e 9.958/2000 e a EC nº 24/99 nas Varas de Trabalho, Tribunais Regionais e no Tribunal Superior do Trabalho.

Capítulo V
DO TRIBUNAL SUPERIOR DO TRABALHO

Seção I
DISPOSIÇÕES PRELIMINARES

Art. 690. O Tribunal Superior do Trabalho, com sede na Capital da República e jurisdição em todo o território nacional, é a instância superior da Justiça do Trabalho.

Parágrafo único. O Tribunal funciona na plenitude de sua composição ou dividido em Turmas, com observância da paridade de representação de empregados e empregadores.

O Tribunal Superior do Trabalho atua no terceiro grau de jurisdição e em última instância no julgamento da via recursal, originariamente nos dissídios coletivos de sindicatos que atuam em nível nacional e na formação da jurisprudência dominante sem prejuízo de questões de ordem administrativa.

A Resolução Administrativa nº 1.937 de 20 de novembro de 2017 regula as atividades daquela Egrégia Corte que atende jurisdição em todo território nacional.

Arts. 691 e 692. (Revogados pelo Decreto-Lei nº 8.737, de 19.01.1946).

Seção II
DA COMPOSIÇÃO E FUNCIONAMENTO DO TRIBUNAL SUPERIOR DO TRABALHO

Art. 693. O Tribunal Superior do Trabalho compõe-se de dezessete juízes, com a denominação de ministros, sendo:

a) onze togados e vitalícios, nomeados pelo Presidente da República, depois de aprovada a escolha pelo Senado Federal, dentre brasileiros natos, maiores de 35 (trinta e cinco) anos, de notável saber jurídico e de reputação ilibada;

§1º Dentre os juízes togados do Tribunal Superior do Trabalho, alheios aos interesses profissionais, serão eleitos o presidente, o vice-presidente e o corregedor, além dos presidentes das Turmas, na forma estabelecida em seu regimento interno.

§3º (Prejudicado pelo art. 111-A, §1º, da CF/1988)

O art. 111-A da CF/1988 indica que o TST compor-se-á de 27 Ministros, escolhidos dentre brasileiros com mais de trinta e cinco e menos de sessenta e cinco anos, nomeados pelo Presidente da República após aprovação pela maioria absoluta do Senado Federal, sendo um quinto dentre advogados com mais de dez anos de efetiva atividade profissional e membros do Ministério Público do Trabalho com mais de dez anos de efetivo exercício, observado o disposto que os demais membros serão escolhidos dentre os juízes dos TRT, oriundos da magistratura de carreira, indicados pelo próprio Tribunal Superior.

Art. 694. Os juízes togados escolher-se-ão: 7 (sete), dentre magistrados da Justiça do Trabalho, 2 (dois), dentre advogados no efetivo exercício da profissão, e 2 (dois), dentre membros do Ministério Público da União junto à Justiça do Trabalho.

A formação da Corte Superior Trabalhista segue orientação da Carta Magna e atende as determinações do art. 111-A da CRFB.

Observe-se que na composição do CTST participam juízes de carreira, advogados indicados pela OAB e membros do Ministério Publico do Trabalho em sintonia com as cadeiras oferecidas para cada uma dessas respetivas representações.

Art. 695. (Revogado pelo Decreto-Lei nº 9.797, de 09.09.1946)

Art. 696. Importará em renúncia o não comparecimento do membro do Tribunal, sem motivo justificado, a mais de 3 (três) sessões ordinárias consecutivas.

§1º (Revogado pela Lei Complementar nº 35, de 14.03.1979)

§2º Para os efeitos do parágrafo anterior, a designação do substituto será feita dentre os nomes constantes das listas de que trata o §2º do art. 693.

Se as ausências se firmarem em mais de três sessões, serão consideradas como renúncia ao cargo e à função exercida.

Art. 697. Em caso de licença superior a 30 (trinta) dias, ou de vacância, enquanto não for preenchido o cargo, os Ministros do Tribunal poderão ser substituídos mediante convocação de juízes, de igual categoria, de qualquer dos Tribunais Regionais do Trabalho, na forma que dispuser o Regimento do Tribunal Superior do Trabalho.

Nos casos de licenças ou vacância do cargo, o TST substituirá os seus ministros por juízes dos Tribunais Regionais, provisoriamente, de acordo com o seu regimento interno.

Art. 698. (Revogado pelo Decreto-Lei nº 8.737, de 19.01.1946)

Art. 699. O Tribunal Superior do Trabalho não poderá deliberar, na plenitude de sua composição senão com a presença de pelo menos nove de seus juízes, além do Presidente. (Redação dada pela Lei nº 2.244, de 23.6.1954)

Parágrafo único. As turmas do Tribunal, compostas de 5 (cinco) juízes, só poderão deliberar com a presença de pelo menos, três de seus membros, além do respectivo presidente, cabendo também a este funcionar como relator ou revisor nos feitos que lhe forem distribuídos conforme estabelecer o regimento interno. (Incluído pela Lei nº 2.244, de 23.6.1954)

A organização e funcionamento do TST prevê que não há julgamentos sem quórum mínimo de nove Ministros e cada turma é composta de cinco ministros que só poderão deliberar com a presença de no mínimo três ministros, que poderá julgar na qualidade de relator ou revisor.

Art. 700. O Tribunal reunir-se-á em dias previamente fixados pelo presidente, o qual poderá, sempre que for necessário, convocar sessões extraordinárias.

Sempre que for necessário, o TST poderá reunir-se em sessões extraordinárias convocadas especificamente para esse fim e expedidas aos seus membros em 24 (vinte e quatro) horas.

Art. 701. As sessões do Tribunal serão públicas e começarão às 14 (quatorze) horas, terminando às 17 (dezessete) horas, mas poderão ser prorrogadas pelo presidente em caso de manifesta necessidade.

§1º As sessões extraordinárias do Tribunal só se realizarão quando forem comunicadas aos seus membros com 24 (vinte e quatro) horas, no mínimo, de antecedência.

§2º Nas sessões do Tribunal, os debates poderão tornar-se secretos, desde que, por motivo de interesse público, assim resolver a maioria de seus membros.

Fundamentando-se no interesse público e na segurança da ordem social, o TST poderá reunir-se, secretamente, desde que tal atitude seja decidida pela maioria dos seus membros.

Seção III
DA COMPETÊNCIA DO TRIBUNAL PLENO

Art. 702. Ao Tribunal Pleno compete: (Redação dada pela Lei nº 2.244, de 23.06.1954) (Vide Lei nº 7.701, de 1988)

I – em única instância: (Redação dada pela Lei nº 2.244, de 23.06.1954)

a) decidir sobre matéria constitucional, quando arguido, para invalidar lei ou ato do poder público; (Redação dada pela Lei nº 2.244, de 23.06.1954)

b) conciliar e julgar os dissídios coletivos que excedam a jurisdição dos Tribunais Regionais do Trabalho, bem como estender ou rever suas próprias decisões normativas, nos casos previstos em lei; (Redação dada pela Lei nº 2.244, de 23.06.1954)

c) homologar os acordos celebrados em dissídios de que trata a alínea anterior; (Redação dada pela Lei nº 2.244, de 23.06.1954)

d) julgar os agravos dos despachos do presidente, nos casos previstos em lei; (Redação dada pela Lei nº 2.244, de 23.06.1954)

e) julgar as suspeições arguidas contra o presidente e demais juízes do Tribunal, nos feitos pendentes de sua decisão; (Redação dada pela Lei nº 2.244, de 23.06.1954)

f) estabelecer ou alterar súmulas e outros enunciados de jurisprudência uniforme, pelo voto de pelo menos dois terços de seus membros, caso a mesma matéria já tenha sido decidida de forma idêntica por unanimidade em, no mínimo, dois terços das turmas em pelo menos dez sessões diferentes em cada uma delas, podendo, ainda, por maioria de dois terços de seus membros, restringir os efeitos daquela declaração ou decidir que ela só tenha eficácia a partir de sua publicação no Diário Oficial;

g) aprovar tabelas de custas emolumentos, nos termos da lei; (Redação dada pela Lei nº 2.244, de 23.06.1954)

h) elaborar o Regimento Interno do Tribunal e exercer as atribuições administrativas previstas em lei, ou decorrentes da Constituição Federal.

II – em última instância: (Redação dada pela Lei nº 2.244, de 23.06.1954)

a) julgar os recursos ordinários das decisões proferidas pelos Tribunais Regionais em processos de sua competência originária; (Redação dada pela Lei nº 2.244, de 23.06.1954)

b) julgar os embargos opostos às decisões de que tratam as alíneas "b" e "c" do inciso I deste artigo; (Redação dada pela Lei nº 2.244, de 23.06.1954)

c) julgar embargos das decisões das Turmas, quando esta divirjam entre si ou de decisão proferida pelo próprio Tribunal Pleno, ou que forem contrárias à letra de lei federal; (Redação dada pelo Decreto-Lei nº 229, de 28.02.1967)

d) julgar os agravos de despachos denegatórios dos presidentes de turmas, em matéria de embargos na forma estabelecida no regimento interno; (Redação dada pela Lei nº 2.244, de 23.06.1954)

e) julgar os embargos de declaração opostos aos seus acórdãos. (Redação dada pela Lei nº 2.244, de 23.06.1954)

§1º Quando adotada pela maioria de dois terços dos juízes do Tribunal Pleno, a decisão proferida nos embargos de que trata o inciso II, alínea "c", deste artigo, terá força de prejulgado, nos termos dos parágrafos 2º e 3º, do art. 902. (Parágrafo incluído pela Lei nº 2.244, de 23.06.1954)

§2º É da competência de cada uma das turmas do Tribunal: (Parágrafo incluído pela Lei nº 2.244, de 23.06.1954)

a) julgar, em única instância, os conflitos de jurisdição entre Tribunais Regionais do Trabalho e os que se suscitarem entre juízes de direito ou juntas de conciliação e julgamento de regiões diferentes; (Alínea incluída pela Lei nº 2.244, de 23.06.1954)

b) julgar, em última instância, os recursos de revista interpostos de decisões dos Tribunais Regionais e das Juntas de Conciliação e julgamento ou juízes de direito, nos casos previstos em lei; (Alínea incluída pela Lei nº 2.244, de 23.06.1954)

c) julgar os agravos de instrumento dos despachos que denegarem a interposição de recursos ordinários ou de revista; (Alínea incluída pela Lei nº 2.244, de 23.06.1954)

d) julgar os embargos de declaração opostos aos seus acórdãos; (Alínea incluída pela Lei nº 2.244, de 23.06.1954)

e) julgar as habilitações incidentes e arguições de falsidade, suspeição e outras nos casos pendentes de sua decisão. (Alínea incluída pela Lei nº 2.244, de 23.06.1954)

§3º As sessões de julgamento sobre estabelecimento ou alteração de súmulas e outros enunciados de jurisprudência deverão ser públicas, divulgadas com, no mínimo, trinta dias de antecedência, e deverão possibilitar a sustentação oral pelo Procurador-Geral do Trabalho, pelo Conselho Federal da Ordem dos Advogados do Brasil, pelo Advogado-Geral da União e por confederações sindicais ou entidades de classe de âmbito nacional.

§4º O estabelecimento ou a alteração de súmulas e outros enunciados de jurisprudência pelos Tribunais Regionais do Trabalho deverão observar o disposto na alínea f do inciso I e no §3º deste artigo, com rol equivalente de legitimados para sustentação oral, observada a abrangência de sua circunscrição judiciária.

O presente artigo aponta a competência do Tribunal Pleno do TST em todos os seus aspectos, indicando como são julgados os recursos contenciosos e administrativos com suas respectivas tramitações.

O Pleno é composto por Turmas e Grupo de Turmas que somados deliberam com a totalidade dos seus 27 ministros.

Além de muitas atribuições, o TST promove a interpretação das leis por meio da expedição de Orientações Jurisprudenciais (OJs) ou Súmulas que expressam o entendimento da Justiça do Trabalho sobre matérias demandadas e conduzidas até aquela Corte pela via recursal. Das suas decisões, caso venham ferir matéria constitucional, podem seguir ao STF por meio de Recurso Extraordinário.

A Lei nº 13.467/17 infere dois parágrafos novos ao texto, esclarecendo que as sessões de julgamento sobre súmulas e orientações jurisprudenciais deverão ser públicas e possibilitarão a sustentação oral pelo procurador-geral do Trabalho, Conselho Federal da Ordem dos Advogados do Brasil, Advogado-Geral da União e confederações sindicais ou entidades de classe de âmbito nacional. Também, assegura que qualquer movimentação daquela Corte sobre as súmulas e orientações jurisprudenciais pelos Regionais do Trabalho deverão observar a possibilidade das partes promoverem sustentação oral, observando-se cada circunscrição judiciária.

O Tribunal Superior do Trabalho está localizado fisicamente no Distrito Federal no Setor de Administração Federal Sul (SAFS) – Quadra 8 – Lote 1 – Brasília e virtualmente no portal: <www.tst.jus.br>.

Seção IV
DA COMPETÊNCIA DA CÂMARA DE JUSTIÇA DO TRABALHO

Arts. 703 a 705. (Revogados pelo Decreto-Lei nº 8.737, de 19.01.1946)

Seção V
DA COMPETÊNCIA DA CÂMARA DE PREVIDÊNCIA SOCIAL

Art. 706. (Revogado pelo Decreto-Lei nº 8.737, de 19.01.1946)

Seção VI
DAS ATRIBUIÇÕES DO PRESIDENTE DO TRIBUNAL SUPERIOR DO TRABALHO

Art. 707. Compete ao presidente do Tribunal:

a) presidir às sessões do Tribunal, fixando os dias para a realização das sessões ordinárias e convocando as extraordinárias;

b) superintender todos os serviços do Tribunal;

c) expedir instruções e adotar as providências necessárias para o bom funcionamento do Tribunal e dos demais órgãos da Justiça do Trabalho;

d) fazer cumprir as decisões originárias do Tribunal, determinando aos Tribunais Regionais e aos demais órgãos da Justiça do Trabalho a realização dos atos processuais e das diligências necessárias;

e) submeter ao Tribunal os processos em que tenha de deliberar e designar, na forma do Regimento Interno, os respectivos relatores;

f) despachar os recursos interpostos pelas partes e os demais papéis em que deva deliberar;

g) determinar as alterações que se fizerem necessárias na lotação do pessoal da Justiça do Trabalho, fazendo remoções *ex officio* de servidores entre os Tribunais Regionais, Juntas de Conciliação e Julgamento e outros órgãos, bem como conceder as requeridas que julgar convenientes ao serviço, respeitada a lotação de cada órgão;

h) conceder licenças e férias aos servidores do Tribunal, bem como impor-lhes as penas disciplinares que excederem da alçada das demais autoridades;

i) dar posse e conceder licença aos membros do Tribunal, bem como conceder licenças e férias aos presidentes dos Tribunais Regionais;

j) apresentar ao Ministro da Justiça, até 31 de março de cada ano, o relatório das atividades do Tribunal e dos demais órgãos da Justiça do Trabalho.

Parágrafo único. O presidente terá um secretário, por ele designado dentre os funcionários lotados no Tribunal, e será auxiliado por servidores designados nas mesmas condições.

Além das atividades administrativas que precisa dirigir, o presidente de um Tribunal Regional atende às demandas previstas em lei, especificamente pedidos de revisão de valores de causa inferiores a dois salários mínimos (Lei nº 5.584/70), ou mesmo suscita dissídio coletivo, quando a paralisação do trabalho afetar a ordem social (art. 856 da CLT).

Seção VII
DAS ATRIBUIÇÕES DO VICE-PRESIDENTE

Art. 708. Compete ao vice-presidente do Tribunal:

a) substituir o presidente e o corregedor em suas faltas e impedimentos;

b) (Revogada pela Lei nº 2.244, de 23.06.1954)

Parágrafo único. Na ausência do presidente e do vice-presidente, será o Tribunal presidido pelo juiz togado mais antigo, ou pelo mais idoso quando igual a antiguidade.

Substituir o presidente é a principal função de um vice-presidente de Tribunal Regional, porém os regimentos internos determinam outras competências, como, por exemplo, julgar mandados de segurança.

Seção VIII
DAS ATRIBUIÇÕES DO CORREGEDOR

Art. 709. Compete ao corregedor, eleito dentre os ministros togados do Tribunal Superior do Trabalho:

I – exercer funções de inspeção e correição permanente com relação aos Tribunais Regionais e seus presidentes;

II – decidir reclamações contra os atos atentatórios da boa ordem processual praticados pelos Tribunais Regionais e seus presidentes, quando inexistir recurso específico;

III – (Revogado pela Lei nº 5.442, de 24.05.1968)

§1º Das decisões proferidas pelo corregedor, nos casos do artigo, caberá o agravo regimental, para o Tribunal Pleno.

§2º O corregedor não integrará as Turmas do Tribunal, mas participará, com voto, das sessões do Tribunal Pleno, quando não se encontrar em correição ou em férias, embora não relate nem revise processos, cabendo-lhe, outrossim, votar em incidente de inconstitucionalidade, nos processos administrativos e nos feitos em que estiver vinculado por visto anterior à sua posse na Corregedoria.

Compete aos corregedores aplicar correição total e parcial nas hostes do tribunal em que atuam. As correições totais devem ser realizadas, sistematicamente, de acordo com os regimentos internos, e as correições parciais, quando requeridas pelas partes interessadas em ver atendida a ordem procedimental dos feitos.

Capítulo VI
DOS SERVIÇOS AUXILIARES DA JUSTIÇA DO TRABALHO

Seção I
DA SECRETARIA DAS JUNTAS DE CONCILIAÇÃO E JULGAMENTO

Art. 710. Cada Junta terá 1 (uma) Secretaria, sob a direção de funcionário que o presidente designar, para exercer a função de secretário, e que receberá, além dos vencimentos correspondentes ao seu padrão, a gratificação de função fixada em lei.

As Varas de Trabalho funcionam com uma secretaria e servidores que atendem aos trâmites processuais, realizando a administração dos processos sob sua tutela.

Art. 711. Compete à Secretaria das Juntas:

a) o recebimento, a autuação, o andamento, a guarda e a conservação dos processos e outros papéis que lhe forem encaminhados;

b) a manutenção do protocolo de entrada e saída dos processos e demais papéis;

c) o registro das decisões;

d) a informação, às partes interessadas e seus procuradores, do andamento dos respectivos processos, cuja consulta lhes facilitará;

e) a abertura de vista dos processos às partes, na própria Secretaria;

f) a contagem das custas devidas pelas partes, nos respectivos processos;

g) o fornecimento de certidões sobre o que constar dos livros ou do arquivamento da Secretaria;

h) a realização das penhoras e demais diligências processuais;

i) o desempenho dos demais trabalhos que lhe forem cometidos pelo presidente da Junta, para melhor execução dos serviços que lhe estão afetos.

Além das competências previstas em lei, as Varas do Trabalho realizam execuções que atendem à necessidade de solver bens penhorados em processos originários.

Art. 712. Compete especialmente aos diretores de secretaria das Juntas de Conciliação e Julgamento:

a) superintender os trabalhos da Secretaria, velando pela boa ordem do serviço;

b) cumprir e fazer cumprir as ordens emanadas do presidente e das autoridades superiores;

c) submeter a despacho e assinatura do presidente o expediente e os papéis que devam ser por ele despachados e assinados;

d) abrir a correspondência oficial dirigida à Junta e ao seu presidente, a cuja deliberação será submetida;

e) tomar por termo as reclamações verbais nos casos de dissídios individuais;

f) promover o rápido andamento dos processos, especialmente na fase de execução, e a pronta realização dos atos e diligências deprecadas pelas autoridades superiores;

g) secretariar as audiências da Junta, lavrando as respectivas atas;

h) subscrever as certidões e os termos processuais;

i) dar aos litigantes ciência das reclamações e demais atos processuais de que devam ter conhecimento, assinando as respectivas notificações;

j) executar os demais trabalhos que lhe forem atribuídos pelo presidente da Junta.

Parágrafo único. Os serventuários que, sem motivo justificado, não realizarem os atos, dentro dos prazos fixados, serão descontados em seus vencimentos, em tantos dias quantos os do excesso.

Compete aos secretários das Varas do Trabalho acompanhar todos os trabalhos desenvolvidos pelo juízo e, principalmente, os processos que tramitam sob sua guarda, fornecendo dados ao magistrado e às partes interessadas nos feitos.

Seção II
DOS DISTRIBUIDORES

Art. 713. Nas localidades em que existir mais de uma Junta de Conciliação e Julgamento haverá um distribuidor.

Atualmente, a distribuição das ações funciona informatizada. As reclamações trabalhistas chegam ao tribunal e, protocoladas, são distribuídas para as Varas do Trabalho por processo eletrônico.

Art. 714. Compete ao distribuidor:

a) a distribuição, pela ordem rigorosa de entrada, e sucessivamente a cada Junta, dos feitos que, para esse fim, lhe forem apresentados pelos interessados;

b) o fornecimento, aos interessados, do recibo correspondente a cada feito distribuído;

c) a manutenção de 2 (dois) fichários dos feitos distribuídos, sendo um organizado pelos nomes dos reclamantes e o outro dos reclamados, ambos por ordem alfabética;

d) o fornecimento a qualquer pessoa que o solicite, verbalmente ou por certidão, de informações sobre os feitos distribuídos;

e) a baixa na distribuição dos feitos, quando isto lhe for determinado pelos presidentes das Juntas, formando, com as fichas correspondentes, fichários à parte, cujos dados poderão ser consultados pelos interessados, mas não serão mencionados em certidões.

Além das competências previstas em lei, vale salientar que alguns tribunais contam com um juiz distribuidor, cuja tarefa é observar a condução das ações para as respectivas Varas do Trabalho, zelando para evitar impedimentos e suspeições e, também, separando os pleitos que não se enquadram no Judiciário Trabalhista.

Art. 715. Os distribuidores são designados pelo presidente do Tribunal Regional, dentre os funcionários das Juntas e do Tribunal Regional, existentes na mesma localidade, e ao mesmo presidente diretamente subordinados.

O presidente do Tribunal Regional indicará um distribuidor dentre os servidores daquele órgão, que serão a ele subordinados.

Seção III
DO CARTÓRIO DOS JUÍZES DE DIREITO

Art. 716. Os cartórios dos Juízes de Direito, investidos na administração da Justiça do Trabalho, têm, para esse fim, as mesmas atribuições e obrigações conferidas na Seção I às Secretarias das Juntas de Conciliação e Julgamento.

Parágrafo único. Nos Juízos em que houver mais de um Cartório, far-se-á entre eles a distribuição alternada e sucessiva das reclamações.

Usando a sua própria estrutura, os juízes de direito investidos na administração da Justiça do Trabalho seguirão os preceitos legais específicos às secretarias e à distribuição das Varas do Trabalho.

Art. 717. Aos escrivães dos Juízes de Direito, investidos na administração da Justiça do Trabalho, competem especialmente as atribuições e obrigações dos diretores de secretaria das Juntas; e aos demais funcionários dos Cartórios, as que couberem nas respectivas funções, dentre as que competem às Secretarias das Juntas, enumeradas no art. 711.

Os escrivães dos juízes de direito investidos na administração da Justiça do Trabalho devem igualar-se aos diretores de secretaria, especificamente nas ações trabalhistas.

Seção IV
DAS SECRETARIAS DOS TRIBUNAIS REGIONAIS

Art. 718. Cada Tribunal Regional tem uma Secretaria, sob a direção do funcionário designado para exercer a função de secretário, com a gratificação de função fixada em lei.

Os Tribunais Regionais contam com os serviços de uma secretaria para atender às demandas distribuídas para aquela Corte.

Art. 719. Competem à Secretaria dos Tribunais, além das atribuições estabelecidas no art. 711, para a Secretaria das Juntas, mais as seguintes:

a) a conclusão dos processos ao presidente e sua remessa, depois de despachados, aos respectivos relatores;

b) a organização e a manutenção de um fichário de jurisprudência do Tribunal, para consulta dos interessados.

Parágrafo único. No regimento interno dos Tribunais Regionais serão estabelecidas as demais atribuições, o funcionamento e a ordem dos trabalhos de suas secretarias.

Além das atribuições previstas em lei, as secretarias dos tribunais têm como tarefa reunir as ementas daquela Casa para a consulta dos juízes interessados. Tais ementas formam a jurisprudência de um Tribunal Regional.

As ementas são resumos dos acórdãos, ou seja, das decisões de um tribunal. As ementas traduzem a jurisprudência de uma Corte e colaboram nas decisões das turmas em processos que guarde sob sua tutela.

Ressalva-se que as ementas podem se constituir em ementários, ou seja, na sua uniformização se tornam jurisprudência própria das cortes trabalhistas.

Art. 720. Competem aos secretários dos Tribunais Regionais as mesmas atribuições conferidas no art. 712 os diretores de secretaria das Juntas, além das que lhes forem fixadas no regimento interno dos Conselhos.

O secretário do tribunal tem a mesma competência dos secretários das Varas do Trabalho e só se diferencia pelas atividades da Corte para a qual trabalhe, de conformidade com as exigências previstas no regimento interno da Casa.

Seção V
DOS OFICIAIS DE JUSTIÇA E OFICIAIS DE JUSTIÇA AVALIADORES

Art. 721. Incumbe aos oficiais de justiça e oficiais de justiça avaliadores da Justiça do Trabalho a realização dos atos decorrentes da execução dos julgados das Juntas de Conciliação e Julgamento e dos Tribunais Regionais do Trabalho, que lhes forem cometidos pelos respectivos Presidentes.

§1º Para efeito de distribuição dos referidos atos, cada oficial de justiça ou oficial de justiça avaliador funcionará perante uma Junta de Conciliação e Julgamento, salvo

quando da existência, nos Tribunais Regionais do Trabalho, de órgão específico, destinado à distribuição de mandados judiciais.

§2º Nas localidades onde houver mais de uma Junta, respeitado o disposto no parágrafo anterior, a atribuição para o cumprimento do ato deprecado ao oficial de justiça ou oficial de justiça avaliador será transferida a outro oficial, sempre que, após o decurso de 9 (nove) dias, sem razões que o justifiquem, não tiver sido cumprido o ato, sujeitando-se o serventuário às penalidades da lei.

§3º No caso de avaliação, terá o oficial de justiça avaliador, para cumprimento do ato, o prazo previsto no art. 888.

§4º É facultado aos presidentes dos Tribunais Regionais do Trabalho cometer a qualquer oficial de justiça ou oficial de justiça avaliador a realização dos atos de execução das decisões desses Tribunais.

§5º Na falta ou impedimento do oficial de justiça ou oficial de justiça avaliador, o presidente da Junta poderá atribuir a realização do ato a qualquer serventuário.

Os oficiais de justiça atuam nas Varas do Trabalho, especificamente na fase de execução do processo do trabalho. Sua tarefa é cumprir os autos de penhora de bens, constringindo o executado a oferecer patrimônio em troca da dívida executada. Em certas situações, o juízo exige que o bem executado seja avaliado com exatidão para que a dívida se solva sem maiores problemas, e, então, indica um oficial de justiça avaliador que terá condições de mensurar o valor do bem oferecido à execução.

Capítulo VII
DAS PENALIDADES

Seção I
DO *LOCKOUT* E DA GREVE

Art. 722. Os empregadores que, individual ou coletivamente, suspenderem os trabalhos dos seus estabelecimentos, sem prévia autorização do Tribunal competente, ou que violarem, ou se recusarem a cumprir decisão proferida em dissídio coletivo, incorrerão nas seguintes penalidades:

a) multa de cinco mil cruzeiros a cinquenta mil cruzeiros;

b) perda do cargo de representação profissional em cujo desempenho estiverem;

c) suspensão, pelo prazo de 2 (dois) a 5 (cinco) anos, do direito de serem eleitos para cargos de representação profissional.

§1º Se o empregador for pessoa jurídica, as penas previstas nas alíneas b e c incidirão sobre os administradores responsáveis.

§2º Se o empregador for concessionário de serviço público, as penas serão aplicadas em dobro. Nesse caso, se o concessionário for pessoa jurídica, o presidente do Tribunal que houver proferido a decisão poderá, sem prejuízo do cumprimento desta e da aplicação das penalidades cabíveis, ordenar o afastamento dos administradores responsáveis, sob pena de ser cassada a concessão.

§3º Sem prejuízo das sanções cominadas neste artigo, os empregadores ficarão obrigados a pagar os salários devidos aos seus empregados, durante o tempo de suspensão do trabalho.

A expressão inglesa *lockout* se traduz por olhar de fora, ou seja, os empregados ficariam do lado de fora da empresa, sem poder entrar para trabalhar. Trata-se de uma espécie de greve por parte do empregador, o qual paralisa suas atividades. O cerramento, como também é chamado o *lockout* pela doutrina, enseja penalidades para quem agir dessa forma e, ainda, obriga o empregador ao pagamento de salários aos empregados pelos dias em que manteve suas atividades empresariais paralisadas.

Em tempo, vale salientar que as penalidades previstas no art. 722 da CLT também se aplicam aos empregadores que não cumprirem decisões proferidas em sentença normativa.

Arts. 723 a 725. (Revogados pela Lei nº 9.842, de 07.10.1999)

Seção II
DAS PENALIDADES CONTRA OS MEMBROS DA JUSTIÇA DO TRABALHO

Art. 726. Aquele que recusar o exercício da função de vogal de Junta de Conciliação e Julgamento ou juiz representante classista do Tribunal Regional, sem motivo justificado, incorrerá nas seguintes penas:

a) sendo representante de empregadores, multa de 100 (cem cruzeiros) a 1.000 (mil cruzeiros) e suspensão do direito de representação profissional por 2 (dois) a 5 (cinco) anos;

b) sendo representante de empregados, multa de 100 (cem) cruzeiros e suspensão do direito de representação profissional por 2 (dois) a 5 (cinco) anos.

Art. 727. Os vogais das Juntas de Conciliação e Julgamento, ou juízes representantes classistas dos Tribunais Regionais, que faltarem a 3 (três) reuniões ou sessões consecutivas, sem motivo justificado, perderão o cargo, além de incorrerem nas penas do artigo anterior.

Parágrafo único. Se a falta for de presidente, incorrerá ele na pena de perda do cargo, além da perda dos vencimentos correspondentes aos dias em que tiver faltado às audiências ou sessões consecutivas.

Art. 728. Aos presidentes, membros, juízes, vogais e funcionários auxiliares da Justiça do Trabalho, aplica-se o disposto no Título XI do Código Penal.

Com exceção dos magistrados vitalícios, que sofrem sanções administrativas no seu próprio tribunal de origem e, posteriormente, caracterizado crime de responsabilidade ou comum, poderão ser penalizados pela lei penal e julgados na Justiça Criminal por seus atos e irregularidades cometidas na função pública.

Seção III
DE OUTRAS PENALIDADES

Art. 729. O empregador que deixar de cumprir decisão passada em julgado sobre a readmissão ou reintegração de empregado, além do pagamento dos salários deste, incorrerá na multa de 500 (quinhentos) a 5.000 (cinco mil) cruzeiros por dia, até que seja cumprida a decisão.

§1º O empregador que impedir ou tentar impedir que empregado seu sirva como vogal em Tribunal de Trabalho, ou que perante este preste depoimento, incorrerá na multa de 500 (quinhentos) a 5.000 (cinco mil) cruzeiros.

§2º Na mesma pena do parágrafo anterior incorrerá o empregador que dispensar seu empregado pelo fato de haver servido como vogal ou prestado depoimento como testemunha, sem prejuízo da indenização que a lei estabeleça.

Além do pagamento de salário correspondente ao período em que o empregado gozava de estabilidade, o empregador que não cumprir sentença com ordem de reintegração sujeitar-se-á ao pagamento de multa administrativa que, atualizada, implicará ônus diário até que seja cumprida a referida determinação judicial.

Estará sujeito ao pagamento de multa administrativa, bem como poderá concorrer com a detenção do seu empregado, caso este seja compelido pelo juízo a depor sob o efeito de *manu militari* (sob vara), ou seja, obrigatoriamente.

Art. 730. Aqueles que se recusarem a depor como testemunhas, sem motivo justificado, incorrerão na multa de 50 (cinquenta) a 500 (quinhentos) cruzeiros.

A penalidade para aqueles que se recusam a depor como testemunha é o pagamento de multa administrativa, sem prejuízo da condução coercitiva imposta pelo juízo em que tramita a causa.

Art. 731. Aquele que, tendo apresentado ao distribuidor reclamação verbal, não se apresentar, no prazo estabelecido no parágrafo único do art. 786, à Junta ou Juízo para fazê-lo tomar por termo, incorrerá na pena de perda, pelo prazo de 6 (seis) meses, do direito de reclamar perante a Justiça do Trabalho.

O presente artigo esclarece sobre a oportunidade em que o reclamante der causa por duas vezes à extinção do processo em virtude de não comparecer à audiência (inicial), visto que assim perderá o direito de acionar a Justiça do Trabalho pelo prazo de 6 meses (art. 732 da CLT). Diante da penalidade imposta, o demandante ficará impedido de apresentar outra reclamação trabalhista no prazo de 6 meses.

Em se tratando de "penalidade" e não de perda do direito de ação, reforçamos a tese de que a perempção, por ser definitiva, produz decisão com julgamento de mérito absolutamente diferente da legislação trabalhista, que acarreta uma sentença sem julgamento de mérito e permite seja defendido o direito em outro momento.

Art. 732. Na mesma pena do artigo anterior incorrerá o reclamante que, por 2 (duas) vezes seguidas, der causa ao arquivamento de que trata o art. 844.

O reclamante que der causa a dois arquivamentos de ação trabalhista não poderá aforar outra reclamação trabalhista num prazo de 6 (seis) meses, que se traduz em pena própria aplicada nos termos do processo do trabalho.

Art. 733. As infrações de disposições deste Título, para as quais não haja penalidades cominadas, serão punidas com a multa de 50 (cinquenta) a 5.000 (cinco mil) cruzeiros, elevada ao dobro na reincidência.

Aqueles que descumprirem as determinações da Consolidação das Leis do Trabalho, quando a própria lei não as caracterize, sempre serão punidos com multas administrativas, sujeitas ao dobro nos casos de reincidência.

<div align="center">

Capítulo VIII
DISPOSIÇÕES GERAIS

</div>

Art. 734. (Revogado pelo Decreto-Lei nº 72, de 21.11.1966)

Art. 735. As repartições públicas e as associações sindicais são obrigadas a fornecer aos juízes e Tribunais do Trabalho e à Procuradoria da Justiça do Trabalho as informações

e os dados necessários à instrução e ao julgamento dos feitos submetidos à sua apreciação.

Parágrafo único. A recusa de informações ou dados a que se refere este artigo, por parte de funcionários públicos, importa na aplicação das penalidades previstas pelo Estatuto dos Funcionários Públicos por desobediência.

Com base no art. 653 da CLT, as autoridades públicas e sindicatos que se recusarem a prestar informações que possam instruir processos que tramitam na Justiça do Trabalho podem sofrer penalidades, incluindo as previstas nos regimes jurídicos para os servidores públicos.

Título IX
DO MINISTÉRIO PÚBLICO DO TRABALHO
Capítulo I
DISPOSIÇÕES GERAIS

Art. 736. O Ministério Público do Trabalho é constituído por agentes diretos do Poder Executivo, tendo por função zelar pela exata observância da Constituição Federal, das leis e demais atos emanados dos poderes públicos, na esfera de suas atribuições.

Parágrafo único. Para o exercício de suas funções, o Ministério Público do Trabalho reger-se-á pelo que estatui esta Consolidação e, na falta de disposição expressa, pelas normas que regem o Ministério Público Federal.

O Ministério Público, instituição independente e soberana, tem a função de proteger a sociedade. Seu papel no Estado, atuando como "quarto poder" (os três Poderes da União são compostos pelo Judiciário, Legislativo e Executivo), é zelar pela Constituição e pela ordem social (arts. 127 e 128, I, *b*, da CF/1988).

Os Procuradores do Trabalho podem atuar em duas frentes, como *custos legis* (fiscal da lei) ou como parte.

O Ministério Público do Trabalho, na defesa dos interesses gerais, pode aforar as ações civis públicas.

Art. 737. O Ministério Público do Trabalho compõe-se da Procuradoria da Justiça do Trabalho e da Procuradoria da Previdência Social, aquela funcionando como órgão de coordenação entre a Justiça do Trabalho e o Ministério do Trabalho, Indústria e Comércio, ambas diretamente subordinadas ao Ministro de Estado.

Atualmente, o Ministério Público do Trabalho é composto apenas pelas Procuradorias Regionais do Trabalho.

A Procuradoria-Geral do Trabalho, com sede no Distrito Federal, concentra-se na atuação das procuradorias regionais e dos procuradores do trabalho que atuam juntos aos Tribunais Regionais do trabalho.

Art. 738. Os procuradores além dos vencimentos fixados na tabela constante do Decreto-Lei nº 2.874, de 16 de dezembro de 1940, continuarão a perceber a percentagem de 8%, por motivo de cobrança da dívida ativa da União ou de multas impostas pelas autoridades administrativas e judiciárias do trabalho e da previdência social. (*Vide* Emenda Constitucional nº 1, de 1969).

Este artigo está prejudicado por regras recentes que regem a classe, as quais determinam as respectivas atualizações correspondentes aos serviços desenvolvidos pelo Ministério Público do Trabalho.

Art. 739. Não estão sujeitos a ponto os procuradores-gerais e os procuradores.

Os procuradores não estão sujeitos a controle de ponto e trabalham de acordo com a demanda de serviços a eles designada, em regra, distribuídos em coordenadorias.

Capítulo II
DA PROCURADORIA DA JUSTIÇA DO TRABALHO

Seção I
DA ORGANIZAÇÃO

Art. 740. A Procuradoria da Justiça do Trabalho compreende:

a) 1 (uma) Procuradoria-Geral, que funcionará junto ao Tribunal Superior do Trabalho;

b) 24 (vinte e quatro) Procuradorias Regionais, que funcionarão junto aos Tribunais Regionais do Trabalho.

A Procuradoria do Trabalho é composta por uma Procuradoria que atua junto ao TST, em Brasília, e outras 24 (vinte e quatro) que funcionam com os Tribunais Regionais do Trabalho nos estados.

Art. 741. As Procuradorias Regionais são subordinadas diretamente ao procurador-geral.

Existe um procurador-geral que atua, em nível nacional, administrando as atividades do Ministério Público do Trabalho junto aos Tribunais Regionais do Trabalho.

Art. 742. A Procuradoria-Geral é constituída de 1 (um) procurador-geral e de procuradores.

Parágrafo único. As Procuradorias Regionais compõem-se de 1 (um) procurador regional, auxiliado, quando necessário, por procuradores adjuntos.

A Procuradoria-Geral e regionais são constituídas de um procurador-geral do trabalho e 24 (vinte e quatro) procuradores regionais que administram e controlam os serviços de todos os procuradores do trabalho no Brasil.

Art. 743. Haverá, nas Procuradorias Regionais, substitutos de procurador adjunto ou, quando não houver este cargo, de procurador regional, designados previamente por decreto do Presidente da República, sem ônus para os cofres públicos.

§1º O substituto tomará posse perante o respectivo procurador regional, que será a autoridade competente para convocá-lo.

§2º O procurador regional será substituído em suas faltas e impedimentos pelo procurador adjunto, quando houver, e, havendo mais de um, pelo que for por ele designado.

§3º O procurador adjunto será substituído, em suas faltas e impedimentos, pelo respectivo procurador substituto.

§4º Será dispensado, automaticamente, o substituto que não atender à convocação, salvo motivo de doença, devidamente comprovada.

§5º Nenhum direito ou vantagem terá o substituto além do vencimento do cargo do substituído e somente durante o seu impedimento legal.

As Procuradorias Regionais funcionam com substitutos de procurador do trabalho de segunda categoria.

Art. 744. A nomeação do procurador-geral deverá recair em bacharel em ciências jurídicas e sociais, que tenha exercido, por 5 (cinco) ou mais anos, cargo de magistratura ou de Ministério Público, ou a advocacia.

Existem concursos públicos para o cargo de procurador substituto do trabalho que exige um candidato advogado, observando exercício profissional comprovado que se desenvolve nos mesmos moldes da magistratura do trabalho, ou seja, por concurso de provas e títulos composto de 5 (cinco) etapas, especificamente: uma prova objetiva, uma dissertativa, uma prática (confecção de um parecer), uma oral e de títulos.

O candidato, ao preencher o formulário de inscrição, firmará declaração sob as penas da lei de que é bacharel em direito e deverá atender, até a data da posse, o requisito de três anos de atividade jurídica (art. 129, §3º, da CF/1988), também, ciente de que a não apresentação do respectivo diploma, devidamente registrado pelo Ministério da Educação, por ocasião da inscrição definitiva, acarretará a sua exclusão do procedimento seletivo, e a não comprovação do tempo de atividade jurídica impedirá a posse no cargo de Procurador do Trabalho; e de que aceita as demais regras pertinentes ao concurso.

Art. 745. Para a nomeação dos demais procuradores, atender-se-á aos mesmos requisitos estabelecidos no artigo anterior, reduzido a 2 (dois) anos, no mínimo, o tempo de exercício.

Os editais dos concursos para o cargo de Substituto de Procurador do Trabalho de segunda categoria são bem claros ao exigir a comprovação de 3 anos no exercício da atividade de advogado aos candidatos a essa vaga.

Seção II
DA COMPETÊNCIA DA PROCURADORIA-GERAL

Art. 746. Compete à Procuradoria-Geral da Justiça do Trabalho:

a) oficiar, por escrito, em todos os processos e questões de trabalho de competência do Tribunal Superior do Trabalho;

b) funcionar nas sessões do mesmo Tribunal, opinando verbalmente sobre a matéria em debate e solicitando as requisições e diligências que julgar convenientes, sendo-lhe assegurado o direito de vista do processo em julgamento sempre que for suscitada questão nova, não examinada no parecer exarado;

c) requerer prorrogação das sessões do Tribunal, quando essa medida for necessária para que se ultime o julgamento;

d) exarar, por intermédio do procurador-geral, o seu "ciente" nos acórdãos do Tribunal;

e) proceder às diligências e inquéritos solicitados pelo Tribunal;

f) recorrer das decisões do Tribunal, nos casos previstos em lei;

g) promover, perante o juízo competente, a cobrança executiva das multas impostas pelas autoridades administrativas e judiciárias do trabalho;

h) representar às autoridades competentes contra os que não cumprirem as decisões do Tribunal;

i) prestar às autoridades do Ministério do Trabalho, Indústria e Comércio as informações que lhe forem solicitadas sobre os dissídios submetidos à apreciação do Tribunal e encaminhar aos órgãos competentes cópia autenticada das decisões que por eles devam ser atendidas ou cumpridas;

j) requisitar, de quaisquer autoridades, inquéritos, exames periciais, diligências, certidões e esclarecimentos que se tornem necessários no desempenho de suas atribuições;

l) defender a jurisdição dos órgãos da Justiça do Trabalho;

m) suscitar conflitos de jurisdição.

Além da competência prevista na lei, os procuradores do trabalho atuam junto ao Judiciário, fiscalizando o cumprimento da lei (*custos legis*) e, por vezes, como parte na defesa dos cidadãos.

Especificamente, o Ministério Público do Trabalho desenvolve suas atividades funcionais junto ao Judiciário Trabalhista em duas frentes: no 1º grau de jurisdição, principalmente assistindo menores ou incapazes, e, nos 2º e 3º graus, emitindo parecer em ações que tramitam em via recursal.

Seção III
DA COMPETÊNCIA DAS PROCURADORIAS REGIONAIS

Art. 747. Compete às Procuradorias Regionais exercer, dentro da jurisdição do Tribunal Regional respectivo, as atribuições indicadas na Seção anterior.

A competência das procuradorias regionais é a mesma dedicada aos procuradores e prevista no art. 748 da CLT.

Seção IV
DAS ATRIBUIÇÕES DO PROCURADOR-GERAL

Art. 748. Como chefe da Procuradoria-Geral da Justiça do Trabalho, incumbe ao procurador-geral:

a) dirigir os serviços da Procuradoria-Geral, orientar e fiscalizar as Procuradorias Regionais, expedindo as necessárias instruções;

b) funcionar nas sessões do Tribunal Superior do Trabalho, pessoalmente ou por intermédio do procurador que designar;

c) exarar o seu "ciente" nos acórdãos do Tribunal;

d) designar o procurador que o substitua nas faltas e impedimentos e o diretor da secretaria da Procuradoria;

e) apresentar, até o dia 31 de março, ao Ministro do Trabalho, Indústria e Comércio, relatório dos trabalhos da Procuradoria-Geral no ano anterior, com as observações e sugestões que julgar convenientes;

f) conceder férias aos procuradores e demais funcionários que sirvam na Procuradoria e impor-lhes penas disciplinares, observada, quanto aos procuradores, a legislação em vigor para o Ministério Público Federal;

g) funcionar em juízo, em primeira instância, ou designar os procuradores que o devam fazer;

h) admitir e dispensar o pessoal extranumerário da Secretaria e prorrogar o expediente remunerado dos funcionários e extranumerários.

Além das competências previstas em lei, incumbe ao chefe da Procuradoria-Geral do Trabalho gerenciar as procuradorias regionais e participar ativamente na defesa do cumprimento da Lei Maior e da ordem social na preservação dos direitos dos trabalhadores, atuando como parte e fiscal da lei.

Seção V
DAS ATRIBUIÇÕES DOS PROCURADORES

Art. 749. Incumbe aos procuradores com exercício na Procuradoria-Geral:

a) funcionar, por designação do procurador-geral, nas sessões do Tribunal Superior do Trabalho;

b) desempenhar os demais encargos que lhes forem atribuídos pelo procurador-geral.

Parágrafo único. Aos procuradores é facultado, nos processos em que oficiarem, requerer ao procurador-geral as diligências e investigações necessárias.

A função precípua do procurador-geral, além das previstas em lei, é participar das sessões do TST.

Seção VI
DAS ATRIBUIÇÕES DOS PROCURADORES REGIONAIS

Art. 750. Incumbe aos procuradores regionais:

a) dirigir os serviços da respectiva Procuradoria;

b) funcionar nas sessões do Tribunal Regional, pessoalmente ou por intermédio do procurador adjunto que designar;

c) apresentar, semestralmente, ao procurador-geral, um relatório das atividades da respectiva Procuradoria, bem como dados e informações sobre a administração da Justiça do Trabalho na respectiva região;

d) requerer e acompanhar perante as autoridades administrativas ou judiciárias as diligências necessárias à execução das medidas e providências ordenadas pelo procurador-geral;

e) prestar ao procurador-geral as informações necessárias sobre os feitos em andamento e consultá-lo nos casos de dúvidas;

f) funcionar em juízo, na sede do respectivo Tribunal Regional;

g) exarar o seu "ciente" nos acórdãos do Tribunal;

h) designar o procurador que o substitua nas faltas e impedimentos e o secretário da Procuradoria.

Além das atribuições previstas em lei, compete aos procuradores regionais suscitar dissídios coletivos quando houver paralisação do trabalho que afete a ordem social, além de dar ciência nos processos que tramitam no seu respectivo tribunal competente.

Art. 751. Incumbe aos procuradores adjuntos das Procuradorias Regionais:

a) funcionar por designação do procurador regional, nas sessões do Tribunal Regional;

b) desempenhar os demais encargos que lhes forem atribuídos pelo procurador regional.

Contudo, como prevista na norma, por exemplo, em 1º grau de jurisdição, a impetração de *habeas corpus* no caso de uma testemunha ser compelida a depor sob *manu militari* (coercitivamente, com a ajuda de força policial).

Os procuradores terão a função de defender o cumprimento da legislação do trabalho e propugnar pela extinção do trabalho escravo, bem como atuar na defesa

do menor e da mulher e por melhores condições laborativas do trabalhador frente ao mercado de trabalho.

Seção VII
DA SECRETARIA

Art. 752. A Secretaria da Procuradoria-Geral funcionará sob a direção de um diretor designado pelo procurador-geral e terá o pessoal designado pelo Ministro do Trabalho, Indústria e Comércio.

A secretaria da Procuradoria-Geral funcionará por intermédio de um chefe designado pelo procurador-geral e, atualmente, com quadro de pessoal próprio, de conformidade aos ditames da Carta Constitucional de 1988 (art. 127 da CF/1988), que oferece total independência ao Ministério Público.

Art. 753. Compete à Secretaria:

a) receber, registrar e encaminhar os processos ou papéis entrados;

b) classificar e arquivar os pareceres e outros papéis;

c) prestar informações sobre os processos ou papéis sujeitos à apreciação da Procuradoria;

d) executar o expediente da Procuradoria;

e) providenciar sobre o suprimento do material necessário;

f) desempenhar os demais trabalhos que lhe forem cometidos pelo procurador-geral, para melhor execução dos serviços a seu cargo.

Da mesma forma que funcionam as Varas do Trabalho e Tribunais do Trabalho, as secretarias atuam na administração operacional das atividades diárias dos procuradores.

Art. 754. Nas Procuradorias Regionais, os trabalhos a que se refere o artigo anterior serão executados pelos funcionários para esse fim designados.

Com quadro funcional próprio, as procuradorias regionais atuam com servidores administrativos e seus próprios membros, procuradores regionais.

Capítulo III
DA PROCURADORIA DE PREVIDÊNCIA SOCIAL

Título X
DO PROCESSO JUDICIÁRIO DO TRABALHO

Capítulo I
DISPOSIÇÕES PRELIMINARES

Arts. 755 ao 762. A Procuradoria Federal Especializada junto ao INSS atua como órgão de execução da Procuradoria-Geral Federal, responsável pela consultoria e assessoramento jurídicos do INSS e regulada pela Instrução Normativa Conjunta PGF/PFE-INSS nº 01/2010.

Art. 763. O processo da Justiça do Trabalho, no que concerne aos dissídios individuais e coletivos e à aplicação de penalidades, reger-se-á, em todo o território nacional, pelas normas estabelecidas neste Título.

A CLT, além de ter-se referido ao direito material do trabalho, registrou em seu texto normas afetas ao processo do trabalho. Talvez não tenha sido tão detalhista quanto foi nos capítulos sobre o contrato de trabalho e seus títulos consectários, por isso delegou ao Código de Processo Civil a função de subsidiar o Texto Consolidado, não se obrigando a uma codificação de normas procedimentais específicas ao andamento das ações no Judiciário Trabalhista.

É importante registrar que a Lei nº 11.419, de 19.12.2006, que dispõe sobre a informatização do Processo Judicial (PJ-e), passou a viger regulamentada pela Resolução CSJT nº 136 de 29.04.2014.

A partir de janeiro de 2013 a Justiça do Trabalho passou a receber todas as demandas pelo "peticionamento eletrônico" denominado de PJ-e, regulamentado pela Lei nº 11.419/2006 e pela Resolução CSJT nº 136/2014.

Art. 764. Os dissídios individuais ou coletivos submetidos à apreciação da Justiça do Trabalho serão sempre sujeitos à conciliação.

§1º Para os efeitos deste artigo, os juízes e Tribunais do Trabalho empregarão sempre os seus bons ofícios e persuasão no sentido de uma solução conciliatória dos conflitos.

§2º Não havendo acordo, o juízo conciliatório converter-se-á obrigatoriamente em arbitral, proferindo decisão na forma prescrita neste Título.

§3º É lícito às partes celebrar acordo que ponha termo ao processo, ainda mesmo depois de encerrado o juízo conciliatório.

A conciliação é um princípio do processo do trabalho, que se materializa durante o rito procedimental, especificamente quando o juízo a oferece em duas fases distintas: ao iniciar a audiência e após as partes aduzirem razões finais, sem prejuízo de ser apresentada em qualquer momento do processo, inclusive na fase de execução. E, como princípio processual, marca o interesse do Judiciário em evitar a lide ao definir a participação contundente do juízo na busca de uma solução pacífica da demanda.

A transação é um contrato civil, previsto no Estatuto Beviláqua (art. 840 do CCB); trata-se de matéria vinculada ao direito das obrigações. A transação se convalida com o interesse das partes em transigir direitos. Como um contrato civil, aperfeiçoa-se extrajudicialmente, ou seja, fora do juízo, e também em meio a um processo.

O acordo nada mais é do que a transação realizada *sub judice*, ou melhor, durante o desenvolvimento de um processo. Ali, ela se materializa na figura do acordo judicial, sendo simplesmente uma transação que se realiza perante um juízo, e este a homologa, conferindo-lhe poder de coisa julgada.

A Lei nº 13.467/17 regula as transações extrajudiciais entre empregados e empregadores no art. 855-B da CLT e seguintes, com previsões que reconhecem a validade destes tratos devidamente homologados pela Justiça do Trabalho.

Art. 765. Os Juízos e Tribunais do Trabalho terão ampla liberdade na direção do processo e velarão pelo andamento rápido das causas, podendo determinar qualquer diligência necessária ao esclarecimento delas.

A direção do processo do trabalho é conferida ao juiz presidente da Vara do Trabalho na qual tramita o feito. Este poder diretivo lhe permite ampla liberdade de atuação na condução do processo, bem como viabiliza os atos dirigidos no sentido de esclarecer a demanda pela qual é responsável.

O Texto Consolidado confere poderes ao magistrado de agir com rapidez na solução dos conflitos, permitindo que o juízo afaste os atos considerados procrastinatórios e desnecessários aos esclarecimentos dos feitos sob a sua tutela.

Art. 766. Nos dissídios sobre estipulação de salários, serão estabelecidas condições que, assegurando justos salários aos trabalhadores, permitam também justa retribuição às empresas interessadas.

A tendência do juízo em relação ao conflito deve ser, como sempre, imparcial, porém tendente a considerar que os salários são elementos fundamentais à sobrevivência de uma empresa. Primeiro, no sentido de preservá-la de um ônus superior ao seu limite

de adimplir obrigações, e, segundo, na proporção de uma paga justa ao empregado, que permitirá, com o seu trabalho, a continuidade dos serviços com qualidade e produtividade.

A Justiça do Trabalho tem o dever de defender os interesses dos trabalhadores, inclusive, quando esses possíveis erros são decorrentes de atos do próprio governo. Observado que os ajustes salariais determinados pelo governo competente restaram prejudicando os trabalhadores e constatado que o direito se havia incorporado ao patrimônio jurídico do empregado, qualquer prejudicado poderá acionar a empresa em que trabalha ou trabalhou junto à Justiça do Trabalho. Esta julgará pela condenação das diferenças salariais devidas, impondo à empresa o ônus de quitar essas dívidas.

Nesse caso, o governo culpado não é acionado e sim o real empregador, que, pela responsabilidade objetiva contratual, restará arcando com as despesas impostas pelos referidos planos. Há casos adversos que se exemplificam pela Súmula nº 315 do TST.

As agressões reincidentes e inescusáveis aos direitos trabalhistas geram um dano à sociedade, assim considerando afetada a estrutura do Estado Social e do modelo capitalista com a obtenção de vantagem indevida perante a concorrência por reconhecido o *"dumping* social" que motiva a reação do Judiciário para corrigir a anomalia acusada, também, prescrita nos arts. 186, 187 e 927 do CC/2002 e impingindo ao suposto agressor indenização suplementar prevista nos termos dos arts. 652 e 832 da CLT.

Art. 767. A compensação, ou retenção, só poderá ser arguida como matéria de defesa.

Trata-se de matérias afetas ao direito material do trabalho, especificamente ligadas aos títulos contratuais que já foram pagos pelo empregador, mas requeridos pelo empregado, ou aqueles retidos e não quitados por achar o empregador indevido perante outras dívidas com o empregado, como a rescisão negativa de um contrato de trabalho (termo de rescisão em que os valores devidos recaem sobre a figura do empregado).

Todas as pagas realizadas pelo empregador ou devidas e não quitadas só poderão ser apresentadas em juízo na contestação. Assim, o legislador do Texto Consolidado evita que tais argumentos sejam levados a sua apreciação por meio de reconvenção, ou seja, de uma ação do empregador que se contrapõe a outra ação movida pelo empregado.

Tais matérias serão comparadas e analisadas em uma mesma lide, permitindo que o juiz da causa promova o entrelaçamento de fatos que comprovem o que, realmente, tenha sido quitado ou não.

Art. 768. Terá preferência em todas as fases processuais o dissídio cuja decisão tiver de ser executada perante o juízo da falência.

A "Lei de Recuperação de Empresas" (Lei nº 11.101/2005) traz ao mundo jurídico uma concepção renovada sobre o conceito de falência, doravante, traduzido por recuperação.

Tais mudanças modificam, sobremaneira, a rotina das empresas acionadas na Justiça do Trabalho, ocasião em que se verificam mantidas as preferências aos créditos de natureza trabalhista. Entrementes, será fixado um período de suspensão do processo de recuperação na justiça competente que não excederá de 180 dias (§4º do art. 6º), bem como estabelecido um limite de 150 salários mínimos por credor para os créditos derivados da legislação do trabalho (inc. I do art. 83).

Art. 769. Nos casos omissos, o direito processual comum será fonte subsidiária do direito processual do trabalho, exceto naquilo em que for incompatível com as normas deste Título.

O legislador do Texto Consolidado se voltou ao direito material e às normas de proteção ao trabalho, deixando de lado o processo do trabalho. Tal desprezo provocou a necessidade de recorrer a outro título para subsidiar a Consolidação das Leis do Trabalho no que concerne ao rito procedimental das ações sob a tutela da Justiça do Trabalho. Nesse sentido, o legislador permite que as demandas trabalhistas sejam acompanhadas pelas normas expostas no Código de Processo Civil, o qual servirá como fonte subsidiária ao processo do trabalho, contanto que não contravenham os preceitos contidos no referido Texto Consolidado.

Vale salientar que a CLT repete essa atitude ao tratar do direito material do trabalho, especificamente no parágrafo único do art. 8º, que remete ao direito civil a capacidade de subsidiar o direito do trabalho, convalidando, portanto, a possibilidade de recorrer a outro texto legal nos casos de omissão da lei trabalhista.

Capítulo II
DO PROCESSO EM GERAL

Seção I
DOS ATOS, TERMOS E PRAZOS PROCESSUAIS

Art. 770. Os atos processuais serão públicos, salvo quando o contrário determinar o interesse social, e realizar-se-ão nos dias úteis das 6 (seis) às 20 (vinte) horas.

Parágrafo único. A penhora poderá realizar-se em domingo ou dia feriado, mediante autorização expressa do juiz ou presidente.

A lei determina que os atos praticados em juízo serão públicos, porém, caso exista interesse do juízo em preservar este ou aquele ato, recairá, sem dúvida, em segredo de justiça. Quanto a qualquer pessoa ter acesso aos autos de um processo, ficam asseguradas as prerrogativas do art. 189 do CPC.

A declaração contida neste comando constitui garantia da aplicação de norma constitucional prevista no art. 93, inciso IX, da Constituição Federal.

Quanto ao *segredo de justiça,* o próprio texto constitucional indica os casos em que a lei poderá restringir a publicidade dos atos processuais, *in verbis*: "quando a defesa da intimidade ou o interesse social o exigirem" (art. 5º, LX). Nestas oportunidades, os atos processuais serão realizados em segredo de justiça. O art. 189 do CPC, define esses casos: a) quando o exigir o interesse público ou social; b) quando a causa disser respeito a casamento, separação de corpos, divórcio, separação, união estável, filiação, alimentos e guarda de crianças e adolescentes; c) em que constem dados protegidos pelo direito constitucional à intimidade; d) que se refiram à arbitragem (incluído o cumprimento da carta arbitral), contanto que a confidencialidade determinada na arbitragem seja comprovada no juízo. Nestas hipóteses, a audiência será realizada com as portas da sala fechadas. Os incisos I, III e IV do art. 189 do CPC são aplicáveis ao processo do trabalho.

No PJ-e as defesas e determinadas peças processuais poderão ser distribuídas com "sigilo", mas logo "quebrado" pelo juiz da causa no momento processual oportuno e tornando pública sua leitura. O funcionamento da Justiça do Trabalho será de acordo com as regras internas de cada tribunal, mas os atos processuais devem ocorrer no período compreendido entre 6 (seis) e 20 (vinte) horas, com exceção dos autos de penhora, que podem ser cumpridos em domingos e feriados, por determinação do juízo.

Faz-se mister observar que os regimentos internos dos tribunais têm competência para ajustar os horários de atendimento ao público, inclusive, quanto aos plantões.

Art. 771. Os atos e termos processuais poderão ser escritos a tinta, datilografados ou a carimbo.

Todas as peças processuais devem ser digitalizadas e distribuídas nos termos da Lei nº 11.419/2006 e pela Resolução nº CSJT 136/2014.

Todos os documentos devem ser juntados ao processo em conformidade com as determinações expedidas nos provimentos dos respectivos Tribunais Regionais do Trabalho na forma da lei e da resolução do CSJT.

Art. 772. Os atos e termos processuais, que devam ser assinados pelas partes interessadas, quando estas, por motivo justificado, não possam fazê-lo, serão firmados a rogo, na presença de 2 (duas) testemunhas, sempre que não houver procurador legalmente constituído.

Com advento do Processo Eletrônico fixado pela Lei nº 11.419/2006 e Resolução CSJT nº 136/2014, os advogados se utilizam de suas assinaturas eletrônicas e registros em *Tokens* que permitem o acesso ao sistema de PJ-e de cada tribunal.

Por evidência, os advogados responsáveis pelos processos se encarregarão de formalizar contratos de honorários e procurações para que possam ser juntados ao processo na forma da lei.

Art. 773. Os termos relativos ao movimento dos processos constarão de simples notas, datadas e rubricadas pelos diretores de secretaria ou escrivães.

O movimento dos processos é realizado com acesso ao PJ-e e os remanescentes físicos por meio de informações do referido sistema eletrônico, sendo que o acesso às peças só poderá ser realizado com consulta ou carga nas respectivas varas ou tribunal que estiverem tramitando com livre acesso às partes interessadas.

Art. 774. Salvo disposição em contrário, os prazos previstos neste Título contam-se, conforme o caso, a partir da data em que for feita pessoalmente, ou recebida a notificação, daquela em que for publicado o edital no jornal oficial ou no que publicar o expediente da Justiça do Trabalho, ou, ainda, daquela em que for afixado o edital na sede da Junta, Juízo ou Tribunal.

Parágrafo único. Tratando-se de notificação postal, no caso de não ser encontrado o destinatário ou no de recusa de recebimento, o Correio ficará obrigado, sob pena de responsabilidade do servidor, a devolvê-la, no prazo de 48 (quarenta e oito) horas, ao Tribunal de origem.

Os prazos processuais serão contados a partir da data em que a notificação é realizada pessoalmente, também por meio de publicações expedidas pelo PJ-e. O não recebimento da notificação ou desconhecimento de publicações após o decurso do prazo constitui ônus de prova do destinatário ou responsável pelo processo, de acordo com o entendimento exposto na Súmula nº 16 do TST.

Ainda, no que toca aos prazos recursais, cabe à parte comprovar, no momento da interposição do recurso, a existência de feriado local que justifique a prorrogação do prazo recursal (Súmula nº 385 do TST).

Art. 775. Os prazos estabelecidos neste Título serão contados em dias úteis, com exclusão do dia do começo e inclusão do dia do vencimento.

§1º Os prazos podem ser prorrogados, pelo tempo estritamente necessário, nas seguintes hipóteses:

I – quando o juízo entender necessário;

II – em virtude de força maior, devidamente comprovada.

§2º Ao juízo incumbe dilatar os prazos processuais e alterar a ordem de produção dos meios de prova, adequando-os às necessidades do conflito de modo a conferir maior efetividade à tutela do direito.

Não inclusa a data do começo e contando-se a data do vencimento, os prazos processuais se dividem em dilatórios e peremptórios.

Dilatórios são os prazos passíveis de dilação, ou seja, que podem sofrer prorrogações.

Peremptórios são os prazos que não podem ser prorrogados, e o seu término é inquestionável.

Intimada ou notificada a parte no sábado, o início do prazo se dará no primeiro dia útil imediato, e a contagem, no subsequente.

O recesso forense e as férias coletivas dos ministros do Tribunal Superior do Trabalho (art. 183, §1º, do RITST) suspendem os prazos recursais (Súmula nº 262 do TST).

Os prazos do processo civil não se aplicam ao processo do trabalho, contudo a paralisação no período natalino foi recepcionada e aplica-se para o funcionamento da Justiça do Trabalho as determinações expressas no art. 220 do CPC, que prevê a suspensão da contagem dos prazos entre 20 de dezembro a 20 de janeiro, acompanhando a suspensão do expediente forense, de conformidade com a Lei nº 5.010/1966, pelo que atesta o CNJ.

Art. 776. O vencimento dos prazos será certificado nos processos pelos escrivães ou diretores de secretaria.

Em regra, os secretários são responsáveis pelo controle de prazos nas Varas do Trabalho. O acompanhamento e controle do vencimento de prazos processuais é feito por movimentação realizada através do Processo Eletrônico e suas respectivas certificações.

Art. 777. Os requerimentos e documentos apresentados, os atos e termos processuais, as petições ou razões de recursos e quaisquer outros papéis referentes aos feitos formarão os autos dos processos, os quais ficarão sob a responsabilidade dos escrivães ou diretores de secretaria.

Os secretários são responsáveis pela autuação e consequente integração de documentos aos autos dos processos nas Varas do Trabalho, se remanescentes físicos. O peticionamento eletrônico segue as rotinas e trâmites estabelecidos pela Lei nº 11.419/2006, Resolução CSJT nº 136/2014 e respectivos provimentos dos Tribunais Regionais.

Art. 778. Os autos dos processos da Justiça do Trabalho não poderão sair dos cartórios ou secretarias, salvo se solicitados por advogado regularmente constituído por qualquer das partes, ou quando tiverem de ser remetidos aos órgãos competentes, em caso de recurso ou requisição.

O acesso aos autos é realizado pelo PJ-e ou em processos físicos de acordo com as determinações do art. 189 do CPC, garantido aos advogados constituídos por procuração nos autos ou interessados se comprovando por carta de preposição juntada ao processo ou pela própria parte. O princípio da publicidade permite requerer certidões de atos processuais em geral. Tratando-se de processo que corra em segredo de justiça, a consulta aos autos e solicitar certidões se restringe às partes e seus procuradores. Essa disposição está em harmonia com o art. 7º, inciso XIII, da Lei nº 8.906/94 (Estatuto da OAB).

Art. 779. As partes, ou seus procuradores, poderão consultar, com ampla liberdade, os processos nos cartórios ou secretarias.

As consultas aos processos físicos são realizadas nas secretarias das Varas do Trabalho, com os servidores para tal designados. Quanto aos eletrônicos, por meio de consultas ao PJ-e por advogados.

Art. 780. Os documentos juntos aos autos poderão ser desentranhados somente depois de findo o processo, ficando traslado.

Nos processos físicos, as partes só podem retirar documentos dos autos ao final do processo, permanecendo estes copiados nos autos. Requerido, porém, pelas partes e determinado pelo juízo, qualquer documento poderá ser desentranhado dos autos de um processo, caso comprovada sua incompatibilidade ou mesmo erro de procedimento na sua juntada.

Quanto aos eletrônicos, será requerido por peticionamento no PJ-e e analisado pelo juízo e caso aprovado comandará sua exclusão e consequente acesso ao processo eletrônico.

Art. 781. As partes poderão requerer certidões dos processos em curso ou arquivados, as quais serão lavradas pelos escrivães ou diretores de secretaria.

Parágrafo único. As certidões dos processos que correrem em segredo de justiça dependerão de despacho do juiz ou presidente.

Todas as repartições públicas são obrigadas à emissão de certidões sobre os processos judiciais ou administrativos sob sua tutela, os quais podem ser extraídos com reservas de divulgação, caso em que o juízo deverá autorizá-la e tais regras se estendem aos processos eletrônicos.

Art. 782. São isentos de selo as reclamações, representações, requerimentos, atos e processos relativos à Justiça do Trabalho.

Os selos não são necessários ao processo do trabalho, portanto isentam-se de tal prerrogativa as ações que tramitam na Justiça do Trabalho.
Contudo, no processo eletrônico este tipo de segurança é realizado em confronto com a própria assinatura eletrônica dos juízes e advogados.

Seção II
DA DISTRIBUIÇÃO

Art. 783. A distribuição das reclamações será feita entre as Juntas de Conciliação e Julgamento, ou os juízes de direito do cível, nos casos previstos no art. 669, §1º, pela ordem rigorosa de sua apresentação ao distribuidor, quando o houver.

De acordo com o "princípio do juiz natural", seguindo os moldes da distribuição prevista no art. 669 da CLT em que as reclamações seguirão para as Varas de Trabalho por um sorteio.
Atualmente, sob a tutela do Processo Eletrônico, a distribuição das demandas para as Varas ou Tribunais do Trabalho segue por meio de um sistema algoritmo que

atende pela quantidade de processos e disponibilidade dos juízos ou turmas capazes de absorver estes processos.

Em regra, logo após distribuídas pelo PJ-e, o sistema já informa o dia, hora e vara que a demanda tramitará ou turma que assumirá a responsabilidade de julgá-lo por meio da relatoria designada.

Art. 784. As reclamações serão registradas em livro próprio, rubricado em todas as folhas pela autoridade a que estiver subordinado o distribuidor.

Registradas por meios mecânicos, as reclamações trabalhistas em processos físicos são apontadas em livros próprios para controle de distribuição de feitos naquela Justiça.

No processo eletrônico, incluídas no sistema PJ-e para imediato acesso pelos interessados.

Art. 785. O distribuidor fornecerá ao interessado um recibo, do qual constarão, essencialmente, o nome do reclamante e do reclamado, a data da distribuição, o objeto da reclamação e a Junta ou o Juízo a que coube a distribuição.

Nos remanescentes processos físicos a própria cópia da reclamação trabalhista, devidamente registrada pela distribuição, servirá como recibo, para todos os efeitos legais.

Nos processos eletrônicos, são disponibilizadas certidões e/ou registros digitais para devida constatação dos atos praticados.

Art. 786. A reclamação verbal será distribuída antes de sua redução a termo.

Parágrafo único. Distribuída a reclamação verbal, o reclamante deverá, salvo motivo de força maior, apresentar-se no prazo de 5 (cinco) dias, ao cartório ou à secretaria, para reduzi-la a termo, sob a pena estabelecida no art. 731.

Tornou-se raridade a existência dessa modalidade, mas continuam valendo as reclamações que poderão ser convertidas em peticionamento eletrônico pela Justiça do Trabalho.

Art. 787. A reclamação escrita deverá ser formulada em 2 (duas) vias e desde logo acompanhada dos documentos em que se fundar.

No Processo Eletrônico, as reclamações trabalhistas devem ser distribuídas em conformidade com a Lei nº 11.419/2006, Resolução CSJT nº 136/2014 e respectivos provimentos dos tribunais, sujeita ao acesso de registro eletrônico da referida distribuição com a data do ato que marca o prazo em juízo.

A Súmula nº 263 do TST assegura que salvo nas hipóteses do art. 330 do CPC o indeferimento da petição inicial por encontrar-se desacompanhada de documento indispensável à propositura da ação ou não preencher outro requisito legal, somente é cabível se, após intimada para suprir a irregularidade em 15 (quinze) dias, mediante indicação precisa do que deve ser corrigido ou completado, a parte não o fizer (art. 321 do CPC).

Art. 788. Feita a distribuição, a reclamação será remetida pelo distribuidor à Junta ou Juízo competente, acompanhada do bilhete de distribuição.

Em conformidade com a Lei nº 11.419/2006, Resolução CSJT nº 136/2014 e respectivos provimentos dos tribunais a reclamação trabalhista será submetida ao PJ-e que indicará a Vara do Trabalho para a qual será enviada e julgada.

Logo após, o responsável por essa tarefa administrativa na Vara de Trabalho, em regra, secretários, providenciarão a marcação de pauta do juiz para realização das audiências que decorrerão de acordo com as condições da reclamação com prioridade para determinadas matérias como antecipação de tutela por evidência ou emergência.

Seção III
DAS CUSTAS E EMOLUMENTOS

Art. 789. Nos dissídios individuais e nos dissídios coletivos do trabalho, nas ações e procedimentos de competência da Justiça do Trabalho, bem como nas demandas propostas perante a Justiça Estadual, no exercício da jurisdição trabalhista, as custas relativas ao processo de conhecimento incidirão à base de 2% (dois por cento), observado o mínimo de R$10,64 (dez reais e sessenta e quatro centavos) e o máximo de quatro vezes o limite máximo dos benefícios do Regime Geral de Previdência Social, e serão calculadas:

A Lei nº 13.467/17 ajustou os valores referenciais de custas processuais em conformidade com os benefícios do Regime Geral de Previdência Social.

Instrução Normativa do TST assevera que as decisões que fixem custas só valerão para decisões expedidas após 11.11.17.

Art. 789-A. No processo de execução são devidas custas, sempre de responsabilidade do executado e pagas ao final, de conformidade com a seguinte tabela:

I – autos de arrematação, de adjudicação e de remição: 5% (cinco por cento) sobre o respectivo valor, até o máximo de R$1.915,38 (mil novecentos e quinze reais e trinta e oito centavos);

II – atos dos oficiais de justiça, por diligência certificada:

a) em zona urbana: R$11,06 (onze reais e seis centavos);

b) em zona rural: R$22,13 (vinte e dois reais e treze centavos);

III – agravo de instrumento: R$44,26 (quarenta e quatro reais e vinte e seis centavos);

IV – agravo de petição: R$44,26 (quarenta e quatro reais e vinte e seis centavos).

V – embargos à execução, embargos de terceiro e embargos à arrematação: R$44,26 (quarenta e quatro reais e vinte e seis centavos);

VI – recurso de revista: R$55,35 (cinquenta e cinco reais e trinta e cinco centavos);

VII – impugnação à sentença de liquidação: R$55,35 (cinquenta e cinco reais e trinta e cinco centavos);

VIII – despesa de armazenagem em depósito judicial – por dia: 0,1% (um décimo por cento) do valor da avaliação;

IX – cálculos de liquidação realizados pelo contador do juízo – sobre o valor liquidado: 0,5% (cinco décimos por cento) até o limite de R$638,46 (seiscentos e trinta e oito reais e quarenta e seis centavos).

Art. 789-B. Os emolumentos serão suportados pelo Requerente, nos valores fixados na seguinte tabela:

I – autenticação de traslado de peças mediante cópia reprográfica apresentada pelas partes – por folha: R$0,55 (cinquenta e cinco centavos de real);

II – fotocópia de peças – por folha: R$0,28 (vinte e oito centavos de real);

III – autenticação de peças – por folha: R$0,55 (cinquenta e cinco centavos de real);

IV – cartas de sentença, de adjudicação, de remição e de arrematação – por folha: R$0,55 (cinquenta e cinco centavos de real);

V – certidões – por folha: R$5,53 (cinco reais e cinquenta e três centavos).

Existe o "princípio da gratuidade" na Justiça do Trabalho, isentando de ônus os reclamantes ou trabalhadores que procuram aquela Justiça para ver atendidas suas pretensões; porém as custas judiciais referentes ao andamento dos processos são cobradas na medida dos seus respectivos gastos, seja com emolumentos, instrumentos, seja com os demais atos que venham exigir gastos por parte do Estado, que resta repassando esse ônus às partes durante ou ao final dos processos, na sucumbência.

Nos casos em que o reclamante obtém êxito na causa, certamente, sairá do processo sem gastar um real sequer. Porém, se desiste da causa e provoca seu arquivamento, poderá ser condenado ao pagamento de custas que, se não efetivado, impedirá outro ajuizamento até que seja adimplida a dívida com o Judiciário Trabalhista.

Há casos específicos em que o juízo, analisando as condições sociais e econômicas do reclamante, impõe condenação em custas que acompanham a sentença e obriga ao recolhimento destas pela parte autora no caso do processo seguir pela via recursal.

Em tempo, as custas devem ser pagas por ocasião da interposição de recursos, pela reclamada ou empregador que, também, se onera com depósitos recursais.

As perícias são determinadas pelo juízo, o qual indicará o profissional que atuará na sua realização. Tanto requerida pelo autor como pelo réu, os honorários do perito correrão por conta do primeiro que, ao final do processo, poderá ser ressarcido se a sucumbência recair na outra parte, ou seja, pagará quem perder.

Em tempo, cumpre salientar que há possibilidade de ser requerido o benefício da gratuidade a determinados instrumentos processuais. Ora, a perícia é um instrumento processual; então, se o reclamante traz ao processo uma carta redigida de próprio punho que atesta seu estado de miserabilidade, poderá o juiz da causa conferir-lhe a possibilidade de não adiantar os honorários periciais, isentando o hipossuficiente ao ônus no processo do trabalho, posteriormente, condenando-o ao pagamento dos referidos honorários como ônus de sucumbência.

A Súmula nº 4 do TST expressava que as pessoas jurídicas de direito público não estão sujeitas ao prévio pagamento de custas, nem a depósitos da importância da condenação para o processamento de recurso na Justiça do Trabalho.

No entanto, o art. 790-A da CLT concede a isenção a esses agentes, liberando os órgãos públicos desse ônus.

A Justiça do Trabalho é órgão do Poder Judiciário Federal, criada por meio de legislação de características vinculadas a questões nacionais; portanto as custas processuais dele provenientes serão calculadas em 2% (dois por cento) sobre o valor da causa e pelo salário mínimo determinado pelo Governo Federal.

Os honorários advocatícios só serão devidos nos casos em que o sindicato preste assistência judiciária ao associado, conforme previsão da Lei nº 5.584/1970 e do entendimento jurisprudencial exposto na Súmula nº 219 do TST que a condenação ao pagamento de honorários advocatícios não decorre pura e simplesmente da sucumbência, devendo a parte, concomitantemente: a) estar assistida por sindicato da categoria profissional; b) comprovar a percepção de salário inferior ao dobro do salário mínimo ou encontrar-se em situação econômica que não lhe permita demandar sem prejuízo do próprio sustento ou da respectiva família. Também, registra que é cabível a condenação ao pagamento de honorários advocatícios em ação rescisória no processo trabalhista. E que são devidos os honorários advocatícios nas causas em que o ente sindical figure como substituto processual e nas lides que não derivem da relação de emprego.

Ainda, confirma que na ação rescisória e nas lides que não derivem de relação de emprego, a responsabilidade pelo pagamento dos honorários advocatícios da sucumbência submete-se à disciplina do Código de Processo Civil (arts. 85, 86, 87 e 90). Pontualmente, fixa que em caso de assistência judiciária sindical ou de substituição processual sindical, excetuados os processos em que a Fazenda Pública for parte, os honorários advocatícios são devidos entre o mínimo de dez e o máximo de vinte por cento sobre o valor da condenação, do proveito econômico obtido ou, não sendo possível mensurá-lo, sobre o valor atualizado da causa (CPC de 2015, art. 85, §2º). Por derradeiro, registra que nas causas em que a Fazenda Pública for parte, aplicar-se-ão os percentuais específicos de honorários advocatícios contemplados no Código de Processo Civil.

Observe-se que a Resolução nº 137/2005 do Pleno do TST determina como superada a Orientação Jurisprudencial nº 27, que passou a incorporar o texto da Súmula nº 219 do TST, afirmando incabível a condenação ao pagamento de honorários advocatícios em ação rescisória no processo do trabalho, exceto se preenchidos os requisitos da Lei nº 5.584/70.

Registre-se que ADI nº 5.766 ajuizada pela PGR e cujo relator é Ministro Luís Roberto Barroso do STF trata sobre a obrigatoriedade ao pagamento de custas e honorários advocatícios de sucumbência. A referida Ação Direta de Inconstitucionalidade intenta excluir a obrigatoriedade ao pagamento de custas, honorários advocatícios que incidem sobre as partes vencidas em defesa da violação ao direito fundamental de acesso a jurisdição trabalhista quanto a arguição de inconstitucionalidade das normas expressas pelo art. 790-B, *caput* e §4º; art. 791-A, §4º; e art. 844 §2º da CLT.

Dia 10 de maio de 2018, o Ministro Luiz Fux pediu vistas ao processo após proferidos os votos do Ministro Relator Luís Roberto Barroso pela improcedência e em favor da manutenção da aplicação da Lei nº 13.467/17 e do Ministro Edson Fachin pela procedência e contra o pagamento de custas e honorários de sucumbência pelos empregados.

Art. 790. Nas Varas do Trabalho, nos Juízos de Direito, nos Tribunais e no Tribunal Superior do Trabalho, a forma de pagamento das custas e emolumentos obedecerá às instruções que serão expedidas pelo Tribunal Superior do Trabalho. (Redação dada pela Lei nº 10.537, de 27.8.2002)

§1º Tratando-se de empregado que não tenha obtido o benefício da justiça gratuita, ou isenção de custas, o sindicato que houver intervindo no processo responderá solidariamente pelo pagamento das custas devidas. (Redação dada pela Lei nº 10.537, de 27.8.2002)

§2º No caso de não-pagamento das custas, far-se-á execução da respectiva importância, segundo o procedimento estabelecido no Capítulo V deste Título. (Redação dada pela Lei nº 10.537, de 27.8.2002)

§3º É facultado aos juízes, órgãos julgadores e presidentes dos Tribunais do Trabalho de qualquer instância conceder, a requerimento ou de ofício, o benefício da justiça gratuita, inclusive quanto a traslados e instrumentos, àqueles que perceberem salário

igual ou inferior a 40% (quarenta por cento) do limite máximo dos benefícios do Regime Geral de Previdência Social.

§4º O benefício da justiça gratuita será concedido à parte que comprovar insuficiência de recursos para o pagamento das custas do processo.

A gratuidade de justiça, independente de ser na Justiça Comum com jurisdição trabalhista ou na própria Justiça do Trabalho já se consolida no ato da distribuição das ações. Não há exigências quanto ao pagamento de custas. No entanto, das decisões finais, pode haver condenação em custas – inclusive – ao reclamante, ora empregado. E, no que concerne às demais diligências como as perícias – sempre – estarão sujeitas ao recolhimento de honorários.

Há diversos juízos que, ao registrarem a presença de advogado particular na causa, costumam condenar ao pagamento de custas sob esta alegação.

A ADI nº 5.766, ajuizada pela PGR e cujo relator é Ministro Luís Roberto Barroso do STF, decidirá sobre a manutenção das custas dos reclamantes na condenação. A presente Ação Direta de Inconstitucionalidade discute quanto a possível condenação em custas e/ou honorários periciais das partes vencidas em defesa da violação ao direito fundamental de acesso a jurisdição trabalhista por parte dos trabalhadores.

Art. 790-A. São isentos do pagamento de custas, além dos beneficiários de justiça gratuita:

I – a União, os Estados, o Distrito Federal, os Municípios e respectivas autarquias e fundações públicas federais, estaduais ou municipais que não explorem atividade econômica;

II – o Ministério Público do Trabalho.

Parágrafo único. A isenção prevista neste artigo não alcança as entidades fiscalizadoras do exercício profissional, nem exime as pessoas jurídicas referidas no inciso I da obrigação de reembolsar as despesas judiciais realizadas pela parte vencedora.

Quanto à isenção supra (custas), estará vinculada aos órgãos federais, estaduais e municipais com suas respectivas autarquias e fundações, como também ao MPT e excluídos os conselhos responsáveis pelo exercício de profissões como, p. ex, a OAB, CRM e outros.

Os beneficiários da gratuidade de justiça estarão atentos a ADI nº 5.766 ajuizada pela PGR, cujo relator Ministro Luís Roberto Barroso do STF decidirá sobre a manutenção das custas dos reclamantes na condenação. Tal Ação Direta de Inconstitucionalidade ataca os arts. 840 e 790 da CLT quanto a possível condenação em custas e/ou honorários

periciais das partes vencidas em defesa da violação ao direito fundamental de acesso à jurisdição trabalhista.

Art. 790-B. A responsabilidade pelo pagamento dos honorários periciais é da parte sucumbente na pretensão objeto da perícia, ainda que beneficiária da justiça gratuita.

§1º Ao fixar o valor dos honorários periciais, o juízo deverá respeitar o limite máximo estabelecido pelo Conselho Superior da Justiça do Trabalho.

§2º O juízo poderá deferir parcelamento dos honorários periciais.

§3º O juízo não poderá exigir adiantamento de valores para realização de perícias.

§4º Somente no caso em que o beneficiário da justiça gratuita não tenha obtido em juízo créditos capazes de suportar a despesa referida no *caput*, ainda que em outro processo, a União responderá pelo encargo.

As perícias são determinadas pelos juízos, observando que não mais se poderá exigir o adiantamento de honorários periciais (§3º do art. 790-B CLT).

A parte que perdeu se responsabilizará pelo pagamento dos honorários periciais que farão parte da sucumbência. Caso não seja possível arcar com tais despesas, o beneficiário da justiça gratuita responderá nos limites dos valores auferidos no processo que teve êxito. Se não obteve sucesso, se verificará a possibilidade de constrição dessas despesas em outros processos. Por derradeiro, inviável, a União arcará com essa referida despesa.

Esses honorários poderão ser parcelados, caso o perito e o juízo assim ajustem.

A qualquer momento é possível obter o benefício de Gratuidade de Justiça, e a União, os estados, o Distrito Federal, os municípios e respectivas autarquias que não explorem atividade econômica, bem como o Ministério Público do Trabalho, estão isentos das custas; salvo se beneficiária de Justiça Gratuita.

Todas as partes vencidas nos dissídios coletivos responderão, solidariamente, pelas custas judiciais (*pro rata*).

Observe-se que Instrução Normativa do TST determina que os §§1º a 4º deste artigo não se aplicam aos processos iniciados antes de 11.11.17.

Seção IV
DAS PARTES E DOS PROCURADORES

Art. 791. Os empregados e os empregadores poderão reclamar pessoalmente perante a Justiça do Trabalho e acompanhar as suas reclamações até o final.

§1º Nos dissídios individuais os empregados e empregadores poderão fazer-se representar por intermédio do sindicato, advogado, solicitador, ou provisionado, inscrito na Ordem dos Advogados do Brasil.

§2º Nos dissídios coletivos é facultada aos interessados a assistência por advogado.

§3º A constituição de procurador com poderes para o foro em geral poderá ser efetivada, mediante simples registro em ata de audiência, a requerimento verbal do advogado interessado, com anuência da parte representada.

Esta é uma antiga discussão que, até a presente data, perdura em hostes trabalhistas. Existe o *ius postulandi* na Justiça do Trabalho?

A Carta Magna de 1988 levantou polêmica sobre a possibilidade de o empregado pleitear sem advogado na Justiça do Trabalho, porque até lá havia essa prerrogativa, mas o art. 133 reforçou a tese de que isso não seria cabível na medida em que o advogado passa a ser indispensável na administração da Justiça. Tal assertiva vem eivada de vícios. Senão, vejamos.

O art. 133 da CF/1988 remete o intérprete – "nos limites da lei"– a outra norma, caracterizando-se como norma de eficácia limitada a uma lei que já existe (*de lege lata*), segundo a doutrina da eficácia das normas constitucionais de José Afonso da Silva. Veio ao mundo jurídico quando já existia o Decreto-Lei nº 5.452, de 01.05.1943, ou melhor, a Consolidação das Leis do Trabalho. Ocorre que o Texto Consolidado diz no seu art. 791 que os empregados poderão postular pessoalmente, concluindo que não precisam de advogados para acompanhá-los.

A discussão não para aí, pois alegam que o Estatuto do Advogado (Lei nº 8.906/1994) é claro e taxativo quando assevera ser o advogado indispensável à administração da justiça, sem vírgulas e remissões a outras normas. Esquecem os que discutem o tema que jamais uma lei geral revogará uma lei especial; portanto, por ser uma lei geral, o Estatuto do Advogado não tem poderes de revogar a Consolidação das Leis do Trabalho, uma lei especial. Ademais, a discussão é inócua porque as Súmulas nºs 219 e 329 do TST já se manifestaram sobre a inexistência de honorários advocatícios no processo do trabalho (com a exceção da Lei nº 5.584/1970), exatamente, porque defende a existência do *ius postulandi*.

O STF decidiu a questão em maio de 2006, no sentido de que a capacidade postulatória do advogado não é absoluta, sendo legítimo o *ius postulandi* na Justiça do Trabalho. Assim, entre outras questões, a discussão judicial girou em torno da redação do art. 1º, I, do Estatuto da OAB, segundo o qual seriam atividades privativas da advocacia "a postulação a qualquer órgão do Poder Judiciário e aos juizados especiais". Nesse ponto, alegou-se serem inconstitucionais os termos "qualquer" e "aos juizados especiais", sendo intensa a controvérsia em torno da primeira expressão, já que inviabilizava a adoção do *ius postulandi*. Concluiu-se, pois, pela sua inconstitucionalidade, conforme afirmou Paulo Maurício Sales Cardoso no trecho a seguir:

> A conclusão dos Ministros do STF foi no sentido de que a expressão 'qualquer' é inconstitucional, ainda que o art. 133 da CF/1988 não contemple exceção expressa à indispensabilidade do advogado. Logo, não deve ser entendida como absoluta a

participação dos advogados em determinadas causas, estando a dispensa sujeita aos princípios da razoabilidade e da proporcionalidade.

A seguir transcreve-se parte do *Informativo* 427 do STF, referente à decisão final da ADIn nº 1.127-8:

> O Tribunal, por maioria, julgou procedente, em parte, pedido formulado em duas ações diretas de inconstitucionalidade propostas pelo Presidente da República e pela Associação dos Magistrados Brasileiros contra diversos dispositivos da Lei nº 8.906/1994, que trata do Estatuto da Advocacia e da Ordem dos Advogados do Brasil – OAB. Em relação ao inc. I do art. 1º da lei impugnada ('art. 1º São atividades privativas de advocacia: I – a postulação a qualquer órgão do Poder Judiciário e aos juizados especiais') julgou-se prejudicada a ação quanto à expressão 'juizados especiais' tendo em conta sua revogação pelo art. 9º da Lei nº 9.099/1995 (Nas causas de valor até 20 (vinte) salários mínimos, as partes comparecerão pessoalmente, podendo ser assistidas por advogado; nas de valor superior, a assistência é obrigatória), e quanto à expressão 'qualquer', deu-se, por maioria, vencidos os Min. Marco Aurélio e Carlos Britto, pela procedência do pedido, por se entender que a presença de advogado em certos atos judiciais pode ser dispensada. (ADIn nº 1.127-8/DF, rel. orig. Min. Marco Aurélio, rel. p/ o Acórdão Min. Ricardo Lewandowski, 17.05.2006)

Contudo, a Súmula nº 425 do TST assegura que o *ius postulandi* estabelecido no art. 791 da CLT limita-se às Varas do Trabalho e aos Tribunais Regionais do Trabalho, não alcançando a ação rescisória, a ação cautelar, o mandado de segurança e os recursos de competência do Tribunal Superior do Trabalho. Portanto, haverá necessidade da presença do advogado no TST e STF.

Por derradeiro, vale observar que o Processo Eletrônico (PJ-e) implantado na Justiça do Trabalho pela Lei nº 11.419/2006 e Resolução CSJT nº 136/2014 impossibilitou – sobremaneira – a pratica do *ius postulandi*. A necessidade de registrar assinatura eletrônica para obter o *Token* e consequente acesso ao sistema do PJ-e dificultou qualquer possibilidade dos trabalhadores recorrer a Justiça do Trabalho sem utilizar peticionamento eletrônico.

Art. 791-A. Ao advogado, ainda que atue em causa própria, serão devidos honorários de sucumbência, fixados entre o mínimo de 5% (cinco por cento) e o máximo de 15% (quinze por cento) sobre o valor que resultar da liquidação da sentença, do proveito econômico obtido ou, não sendo possível mensurá-lo, sobre o valor atualizado da causa.

§1º Os honorários são devidos também nas ações contra a Fazenda Pública e nas ações em que a parte estiver assistida ou substituída pelo sindicato de sua categoria.

§2º Ao fixar os honorários, o juízo observará:

I – o grau de zelo do profissional;

II – o lugar de prestação do serviço;

III – a natureza e a importância da causa;

IV – o trabalho realizado pelo advogado e o tempo exigido para o seu serviço.

§3º Na hipótese de procedência parcial, o juízo arbitrará honorários de sucumbência recíproca, vedada a compensação entre os honorários.

§4º Vencido o beneficiário da justiça gratuita, desde que não tenha obtido em juízo, ainda que em outro processo, créditos capazes de suportar a despesa, as obrigações decorrentes de sua sucumbência ficarão sob condição suspensiva de exigibilidade e somente poderão ser executadas se, nos dois anos subsequentes ao trânsito em julgado da decisão que as certificou, o credor demonstrar que deixou de existir a situação de insuficiência de recursos que justificou a concessão de gratuidade, extinguindo-se, passado esse prazo, tais obrigações do beneficiário.

§5º São devidos honorários de sucumbência na reconvenção.

A Lei nº 13.467/17 autoriza a condenação de honorários advocatícios na Justiça do Trabalho, fixando num mínimo de 5% e o máximo de 15% sobre o valor da liquidação da sentença. Serão devidos quando o advogado atuar em causa própria e nas ações contra a Fazenda Pública ou nos casos em que a parte estiver assistida ou substituída pelo sindicato de sua categoria.

O juízo arbitrará os honorários conforme a dedicação do profissional, local em que correu o processo, importância da causa e até mesmo pelo trabalho realizado em conformidade com tempo exigido no acompanhamento da causa. Na verdade, o arbitramento estará entregue exclusivamente ao juízo que – provavelmente – se guiará também por critérios subjetivos e não só objetivos. Acredita-se que diante dessa liberalidade, o juízo deverá se inteirar quanto a existência de contrato de honorários particular e dos valores por este ajustados com fito de evitar condenação em que o advogado reste recebendo mais que o próprio reclamante.

Diante desta hipótese, vale registrar que os percentuais ajustados nas contratações por via de instrumento particular com o cliente serão fundamentais para que o arbitramento de honorários por parte do juízo possam se adequar a realidade da causa e do empenho dedicado para obtenção de procedência.

Nos casos de procedência em parte, o juízo arbitrará honorários de sucumbência recíproca e vedada a compensação como já ocorre na Justiça Federal.

Em conformidade ao Provimento nº 02 de 6 de março de 2017, expendido pelo TRT/4, entende aquele Regional que, se o advogado juntar aos autos o seu contrato de honorários antes da expedição do mandado de levantamento ou precatório, o juiz determinará que lhe sejam pagos os honorários diretamente e por dedução da quantia a ser recebida pelo constituinte (§4º do artigo 22 da Lei nº 8.906/1994). Considera aquela Corte que o alvará judicial consiste em ordem emitida pelo magistrado, pelo qual estará apto a autoriza que o titular do direito levante quantia em dinheiro ou pratique determinado ato nessa direção. Assim, determina o art. 1º do referido provimento:

Havendo procuração nos autos conferindo ao advogado poderes especiais para receber e dar quitação, o alvará destinado à liberação de valores em favor do seu constituinte será expedido em nome da parte e do seu procurador. §1º Quando o magistrado destacar os honorários advocatícios do valor devido ao reclamante, deverá expedir os respectivos alvarás em separado, bastando a informação do procurador relativa ao valor

ou percentual de honorários, ou a apresentação de cópia PODER JUDICIÁRIO JUSTIÇA DO TRABALHO TRIBUNAL REGIONAL DO TRABALHO DA 4ª REGIÃO do contrato de honorários. §2º Constatada a cobrança de honorários contratuais em valores abusivos ou em desconformidade com a legislação pertinente, caberá a comunicação do fato à Ordem dos Advogados do Brasil. Art. 2º Nas homologações de acordo, as disposições anteriores também deverão ser observadas, permitida a indicação de conta bancária para realização de depósito. Art. 3º O advogado pode requerer que o pagamento dos honorários que lhe caibam seja efetuado em favor da sociedade de advogados, nos termos do art. 85, §15º, do Código de Processo Civil. Art. 4º Este Provimento Conjunto entra em vigor na data de sua publicação.

Em agosto de 2017 a Procuradoria-Geral da República ajuizou Ação Direta de Inconstitucionalidade nº 5766 frente à Lei nº 13.467/2017. Trata-se da assistência judiciária gratuita que altera os arts. 790-B, *caput* e §4º; 791-A, §4º; e 844, §2º da Consolidação das Leis do Trabalho. Entende a PGR que as alterações promovidas pela "Reforma Trabalhista" violam o acesso à justiça (art. 5º, *caput*, XXXV e LXXIV da CRFB). Com fundamento nos artigos 102, inciso I, alíneas *a* e *p*, 103, inc. VI; e 129, inc. IV da CRFB; no art. 46, parágrafo único, inc. I, da Lei Complementar nº 75 de 20 de maio de 1993 (Lei Orgânica do Ministério Público da União); e na Lei nº 9.868 de 10 de novembro de 1999. A ADI segue com pedido de medida cautelar contra o artigo 1º da Lei nº 13.467 de 13 de julho de 2017, em especial, quanto ao texto do art. 790-B, que fixa a responsabilidade pelo pagamento dos honorários periciais a parte sucumbente na pretensão objeto da perícia, ainda que beneficiária da justiça gratuita. E, também, quando o beneficiário da justiça gratuita não tenha obtido em juízo créditos capazes de suportar a despesa referida no artigo, ainda que em outro processo, vez que a União responderá pelo encargo. Estende a ADI para art. 791-A, quanto ao advogado que atue em causa própria, firmando que serão devidos honorários de sucumbência fixados entre o mínimo de 5% e o máximo de 15% sobre o valor que resultar da liquidação da sentença no que concerne ao proveito econômico obtido ou se não for possível mensurá-lo sobre o valor atualizado da causa. Contesta a PGR que é inconstitucional o fato de que se a sentença firmar que vencido reclamante, desde que não tenha obtido em juízo e ainda que em outro processo créditos capazes de suportar a despesa, será condenado às obrigações decorrentes de sua sucumbência que ficarão sob condição suspensiva de exigibilidade. Estes recursos, por sua vez, somente poderão ser executados se nos dois anos subsequentes ao trânsito em julgado da decisão que as certificou o credor demonstrar que deixou de existir a situação de insuficiência de recursos que justificou a concessão de gratuidade. Ademais, assegura que extinguindo-se e decorrido esse prazo serão isentas as obrigações do beneficiário da gratuidade de justiça. E na hipótese de ausência do reclamante, este será condenado ao pagamento das custas calculadas na forma do art. 789 desta Consolidação, salvo se comprovar no prazo de quinze dias que a ausência ocorreu por motivo legalmente justificável.

A ADI aponta que os dispositivos apontados apresentam inconstitucionalidade material por impor restrições inconstitucionais à garantia de gratuidade judiciária aos que comprovem insuficiência de recursos na Justiça do Trabalho, em patente violação a Carta Constitucional que defendem a união indissolúvel dos estados e municípios e do Distrito Federal, constituídos no Estado Democrático de Direito e que preservam

como fundamentos a dignidade da pessoa humana, os valores sociais do trabalho e da livre iniciativa.

O Tribunal Superior do Trabalho ajustará a Súmula nº 219/TST que, provavelmente, siga com esta redação: HONORÁRIOS ADVOCATÍCIOS. CABIMENTO (alterada em decorrência da Lei nº 13.467/2017). Relativamente às ações ajuizadas na Justiça do Trabalho até I0 de novembro de 2017: I – Na Justiça do Trabalho, a condenação ao pagamento de honorários advocatícios não decorre pura e simplesmente da sucumbência, devendo a parte, concomitantemente: a) estar assistida por sindicato da categoria profissional; b) comprovar a percepção de salário inferior ao dobro do salário mínimo ou encontrar-se em situação econômica que não lhe permita demandar sem prejuízo do próprio sustento ou da respectiva família (art. 14, §1º, da Lei nº 5.584/1970). II – É cabível a condenação ao pagamento de honorários advocatícios em ação rescisória no processo trabalhista. III – São devidos os honorários advocatícios nas causas em que o ente sindical figure como substituto processual e nas lides que não derivem da relação de emprego. IV – Na ação rescisória e nas lides que não derivem de relação de emprego, a responsabilidade pelo pagamento dos honorários advocatícios da sucumbência submete-se à disciplina do Código de Processo Civil (arts. 85, 86, 87 e 90). V – Em caso de assistência judiciária sindical ou de substituição processual sindical, excetuados os processos em que a Fazenda Pública for parte, os honorários advocatícios são devidos entre o mínimo de dez e o máximo de vinte por cento sobre o valor da condenação, do proveito econômico obtido ou, não sendo possível mensurá-lo, sobre o valor atualizado da causa (CPC de 2015, art. 85, §2º). VI – Nas causas em que a Fazenda Pública for parte, aplicar-se-ão os percentuais específicos de honorários advocatícios contemplados no Código de Processo Civil. VII – Às ações ajuizadas a partir de 11 de novembro de 2017, aplica-se o princípio da sucumbência com relação aos honorários advocatícios, nos termos do art. 791-A da CLT, acrescido pelo art. 1º da Lei nº 13.467/2017.

O julgamento da ADI nº 5.766/DF pelo STF foi suspenso no dia 10 de maio de 2018, com pedido de vistas do Ministro Luiz Fux. O voto do Relator Luís Roberto Barroso seguiu na direção que não há desproporcionalidade nas regras questionadas, vez que a limitação tem como objetivo restringir a judicialização excessiva e a patente "sobreutilização" do Judiciário. Barroso acrescentou em seu voto que "o Estado tem o poder e dever de administrar o nível de litigância para que permaneça em níveis razoáveis" e citou vários dados sobre o volume de processos e gastos com judiciário no Brasil em comparação com outros países. A interpretação do relator quanto ao eventual pagamento de honorários pela parte sucumbente assegura que não envolverá desembolso por parte do trabalhador, tão somente quanto aos valores a serem pagos em juízo que desincentiva demandas irresponsáveis. O voto registra que "mais de uma em cada três pessoas no Brasil está litigando" e que "não é só legitima como necessária a adoção de políticas públicas que, sem comprometer o acesso à Justiça, procure conter o excesso de litigiosidade". Conclui o Ministro que "o custo individual do litígio não pode ser menor do que o custo social; vale para o reclamante, vale para o reclamando" e vota pela procedência parcial da ADI. Na fundamentação, defende a restrição do dispositivo que estipula que no caso de honorários periciais haverá compensação com créditos obtidos em juízo com limites para o alcance da obrigação a outros processos em 30% do crédito em torno de 5 mil reais. Em tempo, ressalve-se que o voto do Ministro Relator

considera válida a regra sobre cobrança de custas judiciais dos beneficiários da justiça gratuita que derem razão ao arquivamento do processo, diante do não comparecimento injustificado à audiência e consequente arquivamento.

Até então, o Ministro Edson Fachin já havia externado seu voto divergente da proposta do Relator Ministro Luís Roberto Barroso quanto a não impedir o trabalhador de ajuizar outra demanda sem o pagamento das custas processuais. Assegurou o ilustre magistrado que o direito fundamental à gratuidade da Justiça encontra-se atrelado ao direito fundamental de acesso à Justiça, que não admite restrições relacionadas à conduta do trabalhador em outro processo trabalhista sob pena de esvaziamento da proteção constitucional. E segue asseverando que o direito fundamental à gratuidade da Justiça encontra-se amparado em elementos fundamentais da identidade da Carta Magna relacionados à cidadania (art. 1º, III, da CRFB), dignidade da pessoa humana (art. 1º, III, da CRFB) e aos objetivos fundamentais de construção de uma sociedade livre, justa e solidária (art. 3º, I, da CRFB) no que concerne à erradicação da pobreza e da marginalização ou na redução das desigualdades sociais (art. 3º, III, da CRFB). A gratuidade da Justiça no âmbito da Justiça Laboral permite paridade de condições, propiciando às partes em litígio as mesmas possibilidades e chances de atuarem e estarem sujeitas a uma igualdade de situações processuais. O voto de Fachin expressa que as limitações impostas pela Lei nº 13.467/2017 que afrontam a consecução dos objetivos e desnaturam os fundamentos constitucionais, já que esvaziam direitos fundamentais essenciais dos trabalhadores no âmbito das garantias institucionais necessárias para que lhes seja franqueado o acesso à Justiça e encerra defendendo a inconstitucionalidade das normas expressas pelo art. 790-B, *caput* e §4º; art. 791-A, §4º; e art. 844 §2º da CLT.

O retorno da ADI nº 5.766/DF não tem data marcada enquanto o Ministro Fux não promover vistas ao processo e devolvê-lo ao plenário, para que assim possa seguir no julgamento de tão importante tema na aplicação da Lei nº 13.467/17. Portanto, até o fechamento desta edição as informações se limitam a esses dois votos proferidos em plenário no dia 10 de maio de 2018.

Em tempo, registre-se que Instrução Normativa do Tribunal Superior do Trabalho assegura que a condenação em honorários advocatícios sucumbenciais será aplicada às ações distribuídas após 11.11.17. As ajuizadas anteriormente, seguem as diretrizes expressas no art. 14 da Lei nº 5.584/70 e Súmulas nºs 219 e 329 do TST.

Art. 792. (Revogado pela Lei nº 13.467, de 2017)

Art. 793. A reclamação trabalhista do menor de 18 (dezoito) anos será feita por seus representantes legais e, na falta destes, pela Procuradoria da Justiça do Trabalho, pelo sindicato, pelo Ministério Público estadual ou curador nomeado em juízo.

Sob a tutela de seus responsáveis ou tutores, o menor poderá contar com a assistência da Procuradoria do Trabalho ou de pessoa habilitada a funcionar como curador à lide.

Seção IV-A
DA RESPONSABILIDADE POR DANO PROCESSUAL

Art. 793-A. Responde por perdas e danos aquele que litigar de má-fé como reclamante, reclamado ou interveniente.

Art. 793-B. Considera-se litigante de má-fé aquele que:

I – deduzir pretensão ou defesa contra texto expresso de lei ou fato incontroverso;

II – alterar a verdade dos fatos;

III – usar do processo para conseguir objetivo ilegal;

IV – opuser resistência injustificada ao andamento do processo;

V – proceder de modo temerário em qualquer incidente ou ato do processo;

VI – provocar incidente manifestamente infundado;

VII – interpuser recurso com intuito manifestamente protelatório.

Art. 793-C. De ofício ou a requerimento, o juízo condenará o litigante de má-fé a pagar multa, que deverá ser superior a 1% (um por cento) e inferior a 10% (dez por cento) do valor corrigido da causa, a indenizar a parte contrária pelos prejuízos que esta sofreu e a arcar com os honorários advocatícios e com todas as despesas que efetuou.

§1º Quando forem dois ou mais os litigantes de má-fé, o juízo condenará cada um na proporção de seu respectivo interesse na causa ou solidariamente aqueles que se coligaram para lesar a parte contrária.

§2º Quando o valor da causa for irrisório ou inestimável, a multa poderá ser fixada em até duas vezes o limite máximo dos benefícios do Regime Geral de Previdência Social.

§3º O valor da indenização será fixado pelo juízo ou, caso não seja possível mensurá-lo, liquidado por arbitramento ou pelo procedimento comum, nos próprios autos.

Art. 793-D. Aplica-se a multa prevista no art. 793-C desta Consolidação à testemunha que intencionalmente alterar a verdade dos fatos ou omitir fatos essenciais ao julgamento da causa.

Parágrafo único. A execução da multa prevista neste artigo dar-se-á nos mesmos autos.

A Lei nº 13.467/17 insere no Texto Consolidado as oportunidades em que o juízo poderá aplicar a litigância de má-fé aos que postularem com claro objetivo de se beneficiar do processo ou interferir de forma a prejudicar seu andamento ou mesmo atentar contra atos judiciais.

No rol das ações consideradas estão o ajuizamento de ações ou apresentação de defesas que se afigurem intencionadas em agir contra texto expresso de lei ou fato incontroverso, além de alterar a verdade dos fatos. Usar do processo para conseguir

objetivo ilegal, procrastinar o andamento do processo, proceder de modo temerário em qualquer incidente ou ato do processo, provocar incidente manifestamente infundado ou interpor recurso com intuito de protelar o feito.

Nestes casos, detectado pelo juízo tal intensão ou manifestação que possa caracterizar a litigância de má-fé, o juízo que dirige o processo condenará o litigante ao pagamento de multa entre 1% e 10% do valor atualizado da causa e indenizar a parte contrária pelos prejuízos como assumir os honorários advocatícios e todas as despesas que esta efetuou no curso da demanda.

No caso em que mais de um autor figure no polo ativo em ação plúrima ou litisconsórcio passivo em que mais de uma empresa demande na responsabilidade solidária fruto de grupo econômico ou na subempreitada em responsabilidade subsidiária o juízo condenará cada um na proporção de seu respectivo interesse na causa ou solidariamente aqueles que se coligaram para lesar a parte contrária.

A multa poderá ser fixada em até duas vezes o limite máximo dos benefícios do Regime Geral de Previdência Social, observando que os valores da penalização por litigância de má-fé serão fixados pelo juízo ou liquidado por arbitramento nos próprios autos da demanda em referência.

Também, será aplicada multa à testemunha que alterar a verdade dos fatos ou omitir fatos essenciais ao julgamento da causa.

Enfim, será fundamental que os pleitos sejam fundamentados e com pedidos específicos de maneira que a lesão de direito que gera a demanda seja evidenciada e constatada pelo juízo como passível de acionamento do Judiciário. Idem, quanto às contestações que deverão apontar a base jurídica para que seja a demanda julgada improcedente. Por exemplo, nos casos de ausência expressa de rescisão contratual em que a empresa não quitou as verbas resilitórias fruto de dispensa sem justa causa, restará passível de condenação por litigância de má-fé o empregador que tentar desvirtuar ou mesmo justificar sua dívida com pagamento das verbas indenizatórias essenciais e previstas em lei pela via contestatória.

Em recente decisão do TRT-4, a 6ª Turma aceitou recurso para excluir a multa por litigância de má-fé a parte que havia formulado pedido inexistente quanto a créditos trabalhistas em sede de rescisão indireta quando, na verdade, todos os direitos haviam sido quitados. A desembargadora relatora entendeu que mesmo havendo tal pedido a parte não seria responsabilizada e sim o advogado que não prestou atendimento correto e restou adotando as providências previstas no §6º do art. 77 do CPC.

O TST determina por meio de Instrução Normativa que os arts. 793-A, B e C §1º da CLT estarão sujeitos a aplicação autônoma e imediata. Quanto as condenações que tratam o art. 793-C, *caput*, da CLT, só se aplicam às demandas aforadas após 11.11.17. E o disposto no art. 793-D só terá validade para as ações ajuizadas após a vigência da Lei nº 13.467/17 (11.11.17).

Observe-se que após a instrução quanto a realização de prova oral, qualquer aplicação de multas a testemunhas deverá constar da sentença e precedida de instauração de incidente cujo registro deverá ser indicado com base nos pontos controvertidos dos depoimentos e assegurado o contraditório pela ampla defesa, de sorte que seja possível promover a retratação. Enfim, o juiz poderá acatar a declaração de erro da testemunha que desejar assumir que não apontou a prova na direção da verdade ou da realidade dos fatos que presenciou.

Seção V
DAS NULIDADES

Art. 794. Nos processos sujeitos à apreciação da Justiça do Trabalho só haverá nulidade quando resultar dos atos inquinados manifesto prejuízo às partes litigantes.

Haverá nulidade nas oportunidades em que for constatado um vício essencial à sobrevivência do processo, do qual resultar prejuízo às partes litigantes.

Nesses casos, vale o princípio francês *pas de nullité sans grief*, ou seja, não há nulidade sem prejuízo.

Art. 795. As nulidades não serão declaradas senão mediante provocação das partes, as quais deverão arguí-las à primeira vez em que tiverem de falar em audiência ou nos autos.

§1º Deverá, entretanto, ser declarada *ex officio* a nulidade fundada em incompetência de foro. Nesse caso, serão considerados nulos os atos decisórios.

§2º O juiz ou tribunal que se julgar incompetente determinará, na mesma ocasião, que se faça remessa do processo, com urgência, à autoridade competente, fundamentando sua decisão.

Só poderá ser arguida a nulidade por quem não lhe der causa e, sempre, na primeira oportunidade em que se manifestar nos autos, pois, se não fosse dessa forma, qualquer das partes poderia gerar nulidade e arguí-la, em seguida, para prejudicar a continuidade e o desenvolvimento do processo.

Uma pequena técnica do legislador do Texto Consolidado confundiu a palavra "foro" com "matéria", quando na verdade desejou dizer "foro trabalhista". Apenas nos casos de incompetência *ratione materiae*, ou seja, em razão da matéria, deverá ser declarada de ofício pelo juiz da causa que, em seguida, remeterá os autos do processo para o foro (que não seja a Justiça do Trabalho) competente, sob pena de nulidade caso não proceda dessa forma.

Nos casos de competência *ratione loci* e *personae*, ou melhor, em razão do local ou da pessoa (hierárquica ou funcional), as partes devem manifestar-se; caso não o façam, a competência (relativa) poderá ser prorrogada sem prejuízo para as partes.

Art. 796. A nulidade não será pronunciada:

a) quando for possível suprir-se a falta ou repetir-se o ato;

b) quando arguida por quem lhe tiver dado causa.

Existem dois tipos de nulidade: relativa e absoluta.

A relativa é sanável e não impõe prejuízos totais ao processo, sendo possível suprir ou repetir um ato, pois gera efeitos *ex nunc*, ou seja, não retroage em prejuízo.

A absoluta não é sanável e impõe prejuízos ao processo, sendo impossível suprir ou repetir um ato, pois gera efeitos *ex tunc*, ou seja, retroage sem produzir direitos decorrentes do período anterior.

A nulidade que pode ser arguida em juízo tem de ser relativa, pois a absoluta será determinada de ofício, pelo próprio juiz da causa.

As nulidades também não podem ser arguidas por quem lhes houver dado causa.

Art. 797. O juiz ou tribunal que pronunciar a nulidade declarará os atos a que ela se estende.

Caracterizada a nulidade relativa, o juiz da causa que a decretou deverá determinar os atos considerados nulos e quais serão aproveitados.

Deve abster-se de declarar a nulidade quando puder decidir o mérito a favor da parte a quem aproveite a declaração.

Art. 798. A nulidade do ato não prejudicará senão os posteriores que dele dependam ou sejam consequência.

Decretada a nulidade de um ato, os anteriores que foram convalidados como perfeitos jamais serão atingidos, e será considerado o efeito *ex nunc* (não retroage), que impossibilita invalidar os atos já realizados, em prejuízo de uma parte.

As nulidades estão condicionadas à existência de prejuízo manifesto, caso contrário não serão declaradas.

<div align="center">

Seção VI
DAS EXCEÇÕES

</div>

Art. 799. Nas causas da jurisdição da Justiça do Trabalho, somente podem ser opostas, com suspensão do feito, as exceções de suspeição ou incompetência.

§1º As demais exceções serão alegadas como matéria de defesa.

§2º Das decisões sobre exceções de suspeição e incompetência, salvo, quanto a estas, se terminativas do feito, não caberá recurso, podendo, no entanto, as partes alegá-las novamente no recurso que couber da decisão final.

As exceções são meios de defesa que podem prejudicar o andamento da lide.

A exceção de competência se diversifica em razão do foro, da matéria, da pessoa e do valor.

No processo do trabalho, essas exceções são arguidas como matéria de defesa desde o início da lide e podem vir na contestação ou em peça apartada. A Lei nº 13.467/17 alterou o texto do art. 800 da CLT, que impõe rito próprio para os casos de competência territorial, ou seja, quando se discute sobre o local da prestação de serviços em consonância com o foro em que deve correr a ação. Neste caso, a exceção deverá ser protocolizada no prazo de cinco dias a contar do recebimento da notificação pela empresa ré antes da audiência e apresentada por meio de peça específica que sinalize os motivos da parte para arguir questões de foro. Protocolada a exceção, será suspenso o processo e só se realizará audiência inaugural ou una após o juízo decidir sobre a exceção em comento.

Em regra, apresentam-se: nas oportunidades em que a ação foi aforada em local diverso ao local de trabalho ou da contratação dos serviços (art. 651 da CLT), em razão do foro; nas ocasiões em que tratam de tema ou questões não afetas ao direito do trabalho, em razão da matéria; ou por exemplo em dissídio coletivo dirigido a uma Vara do Trabalho e não ao tribunal, em razão da pessoa (hierárquica ou funcional); e no que concerne à competência em razão do valor, esta não se aplica ao processo do trabalho.

A exceção de suspeição, em rigor, é um incidente processual que deve ser arguido também na audiência inaugural. A suspeição se caracteriza com relação ao juízo da causa, nos casos em que se verifica parentesco, amizade, inimizade ou interesse na causa.

As decisões que se caracterizam em meio ao desenvolvimento da lide são comuns em qualquer processo. No processo do trabalho as decisões interlocutórias não permitem apelações como no processo civil, tão somente, da decisão final em via de Recurso Ordinário.

O processo do trabalho só aceita recurso de uma única decisão final. As decisões que ocorrem durante o processo, por exemplo, um incidente processual de suspeição, só poderão ser arguidas depois da decisão final, em via recursal.

No caso de o juízo acolher exceção de competência em razão da matéria e pôr fim ao processo, tudo estará terminado em hostes trabalhistas e com decisão definitiva do feito, em que pese não seja uma decisão final daquela lide. Mas, nessa situação específica, o legislador excepciona e garante o recurso da decisão que, para muitos, não deixa de ser a final.

Só as decisões terminativas do feito podem ser atacadas, restando impugnadas na oportunidade da interposição de recurso contra decisão definitiva, exceto na hipótese de acolhimento de exceção de incompetência, observando-se que a remessa dos autos deverá ser feita junto ao Tribunal Regional distinto daquele a que se vincula o juízo excepcionado, de acordo com a Súmula nº 214 do TST.

Art. 800. Apresentada exceção de incompetência territorial no prazo de cinco dias a contar da notificação, antes da audiência e em peça que sinalize a existência desta exceção, seguir-se-á o procedimento estabelecido neste artigo.

§1º Protocolada a petição, será suspenso o processo e não se realizará a audiência a que se refere o art. 843 desta Consolidação até que se decida a exceção.

§2º Os autos serão imediatamente conclusos ao juiz, que intimará o reclamante e, se existentes, os litisconsortes, para manifestação no prazo comum de cinco dias.

§3º Se entender necessária a produção de prova oral, o juízo designará audiência, garantindo o direito de o excipiente e de suas testemunhas serem ouvidos, por carta precatória, no juízo que este houver indicado como competente.

§4º Decidida a exceção de incompetência territorial, o processo retomará seu curso, com a designação de audiência, a apresentação de defesa e a instrução processual perante o juízo competente.

Logo após a arguição da exceção no prazo de cinco dias do recebimento da notificação pela empresa ré, a parte interessada será intimada para apresentar manifestações pelo princípio da ampla defesa e do contraditório. Em seguida, o juízo decidirá se acolhe a exceção, excepcionando a demanda para o foro que entender competente para seguir no processo ou determinar que a exceção não é cabível e prorrogar sua competência territorial para seguir no julgamento daquela demanda naquele foro.

Se prorrogada a competência, o próprio juízo segue na direção do processo até a sentença. Reconhecida a incompetência daquele juízo, os autos do processo serão transladados para o juízo competente (poderá ser um Tribunal Regional do Trabalho de outra região, estado) que prosseguirá com a contenda já firmada que o juízo anterior assim declinou. Em regra, nestes casos, o processo passa pela redistribuição que determinará a Vara de Trabalho competente para assumir o julgamento da causa.

Todas as exceções de incompetência territorial, exemplificadas pelo art. 651 da CLT, deverão ser arguidas nos termos desse artigo desde que o recebimento da notificação seja posterior a 11.11.17.

Art. 801. O juiz, presidente ou classista, é obrigado a dar-se por suspeito, e pode ser recusado, por algum dos seguintes motivos, em relação à pessoa dos litigantes:

a) inimizade pessoal;

b) amizade íntima;

c) parentesco por consanguinidade ou afinidade até o terceiro grau civil;

d) interesse particular na causa.

Parágrafo único. Se o recusante houver praticado algum ato pelo qual haja consentido na pessoa do juiz, não mais poderá alegar exceção de suspeição, salvo sobrevindo novo motivo. A suspeição não será também admitida, se do processo constar que o recusante deixou de alegá-la anteriormente, quando já a conhecia, ou que, depois de conhecida, aceitou o juiz recusado ou, finalmente, se procurou de propósito o motivo de que ela se originou.

Os seus motivos serão ignorados e o juiz peitado continuará dirigindo o processo, sem a possibilidade de ser novamente arguida sua suspeição.

Na mesma situação, incorrerá a suspeição em que a parte que a promove já havia tomado conhecimento e aceitou os despachos do magistrado peitado, para depois arguir seus motivos no momento em que lhe havia interesse.

Juiz "peitado" é aquele considerado suspeito na causa.

Art. 802. Apresentada a exceção de suspeição, o juiz ou tribunal designará audiência dentro de 48 (quarenta e oito) horas, para instrução e julgamento da exceção.

§1º Nas Juntas de Conciliação e Julgamento e nos Tribunais Regionais, julgada procedente a exceção de suspeição, será logo convocado para a mesma audiência ou sessão, ou para a seguinte, o suplente do membro suspeito, o qual continuará a funcionar no feito até decisão final. Proceder-se-á da mesma maneira quando algum dos membros se declarar suspeito.

§2º Se se tratar de suspeição de juiz de direito, será este substituído na forma da organização judiciária local.

Será designada uma audiência em 48 (quarenta e oito) horas para caracterizar a suspeição, por meio de uma instrução; se verificada sua existência, o juiz da causa se afastará e outro o substituirá para atuar naquela lide.

Vale salientar que o próprio magistrado poderá declinar sua suspeição, solicitando à Corregedoria que indique outro juiz para atuar no processo.

Seção VII
DOS CONFLITOS DE JURISDIÇÃO

Art. 803. Os conflitos de jurisdição podem ocorrer entre:

a) Juntas de Conciliação e Julgamento e juízes de direito investidos na administração da Justiça do Trabalho;

b) Tribunais Regionais do Trabalho;

c) Juízos e Tribunais do Trabalho e órgãos da Justiça Ordinária;

d) (Revogada pelo Decreto-Lei nº 8.737, de 19.01.1946)

Os conflitos de jurisdição se caracterizam em diversas situações.

Uma ação aforada na Justiça Comum, onde não existam Varas do Trabalho, resta exigindo a interferência de um juiz de direito que, investido na administração da Justiça do Trabalho, assume a causa e acaba-se confrontando com um juiz do trabalho, de uma Vara próxima daquela localidade, que apresenta o conflito de competência por se julgar competente para julgá-la (art. 114, V, da CF/1988).

Em outra hipótese, um dissídio coletivo envolvendo sindicatos com base territorial em área que se localiza entre o estado de São Paulo e o estado do Rio de Janeiro, gerando conflitos entre o TRT da 1ª Região e o TRT da 2ª Região, ambos com competência para julgá-lo.

Art. 804. Dar-se-á conflito de jurisdição:

a) quando ambas as autoridades se considerarem competentes;

b) quando ambas as autoridades se considerarem incompetentes.

Os conflitos positivos de competência ocorrem nas oportunidades em que os juízos se consideram competentes para julgar uma ação.

Os conflitos negativos de competência ocorrem nas oportunidades em que os juízos se consideram incompetentes para julgar uma ação.

Por exemplo, o Presidente do Tribunal Regional do Trabalho de São Paulo entende que demandas provenientes de sindicatos com base territorial próxima ao Vale do Paraíba, nas cidades de Queluz e Cruzeiro, são da sua competência. Porquanto, arguida exceção, o presidente do TRT da 1ª Região (RJ) propugna que é da sua competência a solução da contenda.

Detectado o conflito positivo, visto que os dois Tribunais Regionais acusaram competência, caberá ao TST a solução do litígio.

Art. 805. Os conflitos de jurisdição podem ser suscitados:

a) pelos juízes e Tribunais do Trabalho;

b) pelo procurador-geral e pelos procuradores regionais da Justiça do Trabalho;

c) pela parte interessada, ou o seu representante.

As partes envolvidas no processo, reclamante e reclamada, bem como os juízes de Varas do Trabalho, tribunais e os procuradores regionais do trabalho podem suscitar conflitos de competência que, por consequência, poderão restar analisados pelo TST.

Art. 806. É vedado à parte interessada suscitar conflitos de jurisdição quando já houver oposto na causa exceção de incompetência.

Como as exceções são opostas no início da lide, e o seu julgamento, em decisão interlocutória, só poderá recepcionar recurso ao final do processo, o legislador não permite que seja suscitado o conflito nesse interregno e, caso indeferidas, em nenhuma outra oportunidade. Assim, denota-se que a decisão resolve abranger aquela jurisdição, competente ou não, afastando qualquer tentativa de procrastinar o feito ou criar artifícios para sua paralisação ou morosidade.

Art. 807. No ato de suscitar o conflito deverá a parte interessada produzir a prova de existência dele.

Os conflitos de competência exigem comprovação da sua existência, preferencialmente, por meio de documentos ou provas cabais que caracterizem a arguição válida e definitiva como, por exemplo, um alvará de localização, IPTU ou mesmo documento extraído do setor de enquadramento sindical da Delegacia Regional do Trabalho (DRT).

Art. 808. Os conflitos de jurisdição de que trata o art. 803 serão resolvidos:

a) pelos Tribunais Regionais, os suscitados entre Juntas e entre Juízos de Direito, ou entre uma e outras, nas respectivas regiões;

b) pelo Tribunal Superior do Trabalho, os suscitados entre Tribunais Regionais, ou entre Juntas e Juízos de Direito sujeitos à jurisdição de Tribunais Regionais diferentes;

c) (Revogada pelo Decreto-Lei nº 9.797, de 09.09.1946)

d) pelo Supremo Tribunal Federal, os suscitados entre as autoridades da Justiça do Trabalho e as da Justiça Ordinária.

Haverá uma escala hierárquica de jurisdição em que os conflitos ocorridos no 1º grau (Vara do Trabalho) serão julgados pelo 2º grau (TRT), e assim sucessivamente,

ressalvando-se apenas os que acontecem entre órgãos vinculados à Justiça do Trabalho e Justiça Comum, resolvidos pelos TRTs, TST e por fim pelo STF (art. 114, V, da CF/1988).

Art. 809. Nos conflitos de jurisdição entre as Juntas e os Juízos de Direito observar-se-á o seguinte:

I – o juiz ou presidente mandará extrair dos autos as provas do conflito e, com a sua informação, remeterá o processo assim formado, no mais breve prazo possível, ao presidente do Tribunal Regional competente;

II – no Tribunal Regional, logo que der entrada o processo, o presidente determinará a distribuição do feito, podendo o relator ordenar imediatamente às Juntas e aos Juízos, nos casos de conflito positivo, que sobrestejam o andamento dos respectivos processos, e solicitar, ao mesmo tempo, quaisquer informações que julgue convenientes. Seguidamente, será ouvida a Procuradoria, após o que o relator submeterá o feito a julgamento na primeira sessão;

III – proferida a decisão, será a mesma comunicada, imediatamente, às autoridades em conflito, prosseguindo no foro julgado competente.

Nos conflitos positivos, o tribunal que estiver julgando poderá sobrestar o andamento do processo e, no interregno, promover sua comprovação até que seja proferida a decisão final.

Art. 810. Aos conflitos de jurisdição entre os Tribunais Regionais aplicar-se-ão as normas estabelecidas no artigo anterior.

Da mesma forma que os Tribunais Regionais atuam nas Varas do Trabalho, o TST agirá nos casos em que o conflito for entre tribunais, sobrestando o feito quando ocorrer conflito positivo.

Art. 811. Nos conflitos suscitados na Justiça do Trabalho entre as autoridades desta e os órgãos da Justiça Ordinária, o processo do conflito, formado de acordo com o inciso I do art. 809, será remetido diretamente ao presidente do Supremo Tribunal Federal.

O conflito será, imediatamente, remetido ao TRT ou ao TST, de acordo com as recentes alterações do art. 114, V, da CF/1988, modificado pela EC nº 45/2004.

Art. 812. (Revogado pelo Decreto-Lei nº 9.797, de 09.09.1946)

Seção VIII
DAS AUDIÊNCIAS

Art. 813. As audiências dos órgãos da Justiça do Trabalho serão públicas e realizar-se-ão na sede do Juízo ou Tribunal em dias úteis previamente fixados, entre 8 (oito) e 18 (dezoito) horas, não podendo ultrapassar 5 (cinco) horas seguidas, salvo quando houver matéria urgente.

§1º Em casos especiais, poderá ser designado outro local para a realização das audiências, mediante edital afixado na sede do Juízo ou Tribunal, com a antecedência mínima de 24 (vinte e quatro) horas.

§2º Sempre que for necessário, poderão ser convocadas audiências extraordinárias, observado o prazo do parágrafo anterior.

As audiências se realizam entre 8 (oito) e 18 (dezoito) horas em dias úteis e não podem ultrapassar de 5 (cinco) horas contínuas. Observe-se que os regimentos internos dos TRTs podem ajustar esses horários de funcionamento, respeitando-se as regras estabelecidas por lei.

As audiências também podem ser realizadas fora dos prédios da Justiça do Trabalho, contanto que as partes sejam avisadas com antecedência de 24 (vinte e quatro) horas por meio de editais afixados na sede do juízo competente. Tem-se conhecimento de audiências em estádios, auditórios e até em praças públicas.

Art. 814. Às audiências deverão estar presentes, comparecendo com a necessária antecedência, os escrivães ou diretores de secretaria.

Em regra, apenas os servidores vinculados às secretarias de audiência das Varas precisam estar presentes, em que pese a lei exija a participação dos secretários.

Art. 815. À hora marcada, o juiz ou presidente declarará aberta a audiência, sendo feita pelo secretário ou escrivão a chamada das partes, testemunhas e demais pessoas que devam comparecer.

Parágrafo único. Se, até 15 (quinze) minutos após a hora marcada, o juiz ou presidente não houver comparecido, os presentes poderão retirar-se, devendo o ocorrido constar do livro de registro das audiências.

Não há nada que justifique atraso das partes ou advogados nas audiências, cabendo, todavia, ao magistrado o direito de se atrasar por 15 (quinze) minutos no máximo.

A Súmula nº 122 do TST assegura que a parte poderá justificar sua ausência nos casos em que se constatar problemas de saúde que impeçam a locomoção ao tribunal.

As demais justificativas, por evidência, não passam por meros atrasos gerados por engarrafamentos ou até mesmo questões particulares. Porém, se evidenciam nas ocorrências de atos de ininteligência humana em que a parte não contribuiu ou não concorreu com tal situação. É possível atestar como justificativa uma catástrofe gerada por temporais, deslizamentos ou até mesmo por um acidente grave que tenha ocorrido numa estrada e esta tenha sido fechada pela polícia rodoviária naquela mesma ocasião. Também, fruto de uma suspensão de serviços públicos que afetou sobremaneira o trânsito das pessoas por aquele local. E nos casos em que a própria parte sofre um acidente ou mal súbito que impossibilite sua locomoção ao local e hora da audiência. Nestes casos, as justificativas serão apreciadas pelo juízo que determinará a realização de nova assentada ou mesmo caracterizar a revelia da parte ré ou a extinção do feito sem julgamento de mérito quando for provocado pelo autor da causa.

O juiz, após 15 (quinze) minutos de atraso injustificado, poderá sofrer correição parcial caso oferecida pelas partes interessadas no processo.

O réu, caracterizada a preclusão, ou seja, a perda de uma faculdade processual por contumácia (ausência física do réu), sujeitar-se-á à pena de revelia que não mais lhe permitirá apresentar contestação nos autos daquele processo.

Art. 816. O juiz ou presidente manterá a ordem nas audiências, podendo mandar retirar do recinto os assistentes que a perturbarem.

As audiências são públicas, e qualquer um pode assistir a sua realização, salvo nos casos em que houver comprovado interesse em manter sigilo em uma causa ou nas oportunidades em que o magistrado quiser manter a ordem, afastando os que estejam ali para perturbar ou atrapalhar seu desenvolvimento.

Importante observar que durante as instruções e, em especial, no depoimento pessoal e oitiva de testemunhas os juízes inibem qualquer movimentação de partes ou testemunhas para fora da sala de audiências. Nestes casos, para evitar que levem informações do processo para outras testemunhas que ainda não foram convocadas para depor.

Os advogados podem circular livremente.

Art. 817. O registro das audiências será feito em livro próprio, constando de cada registro os processos apreciados e a respectiva solução, bem como as ocorrências eventuais.

Parágrafo único. Do registro das audiências poderão ser fornecidas certidões às pessoas que o requererem.

Em regra, as ocorrências ficam registradas na própria Ata de Audiência que relata o processo. Em que pese a lei mencionar um livro específico para esse fim, as atas se traduzem para atender esses objetivos.

No processo eletrônico, as atas são disponibilizadas logo após as audiências para consultas no PJ-e.

Seção IX
DAS PROVAS

Art. 818. O ônus da prova incumbe:

I – ao reclamante, quanto ao fato constitutivo de seu direito;

II – ao reclamado, quanto à existência de fato impeditivo, modificativo ou extintivo do direito do reclamante.

§1º Nos casos previstos em lei ou diante de peculiaridades da causa relacionadas à impossibilidade ou à excessiva dificuldade de cumprir o encargo nos termos deste artigo ou à maior facilidade de obtenção da prova do fato contrário, poderá o juízo atribuir o ônus da prova de modo diverso, desde que o faça por decisão fundamentada, caso em que deverá dar à parte a oportunidade de se desincumbir do ônus que lhe foi atribuído.

§2º A decisão referida no §1º deste artigo deverá ser proferida antes da abertura da instrução e, a requerimento da parte, implicará o adiamento da audiência e possibilitará provar os fatos por qualquer meio em direito admitido.

§3º A decisão referida no §1º deste artigo não pode gerar situação em que a desincumbência do encargo pela parte seja impossível ou excessivamente difícil.

O processo do trabalho sempre dedicou capítulo próprio sobre provas, especificamente assentado na seção IX da CLT.

Como se afigura o ônus da prova no processo civil? O art. 373 do CPC simplesmente assegura ao autor apresentar fato constitutivo, ou seja, afirmar que tem uma pretensão e, ao réu, trazer um fato impeditivo, modificativo ou extintivo ao direito do autor. Estudos doutrinários realizados pelo ilustre processualista Manoel Antônio Teixeira Filho asseguram que o conteúdo do art. 373 do CPC não colide com a expressão do art. 818 da CLT, porquanto ambos consagram idêntico critério.

A Lei nº 13.467/17 restou acolhendo a apresentação do ônus da prova pelos mesmos critérios adotados no Código de Processo Civil apontando que ao reclamante

caberá externar o fato constitutivo de seu direito. À reclamada, caberá se justificará quanto à existência de fato impeditivo, modificativo ou extintivo do direito trazido pelo reclamante. E, desta forma, o texto do artigo em comento distribui o ônus da prova tal qual no processo civil.

O Texto Consolidado ainda assevera que nos casos previstos em lei ou na impossibilidade ou excessiva dificuldade da parte cumprir esta distribuição do ônus da prova, o juízo se encarregará de promover a inversão ou outro modo diverso por decisão fundamentada para dar oportunidade da parte se desincumbir do ônus que lhe foi atribuído com fito de esclarecer os fatos e promover um julgamento justo e efetivo à causa.

Caso uma das partes defenda essa hipótese, deverá fazê-lo na abertura da instrução e se acolhido pelo juízo implicará o adiamento da audiência e assim será possível provar os fatos por qualquer outro meio admitido em direito. Observe-se que a decisão de redistribuir o ônus da prova não poderá gerar outra situação que, para se desincumbir do encargo, se verifique posição de desconforto para elucidação do feito ou que se dificulte ainda mais a elucidação dos fatos.

Nos casos em que a parte ré não apresentar nenhum fato impeditivo, modificativo ou extintivo do direito do autor e negar peremptoriamente a existência da prestação de serviços, o juiz poderá promover a imediata inversão do ônus da prova.

A doutrina majoritária garante que a pretensão já está sendo arguida em juízo na peça exordial e consequentemente caberia à reclamada produzir as provas documentais necessárias ao processo no sentido de promover mínimas condições para que o reclamante possa constituir seu direito. Caso necessário, o reclamante poderá apontar os documentos que estão na posse da empresa ré para que sejam devidamente exibidos em juízo, com a consequente determinação do juízo.

Entrementes, há outras situações que se traduzem pelo entendimento expresso pela Súmula nº 338 do TST que assevera ser ônus do empregador que conta com mais de 10 (dez) empregados o registro da jornada de trabalho na forma do art. 74, §2º, da CLT. A não apresentação injustificada dos controles de frequência gera presunção relativa de veracidade da jornada de trabalho, a qual pode ser elidida por prova em contrário. Também, no que tange à presunção de veracidade da jornada de trabalho, ainda que prevista em instrumento normativo, pode ser elidida por prova em contrário. Por fim, os cartões de ponto que demonstram horários de entrada e saída uniformes são inválidos como meio de prova, invertendo-se o ônus da prova, relativo às horas extras, que passa a ser do empregador, prevalecendo a jornada da inicial se dele não se desincumbir.

Ainda, quanto aos depósitos do FGTS, definido pelo reclamante o período no qual não houve depósito ou se houve em valor inferior, assim alegada pela reclamada a inexistência de diferença nos recolhimentos de FGTS, resta por atrair para si o ônus da prova, incumbindo-lhe apresentar as guias respectivas para demonstrar o fato extintivo do direito do autor (art. 818 da CLT c/c art.373, II, do CPC).

O ônus da prova no término do contrato de trabalho, quando negados a prestação do serviço e o despedimento, é do empregador, pois o princípio da continuidade da relação de emprego constitui presunção favorável ao empregado (Súmula nº 212 do TST).

Quando houver alegação de que ato ou prática empresarial disfarça uma conduta lesiva a direitos fundamentais ou princípios constitucionais, incumbirá ao empregador o ônus de provar que agiu sob motivação lícita.

A Súmula nº 460 do TST afirma que é do empregador o ônus de comprovar quanto ao fato do empregado não satisfazer os requisitos indispensáveis para a concessão do vale-transporte ou de que não pretenda fazer uso do benefício com fito de desonerar a empresa do pagamento do referido benefício. E, também é do empregador o ônus da prova quanto à regularidade dos depósitos do FGTS já que o pagamento é fato extintivo do direito do autor (art. 373, II do CPC) assevera a Súmula nº 461 do TST.

Enfim, a distribuição do ônus da prova no processo do trabalho segue a exegese exposta pelo art. 818 da CLT atualizado pela Lei nº 13.467/17.

Art. 819. O depoimento das partes e testemunhas que não souberem falar a língua nacional será feito por meio de intérprete nomeado pelo juiz ou presidente.

§1º Proceder-se-á da forma indicada neste artigo, quando se tratar de surdo-mudo, ou de mudo, que não saiba escrever.

§2º Em ambos os casos de que este artigo trata, as despesas correrão por conta da parte a que interessar o depoimento.

A oitiva de testemunha estrangeira, surda-muda ou muda será feita por meio de intérprete indicado pelo juízo, com honorários e/ou despesas recolhidas pela parte a quem interessar o depoimento.

Art. 820. As partes e testemunhas serão inquiridas pelo juiz ou presidente, podendo ser reinquiridas, por seu intermédio, a requerimento dos vogais, das partes, seus representantes ou advogados.

Nessa fase processual aplica-se o "princípio da imediação", em que o magistrado dirigirá a instrução do processo, e todos os questionamentos às partes, em depoimento pessoal, ou às testemunhas, em oitiva, serão formulados por intermédio do juiz. Os representantes ou advogados que desejarem inquirir terão de fazê-lo por meio do diretor do processo.

É permitido que o juiz da causa ouça as partes e/ou testemunhas com questionamentos e respostas que poderão ser, diretamente, apostas em ata sem qualquer imediação, ou seja, as perguntas do magistrado respondidas pelas partes ou testemunhas podem ser, diretamente, transcritas pela secretária de audiência para que o depoimento possa traduzir as emoções do momento, sem a interferência do juízo ou partes de modo que prejudique a espontaneidade dos fatos por seus relatos mais verídicos.

Art. 821. Cada uma das partes não poderá indicar mais de 3 (três) testemunhas, salvo quando se tratar de inquérito, caso em que esse número poderá ser elevado a 6 (seis).

Cada parte pode apresentar três testemunhas ao juízo no rito ordinário, lembrando que não são testemunhas da parte, e sim do processo.

Nos inquéritos para apuração de falta grave do art. 853 da CLT, as partes poderão indicar 06 (seis) testemunhas para esclarecer o feito.

No procedimento sumaríssimo, o limite será de 02 (duas) testemunhas para cada parte indicar ao juízo (art. 852-H, §2º, da CLT).

Art. 822. As testemunhas não poderão sofrer qualquer desconto pelas faltas ao serviço, ocasionadas pelo seu comparecimento para depor, quando devidamente arroladas ou convocadas.

Em hipótese alguma será permitido o desconto de salários daqueles que servem à Justiça como testemunhas.

Vale salientar que essa garantia será observada também nos casos em que as referidas testemunhas não forem arroladas e seguirem conduzidas ao juízo pelas partes para suas respectivas oitivas.

Art. 823. Se a testemunha for funcionário civil ou militar, e tiver de depor em hora de serviço, será requisitada ao chefe da repartição para comparecer à audiência marcada.

Os militares ou os servidores públicos serão convocados por intermédio de suas respectivas chefias, que concederão a oportunidade de prestarem seus depoimentos sem impedimentos.

Art. 824. O juiz ou presidente providenciará para que o depoimento de uma testemunha não seja ouvido pelas demais que tenham de depor no processo.

O juiz presidente, diretor do processo, sempre providenciará para que uma testemunha não ouça a oitiva da outra, bem como a parte, também, não assista aos depoimentos da outra.

Caso o juiz entenda cabível, poderá promover acareações quando no confronto dos testemunhos se verificar inveracidades ou conflito de informações.

Art. 825. As testemunhas comparecerão à audiência independentemente de notificação ou intimação.

Parágrafo único. As que não comparecerem serão intimadas, *ex officio* ou a requerimento da parte, ficando sujeitas a condução coercitiva, além das penalidades do art. 730, caso, sem motivo justificado, não atendam à intimação.

Tratando-se de um processo mais informal que o processo civil, em hostes trabalhistas, as testemunhas podem ser conduzidas ao juízo independentemente de notificação; entretanto, aquelas que forem arroladas com antecedência, havendo interesse da Justiça em ouvir seu depoimento, com certeza serão trazidas coercitivamente caso se neguem a depor sem justificativa, oportunidade em que o juiz poderá usar *manu militari*, sob pena de prisão a resistência e a ausência em participar do processo.

Em conformidade com art. 455 §1º do CPC, os advogados poderão convocar as testemunhas através de carta específica que é recepcionada pelo Processo do Trabalho com características de intimação com a sua devida juntada aos autos do processo de forma tempestiva e valerá para que juízo promova a condução coercitiva no caso de ausência ou não atendimento a convocação.

Art. 826. É facultado a cada uma das partes apresentar um perito ou técnico.

O perito é escolhido pelo juízo, mas as partes poderão indicar assistentes periciais. Estes atuarão às expensas das partes e poderão apresentar laudos paralelos ao processo. Se os laudos conflitarem, serão avaliados pelo magistrado e integrarão o conjunto probatório.

Art. 827. O juiz ou presidente poderá arguir os peritos compromissados ou os técnicos, e rubricará, para ser junto ao processo, o laudo que os primeiros tiverem apresentado.

Será indicado um perito do juízo nas ações que exigirem o conhecimento de um técnico especializado (em contabilidade, segurança ou medicina do trabalho), que, desde logo, prestará compromisso e atuará no processo elucidando o que seja necessário ao seu melhor conhecimento.

Os honorários do perito são adiantados pelo autor e, depois, recairão sobre a parte sucumbente, ou seja, sobre quem perdeu a causa.

As partes também podem indicar assistentes periciais, que atuarão junto ao perito apresentado pelo juízo. Os assistentes serão remunerados pelas próprias partes que o indicaram, respectivamente.

Ao final dos trabalhos, todos estarão aptos a expender laudos técnicos, que poderão ser unidos e apresentados num único documento assinado por todos, bem como em peças apartadas, caso se verifiquem divergências entre o perito do juízo e o nomeado pelas partes.

Em tempo, o laudo pericial pode ser contestado pelas partes e pelo próprio juízo, que, sem dúvida, pode ignorá-lo e não utilizá-lo no processo.

Art. 828. Toda testemunha, antes de prestar o compromisso legal, será qualificada, indicando o nome, nacionalidade, profissão, idade, residência, e, quando empregada, o tempo de serviço prestado ao empregador, ficando sujeita, em caso de falsidade, às leis penais.

Parágrafo único. Os depoimentos das testemunhas serão resumidos, por ocasião da audiência, pelo diretor de secretaria da Junta ou funcionário para esse fim designado, devendo a súmula ser assinada pelo presidente do Tribunal e pelos depoentes.

A oitiva das testemunhas será realizada da seguinte forma: primeiramente, as testemunhas serão qualificadas. Após a qualificação, as partes podem apresentar a "contradita", ou seja, questionar impedimentos ao seu depoimento. Em seguida, será prestado o compromisso de dizer a verdade perante o juízo, ressalvando-se que essas fases são distintas, e qualquer erro das partes poderá acarretar a preclusão, perda da faculdade processual. Assim, estará concluída a oitiva de testemunhas.

Em tempo, as pessoas que forem citadas em meio aos depoimentos de partes ou testemunhas podem ser arroladas no processo como "testemunhas referidas", consequentemente convocadas pelo juízo para esclarecer fatos que interessem à lide.

Art. 829. A testemunha que for parente até o terceiro grau civil, amigo íntimo ou inimigo de qualquer das partes não prestará compromisso, e seu depoimento valerá como simples informação.

Caso seja acatada a contradita apresentada em juízo, o magistrado poderá impedir um depoimento de testemunha com vínculos de amizade, inimizade ou parentesco. Ainda, se assim mesmo desejar tomar seu depoimento, o magistrado poderá aproveitá-lo nos autos e fundamentará sua decisão, argumentando que a testemunha impedida era mera informante no processo, guardando seu depoimento sob reservas.

Observe-se que a impugnação deverá ser realizada após a qualificação e antes da testemunha prestar o compromisso.

A testemunha que for parente até o 3º grau, amigo íntimo ou inimigo de qualquer das partes não prestará compromisso, e seu depoimento valerá como simples informação.

É comum em hostes trabalhistas os magistrados confirmarem se a testemunha é amiga ou inimiga das partes por meio de questionamentos que, em regra, observam se a pessoa frequenta a residência do envolvido e, denote-se, não mais se considera o fato da testemunha ter acionado em juízo a outra parte no processo, inclusive, em decisão já sumulada.

> **Art. 830.** O documento em cópia oferecido para prova poderá ser declarado autêntico pelo próprio advogado, sob sua responsabilidade pessoal.
>
> Parágrafo único. Impugnada a autenticidade da cópia, a parte que a produziu será intimada para apresentar cópias devidamente autenticadas ou o original, cabendo ao serventuário competente proceder à conferência e certificar a conformidade entre esses documentos.

Preferencialmente, serão aceitos documentos originais que podem ser convertidos em certidões com autenticidade e os que atendem aos requisitos de originalidade pela sua própria forma, como, por exemplo, documentos públicos. Aos demais, por sugestão, podem ser autenticados pelo próprio advogado por meio de um simples carimbo firmado nas peças que serão juntadas aos autos, em tempo, na forma do provimento.

Seção X
DA DECISÃO E SUA EFICÁCIA

> **Art. 831.** A decisão será proferida depois de rejeitada pelas partes a proposta de conciliação.
>
> Parágrafo único. No caso de conciliação, o termo que for lavrado valerá como decisão irrecorrível, salvo para a Previdência Social quanto às contribuições que lhe forem devidas.

Os acordos realizados na fase de conciliação do processo do trabalho são como sentenças, e trata-se de decisões irrecorríveis, cabendo às partes promover a sua execução caso não sejam cumpridos, exceto quanto às contribuições previdenciárias que incidirem sobre as parcelas ajustadas por ocasião do referido acordo.

Mediante ação rescisória pode-se atacar um termo de conciliação na Justiça do Trabalho, de conformidade com a decisão reiterada pela Súmula nº 259 do TST.

Tempestivamente, observa-se que acordo homologado judicialmente tem força de decisão irrecorrível, na forma do art. 831 da CLT. Assim, o termo conciliatório transita em julgado na data da sua homologação judicial (Súmula nº 100 do TST, ex-OJ nº 104 da SBDI-2, *DJ* 29.04.2003).

Art. 832. Da decisão deverão constar o nome das partes, o resumo do pedido e da defesa, a apreciação das provas, os fundamentos da decisão e a respectiva conclusão.

§1º Quando a decisão concluir pela procedência do pedido, determinará o prazo e as condições para o seu cumprimento.

§2º A decisão mencionará sempre as custas que devam ser pagas pela parte vencida.

§3º As decisões cognitivas ou homologatórias deverão sempre indicar a natureza jurídica das parcelas constantes da condenação ou do acordo homologado, inclusive o limite de responsabilidade de cada parte pelo recolhimento da contribuição previdenciária, se for o caso.

§4º A União será intimada das decisões homologatórias de acordos que contenham parcela indenizatória, na forma do art. 20 da Lei nº 11.033, de 21 de dezembro de 2004 facultada a interposição de recurso relativo aos tributos que lhe forem devidos.

§5º Intimada da sentença, a União poderá interpor recurso relativo à discriminação de que trata o §3º deste artigo.

§6º O acordo celebrado após o trânsito em julgado da sentença ou após a elaboração dos cálculos de liquidação de sentença não prejudicará os créditos da União.

§7º O Ministro de Estado da Fazenda poderá, mediante ato fundamentado, dispensar a manifestação da União nas decisões homologatórias de acordos em que o montante da parcela indenizatória envolvida ocasionar perda de escala decorrente da atuação do órgão jurídico.

As decisões no processo do trabalho vêm por meio de sentenças que contêm: relatório (resumo do processo), fundamentação (motivos fáticos ou jurídicos) e *decisum* (extinção sem julgamento de mérito, procedência, improcedência ou procedência em parte). Vale ressalvar que a fundamentação é exigida pelo inc. IX do art. 93 da CF/1988, bem como no que concerne às provas, de acordo com o "princípio da persuasão racional".

As decisões devem quantificar as custas e o valor da condenação, quando se verificarem condições de liquidação da sentença.

De acordo com a Súmula nº 368 do TST, a Justiça do Trabalho é competente para determinar o recolhimento das contribuições fiscais. A competência da Justiça do Trabalho, quanto à execução das contribuições previdenciárias, limita-se às sentenças condenatórias em pecúnia que proferir e aos valores, objeto de acordo homologado, que integrem o salário de contribuição. É do empregador a responsabilidade pelo recolhimento das contribuições previdenciárias e fiscais, resultante de crédito do empregado oriundo de condenação judicial, devendo incidir, em relação aos descontos fiscais, sobre o valor total da condenação, referente às parcelas tributáveis, calculado ao final, nos termos da Lei nº 8.541, de 23.12.1992, art. 46, e Provimento da CGJT nº 01/1996. Em se tratando de descontos previdenciários, o critério de apuração encontra-se disciplinado no art. 276, §4º, do Decreto nº 3.048/1999 que regulamentou a Lei nº 8.212/1991 e determina que a

contribuição do empregado, no caso de ações trabalhistas, seja calculada mês a mês, aplicando-se as alíquotas previstas no art. 198, observado o limite máximo do salário de contribuição.

Art. 833. Existindo na decisão evidentes erros ou enganos de escrita, de datilografia ou de cálculo, poderão os mesmos, antes da execução, ser corrigidos, *ex officio*, ou a requerimento dos interessados ou da Procuradoria da Justiça do Trabalho.

Os embargos de declaração, denominados *embargos de aclaración* no processo argentino – termo que se afigura mais apropriado ao instituto –, podem ser interpostos nos casos em que a decisão de primeiro (Varas), segundo (TRT) ou terceiro (TST) grau de jurisdição estiver eivada de obscuridade, omissão e contradição, em conformidade com o estabelecido nos arts. 494, II, e 1.022 do CPC c/c os arts. 769 (princípio da subsidiariedade) e 897-A da CLTO princípio irretrabilidade permite alteração da sentença pelo magistrado que a emitiu para evitar graves desperdícios de atividade jurisdicional.

A modificação da sentença, em princípio, só pode ser obtida mediante recurso.

Quanto a decretação de nulidade, esta só poderá ser feita pelo tribunal em grau de recurso ou em sede de ação rescisória.

A sentença é publicada ou lida em audiência própria. A partir deste momento o juiz estará impedido de alterar a sentença, seja de mérito ou não. Isso corresponde a afirmar, em sentido oposto, que se a publicação ainda não ocorreu, a modificação será possível.

A Lei nº 2.244/54 inseriu na CLT a figura dos embargos declaratórios sem limitar suas características e restou permitindo a aplicação supletiva das normas do processo civil concernentes à matéria. Tal subsidiariedade se concentra na aplicabilidade da multa de 1% e de 10% do valor da causa ao embargante protelador se considerado pela decisão judicial (CPC de 1973, art. 538, parágrafo único) e várias sentenças prolatadas pela Justiça do Trabalho avisam sobre tal possibilidade.

A Lei nº 9.957, de 12 de janeiro de 2000, restou inserindo o art. 897-A na CLT, que assevera:

> Caberão embargos de declaração da sentença ou acórdão, no prazo de cinco dias, devendo seu julgamento ocorrer na primeira audiência ou sessão subsequente a sua apresentação, registrada na certidão, admitido efeito modificativo da decisão nos casos de omissão e contradição no julgado e manifesto equívoco no exame dos pressupostos extrínsecos do recurso.

A Súmula nº 421 assegura que cabem embargos de declaração da decisão monocrática do relator prevista no art. 932 do CPC de 2015 se a parte pretende tão somente juízo integrativo retificador da decisão e, não, modificação do julgado. E aduz que se a parte postular a revisão no mérito da decisão monocrática, cumpre ao relator converter os embargos de declaração em agravo, em face dos princípios da fungibilidade e celeridade processual, submetendo-o ao pronunciamento do Colegiado, após a intimação

do recorrente para, no prazo de 5 (cinco) dias, complementar as razões recursais, de modo a ajustá-las às exigências do art. 1.021, §1º, do CPC de 2015.

Quanto aos pequenos erros materiais observados na decisão proferida, podem ser corrigidos de ofício ou a requerimento de qualquer das partes por simples petição encaminhada ao juízo competente (parágrafo único do art. 897-A da CLT).

Art. 834. Salvo nos casos previstos nesta Consolidação, a publicação das decisões e sua notificação aos litigantes, ou seus patronos, consideram-se realizadas nas próprias audiências em que forem as mesmas proferidas.

Em se tratando de audiência "una" (contínua e indivisível), as decisões são externadas às partes no mesmo instante em que se conclui a referida audiência, porém a prática das audiências fragmentadas restou dando ensejo às notificações, publicadas ou em audiência de leitura de sentença.

Art. 835. O cumprimento do acordo ou da decisão far-se-á no prazo e condições estabelecidas.

O prazo dos acordos promovidos em juízo pode estar estabelecido no próprio termo de acordo, inclusive quanto ao pagamento em parcelas da dívida trabalhista.

Quanto às sentenças, não existe um prazo fixado e, após o trânsito em julgado, caberá à parte promover a sua execução imediata.

Art. 836. É vedado aos órgãos da Justiça do Trabalho conhecer de questões já decididas, excetuados os casos expressamente previstos neste Título e a ação rescisória, que será admitida na forma do disposto no Capítulo IV do Título IX da Lei nº 5.869, de 11.01.1973 – Código de Processo Civil, sujeita ao depósito prévio de 20% (vinte por cento) do valor da causa, salvo prova de miserabilidade jurídica do autor.

Parágrafo único. A execução da decisão proferida em ação rescisória far-se-á nos próprios autos da ação que lhe deu origem, e será instruída com o acórdão da rescisória e a respectiva certidão de trânsito em julgado.

A Justiça do Trabalho não pode questionar sentenças já proferidas, exceto por via recursal. Caso, porém, essa mesma sentença tenha sido proferida por prevaricação,

concussão ou corrupção do juiz e outros demais exemplos previstos no art. 966 do CPC, caberá à parte prejudicada aforar ação rescisória que rescindirá a sentença prolatada com esses referidos vícios.

Observe-se que o Ministério Público do Trabalho poderá ajuizar Ação Rescisória, independente das exigências prescritas pelas alíneas *a* e *b* do inc. III do art. 967 do CPC, também em outros casos em que se imponha sua atuação e para aquele que não foi ouvido no processo é obrigatória a intervenção. Para tanto, não será surpresa o fato do Ministério Público – pela via rescisória – tentar a desconstituição de acordo entabulado em sede de Vara de Trabalho num processo em que figuram menores impúberes, por exemplo. Aplica-se nesse caso, subsidiariamente, o Título Processual Civil.

A legitimidade do Ministério Público para exercer essa pretensão não está condicionada a que este houvesse intervindo na causa onde foi prolatada a decisão rescindenda como fiscal da lei. Caso o Ministério Público do Trabalho tenha atuado como parte sua legitimidade para aforar a rescisória estará amparada pelo art. 966, V, do CPC.

Sobre o recolhimento de custas em relação à ação rescisória, considerando a Lei nº 11.495, de 22.06.2007, que alterou o art. 836 da CLT, confirma-se a tese de que a ação rescisória não se trata de mero recurso e seu objetivo não é a reforma da sentença, porque pretende vê-la rescindida em decorrência de propósitos do processo anterior que estão no elenco dos incisos do art. 966 do CPC. Considera-se o texto do art. 836 da CLT, que assevera ser vedado aos órgãos da Justiça do Trabalho conhecer de questões já decididas, excetuados os casos expressamente previstos neste Título e a ação rescisória, que será admitida na forma do Processo Civil –, sujeita ao depósito prévio de vinte por cento do valor da causa, salvo prova de miserabilidade jurídica do autor.

Neste sentido, entende-se que as custas processuais e o depósito prévio são plenamente exigíveis na Justiça do Trabalho e evitam, sobremaneira, a utilização da via rescisória como meramente protelatória e contrária aos interesses da Justiça.

A Súmula nº 298 do TST assegura seja a conclusão acerca da ocorrência de violação literal a disposição de lei pressupõe pronunciamento explícito, na sentença rescindenda, sobre a matéria veiculada. Também, que o pronunciamento explícito exigido em ação rescisória diz respeito à matéria e ao enfoque específico da tese debatida na ação, e não, necessariamente, ao dispositivo legal tido por violado. Basta que o conteúdo da norma reputada violada haja sido abordado na decisão rescindenda para que se considere preenchido o pressuposto. Ainda, para efeito de ação rescisória, considera-se pronunciada explicitamente a matéria tratada na sentença quando, examinando remessa de ofício, o Tribunal simplesmente a confirma. Por derradeiro, que a sentença meramente homologatória, que silencia sobre os motivos de convencimento do juiz, não se mostra rescindível, por ausência de pronunciamento explícito. Denota – se, não é absoluta a exigência de pronunciamento explícito na ação rescisória, ainda que esta tenha por fundamento violação de dispositivo de lei. Assim, prescindível o pronunciamento explícito quando o vício nasce no próprio julgamento, como se dá com a sentença *extra, citra* e *ultra petita*.

A Súmula nº 400 do TST assevera que:

> Em se tratando de rescisória de rescisória, o vício apontado deve nascer na decisão rescindenda, não se admitindo a rediscussão do acerto do julgamento da rescisória anterior. Assim, não procede rescisória calcada no inciso V do art. 966 do CPC de 2015 (art. 485, V, do CPC de 1973) para discussão, por má aplicação da mesma norma jurídica, tida por violada na rescisória anterior, bem como para arguição de questões inerentes à ação rescisória primitiva.

Mas, com objetivo de esclarecer ainda mais sobre a via rescisória mister observar que a ofensa à coisa julgada de que trata o art. 966 do CPC refere-se apenas a relações processuais distintas. A invocação de desrespeito à coisa julgada formada no processo de conhecimento, na correspondente fase de execução, somente é possível com base na violação do art. 5º, XXXVI, da CF/1988, em atendimento à interpretação da OJ nº 157 da SDI-2. E a OJ nº 158 da SDI-2 assevera que a declaração de nulidade de decisão homologatória de acordo, em razão da colusão entre as partes (art. 966 do CPC), é sanção suficiente em relação ao procedimento adotado, não havendo que ser aplicada a multa por litigância de má-fé.

A garantia da coisa julgada atende princípio constitucional (art. 5º, XXXVI da CRFB), impedindo sua violação por norma ordinária e vontade das partes ou pelos pronunciamentos jurisdicionais.

Por fim, será indispensável que a petição inicial se faça acompanhar da indicação clara do dispositivo legal violado não se aplicando o princípio do *iura novit curia*.

A Súmula nº 409/TST deverá ser alterada pelo TST, que passará a figurar com a seguinte redação: AÇÃO RESCISÓRIA. PRAZO PRESCRICIONAL. TOTAL OU PARCIAL. VIOLAÇÃO DO ART. 7º, XXIX, DA CF/1988. MATÉRIA INFRACONSTITUCIONAL (alterada em decorrência da Lei nº 13.467/2017). Não procede ação rescisória calcada em violação do art. 7º, XXIX, da CF/1988 quando a questão envolve discussão sobre a espécie de prazo prescricional aplicável aos créditos trabalhistas, se total ou parcial, porque a matéria tem índole infraconstitucional.

Capítulo III
DOS DISSÍDIOS INDIVIDUAIS

Seção I
DA FORMA DE RECLAMAÇÃO E DA NOTIFICAÇÃO

Art. 837. Nas localidades em que houver apenas 1 (uma) Junta de Conciliação e Julgamento, ou um escrivão do cível, a reclamação será apresentada diretamente à secretaria da Junta, ou ao cartório do Juízo.

Nos locais em que funciona apenas uma Vara do Trabalho, a distribuição da ação trabalhista é feita na própria Vara, quando funcione sozinha naquela localidade, sem ferir o "princípio do juiz natural".

Art. 838. Nas localidades em que houver mais de 1 (uma) Junta ou mais de 1 (um) Juízo, ou escrivão do cível, a reclamação será, preliminarmente, sujeita a distribuição, na forma do disposto no Capítulo II, Seção II, deste Título.

A distribuição das reclamações trabalhistas será realizada pelo sistema de processo eletrônico em que advogados cadastrados com *Token* têm acesso ao sistema do PJ-e para peticionamento eletrônico.

Art. 839. A reclamação poderá ser apresentada:

a) pelos empregados e empregadores, pessoalmente, ou por seus representantes, e pelos sindicatos de classe;

b) por intermédio das Procuradorias Regionais da Justiça do Trabalho.

Podem ajuizar reclamações trabalhistas os empregados e os empregadores, nos moldes do art. 791 da CLT, corroborando com a aplicação do *ius postulandi*, bem como os procuradores regionais do trabalho. Contudo, pelo sistema do PJ-e torna-se complicado ao reclamante ajuizar ação sem assistência de um advogado ou do sindicato de classe.

Podem recorrer à Justiça do Trabalho os interessados em direito de greve, representação sindical, contribuições sociais e penalidades administrativas.

Quanto à legitimação para atuar em juízo (*legitimatio ad processum*), que, em regra, compete ao advogado, válido será o instrumento de mandato com prazo determinado que contenha cláusula estabelecendo a prevalência dos poderes para atuar até o fim da demanda. Diante da existência de previsão, no mandato, fixando termo para sua juntada, o referido instrumento só tem validade se anexado ao processo dentro do aludido prazo. Assim, serão considerados válidos os atos praticados pelo substabelecido, ainda que não haja no mandato poderes expressos para substabelecer (art. 667 e parágrafos do CC/2002). Configura-se a irregularidade de representação se o substabelecimento for anterior à outorga passada ao substabelecente (Súmula nº 395 do TST).

A Colenda Corte Trabalhista expediu a Súmula nº 425, que interpreta o *jus postulandi* limitando-o, tão somente, às Varas do Trabalho e aos Tribunais Regionais do Trabalho. Observe-se: não alcançando a ação rescisória, a ação cautelar, o mandado de segurança e os recursos de competência do próprio Tribunal Superior do Trabalho.

União, estados, municípios e Distrito Federal com suas autarquias e fundações públicas, quando representadas em juízo, ativa e passivamente por seus procuradores, estão dispensadas da juntada de instrumento de mandato e de comprovação do ato de nomeação. É essencial que o signatário ao menos declare-se exercente do cargo de procurador, não bastando a indicação do número de inscrição na Ordem dos Advogados do Brasil (Súmula nº 436 do TST acrescentada pela Res. TST nº 185/2012 – *DEJT* 25.09.2012).

Art. 840. A reclamação poderá ser escrita ou verbal.

§1º Sendo escrita, a reclamação deverá conter a designação do juízo, a qualificação das partes, a breve exposição dos fatos de que resulte o dissídio, o pedido, que deverá ser

certo, determinado e com indicação de seu valor, a data e a assinatura do reclamante ou de seu representante.

§2º Se verbal, a reclamação será reduzida a termo, em duas vias datadas e assinadas pelo escrivão ou secretário, observado, no que couber, o disposto no §1º deste artigo.

§3º Os pedidos que não atendam ao disposto no §1º deste artigo serão julgados extintos sem resolução do mérito.

A Lei nº 11.419 de 19.12.2006 que dispõe sobre a informatização do Processo Judicial (PJ-e) passou a viger regulamentada pela da Resolução CSJT nº 136 de 29 de abril de 2014 e com advento da do "peticionamento eletrônico" tornou-se inviável a distribuição de processos pelos métodos físicos.

Pelo sistema PJ-e ao acessar o TRT-1ª Reg. – Processo Judicial Eletrônico <https://pje.trt1.jus.br/primeirograu/login.seam> caberá ao advogado inserir a senha do Token (PIN). Este, por sua vez, é obtido junto a OAB Seccional através de um cadastramento de profissionais para esta finalidade. Em seguida, aberta a seção explicativa é só clicar em "processos" e, posteriormente, em "novo processo". Assim, seguindo as instruções que o próprio sistema oferta, o advogado inicia um procedimento de juntada da petição inicial com a documentação pertinente que se estabelece por uma espécie de "colagem" em formato PDF com 1,5 Mega para cada documento anexado – sempre – em pé (copiado sobre formato vertical). Concluído este procedimento, o sistema recepciona a demanda e – em regra – já emite um tipo de "contra recibo" com número do processo, dia, hora e Vara de Trabalho para audiência designada. Assim, também, quanto a contestação que deverá ser juntada no PJ-e até as vésperas da audiência designada. Pode ser distribuída com "sigilo", sendo que só o juiz poderá quebrá-lo na hora da assentada.

O controle e acompanhamento de processos segue o mesmo trâmite, sempre acionado o sistema e senha do processo eletrônico (PJ-e). As demandas físicas, anteriores a instalação do PJ-e, continuam sendo acompanhadas nas secretarias das VTs e seguem o sistema físico com juntada de documentos e outros atos na distribuição da Justiça do Trabalho.

Por este novo sistema extingue-se, automaticamente, as reclamações tomadas a termo e outras espécies. Também, de certa forma, prejudica qualquer possibilidade de "sobrevivência" do *ius postulandi*. Na verdade, para acesso ao PJ-e torna-se necessário o cadastramento dos advogados junto a OAB para que tenham acesso ao Token. Este vale como "assinatura eletrônica" daquele profissional e o acompanhará nas audiências para obter acesso aos processo.

Instrução Normativa do TST determina que as decisões judiciárias não retroagirão aos atos praticados antes da vigência da Lei nº 13.467/17, pelo que as iniciais terão que se ajustar ao presente comando se ajuizadas após 11.11.17.

Há controvérsias quanto a interpretação a respeito da necessária liquidação do pedido. A mesma instrução assegura que exordial poderá apontar um valor estimado que atenda a todos os pedidos nos termos dos arts. 291 e 293 do CPC. Há entendimentos que seguem na direção da liquidação de cada um dos pleitos trazidos pela inicial com valoração especifica. Sugere-se que diante das controvérsias na aplicação da Lei nº

13.467/17 e pela celeridade processual, ideal será liquidar item por item na exordial com seus respectivos valores para evitar emendas ou até extinção do processo sem julgamento de mérito.

Art. 841. Recebida e protocolada a reclamação, o escrivão ou secretário, dentro de 48 (quarenta e oito) horas, remeterá a segunda via da petição, ou do termo, ao reclamado, notificando-o ao mesmo tempo, para comparecer à audiência de julgamento, que será a primeira desimpedida, depois de 5 (cinco) dias.

§1º A notificação será feita em registro postal com franquia. Se o reclamado criar embaraços ao seu recebimento ou não for encontrado, far-se-á a notificação por edital, inserto no jornal oficial ou no que publicar o expediente forense, ou, na falta, afixado na sede da Junta ou Juízo.

§2º O reclamante será notificado no ato da apresentação da reclamação ou na forma do parágrafo anterior.

§3º Oferecida a contestação, ainda que eletronicamente, o reclamante não poderá, sem o consentimento do reclamado, desistir da ação.

Há três formas de comunicar os atos processuais às partes:

a) Notificação: é o termo que mais se aplica em hostes trabalhistas. Serve para determinar a chamada do réu em juízo, a comunicação de atos em geral e até o conhecimento da sentença que põe fim ao processo.
b) Citação: no processo civil, é chamar o réu para vir apresentar sua defesa em juízo.
c) Intimação: no processo civil, significa comunicar às partes os atos ocorridos no processo, como, por exemplo, convocação de testemunhas para oitiva, documentos apensados aos autos, indicação de perícia e outros.

Vale salientar que uma notificação terá características citatórias ou intimatórias. Assim, é comum na Justiça do Trabalho só fazer menção ao termo "notificação", sem falar de citação e intimação.

A notificação terá de ser realizada em 48 horas da data do protocolo e recebimento do processo, e a audiência marcada em qualquer prazo após cinco dias do referido recebimento, conforme o movimento e a pauta do juiz da Vara do Trabalho competente. Contudo, no Processo Eletrônico estes métodos estão atualizados de acordo com a Lei nº 11.419 de 19.12.2006, que dispõe sobre a informatização do Processo Judicial (PJ-e) e regulamentada pela da Resolução CSJT nº 136, de 29 de abril de 2014.

Caso atue mais de um advogado no mesmo processo e havendo pedido expresso de que as intimações e publicações sejam realizadas exclusivamente em nome de um determinado profissional, as notificações expedidas em nome de outro advogado constituído nos autos serão consideradas nulas, salvo se constatada a inexistência de prejuízo, de acordo com a Súmula nº 427 do TST.

A Lei nº 13.467/17 assevera que após a apresentação da contestação o reclamante não poderá mais desistir da ação sem o consentimento da reclamada.

Art. 842. Sendo várias as reclamações e havendo identidade de matéria, poderão ser acumuladas num só processo, se se tratar de empregados da mesma empresa ou estabelecimento.

Existem reclamações que permitem a caracterização de vários autores no polo ativo da demanda, observando-se a identidade da causa de pedir e que sejam empregados da mesma empresa-ré. São elas denominadas dissídios plúrimos com a formação de um litisconsórcio.

Já a união de reclamadas no polo passivo verifica-se nas hipóteses de formação de "grupo econômico". Nessa oportunidade, as empresas sob a direção, controle e administração comum podem consolidar-se na "responsabilidade solidária", em conformidade com o §2º do art. 2º da CLT.

Vale ressaltar que em ambos os exemplos não se trata de dissídio coletivo, prescrito no art. 857 da CLT.

O litisconsórcio entre autores poderá ser composto antes de distribuída a ação, ajuizando-se, neste caso, um dissídio individual plúrimo.

Já tramitando a ação, poderá haver modificação de competência e a caracterização de conexão ou continência, nos termos dos arts. 55 e 56 do CPC.

Por tratar-se de matéria de ordem pública, a conexão deve ser conhecida, *ex officio*, pelo juiz (CPC, art. 337, VIII, *e*, especialmente, parágrafo 5º).

A conexão própria está subdividida em simples ou qualificada. A simples, por sua vez, pode ser objetiva ou subjetiva. Em rigor, a conexão simples subjetiva nada mais é do que a continência.

É empregado para identificar a existência de duas demandas, em que há identidade quanto às partes e à causa de pedir, embora o pedido de uma, por ser mais amplo, abarque o da outra. Neste caso há causa continente (mais ampla) e causa contida (menos ampla). Na continência há uma certa conexão, se considerarmos a identidade das causas de pedir. Não traduziria improbidade técnica afirmar que a continência é espécie do gênero conexão. Na continência, ao contrário da conexão, o legislador não fez uso da conjunção coordenativa *ou*, e sim da conjunção *e*, de tal maneira que para efeito de configuração daquela, se exige identidade de partes e de *causa petendi* – além de os pedidos formulados em uma das ações abranger os contidos em outra.

Seção II
DA AUDIÊNCIA DE JULGAMENTO

Art. 843. Na audiência de julgamento deverão estar presentes o reclamante e o reclamado, independentemente do comparecimento de seus representantes, salvo nos

casos de reclamatórias plúrimas ou ações de cumprimento, quando os empregados poderão fazer-se representar pelo sindicato de sua categoria.

§1º É facultado ao empregador fazer-se substituir pelo gerente, ou qualquer outro preposto que tenha conhecimento do fato, e cujas declarações obrigarão o proponente.

§2º Se por doença ou qualquer outro motivo poderoso, devidamente comprovado, não for possível ao empregado comparecer pessoalmente, poderá fazer-se representar por outro empregado que pertença à mesma profissão, ou pelo seu sindicato.

§3º O preposto a que se refere o §1º deste artigo não precisa ser empregado da parte reclamada.

Nas ações plúrimas (art. 842 da CLT) e de cumprimento (art. 872 da CLT), o sindicato poderá substituir o reclamante ausente. Também, nos casos de doença e motivo ponderoso (a Consolidação das Leis do Trabalho diz poderoso, erroneamente), o reclamante poderá ser substituído por um colega de profissão ou pelo sindicato, apenas para que não seja extinto o processo.

Na reclamação de empregado doméstico o próprio empregador (quem assina a CTPS) deverá comparecer em juízo ou – segundo entendimento doutrinário – poderá ser representado por outro membro da entidade familiar (p. ex., filhos, cônjuge ou congêneres).

A Súmula nº 456 assegura que "é inválido o instrumento de mandato firmado em nome de pessoa jurídica que não contenha, pelo menos, o nome do outorgante e do signatário da procuração, pois estes dados constituem elementos que os individualizam". Também, que

> Verificada a irregularidade de representação da parte na instância originária, o juiz designará prazo de 5 (cinco) dias para que seja sanado o vício. Descumprida a determinação, extinguirá o processo, sem resolução de mérito, se a providência couber ao reclamante, ou considerará revel o reclamado, se a providência lhe couber (art. 76, §1º, do CPC de 2015). Caso a irregularidade de representação da parte seja constatada em fase recursal, o relator designará prazo de 5 (cinco) dias para que seja sanado o vício. Descumprida a determinação, o relator não conhecerá do recurso, se a providência couber ao recorrente, ou determinará o desentranhamento das contrarrazões, se a providência couber ao recorrido (art. 76, §2º, do CPC de 2015).

A Lei nº 13.467/17 assevera que o preposto não precisa ser empregado da parte reclamada e este por sua vez deverá conhecer dos fatos e observar que, ao não contestar afirmados pela parte autora, estará evidenciando a confissão e esta será consignada em favor da pretensão autoral.

O TST ajustará, necessariamente o texto da Súmula nº 377/TST que deverá seguir com esta redação: PREPOSTO. CONDIÇÃO DE EMPREGADO (alterado o item I e incluído o item II em decorrência da Lei nº 13.467/2017). I – Relativamente às ações trabalhistas propostas até 10 de novembro de 2017, é indispensável que o preposto seja empregado do reclamado, exceto quanto à reclamação de empregado doméstico, ou contra micro ou pequeno empresário, o preposto deve ser necessariamente empregado

do reclamado. Inteligência do art. 843, §1º, da CLT e do art. 54 da Lei Complementar nº 123, de 14 de dezembro de 2006. II – Nas ações ajuizadas a partir da vigência da Lei nº 13.467/2017, em 11 de novembro de 2017, o preposto não precisa ser empregado (art. 843, §3º, da CLT).

O TST regula por meio de Instrução Normativa que não se admite a cumulação das atividades de preposto e advogado.

Art. 844. O não comparecimento do reclamante à audiência importa o arquivamento da reclamação, e o não comparecimento do reclamado importa revelia, além de confissão quanto à matéria de fato.

§1º Ocorrendo motivo relevante, poderá o juiz suspender o julgamento, designando nova audiência.

§2º Na hipótese de ausência do reclamante, este será condenado ao pagamento das custas calculadas na forma do art. 789 desta Consolidação, ainda que beneficiário da justiça gratuita, salvo se comprovar, no prazo de quinze dias, que a ausência ocorreu por motivo legalmente justificável.

§3º O pagamento das custas a que se refere o §2º é condição para a propositura de nova demanda.

§4º A revelia não produz o efeito mencionado no *caput* deste artigo se:

I – havendo pluralidade de reclamados, algum deles contestar a ação;

II – o litígio versar sobre direitos indisponíveis;

III – a petição inicial não estiver acompanhada de instrumento que a lei considere indispensável à prova do ato;

IV – as alegações de fato formuladas pelo reclamante forem inverossímeis ou estiverem em contradição com prova constante dos autos.

§5º Ainda que ausente o reclamado, presente o advogado na audiência, serão aceitos a contestação e os documentos eventualmente apresentados.

A revelia é confundida com a preclusão, princípio processual que marca a perda de uma faculdade processual, e pode ocorrer por dois motivos: contumácia – ausência física do réu; e confissão ficta – presente o réu, não manifesta sua defesa no processo. Trata-se, portanto, de efeito e não de causa. A Lei nº 13.467/17 registra que na ocorrência de algum motivo considerado relevante, poderá o juiz suspender o julgamento e designar nova audiência. Caberá ao magistrado posteriormente justificar os motivos do adiamento.

Esclarece o Texto Consolidado que a ausência injustificada do Autor importará no pagamento das custas calculadas na forma do art. 789 da CLT, mesmo que beneficiário da justiça gratuita se só estará isento se comprovar em 15 dias motivos legalmente

justificáveis para o não comparecimento a audiência. Ressalva-se que a quitação das custas pelo reclamante ausente será condição para a propositura de nova demanda.

Em conformidade com a exegese do presente artigo, segue de forma exemplificativa que a revelia não produzirá efeitos quanto a vedação para apresentação de contestação se a parte ré figurar no polo passivo da lide com outras rés em regime de solidariedade fruto da existência de grupo econômico. Neste caso, a defesa de uma valerá para as outras em conformidade com as especificidades de cada uma das rés com fito de elidir revelia. Em outra oportunidade, o juízo verificar que a lide trata de direitos indisponíveis como FGTS. Também, quando a petição inicial formulada pelo autor não estiver acompanhada de instrumento que a lei considere indispensável à prova do ato como por exemplo um pedido de liberação de guias de seguro desemprego se não existir comprovação do término do contrato de emprego. Essa presunção de veracidade em favor do autor, sem comprovar o alegado com os instrumentos probatórios próprios, não poderá favorecê-lo pela simples caracterização da revelia. E, por derradeiro, todas as alegações postuladas pelo reclamante não podem ser inverossímeis ou firmarem contradição com a própria prova acostada aos autos. No caso em que o autor formula pedido de 800 horas trabalhadas por mês, mesmo na ocorrência da revelia, não seria possível a justiça do trabalho corroborar com tal despropósito e condenar a empresa revel com base numa afirmativa inexistente ou impossível de ocorrer sob a ótica do direito material que se propõe ser assistido.

A ausência da parte ré não impedirá ao juízo de recepcionar a peça de defesa conduzida por advogado habilitado no processo. No PJ-e as defesas são protocoladas antes da audiência e o juízo se encarregará de acessá-la, mesmo nos casos em que a reclamada não se apresentar em audiência.

Não se verificando as situações acima, será aplicada a pena de revelia que impossibilitará o réu de apresentar defesa naquele processo.

É possível caracterizar os efeitos da revelia, mesmo o réu estando presente. O art. 344 do CPC é cristalino ao afirmar que, se não contestada a ação, consideram-se verdadeiros os fatos afirmados pelo autor. Este artigo trata da revelia, aplicando-se a pena de confissão à parte que, expressamente intimada com aquela cominação, não comparecer à audiência em prosseguimento (após a audiência de conciliação, quando fragmentada), na qual deveria depor (Súmula nº 74, I, do TST).

A revelia não põe fim ao processo. Esse é outro erro de interpretação, acolhido na prática. A revelia apenas veda a possibilidade do réu apresentar defesa naquele processo.

O TST promoverá a alteração da Súmula nº 122/TST, que deverá seguir com esta redação: REVELIA. ADVOGADO PRESENTE À AUDIÊNCIA. CONTESTAÇÃO E DOCUMENTOS. APRESENTAÇÃO. ATESTADO MÉDICO. EFEITO DA REVELIA (alterada e incluídos os itens II e III, em decorrência da Lei nº 13.467/2017). I – A reclamada, ausente à audiência em que deveria apresentar defesa, e revel ainda que presente seu advogado munido de procuração, podendo ser ilidida a revelia mediante a apresentação de atestado médico, que deverá declarar, expressamente, a impossibilidade de locomoção do empregador ou do seu preposto no dia da audiência. II – A partir da vigência da Lei nº 13.467/2017, em 11 de novembro de 2017, a revelia não gera confissão quanto à matéria de fato se (art. 844, §4º, da CLT): a) havendo pluralidade de reclamados, algum deles contestar a pretensão; b) o litígio versar sobre direitos indisponíveis; c) a petição inicial não estiver acompanhada de instrumento que a lei considere indispensável à

prova do ato; d) as alegações de fato formuladas pelo reclamante forem inverossímeis ou estiverem em contradição com a prova constante dos autos. III – Nas ações ajuizadas a partir da vigência da Lei nº 13.467/2017, em 11 de novembro de 2017, ainda que ausente o reclamado, presente o advogado a audiência, serão aceitos a contestação e os documentos eventualmente apresentados, sem que tal afaste a revelia.

Observe-se que a parte que for considerada revel, poderá intervir no processo e seguir na tramitação do mesmo pelo estado em que se encontra (art. 346 do CPC). O juízo também poderá promover o julgamento antecipado da lide quando houver matéria de direito envolvida (art. 355 do CPC).

Instrução Normativa do TST comanda que decisões judiciárias não poderão retroagir quanto a atos praticados antes da vigência da Lei nº 13.467/17, considerando que as custas seguirão passíveis de condenação para as ações ajuizadas após 11.11.17. Lembrando, tão somente, que o STF decidirá em breve se serão cabíveis em face do julgamento da ADI nº 5.766/DF, que tramita naquela Corte Suprema.

Art. 845. O reclamante e o reclamado comparecerão à audiência acompanhados das suas testemunhas, apresentando, nessa ocasião, as demais provas.

A informalidade que norteia o processo do trabalho permite que as testemunhas sejam levadas à audiência, sem precisar de arrolamento antecipado. Caso a parte deseje garantir que as testemunhas sejam ouvidas, será necessário indicá-las no processo ou convocá-las por carta antes da assentada para que o juízo possa intimá-las. Na recusa injustificada, podem ser conduzidas, coercitivamente ("sob vara"). As demais provas podem ser juntadas aos autos, respeitando-se o "princípio do contraditório" para que a outra parte possa se manifestar.

Art. 846. Aberta a audiência, o juiz ou presidente proporá a conciliação.

§1º Se houver acordo lavrar-se-á termo, assinado pelo presidente e pelos litigantes, consignando-se o prazo e demais condições para seu cumprimento.

§2º Entre as condições a que se refere o parágrafo anterior, poderá ser estabelecida a de ficar a parte que não cumprir o acordo obrigada a satisfazer integralmente o pedido ou pagar uma indenização convencionada, sem prejuízo do cumprimento do acordo.

Os acordos promovidos na Justiça do Trabalho são considerados atos de jurisdição contenciosa e valem como sentença, passível de execução. Só poderão ser questionados por meio de ação rescisória.

O não cumprimento do acordo acarreta o pagamento de uma indenização, que vale como uma espécie de "cláusula penal", para que assegure o cumprimento. Caso não seja honrado, importará na execução do valor total do que houve homologado pelo juízo.

Art. 847. Não havendo acordo, o reclamado terá 20 (vinte) minutos para aduzir sua defesa, após a leitura da reclamação, quando esta não for dispensada por ambas as partes.

Parágrafo único. A parte poderá apresentar defesa escrita pelo sistema de processo judicial eletrônico até a audiência

Em face do Processo Eletrônico, o "Princípio da Oralidade fica prejudicado". Caracterizava-se exatamente no momento em que as partes poderiam manifestar-se de forma oral em 20 (vinte) minutos durante a audiência. Há possibilidades da contestação ser complementada oralmente na audiência inaugural, em consonância com as regras do Processo Eletrônico.

A reclamada também poderá oferecer reconvenção, uma verdadeira "ação sobre outra ação". Trata-se de pleito apresentado no momento da defesa, em que a reclamada (reconvinte) poderá arguir questões compatíveis com a pretensão, sobre o pedido do reclamante (reconvindo) nos termos do art. 343 do CPC. O juiz designará prazo para o reclamante se manifestar da reconvenção. Também se permite que a reconvenção seja direcionada para terceiros, não só para o autor da causa.

Art. 848. Terminada a defesa, seguir-se-á a instrução do processo, podendo o presidente, *ex officio* ou a requerimento de qualquer juiz temporário, interrogar os litigantes.

§1º Findo o interrogatório, poderá qualquer dos litigantes retirar-se, prosseguindo a instrução com o seu representante.

§2º Serão, a seguir, ouvidas as testemunhas, os peritos e os técnicos, se houver.

O processo do trabalho divide-se em três fases distintas: conciliação, instrução e decisão. As provas são colhidas na fase de instrução processual.

O incidente de falsidade poderá ser arguido nos termos do art. 430 do CPC que assevera: "a falsidade deve ser suscitada na contestação, na réplica ou no prazo de 15 (quinze) dias, contado a partir da intimação da juntada do documento aos autos". No art. 19, I e II do CPC a ação declaratória é cabível para que a parte obtenha um pronunciamento jurisdicional a respeito da existência ou inexistência de uma relação

jurídica ou da autenticidade ou falsidade de documento. Nos arts. 430 a 433 do CPC, verifica-se que o incidente de falsidade é ação.

A falsidade ideológica que se caracteriza pela simulação, erro, fraude e outros vícios de consentimento pode ser demonstrada pelos meios de prova e não se faz necessária seja arguida nos moldes do incidente prescrito pelo art. 430 do CPC. Tempestivamente, vale registrar que a despeito da exegese do art. 430 do CPC o incidente poderá ser suscitado em qualquer grau de jurisdição no processo do trabalho.

Art. 849. A audiência de julgamento será contínua; mas, se não for possível, por motivo de força maior, concluí-la no mesmo dia, o juiz ou presidente marcará a sua continuação para a primeira desimpedida, independentemente de nova notificação.

O processo do trabalho é marcado pela celeridade e concentração de atos, portanto exige que tudo ocorra de maneira simples e objetiva no sentido de prestar ao hipossuficiente a tutela jurisdicional requerida.

Tornou-se uma prática a fragmentação das audiências, mas os Tribunais do Trabalho têm evitado tal anomalia e buscado seguir a lei com a realização de audiências contínuas denominadas como "UNA".

O prazo para interposição de recurso da parte começa a contar da data da publicação desta por meio de audiência especialmente designada para tal (Súmula nº 197 do TST).

Art. 850. Terminada a instrução, poderão as partes aduzir razões finais, em prazo não excedente de 10 (dez) minutos para cada uma. Em seguida, o juiz ou presidente renovará a proposta de conciliação, e, não se realizando esta, será proferida a decisão.

Parágrafo único. O presidente da Junta, após propor a solução do dissídio, tomará os votos dos vogais, e, havendo divergência entre estes, poderá desempatar ou proferir decisão que melhor atenda ao cumprimento da lei e ao justo equilíbrio entre os votos divergentes e ao interesse social.

O Processo Eletrônico passou a regular as razões finais, com as partes reportando-se aos autos em audiência ou por meio de memoriais protocolados no PJ-e no prazo determinado pelo juízo competente.

O momento de apresentação das razões finais trata-se de uma última fase procedimental, que permite às partes litigantes apresentar considerações sobre qualquer fato pertinente que tenha ocorrido no decorrer do processo. Vale salientar que essas manifestações não se reportam a fatos novos ou que não foram tratados no processo.

Art. 851. Os trâmites de instrução e julgamento da reclamação serão resumidos em ata, de que constará, na íntegra, a decisão.

§1º Nos processos de exclusiva alçada das Juntas, será dispensável, a juízo do presidente, o resumo dos depoimentos, devendo constar da ata a conclusão do tribunal quanto à matéria de fato.

§2º A ata será, pelo presidente ou juiz, junta ao processo, devidamente assinada, no prazo improrrogável de 48 (quarenta e oito) horas, contado da audiência de julgamento, e assinada pelos vogais presentes à mesma audiência.

Os fatos ocorridos na audiência serão relatados em ata, a qual relacionará todos os detalhes ocorridos na audiência e seus incidentes. Esta ATA é disponibilizada pelo PJ-e para consulta das partes, logo em seguida ao término das audiências.

Caso a ATA não traduza a realidade do ocorrido em audiência ou se faça acompanhar de irregularidades que possam prejudicar o processo, é possível que seja ajustada por meio de retificação. Esta poderá ser requerida e recepcionada pelo juízo para as devidas alterações.

Art. 852. Da decisão serão os litigantes notificados, pessoalmente, ou por seu representante, na própria audiência. No caso de revelia, a notificação far-se-á pela forma estabelecida no §1º do art. 841.

Em regra, as sentenças são proferidas *sine die*, ou seja, sem dia marcado, em que pese à lei determine sejam prolatadas em audiência própria e, consequentemente, notificadas as partes ou procuradores naquele mesmo momento processual.

O Processo Eletrônico regula essas notificações, que são acompanhadas pelos trâmites das Varas de Trabalho e certificadas no PJ-e.

Seção II-A
DO PROCEDIMENTO SUMARÍSSIMO

Art. 852-A. Os dissídios individuais cujo valor não exceda a 40 (quarenta) vezes o salário mínimo vigente na data do ajuizamento da reclamação ficam submetidos ao procedimento sumaríssimo.

Parágrafo único. Estão excluídas do procedimento sumaríssimo as demandas em que é parte a Administração Pública direta, autárquica e fundacional.

Art. 852-B. Nas reclamações enquadradas no procedimento sumaríssimo:

I – o pedido deverá ser certo ou determinado e indicará o valor correspondente;

II – não se fará citação por edital, incumbindo ao autor a correta indicação do nome e endereço do reclamado;

III – a apreciação da reclamação deverá ocorrer no prazo máximo de 15 (quinze) dias do seu ajuizamento, podendo constar de pauta especial, se necessário, de acordo com o movimento Judiciário da Junta de Conciliação e Julgamento.

§1º O não atendimento, pelo reclamante, do disposto nos incisos I e II deste artigo importará no arquivamento da reclamação e condenação ao pagamento de custas sobre o valor da causa.

§2º As partes e advogados comunicarão ao juízo as mudanças de endereço ocorridas no curso do processo, reputando-se eficazes as intimações enviadas ao local anteriormente indicado, na ausência de comunicação.

Art. 852-C. As demandas sujeitas a rito sumaríssimo serão instruídas e julgadas em audiência única, sob a direção de juiz presidente ou substituto, que poderá ser convocado para atuar simultaneamente com o titular.

Art. 852-D. O juiz dirigirá o processo com liberdade para determinar as provas a serem produzidas, considerado o ônus probatório de cada litigante, podendo limitar ou excluir as que considerar excessivas, impertinentes ou protelatórias, bem como para apreciá-las e dar especial valor às regras de experiência comum ou técnica.

Art. 852-E. Aberta a sessão, o juiz esclarecerá as partes presentes sobre as vantagens da conciliação e usará os meios adequados de persuasão para a solução conciliatória do litígio, em qualquer fase da audiência.

Art. 852-F. Na ata de audiência serão registrados resumidamente os atos essenciais, as afirmações fundamentais das partes e as informações úteis à solução da causa trazidas pela prova testemunhal.

Art. 852-G. Serão decididos, de plano, todos os incidentes e exceções que possam interferir no prosseguimento da audiência e do processo. As demais questões serão decididas na sentença.

Art. 852-H. Todas as provas serão produzidas na audiência de instrução e julgamento, ainda que não requeridas previamente.

§1º Sobre os documentos apresentados por uma das partes manifestar-se-á imediatamente a parte contrária, sem interrupção da audiência, salvo absoluta impossibilidade, a critério do juiz.

§2º As testemunhas, até o máximo de duas para cada parte, comparecerão à audiência de instrução e julgamento independentemente de intimação.

§3º Só será deferida intimação de testemunha que, comprovadamente convidada, deixar de comparecer. Não comparecendo a testemunha intimada, o juiz poderá determinar sua imediata condução coercitiva.

§4º Somente quando a prova do fato o exigir, ou for legalmente imposta, será deferida prova técnica, incumbindo ao juiz, desde logo, fixar o prazo, o objeto da perícia e nomear perito.

§5º (Vetado)

§6º As partes serão intimadas a manifestar-se sobre o laudo, no prazo comum de 5 (cinco) dias.

§7º Interrompida a audiência, o seu prosseguimento e a solução do processo dar-se-ão no prazo máximo de 30 (trinta) dias, salvo motivo relevante justificado nos autos pelo juiz da causa.

Art. 852-I. A sentença mencionará os elementos de convicção do juízo, com resumo dos fatos relevantes ocorridos em audiência, dispensado o relatório.

§1º O juízo adotará em cada caso a decisão que reputar mais justa e equânime, atendendo aos fins sociais da lei e as exigências do bem comum.

§2º (Vetado)

§3º As partes serão intimadas da sentença na própria audiência em que prolatada.

O procedimento sumaríssimo oferece celeridade processual às ações cujo valor não exceda 40 (quarenta) salários mínimos na data do aforamento. Tal procedimento obriga que as audiências ocorram em quinze dias, desde que o pedido seja "certo" ou "determinado" e já previsto na petição inicial. "valor da causa" "valor do pedido"

O conceito de "valor da causa" e "valor do pedido" é absolutamente distinto. O "valor da causa" servirá como base para a condenação das custas judiciais. O "valor do pedido" certo ou determinado será mensurado e indicado na exordial como por exemplo: a) aviso-prévio = R$500,00 + b) férias simples + 1/3 = R$665,00 + c) salários treze = R$500,00 e assim sucessivamente, totalizado ao final um valor líquido. Observe-se, apenas, que esse total não poderá ultrapassar 40 (quarenta) vezes o salário mínimo vigente à época do ajuizamento.

Este procedimento, também, provoca a oitiva de duas testemunhas para cada parte e a apreciação do laudo no prazo de 5 (cinco) dias, com decisão em trinta dias. No Tribunal serão analisadas com prioridade em 10 (dez) dias, sem a presença do revisor, com parecer oral da Procuradoria do Trabalho e, finalmente, só recepcionará recurso de revista se contrariar Súmula do TST ou violar a Carta Magna.

As ações de "alçada" previstas na Lei nº 5.584/1970 continuam vigorando com o advento do rito sumaríssimo, tão somente acelerando o procedimento nos processos cujo "valor de causa" não ultrapasse dois salários mínimos e assim impedindo a via recursal.

Nas causas sujeitas ao procedimento sumaríssimo, a admissibilidade de recurso de revista está limitada à demonstração de violação direta a dispositivo da Constituição Federal ou contrariedade a Súmula do Tribunal Superior do Trabalho, não se admitindo o recurso por contrariedade a Orientação Jurisprudencial deste Tribunal (Livro II, Título II, Capítulo III, do RITST), ante a ausência de previsão no art. 896, §6º, da CLT (Súmula nº 442 do TST acrescentada pela Res. TST nº 185/2012 – *DEJT* 25.09.2012).

Seção III
DO INQUÉRITO PARA APURAÇÃO DE FALTA GRAVE

Art. 853. Para a instauração do inquérito para apuração de falta grave contra empregado garantido com estabilidade, o empregador apresentará reclamação por escrito à Junta ou Juízo de Direito, dentro de 30 (trinta) dias, contados da data da suspensão do empregado.

A justa causa é caracterizada pelas irregularidades cometidas por empregado que não cumpre as normas de trabalho e desobedece aos preceitos expostos, como, por exemplo, o art. 482 da CLT.

Falta grave é a justa causa cometida por empregado protegido por estabilidade.

Portanto, pode provocar a instauração de inquérito para a apuração de falta grave um empregado estável que age dentro das irregularidades exemplificadas pelo art. 482 da CLT.

Tal empregado deverá ser suspenso das atividades laborais e, em trinta dias, levado à Justiça do Trabalho, por meio de uma ação trabalhista denominada "inquérito para apuração de falta grave", que resolverá a pendenga de duas formas: retificando o ato da empresa e determinando o retorno do empregado às suas funções, oportunidade em que o empregador deverá pagar todos os salários devidos desde o dia da sua suspensão, ou ratificando o ato da empresa, oportunidade em que o empregado será desligado e não receberá salários desde o dia da sua suspensão.

Art. 854. O processo do inquérito perante a Junta ou Juízo obedecerá às normas estabelecidas no presente Capítulo, observadas as disposições desta Seção.

O inquérito será realizado nos mesmos moldes das ações trabalhistas e nos parâmetros estabelecidos pela lei para as audiências em processos ajuizados na Justiça do Trabalho.

Art. 855. Se tiver havido prévio reconhecimento da estabilidade do empregado, o julgamento do inquérito pela Junta ou Juízo não prejudicará a execução para pagamento dos salários devidos ao empregado, até a data da instauração do mesmo inquérito.

Caso a audiência demore para ser realizada, o empregado receberá todos os salários devidos desde a suspensão, se não for comprovada a irregularidade, independentemente da data da audiência e da decisão do juízo.

Art. 855-A. Aplica-se ao processo do trabalho o incidente de desconsideração da personalidade jurídica previsto nos arts. 133 a 137 da Lei nº 13.105, de 16 de março de 2015 – Código de Processo Civil.

§1º Da decisão interlocutória que acolher ou rejeitar o incidente:

I – na fase de cognição, não cabe recurso de imediato, na forma do §1º do art. 893 desta Consolidação;

II – na fase de execução, cabe agravo de petição, independentemente de garantia do juízo;

III – cabe agravo interno se proferida pelo relator em incidente instaurado originariamente no tribunal.

§2º A instauração do incidente suspenderá o processo, sem prejuízo de concessão da tutela de urgência de natureza cautelar de que trata o art. 301 da Lei nº 13.105, de 16 de março de 2015 (Código de Processo Civil).

A Lei nº 13.467/17 oferece a oportunidade ao pedido de desconsideração da pessoa jurídica em aplicação subsidiária ao Processo Civil.

Tratam-se de pleitos que buscam converter a condenação de uma empresa na pessoa do sócio ou principal acionista. Essa possibilidade já é utilizada por ocasião do ajuizamento da ação em que demandam micro e pequenas empresas, cujos sócios atuam diretamente no comando da relação de emprego. É comum nos casos em que empregadores simulam por meio de pessoas jurídicas formas de escapar das execuções ou mesmo abrem e fecham empresas para fugir das obrigações Trabalhistas. Muito utilizado na via executória, os pedidos de desconsideração da pessoa jurídica permitem que a execução recaia sobre os donos das empresas que restam submetidos a penhora *on line* em suas contas de pessoa física com fito de garantir a execução.

O instituto tem previsão no art. 50 do Código Civil e na via processual pelos arts. 133 a 137 do CPC, aplicados subsidiariamente ao processo do trabalho.

Da decisão que acolher ou rejeitar a desconsideração ou despersonificação da pessoa jurídica, na fase de conhecimento, não cabe recurso em se tratando de decisão interlocutória.

No processo de execução, diante do inconformismo da parte, essas decisões são passíveis de Agravo de Petição que independe da garantia do juízo. E cabe agravo regimental, se proferida decisão pelo relator do processo no TRT, em incidente próprio instaurado originariamente no tribunal.

O acolhimento do incidente pelo juízo competente suspenderá o processo, sem prejuízo de concessão da tutela de urgência caso a parte deseje assim buscar a garantia do recebimento imediato dos valores em litígio nos termos do art. 301 do CPC.

Instrução Normativa do TST assegura que o incidente regulado pelos artigos 133 e 137 do CPC aplicam-se ao processo do trabalho nos termos da Lei nº 13.467/17.

Capítulo III-A
DO PROCESSO DE JURISDIÇÃO VOLUNTÁRIA PARA HOMOLOGAÇÃO DE ACORDO EXTRAJUDICIAL

Art. 855-B. O processo de homologação de acordo extrajudicial terá início por petição conjunta, sendo obrigatória a representação das partes por advogado.

§1º As partes não poderão ser representadas por advogado comum.

§2º Faculta-se ao trabalhador ser assistido pelo advogado do sindicato de sua categoria.

Art. 855-C. O disposto neste Capítulo não prejudica o prazo estabelecido no §6º do art. 477 desta Consolidação e não afasta a aplicação da multa prevista no §8º art. 477 desta Consolidação.

Art. 855-D. No prazo de quinze dias a contar da distribuição da petição, o juiz analisará o acordo, designará audiência se entender necessário e proferirá sentença.

Art. 855-E. A petição de homologação de acordo extrajudicial suspende o prazo prescricional da ação quanto aos direitos nela especificados.

Parágrafo único. O prazo prescricional voltará a fluir no dia útil seguinte ao do trânsito em julgado da decisão que negar a homologação do acordo.

A Lei nº 13.467/17 oferece a possibilidade das partes promoverem acordos extrajudiciais, devidamente homologados pela Justiça do Trabalho.

Se empregados e empregadores decidirem extinguir ou novar contrato de trabalho com quitação geral e irrestrita de débitos anteriores, poderão fazê-lo por intermédio de acordo extrajudicial.

Este acordo só poderá ser acionado por meio de petição conjunta e obrigatória a representação pelos advogados dos interessados, vedada a atuação do mesmo profissional para ambas as partes e facultada a assistência do sindicato da categoria. No prazo de quinze dias a contar da distribuição da petição, o juiz analisará o acordo e designará audiência se entender necessário ou proferirá sentença homologatória.

Este ato de jurisdição denominado pela lei de voluntária e que na verdade tem natureza contenciosa, não invalida ou prejudica o prazo para quitação de débitos trabalhistas previsto no §6º do art. 477 desta Consolidação e não afasta a aplicação da multa prevista no §8º art. 477 do mesmo título.

A petição de homologação de acordo extrajudicial suspende o prazo prescricional da ação, quanto aos direitos nela especificados. Este mesmo prazo voltará a fluir no dia útil seguinte ao trânsito em julgado da decisão que negar a homologação do acordo.

O Diário Eletrônico da Justiça do Trabalho (DEJT) publicou a Resolução Administrativa nº 09/2018 expedida pelo Órgão Especial do Tribunal Regional do Trabalho da 1ª Região (TRT/RJ), que dispõe sobre a exigência de habilitação dos advogados de cada uma das partes envolvidas para homologação de acordo extrajudicial nos termos dos artigos 855-B e 855-E da CLT (Lei nº 13.467/2017).

Trata-se de uma solução inteligente e prática que poderá ser utilizada para casos em que estejam envolvidos altos empregados, aqueles que ganham acima de dois benefícios previdenciários ou para os que detêm cargos de confiança nas empresas. Evita a demanda e o desgaste de um processo trabalhista, bem como poderá aliviar os consequentes encargos sociais decorrentes dos recolhimentos de previdência e IRRF que incidirão sobre a execução.

Capítulo IV
DOS DISSÍDIOS COLETIVOS
Seção I
DA INSTAURAÇÃO DA INSTÂNCIA

Art. 856. A instância será instaurada mediante representação escrita ao presidente do Tribunal. Poderá ser também instaurada por iniciativa do presidente ou, ainda, a requerimento da Procuradoria da Justiça do Trabalho, sempre que ocorrer suspensão do trabalho.

Além de representações sindicais e como exceção ao "princípio do dispositivo", em que só as partes interessadas devem procurar a tutela jurisdicional (art. 2º do CPC), a instância pode ser instaurada pelo Estado na figura dos presidentes de Tribunais do Trabalho e pelas Procuradorias da Justiça do Trabalho, sempre que ocorrer greve que afete a ordem social.

Art. 857. A representação para instaurar a instância em dissídio coletivo constitui prerrogativa das associações sindicais, excluídas as hipóteses aludidas no art. 856, quando ocorrer suspensão do trabalho.

Parágrafo único. Quando não houver sindicato representativo da categoria econômica ou profissional, poderá a representação ser instaurada pelas federações correspondentes e, na falta destas, pelas confederações respectivas, no âmbito de sua representação.

As negociações entre associações sindicais para formalizar ou renovar acordo ou convenção coletiva de trabalho podem malograr e, nesse caso, qualquer das partes interessadas – sindicatos patronais ou de trabalhadores – podem ajuizar dissídio coletivo. Ressalva-se que, na falta do sindicato, as federações e as confederações também têm legitimidade para instaurar instância.

Art. 858. A representação será apresentada em tantas vias quantos forem os reclamados e deverá conter:

a) designação e qualificação dos reclamantes e dos reclamados e a natureza do estabelecimento ou do serviço;

b) os motivos do dissídio e as bases da conciliação.

Como qualquer ação, o ajuizamento de um dissídio coletivo deve ser instruído com a qualificação das partes e os motivos que provocaram a instauração de instância, bem como as pautas de reivindicações que não lograram êxito na fase de negociação do acordo ou convenção coletiva de trabalho.

Art. 859. A representação dos sindicatos para instauração da instância fica subordinada à aprovação de assembleia, da qual participem os associados interessados na solução do dissídio coletivo, em primeira convocação, por maioria de 2/3 (dois terços) dos mesmos, ou, em segunda convocação, por 2/3 (dois terços) dos presentes.

Parágrafo único. (Revogado pelo Decreto-Lei nº 7.321, de 14.02.1945)

Da mesma forma que levam por meio de assembleias as decisões em acordos e convenções aos integrantes da categoria, os dissídios coletivos exigem que essas referidas assembleias também aprovem a instauração de instância, no caso, em primeira convocação, com dois terços dos associados interessados e, em segunda convocação, com dois terços dos presentes.

Seção II
DA CONCILIAÇÃO E DO JULGAMENTO

Art. 860. Recebida e protocolada a representação, e estando na devida forma, o presidente do Tribunal designará a audiência de conciliação, dentro do prazo de 10

(dez) dias, determinando a notificação dos dissidentes, com observância do disposto no art. 841.

Parágrafo único. Quando a instância for instaurada *ex officio*, a audiência deverá ser realizada dentro do prazo mais breve possível, após o reconhecimento do dissídio.

Os dissídios coletivos têm por natureza jurídica a instituição de novas condições de trabalho para uma categoria profissional.

Com a exceção da instauração de instância por parte dos Tribunais ou das Procuradorias do Trabalho, que deverá ocorrer o mais rápido possível, as audiências devem realizar-se em dez dias após o recebimento e protocolo pelo Tribunal competente.

Art. 861. É facultado ao empregador fazer-se representar na audiência pelo gerente, ou por qualquer outro preposto que tenha conhecimento do dissídio, e por cujas declarações será sempre responsável.

Nos dissídios coletivos, o empregador poderá ser representado por um preposto que tenha conhecimento do dissídio, nos mesmos moldes dos dissídios individuais.

Art. 862. Na audiência designada, comparecendo ambas as partes ou seus representantes, o presidente do Tribunal as convidará para se pronunciarem sobre as bases da conciliação. Caso não sejam aceitas as bases propostas, o presidente submeterá aos interessados a solução que lhe pareça capaz de resolver o dissídio.

As audiências nos dissídios coletivos desenvolvem-se exatamente igual aos dissídios individuais. Como tal, o juiz proporá a conciliação na abertura da audiência e, não havendo acordo, submeterá as partes às bases que entender cabíveis na solução do conflito.

Os efeitos da revelia não se convalidam nos casos de dissídios coletivos, cabendo ao Tribunal competente designar outro dia para a audiência.

Art. 863. Havendo acordo, o presidente o submeterá à homologação do Tribunal na primeira sessão.

É possível haver acordo em dissídios coletivos, o qual será imediatamente homologado pelo Tribunal do Trabalho, em sua 1ª sessão.

Art. 864. Não havendo acordo, ou não comparecendo ambas as partes ou uma delas, o presidente submeterá o processo a julgamento, depois de realizadas as diligências que entender necessárias e ouvida a Procuradoria.

Não se verificam os efeitos da revelia nos dissídios coletivos, e a ausência de uma das partes provocará o julgamento do dissídio, após realizados os esforços do Tribunal para a elucidação do conflito. O mesmo ocorrerá nos casos em que não houver acordo entre as partes.

Art. 865. Sempre que, no decorrer do dissídio, houver ameaça de perturbação da ordem, o presidente requisitará à autoridade competente as providências que se tornarem necessárias.

Havendo perturbação da ordem, deverá o juiz agir com rigor, solicitando força policial para manter a urbanidade no ambiente.

Art. 866. Quando o dissídio ocorrer fora da sede do Tribunal, poderá o presidente, se julgar conveniente, delegar à autoridade local as atribuições de que tratam os arts. 860 e 862. Nesse caso, não havendo conciliação, a autoridade delegada encaminhará o processo ao Tribunal, fazendo exposição circunstanciada dos fatos e indicando a solução que lhe parecer conveniente.

A competência para julgar dissídios coletivos recai sobre os Tribunais Regionais do Trabalho. Nos casos em que há conflito de jurisdição ou representações de classe em nível nacional envolvidas, a competência será do Tribunal Superior do Trabalho.

A lei, porém, abre uma exceção, que é quando o dissídio ocorre fora da sede do Tribunal Regional, oportunidade em que poderá ser delegada a competência a uma Vara do Trabalho, para que seja realizada a tentativa de conciliação, que, recusada ou aceita, deverá ser submetida ao Tribunal competente para a devida homologação.

Art. 867. Da decisão do Tribunal serão notificadas as partes, ou seus representantes, em registrado postal, com franquia, fazendo-se, outrossim, a sua publicação no jornal oficial, para ciência dos demais interessados.

Parágrafo único. A sentença normativa vigorará:

a) a partir da data de sua publicação, quando ajuizado o dissídio após o prazo do art. 616, §3º, ou, quando não existir acordo, convenção ou sentença normativa em vigor, da data do ajuizamento;

b) a partir do dia imediato ao termo final de vigência do acordo, convenção ou sentença normativa, quando ajuizado o dissídio no prazo do art. 616, §3º.

A sentença normativa possui natureza jurídica de um ato-regra, que tem como objetivo a normatização de relações de trabalho entre determinadas categorias profissionais e econômicas.

Tal espécie de sentença constitui verdadeira anomalia remanescente do regime totalitário, que inspirou o legislador do Texto Consolidado a inseri-la no contexto jurídico de um país que vive sob a égide de um regime democrático, em que o Poder Legislativo tem a capacidade de criar normas sem a interferência do Poder Judiciário.

Caso o dissídio tenha sido aforado depois do prazo de sessenta dias que as representações sindicais têm para renovar os acordos e convenções coletivas de trabalho, a sentença passará a viger a partir da data de sua publicação no *Diário Oficial*. E, no caso de o dissídio ter sido ajuizado dentro do referido prazo, a sentença normativa passará a viger no dia seguinte da data que marca o fim do acordo ou da convenção coletiva de trabalho que estava em vigência.

Já a Súmula nº 279 do TST assevera que a cassação de efeito suspensivo concedido a recurso interposto contra sentença normativa retroage à data do despacho que o deferiu.

Seção III
DA EXTENSÃO DAS DECISÕES

Art. 868. Em caso de dissídio coletivo que tenha por motivo novas condições de trabalho e no qual figure como parte apenas uma fração de empregados de uma empresa, poderá o Tribunal competente, na própria decisão, estender tais condições de trabalho, se julgar justo e conveniente, aos demais empregados da empresa que forem da mesma profissão dos dissidentes.

Parágrafo único. O Tribunal fixará a data em que a decisão deve entrar em execução, bem como o prazo de sua vigência, o qual não poderá ser superior a 4 (quatro) anos.

As sentenças normativas podem viger por quatro anos, no máximo.

Caso o Tribunal julgue justo e conveniente, uma sentença normativa poderá ser estendida aos demais empregados de uma mesma empresa, que não integraram o polo ativo do dissídio.

Art. 869. A decisão sobre novas condições de trabalho poderá também ser estendida a todos os empregados da mesma categoria profissional compreendida na jurisdição do Tribunal:

a) por solicitação de um ou mais empregadores, ou de qualquer sindicato destes;

b) por solicitação de um ou mais sindicatos de empregados;

c) *ex officio*, pelo Tribunal que houver proferido a decisão;

d) por solicitação da Procuradoria da Justiça do Trabalho.

Por solicitação dos empregados, sindicatos, Procuradorias do Trabalho e pelo próprio Tribunal competente, as decisões em dissídios coletivos podem ser estendidas a todos os sindicatos e respectivos profissionais que atuem nos limites da jurisdição do Tribunal julgador.

Art. 870. Para que a decisão possa ser estendida, na forma do artigo anterior, torna-se preciso que 3/4 (três quartos) dos empregadores e 3/4 (três quartos) dos empregados, ou os respectivos sindicatos, concordem com a extensão da decisão.

§1º O Tribunal competente marcará prazo, não inferior a 30 (trinta) nem superior a 60 (sessenta) dias, a fim de que se manifestem os interessados.

§2º Ouvidos os interessados e a Procuradoria da Justiça do Trabalho, será o processo submetido ao julgamento do Tribunal.

Será necessário que ¾ (três quartos) dos empregados e sindicatos interessados aceitem, por meio de assembleias, o requerimento para que a decisão do dissídio seja estendida à categoria ou a outros empregados.

Art. 871. Sempre que o Tribunal estender a decisão, marcará a data em que a extensão deva entrar em vigor.

O Tribunal competente designará a data em que a extensão da decisão passará a viger.

Seção IV
DO CUMPRIMENTO DAS DECISÕES

Art. 872. Celebrado o acordo, ou transitada em julgado a decisão, seguir-se-á o seu cumprimento, sob as penas estabelecidas neste Título.

Parágrafo único. Quando os empregadores deixarem de satisfazer o pagamento de salários, na conformidade da decisão proferida, poderão os empregados ou seus sindicatos, independentes de outorga de poderes de seus associados, juntando certidão de tal decisão, apresentar reclamação à Junta ou Juízo competente, observado o processo previsto no Capítulo II deste Título, sendo vedado, porém, questionar sobre a matéria de fato e de direito já apreciada na decisão.

Podem ajuizar ação de cumprimento os empregados, bem como os sindicatos, sendo que estes, como substitutos processuais, agem em nome próprio para buscar direito alheio (com legitimação extraordinária pelos associados), e protegidos por lei (art. 18 do CPC e autorizado pela dispensa de outorga de poderes prevista no parágrafo único do art. 872 da CLT).

Estará legitimado para atuar como parte no processo o titular do direito material que se pretende ver defendido em juízo. Trata-se da "pertinência subjetiva da causa", que neste casos e traduz pela legitimação ordinária.

Há exceções em que a lei atribui legitimidade a quem não é titular do direito material correspondente, que neste caso é denominada de legitimação extraordinária ou anômala que conhecemos como substituição processual. Um exemplo desta espécie está previsto na Súmula nº 286 do TST, que concede legitimidade ao sindicato para propor ação de cumprimento e estende-se também à observância de acordo ou de convenção coletiva.

De acordo com o inc. VIII do art. 114 da CRFB, a Justiça do Trabalho também é competente para executar, de ofício, as contribuições sociais (sindical, assistencial e confederativa) oriundas de lei ou pacto normativo.

É dispensável o trânsito em julgado da sentença normativa para a propositura da ação de cumprimento, conforme estabelece a Súmula nº 246 do TST.

E a Súmula nº 350 do TST assegura que o prazo de prescrição com relação à ação de cumprimento de decisão normativa, que flui apenas da data de seu trânsito em julgado.

Seção V
DA REVISÃO

Art. 873. Decorrido mais de 1 (um) ano de sua vigência, caberá revisão das decisões que fixarem condições de trabalho, quando se tiverem modificado as circunstâncias que as ditaram, de modo que tais condições se hajam tornado injustas ou inaplicáveis.

As revisões são admitidas quando as sentenças estiverem em desacordo com a realidade das circunstâncias impostas à época em que foi prolatada. Será encaminhada ao Tribunal competente, em forma própria.

Art. 874. A revisão poderá ser promovida por iniciativa do Tribunal prolator, da Procuradoria da Justiça do Trabalho, das associações sindicais ou de empregador ou empregadores interessados no cumprimento da decisão.

Parágrafo único. Quando a revisão for promovida por iniciativa do Tribunal prolator ou da Procuradoria, as associações sindicais e o empregador ou empregadores interessados serão ouvidos no prazo de 30 (trinta) dias. Quando promovida por uma das partes interessadas, serão as outras ouvidas também por igual prazo.

Os próprios empregados interessados, as associações sindicais, a Procuradoria do Trabalho e o Tribunal competente podem promover a revisão das sentenças normativas.

Art. 875. A revisão será julgada pelo Tribunal que tiver proferido a decisão, depois de ouvida a Procuradoria da Justiça do Trabalho.

O próprio Tribunal que prolatou a sentença normativa será competente para julgar a revisão da sua decisão, sempre com o parecer da Procuradoria do Trabalho.

Capítulo V
DA EXECUÇÃO

Seção I
DAS DISPOSIÇÕES PRELIMINARES

Art. 876. As decisões passadas em julgado ou das quais não tenha havido recurso com efeito suspensivo; os acordos, quando não cumpridos; os termos de ajuste de

conduta firmados perante o Ministério Público do Trabalho e os termos de conciliação firmados perante as Comissões de Conciliação Prévia serão executados pela forma estabelecida neste Capítulo.

Parágrafo único. Serão executadas *ex officio* as contribuições sociais devidas em decorrência de decisão proferida pelos juízes e Tribunais do Trabalho, resultantes de condenação ou homologação de acordo, inclusive sobre os salários pagos durante o período contratual reconhecido.

Parágrafo único. A Justiça do Trabalho executará, de ofício, as contribuições sociais previstas na alínea a do inciso I e no inciso II do *caput* do art. 195 da Constituição Federal, e seus acréscimos legais, relativas ao objeto da condenação constante das sentenças que proferir e dos acordos que homologar.

A Lei nº 13.467/17 assegura que a Justiça do Trabalho será competente para executar de ofício as contribuições sociais, como a previdência social, que tiverem origem em sentenças que não sofreram recurso e transitaram em julgado ou mesmo nos casos em que houver recurso com efeito suspensivo e nos acordos oriundos de processos individuais ou coletivos do trabalho.

Assegura competente a Justiça do Trabalho, revisando a Súmula nº 368 do TST, para execução de contribuições à Seguridade Social devidas durante o pacto laboral, mesmo não havendo condenação em créditos trabalhistas e obedecida a decadência.

Art. 877. É competente para a execução das decisões o juiz ou presidente do Tribunal que tiver conciliado ou julgado originariamente o dissídio.

O juiz que julgou o processo de conhecimento, proferindo sentença, deve iniciar a execução. As Varas de Trabalho atuam quase que, administrativamente, nos processos de execução.

O Provimento CGJT nº 01 de 9 de fevereiro de 2018 expendido pela Corregedoria-Geral da Justiça do Trabalho regulamentou a padronização do Procedimento de Reunião de Execuções no âmbito da Justiça do Trabalho com fito de garantir efetividade aos julgados nos termos do art. 5º, LXXVIII da CRFB para proporcionar a realização integral da tutela jurisdicional.

A centralização das execuções contra os grandes devedores encontra respaldo no art. 28 *caput* e parágrafo único da Lei nº 6.830/80, aplicado por força do art. 889 da CLT e em atendimento ao princípio da cooperação jurisdicional previsto no art. 69, inciso II do CPC, pelos quais se emprega maior celeridade à prestação jurisdicional que permita a expropriação do patrimônio dos devedores em prol da coletividade dos credores.

A Justiça do Trabalho manterá sua essência conciliatória como instrumento de pacificação social e ao mesmo tempo promoverá o direito fundamental à razoável

duração do processo (art. 5º, LXXVIII da CRFB em benefício do credor de maneira que sejam realizados os pagamentos dos créditos e observadas as particularidades de cada caso concreto com a premência do crédito trabalhista em acordo com caráter alimentar destes valores sem abandonar a importante função social da empresa.

Vale registrar que o presente Provimento se aplica às execuções que já se encontrarem reunidas no âmbito da Justiça do Trabalho, bem como ao Regime Centralizado de Execução específico para atender as entidades desportivas de que trata o §10 do art. 27 da Lei nº 9.615 de 24 de março de 1998.

Art. 877-A. É competente para a execução de título executivo extrajudicial o juiz que teria competência para o processo de conhecimento relativo à matéria.

Art. 878. A execução será promovida pelas partes, permitida a execução de ofício pelo juiz ou pelo Presidente do Tribunal apenas nos casos em que as partes não estiverem representadas por advogado.

Parágrafo único. (Revogado).

A Lei nº 13.467/17 assegura que a execução poderá ser promovida pelas partes e só caberá ao magistrado agir de ofício se as partes não estiverem representadas por advogados, não mais acionando o princípio do inquisitivo ou inquisitório no qual o próprio juiz impulsionava o processo executório de forma espontânea.

As divergências decorrentes da interpretação da Súmula nº 114 do TST que assegura inaplicável a prescrição intercorrente na Justiça do Trabalho e da Súmula nº 327 do STF, afirmando que existe a prescrição intercorrente no processo do trabalho estão equacionadas pela evolução da Lei nº 13.467/17. Orienta-se desta forma pelos procedimentos adotados no processo civil, em que a execução só pode ser acionada pelos interessados mediante instauração de processo próprio que restará sendo dirigido à Vara de origem para devida tramitação.

O TST, através de Instrução Normativa, assegura que após a vigência da Lei nº 13.467/17 a iniciativa da execução quanto ao incidente de desconsideração da pessoa jurídica que trata o art. 855-A da CLT estará limitada aos processos que as partes não estiverem acompanhadas de advogados. Portanto, as partes deverão promover a execução nos termos do presente artigo sob pena de arquivamento.

Art. 878-A. Faculta-se ao devedor o pagamento imediato da parte que entender devida à Previdência Social, sem prejuízo da cobrança de eventuais diferenças encontradas na execução *ex officio*.

A execução das parcelas previdenciárias está prevista no art. 195 da CF/1988, nos arts. 10 e 43 da Lei nº 8.212/1991 e na Súmula nº 368 do TST, as quais asseguram o recolhimento dessas dívidas junto à Previdência Social.

Art. 879. Sendo ilíquida a sentença exequenda, ordenar-se-á, previamente, a sua liquidação, que poderá ser feita por cálculo, por arbitramento ou por artigos.

§1º Na liquidação, não se poderá modificar, ou inovar, a sentença liquidanda, nem discutir matéria pertinente à causa principal.

§1º-A. A liquidação abrangerá, também, o cálculo das contribuições previdenciárias devidas.

§1º-B. As partes deverão ser previamente intimadas para a apresentação do cálculo de liquidação, inclusive da contribuição previdenciária incidente.

§2º Elaborada a conta e tornada líquida, o juízo deverá abrir às partes prazo comum de oito dias para impugnação fundamentada com a indicação dos itens e valores objeto da discordância, sob pena de preclusão

§3º Elaborada a conta pela parte ou pelos órgãos auxiliares da Justiça do Trabalho, o juiz procederá à intimação da União para manifestação, no prazo de 10 (dez) dias, sob pena de preclusão.

§4º A atualização do crédito devido à Previdência Social observará os critérios estabelecidos na legislação previdenciária.

§5º O Ministro de Estado da Fazenda poderá, mediante ato fundamentado, dispensar a manifestação da União quando o valor total das verbas que integram o salário de contribuição, na forma do art. 28 da Lei nº 8.212, de 24 de julho de 1991, ocasionar perda de escala decorrente da atuação do órgão jurídico.

§6º Tratando-se de cálculos de liquidação complexos, o juiz poderá nomear perito para a elaboração e fixará, depois da conclusão do trabalho, o valor dos respectivos honorários com observância, entre outros, dos critérios de razoabilidade e proporcionalidade.

§7º A atualização dos créditos decorrentes de condenação judicial será feita pela Taxa Referencial (TR), divulgada pelo Banco Central do Brasil, conforme a Lei nº 8.177, de 1º de março de 1991.

As sentenças podem ser líquidas, quando o juízo determina desde logo seu valor de condenação, ou ilíquidas, quando o juízo não determina o *quantum debeatur* (valor devido) a que será condenado o réu.

A liquidação da sentença pode convalidar-se por artigos se requerida prova dos valores da condenação, bem como por cálculos nos casos em que o juízo remete a contadoria da vara para que seja providenciada a apuração de valor líquido e certo

da condenação. Cabe a liquidação por arbitramento, nos casos em que o próprio juízo poderá mensurar um *quantum* para condenação.

A Lei nº 13.467/17 assevera que ao firmar-se líquida a sentença, abre-se prazo comum de 08 (oito) dias para as partes apresentarem as devidas impugnações de forma fundamentada e com a indicação dos títulos contratuais devidos e seus respectivos valores que se tornaram contraditórios sob pena de preclusão (perda de capacidade processual para manifestação).

Juros e correção monetária serão incluídos na liquidação de sentença, independentemente de constarem do pedido formulado na petição inicial, conforme expresso na Súmula nº 211 do TST e a atualização dos créditos trabalhistas será orientada pela TR (Taxa Referencial) divulgada pelo Banco Central do Brasil.

Tanto nos acordos realizados em audiências de conciliação ou extrajudiciais homologados pela Justiça do Trabalho (art. 855-B da CLT), bem como nas condenações de primeiro grau serão indicadas pelo juízo as parcelas não indenizatórias sobre o valor homologado ou da dívida trabalhista determinada pela liquidação, para que se proceda aos descontos previdenciários e fiscais.

A Súmula nº 368 do TST assegura que a Justiça do Trabalho é competente para determinar o recolhimento das contribuições fiscais. A competência da Justiça do Trabalho, quanto à execução das contribuições previdenciárias, limita-se às sentenças condenatórias em pecúnia que proferir e aos valores, objeto de acordo homologado, que integrem o salário de contribuição. Também, que é do empregador a responsabilidade pelo recolhimento das contribuições previdenciárias e fiscais, resultante de crédito do empregado oriundo de condenação judicial, devendo incidir, em relação aos descontos fiscais, sobre o valor referente às parcelas tributáveis, calculados em relação a incidência dos descontos fiscais mês a mês que integrem o salário de contribuição.

Em se tratando de descontos previdenciários, o critério de apuração encontra-se disciplinado no art. 276, §4º, do Decreto nº 3.048/1999 que regulamentou a Lei nº 8.212/1991 e determina que a contribuição do empregado, no caso de ações trabalhistas, seja calculada mês a mês, aplicando-se as alíquotas previstas no art. 198, observado o limite máximo do salário de contribuição.

Por derradeiro, a Fazenda Federal poderá dispensar a União se o valor total das verbas que integram o salário de contribuição ocasionar perda de escala decorrente da atuação do órgão jurídico.

A liquidação da sentença pode exigir esforços consideráveis, em se tratando de cálculos complexos que formam conflitos desde a apresentação de artigos pelas partes. Em tais situações, recente legislação (Lei nº 12.405/2011) passou a considerar a possibilidade de o juízo permitir que a apuração seja realizada sem o arbitramento e consequente recolhimento antecipado de honorários do perito, ou seja, as partes podem obter o resultado da perícia antes do pagamento correspondente ao trabalho realizado pelo perito. Observe-se que o magistrado poderá se basear em critérios de proporcionalidade e razoabilidade na condução dos valores que serão ofertados.

Neste sentido, desonera-se a parte que estiver sobrecarregada ou impossibilitada do recolhimento antecipado, o que, sem dúvida, permite maior flexibilidade e celeridade ao jurisdicionado na obtenção do direito. Trata-se de uma oportunidade singular para aqueles que estão descapitalizados de verem a continuidade do processo, sem o ônus

de se obrigarem ao recolhimento dos honorários, quando, então, não poderiam obter o êxito que lhes permitisse solver tal dívida.

Instrução Normativa do TST determina que o juiz deverá conceder prazo comum de oito dias para que as partes apresentem impugnação fundamentada que não se aplica a liquidações iniciadas antes de 11 de novembro de 2017.

Seção II
DO MANDADO E DA PENHORA

Art. 880. Requerida a execução, o juiz ou presidente do tribunal mandará expedir mandado de citação do executado, a fim de que cumpra a decisão ou o acordo no prazo, pelo modo e sob as cominações estabelecidas ou, quando se tratar de pagamento em dinheiro, inclusive de contribuições sociais devidas à União, para que o faça em 48 (quarenta e oito) horas ou garanta a execução, sob pena de penhora.

§1º O mandado de citação deverá conter a decisão exequenda ou o termo de acordo não cumprido.

§2º A citação será feita pelos oficiais de justiça.

§3º Se o executado, procurado por duas vezes no espaço de 48 (quarenta e oito) horas, não for encontrado, far-se-á citação por edital, publicado no jornal oficial ou, na falta deste, afixado na sede da Junta ou Juízo, durante 5 (cinco) dias.

A execução, em regra, começa com o cumprimento do auto de penhora, oportunidade em que o juízo determina que um oficial de justiça se dirija ao estabelecimento do executado e informe que ele deverá garantir a execução, ou seja, depositar em juízo os valores devidos ao exequente ou indicar um bem para ser penhorado. Observe-se que no Processo Eletrônico (PJ-e), tal medida poderá ser acionada pelos trâmites nele regulados.

Decerto que o processo do trabalho admite a execução provisória nos autos principais, prosseguindo até o momento da penhora, pois a expressão "até a penhora" é referencial e não limita a execução provisória no âmbito do direito processual trabalhista, sendo, por consequência, aplicável o art. 520 do CPC.

O ilustre processualista Manoel Antônio Teixeira Filho assevera que execução provisória da sentença, caberá: a) pela devolução dos recursos, sendo cabível a suspensão se declarada de maneira expressa; b) pela própria norma legal que concede ao juiz poderes para autorizá-la, mediante requerimento do vencedor-recorrido; c) pelo entendimento que a execução provisória é a regra, só derrogada por manifesta dicção legal contrária.

A provisoriedade da execução vincula-se ao efeito em que é recebido o recurso interposto da sentença exequenda e não decorre de uma faculdade atributiva do juiz, daí o recurso de efeito "devolutivo" que permite a execução será provisória. Na exceção, esse efeito pode ser suspensivo e a execução não poderá ser promovida até que o inconformismo seja definitivamente julgado.

O art. 899 da CLT assevera que os recursos serão interpostos por simples petição e terão efeito meramente devolutivo, salvo nas exceções previstas neste título e permitida a execução provisória até a penhora.

O art. 899 da CLT fixa exceção ao agravo de instrumento; e agravo de petição, que poderão ter efeito suspensivo no que concerne ao seguimento do processo de execução.

Em regra, após o indeferimento de seguimento do recurso de revista e não existindo agravo de instrumento, o processo principal baixa à Vara de origem e poderá prosseguir na execução até o momento em que o juízo possa obter a garantia do valor devido ao exequente.

Art. 881. No caso de pagamento da importância reclamada, será este feito perante o escrivão ou diretor de secretaria, lavrando-se termo de quitação, em 2 (duas) vias, assinadas pelo exequente, pelo executado e pelo mesmo escrivão ou diretor de secretaria, entregando-se a segunda via ao executado e juntando-se a outra ao processo.

Parágrafo único. Não estando presente o exequente, será depositada a importância, mediante guia, em estabelecimento oficial de crédito ou, em falta deste, em estabelecimento bancário idôneo.

O Processo Eletrônico regula essa movimentação, mas para se efetivar a garantia do juízo na execução o executado deverá depositar os valores devidos no processo em guia própria recolhida na Caixa Econômica Federal.

Art. 882. O executado que não pagar a importância reclamada poderá garantir a execução mediante depósito da quantia correspondente, atualizada e acrescida das despesas processuais, apresentação de seguro garantia judicial ou nomeação de bens à penhora, observada a ordem preferencial estabelecida no art. 835 da Lei nº 13.105, de 16 de março de 2015 – Código de Processo Civil.

A Lei nº 13.467/17 assegura a quem não garantir a execução mediante depósito a possibilidade de nomear bens à penhora ou apresentar seguro para garantia da execução.

A relação de bens impenhoráveis e penhoráveis está nos arts. 833 e 835 do CPC, respectivamente, ressalvando-se a necessidade de depósito acrescido de despesas processuais nos casos de garantia para apresentação de Embargos à Execução.

A ordem processual de bens penhoráveis no processo do trabalho se orienta pelos arts. 655 e 835 do CPC em atendimento ao art. 882 da CLT.

Observe-se que a penhora poderá recair sobre dinheiro – penhora *on-line* (BacenJud) – uma vez que obedece à gradação prevista no art. 840 do CPC. Entretanto,

quando o executado nomeia outros bens à penhora, não há como executá-lo em dinheiro, pois a garantia da execução deve se operar da forma menos gravosa ao executado (art. 805 do CPC). Observe-se que não há fundamento legal para o devedor exigir que os valores penhorados em dinheiro fiquem no próprio banco onde mantém conta corrente, de acordo com a Súmula nº 417 do TST.

A Súmula nº 417 do TST orienta que em se tratando de execução provisória fere direito líquido e certo do devedor (impetrante) a determinação de penhora em dinheiro desde que nomeados outros bens à penhora, "pois o executado tem direito a que a execução se processe da forma que lhe seja menos gravosa, nos termos do art. 797do CPC".

O art. 854 do CPC assevera que, para possibilitar a penhora de dinheiro em depósito ou aplicação financeira, o juiz, por meio eletrônico (*on-line*) de acesso ao Banco Central, acionará sobre a existência de ativos em nome do executado, podendo no mesmo ato determinar sua indisponibilidade, até o valor indicado na execução. Essas informações limitar-se-ão à existência ou não de depósito ou aplicação até o valor indicado na execução. Compete ao executado comprovar que as quantias depositadas em conta corrente referem-se à hipótese do inciso IV do *caput* do art. 833 do CPC ou que estão revestidas sob outra forma de impenhorabilidade.

Por derradeiro, vale registrar que a penhora em dinheiro atende aos interesses do credor, pois o juiz liberará a quantia em prol do credor de imediato e evita que o devedor indique à penhora bens de difícil expropriação. Também, é possível a penhora sobre faturamento da empresa executada em que poderá ser nomeado depositário com a atribuição de submeter à aprovação judicial a forma de efetivação da constrição e entregar ao exequente as quantias recebidas para que sejam abatidas no pagamento da dívida.

Art. 883. Não pagando o executado, nem garantindo a execução, seguir-se-á penhora dos bens, tantos quantos bastem ao pagamento da importância da condenação, acrescida de custas e juros de mora, sendo estes, em qualquer caso, devidos a partir da data em que for ajuizada a reclamação inicial.

A Justiça do Trabalho poderá proceder à penhora sobre valores liquidados pela execução, recaindo diretamente sobre conta bancária da empresa ou dos sócios quando acionada a desconstituição da pessoa jurídica e sua imediata conversão em nome dos proprietários das empresas nos termos do art. 50 do Código Civil e Lei nº 8.078/90. Através do Incidente de Desconsideração de Personalidade Jurídica previsto no art. 855-A da CLT em consonância com os arts. 133 a 137 do CPC, em qualquer fase do processo poderá ser requerido pela parte exequente com objetivo de garantir a execução.

Tal procedimento se faz presente em face do convênio entre a Justiça do Trabalho e o Banco Central do Brasil (BacenJud) podendo o juízo competente também optar por acionar o RenavanJud para penhora de veículos da empresa ou sócios. Quanto aos imóveis, terão que ser informados pelos interessados na execução por meio de Certidões do RGI que comprove a propriedade vinculada a empresa ou seus responsáveis.

Em tempo, o único imóvel que se caracterizar como "bem de família" e que se constituir como moradia permanente não estará sujeito a penhora nos termos da Lei nº 8.009/90.

O valor da execução será corrigido a partir da petição inicial, sendo que a nomeação de bens à penhora, pelo devedor, está subordinada à ordem preferencial estabelecida no art. 835 do CPC.

Art. 883-A. A decisão judicial transitada em julgado somente poderá ser levada a protesto, gerar inscrição do nome do executado em órgãos de proteção ao crédito ou no Banco Nacional de Devedores Trabalhistas (BNDT), nos termos da lei, depois de transcorrido o prazo de quarenta e cinco dias a contar da citação do executado, se não houver garantia do juízo.

A Lei nº 13.467/17 protegeu o empregador de ver o seu nome inscrito nos órgãos de proteção ao crédito e no BNDT. Tal medida se ajusta à realidade econômica do país e evita que a empresa seja impedida de participar de concorrências ou mesmo de obter créditos ou receber investimentos públicos ou privados.

O prazo para que se efetive a inscrição só correrá após 45 dias da citação e consequente ausência de garantia do juízo por parte da empresa no processo de execução.

O TST assevera por meio de Instrução Normativa que as medidas para realização de execução indireta aplicam-se somente aos processos iniciados após 11.11.17 (Lei nº 13.467/17).

Seção III
DOS EMBARGOS À EXECUÇÃO E DA SUA IMPUGNAÇÃO

Art. 884. Garantida a execução ou penhorados os bens, terá o executado 5 (cinco) dias para apresentar embargos, cabendo igual prazo ao exequente para impugnação.

§1º A matéria de defesa será restrita às alegações de cumprimento da decisão ou do acordo, quitação ou prescrição da dívida.

§2º Se na defesa tiverem sido arroladas testemunhas, poderá o juiz ou o presidente do Tribunal, caso julgue necessários seus depoimentos, marcar audiência para a produção das provas, a qual deverá realizar-se dentro de 5 (cinco) dias.

§3º Somente nos embargos à penhora poderá o executado impugnar a sentença de liquidação, cabendo ao exequente igual direito e no mesmo prazo.

§4º Julgar-se-ão na mesma sentença os embargos e as impugnações à liquidação apresentadas pelos credores trabalhista e previdenciário.

§5º Considera-se inexigível o título judicial fundado em lei ou ato normativo declarados inconstitucionais pelo Supremo Tribunal Federal ou em aplicação ou interpretação tidas por incompatíveis com a Constituição Federal.

§6º A exigência da garantia ou penhora não se aplica às entidades filantrópicas e/ou àqueles que compõem ou compuseram a diretoria dessas instituições.

O prazo de que trata o *caput* deste artigo foi aumentado para 30 (trinta) dias pelo art. 1º-B da Lei nº 9.494/1997, acrescentado pela Medida Provisória nº 2.180-35/2001 para as ações que envolvem a Fazenda Pública.

Os embargos à execução têm natureza jurídica de ação de impugnação ao processo executório, movida pelo executado por ocasião da penhora, a qual garantirá a possibilidade de questionar matérias abandonadas ao longo do processo, incluídas as afetas ao processo de conhecimento no caso de citação inválida.

Os embargos são apresentados ao juízo no que concerne aos requisitos extrínsecos (pressupostos), exceto quanto ao prazo, que deverá seguir o *caput* do art. 884 da CLT, com 5 (cinco) dias para sua apresentação e 30 [trinta] dias para Fazenda Pública.

A Súmula nº 419 do TST propugna que, na execução por carta precatória, os embargos de terceiro serão oferecidos no juízo deprecante ou no juízo deprecado, mas a competência para julgá-los é do juízo deprecante, salvo se versarem, unicamente, sobre vícios ou irregularidades da penhora, avaliação ou alienação dos bens, praticados pelo juízo deprecado, casos em que a competência será deste último.

Ressalva-se que o processo civil restringiu os embargos à execução aos processos decorrentes da Fazenda Pública.

O art. 919 do CPC assegura que os embargos à execução não terão efeito suspensivo, salvo se relevantes seus fundamentos por causar dano de difícil ou incerta reparação ao executado, e desde que a penhora já esteja suficientemente garantida.

O efeito suspensivo dos Embargos a Execução tem amparo no art. 886, §2º da CLT nos casos em que julgada subsistente a penhora o juiz determinara avaliação dos bens penhorados. Enfim, somente após o julgamento dos embargos do devedor o juiz ordenará o prosseguimento da execução. E nos termos do art. 987, §1º da CLT, em sede de agravo de petição, será autorizada a execução imediata e definitiva dos valores não impugnados pelo recorrente. Na verdade os valores impugnados não poderão ser objeto de execução definitiva, apenas provisória. Já que o agravo de petição possui efeito suspensivo, por consequência os embargos do devedor seguem pelo mesmo efeito quanto às matérias e valores apontados para que não se frustre os procedimentos regulares da via executória. Após apreciados os embargos do devedor, a execução retomará ao ponto em que foi suspensa ou será declarada extinta em conformidade com a decisão que rejeite ou acolha os referidos embargos.

A Lei nº 13.467/17 exclui da garantia ou penhora às entidades filantrópicas e os membros que compõem ou compuseram suas respectivas diretorias. Registre-se que Instrução Normativa do TST determina que esses benefícios só serão válidos para processos com execução iniciadas após 11.11.17 (Lei nº 13.467/17).

Seção IV
DO JULGAMENTO E DOS TRÂMITES FINAIS DA EXECUÇÃO

Art. 885. Não tendo sido arroladas testemunhas na defesa, o juiz ou presidente, conclusos os autos, proferirá sua decisão, dentro de 5 (cinco) dias, julgando subsistente ou insubsistente a penhora.

Não se verificando mais provas que possam impedir a continuidade do processo, o juiz decidirá em 5 (cinco) dias pela subsistência ou não da penhora.

Art. 886. Se tiverem sido arroladas testemunhas, finda a sua inquirição em audiência, o escrivão ou secretário fará, dentro de 48 (quarenta e oito) horas, conclusos os autos ao juiz ou presidente, que proferirá sua decisão, na forma prevista no artigo anterior.

§1º Proferida a decisão, serão da mesma notificadas as partes interessadas, em registrado postal, com franquia.

§2º Julgada subsistente a penhora, o juiz ou presidente mandará proceder logo à avaliação dos bens penhorados.

Caso não se verifique motivo para aceitar os embargos, o juiz ordenará, imediatamente, a avaliação e consequente penhora dos bens do executado.

Contudo, mister observar que a admissibilidade de embargos contra acórdão de Turma em recurso de revista, em fase de execução, mas publicado na vigência da Lei nº 11.496, de 26.06.2007 condiciona-se à demonstração de divergência jurisprudencial entre Turmas ou destas e a Seção Especializada em Dissídios Individuais do Tribunal Superior do Trabalho – em especial – na interpretação de dispositivo constitucional assegurado pela interpretação prescrita na Súmula nº 433 do TST.

Art. 887. A avaliação dos bens penhorados em virtude da execução de decisão condenatória, será feita por avaliador escolhido de comum acordo pelas partes, que perceberá as custas arbitradas pelo juiz, ou presidente do tribunal trabalhista, de conformidade com a tabela a ser expedida pelo Tribunal Superior do Trabalho.

§1º Não acordando as partes quanto à designação de avaliador, dentro de cinco dias após o despacho que o determinou a avaliação, será o avaliador designado livremente pelo juiz ou presidente do tribunal.

§2º Os servidores da Justiça do Trabalho não poderão ser escolhidos ou designados para servir de avaliador.

As partes poderão indicar oficial avaliador e as custas serão arbitradas pelo juízo em conformidade ao prescrito em regras estabelecidas pelo TST. Caso as partes não apontem um profissional comum, o juízo se encarregará de indicar um profissional com a exclusão dos servidores do judiciário trabalhista.

Art. 888. Concluída a avaliação, dentro de 10 (dez) dias, contados da data da nomeação do avaliador, seguir-se-á a arrematação, que será anunciada por edital afixado na sede do Juízo ou Tribunal e publicado no jornal local, se houver, com a antecedência de 20 (vinte) dias.

§1º A arrematação far-se-á em dia, hora e lugar anunciados e os bens serão vendidos pelo maior lance, tendo o exequente preferência para a adjudicação.

§2º O arrematante deverá garantir o lance com o sinal correspondente a 20% (vinte por cento) do seu valor.

§3º Não havendo licitante, e não requerendo o exequente a adjudicação dos bens penhorados, poderão os mesmos ser vendidos por leiloeiro nomeado pelo juiz ou presidente.

§4º Se o arrematante, ou seu fiador, não pagar dentro de 24 (vinte e quatro) horas o preço da arrematação, perderá, em benefício da execução, o sinal de que trata o §2º deste artigo, voltando à praça os bens executados.

O bem indicado à penhora pode ser executado mediante leilão ou praça. O leilão será realizado por leiloeiro oficial, indicado pelo juízo, e decorre da necessidade de solver da melhor forma bens de grande monta, evitando o desgaste da Justiça. Já a praça é realizada na própria Vara do Trabalho e pelos seus servidores, em regra, com bens de pequena monta e de fácil solvabilidade.

A venda do bem e a consequente quitação da dívida do exequente serão feitas por meio de arrematação, em que qualquer licitante oferece um lance pelo bem colocado à disposição, ou por adjudicação, quando o próprio exequente evita morosidade e oferece a possibilidade de ficar com o bem em troca da dívida. Ressalva-se que a remição, que era quando o marido, esposa, pais, avós, filhos, netos, bisnetos e outros ascendentes ou descendentes asseguravam o bem executado, foi abolida na revisão do Código de Processo Civil e, pelo princípio da subsidiariedade, das hostes trabalhistas.

Art. 889. Aos trâmites e incidentes do processo da execução são aplicáveis, naquilo em que não contravierem ao presente Título, os preceitos que regem o processo dos executivos fiscais para a cobrança judicial da dívida ativa da Fazenda Pública Federal.

Art. 889-A. Os recolhimentos das importâncias devidas, referentes às contribuições sociais, serão efetuados nas agências locais da Caixa Econômica Federal ou do Banco do Brasil S.A., por intermédio de documento de arrecadação da Previdência Social, dele se fazendo constar o número do processo.

§1º Concedido parcelamento pela Secretaria da Receita Federal do Brasil, o devedor juntará aos autos a comprovação do ajuste, ficando a execução da contribuição social correspondente suspensa até a quitação de todas as parcelas.

§2º As Varas do Trabalho encaminharão mensalmente à Secretaria da Receita Federal do Brasil informações sobre os recolhimentos efetivados nos autos, salvo se outro prazo for estabelecido em regulamento.

Há três títulos legais que se aplicam ao processo de execução trabalhista, especificamente: a própria Consolidação das Leis do Trabalho, o Código de Processo Civil e a Lei nº 6.830/1980 (Lei de Execução Fiscal), priorizando a Consolidação das Leis do Trabalho sobre qualquer outra regra ou legislação aplicável.

Seção V
DA EXECUÇÃO POR PRESTAÇÕES SUCESSIVAS

Art. 890. A execução para pagamento de prestações sucessivas far-se-á com observância das normas constantes desta Seção, sem prejuízo das demais estabelecidas neste Capítulo.

O pagamento das prestações sucessivas efetiva-se com a execução do valor total das prestações devidas, descontando-se as que já foram quitadas.

Art. 891. Nas prestações sucessivas por tempo determinado, a execução pelo não pagamento de uma prestação compreenderá as que lhe sucederem.

A execução, no caso de prestações sucessivas por prazo determinado, ocorre sobre aquelas que se sucedem, inclusive garantindo as que não foram quitadas.

Art. 892. Tratando-se de prestações sucessivas por tempo indeterminado, a execução compreenderá inicialmente as prestações devidas até a data do ingresso na execução.

Nas execuções de prestações sucessivas por prazo indeterminado serão contabilizadas as prestações devidas até a data do ajuizamento, concluindo-se, então, pelo total a ser executado.

Em tempo, o TST decidiu que a multa coercitiva do §1º do art. 523 do CPC não se aplica ao processo do trabalho.

RECURSOS, ATOS E PROCEDIMENTOS	1 RECURSO ORDINÁRIO	2 RECURSO DE REVISTA	3 AGRAVO DE INSTRUMENTO	4 AGRAVO DE PETIÇÃO	5 EMBARGOS PARA PLENO	6 EMBARGOS DE DECLARAÇÃO	7 EMBARGOS A EXECUÇÃO	8 EMBARGOS DE TERCEIRO	9 MEDIDA CORREICIONAL	10 PEDIDO DE REVISÃO	11 RECURSO ADESIVO	12 RECURSO EXTRAORDINÁRIO
É RECURSO TRABALHISTA	X	X	X	X	X							
NÃO É RECURSO TRABALHISTA						X	X	X	X	X	X	X
PRAZOS	8 DIAS	8 DIAS	8 DIAS	8 DIAS	8 DIAS	5 DIAS	5 DIAS	5 DIAS	Regimental	48 HS	8 DIAS	15 DIAS
FONTES	Art. 895 CLT	Art. 896-A e 896 CLT	Art. 897, b CLT	Art. 897, a CLT	Art. 894 CLT	Art. 535 CPC / Art. 897-A CLT	Art. 884 CLT / Art. 741 do CPC	Art. 1046 CPC	Regimento Interno dos TRTs	LEI 5584/70	Art. 500 CPC/ Súmula nº 283 TST	Art. 541 CPC / 102 CRFB

Capítulo VI
DOS RECURSOS

Art. 893. Das decisões são admissíveis os seguintes recursos:

I – embargos;

II – recurso ordinário;

III – recurso de revista;

IV – agravo.

§1º Os incidentes do processo são resolvidos pelo próprio Juízo ou Tribunal, admitindo-se a apreciação do merecimento das decisões interlocutórias somente em recursos da decisão definitiva.

§2º A interposição de recurso para o Supremo Tribunal Federal não prejudicará a execução do julgado.

Os embargos tratados pela CLT são aqueles encaminhados para o Pleno do TST, não se confundindo com os embargos de declaração, atos processuais, que constam do elenco de aplicação subsidiária do Código de Processo Civil.

Não cabem embargos para o Pleno de decisão de Turma do TST, salvo para reexame dos pressupostos extrínsecos (p. ex., data da publicação do despacho denegatório) do recurso impedido em seu seguimento ao Tribunal Superior do Trabalho, conforme Súmula nº 353 do TST.

Art. 894. No Tribunal Superior do Trabalho cabem embargos, no prazo de 8 (oito) dias:

I – de decisão não unânime de julgamento que:

a) conciliar, julgar ou homologar conciliação em dissídios coletivos que excedam a competência territorial dos Tribunais Regionais do Trabalho e estender ou rever as sentenças normativas do Tribunal Superior do Trabalho, nos casos previstos em lei; e

b) (Vetado)

II – das decisões das Turmas que divergirem entre si, ou das decisões proferidas pela Seção de Dissídios Individuais, salvo se a decisão recorrida estiver em consonância com súmula ou orientação jurisprudencial do Tribunal Superior do Trabalho ou do Supremo Tribunal Federal.

Parágrafo único. (Revogado pela Lei nº 11.496, de 22.06.2007)

Além das previsões legais, ressalvamos que os embargos são opostos, na maioria dos casos, quando não se verifica uniformização de precedentes, ou seja, na falta de matéria sumulada.

Art. 895. Cabe recurso ordinário para a instância superior:

I – das decisões definitivas das Varas e Juízos no prazo de 8 (oito) dias; e

II – das decisões definitivas ou terminativas dos Tribunais Regionais, em processos de sua competência originária, no prazo de 8 (oito) dias, quer nos dissídios individuais, quer nos dissídios coletivos.

§1º Nas reclamações sujeitas ao procedimento sumaríssimo, o recurso ordinário:

I – (Vetado)

II – será imediatamente distribuído, uma vez recebido no Tribunal, devendo o relator liberá-lo no prazo máximo de 10 (dez) dias, e a Secretaria do Tribunal ou Turma colocá-lo imediatamente em pauta para julgamento, sem revisor;

III – terá parecer oral do representante do Ministério Público presente à sessão de julgamento, se este entender necessário o parecer, com registro na certidão;

IV – terá acórdão consistente unicamente na certidão de julgamento, com a indicação suficiente do processo e parte dispositiva, e das razões de decidir do voto prevalente. Se a sentença for confirmada pelos próprios fundamentos, a certidão de julgamento, registrando tal circunstância, servirá de acórdão.

§2º Os Tribunais Regionais, divididos em Turmas, poderão designar Turma para o julgamento dos recursos ordinários interpostos das sentenças prolatadas nas demandas sujeitas ao procedimento sumaríssimo.

Cabe recurso ordinário em todas as oportunidades amparadas pelo art. 895 da CLT, observando-se que a parte recorrente poderá discutir qualquer matéria que não haja atendido sua pretensão pela sentença de mérito, incluindo questões constitucionais, bem como decisões originárias, por exemplo, em dissídios coletivos e ação rescisória, no prazo de 8 dias para efetivar a distribuição e o devido recolhimento de custas e/ou depósito recursal.

O efeito devolutivo em profundidade do recurso ordinário que se extrai do art. 1.013 do CPC, firma-se diante do objeto de apreciação e julgamento pelo tribunal quanto a todas as questões suscitadas e discutidas no processo mesmo que não tenham sido solucionadas e que sejam relativas ao impugnado. Assim, o inconformismo transfere ao Tribunal a apreciação dos fundamentos da inicial ou da defesa não examinados pela sentença e não renovados em contrarrazões. Todavia, o art. 1.013 do CPC (Súmula nº 393 do TST).

Assevera que se o processo estiver em condições de imediato julgamento, o tribunal deve decidir desde logo o mérito para reformar sentença fundada no art.

485 ou decretar a nulidade da sentença por não ser ela congruente com os limites do pedido ou da causa de pedir e, se for possível constatar a omissão no exame de um dos pedidos, também decretar a nulidade de sentença por falta de fundamentação. É o que se intitula de princípio do amadurecimento da causa, oportunidade que a turma responsável pelo julgamento no Tribunal Regional entender que o processo não carece de devolução a vara de origem para novo julgamento e que poderá ser decidido pelo juízo *ad quem* (TRT).

Em tempo, com o advento do procedimento sumaríssimo, a única mudança substancial verificada se restringe à celeridade com que ele deverá ser julgado pelo Tribunal, até mesmo delegando àquelas Casas a possibilidade de determinar Turmas exclusivamente competentes para o seu processamento.

Nas decisões dos Tribunais Regionais do Trabalho, em ações mandamentais, cabe recurso ordinário, em oito dias, ao TST (Súmula nº 201 do TST).

Observe-se que a OJ nº 148 da SDI-2 do TST afirma a responsabilidade da parte, para interpor recurso ordinário em mandado de segurança, a necessária comprovação do recolhimento das custas processuais no prazo recursal, sob pena de deserção.

Art. 896. Cabe recurso de revista para Turma do Tribunal Superior do Trabalho das decisões proferidas em grau de recurso ordinário, em dissídio individual, pelos Tribunais Regionais do Trabalho, quando:

a) derem ao mesmo dispositivo de lei federal interpretação diversa da que lhe houver dado outro Tribunal Regional, no seu Pleno ou Turma, ou a Seção de Dissídios Individuais do Tribunal Superior do Trabalho, ou a Súmula de Jurisprudência Uniforme dessa Corte;

b) derem ao mesmo dispositivo de lei estadual, convenção coletiva de trabalho, acordo coletivo, sentença normativa ou regulamento empresarial de observância obrigatória, em área territorial que exceda a jurisdição do Tribunal Regional prolator da decisão recorrida, interpretação divergente, na forma da alínea *a*;

c) proferidas com violação literal de disposição de lei federal ou afronta direta e literal à Constituição Federal.

§1º O recurso de revista, dotado de efeito apenas devolutivo, será interposto perante o Presidente do Tribunal Regional do Trabalho, que, por decisão fundamentada, poderá recebê-lo ou denegá-lo.

§1º-A. Sob pena de não conhecimento, é ônus da parte:

I – indicar o trecho da decisão recorrida que consubstancia o prequestionamento da controvérsia objeto do recurso de revista;

II – indicar, de forma explícita e fundamentada, contrariedade a dispositivo de lei, súmula ou orientação jurisprudencial do Tribunal Superior do Trabalho que conflite com a decisão regional;

III – expor as razões do pedido de reforma, impugnando todos os fundamentos jurídicos da decisão recorrida, inclusive mediante demonstração analítica de cada

dispositivo de lei, da Constituição Federal, de súmula ou orientação jurisprudencial cuja contrariedade aponte.

§2º Das decisões proferidas pelos Tribunais Regionais do Trabalho ou por suas Turmas, em execução de sentença, inclusive em processo incidente de embargos de terceiro, não caberá recurso de revista, salvo na hipótese de ofensa direta e literal de norma da Constituição Federal.

§3º (Revogado)

§4º (Revogado)

§5º (Revogado)

§6º (Revogado)

§7º A divergência apta a ensejar o recurso de revista deve ser atual, não se considerando como tal a ultrapassada por súmula do Tribunal Superior do Trabalho ou do Supremo Tribunal Federal, ou superada por iterativa e notória jurisprudência do Tribunal Superior do Trabalho.

§8º Quando o recurso fundar-se em dissenso de julgados, incumbe ao recorrente o ônus de produzir prova da divergência jurisprudencial, mediante certidão, cópia ou citação do repositório de jurisprudência, oficial ou credenciado, inclusive em mídia eletrônica, em que houver sido publicada a decisão divergente, ou ainda pela reprodução de julgado disponível na internet, com indicação da respectiva fonte, mencionando, em qualquer caso, as circunstâncias que identifiquem ou assemelhem os casos confrontados.

§9º Nas causas sujeitas ao procedimento sumaríssimo, somente será admitido recurso de revista por contrariedade a súmula de jurisprudência uniforme do Tribunal Superior do Trabalho ou a súmula vinculante do Supremo Tribunal Federal e por violação direta da Constituição Federal.

§10. Cabe recurso de revista por violação a lei federal, por divergência jurisprudencial e por ofensa à Constituição Federal nas execuções fiscais e nas controvérsias da fase de execução que envolvam a Certidão Negativa de Débitos Trabalhistas (CNDT), criada pela Lei nº 12.440, de 7 de julho de 2011.

§11. Quando o recurso tempestivo contiver defeito formal que não se repute grave, o Tribunal Superior do Trabalho poderá desconsiderar o vício ou mandar saná-lo, julgando o mérito.

§12. Da decisão denegatória caberá agravo, no prazo de 8 (oito) dias.

§13. Dada a relevância da matéria, por iniciativa de um dos membros da Seção Especializada em Dissídios Individuais do Tribunal Superior do Trabalho, aprovada pela maioria dos integrantes da Seção, o julgamento a que se refere o §3º poderá ser afeto ao Tribunal Pleno.

IV – transcrever na peça recursal, no caso de suscitar preliminar de nulidade de julgado por negativa de prestação jurisdicional, o trecho dos embargos declaratórios em que foi pedido o pronunciamento do tribunal sobre questão veiculada no recurso ordinário e

o trecho da decisão regional que rejeitou os embargos quanto ao pedido, para cotejo e verificação, de plano, da ocorrência da omissão.

§14. O relator do recurso de revista poderá denegar-lhe seguimento, em decisão monocrática, nas hipóteses de intempestividade, deserção, irregularidade de representação ou de ausência de qualquer outro pressuposto extrínseco ou intrínseco de admissibilidade.

Nas causas sujeitas ao procedimento sumaríssimo, a admissibilidade de recurso de revista está limitada à demonstração de violação direta a dispositivo da Constituição Federal ou contrariedade a Súmula do Tribunal Superior do Trabalho, não se admitindo o recurso por contrariedade a Orientação Jurisprudencial deste Tribunal (Livro II, Título II, Capítulo III, do RITST), ante a ausência de previsão no art. 896, §6º, da CLT em consonância com a previsão da OJ nº 352 da SDI-1 do TST e – agora – consignada pela Súmula nº 442 do TST.

Para comprovação da divergência justificadora do recurso de revista será necessário que o recorrente indique o acórdão paradigma ou cite a fonte oficial ou jurisprudência autorizada, também transcreva nas razões recursais as ementas e/ou trechos dos acórdãos trazidos à configuração do dissídio com fito de demonstrar o conflito de teses que justifique o conhecimento do recurso. Torna-se inválida para comprovação de divergência jurisprudencial, quando se pretende demonstrar o conflito de teses mediante a transcrição de trechos que integram a fundamentação do acórdão divergente, uma vez que só se publicam o dispositivo e a ementa dos acórdãos. Ademais, será válida para a comprovação da divergência jurisprudencial justificadora do recurso a indicação de aresto desde que o recorrente transcreva o trecho divergente e aponte o sítio de onde foi extraído ao declinar o número do processo, órgão prolator do acórdão e a data da respectiva publicação no Diário Eletrônico da Justiça do Trabalho (Súmula nº 337 do TST).

Ainda, a admissibilidade do recurso de revista por violação tem como pressuposto a indicação expressa do dispositivo de lei ou da Constituição tido como violado (Súmula nº 221 do TST).

Por derradeiro, a Súmula nº 435 do TST acolhe aplicabilidade do art. 932 do CPC ao processo do trabalho na oportunidade em que o relator negar seguimento a recurso manifestamente inadmissível, improcedente, prejudicado ou em confronto com súmula ou com jurisprudência dominante do respectivo Tribunal Superior. Caso a decisão recorrida estiver em manifesto confronto com súmula ou com jurisprudência dominante do Supremo Tribunal Federal ou TST o relator poderá dar provimento ao recurso. Desta decisão caberá Agravo de Instrumento e se não houver retratação o relator apresentará o processo em mesa, proferindo voto. Se provido o agravo, o recurso terá seguimento. E, quando manifestamente inadmissível ou infundado o agravo de instrumento, o tribunal condenará ao agravante a possibilidade de pagar ao agravado multa entre 1 (um) e 10 (dez) por cento do valor corrigido da causa, ficando a interposição de qualquer outro recurso condicionada ao depósito do respectivo valor. O art. 932 do CPC assegura que também incumbe ao relator dirigir e ordenar o processo no tribunal, inclusive em relação

à produção de prova e quando for o caso homologar autocomposição das partes. Ainda, apreciar o pedido de tutela provisória nos recursos e nos processos de competência originária do tribunal. Cabe não conhecer de recurso inadmissível, prejudicado ou que não tenha impugnado especificamente os fundamentos da decisão recorrida. Poderá negar provimento ao recurso que for contrário à súmula do Supremo Tribunal Federal, Superior Tribunal de Justiça ou do próprio tribunal; como também acórdão proferido pelo Supremo Tribunal Federal ou pelo Superior Tribunal de Justiça em julgamento de recursos repetitivos. Permite entendimento firmado em incidente de resolução de demandas repetitivas ou de assunção de competência. Cabe também ao relator, depois de facultada a apresentação de contrarrazões, dar provimento ao recurso se a decisão recorrida for contrária a súmula do Supremo Tribunal Federal, Superior Tribunal de Justiça ou do próprio tribunal; idem para acórdão proferido pelo Supremo Tribunal Federal ou pelo Superior Tribunal de Justiça em julgamento de recursos repetitivos. Poderá firmar entendimento em incidente de resolução de demandas repetitivas ou de assunção de competência. Ademais, será possível decidir sobre incidente de desconsideração da personalidade jurídica, quando este for instaurado originariamente perante o tribunal. Incumbe determinar a intimação do Ministério Público, quando for o caso e por derradeiro exercer outras atribuições estabelecidas no regimento interno do tribunal.

Antes de considerar inadmissível o recurso, o relator concederá o prazo de 5 (cinco) dias ao recorrente para que seja sanado vício ou complementada a documentação exigível. Vale registrar a importância do recurso de revista se fazer acompanhar de todas as argumentações que levaram ao pré-questionamento da matéria, a qual está sendo submetida a julgamento pelo último grau da jurisdição trabalhista (TST).

Instrução Normativa do TST assegura que, para os recursos conclusos aos relatores e ainda não julgados até a edição da Lei nº 13.467/17, não se aplicam as disposições dos §§3º a 6º deste artigo.

Art. 896-A. O Tribunal Superior do Trabalho, no recurso de revista, examinará previamente se a causa oferece transcendência com relação aos reflexos gerais de natureza econômica, política, social ou jurídica.

§1º São indicadores de transcendência, entre outros:

I – econômica, o elevado valor da causa;

II – política, o desrespeito da instância recorrida à jurisprudência sumulada do Tribunal Superior do Trabalho ou do Supremo Tribunal Federal;

III – social, a postulação, por reclamante-recorrente, de direito social constitucionalmente assegurado;

IV – jurídica, a existência de questão nova em torno da interpretação da legislação trabalhista.

§2º Poderá o relator, monocraticamente, denegar seguimento ao recurso de revista que não demonstrar transcendência, cabendo agravo desta decisão para o colegiado.

§3º Em relação ao recurso que o relator considerou não ter transcendência, o recorrente poderá realizar sustentação oral sobre a questão da transcendência, durante cinco minutos em sessão.

§4º Mantido o voto do relator quanto à não transcendência do recurso, será lavrado acórdão com fundamentação sucinta, que constituirá decisão irrecorrível no âmbito do tribunal.

§5º É irrecorrível a decisão monocrática do relator que, em agravo de instrumento em recurso de revista, considerar ausente a transcendência da matéria.

§6º O juízo de admissibilidade do recurso de revista exercido pela Presidência dos Tribunais Regionais do Trabalho limita-se à análise dos pressupostos intrínsecos e extrínsecos do apelo, não abrangendo o critério da transcendência das questões nele veiculadas.

A Lei nº 13.467/17 alterou o Texto Consolidado, permitindo maiores esclarecimentos e regulando a aplicação do "princípio da transcendência" para esta modalidade de recurso com o intuito de desafogar o TST. Por diante, tenciona-se permitir a recepção dos recursos de revista que tratem de matéria que ultrapasse o interesse das partes e transcenda para o interesse geral a tratativa de um direito que, dentro da lógica processual, poderá atender toda a classe trabalhadora.

Os comandos que indicam o atendimento a transcendência e que apontam para repercussão geral se concentram na necessária motivação de natureza econômica que justifique o elevado valor da causa em julgamento, ou seja, em se tratando de ações civis públicas ou ajuizadas por sindicatos de classe em favor de uma categoria e até plúrimas em que contendem vários autores envolvidos em consideráveis prejuízos por condenações que possam abalar financeiramente entidades públicas ou privadas. Também, fundamentam-se em demandas fruto de decisões políticas que desrespeitaram a instância recorrida no que tange a jurisprudência sumulada do Tribunal Superior do Trabalho ou do Supremo Tribunal Federal. Ainda, por afetar questão de cunho social em postulação que atende a direito social constitucionalmente assegurado ou pela via jurídica, apontada pela existência de questão nova em torno da interpretação da legislação trabalhista. Sob essas fundamentações e aspectos, será possível atender a transcendência e permitir seja a via recursal continuada perante ao TST. Tais justificativas que comprovam a existência de transcendência denotam-se pela própria exegese do Texto Consolidado, não se traduzem obrigatórias e nem capazes de impedir o seguimento da Revista ao TST já que o próprio parágrafo segundo expressa que "poderá o relator" negar seguimento ao inconformismo.

Por fim, não se conhece do recurso de revista quando ausentes os requisitos de admissibilidade do art. 1.010, II do CPC quanto a exposição do fato e do direito e seus fundamentos se nas razões não se verificar impugnação da decisão recorrida conforme fora proposta (Súmula nº 422 do TST). Também, quanto à motivação secundária e impertinente, consubstanciada em despacho de admissibilidade de recurso ou em decisão monocrática do Tribunal Regional competente se, por derradeiro, a motivação da Revista

estiver inteiramente dissociada dos fundamentos da sentença e não impugnarem os fundamentos da decisão recorrida.

É necessário que o recorrente promova a narração dos fatos vinculados ao capítulo da sentença, tornando-se necessário apontar os trechos da inicial, contestação, documentos, depoimentos de partes, testemunhas, pericias e da própria sentença que dão azo ao inconformismo.

O recurso de revista só poderá ser admitido caso haja demonstração inequívoca de violação direta à Carta Constitucional, conforme prevê a Súmula nº 266 do TST.

Não é admissível recurso de revista contra acórdão prolatado em agravo de instrumento, já sedimentado pela Súmula nº 218 do TST.

Não ensejam recurso de revista ou embargos para o Pleno as decisões superadas por iterativa, notória e atual jurisprudência do TST, de acordo com a Súmula nº 333 daquela Colenda Corte Trabalhista.

A Súmula nº 296 do TST confirma que a divergência jurisprudencial ensejadora da admissibilidade do prosseguimento e do conhecimento do recurso há de ser específica, relevando a existência de teses diversas na interpretação de um mesmo dispositivo legal, embora idênticos os fatos que as ensejaram.

Não cabe Ação Rescisória por violação do art. 896 da CLT para confrontar decisão que não conhece de recurso de revista que tenha como base divergência jurisprudencial. Tal motivação se deve ao fato que em sede de revista não se trata de sentença de mérito (art. 966 do CPC), observe-se, assim entendido pela Súmula nº 413 do TST.

A súmula nº 459 do TST assevera que o conhecimento do recurso de revista, quanto à preliminar de nulidade por negativa de prestação jurisdicional, supõe indicação de violação do art. 832 da CLT e do art. 489 do CPC de 2015 ou do art. 93, IX da CRFB.

O exame da transcendência seguirá as regras do art. 246 do RGI do TST, incidindo apenas sobre os acórdãos proferidos pelos Regionais do Trabalho publicados após o dia 11 de novembro de 2017, com a exclusão das decisões em sede de Embargos de Declaração por determinação de Instrução Normativa do TST.

Art. 897. Cabe agravo, no prazo de 8 (oito) dias:

a) de petição, das decisões do juiz ou presidente, nas execuções;

b) de instrumento, dos despachos que denegarem a interposição de recursos.

§1º O agravo de petição só será recebido quando o agravante delimitar, justificadamente, as matérias e os valores impugnados, permitida a execução imediata da parte remanescente até o final, nos próprios autos ou por carta de sentença.

§2º O agravo de instrumento interposto contra o despacho que não receber agravo de petição não suspende a execução da sentença.

§3º Na hipótese da alínea a deste artigo, o agravo será julgado pelo próprio tribunal, presidido pela autoridade recorrida, salvo se se tratar de decisão de juiz do trabalho de 1ª Instância ou de Juiz de Direito, quando o julgamento competirá a uma das Turmas do Tribunal Regional a que estiver subordinado o prolator da sentença, observado o disposto no art. 679, a quem este remeterá as peças necessárias para o exame

da matéria controvertida, em autos apartados, ou nos próprios autos, se tiver sido determinada a extração de carta de sentença.

§4º Na hipótese da alínea b deste artigo, o agravo será julgado pelo Tribunal que seria competente para conhecer o recurso cuja interposição foi denegada.

§5º Sob pena de não conhecimento, as partes promoverão a formação do instrumento do agravo de modo a possibilitar, caso provido, o imediato julgamento do recurso denegado, instruindo a petição de interposição:

I – obrigatoriamente, com cópias da decisão agravada, da certidão da respectiva intimação, das procurações outorgadas aos advogados do agravante e do agravado, da petição inicial, da contestação, da decisão originária, do depósito recursal referente ao recurso que se pretende destrancar, da comprovação do recolhimento das custas e do depósito recursal a que se refere o §7º do art. 899 desta Consolidação;

II – facultativamente, com outras peças que o agravante reputar úteis ao deslinde da matéria de mérito controvertida.

§6º O agravado será intimado para oferecer resposta ao agravo e ao recurso principal, instruindo-a com as peças que considerar necessárias ao julgamento de ambos os recursos.

§7º Provido o agravo, a Turma deliberará sobre o julgamento do recurso principal, observando-se, se for o caso, daí em diante, o procedimento relativo a esse recurso.

§8º Quando o agravo de petição versar apenas sobre as contribuições sociais, o juiz da execução determinará a extração de cópias das peças necessárias, que serão autuadas em apartado, conforme dispõe o §3º, parte final, e remetidas à instância superior para apreciação, após contraminuta.

O agravo de instrumento é interposto quando o juízo de admissibilidade denegar sua distribuição ao tribunal, por intempestividade (apresentado fora de prazo) ou deserção (sem recolhimento de custas).

O agravo de petição é interposto quando ocorrerem decisões prejudiciais à parte no processo de execução.

É inconcebível despacho que denegue seguimento, em sede de agravo de instrumento, a apreciação de recurso ao juízo *ad quem*.

Contra decisão proferida em agravo de instrumento oposto a despacho denegatório de outro agravo de instrumento, observando-se que tal decisão tornar-se-ia irrecorrível pela ótica do Texto Consolidado, aplica-se medida correicional ou interposição de outro agravo de instrumento por concepção doutrinária ou prática.

Destarte, poderá o interessado recorrer ao remédio constitucional – via *mandamus* (mandado de segurança). Esse procedimento poderá vir acompanhado de argumentação baseada no direito líquido e certo, não amparado pela exegese da CLT.

Não sendo permitida a execução até o final por carta de sentença, de todas as matérias e de todos os valores e não só dos que não foram impugnados.

Porém, se o agravo de petição tem a prerrogativa de delimitar a matéria e os valores objeto de discordância entre as partes, não há que se considerar por ferido direito líquido e certo quando do prosseguimento da execução quanto aos valores e objetos não especificados no referido agravo.

Incabível, portanto, que tal impugnação seja realizada pela via mandado de segurança e, por consequência, incabível a suspensão do feito em acordo com a Súmula nº 416 do TST.

A Súmula nº 266 do TST assegura que a admissibilidade de recurso de revista contra acórdão proferido em agravo de petição, na liquidação de sentença ou em processo incidente na execução, inclusive os embargos de terceiro, depende de demonstração de violação direta à Constituição brasileira.

Em se tratando de embargos de terceiro (art. 674 do CPC), aplicável ao processo do trabalho pelo "princípio da subsidiariedade" (art. 769 da CLT), em execução, o recurso cabível é o agravo de petição interposto no prazo de 8 (oito) dias.

Ressalve-se, tempestivamente, que os embargos de terceiro podem ser interpostos no juízo deprecante ou deprecado, mas só será julgado pelo deprecante – exceto – se houver consignado vícios e irregularidades da penhora em consonância com a Súmula nº 419 do TST. Vale observar que na execução por carta precatória os embargos de terceiro serão oferecidos no juízo deprecado, salvo se indicado pelo juízo deprecante o bem constrito ou se já devolvida a carta (art. 676, parágrafo único do CPC).

Na execução por carta precatória, os embargos de terceiro serão oferecidos no juízo deprecante ou no juízo deprecado, mas a competência para julgá-los é do juízo deprecante, salvo se versarem, unicamente, sobre vícios ou irregularidades da penhora, avaliação ou alienação dos bens, praticados pelo juízo deprecado, em que a competência será deste último.

O agravo de petição só será admitido "quando o agravante delimitar, justificadamente, as matérias e os valores impugnados, permitida a execução imediata da parte remanescente até o final, nos próprios autos ou por carta de sentença" (§1º do art. 897 da CLT).

A OJ nº 374 da SDI-1 do TST aponta como regular a representação processual do subscritor do agravo de instrumento ou do recurso de revista que detém mandato com poderes de representação limitados ao âmbito do Tribunal Regional do Trabalho. Mesmo que a apreciação seja realizada pelo TST a interposição é perante o TRT que legitima a atuação do advogado no feito.

No agravo de instrumento, obriga-se ao recolhimento de 50% (cinquenta por cento) sobre o valor do depósito do recurso o qual pretende destrancar.

Em tempo, além do agravo de instrumento e de petição há o agravo regimental. Este, com objetivo de reconsiderar decisões emitidas pela relatoria em remédios constitucionais ou na via cautelar (Súmula nº 414 do TST). Apresentam-se incabíveis se inominado ou se em sede regimental (art. 235 do RITST) atuar contra decisão proferida por Órgão colegiado. Tais inconformismos destinam-se, exclusivamente, a impugnar decisão monocrática nas hipóteses expressamente previstas. Inaplicáveis, *in casu*, se arguido o princípio da fungibilidade ante a configuração de erro grosseiro (OJ nº 412 da SDI-1 do TST).

Art. 897-A. Caberão embargos de declaração da sentença ou acórdão, no prazo de 5 (cinco) dias, devendo seu julgamento ocorrer na primeira audiência ou sessão subsequente a sua apresentação, registrado na certidão, admitido efeito modificativo da decisão nos casos de omissão e contradição no julgado e manifesto equívoco no exame dos pressupostos extrínsecos do recurso.

Parágrafo único. Os erros materiais poderão ser corrigidos de ofício ou a requerimento de qualquer das partes.

Os embargos de declaração sempre se aplicaram ao processo do trabalho, subsidiariamente (art. 769 da CLT c/c o art. 1.022 do CPC). Cabem no prazo de 5 (cinco) dias, sendo permitido o efeito modificativo nos casos de omissão e contradição no julgado e manifesto equívoco no exame dos pressupostos extrínsecos do recurso.

Entrementes, a Consolidação das Leis do Trabalho recepciona o referido ato processual, restará causando dúvidas na interpretação quanto à motivação explícita pelo estatuto processual civil (art. 1.022 do CPC), especificamente, "obscuridade ou contradição", em face do Texto Consolidado, que assevera "omissão e contradição".

Diferença: obscuridade (CPC) × omissão (CLT).

Na nossa modesta concepção, sugerimos que o intérprete adote os dois títulos e, consequentemente, priorize e cumpra o requisito pertinente à omissão somada à contradição (expressos na CLT), não afastando a possibilidade de agregar a obscuridade para motivação aos embargos de declaração.

Se for concedido, em decisão monocrática (de um único juiz e não do colegiado), provimento ou denegação de recurso de conteúdo decisório e conclusivo da lide, com base no art. 932 do CPC, ou seja, em confronto com súmula ou jurisprudência dominante do TRT, STJ ou STF, será esta esclarecida por embargos se a questão versar sobre a omissão do acórdão, exceto sobre modificação. Porém, se os embargos questionam efeito modificativo só o colegiado poderá se pronunciar e será convertido em agravo pelo princípio da fungibilidade e celeridade processual de conformidade ao exposto na Súmula nº 421 do TST.

Faz-se mister observar que a OJ nº 378 da SDI-1 do TST firma que não encontra amparo no art. 894 da CLT recurso de embargos interposto à decisão monocrática exarada nos moldes dos arts. 932 do CPC e 896, §5º, da CLT, visto que o comando legal restringe seu cabimento à pretensão de reforma de decisão colegiada proferida por Turma do TST.

A Súmula nº 433 do TST interpreta que

> a admissibilidade do recurso de embargos contra acórdão de Turma em recurso de revista em fase de execução, publicado na vigência da Lei nº 11.496, de 26.06.2007, condiciona-se à demonstração de divergência jurisprudencial entre Turmas ou destas e a Seção Especializada em Dissídios Individuais do TST em relação à interpretação de dispositivo constitucional.

Opostos embargos de declaração é extemporâneo recurso interposto antes de publicado o acórdão impugnado (Súmula nº 434 do TST). Ao mesmo tempo, a

interrupção do prazo recursal em razão da interposição de embargos de declaração pela parte adversa não acarreta qualquer prejuízo àquele que apresentou seu recurso, tempestivamente, assim entendido pela OJ nº 336 da SDI-1 do TST.

> **Art. 898.** Das decisões proferidas em dissídio coletivo que afete empresa de serviço público, ou, em qualquer caso, das proferidas em revisão, poderão recorrer, além dos interessados, o presidente do Tribunal e a Procuradoria da Justiça do Trabalho.

Nessas hipóteses, será válida a participação da Procuradoria do Trabalho e tribunais, recorrendo das decisões que envolvam empresas de serviços públicos.

Em dissídio individual, está sujeita ao reexame necessário, mesmo na vigência da Constituição, decisão contrária à Fazenda Pública salvo quando a condenação não ultrapassar o valor correspondente a 1.000 (mil) salários mínimos para a União e as respectivas autarquias e fundações de direito público; 500 (quinhentos) salários mínimos para os estados, o Distrito Federal, as respectivas autarquias e fundações de direito público e os municípios que constituam capitais dos Estados; 100 (cem) salários mínimos para todos os demais municípios e respectivas autarquias e fundações de direito público. Também, não se sujeita ao duplo grau de jurisdição a decisão fundada em súmula ou orientação jurisprudencial do Tribunal Superior do Trabalho, acórdão proferido pelo Supremo Tribunal Federal ou pelo Tribunal Superior do Trabalho em julgamento de recursos repetitivos, entendimento firmado em incidente de resolução de demandas repetitivas ou de assunção de competência, entendimento coincidente com orientação vinculante firmada no âmbito administrativo do próprio ente público, Em ação rescisória na decisão proferida pelo Tribunal Regional do Trabalho que está sujeita ao duplo grau de jurisdição obrigatório e quando desfavorável ao ente público, e em mandado de segurança em reexame necessário se na relação processual figurar pessoa jurídica de direito público como parte prejudicada. Não caberá nas hipóteses em que figurar no feito como impetrante e terceiro interessado pessoa de direito privado. Já nos mandados de segurança somente cabe remessa *ex officio* se na relação processual figurar pessoa jurídica de direito público como parte prejudicada pela concessão da ordem. Tal situação não se verifica na hipótese de constar no feito como impetrante e terceiro interessado pessoa de direito privado, ressalvados os casos de matéria administrativa (Súmula nº 330 do TST).

> **Art. 899.** Os recursos serão interpostos por simples petição e terão efeito meramente devolutivo, salvo as exceções previstas neste Título, permitida a execução provisória até a penhora. (Redação dada pela Lei nº 5.442, de 24.05.1968) (Vide Lei nº 7.701, de 1988)
>
> §1º Sendo a condenação de valor até 10 (dez) vêzes o salário-mínimo regional, nos dissídios individuais, só será admitido o recurso inclusive o extraordinário, mediante prévio depósito da respectiva importância. Transitada em julgado a decisão recorrida,

ordenar-se-á o levantamento imediato da importância de depósito, em favor da parte vencedora, por simples despacho do juiz. (Redação dada pela Lei nº 5.442, 24.05.1968)

§2º Tratando-se de condenação de valor indeterminado, o depósito corresponderá ao que fôr arbitrado, para efeito de custas, pela Junta ou Juízo de Direito, até o limite de 10 (dez) vêzes o salário-mínimo da região. (Redação dada pela Lei nº 5.442, 24.05.1968)

§4º O depósito recursal será feito em conta vinculada ao juízo e corrigido com os mesmos índices da poupança. (Redação dada pela Lei nº 13.467, de 2017)

§5º (Revogado). (Redação dada pela Lei nº 13.467, de 2017)

§6º Quando o valor da condenação, ou o arbitrado para fins de custas, exceder o limite de 10 (dez) vêzes o salário-mínimo da região, o depósito para fins de recursos será limitado a êste valor. (Incluído pela Lei nº 5.442, 24.05.1968)

§7º No ato de interposição do agravo de instrumento, o depósito recursal corresponderá a 50% (cinquenta por cento) do valor do depósito do recurso ao qual se pretende destrancar. (Incluído pela Lei nº 12.275, de 2010)

§8º Quando o agravo de instrumento tem a finalidade de destrancar recurso de revista que se insurge contra decisão que contraria a jurisprudência uniforme do Tribunal Superior do Trabalho, consubstanciada nas suas súmulas ou em orientação jurisprudencial, não haverá obrigatoriedade de se efetuar o depósito referido no §7º deste artigo. (Incluído pela Lei nº 13.015, de 2014)

§9º O valor do depósito recursal será reduzido pela metade para entidades sem fins lucrativos, empregadores domésticos, microempreendedores individuais, microempresas e empresas de pequeno porte. (Incluído pela Lei nº 13.467, de 2017)

§10. São isentos do depósito recursal os beneficiários da justiça gratuita, as entidades filantrópicas e as empresas em recuperação judicial. (Incluído pela Lei nº 13.467, de 2017)

§11. O depósito recursal poderá ser substituído por fiança bancária ou seguro garantia judicial. (Incluído pela Lei nº 13.467, de 2017)

Os recursos serão interpostos por simples petição com o devido encaminhamento por uma "folha de rosto" através da Vara de Trabalho se endereçado ao TRT e ao Regional competente, se o destino for o TST. Após promoverem sua admissibilidade, os juízos de trânsito remeterão aos destinatários que se encarregarão de dar ou não provimento em julgamento realizado pelas suas respectivas turmas.

É exigido o preparo, ou seja, o recolhimento de custas para garantia de sua continuidade. Se o recorrente é o empregador, será necessário que promova a garantia do juízo por meio de depósito recursal. No caso do empregado se posicionar como autor do inconformismo, só lhe caberá recolhimento de custas caso a sentença fixar essa condenação.

Os recursos em hostes trabalhistas são, em regra, interpostos em 8 (oito) dias da decisão.

O depósito recursal deverá ser comprovado no prazo alusivo ao recurso, e a sua interposição antecipada não prejudicará a dilação de prazo legal, assim previsto na Súmula nº 245 do TST.

Por força da Lei nº 13.467/17, a redação da Súmula nº 426/TST deverá seguir nesta direção: DEPÓSITO RECURSAL. UTILIZAÇÃO DA GUIA GFIP. OBRIGATORIEDADE ATÉ 10.11.2017 (alterada e incluído o item II em decorrência da Lei nº 13.467/2017). I – Nos recursos interpostos de decisões publicadas (retirada a expressão dissídios individuais) até 10 de novembro de 2017, inclusive, é válido o depósito recursal efetivado mediante a utilização da Guia de Recolhimento do FGTS e Informações à Previdência Social (GFIP), nos termos dos parágrafos 4º e 5º do art. 899 da CLT, admitido o depósito judicial, realizado na sede do juízo e à disposição deste, na hipótese de relação de trabalho não submetida ao regime do FGTS. II – A partir da vigência da Lei nº 13.467/2017, em 11 de novembro de 2017, o depósito recursal efetivar-se-á em conta vinculada ao juízo (art. 896, §4º, da CLT), podendo ser substituído por fiança bancária ou seguro garantia judicial.

A Súmula nº 385, reinterpretada pelo TST, expressa que a parte que interpõe o recurso detém o ônus de provar quando da sua interposição sobre a existência de feriado local que autorize a prorrogação do prazo recursal. Contudo, nas hipóteses de feriados forenses em que o próprio tribunal já o reconhece por meio, inclusive, de ato normativo, a autoridade que proferir a decisão de admissibilidade certificará o expediente nos autos. Admite-se a reconsideração da análise da tempestividade do recurso, mediante prova documental superveniente, em agravo regimental, agravo de instrumento ou embargos de declaração (Súmula nº 385 do TST com redação determinada pela Res. TST nº 185/2012 – *DEJT* 25.09.2012).

Reiterando, observe-se que no agravo de instrumento, a Resolução nº 168 do TST, de 09.08.2010, obriga ao recolhimento de 50% (cinquenta) sobre o valor do depósito do recurso o qual pretende destrancar.

A Lei nº 13.467/17 assevera que o depósito recursal será feito em conta vinculada ao juízo e corrigido com os mesmos índices da poupança. Esta garantia, por sua vez, é fixada pelo TST para recurso ordinário e recurso de revista em valores distintos com abrangência para todos os regionais do trabalho. O valor do depósito recursal será reduzido pela metade para entidades sem fins lucrativos, empregadores domésticos, microempreendedores individuais, microempresas e empresas de pequeno porte. Estarão isentos do depósito recursal os beneficiários da justiça gratuita, as entidades filantrópicas e as empresas em recuperação judicial em conformidade com a devida homologação junto à respectiva vara empresarial cível. O depósito recursal poderá ser substituído por fiança bancária ou seguro garantia judicial, de acordo com as garantias fixadas pelas instituições afins.

Os recursos poderão ser sustentados por advogados em seção, previamente pautada para este fim. A ordem de preferência poderá ser requerida por meio de agendamento prévio realizado pelo PJ-e ou fixada na hora pelo secretário da seção junto à Turma competente. As preferências, em regra, atendem aos processos físicos e em seguida aos eletrônicos. Apregoadas as partes, pela numeração da pauta e do processo, havendo interesse pela sustentação os advogados se apresentam a tribuna e poderão ouvir a sugestão de voto do relator. Satisfeito com resultado, se não houver divergências, não haverá necessidade de sustentar. Caso contrário, cada advogado poderá se manifestar por 10 minutos. Após, entendido como possível mudar o voto, o

desembargador ou ministro relator responsável poderá alterar sua decisão na hora ou pedir vistas para fazê-lo em outra oportunidade com o devido agendamento de pauta para julgamento em outra seção. Se voto vencido, diante das divergências trazidas pelos seus pares, se obrigará ajustar a decisão ao que fora decidido por maioria. E, por derradeiro, se o voto foi proferido e os advogados não obtiveram êxito na mudança da decisão, este será decretado e publicado para que produza seus efeitos.

Instrução Normativa do TST assegura que as disposições contidas nos §§4º, 9º, 10 e 11 deste artigo serão observadas para os inconformismos interpostos contra decisões proferidas após a vigência desta regra procedimental.

Art. 900. Interposto o recurso, será notificado o recorrido para oferecer as suas razões, em prazo igual ao que tiver o recorrente.

Sempre será concedida a oportunidade ao recorrido para apresentar contrarrazões em prazo igual ao recorrente: 8 (oito) dias.

Nesta oportunidade, a parte que não recorreu à época e desejar discutir matéria que não logrou êxito por ocasião da sentença poderá fazê-lo por via de recurso adesivo (art. 997 do CPC). Tal recurso permitirá a discussão sobre os direitos já prescritos na decisão anterior e ambos seguirão ao tribunal competente para apreciação, entrementes, dentro do previsto na decisão expendida pela Súmula nº 283 do TST e no prazo de oito dias, nas hipóteses de interposição de recurso ordinário, de agravo de petição, de revista e de embargos, sendo desnecessário que a matéria nele veiculada esteja relacionada com a do recurso interposto pela parte contrária.

Art. 901. Sem prejuízo dos prazos previstos neste Capítulo, terão as partes vistas dos autos em cartório ou na secretaria.

Parágrafo único. Salvo quando estiver correndo prazo comum, aos procuradores das partes será permitido ter vista dos autos fora do cartório ou secretaria.

Recorrente e recorrido sempre terão acesso às decisões através das publicações, em acesso junto ao PJ-e ou vista aos autos se processo físico, de conformidade com os prazos e termos de cada processo, podendo até mesmo retirar os autos para análise fora dos tribunais.

Art. 902. (Revogado pela Lei nº 7.033, de 05.10.1982)

Capítulo VII
DA APLICAÇÃO DAS PENALIDADES

Art. 903. As penalidades estabelecidas no Título anterior serão aplicadas pelo juiz, ou Tribunal, que tiver de conhecer da desobediência, violação, recusa, falta ou coação, *ex officio*, ou mediante representação de qualquer interessado ou da Procuradoria da Justiça do Trabalho.

As multas por descumprimento são aplicadas pelos juízes ou tribunal que verificarem desobediência a essas normas ou por qualquer interessado, bem como pela Procuradoria do Trabalho.

Art. 904. As sanções em que incorrerem as autoridades da Justiça do Trabalho serão aplicadas pela autoridade ou Tribunal imediatamente superior, conforme o caso, *ex officio*, ou mediante representação de qualquer interessado ou da Procuradoria.

Parágrafo único. (Revogado pelos arts. 102, I, c, 105, I, a, e 108, I, a, CF/1988)

Compete ao STJ processar e julgar, nos crimes comuns, os membros dos TRT.

Art. 905. Tomando conhecimento do fato imputado, o juiz, ou Tribunal competente, mandará notificar o acusado, para apresentar, no prazo de 15 (quinze) dias, defesa por escrito.

§1º É facultado ao acusado, dentro do prazo estabelecido neste artigo, requerer a produção de testemunhas até o máximo de cinco. Neste caso, será marcada audiência para a inquirição.

§2º Findo o prazo de defesa, o processo será imediatamente concluso para julgamento, que deverá ser proferido no prazo de 10 (dez) dias.

O juiz ou tribunal competente providenciarão para que sejam punidos os responsáveis, dando-lhes oportunidade de defesa.

Art. 906. Da imposição das penalidades a que se refere este, caberá recurso ordinário para o Tribunal Superior, no prazo de 10 (dez) dias, salvo se a imposição resultar de dissídio coletivo, caso em que o prazo será de 20 (vinte) dias.

O recurso cabível das penalidades é o recurso administrativo ao TST.

Art. 907. Sempre que o infrator incorrer em pena criminal far-se-á remessa das peças necessárias à autoridade competente.

Caso incorra em pena criminal, as peças necessárias serão encaminhadas à autoridade competente, seja polícia federal, seja Justiça Criminal.

Art. 908. A cobrança das multas estabelecidas neste Título será feita mediante executivo fiscal, perante o juiz competente para a cobrança de dívida ativa da Fazenda Pública Federal.

Parágrafo único. A cobrança das multas será promovida, no Distrito Federal e nos Estados em que funcionarem os Tribunais Regionais, pela Procuradoria da Justiça do Trabalho, e, nos demais Estados, de acordo com o disposto no Decreto-Lei nº 960, de 17 de dezembro de 1938.

Faz-se mister esclarecer que a Procuradoria-Geral Federal, mediante delegação da Procuradoria-Geral da Fazenda Nacional, permite aos magistrados do trabalho acompanhar e proceder às execuções de multas provenientes da Delegacia Regional do Trabalho e Imposto de Renda, em processos trabalhistas, em consonância com o inc. VIII do art. 114 da CRFB.

Capítulo VIII
DISPOSIÇÕES FINAIS

Art. 909. A ordem dos processos no Tribunal Superior do Trabalho será regulada em seu regimento interno.

A ordem dos processos no TST será estabelecida pelo seu regimento interno.

Art. 910. Para os efeitos deste Título, equiparam-se aos serviços públicos os de utilidade pública, bem como os que forem prestados em armazéns de gêneros alimentícios,

açougues, padarias, leiterias, farmácias, hospitais, minas, empresas de transportes e comunicações, bancos e estabelecimentos que interessem à segurança nacional.

A Lei nº 7.783/1989 (greve) estabelece as atividades essenciais das quais – em caso de greve – restará necessária a construção de critérios para que seja ela permitida e aprovada nas atividades de natureza privada, como, por exemplo: tratamento e abastecimento de água; produção e distribuição de energia elétrica, gás e combustíveis; assistência médica e hospitalar; distribuição e comercialização de medicamentos e alimentos; funerários; transporte coletivo; captação e tratamento de esgoto e lixo; telecomunicações; guarda, uso e controle de substâncias radioativas, equipamentos e materiais nucleares; processamento de dados ligados a serviços essenciais; controle de tráfego aéreo; e compensação bancária.

Título XI
DISPOSIÇÕES FINAIS E TRANSITÓRIAS

Art. 911. Esta Consolidação entrará em vigor em 10 de novembro de 1943.

Em que pese tenha sido promulgada em 01.05.1943, só entrou em vigor a partir de 10.11.1943.

A Lei nº 13.467/17 passou a viger a partir do dia 11 de novembro de 2017 com as mudanças provenientes da denominada "Reforma Trabalhista". Entende-se quanto à intertemporalidade da lei que, ao tratar de temática de ordem pública e em respeito à natureza de trato sucessivo que norteia os contratos de emprego em curso, a aplicação das mudanças trazidas pela Lei nº 13.467/17 se traduzem como imediata. Contudo, a retroatividade é vedada no que concerne aos possíveis prejuízos gerados por essas mesmas mudanças quanto à existência de regras pactuadas anteriormente entre empregado e empregador no estrito respeito ao direito adquirido e ao ato jurídico perfeito ou a coisa julgada nos termos da Lei nº 4.657/42 alterada pela Lei nº 12.376/2010 (Lei nº de Introdução às normas do Direito Brasileiro) sem prejuízo do exposto pelo art. 468 da CLT.

Quanto às regras que dirigem o processo do trabalho, seguem na aplicação das leis processuais em consonância com momento em que se julga cada ato emanado pelo Poder Judiciário (*tempus regit actum*). Este mesmo Judiciário especial do trabalho se encarregará de aplicar a lei processual vigente e respeitará atos e fatos que já foram consumados sob a égide da lei revogada. O art. 1046 do CPC assevera sobre a aplicação imediata da lei processual a todos os processos, resguardando-se os atos já praticados em processos pendentes e assim sucessivamente revogada a lei anterior.

Pode haver algum julgador desavisado que ínsita em praticar a lei nova em detrimento de atos já consumados sob a égide da lei antiga, mas estarão sujeitos e reforma das suas decisões em se tratando de princípios que marcam o direito intertemporal

acolhido pela decisão majoritária dos tribunais superiores. Exemplo dessa tese se concretiza pela orientação da Súmula nº 248 do TST, que assegura reclassificação ou descaracterização de insalubridade sem ofensa ao direito adquirido.

O TST promoverá em breve a devida atualização da sua própria jurisprudência em consonância com as mudanças trazidas pela Lei nº 13.467/17 e definirá quanto à aplicação da lei material para os contratos vigentes.

Art. 912. Os dispositivos de caráter imperativo terão aplicação imediata às relações iniciadas, mas não consumadas, antes da vigência desta Consolidação.

As normas cogentes passaram a ter aplicação imediata, considerando até mesmo as relações iniciadas antes da vigência da lei, porém não consumadas antes do seu vigor.

Art. 913. O Ministro do Trabalho, Indústria e Comércio expedirá instruções, quadros, tabelas e modelos que se tornarem necessários à execução desta Consolidação.

Parágrafo único. O Tribunal Superior do Trabalho adaptará o seu regimento interno e o dos Tribunais Regionais do Trabalho às normas contidas nesta Consolidação.

As adaptações devem ser observadas, sempre, até mesmo criando regras próprias e necessárias à execução do Texto Consolidado pelos órgãos competentes.

Art. 914. Continuarão em vigor os quadros, tabelas e modelos, aprovados em virtude de dispositivos não alterados pela presente Consolidação.

Observe-se que tais avisos devem ser creditados, contanto que não contravenham aos preceitos contidos na Consolidação das Leis do Trabalho.

Art. 915. Não serão prejudicados os recursos interpostos com apoio em dispositivos alterados ou cujo prazo para interposição esteja em curso à data da vigência desta Consolidação.

Os recursos interpostos à época da vigência da Consolidação das Leis do Trabalho continuam em andamento, sem prejuízo das partes.

Art. 916. Os prazos de prescrição fixados pela presente Consolidação começarão a correr da data da vigência desta, quando menores do que os previstos pela legislação anterior.

Conta-se a prescrição a partir da data de vigência da CLT, quando os prazos forem menores que os previstos pelas leis que regiam as relações de trabalho anteriores, também, ressalvando-se o prescrito nos arts. 11 da CLT, 7º, XXIX, da CRFB e das alterações advindas com a Lei nº 13.467/17.

Art. 917. O Ministro do Trabalho, Indústria e Comércio marcará prazo para adaptação dos atuais estabelecimentos às exigências contidas no Capítulo "Da Segurança e da Medicina do Trabalho". Compete ainda àquela autoridade fixar os prazos dentro dos quais, em cada Estado, entrará em vigor a obrigatoriedade do uso da Carteira de Trabalho e Previdência Social, para os atuais empregados.

Parágrafo único. O Ministro do Trabalho, Indústria e Comércio fixará, para cada Estado e quando julgar conveniente, o início da vigência de parte ou de todos os dispositivos contidos no Capítulo "Da Segurança e da Medicina do Trabalho".

O uso da CTPS e a observância das regras de proteção ao trabalho tornaram-se obrigatórias por ocasião da promulgação da lei e quando o Ministério do Trabalho foi acionado, de acordo com as condições de cada local.

Art. 918. Enquanto não for expedida a Lei Orgânica da Previdência Social, competirá ao presidente do Tribunal Superior do Trabalho julgar os recursos interpostos com apoio no art. 1º, alínea "c", do Decreto-Lei nº 3.710, de 14 de outubro de 1941, cabendo recurso de suas decisões nos termos do disposto no art. 734, alínea "b", desta Consolidação.

As Leis nº 8.212 e nº 8.213/91 e a Resolução nº 15/2017 do Senado Federal tratam de questões afetas à Previdência Social no âmbito judiciário e administrativo do executivo federal.

Art. 919. Ao empregado bancário, admitido até a data da vigência da presente Lei, fica assegurado o direito à aquisição da estabilidade nos termos do art. 15 do Decreto 24.615, de 9 de julho de 1934.

Os bancários têm garantido o tempo anterior à promulgação da CLT, de acordo com as leis vigentes para a categoria até aquela data.

Art. 920. Enquanto não forem constituídas as confederações, ou, na falta destas, a representação de classes, econômicas ou profissionais, que derivar da indicação desses órgãos ou dos respectivos presidentes, será suprida por equivalente designação ou eleição realizada pelas correspondentes federações.

Havia um tempo necessário para adaptação das representações sindicais, considerando as federações competentes para estabelecer as associações que iriam representar as respectivas categorias econômicas e profissionais.

Art. 921. As empresas que não estiverem incluídas no enquadramento sindical de que trata o art. 577 poderão firmar contratos coletivos de trabalho com os sindicatos representativos da respectiva categoria profissional.

Esta provisoriedade prende-se à necessária adaptação às necessidades dos interessados em convênios coletivos até que sejam absorvidas com o devido enquadramento.

Art. 922. O disposto no art. 301 regerá somente as relações de emprego iniciadas depois da vigência desta Consolidação.

Como não havia limite de idade para o trabalho no subsolo, ficaram garantidos aos que estavam em atividade antes da CLT vir ao "mundo jurídico"; e atualmente, nos termos da menoridade trabalhista que preserva a vedação e condições especiais ao trabalho dos menores de 14 a 18 anos, observando-se a proibição em locais insalubres ou perigosos.

ANEXOS

Provimento CGJT nº 1, de 9 de fevereiro de 2018

Regulamenta a padronização do Procedimento de Reunião de Execuções no âmbito da Justiça do Trabalho.

O **MINISTRO CORREGEDOR-GERAL DA JUSTIÇA DO TRABALHO**, no uso das atribuições que lhe confere o art. 6º, V, do Regimento Interno da Corregedoria-Geral da Justiça do Trabalho,

Considerando a criação dos Núcleos de Apoio à Execução a partir da Meta 5, de 2011, do CNJ, bem como a Resolução n. 138/CSJT.GP, de 9 de junho de 2014, que instituiu os Núcleos de Pesquisa Patrimonial no âmbito da Justiça do Trabalho;

Considerando que o objetivo precípuo da Justiça do Trabalho é garantir efetividade aos julgados, nos termos do art. 5º, LXXVIII, da Constituição Federal, e a realização integral da tutela jurisdicional como meio de alcançar os anseios da sociedade;

Considerando que a centralização das execuções contra os grandes devedores encontra respaldo no art. 28, *caput* e parágrafo único, da Lei nº 6.830/80, aplicado à espécie por força do art. 889 da Consolidação das Leis do Trabalho, bem como no princípio da cooperação jurisdicional previsto no artigo 69, inciso II, da Lei n. 13.105, de 16 de março de 2015 (Novo Código de Processo Civil), emprestando celeridade e aperfeiçoamento à prestação jurisdicional;

Considerando que o número excessivo de execuções em curso na Justiça do Trabalho em face do mesmo devedor, com imposição de múltiplos atos executórios, pode gerar situação a inviabilizar a sua administração financeira e o próprio funcionamento de sua atividade econômica, seja para pagamento de compromissos contratuais, ou mesmo a manutenção dos contratos de trabalho ainda ativos;

Considerando a importância de dinamizar e intensificar ações voltadas aos procedimentos executórios, sempre objetivando a celeridade do processo trabalhista;

Considerando a necessidade de uma padronização mínima dos procedimentos em relação à centralização de execuções no âmbito da Justiça do Trabalho; e

Considerando que os princípios da eficiência administrativa, da efetividade da jurisdição e da economia processual sugerem a concentração de atos na fase de execução, como forma de otimizar os procedimentos;

RESOLVE:

CAPÍTULO I
DO PROCEDIMENTO DE REUNIÃO DE EXECUÇÕES – PRE

Art. 1º O Procedimento de Reunião de Execuções – PRE, no âmbito da Justiça do Trabalho, constituído pelo Plano Especial de Pagamento Trabalhista – PEPT, cujo objetivo é o pagamento parcelado do débito, e pelo Regime Especial de Execução Forçada – REEF, voltado para a expropriação do patrimônio dos devedores em prol da coletividade dos credores, será regulado por este Provimento.

Parágrafo único. O Procedimento da Reunião de Execuções, em todas as suas modalidades, observará, dentre outros princípios e diretrizes:

I – a essência conciliatória da Justiça do Trabalho, como instrumento de pacificação social;

II – o direito fundamental à razoável duração do processo (art. 5º, LXXVIII, da Constituição Federal) em benefício do credor;

III – os princípios da eficiência administrativa (art. 37, *caput*, da Constituição Federal), bem como da economia processual;

IV – o pagamento equânime dos créditos, observadas as particularidades do caso concreto;

V – a premência do crédito trabalhista, haja vista seu caráter alimentar;

VI – a necessidade da preservação da função social da empresa.

Art. 2º A reunião de execuções em relação ao(s) mesmo(s) devedor(es) poderá ser processada em órgãos de centralização de execuções, criados conforme organização de cada Tribunal Regional, sem prejuízo da atuação, no mesmo sentido, em cada unidade jurisdicional, excepcionalmente e observados os limites de sua competência funcional e as particularidades do caso concreto.

Art. 3º São atribuições do juízo centralizador do PRE:

I – acompanhar o processamento do PRE, mantendo comunicação com o órgão competente para gestão do procedimento, conforme definido pela organização administrativa do Tribunal Regional;

II – promover de ofício a identificação dos grandes devedores e, se for o caso, dos respectivos grupos econômicos, no âmbito do Tribunal Regional, cujas execuções poderão ser reunidas para processamento conjunto através da instauração do Regime Especial de Execução Forçada (REEF), utilizando-se de todas as ferramentas eletrônicas de investigação patrimonial disponíveis por meio de processo piloto indicado pelo juízo centralizador;

III – coordenar ações e programas que visem à efetividade da execução.

CAPÍTULO II
DO PLANO ESPECIAL DE PAGAMENTO TRABALHISTA – PEPT

Art. 4º Para a apreciação preliminar do pedido de instauração do Plano Especial de Pagamento Trabalhista – PEPT, o interessado deverá atender aos seguintes requisitos:

I – especificar o valor total da dívida, instruindo o pedido com a relação de processos em fase de execução definitiva, a indicação da(s) vara(s) de origem, os nomes dos credores, os valores e a natureza dos respectivos débitos, devidamente atualizados, destacando-se valores históricos de juros e de correção monetária;

II – apresentar o plano de pagamento do débito trabalhista consolidado, incluída estimativa de juros e de correção monetária até seu integral cumprimento, podendo o pagamento ser fixado em período e montante variáveis, respeitado o prazo máximo de três anos para a quitação integral da dívida;

III – assumir, por declaração de vontade expressa e inequívoca, o compromisso de cumprir regularmente as obrigações trabalhistas dos contratos em curso, inclusive as decorrentes de verbas rescisórias devidas aos empregados dispensados ou que se demitirem, cabendo o controle aos sindicatos das respectivas categorias profissionais, a quem o executado remeterá, mensalmente, cópia do Cadastro Geral de Empregados e Desempregados – CAGED;

IV – relacionar, documentalmente, as empresas integrantes do grupo econômico e respectivos sócios, todos cientes de que serão responsabilizados solidariamente pelo adimplemento das obrigações relativas ao montante global obtido na reunião das execuções perante o Tribunal, independentemente de, em qualquer fase dos processos, terem figurado no polo passivo;

V – ofertar garantia patrimonial suficiente ao atendimento das condições estabelecidas, podendo recair em carta de fiança bancária ou seguro garantia, bem como em bens próprios ou dos sócios, hipótese em que deverão ser apresentadas provas de ausência de impedimento ou oneração dos bens, caso em que o interessado fica obrigado a comunicar, de imediato, qualquer alteração na situação jurídica desses, sob pena de cancelamento do plano e impossibilidade de novo requerimento de parcelamento pelo prazo de 2 (dois) anos;

VI – apresentar balanço contábil, devidamente certificado por contador, bem como declaração de imposto de renda, em que se comprove a incapacidade financeira de arcar com a dívida consolidada, com efetivo comprometimento da continuidade da atividade econômica;

VII – apresentar renúncia de toda e qualquer impugnação, recurso ou incidente quanto aos processos envolvidos no plano apresentado.

§1º O PEPT restringir-se-á aos processos relacionados no ato de apresentação do requerimento, sendo vedada a inclusão de novos processos.

§2º O inadimplemento de qualquer das condições estabelecidas implicará a revogação do PEPT, a proibição de obter novo plano pelo prazo de dois anos e a instauração de REEF em face do devedor.

Art. 5º O requerimento do PEPT deverá ser apresentado perante o órgão competente, conforme definido pela organização administrativa de cada Tribunal Regional, e, na ausência de previsão expressa, diretamente ao juízo centralizador de execuções.

§1º Instaurado o procedimento, deverá o órgão competente mencionado no *caput*:

I – fixar o prazo de duração, observado o disposto no inciso II do art. 4º deste Provimento, e o valor a ser pago periodicamente, considerando, nos dois casos, o montante principal da dívida e seus acessórios, bem como os correspondentes créditos previdenciários e fiscais;

II – se necessário, estabelecer cláusula penal para atraso ou descumprimento ocasional de qualquer das parcelas, revertendo para os credores o valor correspondente, e, a qualquer tempo no curso do procedimento, ordenar a venda de ativos visando à redução do débito consolidado, providência a ser cumprida no âmbito do juízo centralizador de execuções;

III – prever a distribuição dos valores arrecadados, observado o disposto no art. 1º, parágrafo único, inciso V, do presente Provimento;

IV – indicar o processo piloto no qual serão concentrados os atos referentes ao cumprimento do PEPT;

§2º O órgão competente decidirá pela aprovação ou não do Plano, segundo critérios de conveniência e oportunidade, sendo-lhe facultada consulta prévia a órgãos internos ou externos aos quadros do Tribunal Regional, ficando suspensa a execução nos processos englobados no PEPT com sua aprovação.

§3º Sempre que, por circunstâncias imprevistas e não imputáveis ao devedor, o plano inicialmente aprovado se revelar inexequível, o devedor poderá apresentar novo plano, atendidos os requisitos do art. 4º deste Provimento, o qual deverá vir acompanhado de provas das circunstâncias supervenientes, e será objeto de nova decisão pelo órgão competente, igualmente segundo critérios de conveniência e oportunidade.

§4º Caso o novo plano seja rejeitado ou se revele inviável, seguir-se-á a instauração de REEF em face do devedor.

CAPÍTULO III
REGIME ESPECIAL DE EXECUÇÃO FORÇADA – REEF

Art. 6º O Regime Especial de Execução Forçada (REEF) consiste no procedimento unificado de busca, constrição e expropriação, com vistas ao adimplemento da dívida consolidada de devedor com relevante número de processos em fase de execução, como medida de otimização das diligências executórias, doravante realizadas de forma convergente, mediante a utilização de processo piloto.

§ 1º O Regime Especial de Execução Forçada (REEF) poderá originar-se:

I – do insucesso do Plano Especial de Pagamento Trabalhista (PEPT);

II – por meio de requisição das Unidades Judiciárias de 1º e 2º graus do Tribunal Regional; ou

III – por iniciativa do órgão centralizador de execuções no Tribunal Regional.

§2º Em caso de solicitação pelas unidades judiciárias, deverá ser observado o número mínimo de inclusões do devedor no BNDT e o limite de solicitações por unidade, parâmetros a serem definidos pelos Tribunais Regionais. Na ausência de regulamentação, tais variáveis poderão ser definidas pelo órgão centralizador de execuções no Tribunal Regional.

§3º A solicitação pelas unidades judiciárias deverá vir acompanhada de certidão comprobatória da utilização, sem sucesso, das ferramentas básicas de pesquisa patrimonial (Bacen Jud, Infojud – Imposto de Renda e DOI, Renajud e Junta Comercial), nos 3 (três) meses anteriores à requisição, e do protesto do devedor, conforme art. 517 do Código de Processo Civil.

§4º Caso a iniciativa seja oriunda do órgão centralizador de execuções no Tribunal Regional, na hipótese do inciso III, § 1º, deste artigo, poderá o Juiz da Vara do Trabalho de origem recusar a remessa dos autos, caso já existam bens penhorados na data da instauração do REEF, sem prejuízo da solicitação a outra vara do trabalho, de processo em face do mesmo devedor.

§5º A instauração do REEF, em todas as suas hipóteses, importará a suspensão das execuções em face do devedor, determinada por ato do órgão competente, conforme definido pela organização administrativa de cada Tribunal Regional, salvo em relação aos processos que tramitam na vara recusante.

§6º Os tribunais desenvolverão solução de tecnologia da informação para cadastramento dos processos do REEF pelas unidades judiciárias originárias, com a discriminação da natureza da dívida e dotado de atualização automática.

Art. 7º No curso do Regime Especial de Execução Forçada (REEF), os atos executórios buscando o pagamento da dívida consolidada do executado serão realizados nos autos do processo piloto, ressalvada, na hipótese do § 4º do artigo anterior, a atuação executória da vara recusante.

§1º A definição dos autos a serem qualificados como processo piloto caberá ao Juiz Coordenador do órgão centralizador de execuções do Tribunal Regional.

§2º Os Juízes que atuam no órgão centralizador de execuções resolverão todos os incidentes e ações incidentais referentes ao processo piloto, quanto aos atos praticados durante o REEF.

§3º Localizados bens do executado, será ordenada a alienação desses pelo Juiz Coordenador do órgão centralizador de execuções.

§4º Os valores arrecadados serão destinados às execuções envolvidas no REEF pelo órgão centralizador de execuções, conforme art. 1º, parágrafo único, inciso V, deste Provimento.

§5º Eventual quitação do processo piloto não impede o regular prosseguimento da execução, nos mesmos autos, pelo restante da dívida consolidada.

Art. 8º A apuração da dívida consolidada do executado, no caso do Regime Especial de Execução Forçada (REEF), será feita pelo órgão centralizador de execuções, que oficiará as varas do trabalho para que informem o montante da dívida do executado, nos processos em fase de execução definitiva, no prazo de 30 (trinta) dias.

§1º Na prestação de informações pelas varas deverá ser discriminada a natureza dos créditos, bem como a respectiva atualização e incidência de juros de mora, sendo vedada a inclusão de valores referentes a processos com pendência de homologação de liquidação.

§2º Ocorrendo conciliação ou pagamento, ainda que parcial, em processo executivo de devedores submetidos ao REEF diverso do processo piloto, deverá a Vara do Trabalho respectiva comunicar o fato, imediatamente, ao órgão centralizador de execuções.

Art. 9º Os créditos da União Federal, referentes às contribuições previdenciárias e fiscais decorrentes das decisões desta Justiça Especializada, aqueles oriundos de multas administrativas impostas pelos órgãos de fiscalização do trabalho, nos termos do art. 114, VII e VIII, respectivamente, da Constituição Federal, assim como as custas processuais, serão pagos após a quitação preferencial dos créditos trabalhistas.

Art. 10. Expropriados todos os bens e efetuados os pagamentos possíveis, havendo crédito remanescente, oficiar-se-á às varas da Região e às Corregedorias das demais Regiões, comunicando a existência do saldo, aguardando a requisição de valores no prazo de 30 (trinta) dias e devolvendo

511

ao executado o saldo existente após os repasses solicitados.

Parágrafo único. Esgotados os meios executórios, ainda que remanesçam débitos, o REEF será extinto, sendo os autos do processo piloto devolvidos ao juízo de origem para providências cabíveis.

Art. 11. A Administração do Tribunal colocará, na medida do possível, à disposição de cada um dos Juízos centralizadores os meios necessários à consecução das medidas previstas neste Provimento.

Art. 12. Dar-se-á preferência ao meio eletrônico para tramitação das execuções reunidas nos termos deste Provimento e para a prática dos atos e encaminhamento de comunicações e documentos inerentes.

CAPÍTULO IV
DISPOSIÇÕES FINAIS

Art. 13. Aplica-se o presente Procedimento de Reunião de Execuções, no que couber, às execuções que já se encontrarem reunidas no âmbito da Justiça do Trabalho bem como ao Regime Centralizado de Execução (Ato Trabalhista) para as entidades desportivas de que trata o § 10 do art. 27 da Lei nº 9.615, de 24 de março de 1998.

Art. 14. Este Provimento entra em vigor na data da sua publicação.

Publique-se.

Ministro RENATO DE LACERDA PAIVA
Corregedor-Geral da Justiça do Trabalho

Resolução Administrativa Nº 1.953, de 6 de Fevereiro de 2018

Constitui Comissão de Ministros com a finalidade de regulamentar a aplicação da Lei 13.467, de 13 de julho de 2017, aos contratos de trabalho vigentes e processos em curso.

O EGRÉGIO TRIBUNAL PLENO DO TRIBUNAL SUPERIOR DO TRABALHO, em Sessão Extraordinária hoje realizada, sob a Presidência do Excelentíssimo Senhor Ministro Ives Gandra da Silva Martins Filho, Presidente do Tribunal, presentes os Excelentíssimos Senhores Ministros Emmanoel Pereira, Vice-Presidente do Tribunal, Renato de Lacerda Paiva, Corregedor-Geral da Justiça do Trabalho, João Batista Brito Pereira, Maria Cristina Irigoyen Peduzzi, Lelio Bentes Corrêa, Luiz Philippe Vieira de Mello Filho, Alberto Luiz Bresciani de Fontan Pereira, Maria de Assis Calsing, Fernando Eizo Ono, Márcio Eurico Vitral Amaro, Walmir Oliveira da Costa, Maurício Godinho Delgado, Kátia Magalhães Arruda, Augusto César Leite de Carvalho, José Roberto Freire Pimenta, Delaíde Alves Miranda Arantes, Hugo Carlos Scheuermann, Alexandre de Souza Agra Belmonte, Douglas Alencar Rodrigues, Maria Helena Mallmann, Breno Medeiros e o Excelentíssimo Procurador-Geral do Trabalho, Dr. Ronaldo Curado Fleury,

considerando as alterações promovidas pela Lei 13.467/17 na Consolidação das Leis do Trabalho,

considerando as controvérsias surgidas no âmbito da Justiça do Trabalho, mesmo após a edição da Medida Provisória no 808/17, que assentou serem aplicáveis os dispositivos da nova lei aos contratos de trabalho em vigor,

considerando a imperativa necessidade de se dar segurança jurídica às relações de trabalho, sinalizando, em caráter orientativo, quais as normas que seriam aplicáveis aos contratos de trabalho vigentes e aos processos em curso,

considerando os pareceres da Comissão de Jurisprudência e Precedentes Normativos sobre os enunciados de súmulas e orientações jurisprudenciais que necessitariam ser revisados ou cancelados, firmando tese sobre quais dispositivos não se aplicariam aos contratos vigentes e aos processos em curso,

considerando a existência de outros enunciados de súmulas e orientações jurisprudenciais que também foram afetados pela reforma trabalhista e que necessitariam ser revistos ou cancelados,

considerando as dificuldades técnicas e jurídicas de uma revisão célere desses enunciados de jurisprudência pacificada, à luz do art. 702 da CLT, quer sob o prisma do número elevado de enunciados a serem revisados, quer pelo ângulo do número de entidades legitimadas a participarem do processo de revisão de súmulas,

RESOLVE

Art. 1º Constituir Comissão de 09 (nove) Ministros do Tribunal Superior do Trabalho, com a finalidade de regulamentar a aplicação da Lei 13.467, de 13 de julho de 2017, aos contratos de trabalho vigentes e processos em curso, integrada pelo Excelentíssimo Senhor Ministro Aloysio Silva Corrêa da Veiga, que a presidirá, e, na condição de membros os Excelentíssimos Senhores Ministros Maria Cristina Irigoyen Peduzzi, Luiz Philippe Vieira de Mello Filho, Alberto Luiz Bresciani de Fontan Pereira, Alexandre de Souza Agra Belmonte, Walmir Oliveira da Costa, Maurício Godinho Delgado, Augusto César Leite de Carvalho e Douglas Alencar Rodrigues.

Art. 2º A Comissão disporá do prazo de 60 (sessenta) dias para ultimar a regulamentação da referida lei, prorrogável, a critério dos seus componentes, por tempo necessário para conclusão dos trabalhos.

Parágrafo único. Caberá ao Presidente da Comissão informar ao Presidente do Tribunal Superior do Trabalho acerca do prazo de prorrogação, a fim de que seja editado o respectivo ato.

Art. 3º Caberá ao Excelentíssimo Senhor Ministro Aloysio Silva Corrêa da Veiga a função de Relator da Comissão de Ministros, inclusive da minuta final da regulamentação da Lei 13.467/2017, para ser submetida à apreciação do Tribunal Pleno do Tribunal Superior do Trabalho.

Art. 4º Esta resolução entra em vigor na data da sua publicação.

Publique-se.

Ministro
IVES GANDRA DA SILVA MARTINS FILHO
Presidente do Tribunal Superior do Trabalho

MINISTÉRIO DO TRABALHO
GABINETE DO MINISTRO

DOU de 15/05/2018 (nº 92, Seção 1, p. 59)

PARECER nº 00248/2018/CONJUR-MTB/CGU/AGU
NUP: 46010.000393/2018-71
INTERESSADOS: GABINETE DO MINISTRO
ASSUNTOS: APLICABILIDADE DA MODERNIZAÇÃO TRABALHISTA (LEI 13.467/2017) AOS CONTRATOS DE TRABALHO

EMENTA:
I – Consulta Jurídica. II. Interpretação sobre a aplicabilidade da Lei nº 13.467/2017, conhecida também como Modernização Trabalhista, aos contratos de trabalho. III. Direito Intertemporal ou aplicabilidade da Lei no tempo IV. Repercussão da perda de eficácia do artigo 2º da MP 808/2017. V. Modernização legislativa aplicável de forma geral, abrangente e imediata a todos os contratos de trabalho regidos pela Consolidação das Leis do Trabalho (CLT), inclusive, àqueles iniciados antes da vigência da referida lei, e que continuaram em vigor após 11/11/2017. VI. Parecer. Efeito vinculante para a Administração. Possibilidade, e utilidade como segurança jurídica, sobretudo na atuação fiscalizatória dos servidores desta Pasta Ministerial.

I – RELATÓRIO

1. Trata-se este parecer de análise sobre a aplicabilidade da Lei nº 13.467/2017 aos contratos de trabalho em vigor, em face de questionamento feito pela Coordenação-Geral de Análise Técnica da Assessoria Especial de Apoio ao Ministro do Trabalho a esse respeito.

2. Em suma, a Assessoria Especial do Ministro, diante da entrada em vigor da Lei nº 13.467/2017 em 11 de novembro de 2017 e, posteriormente, com a edição da Medida Provisória (MP) nº 808, em 14 de dezembro de 2017, que perdeu a eficácia em 23 de abril de 2017, questiona:

"O disposto na Lei nº 13.467, de 13 de julho de 2017, se aplica na integralidade aos contratos de trabalho em vigor ou somente àqueles firmados após sua vigência?"

3. O questionamento ressalta que a MP 808/2017 dispunha:

"Art. 2º – O disposto na Lei 13.467, de 13 de julho de 2017, se aplica, na integralidade, aos contratos de trabalho vigentes."

4. Assim, com a perda de eficácia da MP, teria restado lacuna normativa acerca da aplicabilidade da lei em relação aos contratos de trabalho em vigor na data de entrada em vigência da Lei 13.467/2017.

5. Trata-se, portanto, de questionamento sobre a aplicabilidade da Lei no tempo.

II – DA ANÁLISE DA CONSULTA

a) Da vigência da Lei

6. A Lei 13.467/2017 foi publicada no dia 14 de julho de 2017, e também passou a ser chamada de Modernização Trabalhista. Com prazo de vacância de 120 dias, e em conformidade com o §1º do Art. 8º – da Lei Complementar nº 95/1998, que dispõe que "a contagem do prazo para entrada em vigor das leis que estabelecem período de vacância far-se-á com a inclusão da data da publicação e do último dia do prazo, entrando em vigor no dia subsequente à sua consumação integral", sua vacância se encerrou em 10 de novembro de 2017, entrando em vigor, portanto, no dia seguinte, 11 de novembro de 2017.

b) Da aplicação da Lei no tempo

7. Com o início da vigência da modernização trabalhista, três situações distintas em relação a sua aplicabilidade podem ser suscitadas: aplicação em relação aos contratos que se iniciam com a Lei já vigente, portanto novos contratos de trabalho celebrados a partir do dia 11/11/2017; aplicação em relação aos contratos encerrados antes de sua vigência, portanto, antes de 11/11/2017; e aplicação aos contratos celebrados antes de sua vigência e que continuaram ativos após 11/11/2017.

8. A Lei de Introdução às Normas do Direito Brasileiro – LINDB (Decreto-Lei nº 4.657, de 4 de Setembro de 1942), no *caput* de seu artigo 6º, disciplina que:

Art. 6º – A Lei em vigor terá efeito imediato e geral, respeitados o ato jurídico perfeito, o direito adquirido e a coisa julgada.

9. Portanto, em relação aos contratos de trabalho firmados a partir de 11/11/2017, não há qualquer dúvida quanto à aplicação integral da Lei 13.467/2017.

10. Por outro lado, em relação aos contratos encerrados antes de sua vigência, a modificação do texto legal não motiva a aplicação retroativa das novas disposições em relação a atos jurídicos consumados sob a égide da lei anterior. É o que se depreende de forma pacífica do próprio *caput* do artigo 6º da LINDB, acrescido de seu parágrafo 1º:

Art. 6º – A Lei em vigor terá efeito imediato e geral, respeitados o ato jurídico perfeito, o direito adquirido e a coisa julgada.

§1º – Reputa-se ato jurídico perfeito o já consumado segundo a lei vigente ao tempo em que se efetuou.

11. Portanto, a lei nova, não obstante sua vigência imediata e geral, não pode atacar um ato jurídico perfeito, sob pena de violação não só aos dispositivos da LINDB acima mencionado, como, principalmente, ao inciso XXXVI do artigo 5º da Constituição, que deu força constitucional ao ato jurídico perfeito, bem como ao direito adquirido e à coisa julgada.

12. A controvérsia se instaura em relação aos contratos em curso. Não há dúvidas de que os atos jurídicos praticados segundo as condições da lei anterior não são alterados face ao disposto na nova lei. Nesse sentido, o parcelamento de férias em dois períodos de 10 (dez) dias (somado à conversão de 10 dias em abono pecuniário conforme opção do trabalhador), já consumado antes de 11/11/2017 na forma redação anterior do artigo 134, §1º da CLT, não é atingido pelas novas regras quanto ao parcelamento de férias – 1 (um) período mínimo de 14 (quatorze) dias, e os demais não menores do que 5 (cinco) dias (conforme texto do artigo 134, §1º da CLT, com a redação dada pela Lei 13.467/2017).

13. Alguma dúvida se instaura, contudo, em relação à aplicação da lei nova face aos contratos em vigor antes de sua vigência, mas relativamente a fatos e atos praticados após 11 de novembro de 2017, tendo em vista, em especial, a proteção ao direito adquirido constante no artigo 5º, XXXVI da Constituição, bem como no artigo 6º da LINDB.

14. Em relação ao direito adquirido, o inciso XXXVI do art. 5º – da Constituição estabelece, *in verbis* :

XXXVI - a lei não prejudicará o direito adquirido, o ato jurídico perfeito e a coisa julgada;

15. Já a LINDB conceitua direito adquirido no parágrafo 2º de seu artigo 6º, *in verbis* :

§2º – Consideram-se adquiridos assim os direitos que o seu titular, ou alguém por êle, possa exercer, como aquêles cujo começo do exercício tenha têrmo pré-fixo, ou condição pré-estabelecida inalterável, a arbítrio de outrem.

16. A proteção ao direito adquirido, portanto, traz questões que merecem exame mais detalhado para firmar posição quanto à aplicabilidade da Lei 13.467/2017 em relação aos contratos em curso, pois o direito adquirido, conforme ensina Celso Bastos, "constitui-se num dos recursos de que se vale a Constituição para limitar a retroatividade da lei."[1]

17. Importante neste exame é perceber que há diferença entre direito adquirido e expectativa de direito. Direito adquirido é aquele que já cumpriu todas as condições para sua aquisição no tempo, fazendo com que o direito objetivo se complete tornando-se direito subjetivo adquirido, portanto, patrimônio jurídico a ser exercido conforme o exercício de vontade do sujeito de direito (o qual pode, inclusive, exercê-lo posteriormente, e não no momento da sua aquisição no tempo). Já a expectativa de direito pode ser entendida como aquela em que não se completaram no tempo as condições para seu exercício. Caso as condições (especialmente, neste caso, as legais) permanecessem as mesmas, no momento certo a expectativa tornar-se-ia direito adquirido subjetivo. Nesse sentido:

"Não se pode confundir "direito adquirido" com "mera expectativa de direito". Celso de Mello fala, de maneira interessante, em "ciclos de formação": "a questão pertinente ao reconhecimento, ou não, da consolidação de situações jurídicas definitivas há de ser examinada em face dos ciclos de formação a que esteja eventualmente sujeito o processo de aquisição de determinado direito. Isso significa que a superveniência de ato legislativo, em tempo oportuno – vale dizer, enquanto ainda não concluído o ciclo de formação e constituição do direito vindicado – constitui fator capaz de impedir que se complete, legitimamente, o próprio processo de aquisição do direito (...) inviabilizando, desse modo, ante a existência de mera 'spes juris', a possibilidade de útil invocação da cláusula pertinente ao direito adquirido."[2]

c) Da inexistência de direito adquirido

18. Necessário reconhecer que os contratos de trabalho são relações de trato sucessivo, em que suas obrigações se renovam periodicamente. Nesse sentido, o Ministro do Tribunal Superior do Trabalho (TST), Alexandre Agra Belmonte menciona que: "Obrigações de cumprimento continuado são aquelas em que o cumprimento da prestação perdura no tempo, até a completa satisfação, enquanto instantâneas são as que têm execução imediata. A execução pode ser instantânea, como a de entrega de um cavalo, ou de execução continuada, como nas obrigações de trato sucessivo que se renovam periodicamente, caso dos salários e das férias do empregado. "[3]

19. Portanto, as obrigações do direito do trabalho têm ciclos de renovação que ocorrem continuamente, o que faz com que o direito se torne adquirido, também periodicamente. E, assim, igualmente, não restam dúvidas de que os atos jurídicos, decorrentes de obrigações de trato sucessivo fundadas em normas cogentes, como as estabelecidos pelas leis trabalhistas de forma geral, devem ser realizados segundo as condições da nova lei, não havendo o que se falar, nesse caso, em retroatividade legal, mas, simplesmente, de aplicação de lei nova no momento da realização do ato, ou da consubstanciação do direito.

20. Por esse prisma, não há que se falar em direito adquirido a uma prestação segundo lei revogada, não mais aplicável, uma vez que não são mais cumpríveis as condições para a aquisição daquele direito, após a revogação da lei. Nesse sentido, o Supremo Tribunal Federal tem se manifestado, por reiteradas vezes, como é o caso da seguinte

515

jurisprudência, proferida em sede de Ação Direta de Inconstitucionalidade: "Afigura-se constitucional diploma que, a um só tempo, veda a transformação da licença-prêmio em pecúnia e assegura a situação jurídica daqueles que já tenham atendido ao fator temporal, havendo sido integrado no patrimônio o direito adquirido ao benefício de acordo com as normas alteradas pela nova regência."[4]

21. Também aponta para a situação de aplicabilidade imediata de novas disposições legais que alteram lei anterior jurisprudência do STF, relatada pelo saudoso Ministro Teori Zavascki, no RE 211.304. Nesta jurisprudência se faz a distinção de não aplicação imediata da lei nova em relação à situação definida por ato jurídico perfeito fruto da autonomia de vontade (contrato firmado pelas partes nos termos da lei vigente à época), com a situação dos direitos estabelecidos institucional ou estatutariamente por normas abstratas e gerais, de natureza cogente, "em cujo âmbito os direitos somente podem ser considerados adquiridos quando inteiramente formado o suporte fático previsto na lei como necessário à sua incidência". Nesse sentido, cumpre reproduzir a jurisprudência mencionada:

"A aplicação da cláusula constitucional que assegura, em face da lei nova, a preservação do direito adquirido e do ato jurídico perfeito (CF, art. 5º, XXXVI) impõe distinguir duas diferentes espécies de situações jurídicas: (a) as situações jurídicas individuais, que são formadas por ato de vontade (especialmente os contratos), cuja celebração, quando legítima, já lhes outorga a condição de ato jurídico perfeito, inibindo, desde então, a incidência de modificações legislativas supervenientes; e(b) as situações jurídicas institucionais ou estatutárias, que são formadas segundo normas gerais e abstratas, de natureza cogente, em cujo âmbito os direitos somente podem ser considerados adquiridos quando inteiramente formado o suporte fático previsto na lei como necessário à sua incidência. Nessas situações, as normas supervenientes, embora não comportem aplicação retroativa, podem ter aplicação imediata. (...) As disposições do art. 21 da Lei 9.069/1995, resultante da conversão da MP 542/1994, formam um dos mais importantes conjuntos de preceitos normativos do Plano Real, um dos seus pilares essenciais, justamente o que fixa os critérios para a transposição das obrigações monetárias, inclusive contratuais, do antigo para o novo sistema monetário. São, portanto, preceitos de ordem pública e seu conteúdo, por não ser suscetível de disposição por atos de vontade, têm natureza estatutária, vinculando de forma necessariamente semelhante a todos os destinatários. Dada essa natureza institucional (estatutária), não há inconstitucionalidade na sua aplicação imediata (que não se confunde com aplicação retroativa) para disciplinar as cláusulas de correção monetária de contratos em curso.[5]

22. Ou seja, alterado o suporte fático que fundamenta a aplicação de uma lei, ou mudada a própria lei em relação ao suporte fático para a exigibilidade daquele direito, não há que se falar em direito adquirido, não sendo exigível a continuação daquele regime jurídico.

23. Portanto, as novas disposições legais, em relação a regimes jurídicos estabelecidos de forma cogente (obrigatória) pela legislação, como é o caso das modificações no direito material do trabalho realizadas pela Lei 13.467/2017, são de aplicação imediata, desde 11/11/2017, às relações de trabalho regidas pela CLT.

24. Nem mesmo o princípio constitucional do direito adquirido protege as posições jurídicas decorrentes das leis contra mudanças (alteração e revogação) nos institutos jurídicos fixados previamente pela lei modificada. Eis a lição do Ministro Gilmar Mendes, segundo o qual, analisando jurisprudência da Suprema Corte na ADI 3.105, revelou que:

"a não incidência inicial da contribuição sobre os proventos dos inativos não assegurava aos aposentados imunidade em relação à contribuição, e o fato de não se ter estabelecido a tributação até então não legitimava, do ponto de vista do direito adquirido, a preservação indefinida desse status."[6]

25. Além disso, ressaltou também que:

"No que concerne ao direito dos servidores públicos, é pacífica a orientação doutrinária e jurisprudencial no sentido de que não se pode invocar direito adquirido para reivindicar a continuidade de um modelo jurídico referente ao sistema de remuneração, férias, licença ou enquadramento ou outro qualquer benefício, exatamente por não se poder invocar direito adquirido a um dado estatuto jurídico."[7]

26. Também, no mesmo sentido, é o magistério do Ministro do TST, Maurício Godinho Delgado, o qual esclarece, sobre a aplicação das leis trabalhistas aos contratos em curso, que:

"a aderência contratual tende a ser apenas relativa no tocante às normas jurídicas. É que as normas não se incrustam nos contratos empregatícios de modo permanente, ao menos quando referentes a prestações de trato sucessivo. Ao contrário, tais normas produzem efeitos contratuais essencialmente apenas enquanto vigorantes na ordem jurídica. Extinta a norma, extinguem-se seus efeitos no contexto do contrato de trabalho. Tem a norma, desse modo, o poder/atributo da revogação, com efeitos imediatos – poder/atributo esse que não se estende às cláusulas contratuais. O critério da aderência contratual relativa (ou limitada) é claro com respeito às normas heterônomas estatais (vide alterações da legislação salarial, por exemplo). As prestações contratuais já consolidadas não se afetam, porém as novas prestações sucessivas submetem-se

à nova lei. Prevalece, pois, quanto às regras oriundas de diploma legal, o critério da aderência limitada por revogação (lei federal, é claro)."[8]

27. Igualmente, o Ministro Ives Gandra Martins Filho, que era presidente do TST durante o período de discussão e votação no Congresso Nacional da Modernização, comungando da mesma tese jurídica, e, vislumbrando efeitos graves e danosos de entendimento contrário ao mundo do trabalho, asseverou:

"Não existe direito adquirido a regime jurídico. Se eu disser que eu tenho direito a ficar com a lei anterior à reforma para todos os contratos vigentes, o que o empregador vai fazer? Despedir todo mundo e contratar gente nova", disse à imprensa, antes de fazer palestra no evento 150 Dias da Reforma Trabalhista."[9]

28. O professor-doutor Homero Batista Mateus da Silva, em obra em que analisa as modificações realizadas pela Lei 13.467/2017 na CLT, ao tratar do tema da aplicação da nova legislação, manifesta-se sobre a aplicação imediata da Lei 13.467/2017 aos contratos em curso no mesmo sentido:

"de maneira geral, a lei trabalhista se aplica aos contratos de trabalho em vigor e aos processos em andamento, porque normalmente não existe direito adquirido contra a lei e não existe direito adquirido a recursos e procedimentos no âmbito do direito processual antes que a parte tivesse o interesse àquela ferramenta jurídica."[10]

29. Uma última questão de direito material do trabalho a ser analisada tem relação à aplicabilidade imediata da Lei 13.467/2017 aos contratos já em curso (no momento em que entrou em vigor) face à proteção constitucional de irredutibilidade salarial constante no Art. 7º, – VI, *in verbis*:

VI – irredutibilidade do salário, salvo o disposto em convenção ou acordo coletivo;

30. De fato, a Constituição garante que, salvo convenção ou acordo coletivo do trabalho, o salário pago ao empregado não pode sofrer redução, o que inviabilizaria também uma lei que direta ou indiretamente acarretasse redução do salário. Contudo, deve-se frisar que a proteção é quanto ao valor do salário, não da remuneração, que pode ser modificada tanto em função de alterações na situação fática de prestação de serviço pelo empregado (por exemplo, se o empregado deixar de prestar horas extras habituais ou de realizar o trabalho sob condições perigosas), ou por modificações em certo instituto jurídico que proporcionava uma verba remuneratória (por exemplo, a especificação da natureza indenizatória relativa ao pagamento apenas do período suprimido do intervalo intrajornada, e não mais pagamento de natureza remuneratória em relação a todo o tempo de intervalo – vide artigo 71, §4º da CLT, com a redação dada pela Lei 13.467/2017).

31. Para ilustrar, vale lembrar que a própria CLT (Decreto-lei nº 5.452 de 1º de maio de 1943 foi aplicada imediatamente aos contratos de trabalho celebrados antes de sua vigência. O mesmo ocorreu com muitas leis trabalhistas, inclusive com destaque para a Lei Complementar nº 150/2015, que dispôs sobre o contrato de trabalho doméstico.

32. Em suma, não existindo direito adquirido a regime jurídico, seja estatutário ou contratual, mas apenas ao pagamento das vantagens devidas 'pro labore facto' em relação à legislação que as previa, dado o trato sucessivo das prestações, tem-se que a Lei 13.467/17 possui aplicabilidade imediata e geral, a partir da data de início de sua vigência – 11/11/17 – em relação a todos os contratos de trabalho em vigor.

d) Dos efeitos da aprovação ministerial

33. Avaliando, ainda, os efeitos práticos desta manifestação jurídica no âmbito da Administração, a eventual aprovação deste Parecer pela autoridade máxima deste Ministério, ou seja, o Ministro do Trabalho, se pode considerar um bom caminho para garantir segurança jurídica aos servidores desta Pasta nas suas áreas de atuação, sobretudo fiscalizatórias, pois este ato ministerial gera vinculação e obrigatoriedade interna e acompanhamento fiel sobre o tema, que recebe aqui o entendimento firme desta Consultoria Jurídica, dissipando quaisquer dúvidas existentes na aplicação da Lei.

34. O fundamento para a adoção do instituto da aprovação ministerial reside na Lei Complementar 73 de 10 de fevereiro de 1993, que instituiu a Lei Orgânica da Advocacia-Geral da União, e estabelece no seu artigo 42 a possibilidade de aprovação de manifestação jurídica por Ministro de Estado, e seus efeitos no âmbito da respectiva Pasta. *In verbis*:

Art. 42 – Os pareceres das Consultorias Jurídicas, aprovados pelo Ministro de Estado, pelo Secretário-Geral e pelos titulares das demais Secretarias da Presidência da República ou pelo Chefe do Estado-Maior das Forças Armadas, obrigam, também, os respectivos órgãos autônomos e entidades vinculadas.

III – CONCLUSÃO

Pelo exposto, entende-se que mesmo a perda de eficácia do Art. 2º – da MP 808/2017, a qual estabelecia de forma explícita, apenas a título de esclarecimento, a aplicabilidade imediata da Lei 13.467/2017 a todos os contratos de trabalho vigentes, não modifica o fato de que esta referida lei é aplicável de forma geral, abrangente e imediata a todos os contratos de trabalho regidos pela CLT (Decreto-lei nº 5.542, de 1º de maio de 1943), inclusive, portanto, àqueles iniciados antes da vigência da referida lei e que continuaram em vigor após 11/11/2017, quando passou a ser aplicável a Lei 13.467/2017.

Brasília, 14 de maio de 2018.

RICARDO LEITE
Procurador Federal
Consultor Jurídico

Tribunal Superior do Trabalho
Gabinete do Ministro Aloysio Corrêa da Veiga

Brasília, 16 de maio de 2018.

OF.TST.GMACV. N.º 027/2018

À Sua Excelência o Senhor
Ministro JOÃO BATISTA BRITO PEREIRA
Ministro Presidente do Tribunal Superior do Trabalho
Brasília-DF

Excelentíssimo Senhor Ministro Presidente,

Encaminho a conclusão dos trabalhos da Comissão de Regulamentação da Lei nº 13.467/2017, que tive a honra de presidir, com a respectiva proposta de redação de Instrução Normativa sobre a matéria.

Manifesto a V. Excelência protestos de consideração e apreço.

Aloysio Corrêa da Veiga
Ministro do TST

Recebi nesta data.
Em, 16/maio/2018.

JOÃO BATISTA BRITO PEREIRA
Ministro Presidente do Tribunal Superior do Trabalho

TRIBUNAL SUPERIOR DO TRABALHO
TRIBUNAL PLENO

EXPOSIÇÃO DE MOTIVOS

A Lei n° 13.467, de 13 de julho de 2017, traz alteração legislativa que impacta de forma sensível os dispositivos que regulam a realidade das relações de trabalho no Brasil.

É natural que mudanças nos dispositivos reguladores das relações trabalhistas gerem dúvidas e incertezas na aplicação da lei, daí a necessidade de se fixar, com exercício superlativo de prudência hermenêutica, balizas que orientem tanto o jurisdicionado quanto o aplicador da lei, a fim de que a segurança jurídica, pilar do Estado Democrático de Direito, seja assegurada.

A necessidade de balizas quanto aos limites de incidência dos novos aspectos da mudança legislativa fez surgir o compromisso institucional deste Tribunal Superior do Trabalho, no sentido de oferecer diretrizes alinhadas com os pilares de incidência do direito intertemporal, a fim de preservar o ato jurídico perfeito, o direito adquirido e a coisa julgada, nos moldes do art. 5°, XXXVI, da Constituição da República.

A legítima aplicação das regras de direito intertemporal demanda que haja, por parte dos aplicadores do Direito, a uniformização na recepção das questões que envolvem a incidência das normas no cotidiano das relações trabalhistas, o que torna premente a fixação do marco inicial regulatório, daí a proposta de elaboração da presente Instrução Normativa.

Diante dessas considerações, a Comissão pautou-se, precipuamente, pela metodologia de elucidar apenas o marco temporal inicial para a aplicação da alteração ou inovação preconizada pela Lei n° 13.467/2017, com amparo nos arts. 10, 15, 1.046, §§ 1° e 5°, 1.047, 1.054, 1.056 e 1.057 do CPC, e 912 da CLT, nada dispondo, portanto, quanto à interpretação do conteúdo da norma de direito.

E assim o fez, a fim de assegurar o direito adquirido processual, o ato jurídico processual perfeito e a coisa julgada.

Quanto ao direito material, a Comissão entendeu que se trata de disposição que comporta o enfrentamento jurisdicional, para que, operando-se a construção jurisprudencial, seja definida a aplicação da lei nova aos casos concretos.

TRIBUNAL SUPERIOR DO TRABALHO
TRIBUNAL PLENO

Esperando ter contribuído para a consolidação da segurança jurídica no trato das questões trabalhistas do cotidiano desta Justiça do Trabalho, esta Comissão, composta pelos Senhores Ministros Aloysio Corrêa da Veiga, Maria Cristina Irigoyen Peduzzi, Luiz Philippe Vieira de Mello Filho, Alberto Luiz Bresciani de Fontan Pereira, Walmir Oliveira da Costa, Maurício Godinho Delgado, Augusto César Leite de Carvalho, Alexandre de Souza Agra Belmonte e Douglas Alencar Rodrigues, apresenta como conclusão de seus trabalhos a proposta de Instrução Normativa a ser editada pelo Tribunal Pleno da Corte.

Brasília, 16 de maio de 2018.

Ministro ALOYSIO CORRÊA DA VEIGA
Presidente da Comissão de Ministros

RESOLUÇÃO Nº , DE DE DE 2018.

Edita a Instrução Normativa nº , que dispõe sobre as normas da CLT, com as alterações da Lei nº 13.467/2017 e sua aplicação ao processo do trabalho.

O EGRÉGIO PLENO DO TRIBUNAL SUPERIOR DO TRABALHO, em Sessão Extraordinária hoje realizada, sob a Presidência do Excelentíssimo Senhor Ministro João Batista Brito Pereira, Presidente do Tribunal, presentes os Excelentíssimos Senhores Ministros Renato de Lacerda Paiva, Vice-Presidente do Tribunal, Lelio Bentes Corrêa, Corregedor-Geral da Justiça do Trabalho, Ives Gandra da Silva Martins Filho, Maria Cristina Irigoyen Peduzzi, Emmanoel Pereira, Aloysio Corrêa da Veiga, Luiz Philippe Vieira de Mello Filho, Alberto Luiz Bresciani de Fontan Pereira, Maria de Assis Calsing, Dora Maria da Costa, Guilherme Augusto Caputo Bastos, Márcio Eurico Vitral Amaro, Walmir Oliveira da Costa, Maurício Godinho Delgado, Kátia Magalhães Arruda, Augusto César Leite de Carvalho, José Roberto Freire Pimenta, Delaíde Alves Miranda Arantes, Hugo Carlos Scheuermann, Alexandre de Souza Agra Belmonte, Cláudio Mascarenhas Brandão, Douglas Alencar Rodrigues, Maria Helena Mallmann, Breno Medeiros e Alexandre Luiz Ramos e o Excelentíssimo Procurador-Geral do Trabalho, Dr.

TRIBUNAL SUPERIOR DO TRABALHO
TRIBUNAL PLENO

CONSIDERANDO a vigência da Lei nº 13.467, de 13 de julho de 2017, a partir de 11 de novembro de 2017,

CONSIDERANDO a imperativa necessidade de o Tribunal Superior do Trabalho posicionar-se, ainda que de forma não exaustiva, sobre a aplicação das normas processuais contidas na Consolidação das Leis Trabalhistas alteradas ou acrescentadas pela Lei nº 13.467/2017,

CONSIDERANDO a necessidade de dar ao jurisdicionado a segurança jurídica indispensável a possibilitar estabilidade das relações processuais,

CONSIDERANDO que pende de apreciação pelo Tribunal Pleno do TST a arguição de inconstitucionalidade do art. 702, I, "f", da CLT,

CONSIDERANDO que a arguição de inconstitucionalidade dos arts. 790-B e 791-A da CLT pende de apreciação pelo Supremo Tribunal Federal na ADI nº 5766,

CONSIDERANDO que foram revogados pela Lei nº 13.467/2017 os §§ 3º e 5º do art. 899 da CLT,

RESOLVE:

Aprovar a Instrução Normativa nº , nos seguintes termos:

INSTRUÇÃO NORMATIVA Nº /2018.

> Dispõe sobre a aplicação das normas processuais da Consolidação das Leis do Trabalho alteradas pela Lei nº 13.467, de 13 de julho de 2017.

Art. 1º A aplicação das normas processuais previstas na Consolidação das Leis do Trabalho, alteradas pela Lei nº 13.467, de 13 de julho de 2017, com eficácia a partir de 11 de novembro de 2017, é imediata, sem atingir, no entanto, situações pretéritas iniciadas ou consolidadas sob a égide da lei revogada.

Art. 2º O fluxo da prescrição intercorrente conta-se a partir da determinação judicial a que alude o § 1º do art. 11-A da CLT, desde que declarada após 11 de novembro de 2017 (Lei nº 13.467/2017).

Art. 3º A obrigação de formar o litisconsórcio necessário a que se refere o art. 611-A, § 5º, da CLT dar-se-á nos processos iniciados a partir de 11 de novembro de 2017 (Lei nº 13.467/2017).

TRIBUNAL SUPERIOR DO TRABALHO
TRIBUNAL PLENO

Art. 4º O art. 789, *caput*, da CLT aplica-se nas decisões que fixem custas, proferidas a partir da entrada em vigor da Lei nº 13.467/2017.

Art. 5º O art. 790-B, *caput* e §§ 1º a 4º, da CLT, não se aplica aos processos iniciados antes de 11 de novembro de 2017 (Lei nº 13.467/2017).

Art. 6º Na Justiça do Trabalho, a condenação em honorários advocatícios sucumbenciais, prevista no art. 791-A, e parágrafos, da CLT, será aplicável apenas às ações propostas após 11 de novembro de 2017 (Lei nº 13.467/2017). Nas ações propostas anteriormente, subsistem as diretrizes do art. 14 da Lei nº 5.584/1970 e das Súmulas nºˢ 219 e 329 do TST.

Art. 7º Os arts. 793-A, 793-B e 793-C, § 1º, da CLT têm aplicação autônoma e imediata.

Art. 8º A condenação de que trata o art. 793-C, *caput*, da CLT, aplica-se apenas às ações ajuizadas a partir de 11 de novembro de 2017 (Lei nº 13.467/2017).

Art. 9º O art. 793-C, §§ 2º e 3º, da CLT, tem aplicação apenas nas ações ajuizadas a partir de 11 de novembro de 2017 (Lei nº 13.467/2017).

Art. 10 O disposto no *caput* do art. 793-D será aplicável às ações ajuizadas a partir da vigência da Lei nº 13.467/2017.

Parágrafo único. Após a colheita da prova oral, a aplicação de multa à testemunha dar-se-á na sentença e será precedida de instauração de incidente mediante o qual o juiz indicará o ponto ou os pontos controvertidos no depoimento, assegurados o contraditório, a defesa, com os meios a ela inerentes, além de possibilitar a retratação.

Art. 11 A exceção de incompetência territorial, disciplinada no art. 800 da CLT, é imediatamente aplicável aos processos trabalhistas em curso, desde que o recebimento da notificação seja posterior a 11 de novembro de 2017 (Lei 13.467/2017).

Art. 12 Os arts. 840 e 844, §§ 2º, 3º e 5º, da CLT, com as redações dadas pela Lei nº 13.467, de 13 de julho de 2017, não retroagirão, aplicando-se, exclusivamente, às ações ajuizadas a partir de 11 de novembro de 2017.

§ 1º Ressalvadas as situações jurídicas consolidadas, aplica-se o disposto no art. 843, § 3º, da CLT às audiências trabalhistas realizadas após 11 de novembro de 2017.

§ 2º Para fim do que dispõe o art. 840, §§ 1º e 2º, da CLT, o valor da causa será estimado, observando-se, no que couber, o disposto nos arts. 291 a 293 do Código de Processo Civil.

§ 3º Nos termos do art. 843, § 3º, e do art. 844, § 5º, da CLT, não se admite a cumulação das condições de advogado e preposto.

TRIBUNAL SUPERIOR DO TRABALHO
TRIBUNAL PLENO

Art. 13 A partir da vigência da Lei n° 13.467/2017, a iniciativa do juiz na execução de que trata o art. 878 da CLT e no incidente de desconsideração da personalidade jurídica a que alude o art. 855-A da CLT ficará limitada aos casos em que as partes não estiverem representadas por advogado.

Art. 14 A regra inscrita no art. 879, § 2°, da CLT, quanto ao dever de o juiz conceder prazo comum de oito dias para impugnação fundamentada da conta de liquidação, não se aplica à liquidação de julgado iniciada antes de 11 de novembro de 2017.

Art. 15 O prazo previsto no art. 883-A da CLT, para as medidas de execução indireta nele especificadas, aplica-se somente às execuções iniciadas a partir de 11 de novembro de 2017.

Art. 16 O art. 884, § 6°, da CLT aplica-se às entidades filantrópicas e seus diretores, em processos com execuções iniciadas após 11 de novembro de 2017.

Art. 17 O incidente de desconsideração da personalidade jurídica, regulado pelo CPC (artigos 133 a 137), aplica-se ao processo do trabalho, com as inovações trazidas pela Lei n° 13.467/2017.

Art. 18 O dever de os Tribunais Regionais do Trabalho uniformizarem a sua jurisprudência faz incidir, subsidiariamente ao processo do trabalho, o art. 926 do CPC, por meio do qual os Tribunais deverão manter sua jurisprudência íntegra, estável e coerente.

§ 1° Os incidentes de uniformização de jurisprudência suscitados ou iniciados antes da vigência da Lei n° 13.467/2017, no âmbito dos Tribunais Regionais do Trabalho ou por iniciativa de decisão do Tribunal Superior do Trabalho, deverão observar e serão concluídos sob a égide da legislação vigente ao tempo da interposição do recurso, segundo o disposto nos respectivos Regimentos Internos.

§ 2° Aos recursos de revista e de agravo de instrumento no âmbito do Tribunal Superior do Trabalho, conclusos aos relatores e ainda não julgados até a edição da Lei n° 13.467/17, não se aplicam as disposições contidas nos §§ 3° a 6° do artigo 896 da Consolidação das Leis do Trabalho.

§ 3° As teses jurídicas prevalecentes e os enunciados de Súmulas decorrentes do julgamento dos incidentes de uniformização de jurisprudência suscitados ou iniciados anteriormente à edição da Lei n° 13.467/2017, no âmbito dos Tribunais Regionais do Trabalho, conservam sua natureza vinculante à luz dos arts. 926, §§ 1° e 2°, e 927, III e V, do CPC.

Art. 19 O exame da transcendência seguirá a regra estabelecida no art. 246 do Regimento Interno do Tribunal Superior do Trabalho, incidindo apenas sobre os acórdãos proferidos pelos Tribunais Regionais do Trabalho publicados a partir de 11 de novembro de 2017, excluídas as decisões em embargos de declaração.

TRIBUNAL SUPERIOR DO TRABALHO
TRIBUNAL PLENO

Art. 20 As disposições contidas nos §§ 4º, 9º, 10 e 11 do artigo 899 da CLT, com a redação dada pela Lei nº 13.467/2017, serão observadas para os recursos interpostos contra as decisões proferidas a partir da vigência do referido diploma legal.

Art. 21 Esta Instrução Normativa entrará em vigor na data da sua publicação. Ficam revogados os art. 2º, VIII, e 6º da Instrução Normativa nº 39/2016 do TST.

Ministro **JOÃO BATISTA BRITO PEREIRA**
Presidente do Tribunal Superior do Trabalho

Constituição da República Federativa do Brasil

Nós, representantes do povo brasileiro, reunidos em Assembleia Nacional Constituinte para instituir um Estado Democrático, destinado a assegurar o exercício dos direitos sociais e individuais, a liberdade, a segurança, o bem-estar, o desenvolvimento, a igualdade e a justiça como valores supremos de uma sociedade fraterna, pluralista e sem preconceitos, fundada na harmonia social e comprometida, na ordem interna e internacional, com a solução pacífica das controvérsias, promulgamos, sob a proteção de Deus, a seguinte CONSTITUIÇÃO DA REPÚBLICA FEDERATIVA DO BRASIL.

TÍTULO I
Dos Princípios Fundamentais

Art. 1º A República Federativa do Brasil, formada pela união indissolúvel dos Estados e Municípios e do Distrito Federal, constitui-se em Estado Democrático de Direito e tem como fundamentos:
I – a soberania;
II – a cidadania
III – a dignidade da pessoa humana;
IV – os valores sociais do trabalho e da livre iniciativa;
V – o pluralismo político.
Parágrafo único. Todo o poder emana do povo, que o exerce por meio de representantes eleitos ou diretamente, nos termos desta Constituição.
(...)

TÍTULO II
Dos Direitos e Garantias Fundamentais

CAPÍTULO I
DOS DIREITOS E DEVERES INDIVIDUAIS E COLETIVOS

Art. 5º Todos são iguais perante a lei, sem distinção de qualquer natureza, garantindo-se aos brasileiros e aos estrangeiros residentes no País a inviolabilidade do direito à vida, à liberdade, à igualdade, à segurança e à propriedade, nos termos seguintes:
(...)
XI – a casa é asilo inviolável do indivíduo, ninguém nela podendo penetrar sem consentimento do morador, salvo em caso de flagrante delito ou desastre, ou para prestar socorro, ou, durante o dia, por determinação judicial;
(...)
XIII – é livre o exercício de qualquer trabalho, ofício ou profissão, atendidas as qualificações profissionais que a lei estabelecer;
(...)
XXVI – a pequena propriedade rural, assim definida em lei, desde que trabalhada pela família, não será objeto de penhora para pagamento de débitos decorrentes de sua atividade produtiva, dispondo a lei sobre os meios de financiar o seu desenvolvimento;
(...)
XXXVI – a lei não prejudicará o direito adquirido, o ato jurídico perfeito e a coisa julgada;
(...)
LV – aos litigantes, em processo judicial ou administrativo, e aos acusados em geral são assegurados o contraditório e ampla defesa, com os meios e recursos a ela inerentes;
LVI – são inadmissíveis, no processo, as provas obtidas por meios ilícitos;
(...)
LX – a lei só poderá restringir a publicidade dos atos processuais quando a defesa da intimidade ou o interesse social o exigirem;
(...)
LXVII – não haverá prisão civil por dívida, salvo a do responsável pelo inadimplemento voluntário e inescusável de obrigação alimentícia e a do depositário infiel;
(...)
LXX – o mandado de segurança coletivo pode ser impetrado por:
a) partido político com representação no Congresso Nacional;
b) organização sindical, entidade de classe ou associação legalmente constituída e em funcionamento há pelo menos um ano, em defesa dos interesses de seus membros ou associados;
(...)

CAPÍTULO II
DOS DIREITOS SOCIAIS

Art. 6º São direitos sociais a educação, a saúde, a alimentação, o trabalho, a moradia, o transporte, o lazer, a segurança, a previdência social, a proteção à maternidade e à infância, a assistência aos desamparados, na forma desta Constituição.
Art. 7º São direitos dos trabalhadores urbanos e rurais, além de outros que visem à melhoria de sua condição social:

I – relação de emprego protegida contra despedida arbitrária ou sem justa causa, nos termos de lei complementar, que preverá indenização compensatória, dentre outros direitos;

II – seguro-desemprego, em caso de desemprego involuntário;

III – fundo de garantia do tempo de serviço;

IV – salário mínimo, fixado em lei, nacionalmente unificado, capaz de atender a suas necessidades vitais básicas e às de sua família com moradia, alimentação, educação, saúde, lazer, vestuário, higiene, transporte e previdência social, com reajustes periódicos que lhe preservem o poder aquisitivo, sendo vedada sua vinculação para qualquer fim;

V – piso salarial proporcional à extensão e à complexidade do trabalho;

VI – irredutibilidade do salário, salvo o disposto em convenção ou acordo coletivo;

VII – garantia de salário, nunca inferior ao mínimo, para os que percebem remuneração variável;

VIII – décimo terceiro salário com base na remuneração integral ou no valor da aposentadoria;

IX – remuneração do trabalho noturno superior à do diurno;

X – proteção do salário na forma da lei, constituindo crime sua retenção dolosa;

XI – participação nos lucros, ou resultados, desvinculada da remuneração, e, excepcionalmente, participação na gestão da empresa, conforme definido em lei;

XII – salário-família pago em razão do dependente do trabalhador de baixa renda nos termos da lei;

XIII – duração do trabalho normal não superior a oito horas diárias e quarenta e quatro semanais, facultada a compensação de horários e a redução da jornada, mediante acordo ou convenção coletiva de trabalho;

XIV – jornada de seis horas para o trabalho realizado em turnos ininterruptos de revezamento, salvo negociação coletiva;

XV – repouso semanal remunerado, preferencialmente aos domingos;

XVI – remuneração do serviço extraordinário superior, no mínimo, em cinqüenta por cento à do normal;

XVII – gozo de férias anuais remuneradas com, pelo menos, um terço a mais do que o salário normal;

XVIII – licença à gestante, sem prejuízo do emprego e do salário, com a duração de cento e vinte dias;

XIX – licença-paternidade, nos termos fixados em lei;

XX – proteção do mercado de trabalho da mulher, mediante incentivos específicos, nos termos da lei;

XXI – aviso prévio proporcional ao tempo de serviço, sendo no mínimo de trinta dias, nos termos da lei;

XXII – redução dos riscos inerentes ao trabalho, por meio de normas de saúde, higiene e segurança;

XXIII – adicional de remuneração para as atividades penosas, insalubres ou perigosas, na forma da lei;

XXIV – aposentadoria;

XXV – assistência gratuita aos filhos e dependentes desde o nascimento até 5 (cinco) anos de idade em creches e pré-escolas;

XXVI – reconhecimento das convenções e acordos coletivos de trabalho;

XXVII – proteção em face da automação, na forma da lei;

XXVIII – seguro contra acidentes de trabalho, a cargo do empregador, sem excluir a indenização a que este está obrigado, quando incorrer em dolo ou culpa;

XXIX – ação, quanto aos créditos resultantes das relações de trabalho, com prazo prescricional de cinco anos para os trabalhadores urbanos e rurais, até o limite de dois anos após a extinção do contrato de trabalho;

a) (Revogada).
b) (Revogada).

XXX – proibição de diferença de salários, de exercício de funções e de critério de admissão por motivo de sexo, idade, cor ou estado civil;

XXXI – proibição de qualquer discriminação no tocante a salário e critérios de admissão do trabalhador portador de deficiência;

XXXII – proibição de distinção entre trabalho manual, técnico e intelectual ou entre os profissionais respectivos;

XXXIII – proibição de trabalho noturno, perigoso ou insalubre a menores de dezoito e de qualquer trabalho a menores de dezesseis anos, salvo na condição de aprendiz, a partir de quatorze anos;

XXXIV – igualdade de direitos entre o trabalhador com vínculo empregatício permanente e o trabalhador avulso.

Parágrafo único. São assegurados à categoria dos trabalhadores domésticos os direitos previstos nos incisos IV, VI, VII, VIII, X, XIII, XV, XVI, XVII, XVIII, XIX, XXI, XXII, XXIV, XXVI, XXX, XXXI e XXXIII e, atendidas as condições estabelecidas em lei e observada a simplificação do cumprimento das obrigações tributárias, principais e acessórias, decorrentes da relação de trabalho e suas peculiaridades, os previstos nos incisos I, II, III, IX, XII, XXV e XXVIII, bem como a sua integração à previdência social.

Art. 8º É livre a associação profissional ou sindical, observado o seguinte:

I – a lei não poderá exigir autorização do Estado para a fundação de sindicato, ressalvado o registro

no órgão competente, vedadas ao Poder Público a interferência e a intervenção na organização sindical;

II – é vedada a criação de mais de uma organização sindical, em qualquer grau, representativa de categoria profissional ou econômica, na mesma base territorial, que será definida pelos trabalhadores ou empregadores interessados, não podendo ser inferior à área de um Município;

III – ao sindicato cabe a defesa dos direitos e interesses coletivos ou individuais da categoria, inclusive em questões judiciais ou administrativas;

IV – a assembléia geral fixará a contribuição que, em se tratando de categoria profissional, será descontada em folha, para custeio do sistema confederativo da representação sindical respectiva, independentemente da contribuição prevista em lei;

V – ninguém será obrigado a filiar-se ou a manter-se filiado a sindicato;

VI – é obrigatória a participação dos sindicatos nas negociações coletivas de trabalho;

VII – o aposentado filiado tem direito a votar e ser votado nas organizações sindicais;

VIII – é vedada a dispensa do empregado sindicalizado a partir do registro da candidatura a cargo de direção ou representação sindical e, se eleito, ainda que suplente, até um ano após o final do mandato, salvo se cometer falta grave nos termos da lei.

Parágrafo único. As disposições deste artigo aplicam-se à organização de sindicatos rurais e de colônias de pescadores, atendidas as condições que a lei estabelecer.

Art. 9º É assegurado o direito de greve, competindo aos trabalhadores decidir sobre a oportunidade de exercê-lo e sobre os interesses que devam por meio dele defender.

§1º A lei definirá os serviços ou atividades essenciais e disporá sobre o atendimento das necessidades inadiáveis da comunidade.

§2º Os abusos cometidos sujeitam os responsáveis às penas da lei.

Art. 10. É assegurada a participação dos trabalhadores e empregadores nos colegiados dos órgãos públicos em que seus interesses profissionais ou previdenciários sejam objeto de discussão e deliberação.

Art. 11. Nas empresas de mais de duzentos empregados, é assegurada a eleição de um representante destes com a finalidade exclusiva de promover-lhes o entendimento direto com os empregadores.

TÍTULO III
Da Organização do Estado

(...)

CAPÍTULO II
DA UNIÃO

(...)
Art. 21. Compete à União:
(...)
XXIV – organizar, manter e executar a inspeção do trabalho;
(...)
Art. 22. Compete privativamente à União legislar sobre:

I – direito civil, comercial, penal, processual, eleitoral, agrário, marítimo, aeronáutico, espacial e do trabalho;
(...)
XVI – organização do sistema nacional de emprego e condições para o exercício de profissões;
(...)
XXIII – seguridade social;
(...)

CAPÍTULO VII
DA ADMINISTRAÇÃO PÚBLICA

Seção I
DISPOSIÇÕES GERAIS

Art. 37. A administração pública direta e indireta de qualquer dos Poderes da União, dos Estados, do Distrito Federal e dos Municípios obedecerá aos princípios de legalidade, impessoalidade, moralidade, publicidade e eficiência e, também, ao seguinte:

I – os cargos, empregos e funções públicas são acessíveis aos brasileiros que preencham os requisitos estabelecidos em lei, assim como aos estrangeiros, na forma da lei;

II – a investidura em cargo ou emprego público depende de aprovação prévia em concurso público de provas ou de provas e títulos, de acordo com a natureza e a complexidade do cargo ou emprego, na forma prevista em lei, ressalvadas as nomeações para cargo em comissão declarado em lei de livre nomeação e exoneração;

III – o prazo de validade do concurso público será de até dois anos, prorrogável uma vez, por igual período;

IV – durante o prazo improrrogável previsto no edital de convocação, aquele aprovado em concurso público de provas ou de provas e títulos será convocado com prioridade sobre novos concursados para assumir cargo ou emprego, na carreira;

V – as funções de confiança, exercidas exclusivamente por servidores ocupantes de cargo efetivo, e os cargos em comissão, a serem preenchidos por servidores de carreira nos casos, condições e percentuais mínimos previstos em lei, destinam-se apenas às atribuições de direção, chefia e assessoramento;

VI – é garantido ao servidor público civil o direito à livre associação sindical;

VII – o direito de greve será exercido nos termos e nos limites definidos em lei específica;

VIII – a lei reservará percentual dos cargos e empregos públicos para as pessoas portadoras de deficiência e definirá os critérios de sua admissão;

IX – a lei estabelecerá os casos de contratação por tempo determinado para atender a necessidade temporária de excepcional interesse público;

X – a remuneração dos servidores públicos e o subsídio de que trata o §4º do art. 39 somente poderão ser fixados ou alterados por lei específica, observada a iniciativa privativa em cada caso, assegurada revisão geral anual, sempre na mesma data e sem distinção de índices;

XI – a remuneração e o subsídio dos ocupantes de cargos, funções e empregos públicos da administração direta, autárquica e fundacional, dos membros de qualquer dos Poderes da União, dos Estados, do Distrito Federal e dos Municípios, dos detentores de mandato eletivo e dos demais agentes políticos e os proventos, pensões ou outra espécie remuneratória, percebidos cumulativamente ou não, incluídas as vantagens pessoais ou de qualquer outra natureza, não poderão exceder o subsídio mensal, em espécie, dos Ministros do Supremo Tribunal Federal, aplicando-se como limite, nos Municípios, o subsídio do Prefeito, e nos Estados e no Distrito Federal, o subsídio mensal do Governador no âmbito do Poder Executivo, o subsídio dos Deputados Estaduais e Distritais no âmbito do Poder Legislativo e o subsidio dos Desembargadores do Tribunal de Justiça, limitado a noventa inteiros e vinte e cinco centésimos por cento do subsídio mensal, em espécie, dos Ministros do Supremo Tribunal Federal, no âmbito do Poder Judiciário, aplicável este limite aos membros do Ministério Público, aos Procuradores e aos Defensores Públicos;

XII – os vencimentos dos cargos do Poder Legislativo e do Poder Judiciário não poderão ser superiores aos pagos pelo Poder Executivo;

XIII – é vedada a vinculação ou equiparação de quaisquer espécies remuneratórias para o efeito de remuneração de pessoal do serviço público;

XIV – os acréscimos pecuniários percebidos por servidor público não serão computados nem acumulados para fins de concessão de acréscimos ulteriores;

XV – o subsídio e os vencimentos dos ocupantes de cargos e empregos públicos são irredutíveis, ressalvado o disposto nos incisos XI e XIV deste artigo e nos arts. 39, §4º, 150, II, 153, III, e 153, §2º, I;

XVI – é vedada a acumulação remunerada de cargos públicos, exceto, quando houver compatibilidade de horários, observado em qualquer caso o disposto no inciso XI:

a) a de dois cargos de professor;

b) a de um cargo de professor com outro técnico ou científico;

c) a de dois cargos ou empregos privativos de profissionais de saúde, com profissões regulamentadas;

XVII – a proibição de acumular estende-se a empregos e funções e abrange autarquias, fundações, empresas públicas, sociedades de economia mista, suas subsidiárias, e sociedades controladas, direta ou indiretamente, pelo poder público;

XVIII – a administração fazendária e seus servidores fiscais terão, dentro de suas áreas de competência e jurisdição, precedência sobre os demais setores administrativos, na forma da lei;

XIX – somente por lei específica poderá ser criada autarquia e autorizada a instituição de empresa pública, de sociedade de economia mista e de fundação, cabendo à lei complementar, neste último caso, definir as áreas de sua atuação;

XX – depende de autorização legislativa, em cada caso, a criação de subsidiárias das entidades mencionadas no inciso anterior, assim como a participação de qualquer delas em empresa privada;

XXI – ressalvados os casos especificados na legislação, as obras, serviços, compras e alienações serão contratados mediante processo de licitação pública que assegure igualdade de condições a todos os concorrentes, com cláusulas que estabeleçam obrigações de pagamento, mantidas as condições efetivas da proposta, nos termos da lei, o qual somente permitirá as exigências de qualificação técnica e econômica indispensáveis à garantia do cumprimento das obrigações.

XXII – as administrações tributárias da União, dos Estados, do Distrito Federal e dos Municípios, atividades essenciais ao funcionamento do Estado, exercidas por servidores de carreiras específicas, terão recursos prioritários para a realização de suas atividades e atuarão de forma integrada, inclusive com o compartilhamento de cadastros e de informações fiscais, na forma da lei ou convênio.

§1º A publicidade dos atos, programas, obras, serviços e campanhas dos órgãos públicos deverá ter caráter educativo, informativo ou de orientação social, dela não podendo constar nomes, símbolos ou imagens que caracterizem promoção pessoal de autoridades ou servidores públicos.

§2º A não observância do disposto nos incisos II e III implicará a nulidade do ato e a punição da autoridade responsável, nos termos da lei.

§3º A lei disciplinará as formas de participação do usuário na administração pública direta e indireta, regulando especialmente:

I – as reclamações relativas à prestação dos serviços públicos em geral, asseguradas a manutenção de serviços de atendimento ao usuário e a avaliação periódica, externa e interna, da qualidade dos serviços;

II – o acesso dos usuários a registros administrativos e a informações sobre atos de governo, observado o disposto no art. 5º, X e XXXIII;

III – a disciplina da representação contra o exercício negligente ou abusivo de cargo, emprego ou função na administração pública.

§4º – Os atos de improbidade administrativa importarão a suspensão dos direitos políticos, a perda da função pública, a indisponibilidade dos bens e o ressarcimento ao erário, na forma e gradação previstas em lei, sem prejuízo da ação penal cabível.

§5º A lei estabelecerá os prazos de prescrição para ilícitos praticados por qualquer agente, servidor ou não, que causem prejuízos ao erário, ressalvadas as respectivas ações de ressarcimento.

§6º As pessoas jurídicas de direito público e as de direito privado prestadoras de serviços públicos responderão pelos danos que seus agentes, nessa qualidade, causarem a terceiros, assegurado o direito de regresso contra o responsável nos casos de dolo ou culpa.

(...)

§10. É vedada a percepção simultânea de proventos de aposentadoria decorrentes do art. 40 ou dos arts. 42 e 142 com a remuneração de cargo, emprego ou função pública, ressalvados os cargos acumuláveis na forma desta Constituição, os cargos eletivos e os cargos em comissão declarados em lei de livre nomeação e exoneração.

§11. Não serão computadas, para efeito dos limites remuneratórios de que trata o inciso XI do caput deste artigo, as parcelas de caráter indenizatório previstas em lei.

§12. Para os fins do disposto no inciso XI do caput deste artigo, fica facultado aos Estados e ao Distrito Federal fixar, em seu âmbito, mediante emenda às respectivas Constituições e Lei Orgânica, como limite único, o subsídio mensal dos Desembargadores do respectivo Tribunal de Justiça, limitado a noventa inteiros e vinte e cinco centésimos por cento do subsídio mensal dos Ministros do Supremo Tribunal Federal, não se aplicando o disposto neste parágrafo aos subsídios dos Deputados Estaduais e Distritais e dos Vereadores.

Art. 38. Ao servidor público da administração direta, autárquica e fundacional, no exercício de mandato eletivo, aplicam-se as seguintes disposições:

I – tratando-se de mandato eletivo federal, estadual ou distrital, ficará afastado de seu cargo, emprego ou função;

II – investido no mandato de Prefeito, será afastado do cargo, emprego ou função, sendo-lhe facultado optar pela sua remuneração;

III – investido no mandato de Vereador, havendo compatibilidade de horários, perceberá as vantagens de seu cargo, emprego ou função, sem prejuízo da remuneração do cargo eletivo, e, não havendo compatibilidade, será aplicada a norma do inciso anterior;

IV – em qualquer caso que exija o afastamento para o exercício de mandato eletivo, seu tempo de serviço será contado para todos os efeitos legais, exceto para promoção por merecimento;

V – para efeito de benefício previdenciário, no caso de afastamento, os valores serão determinados como se no exercício estivesse.

Seção II
DOS SERVIDORES PÚBLICOS

Art. 39. A União, os Estados, o Distrito Federal e os Municípios instituirão conselho de política de administração e remuneração de pessoal, integrado por servidores designados pelos respectivos Poderes.

§1º A fixação dos padrões de vencimento e dos demais componentes do sistema remuneratório observará:

I – a natureza, o grau de responsabilidade e a complexidade dos cargos componentes de cada carreira;

II – os requisitos para a investidura;

III – as peculiaridades dos cargos.

§2º A União, os Estados e o Distrito Federal manterão escolas de governo para a formação e o aperfeiçoamento dos servidores públicos, constituindo-se a participação nos cursos um dos requisitos para a promoção na carreira, facultada, para isso, a celebração de convênios ou contratos entre os entes federados.

§3º Aplica-se aos servidores ocupantes de cargo público o disposto no art. 7º, IV, VII, VIII, IX, XII, XIII, XV, XVI, XVII, XVIII, XIX, XX, XXII e XXX, podendo a lei estabelecer requisitos diferenciados de admissão quando a natureza do cargo o exigir.

§4º O membro de Poder, o detentor de mandato eletivo, os Ministros de Estado e os Secretários Estaduais e Municipais serão remunerados exclusivamente por subsídio fixado em parcela única, vedado o acréscimo de qualquer gratificação, adicional, abono, prêmio, verba de representação ou outra espécie remuneratória, obedecido, em qualquer caso, o disposto no art. 37, X e XI.

§5º Lei da União, dos Estados, do Distrito Federal e dos Municípios poderá estabelecer a relação entre a maior e a menor remuneração dos servidores públicos, obedecido, em qualquer caso, o disposto no art. 37, XI.

§6º Os Poderes Executivo, Legislativo e Judiciário publicarão anualmente os valores do subsídio e da remuneração dos cargos e empregos públicos.

§7º Lei da União, dos Estados, do Distrito Federal e dos Municípios disciplinará a aplicação de recursos orçamentários provenientes da economia com despesas correntes em cada órgão, autarquia e fundação, para aplicação no desenvolvimento

de programas de qualidade e produtividade, treinamento e desenvolvimento, modernização, reaparelhamento e racionalização do serviço público, inclusive sob a forma de adicional ou prêmio de produtividade.

§8º A remuneração dos servidores públicos organizados em carreira poderá ser fixada nos termos do §4º.

Art. 40. Aos servidores titulares de cargos efetivos da União, dos Estados, do Distrito Federal e dos Municípios, incluídas suas autarquias e fundações, é assegurado regime de previdência de caráter contributivo e solidário, mediante contribuição do respectivo ente público, dos servidores ativos e inativos e dos pensionistas, observados critérios que preservem o equilíbrio financeiro e atuarial e o disposto neste artigo.

§1º Os servidores abrangidos pelo regime de previdência de que trata este artigo serão aposentados, calculados os seus proventos a partir dos valores fixados na forma dos §§3º e 17:

I – por invalidez permanente, sendo os proventos proporcionais ao tempo de contribuição, exceto se decorrente de acidente em serviço, moléstia profissional ou doença grave, contagiosa ou incurável, na forma da lei;

II – compulsoriamente, com proventos proporcionais ao tempo de contribuição, aos 70 (setenta) anos de idade, ou aos 75 (setenta e cinco) anos de idade, na forma de lei complementar;

III – voluntariamente, desde que cumprido tempo mínimo de dez anos de efetivo exercício no serviço público e cinco anos no cargo efetivo em que se dará a aposentadoria, observadas as seguintes condições:

a) sessenta anos de idade e trinta e cinco de contribuição, se homem, e cinquenta e cinco anos de idade e trinta de contribuição, se mulher;

b) sessenta e cinco anos de idade, se homem, e sessenta anos de idade, se mulher, com proventos proporcionais ao tempo de contribuição.

§2º – Os proventos de aposentadoria e as pensões, por ocasião de sua concessão, não poderão exceder a remuneração do respectivo servidor, no cargo efetivo em que se deu a aposentadoria ou que serviu de referência para a concessão da pensão.

§3º Para o cálculo dos proventos de aposentadoria, por ocasião da sua concessão, serão consideradas as remunerações utilizadas como base para as contribuições do servidor aos regimes de previdência de que tratam este artigo e o art. 201, na forma da lei.

§4º É vedada a adoção de requisitos e critérios diferenciados para a concessão de aposentadoria aos abrangidos pelo regime de que trata este artigo, ressalvados, nos termos definidos em leis complementares, os casos de servidores:

I – portadores de deficiência;

II – que exerçam atividades de risco;

III – cujas atividades sejam exercidas sob condições especiais que prejudiquem a saúde ou a integridade física.

§5º – Os requisitos de idade e de tempo de contribuição serão reduzidos em cinco anos, em relação ao disposto no §1º, III, "a", para o professor que comprove exclusivamente tempo de efetivo exercício das funções de magistério na educação infantil e no ensino fundamental e médio.

§6º – Ressalvadas as aposentadorias decorrentes dos cargos acumuláveis na forma desta Constituição, é vedada a percepção de mais de uma aposentadoria à conta do regime de previdência previsto neste artigo.

§7º Lei disporá sobre a concessão do benefício de pensão por morte, que será igual:

I – ao valor da totalidade dos proventos do servidor falecido, até o limite máximo estabelecido para os benefícios do regime geral de previdência social de que trata o art. 201, acrescido de setenta por cento da parcela excedente a este limite, caso aposentado à data do óbito; ou

II – ao valor da totalidade da remuneração do servidor no cargo efetivo em que se deu o falecimento, até o limite máximo estabelecido para os benefícios do regime geral de previdência social de que trata o art. 201, acrescido de setenta por cento da parcela excedente a este limite, caso em atividade na data do óbito.

§8º É assegurado o reajustamento dos benefícios para preservar-lhes, em caráter permanente, o valor real, conforme critérios estabelecidos em lei.

§9º – O tempo de contribuição federal, estadual ou municipal será contado para efeito de aposentadoria e o tempo de serviço correspondente para efeito de disponibilidade.

§10 – A lei não poderá estabelecer qualquer forma de contagem de tempo de contribuição fictício.

§11 – Aplica-se o limite fixado no art. 37, XI, à soma total dos proventos de inatividade, inclusive quando decorrentes da acumulação de cargos ou empregos públicos, bem como de outras atividades sujeitas a contribuição para o regime geral de previdência social, e ao montante resultante da adição de proventos de inatividade com remuneração de cargo acumulável na forma desta Constituição, cargo em comissão declarado em lei de livre nomeação e exoneração, e de cargo eletivo.

§12 – Além do disposto neste artigo, o regime de previdência dos servidores públicos titulares de cargo efetivo observará, no que couber, os requisitos e critérios fixados para o regime geral de previdência social.

§13 – Ao servidor ocupante, exclusivamente, de cargo em comissão declarado em lei de livre nomeação e exoneração bem como de outro cargo temporário ou de emprego público, aplica-se o regime geral de previdência social.

§14 – A União, os Estados, o Distrito Federal e os Municípios, desde que instituam regime de previdência complementar para os seus respectivos servidores titulares de cargo efetivo, poderão fixar, para o valor das aposentadorias e pensões a serem concedidas pelo regime de que trata este artigo, o limite máximo estabelecido para os benefícios do regime geral de previdência social de que trata o art. 201.

§15. O regime de previdência complementar de que trata o §14 será instituído por lei de iniciativa do respectivo Poder Executivo, observado o disposto no art. 202 e seus parágrafos, no que couber, por intermédio de entidades fechadas de previdência complementar, de natureza pública, que oferecerão aos respectivos participantes planos de benefícios somente na modalidade de contribuição definida.

§16 – Somente mediante sua prévia e expressa opção, o disposto nos §§14 e 15 poderá ser aplicado ao servidor que tiver ingressado no serviço público até a data da publicação do ato de instituição do correspondente regime de previdência complementar.

§17. Todos os valores de remuneração considerados para o cálculo do benefício previsto no §3º serão devidamente atualizados, na forma da lei.

§18. Incidirá contribuição sobre os proventos de aposentadorias e pensões concedidas pelo regime de que trata este artigo que superem o limite máximo estabelecido para os benefícios do regime geral de previdência social de que trata o art. 201, com percentual igual ao estabelecido para os servidores titulares de cargos efetivos.

§19. O servidor de que trata este artigo que tenha completado as exigências para aposentadoria voluntária estabelecidas no §1º, III, a, e que opte por permanecer em atividade fará jus a um abono de permanência equivalente ao valor da sua contribuição previdenciária até completar as exigências para aposentadoria compulsória contidas no §1º, II.

§20. Fica vedada a existência de mais de um regime próprio de previdência social para os servidores titulares de cargos efetivos, e de mais de uma unidade gestora do respectivo regime em cada ente estatal, ressalvado o disposto no art. 142, §3º, X.

§21. A contribuição prevista no §18 deste artigo incidirá apenas sobre as parcelas de proventos de aposentadoria e de pensão que superem o dobro do limite máximo estabelecido para os benefícios do regime geral de previdência social de que trata o art. 201 desta Constituição, quando o beneficiário, na forma da lei, for portador de doença incapacitante.

Art. 41. São estáveis após três anos de efetivo exercício os servidores nomeados para cargo de provimento efetivo em virtude de concurso público.

§1º O servidor público estável só perderá o cargo:

I – em virtude de sentença judicial transitada em julgado;

II – mediante processo administrativo em que lhe seja assegurada ampla defesa;

III – mediante procedimento de avaliação periódica de desempenho, na forma de lei complementar, assegurada ampla defesa.

§2º Invalidada por sentença judicial a demissão do servidor estável, será ele reintegrado, e o eventual ocupante da vaga, se estável, reconduzido ao cargo de origem, sem direito a indenização, aproveitado em outro cargo ou posto em disponibilidade com remuneração proporcional ao tempo de serviço.

§3º Extinto o cargo ou declarada a sua desnecessidade, o servidor estável ficará em disponibilidade, com remuneração proporcional ao tempo de serviço, até seu adequado aproveitamento em outro cargo.

§4º Como condição para a aquisição da estabilidade, é obrigatória a avaliação especial de desempenho por comissão instituída para essa finalidade.

Seção III
DOS MILITARES DOS ESTADOS, DO DISTRITO FEDERAL E DOS TERRITÓRIOS

Art. 42 Os membros das Polícias Militares e Corpos de Bombeiros Militares, instituições organizadas com base na hierarquia e disciplina, são militares dos Estados, do Distrito Federal e dos Territórios.

§1º Aplicam-se aos militares dos Estados, do Distrito Federal e dos Territórios, além do que vier a ser fixado em lei, as disposições do art. 14, §8º; do art. 40, §9º; e do art. 142, §§2º e 3º, cabendo a lei estadual específica dispor sobre as matérias do art. 142, §3º, inciso X, sendo as patentes dos oficiais conferidas pelos respectivos governadores.

§2º Aos pensionistas dos militares dos Estados, do Distrito Federal e dos Territórios aplica-se o que for fixado em lei específica do respectivo ente estatal.
(...)

TÍTULO IV
DA ORGANIZAÇÃO DOS PODERES

CAPÍTULO I
DO PODER LEGISLATIVO

(...)

Seção II
DAS ATRIBUIÇÕES DO CONGRESSO NACIONAL

Art. 48. Cabe ao Congresso Nacional, com a sanção do Presidente da República, não exigida esta para o especificado nos arts. 49, 51 e 52, dispor sobre todas as matérias de competência da União, especialmente sobre:
(...)

X – criação, transformação e extinção de cargos, empregos e funções públicas, observado o que estabelece o art. 84, VI, b;
(...)

Seção IV
DO SENADO FEDERAL

Art. 52. Compete privativamente ao Senado Federal:

I – processar e julgar o Presidente e o Vice-Presidente da República nos crimes de responsabilidade, bem como os Ministros de Estado e os Comandantes da Marinha, do Exército e da Aeronáutica nos crimes da mesma natureza conexos com aqueles;
(...)

CAPÍTULO III
DO PODER JUDICIÁRIO

Seção I
DISPOSIÇÕES GERAIS

Art. 92. São órgãos do Poder Judiciário:
(...)
IV – os Tribunais e Juízes do Trabalho;
(...)
Art. 96. Compete privativamente:
I – aos tribunais:
a) eleger seus órgãos diretivos e elaborar seus regimentos internos, com observância das normas de processo e das garantias processuais das partes, dispondo sobre a competência e o funcionamento dos respectivos órgãos jurisdicionais e administrativos;

b) organizar suas secretarias e serviços auxiliares e os dos juízos que lhes forem vinculados, velando pelo exercício da atividade correicional respectiva;

c) prover, na forma prevista nesta Constituição, os cargos de juiz de carreira da respectiva jurisdição;

d) propor a criação de novas varas judiciárias;

e) prover, por concurso público de provas, ou de provas e títulos, obedecido o disposto no art. 169, parágrafo único, os cargos necessários à administração da Justiça, exceto os de confiança assim definidos em lei;

f) conceder licença, férias e outros afastamentos a seus membros e aos juízes e servidores que lhes forem imediatamente vinculados;

II – ao Supremo Tribunal Federal, aos Tribunais Superiores e aos Tribunais de Justiça propor ao Poder Legislativo respectivo, observado o disposto no art. 169:

a) a alteração do número de membros dos tribunais inferiores;

b) a criação e a extinção de cargos e a remuneração dos seus serviços auxiliares e dos juízos que lhes forem vinculados, bem como a fixação do subsídio de seus membros e dos juízes, inclusive dos tribunais inferiores, onde houver;

c) a criação ou extinção dos tribunais inferiores;

d) a alteração da organização e da divisão judiciárias;

III – aos Tribunais de Justiça julgar os juízes estaduais e do Distrito Federal e Territórios, bem como os membros do Ministério Público, nos crimes comuns e de responsabilidade, ressalvada a competência da Justiça Eleitoral.
(...)

Seção II
DO SUPREMO TRIBUNAL FEDERAL

(...)
Art. 102. Compete ao Supremo Tribunal Federal, precipuamente, a guarda da Constituição, cabendo-lhe:

I – processar e julgar, originariamente:
(...)
o) os conflitos de competência entre o Superior Tribunal de Justiça e quaisquer tribunais, entre Tribunais Superiores, ou entre estes e qualquer outro tribunal;
(...)
III – julgar, mediante recurso extraordinário, as causas decididas em única ou última instância, quando a decisão recorrida:

a) contrariar dispositivo desta Constituição;
b) declarar a inconstitucionalidade de tratado ou lei federal;
c) julgar válida lei ou ato de governo local contestado em face desta Constituição.
d) julgar válida lei local contestada em face de lei federal.

§1.º A argüição de descumprimento de preceito fundamental, decorrente desta Constituição, será apreciada pelo Supremo Tribunal Federal, na forma da lei.

§2º As decisões definitivas de mérito, proferidas pelo Supremo Tribunal Federal, nas ações diretas de inconstitucionalidade e nas ações declaratórias de constitucionalidade produzirão eficácia contra todos e efeito vinculante, relativamente aos demais órgãos do Poder Judiciário e à administração pública direta e indireta, nas esferas federal, estadual e municipal.
(...)

Art. 103. Podem propor a ação direta de inconstitucionalidade e a ação declaratória de constitucionalidade:
(...)
IX – confederação sindical ou entidade de classe de âmbito nacional.
(...)

Seção III
DO SUPERIOR TRIBUNAL DE JUSTIÇA

(...)
Art. 105. Compete ao Superior Tribunal de Justiça:

I – processar e julgar, originariamente:

a) nos crimes comuns, os Governadores dos Estados e do Distrito Federal, e, nestes e nos de responsabilidade, os desembargadores dos Tribunais de Justiça dos Estados e do Distrito Federal, os membros dos Tribunais de Contas dos Estados e do Distrito Federal, os dos Tribunais Regionais Federais, dos Tribunais Regionais Eleitorais e do Trabalho, os membros dos Conselhos ou Tribunais de Contas dos Municípios e os do Ministério Público da União que oficiem perante tribunais;

b) os mandados de segurança e os *habeas data* contra ato de Ministro de Estado, dos Comandantes da Marinha, do Exército e da Aeronáutica ou do próprio Tribunal;

c) os *habeas corpus*, quando o coator ou paciente for qualquer das pessoas mencionadas na alínea "a", ou quando o coator for tribunal sujeito à sua jurisdição, Ministro de Estado ou Comandante da Marinha, do Exército ou da Aeronáutica, ressalvada a competência da Justiça Eleitoral;

d) os conflitos de competência entre quaisquer tribunais, ressalvado o disposto no art. 102, I, "o", bem como entre tribunal e juízes a ele não vinculados e entre juízes vinculados a tribunais diversos;

e) as revisões criminais e as ações rescisórias de seus julgados;

f) a reclamação para a preservação de sua competência e garantia da autoridade de suas decisões;

g) os conflitos de atribuições entre autoridades administrativas e judiciárias da União, ou entre autoridades judiciárias de um Estado e administrativas de outro ou do Distrito Federal, ou entre as deste e da União;

h) o mandado de injunção, quando a elaboração da norma regulamentadora for atribuição de órgão, entidade ou autoridade federal, da administração direta ou indireta, excetuados os casos de competência do Supremo Tribunal Federal e dos órgãos da Justiça Militar, da Justiça Eleitoral, da Justiça do Trabalho e da Justiça Federal;

i) a homologação de sentenças estrangeiras e a concessão de exequatur às cartas rogatórias;

II – julgar, em recurso ordinário:

a) os *habeas corpus* decididos em única ou última instância pelos Tribunais Regionais Federais ou pelos tribunais dos Estados, do Distrito Federal e Territórios, quando a decisão for denegatória;

b) os mandados de segurança decididos em única instância pelos Tribunais Regionais Federais ou pelos tribunais dos Estados, do Distrito Federal e Territórios, quando denegatória a decisão;

c) as causas em que forem partes Estado estrangeiro ou organismo internacional, de um lado, e, do outro, Município ou pessoa residente ou domiciliada no País;

III – julgar, em recurso especial, as causas decididas, em única ou última instância, pelos Tribunais Regionais Federais ou pelos tribunais dos Estados, do Distrito Federal e Territórios, quando a decisão recorrida:

a) contrariar tratado ou lei federal, ou negar-lhes vigência;

b) julgar válido ato de governo local contestado em face de lei federal;

c) der a lei federal interpretação divergente da que lhe haja atribuído outro tribunal.

Parágrafo único. Funcionarão junto ao Superior Tribunal de Justiça:

I – a Escola Nacional de Formação e Aperfeiçoamento de Magistrados, cabendo-lhe, dentre outras funções, regulamentar os cursos oficiais para o ingresso e promoção na carreira;

II – o Conselho da Justiça Federal, cabendo-lhe exercer, na forma da lei, a supervisão administrativa e orçamentária da Justiça Federal de primeiro e segundo graus, como órgão central do sistema e com poderes correicionais, cujas decisões terão caráter vinculante.

Seção IV
DOS TRIBUNAIS REGIONAIS FEDERAIS E DOS JUÍZES FEDERAIS

(...)

Art. 108. Compete aos Tribunais Regionais Federais:

I – processar e julgar, originariamente:

a) os juízes federais da área de sua jurisdição, incluídos os da Justiça Militar e da Justiça do Trabalho, nos crimes comuns e de responsabilidade, e os membros do Ministério Público da União, ressalvada a competência da Justiça Eleitoral;

(...)

Art. 109. Aos juízes federais compete processar e julgar:

I – as causas em que a União, entidade autárquica ou empresa pública federal forem interessadas na condição de autoras, rés, assistentes ou oponentes, exceto as de falência, as de acidentes de trabalho e as sujeitas à Justiça Eleitoral e à Justiça do Trabalho;

(...)

§3º Serão processadas e julgadas na justiça estadual, no foro do domicílio dos segurados ou beneficiários, as causas em que forem parte instituição de previdência social e segurado, sempre que a comarca não seja sede de vara do juízo federal, e, se verificada essa condição, a lei poderá permitir que outras causas sejam também processadas e julgadas pela justiça estadual.

(...)

Seção V
DO TRIBUNAL SUPERIOR DO TRABALHO, DOS TRIBUNAIS REGIONAIS DO TRABALHO E DOS JUÍZES DO TRABALHO

Art. 111. São órgãos da Justiça do Trabalho:
I – o Tribunal Superior do Trabalho;
II – os Tribunais Regionais do Trabalho;
III – Juízes do Trabalho.
§§1º a 3º – Revogados
Art. 111-A. O Tribunal Superior do Trabalho compor-se-á de vinte e sete Ministros, escolhidos dentre brasileiros com mais de trinta e cinco anos e menos de sessenta e cinco anos, de notável saber jurídico e reputação ilibada, nomeados pelo Presidente da República após aprovação pela maioria absoluta do Senado Federal, sendo: (
I – um quinto dentre advogados com mais de dez anos de efetiva atividade profissional e membros do Ministério Público do Trabalho com mais de dez anos de efetivo exercício, observado o disposto no art. 94;
II – os demais dentre juízes dos Tribunais Regionais do Trabalho, oriundos da magistratura da carreira, indicados pelo próprio Tribunal Superior.
§1º A lei disporá sobre a competência do Tribunal Superior do Trabalho.
§2º Funcionarão junto ao Tribunal Superior do Trabalho:
I – a Escola Nacional de Formação e Aperfeiçoamento de Magistrados do Trabalho, cabendo-lhe, dentre outras funções, regulamentar os cursos oficiais para o ingresso e promoção na carreira;
II – o Conselho Superior da Justiça do Trabalho, cabendo-lhe exercer, na forma da lei, a supervisão administrativa, orçamentária, financeira e patrimonial da Justiça do Trabalho de primeiro e segundo graus, como órgão central do sistema, cujas decisões terão efeito vinculante.
§3º Compete ao Tribunal Superior do Trabalho processar e julgar, originariamente, a reclamação para a preservação de sua competência e garantia da autoridade de suas decisões.
Art. 112. A lei criará varas da Justiça do Trabalho, podendo, nas comarcas não abrangidas por sua jurisdição, atribuí-la aos juízes de direito, com recurso para o respectivo Tribunal Regional do Trabalho.
Art. 113. A lei disporá sobre a constituição, investidura, jurisdição, competência, garantias e condições de exercício dos órgãos da Justiça do Trabalho.
Art. 114. Compete à Justiça do Trabalho processar e julgar:
I – as ações oriundas da relação de trabalho, abrangidos os entes de direito público externo e da administração pública direta e indireta da União, dos Estados, do Distrito Federal e dos Municípios;
II – as ações que envolvam exercício do direito de greve;
III – as ações sobre representação sindical, entre sindicatos, entre sindicatos e trabalhadores, e entre sindicatos e empregadores
IV – os mandados de segurança, *habeas corpus* e *habeas data* , quando o ato questionado envolver matéria sujeita à sua jurisdição
V – os conflitos de competência entre órgãos com jurisdição trabalhista, ressalvado o disposto no art. 102, I, o;
VI – as ações de indenização por dano moral ou patrimonial, decorrentes da relação de trabalho;
VII – as ações relativas às penalidades administrativas impostas aos empregadores pelos órgãos de fiscalização das relações de trabalho;
VIII – a execução, de ofício, das contribuições sociais previstas no art. 195, I, a , e II, e seus acréscimos legais, decorrentes das sentenças que proferir;
IX – outras controvérsias decorrentes da relação de trabalho, na forma da lei.
§1º Frustrada a negociação coletiva, as partes poderão eleger árbitros.
§2º Recusando-se qualquer das partes à negociação coletiva ou à arbitragem, é facultado às mesmas, de comum acordo, ajuizar dissídio coletivo de natureza econômica, podendo a Justiça do Trabalho decidir o conflito, respeitadas as disposições mínimas legais de proteção ao trabalho, bem como as convencionadas anteriormente.
§3º Em caso de greve em atividade essencial, com possibilidade de lesão do interesse público, o Ministério Público do Trabalho poderá ajuizar dissídio coletivo, competindo à Justiça do Trabalho decidir o conflito.
Art. 115. Os Tribunais Regionais do Trabalho compõem-se de, no mínimo, sete juízes, recrutados, quando possível, na respectiva região, e nomeados pelo Presidente da República dentre brasileiros com mais de trinta e menos de sessenta e cinco anos, sendo:
I – um quinto dentre advogados com mais de dez anos de efetiva atividade profissional e membros do Ministério Público do Trabalho com mais de dez anos de efetivo exercício, observado o disposto no art. 94;
II – os demais, mediante promoção de juízes do trabalho por antiguidade e merecimento, alternadamente.
§1º Os Tribunais Regionais do Trabalho instalarão a justiça itinerante, com a realização de audiências e demais funções de atividade jurisdicional, nos limites territoriais da respectiva jurisdição, servindo-se de equipamentos públicos e comunitários

§2º Os Tribunais Regionais do Trabalho poderão funcionar descentralizadamente, constituindo Câmaras regionais, a fim de assegurar o pleno acesso do jurisdicionado à justiça em todas as fases do processo.

Art. 116. Nas Varas do Trabalho, a jurisdição será exercida por um juiz singular.

Parágrafo único.

Art. 117 e Parágrafo único. Revogados

(...)

CAPÍTULO IV
DAS FUNÇÕES ESSENCIAIS À JUSTIÇA

(...)

Seção III
DA ADVOCACIA

Art. 133. O advogado é indispensável à administração da justiça, sendo inviolável por seus atos e manifestações no exercício da profissão, nos limites da lei.

(...)

TÍTULO VI
DA TRIBUTAÇÃO E DO ORÇAMENTO

CAPÍTULO I
DO SISTEMA TRIBUTÁRIO NACIONAL

(...)

Seção II
DAS LIMITAÇÕES DO PODER DE TRIBUTAR

Art. 150. Sem prejuízo de outras garantias asseguradas ao contribuinte, é vedado à União, aos Estados, ao Distrito Federal e aos Municípios:

I – exigir ou aumentar tributo sem lei que o estabeleça;

II – instituir tratamento desigual entre contribuintes que se encontrem em situação equivalente, proibida qualquer distinção em razão de ocupação profissional ou função por eles exercida, independentemente da denominação jurídica dos rendimentos, títulos ou direitos;

III – cobrar tributos:

a) em relação a fatos geradores ocorridos antes do início da vigência da lei que os houver instituído ou aumentado;

b) no mesmo exercício financeiro em que haja sido publicada a lei que os instituiu ou aumentou;

c) antes de decorridos noventa dias da data em que haja sido publicada a lei que os instituiu ou aumentou, observado o disposto na alínea b;

IV – utilizar tributo com efeito de confisco;

V – estabelecer limitações ao tráfego de pessoas ou bens, por meio de tributos interestaduais ou intermunicipais, ressalvada a cobrança de pedágio pela utilização de vias conservadas pelo Poder Público;

VI – instituir impostos sobre:

a) patrimônio, renda ou serviços, uns dos outros;

b) templos de qualquer culto;

c) patrimônio, renda ou serviços dos partidos políticos, inclusive suas fundações, das entidades sindicais dos trabalhadores, das instituições de educação e de assistência social, sem fins lucrativos, atendidos os requisitos da lei;

d) livros, jornais, periódicos e o papel destinado a sua impressão.

(...)

CAPÍTULO II
DAS FINANÇAS PÚBLICAS

(...)

Seção II
DOS ORÇAMENTOS

Art. 165. Leis de iniciativa do Poder Executivo estabelecerão:

(...)

III – os orçamentos anuais.

(...)

Art. 169. A despesa com pessoal ativo e inativo da União, dos Estados, do Distrito Federal e dos Municípios não poderá exceder os limites estabelecidos em lei complementar.

§1º A concessão de qualquer vantagem ou aumento de remuneração, a criação de cargos, empregos e funções ou alteração de estrutura de carreiras, bem como a admissão ou contratação de pessoal, a qualquer título, pelos órgãos e entidades da administração direta ou indireta, inclusive fundações instituídas e mantidas pelo poder público, só poderão ser feitas:

I – se houver prévia dotação orçamentária suficiente para atender às projeções de despesa de pessoal e aos acréscimos dela decorrentes;

II – se houver autorização específica na lei de diretrizes orçamentárias, ressalvadas as empresas públicas e as sociedades de economia mista.

§2º Decorrido o prazo estabelecido na lei complementar referida neste artigo para a adaptação aos parâmetros ali previstos, serão imediatamente suspensos todos os repasses de verbas federais ou estaduais aos Estados, ao Distrito Federal e aos Municípios que não observarem os referidos limites.

§3º Para o cumprimento dos limites estabelecidos com base neste artigo, durante o prazo fixado na lei complementar referida no caput, a União, os Estados, o Distrito Federal e os Municípios adotarão as seguintes providências:

I – redução em pelo menos vinte por cento das despesas com cargos em comissão e funções de confiança;

II – exoneração dos servidores não estáveis.

§4º Se as medidas adotadas com base no parágrafo anterior não forem suficientes para assegurar o cumprimento da determinação da lei complementar referida neste artigo, o servidor estável poderá perder o cargo, desde que ato normativo motivado de cada um dos Poderes especifique a atividade funcional, o órgão ou unidade administrativa objeto da redução de pessoal.

§5º O servidor que perder o cargo na forma do parágrafo anterior fará jus a indenização correspondente a um mês de remuneração por ano de serviço.

§6º O cargo objeto da redução prevista nos parágrafos anteriores será considerado extinto, vedada a criação de cargo, emprego ou função com atribuições iguais ou assemelhadas pelo prazo de quatro anos.

§7º Lei federal disporá sobre as normas gerais a serem obedecidas na efetivação do disposto no §4º.

(...)

TÍTULO VIII
Da Ordem Social

CAPÍTULO I
DISPOSIÇÃO GERAL

Art. 193. A ordem social tem como base o primado do trabalho, e como objetivo o bem-estar e a justiça sociais.

CAPÍTULO II
DA SEGURIDADE SOCIAL

Seção I
DISPOSIÇÕES GERAIS

Art. 194. A seguridade social compreende um conjunto integrado de ações de iniciativa dos Poderes Públicos e da sociedade, destinadas a assegurar os direitos relativos à saúde, à previdência e à assistência social.

Parágrafo único. Compete ao Poder Público, nos termos da lei, organizar a seguridade social, com base nos seguintes objetivos:

I – universalidade da cobertura e do atendimento;

II – uniformidade e equivalência dos benefícios e serviços às populações urbanas e rurais;

III – seletividade e distributividade na prestação dos benefícios e serviços;

IV – irredutibilidade do valor dos benefícios;

V – eqüidade na forma de participação no custeio;

VI – diversidade da base de financiamento;

VII – caráter democrático e descentralizado da administração, mediante gestão quadripartite, com participação dos trabalhadores, dos empregadores, dos aposentados e do Governo nos órgãos colegiados.

Art. 195. A seguridade social será financiada por toda a sociedade, de forma direta e indireta, nos termos da lei, mediante recursos provenientes dos orçamentos da União, dos Estados, do Distrito Federal e dos Municípios, e das seguintes contribuições sociais:

I – do empregador, da empresa e da entidade a ela equiparada na forma da lei, incidentes sobre:

a) a folha de salários e demais rendimentos do trabalho pagos ou creditados, a qualquer título, à pessoa física que lhe preste serviço, mesmo sem vínculo empregatício;

b) a receita ou o faturamento;

c) o lucro;

II – do trabalhador e dos demais segurados da previdência social, não incidindo contribuição sobre aposentadoria e pensão concedidas pelo regime geral de previdência social de que trata o art. 201;

III – sobre a receita de concursos de prognósticos.

IV – do importador de bens ou serviços do exterior, ou de quem a lei a ele equiparar.

§1º – As receitas dos Estados, do Distrito Federal e dos Municípios destinadas à seguridade social constarão dos respectivos orçamentos, não integrando o orçamento da União.

§2º A proposta de orçamento da seguridade social será elaborada de forma integrada pelos órgãos responsáveis pela saúde, previdência social e assistência social, tendo em vista as metas e prioridades estabelecidas na lei de diretrizes orçamentárias, assegurada a cada área a gestão de seus recursos.

§3º A pessoa jurídica em débito com o sistema da seguridade social, como estabelecido em lei, não poderá contratar com o Poder Público nem dele receber benefícios ou incentivos fiscais ou creditícios.

§4º A lei poderá instituir outras fontes destinadas a garantir a manutenção ou expansão da seguridade social, obedecido o disposto no art. 154, I.

§5º Nenhum benefício ou serviço da seguridade social poderá ser criado, majorado ou estendido sem a correspondente fonte de custeio total.

§6º As contribuições sociais de que trata este artigo só poderão ser exigidas após decorridos noventa dias da data da publicação da lei que as houver instituído ou modificado, não se lhes aplicando o disposto no art. 150, III, "b".

§7º São isentas de contribuição para a seguridade social as entidades beneficentes de assistência social que atendam às exigências estabelecidas em lei.

§8º O produtor, o parceiro, o meeiro e o arrendatário rurais e o pescador artesanal, bem como os respectivos cônjuges, que exerçam suas atividades em regime de economia familiar, sem empregados

permanentes, contribuirão para a seguridade social mediante a aplicação de uma alíquota sobre o resultado da comercialização da produção e farão jus aos benefícios nos termos da lei.

§9º As contribuições sociais previstas no inciso I do caput deste artigo poderão ter alíquotas ou bases de cálculo diferenciadas, em razão da atividade econômica, da utilização intensiva de mão-de-obra, do porte da empresa ou da condição estrutural do mercado de trabalho.

§10. A lei definirá os critérios de transferência de recursos para o sistema único de saúde e ações de assistência social da União para os Estados, o Distrito Federal e os Municípios, e dos Estados para os Municípios, observada a respectiva contrapartida de recursos.

§11. É vedada a concessão de remissão ou anistia das contribuições sociais de que tratam os incisos I, a, e II deste artigo, para débitos em montante superior ao fixado em lei complementar.

§12. A lei definirá os setores de atividade econômica para os quais as contribuições incidentes na forma dos incisos I, b; e IV do *caput*, serão não-cumulativas.

§13. Aplica-se o disposto no §12 inclusive na hipótese de substituição gradual, total ou parcial, da contribuição incidente na forma do inciso I, a, pela incidente sobre a receita ou o faturamento.

Seção II
DA SAÚDE

Art. 196. A saúde é direito de todos e dever do Estado, garantido mediante políticas sociais e econômicas que visem à redução do risco de doença e de outros agravos e ao acesso universal e igualitário às ações e serviços para sua promoção, proteção e recuperação.

(...)

Seção III
DA PREVIDÊNCIA SOCIAL

Art. 201. A previdência social será organizada sob a forma de regime geral, de caráter contributivo e de filiação obrigatória, observados critérios que preservem o equilíbrio financeiro e atuarial, e atenderá, nos termos da lei, a:

I – cobertura dos eventos de doença, invalidez, morte e idade avançada;

II – proteção à maternidade, especialmente à gestante;

III – proteção ao trabalhador em situação de desemprego involuntário;

IV – salário-família e auxílio-reclusão para os dependentes dos segurados de baixa renda;

V – pensão por morte do segurado, homem ou mulher, ao cônjuge ou companheiro e dependentes, observado o disposto no §2º.

§1º É vedada a adoção de requisitos e critérios diferenciados para a concessão de aposentadoria aos beneficiários do regime geral de previdência social, ressalvados os casos de atividades exercidas sob condições especiais que prejudiquem a saúde ou a integridade física e quando se tratar de segurados portadores de deficiência, nos termos definidos em lei complementar.

§2º Nenhum benefício que substitua o salário de contribuição ou o rendimento do trabalho do segurado terá valor mensal inferior ao salário mínimo.

§3º Todos os salários de contribuição considerados para o cálculo de benefício serão devidamente atualizados, na forma da lei.

§4º É assegurado o reajustamento dos benefícios para preservar-lhes, em caráter permanente, o valor real, conforme critérios definidos em lei.

§5º É vedada a filiação ao regime geral de previdência social, na qualidade de segurado facultativo, de pessoa participante de regime próprio de previdência.

§6º A gratificação natalina dos aposentados e pensionistas terá por base o valor dos proventos do mês de dezembro de cada ano.

§7º É assegurada aposentadoria no regime geral de previdência social, nos termos da lei, obedecidas as seguintes condições:

I – trinta e cinco anos de contribuição, se homem, e trinta anos de contribuição, se mulher;

II – sessenta e cinco anos de idade, se homem, e sessenta anos de idade, se mulher, reduzido em cinco anos o limite para os trabalhadores rurais de ambos os sexos e para os que exerçam suas atividades em regime de economia familiar, nestes incluídos o produtor rural, o garimpeiro e o pescador artesanal.

§8º Os requisitos a que se refere o inciso I do parágrafo anterior serão reduzidos em cinco anos, para o professor que comprove exclusivamente tempo de efetivo exercício das funções de magistério na educação infantil e no ensino fundamental e médio.

§9º Para efeito de aposentadoria, é assegurada a contagem recíproca do tempo de contribuição na administração pública e na atividade privada, rural e urbana, hipótese em que os diversos regimes de previdência social se compensarão financeiramente, segundo critérios estabelecidos em lei.

§10. Lei disciplinará a cobertura do risco de acidente do trabalho, a ser atendida concorrentemente pelo regime geral de previdência social e pelo setor privado.

§11. Os ganhos habituais do empregado, a qualquer título, serão incorporados ao salário para efeito de contribuição previdenciária e conseqüente

repercussão em benefícios, nos casos e na forma da lei.

§12. Lei disporá sobre sistema especial de inclusão previdenciária para atender a trabalhadores de baixa renda e àqueles sem renda própria que se dediquem exclusivamente ao trabalho doméstico no âmbito de sua residência, desde que pertencentes a famílias de baixa renda, garantindo-lhes acesso a benefícios de valor igual a um salário-mínimo.

§13. O sistema especial de inclusão previdenciária de que trata o §12 deste artigo terá alíquotas e carências inferiores às vigentes para os demais segurados do regime geral de previdência social.

Art. 202. O regime de previdência privada, de caráter complementar e organizado de forma autônoma em relação ao regime geral de previdência social, será facultativo, baseado na constituição de reservas que garantam o benefício contratado, e regulado por lei complementar.

§1º A lei complementar de que trata este artigo assegurará ao participante de planos de benefícios de entidades de previdência privada o pleno acesso às informações relativas à gestão de seus respectivos planos.

§2º As contribuições do empregador, os benefícios e as condições contratuais previstas nos estatutos, regulamentos e planos de benefícios das entidades de previdência privada não integram o contrato de trabalho dos participantes, assim como, à exceção dos benefícios concedidos, não integram a remuneração dos participantes, nos termos da lei.

§3º É vedado o aporte de recursos a entidade de previdência privada pela União, Estados, Distrito Federal e Municípios, suas autarquias, fundações, empresas públicas, sociedades de economia mista e outras entidades públicas, salvo na qualidade de patrocinador, situação na qual, em hipótese alguma, sua contribuição normal poderá exceder a do segurado.

§4º Lei complementar disciplinará a relação entre a União, Estados, Distrito Federal ou Municípios, inclusive suas autarquias, fundações, sociedades de economia mista e empresas controladas direta ou indiretamente, enquanto patrocinadoras de entidades fechadas de previdência privada, e suas respectivas entidades fechadas de previdência privada.

§5º A lei complementar de que trata o parágrafo anterior aplicar-se-á, no que couber, às empresas privadas permissionárias ou concessionárias de prestação de serviços públicos, quando patrocinadoras de entidades fechadas de previdência privada.

§6º A lei complementar a que se refere o §4º deste artigo estabelecerá os requisitos para a designação dos membros das diretorias das entidades fechadas de previdência privada e disciplinará a inserção dos participantes nos colegiados e instâncias de decisão em que seus interesses sejam objeto de discussão e deliberação.

Seção IV
DA ASSISTÊNCIA SOCIAL

Art. 203. A assistência social será prestada a quem dela necessitar, independentemente de contribuição à seguridade social, e tem por objetivos:

I – a proteção à família, à maternidade, à infância, à adolescência e à velhice;

II – o amparo às crianças e adolescentes carentes;

III – a promoção da integração ao mercado de trabalho;

IV – a habilitação e reabilitação das pessoas portadoras de deficiência e a promoção de sua integração à vida comunitária;

V – a garantia de um salário mínimo de benefício mensal à pessoa portadora de deficiência e ao idoso que comprovem não possuir meios de prover à própria manutenção ou de tê-la provida por sua família, conforme dispuser a lei.

(...)
Brasília, 5 de outubro de 1988.

ULYSSES GUIMARÃES
Presidente

LEI DE INTRODUÇÃO ÀS NORMAS DO DIREITO BRASILEIRO

Decreto-lei nº 4.657, de 4 de setembro de 1942

(Redação dada pela Lei nº 12.376, de 2010)

O PRESIDENTE DA REPÚBLICA, usando da atribuição que lhe confere o artigo 180 da Constituição, decreta:

Art. 1º Salvo disposição contrária, a lei começa a vigorar em todo o país quarenta e cinco dias depois de oficialmente publicada.

§1º Nos Estados, estrangeiros, a obrigatoriedade da lei brasileira, quando admitida, se inicia três meses depois de oficialmente publicada.

§2º (Revogado pela Lei nº 12.036, de 2009).

§3º Se, antes de entrar a lei em vigor, ocorrer nova publicação de seu texto, destinada a correção, o prazo deste artigo e dos parágrafos anteriores começará a correr da nova publicação.

§4º As correções a texto de lei já em vigor consideram-se lei nova.

Art. 2º Não se destinando à vigência temporária, a lei terá vigor até que outra a modifique ou revogue.

§1º A lei posterior revoga a anterior quando expressamente o declare, quando seja com ela incompatível ou quando regule inteiramente a matéria de que tratava a lei anterior.

§2º A lei nova, que estabeleça disposições gerais ou especiais a par das já existentes, não revoga nem modifica a lei anterior.

§3º Salvo disposição em contrário, a lei revogada não se restaura por ter a lei revogadora perdido a vigência.

Art. 3º Ninguém se escusa de cumprir a lei, alegando que não a conhece.

Art. 4º Quando a lei for omissa, o juiz decidirá o caso de acordo com a analogia, os costumes e os princípios gerais de direito.

Art. 5º Na aplicação da lei, o juiz atenderá aos fins sociais a que ela se dirige e às exigências do bem comum.

Art. 6º A Lei em vigor terá efeito imediato e geral, respeitados o ato jurídico perfeito, o direito adquirido e a coisa julgada

§1º Reputa-se ato jurídico perfeito o já consumado segundo a lei vigente ao tempo em que se efetuou.

§2º Consideram-se adquiridos assim os direitos que o seu titular, ou alguém por êle, possa exercer, como aquêles cujo começo do exercício tenha têrmo pré-fixo, ou condição pré-estabelecida inalterável, a arbítrio de outrem.

§3º Chama-se coisa julgada ou caso julgado a decisão judicial de que já não caiba recurso.

Art. 7º A lei do país em que domiciliada a pessoa determina as regras sobre o começo e o fim da personalidade, o nome, a capacidade e os direitos de família.

§1º Realizando-se o casamento no Brasil, será aplicada a lei brasileira quanto aos impedimentos dirimentes e às formalidades da celebração.

§2º O casamento de estrangeiros poderá celebrar-se perante autoridades diplomáticas ou consulares do país de ambos os nubentes.

§3º Tendo os nubentes domicílio diverso, regerá os casos de invalidade do matrimônio a lei do primeiro domicílio conjugal.

§4º O regime de bens, legal ou convencional, obedece à lei do país em que tiverem os nubentes domicílio, e, se este for diverso, a do primeiro domicílio conjugal.

§5º – O estrangeiro casado, que se naturalizar brasileiro, pode, mediante expressa anuência de seu cônjuge, requerer ao juiz, no ato de entrega do decreto de naturalização, se apostile ao mesmo a adoção do regime de comunhão parcial de bens, respeitados os direitos de terceiros e dada esta adoção ao competente registro.

§6º O divórcio realizado no estrangeiro, se um ou ambos os cônjuges forem brasileiros, só será reconhecido no Brasil depois de 1 (um) ano da data da sentença, salvo se houver sido antecedida de separação judicial por igual prazo, caso em que a homologação produzirá efeito imediato, obedecidas as condições estabelecidas para a eficácia

das sentenças estrangeiras no país. O Superior Tribunal de Justiça, na forma de seu regimento interno, poderá reexaminar, a requerimento do interessado, decisões já proferidas em pedidos de homologação de sentenças estrangeiras de divórcio de brasileiros, a fim de que passem a produzir todos os efeitos legais.

§7º Salvo o caso de abandono, o domicílio do chefe da família estende-se ao outro cônjuge e aos filhos não emancipados, e o do tutor ou curador aos incapazes sob sua guarda.

§8º Quando a pessoa não tiver domicílio, considerar-se-á domiciliada no lugar de sua residência ou naquele em que se encontre.

Art. 8º Para qualificar os bens e regular as relações a eles concernentes, aplicar-se-á a lei do país em que estiverem situados.

§1º Aplicar-se-á a lei do país em que for domiciliado o proprietário, quanto aos bens moveis que ele trouxer ou se destinarem a transporte para outros lugares.

§2º O penhor regula-se pela lei do domicílio que tiver a pessoa, em cuja posse se encontre a coisa apenhada.

Art. 9º Para qualificar e reger as obrigações, aplicar-se-á a lei do país em que se constituirem.

§1º Destinando-se a obrigação a ser executada no Brasil e dependendo de forma essencial, será esta observada, admitidas as peculiaridades da lei estrangeira quanto aos requisitos extrínsecos do ato.

§2º A obrigação resultante do contrato reputa-se constituida no lugar em que residir o proponente.

Art. 10. A sucessão por morte ou por ausência obedece à lei do país em que domiciliado o defunto ou o desaparecido, qualquer que seja a natureza e a situação dos bens.

§1º A sucessão de bens de estrangeiros, situados no País, será regulada pela lei brasileira em benefício do cônjuge ou dos filhos brasileiros, ou de quem os represente, sempre que não lhes seja mais favorável a lei pessoal do de cujus.

§2º A lei do domicílio do herdeiro ou legatário regula a capacidade para suceder.

Art. 11. As organizações destinadas a fins de interesse coletivo, como as sociedades e as fundações, obedecem à lei do Estado em que se constituirem.

§1º Não poderão, entretanto ter no Brasil filiais, agências ou estabelecimentos antes de serem os atos constitutivos aprovados pelo Governo brasileiro, ficando sujeitas à lei brasileira.

§2º Os Governos estrangeiros, bem como as organizações de qualquer natureza, que eles tenham constituido, dirijam ou hajam investido de funções públicas, não poderão adquirir no Brasil bens imóveis ou susceptiveis de desapropriação.

§3º Os Governos estrangeiros podem adquirir a propriedade dos prédios necessários à sede dos representantes diplomáticos ou dos agentes consulares.

Art. 12. É competente a autoridade judiciária brasileira, quando for o réu domiciliado no Brasil ou aqui tiver de ser cumprida a obrigação.

§1º Só à autoridade judiciária brasileira compete conhecer das ações relativas a imóveis situados no Brasil.

§2º A autoridade judiciária brasileira cumprirá, concedido o *exequatur* e segundo a forma estabelecida pele lei brasileira, as diligências deprecadas por autoridade estrangeira competente, observando a lei desta, quanto ao objeto das diligências.

Art. 13. A prova dos fatos ocorridos em país estrangeiro rege-se pela lei que nele vigorar, quanto ao ônus e aos meios de produzir-se, não admitindo os tribunais brasileiros provas que a lei brasileira desconheça.

Art. 14. Não conhecendo a lei estrangeira, poderá o juiz exigir de quem a invoca prova do texto e da vigência.

Art. 15. Será executada no Brasil a sentença proferida no estrangeiro, que reúna os seguintes requisitos:

a) haver sido proferida por juiz competente;

b) terem sido os partes citadas ou haver-se legalmente verificado à revelia;

c) ter passado em julgado e estar revestida das formalidades necessárias para a execução no lugar em que foi proferida;

d) estar traduzida por intérprete autorizado;

e) ter sido homologada pelo Supremo Tribunal Federal.

Art. 16. Quando, nos termos dos artigos precedentes, se houver de aplicar a lei estrangeira, ter-se-á em vista a disposição desta, sem considerar-se qualquer remissão por ela feita a outra lei.

Art. 17. As leis, atos e sentenças de outro país, bem como quaisquer declarações de vontade, não terão eficácia no Brasil, quando ofenderem a soberania nacional, a ordem pública e os bons costumes.

Art. 18. Tratando-se de brasileiros, são competentes as autoridades consulares brasileiras para lhes celebrar o casamento e os mais atos de Registro Civil e de tabelionato, inclusive o registro de nascimento e de óbito dos filhos de brasileiro ou brasileira nascido no país da sede do Consulado.

§1º As autoridades consulares brasileiras também poderão celebrar a separação consensual e o divórcio consensual de brasileiros, não havendo filhos menores ou incapazes do casal e observados os requisitos legais quanto aos prazos, devendo constar da respectiva escritura pública as disposições relativas à descrição e à partilha dos bens comuns e à pensão alimentícia e, ainda, ao acordo quanto à retomada pelo cônjuge de seu nome de solteiro ou à manutenção do nome adotado quando se deu o casamento.

§2º É indispensável a assistência de advogado, devidamente constituído, que se dará mediante a subscrição de petição, juntamente com ambas as partes, ou com apenas uma delas, caso a outra constitua advogado próprio, não se fazendo necessário que a assinatura do advogado conste da escritura pública.

Art. 19. Reputam-se válidos todos os atos indicados no artigo anterior e celebrados pelos cônsules brasileiros na vigência do Decreto-lei nº 4.657, de 4 de setembro de 1942, desde que satisfaçam todos os requisitos legais

Parágrafo único. No caso em que a celebração dêsses atos tiver sido recusada pelas autoridades consulares, com fundamento no artigo 18 do mesmo Decreto-lei, ao interessado é facultado renovar o pedido dentro em 90 (noventa) dias contados da data da publicação desta lei.

Art. 20. Nas esferas administrativa, controladora e judicial, não se decidirá com base em valores jurídicos abstratos sem que sejam consideradas as consequências práticas da decisão. (Incluído pela Lei nº 13.655, de 2018)

Parágrafo único. A motivação demonstrará a necessidade e a adequação da medida imposta ou da invalidação de ato, contrato, ajuste, processo ou norma administrativa, inclusive em face das possíveis alternativas. (Incluído pela Lei nº 13.655, de 2018)

Art. 21. A decisão que, nas esferas administrativa, controladora ou judicial, decretar a invalidação de ato, contrato, ajuste, processo ou norma administrativa deverá indicar de modo expresso suas consequências jurídicas e administrativas. (Incluído pela Lei nº 13.655, de 2018)

Parágrafo único. A decisão a que se refere o **caput** deste artigo deverá, quando for o caso, indicar as condições para que a regularização ocorra de modo proporcional e equânime e sem prejuízo aos interesses gerais, não se podendo impor aos sujeitos atingidos ônus ou perdas que, em função das peculiaridades do caso, sejam anormais ou excessivos. (Incluído pela Lei nº 13.655, de 2018)

Art. 22. Na interpretação de normas sobre gestão pública, serão considerados os obstáculos e as dificuldades reais do gestor e as exigências das políticas públicas a seu cargo, sem prejuízo dos direitos dos administrados.

§1º Em decisão sobre regularidade de conduta ou validade de ato, contrato, ajuste, processo ou norma administrativa, serão consideradas as circunstâncias práticas que houverem imposto, limitado ou condicionado a ação do agente. (Incluído pela Lei nº 13.655, de 2018)

§2º Na aplicação de sanções, serão consideradas a natureza e a gravidade da infração cometida, os danos que dela provierem para a administração pública, as circunstâncias agravantes ou atenuantes e os antecedentes do agente. (Incluído pela Lei nº 13.655, de 2018)

§3º As sanções aplicadas ao agente serão levadas em conta na dosimetria das demais sanções de mesma natureza e relativas ao mesmo fato. (Incluído pela Lei nº 13.655, de 2018)

Art. 23. A decisão administrativa, controladora ou judicial que estabelecer interpretação ou orientação nova sobre norma de conteúdo indeterminado, impondo novo dever ou novo condicionamento de direito, deverá prever regime de transição quando indispensável para que o novo dever ou condicionamento de direito seja cumprido de modo proporcional, equânime e eficiente e sem prejuízo aos interesses gerais.

Parágrafo único. (VETADO). (Incluído pela Lei nº 13.655, de 2018)

Art. 24. A revisão, nas esferas administrativa, controladora ou judicial, quanto à validade de ato, contrato, ajuste, processo ou norma administrativa cuja produção já se houver completado levará em conta as orientações gerais da época, sendo vedado que, com base em mudança posterior de orientação geral, se declarem inválidas situações plenamente constituídas. (Incluído pela Lei nº 13.655, de 2018)

Parágrafo único. Consideram-se orientações gerais as interpretações e especificações contidas em atos públicos de caráter geral ou em jurisprudência judicial ou administrativa majoritária, e ainda as adotadas por prática administrativa reiterada e de amplo conhecimento público. (Incluído pela Lei nº 13.655, de 2018)

Art. 25. (VETADO). (Incluído pela Lei nº 13.655, de 2018)

Art. 26. Para eliminar irregularidade, incerteza jurídica ou situação contenciosa na aplicação do direito público, inclusive no caso de expedição de licença, a autoridade administrativa poderá, após oitiva do órgão jurídico e, quando for o caso, após realização de consulta pública, e presentes razões de relevante interesse geral, celebrar compromisso com os interessados, observada a legislação aplicável, o qual só produzirá efeitos a partir de sua publicação oficial. (Incluído pela Lei nº 13.655, de 2018)

§1º O compromisso referido no **caput** deste artigo: (Incluído pela Lei nº 13.655, de 2018)

I – buscará solução jurídica proporcional, equânime, eficiente e compatível com os interesses gerais; (Incluído pela Lei nº 13.655, de 2018)

II – (VETADO); (Incluído pela Lei nº 13.655, de 2018)

III – não poderá conferir desoneração permanente de dever ou condicionamento de direito reconhecidos por orientação geral; (Incluído pela Lei nº 13.655, de 2018)

IV – deverá prever com clareza as obrigações das partes, o prazo para seu cumprimento e as sanções

aplicáveis em caso de descumprimento. (Incluído pela Lei nº 13.655, de 2018)

§2º (VETADO). (Incluído pela Lei nº 13.655, de 2018)

Art. 27. A decisão do processo, nas esferas administrativa, controladora ou judicial, poderá impor compensação por benefícios indevidos ou prejuízos anormais ou injustos resultantes do processo ou da conduta dos envolvidos. (Incluído pela Lei nº 13.655, de 2018)

§1º A decisão sobre a compensação será motivada, ouvidas previamente as partes sobre seu cabimento, sua forma e, se for o caso, seu valor. (Incluído pela Lei nº 13.655, de 2018)

§2º Para prevenir ou regular a compensação, poderá ser celebrado compromisso processual entre os envolvidos. (Incluído pela Lei nº 13.655, de 2018)

Art. 28. O agente público responderá pessoalmente por suas decisões ou opiniões técnicas em caso de dolo ou erro grosseiro. (Incluído pela Lei nº 13.655, de 2018)

§1º (VETADO). (Incluído pela Lei nº 13.655, de 2018)

§2º (VETADO). (Incluído pela Lei nº 13.655, de 2018)

§3º (VETADO). (Incluído pela Lei nº 13.655, de 2018)

Art. 29. Vide Lei nº 13.655, de 2018

Art. 30. As autoridades públicas devem atuar para aumentar a segurança jurídica na aplicação das normas, inclusive por meio de regulamentos, súmulas administrativas e respostas a consultas. (Incluído pela Lei nº 13.655, de 2018)

Parágrafo único. Os instrumentos previstos no **caput** deste artigo terão caráter vinculante em relação ao órgão ou entidade a que se destinam, até ulterior revisão. (Incluído pela Lei nº 13.655, de 2018)

Rio de Janeiro, 4 de setembro de 1942,

121º da Independência e 54º da República.

GETULIO VARGAS
Alexandre Marcondes Filho
Oswaldo Aranha

LEGISLAÇÃO COMPLEMENTAR

Lei nº 605, de 5 de janeiro de 1949

Dispõe sobre o repouso semanal remunerado e o pagamento de salário nos dias feriados civis e religiosos.

O PRESIDENTE DA REPÚBLICA, Faço saber que o Congresso Nacional decreta e eu sanciono a seguinte lei:

Art. 1º Todo empregado tem direito ao repouso semanal remunerado de vinte e quatro horas consecutivas, preferentemente aos domingos e, nos limites das exigências técnicas das empresas, nos feriados civis e religiosos, de acordo com a tradição local.

Art. 2º Entre os empregados a que se refere esta lei, incluem-se os trabalhos rurais, salvo os que operem em qualquer regime de parceria, meação, ou forma semelhante de participação na produção.

Art. 3º O regime desta lei será extensivo àqueles que, sob forma autônoma, trabalhem agrupados, por intermédio de Sindicato, Caixa Portuária, ou entidade congênere. A remuneração do repouso obrigatório, nesse caso, consistirá no acréscimo de um 1/6 (um sexto) calculado sobre os salários efetivamente percebidos pelo trabalhador e paga juntamente com os mesmos.

Art. 4º É devido o repouso semanal remunerado, nos termos desta lei, aos trabalhadores das autarquias e de empresas industriais, ou sob administração da União, dos Estados e dos Municípios ou incorporadas nos seus patrimônios, que não estejam subordinados ao regime do funcionalismo público.

Art. 5º Esta lei não se aplica às seguintes pessoas:

a) (Revogada pela Lei nº 11.324, de 2006)

b) aos funcionários públicos da União, dos Estados e dos Municípios e aos respectivos extranumerários em serviço nas próprias repartições;

c) aos servidores de autarquias paraestatais, desde que sujeitos a regime próprio de proteção ao trabalho que lhes assegure situação análoga à dos funcionários públicos.

Parágrafo único. São exigências técnicas, para os efeitos desta lei, as que, pelas condições peculiares às atividades da empresa, ou em razão do interesse público, tornem indispensável a continuidade do serviço.

Art. 6º Não será devida a remuneração quando, sem motivo justificado, o empregado não tiver trabalhado durante toda a semana anterior, cumprindo integralmente o seu horário de trabalho.

§1º São motivos justificados:

a) os previstos no artigo 473 e seu parágrafo único da Consolidação das Leis do Trabalho;

b) a ausência do empregado devidamente justificada, a critério da administração do estabelecimento;

c) a paralisação do serviço nos dias em que, por conveniência do empregador, não tenha havido trabalho;

d) a ausência do empregado, até três dias consecutivos, em virtude do seu casamento;

e) a falta ao serviço com fundamento na lei sobre acidente do trabalho;

f) a doença do empregado, devidamente comprovada.

§2º A doença será comprovada mediante atestado de médico da instituição da previdência social a que estiver filiado o empregado, e, na falta dêste e sucessivamente, de médico do Serviço Social do Comércio ou da Indústria; de médico da emprêsa ou por ela designado; de médico a serviço de representação federal, estadual ou municipal incumbido de assuntos de higiene ou de saúde pública; ou não existindo êstes, na localidade em que trabalhar, de médico de sua escôlha.

§3º Nas empresas em que vigorar regime de trabalho reduzido, a freqüência exigida corresponderá ao número de dias em que o empregado tiver de trabalhar.

Art. 7º A remuneração do repouso semanal corresponderá:

a) para os que trabalham por dia, semana, quinzena ou mês, à de um dia de serviço, computadas as horas extraordinárias habitualmente prestadas;

b) para os que trabalham por hora, à sua jornada norma de trabalho, computadas as horas extraordinárias habitualmente prestadas; c) para os que trabalham por tarefa ou peça, o equivalente ao salário

correspondente às tarefas ou peças feitas durante a semana, no horário normal de trabalho, dividido pelos dias de serviço efetivamente prestados ao empregador;

d) para o empregado em domicílio, o equivalente ao quociente da divisão por 6 (seis) da importância total da sua produção na semana.

§1º Os empregados cujos salários não sofram descontos por motivo de feriados civis ou religiosos são considerados já remunerados nesses mesmos dias de repouso, conquanto tenham direito à remuneração dominical.

§2º Consideram-se já remunerados os dias de repouso semanal do empregado mensalista ou quinzenalista cujo cálculo de salário mensal ou quinzenal, ou cujos descontos por falta sejam efetuados na base do número de dias do mês ou de 30 (trinta) e 15 (quinze) diárias, respectivamente.

Art. 8º Excetuados os casos em que a execução do serviço for imposta pelas exigências técnicas das empresas, é vedado o trabalho em dias feriados, civis e religiosos, garantida, entretanto, aos empregados a remuneração respectiva, observados os dispositivos dos artigos 6º e 7º desta lei.

Art. 9º Nas atividades em que não for possível, em virtude das exigências técnicas das empresas, a suspensão do trabalho, nos dias feriados civis e religiosos, a remuneração será paga em dobro, salvo se o empregador determinar outro dia de folga.

Art. 10. Na verificação das exigências técnicas a que se referem os artigos anteriores, ter-se-ão em vista as de ordem econômica, permanentes ou ocasionais, bem como as peculiaridades locais.

Parágrafo único. O Poder Executivo, em decreto especial ou no regulamento que expedir par fiel execução desta lei, definirá as mesmas exigências e especificará, tanto quanto possível, as empresas a elas sujeitas, ficando desde já incluídas entre elas as de serviços públicos e de transportes.

Art. 12. As infrações ao disposto nesta Lei serão punidas, com multa de R$ 40,25 (quarenta reais e vinte e cinco centavos) a R$ 4.025,33 (quatro mil e vinte e cinco reais e trinta e três centavos), segundo a natureza da infração, sua extensão e a intenção de quem a praticou, aplicada em dobro no caso de reincidência e oposição à fiscalização ou desacato à autoridade.

Art. 13. Serão originariamente competentes, para a imposição das multas de que trata a presente lei, os delegados regionais do Ministério do Trabalho e, nos Estados, onde houver delegação de atribuições, a autoridade delegada.

Art. 14. A fiscalização da execução da presente lei, o processo de autuação dos seus infratores, os recursos e a cobrança das multas reger-se-ão pelo disposto no Título VII da Consolidação das Leis do Trabalho.

Art. 15. A presente lei entrará em vigor na data de sua publicação.

Art. 16. Revogam-se as disposições em contrário.

Rio de Janeiro, 5 de janeiro de 1949;

128º da Independência e 61º da República.

EURICO GASPAR DUTRA
Adroaldo Mesquita da Costa
Sylvio de Noronha
Canrobert P. da Costa
Raul Fernandes
Corrêa e Castro
Clóvis Pestana
Daniel de Carvalho
Clemente Mariani
Honório Monteiro
Armando Trompowsky

LEI Nº 3.207, DE 18 DE JULHO DE 1957

Regulamenta as atividades dos empregados vendedores, viajantes ou pracistas.

O PRESIDENTE DA REPÚBLICA, faço saber que o CONGRESSO NACIONAL decreta e eu sanciono a seguinte Lei:

Art. 1º As atividades dos empregados vendedores, viajantes ou pracistas serão reguladas pelos preceitos desta lei, sem prejuízo das normas estabelecidas na Consolidação das Leis do Trabalho – Decreto-lei número 5.452, de 1 de maio de 1943 – no que lhes fôr aplicável.

Art. 2º O empregado vendedor terá direito à comissão avençada sôbre as vendas que realizar. No caso de lhe ter sido reservada expressamente, com exclusividade, uma zona de trabalho, terá êsse direito sôbre as vendas ali realizadas diretamente pela empresa ou por um preposto desta.

§1º A zona de trabalho do empregado vendedor poderá ser ampliada ou restringida de acôrdo com a necessidade da empresa, respeitados os dispositivos desta lei quanto à irredutibilidade da remuneração.

§2º Sempre que, por conveniência da empresa empregadora, fôr o empregado viajante transferido da zona de trabalho, com redução de vantagens, ser-lhe-á assegurado, como mínimo de remuneração, um salário correspondente à média dos 12 (doze) últimos meses, anteriores à transferência.

Art. 3º A transação será considerada aceita se o empregador não a recusar por escrito, dentro de 10 (dez) dias, contados da data da proposta. Tratando-se de transação a ser concluída com comerciante ou empresa estabelecida noutro Estado ou no estrangeiro, o prazo para aceitação ou recusa da proposta de venda será de 90 (noventa) dias podendo, ainda, ser prorrogado, por tempo determinado, mediante comunicação escrita feita ao empregado.

Art. 4º O pagamento de comissões e percentagem deverá ser feito mensalmente, expedindo a empresa, no fim de cada mês, a conta respectiva com as cópias das faturas correspondentes aos negócios concluídos.

Parágrafo único. Ressalva-se às partes interessadas fixar outra época para o pagamento de comissões e percentagens, o que, no entanto, não poderá exceder a um trimestre, contado da aceitação do negócio, sendo sempre obrigatória a expedição, pela empresa, da conta referida neste artigo.

Art. 5º Nas transações em que a empresa se obrigar por prestações sucessivas, o pagamento das comissões e percentagens será exigível de acôrdo com a ordem de recebimento das mesmas.

Art. 6º A cessação das relações de trabalho, ou a inexecução voluntária do negócio pelo empregador, não prejudicará a percepção das comissões e percentagens devidas.

Art. 7º Verificada a insolvência do comprador, cabe ao empregador o direito de estornar a comissão que houver pago.

Art. 8º Quando fôr prestado serviço de inspeção e fiscalização pelo empregado vendedor, ficará a empresa vendedora obrigada ao pagamento adicional de 1/10 (um décimo) da remuneração atribuída ao mesmo.

Art. 9º O empregado vendedor viajante não poderá permanecer em viagem por tempo superior a 6 (seis) meses consecutivos. Em seguida a cada viagem haverá um intervalo para descanso, calculado na base de 3 (três) dias por mês da viagem realizada, não podendo, porém, ultrapassar o limite de 15 (quinze) dias.

Art. 10. Caracterizada a relação de emprêgo, aplicam-se os preceitos desta lei a quantos exercerem funções iguais, semelhantes ou eqüivalentes aos empregados-viajantes, embora sob outras designações.

Art. 11. Esta lei entrará em vigor na data de sua publicação, revogadas as disposições em contrário.

Rio de janeiro, em 18 de julho de 1957;
136º da Independência e 69º da República.

JUSCELINO KUBITSCHEK
Parsifal Barroso

LEI Nº 4.090, DE 13 DE JULHO DE 1962

Institui a Gratificação de Natal para os Trabalhadores.

O PRESIDENTE DA REPÚBLICA: Faço saber que o Congresso Nacional decreta e eu sanciono a seguinte Lei:

Art. 1º – No mês de dezembro de cada ano, a todo empregado será paga, pelo empregador, uma gratificação salarial, independentemente da remuneração a que fizer jus.

§1º – A gratificação corresponderá a 1/12 avos da remuneração devida em dezembro, por mês de serviço, do ano correspondente.

§2º – A fração igual ou superior a 15 (quinze) dias de trabalho será havida como mês integral para os efeitos do parágrafo anterior.

§3º – A gratificação será proporcional:

I – na extinção dos contratos a prazo, entre estes incluídos os de safra, ainda que a relação de emprego haja findado antes de dezembro; e

II – na cessação da relação de emprego resultante da aposentadoria do trabalhador, ainda que verificada antes de dezembro.

Art. 2º – As faltas legais e justificadas ao serviço não serão deduzidas para os fins previstos no §1º do art. 1º desta Lei.

Art. 3º – Ocorrendo rescisão, sem justa causa, do contrato de trabalho, o empregado receberá a gratificação devida nos termos dos parágrafos 1º e 2º do art. 1º desta Lei, calculada sobre a remuneração do mês da rescisão.

Art. 4º – Esta Lei entrará em vigor na data de sua publicação, revogadas as disposições em contrário.

Brasília, 13 de julho de 1962;

141º da Independência e 74º da República.

JOÃO GOULART
Francisco Brochado da Rocha
Hermes Lima

LEI Nº 4.266, DE 3 DE OUTUBRO DE 1963

Institui o salário família do trabalhador.

O PRESIDENTE DA REPÚBLICA Faço saber que o Congresso Nacional decreta e eu sanciono a seguinte lei:

Art. 1º. O salário-familia, instituído por esta lei, será devido, pelas empresas vinculadas à Previdência Social, a todo empregado, como tal definido na Consolidação das Leis do Trabalho, qualquer que seja o valor e a forma de sua remuneração, e na proporção do respectivo número de filhos.

Art. 2º. O salário-família será pago sob a forma de uma quota percentual, calculada sobre o valor do salário-mínimo local, arredondado esta para o múltiplo de mil seguinte, por filho menor de qualquer condição, até 14 anos de idade.

Art. 3º. O custeio do salário-família será feito mediante o sistema de compensação, cabendo a cada empresa, qualquer que seja o número e o estado civil de seus empregados, recolher, para esse fim, ao Instituto ou Institutos de Aposentadoria e Pensões a que estiver vinculada, a contribuição que for fixada em correspondência com o valor da quota percentual referida no art. 2º.

§1º. A contribuição de que trata este artigo corresponderá a uma percentagem incidente sobre o salário-mínimo local multiplicado pelo número total de empregados da empresa, observados os mesmos prazos de recolhimento, sanções administrativas e penais e demais condições estabelecidas com relação às contribuições destinada ao custeio da Previdência Social.

§2º. As contribuições recolhidas pelas empresas, nos termos deste artigo, constituirão, em cada Instituto, um "Fundo de Compensação do Salário-Família", em regime de repartição anual, cuja destinação será exclusivamente a de custeio do pagamento das quotas, não podendo a parcela relativa às respectivas despesas de administração exceder de 0,5% (meio por cento) do total do mesmo Fundo.

Art. 4º. O pagamento das *quotas do* salário-família será feito pelas próprias empresas, mensalmente, aos seus empregados, juntamente com o do respectivo salário, nos termos do artigo 2º.

§1º. Quando os pagamentos forem semanais ou por outros períodos, as quotas serão pagas juntamente com o último relativo ao mês.

§2º. Para efeito do pagamento das quotas, exigirão as empresas, dos empregados, as certidões de nascimento dos filhos, que a isto os habilitam.

§3º. As certidões expedidas para os fins do §2º deste artigo são isentas de selo, taxas ou emolumentos de qualquer espécie, assim como o reconhecimento de firmas a elas referente, quando necessário.

§4º. Dos pagamentos de quotas feitos, guardarão as empresas os respectivos comprovantes, bem como as certidões, para o efeito da fiscalização dos Institutos, no tocante ao reembolso a que se refere o art. 5º.

Art. 5º. As empresas serão reembolsadas, mensalmente, dos pagamentos das quotas feitos aos seus empregados, na forma desta lei, mediante desconto do valor respectivo no tal das contribuições recolhidas ao Instituto ou Institutos de Aposentadoria e Pensões a que forem vinculadas.

Art. 6º. A fixação do salário-mínimo, de que trata o Capítulo II do Título II da Consolidação das Leis do Trabalho, terá por base unicamente as necessidades normais do trabalhador sem filhos, considerando-se atendido, com o pagamento do salário-família instituído por esta lei, o preceituado no art. 157, nº. I, da Constituição Federal.

Art. 7º. Ficam fixados, pelo período de 3 (três) anos, os seguintes valores relativos à presente lei:

I – de 5% (cinco por cento) para cada quota percentual a que trata o art. 3º.

§1º. Se, findo o período previsto neste artigo, não forem revistos os valores nele fixados, continuarão a vigorar até que isto se venha a efetuar.

§2º. A qualquer alteração no valor de uma das percentagens deverá corresponder proporcionalmente o da outra, de modo a que seja assegurado o perfeito equilíbrio do custeio do sistema, no regime de repartição anual.

Art. 8º. Os empregados abrangidos pela presente lei ficam excluídos do campo de aplicação do Decreto-lei nº. 3.200, de 19 de abril de 1941, no nº. 3.200, de 19 de abril de 1941, no tocante ao abono às famílias numerosas.

Art. 9º. As quotas do salário-família não se incorporarão, para nenhum efeito, ao salário ou remuneração devidos aos empregados.

Art. 10. Esta lei entrará em vigor a partir do primeiro dia do mês que se seguir ao decurso de 30 (trinta) dias, contados da data de sua publicação.

Parágrafo único. Dentro do prazo referido neste artigo, o Poder Executivo expedirá o Regulamento desta lei.

Art. 11. Revogam-se as disposições em contrário.

Brasília, 3 de outubro de 1963;
142º da Independência e 75º da República.

JOÃO GOULART
Amaury Silva

LEI Nº 5.584, DE 26 DE JUNHO DE 1970

Dispõe sobre normas de Direito Processual do Trabalho, altera dispositivos da Consolidação das Leis do Trabalho, disciplina a concessão e prestação de assistência judiciária na Justiça do Trabalho e dá outras providências.

O PRESIDENTE DA REPÚBLICA, faço saber que o **CONGRESSO NACIONAL** decreta e eu sanciono a seguinte Lei:

Art. 1º Nos processos perante a Justiça do Trabalho, observar-se-ão os princípios estabelecidos nesta lei.

Art. 2º Nos dissídios individuais, proposta a conciliação, e não havendo acôrdo, o Presidente, da Junta ou o Juiz, antes de passar à instrução da causa, fixar-lhe-á o valor para a determinação da alçada, se êste fôr indeterminado no pedido.

§1º Em audiência, ao aduzir razões finais, poderá qualquer das partes, impugnar o valor fixado e, se o Juiz o mantiver, pedir revisão da decisão, no prazo de 48 (quarenta e oito) horas, ao Presidente do Tribunal Regional.

§2º O pedido de revisão, que não terá efeito suspensivo deverá ser instruído com a petição inicial e a Ata da Audiência, em cópia autenticada pela Secretaria da Junta, e será julgado em 48 (quarenta e oito) horas, a partir do seu recebimento pelo Presidente do Tribunal Regional.

§3º Quando o valor fixado para a causa, na forma dêste artigo, não exceder de 2 (duas) vêzes o salário-mínimo vigente na sede do Juízo, será dispensável o resumo dos depoimentos, devendo constar da Ata a conclusão da Junta quanto à matéria de fato.

§4º – Salvo se versarem sobre matéria constitucional, nenhum recurso caberá das sentenças proferidas nos dissídios da alçada a que se refere o parágrafo anterior, considerado, para esse fim, o valor do salário mínimo à data do ajuizamento da ação.

Art. 3º Os exames periciais serão realizados por perito único designado pelo Juiz, que fixará o prazo para entrega do laudo.

Parágrafo único. Permitir-se-á a cada parte a indicação de um assistente, cuja laudo terá que ser apresentado no mesmo prazo assinado para o perito, sob pena de ser desentranhado dos autos.

Art. 4º Nos dissídios de alçada exclusiva das Juntas e naqueles em que os empregados ou empregadores reclamarem pessoalmente, o processo poderá ser impulsionado de ofício pelo Juiz.

Art. 5º Para exarar parecer, terá o órgão do Ministério Público da União, junto à Justiça do Trabalho, o prazo de 8 (oito) dias, contados da data em que lhe fôr distribuído o processo.

Art. 6º Será de 8 (oito) dias o prazo para interpor e contra-arrazoar qualquer recurso (CLT, art. 893).

Art. 7º A comprovação do depósito da condenação (CLT, art. 899, §§1º a 5º) terá que ser feita dentro do prazo para a interposição do recurso, sob pena de ser êste considerado deserto.

Art. 8º Das decisões proferidas nos dissídios coletivos poderá a União interpor recurso, o qual será sempre recebido no efeito suspensivo quanto à parte que exceder o índice fixado pela política salarial do Govêrno.

Art. 9º – No Tribunal Superior do Trabalho, quando o pedido do recorrente contrariar súmula de jurisprudência uniforme deste Tribunal já compendiada, poderá o Relator negar prosseguimento ao recurso, indicando a correspondente súmula

Art. 10. O artigo 477 da Consolidação das Leis do Trabalho, alterado pela Lei nº 5.562, de 12-12-68, e pelo Decreto-lei nº 766, de 15-8-69, passa a vigorar com a seguinte redação:

"Art. 477. É assegurado a todo empregado, não existindo prazo estipulado para a terminação do respectivo contrato, e quando não haja êle dado motivo para cessação das relações de trabalho, o direto de haver do empregador uma indenização, paga na base da maior remuneração que tenha percebido na mesma emprêsa.

§1º O pedido de demissão ou recibo de quitação de rescisão, do contrato de trabalho, firmado por empregado com mais de 1 (um) ano de serviço, só será válido quando feito com a assistência do respectivo Sindicato ou perante a autoridade do Ministério do Trabalho e Previdência Social.

§2º O instrumento de rescisão ou recibo de quitação, qualquer que seja a causa ou forma de dissolução do contrato, deve ter especificada a natureza de cada parcela paga ao empregado e discriminado o seu valor, sendo válida a quitação, apenas, relativamente às mesmas parcelas.

§3º Quando não existir na localidade nenhum dos órgãos previstos neste artigo, a assistência será prestada pelo Represente do Ministério Público ou, onde houver, pelo Defensor Público e, na falta ou impedimento dêste, pelo Juiz de Paz.

§4º O pagamento a que fizer jus o empregado será efetuado no ato da homologação da rescisão do contrato de trabalho, em dinheiro ou em cheque visado, conforme acordem as partes, salvo se o empregado fôr analfabeto, quando o pagamento sòmente poderá ser feito em dinheiro.

§5º Qualquer compensação no pagamento de que trata o parágrafo anterior não poderá exceder o equivalente a um mês de remuneração do empregado".

Art. 11. O artigo 500 da Consolidação das Lei do Trabalho, revogado pela Lei nº 5.562, de 12-12-1968, passa a vigorar com a seguinte redação:

"Art. 500. O pedido de demissão do empregado estável só será válido quando feito com a assistência do respectivo Sindicato e, se não o houver, perante autoridade local competente do Ministério do Trabalho e Previdência Social ou da Justiça do Trabalho".

Art. 12. O artigo 888 da Consolidação das Leis do Trabalho passa a vigorar com a seguinte redação:

"Art. 888. Concluída a avaliação, dentro de dez dias, contados da data da nomeação do avaliador, seguir-se-á a arrematação, que será anunciada por edital afixado na sede do juízo ou tribunal e publicado no jornal local, se houver, com a antecedência de vinte (20) dias.

§1º A arrematação far-se-á em dia, hora e lugar anunciados e os bens serão vendidos pelo maior lance, tendo o exeqüente preferência para a adjudicação.

§2º O arrematante deverá garantir o lance com o sinal correspondente a 20% (vinte por cento) do seu valor.

§3º Não havendo licitante, e não requerendo o exeqüente a adjudicação dos bens penhorados, poderão os mesmos ser vendidos por leiloeiro nomeado pelo Juiz ou Presidente.

§4º Se o arrematante, ou seu fiador, não pagar dentro de 24 (vinte e quatro) horas o preço da arrematação, perderá, em benefício da execução, o sinal de que trata o §2º dêste artigo, voltando à praça os bens executados".

Art. 13. Em qualquer hipótese, a remição só será deferível ao executado se êste oferecer preço igual ao valor da condenação.

Da Assistência Judiciária

Art. 14. Na Justiça do Trabalho, a assistência judiciária a que se refere a Lei nº 1.060, de 5 de fevereiro de 1950, será prestada pelo Sindicato da categoria profissional a que pertencer o trabalhador.

§1º A assistência é devida a todo aquêle que perceber salário igual ou inferior ao dôbro do mínimo legal, ficando assegurado igual benefício ao trabalhador de maior salário, uma vez provado que sua situação econômica não lhe permite demandar, sem prejuízo do sustento próprio ou da família.

§2º A situação econômica do trabalhador será comprovada em atestado fornecido pela autoridade local do Ministério do Trabalho e Previdência Social, mediante diligência sumária, que não poderá exceder de 48 (quarenta e oito) horas.

§3º Não havendo no local a autoridade referida no parágrafo anterior, o atestado deverá ser expedido pelo Delegado de Polícia da circunscrição onde resida o empregado.

Art. 15. Para auxiliar no patrocínio das causas, observados os arts. 50 e 72 da Lei nº 4.215, de 27 de abril de 1963, poderão ser designados pelas Diretorias dos Sindicatos Acadêmicos, de Direito, a partir da 4ª Série, comprovadamente, matriculados em estabelecimento de ensino oficial ou sob fiscalização do Govêrno Federal.

Art. 16. Os honorários do advogado pagos pelo vencido reverterão em favor do Sindicato assistente.

Art. 17. Quando, nas respectivas comarcas, não houver Juntas de Conciliação e Julgamento ou não existir Sindicato da categoria profissional do trabalhador, é atribuído aos Promotores Públicos ou Defensores Públicos o encargo de prestar assistência judiciária prevista nesta lei.

Parágrafo único. Na hipótese prevista neste artigo, a importância proveniente da condenação nas despesas processuais será recolhida ao Tesouro do respectivo Estado.

Art. 18. A assistência judiciária, nos têrmos da presente lei, será prestada ao trabalhador ainda que não seja associado do respectivo Sindicato.

Art. 19. Os diretores de Sindicatos que, sem comprovado motivo de ordem financeira, deixarem de dar cumprimento às disposições desta lei ficarão sujeitos à penalidade prevista no art. 553, alínea a da Consolidação das Leis do Trabalho.

Art. 20. Esta lei entra em vigor na data de sua publicação, revogadas as disposições em contrário.

Brasília, 26 de junho de 1970;

149º da Independência e 82º da República.

EMÍLIO G. MÉDICI
Alfredo Buzaid

LEI Nº 5.889, DE 8 DE JUNHO DE 1973

Estatui normas reguladoras do trabalho rural.

O PRESIDENTE DA REPÚBLICA Faço saber que o Congresso Nacional decreta e eu sanciono a seguinte Lei:

Art. 1º As relações de trabalho rural serão reguladas por esta Lei e, no que com ela não colidirem, pelas normas da Consolidação das Leis do Trabalho, aprovada pelo Decreto-lei nº 5.452, de 01/05/1943.

Parágrafo único. Observadas as peculiaridades do trabalho rural, a ele também se aplicam as leis nºs 605, de 05/01/1949, 4090, de 13/07/1962; 4725, de 13/07/1965, com as alterações da Lei nº 4903, de 16/12/1965 e os Decretos-Leis nºs 15, de 29/07/1966; 17, de 22/08/1966 e368, de 19/12/1968.

Art. 2º Empregado rural é toda pessoa física que, em propriedade rural ou prédio rústico, presta serviços de natureza não eventual a empregador rural, sob a dependência deste e mediante salário.

Art. 3º – Considera-se empregador, rural, para os efeitos desta Lei, a pessoa física ou jurídica, proprietário ou não, que explore atividade agroeconômica, em caráter permanente ou temporário, diretamente ou através de prepostos e com auxílio de empregados.

§1º Inclui-se na atividade econômica referida no **caput** deste artigo, além da exploração industrial em estabelecimento agrário não compreendido na Consolidação das Leis do Trabalho – CLT, aprovada pelo Decreto-Lei nº 5.452, de 1º de maio de 1943, a exploração do turismo rural ancilar à exploração agroeconômica.

§2º Sempre que uma ou mais empresas, embora tendo cada uma delas personalidade jurídica própria, estiverem sob direção, controle ou administração de outra, ou ainda quando, mesmo guardando cada uma sua autonomia, integrem grupo econômico ou financeiro rural, serão responsáveis solidariamente nas obrigações decorrentes da relação de emprego.

Art. 4º – Equipara-se ao empregador rural, a pessoa física ou jurídica que, habitualmente, em caráter profissional, e por conta de terceiros, execute serviços de natureza agrária, mediante utilização do trabalho de outrem.

Art. 5º Em qualquer trabalho contínuo de duração superior a seis horas, será obrigatória a concessão de um intervalo para repouso ou alimentação observados os usos e costumes da região, não se computando este intervalo na duração do trabalho.

Entre duas jornadas de trabalho haverá um período mínimo de onze horas consecutivas para descanso.

Art. 6º Nos serviços, caracteristicamente intermitentes, não serão computados, como de efeito exercício, os intervalos entre uma e outra parte da execução da tarefa diária, desde que tal hipótese seja expressamente ressalvada na Carteira de Trabalho e Previdência Social.

Art. 7º – Para os efeitos desta Lei, considera-se trabalho noturno o executado entre as vinte e uma horas de um dia e as cinco horas do dia seguinte, na lavoura, e entre as vinte horas de um dia e as quatro horas do dia seguinte, na atividade pecuária.

Parágrafo único. Todo trabalho noturno será acrescido de 25% (vinte e cinco por cento) sobre a remuneração normal.

Art. 8º Ao menor de 18 anos é vedado o trabalho noturno.

Art. 9º Salvo as hipóteses de autorização legal ou decisão judiciária, só poderão ser descontadas do empregado rural as seguintes parcelas, calculadas sobre o salário mínimo:

a) até o limite de 20% (vinte por cento) pela ocupação da morada;

b) até o limite de 25% (vinte por cento) pelo fornecimento de alimentação sadia e farta, atendidos os preços vigentes na região;

c) adiantamentos em dinheiro.

§1º As deduções acima especificadas deverão ser previamente autorizadas, sem o que serão nulas de pleno direito.

§2º Sempre que mais de um empregado residir na mesma morada, o desconto, previsto na letra "a" deste artigo, será dividido proporcionalmente ao número de empregados, vedada, em qualquer hipótese, a moradia coletiva de famílias.

§3º Rescindido ou findo o contrato de trabalho, o empregado será obrigado a desocupar a casa dentro de trinta dias.

§4º O Regulamento desta Lei especificará os tipos de morada para fins de dedução.

§5º A cessão pelo empregador, de moradia e de sua infra estrutura básica, assim, como, bens destinados à produção para sua subsistência e de sua família, não integram o salário do trabalhador rural, desde que caracterizados como tais, em contrato escrito celebrado entre as partes, com testemunhas

e notificação obrigatória ao respectivo sindicato de trabalhadores rurais.

Art. 10. A prescrição dos direitos assegurados por esta Lei aos trabalhadores rurais só ocorrerá após dois anos de cessação do contrato de trabalho.

Parágrafo único. Contra o menor de dezoito anos não corre qualquer prescrição.

Art. 11. Ao empregado rural maior de dezesseis anos é assegurado salário mínimo igual ao de empregado adulto.

Parágrafo único. Ao empregado menor de dezesseis anos é assegurado salário mínimo fixado em valor correspondente à metade do salário mínimo estabelecido para o adulto.

Art. 12. Nas regiões em que se adota a plantação subsidiária ou intercalar (cultura secundária), a cargo do empregado rural, quando autorizada ou permitida, será objeto de contrato em separado.

Parágrafo único. Embora devendo integrar o resultado anual a que tiver direito o empregado rural, a plantação subsidiária ou intercalar não poderá compor a parte correspondente ao salário mínimo na remuneração geral do empregado, durante o ano agrícola.

Art. 13. Nos locais de trabalho rural serão observadas as normas de segurança e higiene estabelecidas em portaria do ministro do Trabalho e Previdência Social.

Art. 14. Expirado normalmente o contrato, a empresa pagará ao safrista, a título de indenização do tempo de serviço, importância correspondente a 1/12 (um doze avos) do salário mensal, por mês de serviço ou fração superior a 14 (quatorze) dias.

Parágrafo único. Considera-se contrato de safra o que tenha sua duração dependente de variações estacionais da atividade agrária.

Art. 14-A. O produtor rural pessoa física poderá realizar contratação de trabalhador rural por pequeno prazo para o exercício de atividades de natureza temporária.

§1º A contratação de trabalhador rural por pequeno prazo que, dentro do período de 1 (um) ano, superar 2 (dois) meses fica convertida em contrato de trabalho por prazo indeterminado, observando-se os termos da legislação aplicável.

§2º A filiação e a inscrição do trabalhador de que trata este artigo na Previdência Social decorrem, automaticamente, da sua inclusão pelo empregador na Guia de Recolhimento do Fundo de Garantia do Tempo de Serviço e Informações à Previdência Social – GFIP, cabendo à Previdência Social instituir mecanismo que permita a sua identificação.

§3º O contrato de trabalho por pequeno prazo deverá ser formalizado mediante a inclusão do trabalhador na GFIP, na forma do disposto no §2º deste artigo, e :

I – mediante a anotação na Carteira de Trabalho e Previdência Social e em Livro ou Ficha de Registro de Empregados; ou

II – mediante contrato escrito, em 2 (duas) vias, uma para cada parte, onde conste, no mínimo:

a) expressa autorização em acordo coletivo ou convenção coletiva;

b) identificação do produtor rural e do imóvel rural onde o trabalho será realizado e indicação da respectiva matrícula;

c) identificação do trabalhador, com indicação do respectivo Número de Inscrição do Trabalhador – NIT.

§4º A contratação de trabalhador rural por pequeno prazo só poderá ser realizada por produtor rural pessoa física, proprietário ou não, que explore diretamente atividade agroeconômica.

§5º A contribuição do segurado trabalhador rural contratado para prestar serviço na forma deste artigo é de 8% (oito por cento) sobre o respectivo salário-de-contribuição definido no inciso I do caput do art. 28 da Lei nº 8.212, de 24 de julho de 1991.

§6º A não inclusão do trabalhador na GFIP pressupõe a inexistência de contratação na forma deste artigo, sem prejuízo de comprovação, por qualquer meio admitido em direito, da existência de relação jurídica diversa.

§7º Compete ao empregador fazer o recolhimento das contribuições previdenciárias nos termos da legislação vigente, cabendo à Previdência Social e à Receita Federal do Brasil instituir mecanismos que facilitem o acesso do trabalhador e da entidade sindical que o representa às informações sobre as contribuições recolhidas.

§8º São assegurados ao trabalhador rural contratado por pequeno prazo, além de remuneração equivalente à do trabalhador rural permanente, os demais direitos de natureza trabalhista.

§9º Todas as parcelas devidas ao trabalhador de que trata este artigo serão calculadas dia a dia e pagas diretamente a ele mediante recibo.

§10. O Fundo de Garantia do Tempo de Serviço – FGTS deverá ser recolhido e poderá ser levantado nos termos da Lei nº 8.036, de 11 de maio de 1990.

Art. 15. Durante o prazo do aviso prévio, se a rescisão tiver sido promovida pelo empregador, o empregado rural terá direito a um dia por semana, sem prejuízo do salário integral, para procurar outro trabalho.

Art. 16. Toda propriedade rural, que mantenha a seu serviço ou trabalhando em seus limites mais de cinquenta famílias de trabalhadores de qualquer natureza, é obrigada a possuir e conservar em funcionamento escola primária, inteiramente gratuita, para os filhos destes, com tantas classes quantos sejam os filhos destes, com tantas classes quantos sejam os grupos de quarenta crianças em idade escolar.

Parágrafo único. A matrícula da população em idade escolar será obrigatória, sem qualquer outra exigência, além da certidão de nascimento, para cuja obtenção o empregador proporcionará todas as facilidades aos responsáveis pelas crianças.

Art. 17. As normas da presente Lei são aplicáveis, no que couber, aos trabalhadores rurais não compreendidos na definição do art. 2º, que prestem serviços a empregador rural.

Art. 18. As infrações aos dispositivos desta Lei serão punidas com multa de R$ 380,00 (trezentos e oitenta reais) por empregado em situação irregular.

§1º As infrações aos dispositivos da Consolidação das Leis do Trabalho – CLT e legislação esparsa, cometidas contra o trabalhador rural, serão punidas com as multas nelas previstas.

§2º As penalidades serão aplicadas pela autoridade competente do Ministério do Trabalho e Emprego, de acordo com o disposto no Título VII da CLT.

§3º A fiscalização do Ministério do Trabalho e Emprego exigirá dos empregadores rurais ou produtores equiparados a comprovação do recolhimento da Contribuição Sindical Rural das categorias econômica e profissional.

Art. 19 O enquadramento e a contribuição sindical rurais continuam regidos pela legislação ora em vigor; o seguro social e o seguro contra acidente do trabalho rurais serão regulados por lei especial.

Art. 20. Lei especial disporá sobre a aplicação ao trabalhador rural, no que couber, do regime do Fundo de Garantia do Tempo de Serviço.

Art. 21. Esta Lei entra em vigor na data de sua publicação, revogadas as disposições em contrário, em especial a Lei nº 4.214, de 02/03/1963, e o Decreto-lei nº 761, de 14/08/1969.

Brasília, 8 de junho de 1973;
152º da Independência e 85º da República.

EMÍLIO G. MÉDICI
Júlio Barata

Lei Nº 6.019, de 3 de janeiro de 1974

Dispõe sobre o Trabalho Temporário nas Empresas Urbanas, e dá outras Providências.

O PRESIDENTE DA REPÚBLICA: Faço saber que o Congresso Nacional decreta e eu sanciono a seguinte Lei:

Art. 1º As relações de trabalho na empresa de trabalho temporário, na empresa de prestação de serviços e nas respectivas tomadoras de serviço e contratante regem-se por esta Lei.

Art. 2º Trabalho temporário é aquele prestado por pessoa física contratada por uma empresa de trabalho temporário que a coloca à disposição de uma empresa tomadora de serviços, para atender à necessidade de substituição transitória de pessoal permanente ou à demanda complementar de serviços.

§1º É proibida a contratação de trabalho temporário para a substituição de trabalhadores em greve, salvo nos casos previstos em lei.

§2º Considera-se complementar a demanda de serviços que seja oriunda de fatores imprevisíveis ou, quando decorrente de fatores previsíveis, tenha natureza intermitente, periódica ou sazonal.

Art. 3º – É reconhecida a atividade da empresa de trabalho temporário que passa a integrar o plano básico do enquadramento sindical a que se refere o art. 577, da Consolidação da Leis do Trabalho.

Art. 4º Empresa de trabalho temporário é a pessoa jurídica, devidamente registrada no Ministério do Trabalho, responsável pela colocação de trabalhadores à disposição de outras empresas temporariamente.

Art. 4º-A. Considera-se prestação de serviços a terceiros a transferência feita pela contratante da execução de quaisquer de suas atividades, inclusive sua atividade principal, à pessoa jurídica de direito privado prestadora de serviços que possua capacidade econômica compatível com a sua execução.

§1º A empresa prestadora de serviços contrata, remunera e dirige o trabalho realizado por seus trabalhadores, ou subcontrata outras empresas para realização desses serviços.

§2º Não se configura vínculo empregatício entre os trabalhadores, ou sócios das empresas prestadoras de serviços, qualquer que seja o seu ramo, e a empresa contratante.

Art. 4º-B. São requisitos para o funcionamento da empresa de prestação de serviços a terceiros:

I – prova de inscrição no Cadastro Nacional da Pessoa Jurídica (CNPJ);

II – registro na Junta Comercial;

III – capital social compatível com o número de empregados, observando-se os seguintes parâmetros:

a) empresas com até dez empregados – capital mínimo de R$ 10.000,00 (dez mil reais);

b) empresas com mais de dez e até vinte empregados – capital mínimo de R$ 25.000,00 (vinte e cinco mil reais);

c) empresas com mais de vinte e até cinquenta empregados – capital mínimo de R$ 45.000,00 (quarenta e cinco mil reais);

d) empresas com mais de cinquenta e até cem empregados – capital mínimo de R$ 100.000,00 (cem mil reais); e

e) empresas com mais de cem empregados – capital mínimo de R$ 250.000,00 (duzentos e cinquenta mil reais).

Art. 4º-C. São asseguradas aos empregados da empresa prestadora de serviços a que se refere o art. 4º-A desta Lei, quando e enquanto os serviços, que podem ser de qualquer uma das atividades da contratante, forem executados nas dependências da tomadora, as mesmas condições:

I – relativas a:

a) alimentação garantida aos empregados da contratante, quando oferecida em refeitórios;

b) direito de utilizar os serviços de transporte;

c) atendimento médico ou ambulatorial existente nas dependências da contratante ou local por ela designado;

d) treinamento adequado, fornecido pela contratada, quando a atividade o exigir.

II – sanitárias, de medidas de proteção à saúde e de segurança no trabalho e de instalações adequadas à prestação do serviço.

§1º Contratante e contratada poderão estabelecer, se assim entenderem, que os empregados da contratada farão jus a salário equivalente ao pago aos empregados da contratante, além de outros direitos não previstos neste artigo.

§2º Nos contratos que impliquem mobilização de empregados da contratada em número igual ou superior a 20% (vinte por cento) dos empregados da contratante, esta poderá disponibilizar aos empregados da contratada os serviços de alimentação e atendimento ambulatorial em outros locais apropriados e com igual padrão de atendimento,

com vistas a manter o pleno funcionamento dos serviços existentes.

Art. 5º Empresa tomadora de serviços é a pessoa jurídica ou entidade a ela equiparada que celebra contrato de prestação de trabalho temporário com a empresa definida no art. 4º desta Lei.

Art. 5º-A. Contratante é a pessoa física ou jurídica que celebra contrato com empresa de prestação de serviços relacionados a quaisquer de suas atividades, inclusive sua atividade principal.

§1º É vedada à contratante a utilização dos trabalhadores em atividades distintas daquelas que foram objeto do contrato com a empresa prestadora de serviços.

§2º Os serviços contratados poderão ser executados nas instalações físicas da empresa contratante ou em outro local, de comum acordo entre as partes.

§3º É responsabilidade da contratante garantir as condições de segurança, higiene e salubridade dos trabalhadores, quando o trabalho for realizado em suas dependências ou local previamente convencionado em contrato.

§4º A contratante poderá estender ao trabalhador da empresa de prestação de serviços o mesmo atendimento médico, ambulatorial e de refeição destinado aos seus empregados, existente nas dependências da contratante, ou local por ela designado.

§5º A empresa contratante é subsidiariamente responsável pelas obrigações trabalhistas referentes ao período em que ocorrer a prestação de serviços, e o recolhimento das contribuições previdenciárias observará o disposto no art. 31 da Lei nº 8.212, de 24 de julho de 1991.

Art. 5º-B. O contrato de prestação de serviços conterá:

I – qualificação das partes;
II – especificação do serviço a ser prestado;
III – prazo para realização do serviço, quando for o caso;
IV – valor.

Art. 5º-C. Não pode figurar como contratada, nos termos do art. 4º-A desta Lei, a pessoa jurídica cujos titulares ou sócios tenham, nos últimos dezoito meses, prestado serviços à contratante na qualidade de empregado ou trabalhador sem vínculo empregatício, exceto se os referidos titulares ou sócios forem aposentados.

Art. 5º-D. O empregado que for demitido não poderá prestar serviços para esta mesma empresa na qualidade de empregado de empresa prestadora de serviços antes do decurso de prazo de dezoito meses, contados a partir da demissão do empregado.

Art. 6º São requisitos para funcionamento e registro da empresa de trabalho temporário no Ministério do Trabalho:

a) (revogada);
b) (revogada);
c) (revogada);
d) (revogada);
e) (revogada);
f) (revogada);
I – prova de inscrição no Cadastro Nacional da Pessoa Jurídica (CNPJ), do Ministério da Fazenda;
II – prova do competente registro na Junta Comercial da localidade em que tenha sede;
III – prova de possuir capital social de, no mínimo, R$ 100.000,00 (cem mil reais).

Parágrafo único. (Revogado).

Art. 7º – A empresa de trabalho temporário que estiver funcionando na data da vigência desta Lei terá o prazo de noventa dias para o atendimento das exigências contidas no artigo anterior.

Parágrafo único. A empresa infratora do presente artigo poderá ter o seu funcionamento suspenso, por ato do Diretor Geral do Departamento Nacional de Mão-de-Obra, cabendo recurso ao Ministro de Estado, no prazo de dez dias, a contar da publicação do ato no Diário Oficial da União.

Art. 8º – A empresa de trabalho temporário é obrigada a fornecer ao Departamento Nacional de Mão-de-Obra, quando solicitada, os elementos de informação julgados necessários ao estudo do mercado de trabalho.

Art. 9º O contrato celebrado pela empresa de trabalho temporário e a tomadora de serviços será por escrito, ficará à disposição da autoridade fiscalizadora no estabelecimento da tomadora de serviços e conterá:

I – qualificação das partes;
II – motivo justificador da demanda de trabalho temporário;
III – prazo da prestação de serviços;
IV – valor da prestação de serviços;
V – disposições sobre a segurança e a saúde do trabalhador, independentemente do local de realização do trabalho.

§1º É responsabilidade da empresa contratante garantir as condições de segurança, higiene e salubridade dos trabalhadores, quando o trabalho for realizado em suas dependências ou em local por ela designado.

§2º A contratante estenderá ao trabalhador da empresa de trabalho temporário o mesmo atendimento médico, ambulatorial e de refeição destinado aos seus empregados, existente nas dependências da contratante, ou local por ela designado.

§3º O contrato de trabalho temporário pode versar sobre o desenvolvimento de atividades-meio e atividades-fim a serem executadas na empresa tomadora de serviços.

Art. 10. Qualquer que seja o ramo da empresa tomadora de serviços, não existe vínculo de emprego entre ela e os trabalhadores contratados pelas empresas de trabalho temporário.

§1º O contrato de trabalho temporário, com relação ao mesmo empregador, não poderá exceder ao prazo de cento e oitenta dias, consecutivos ou não.

§2º O contrato poderá ser prorrogado por até noventa dias, consecutivos ou não, além do prazo estabelecido no §1º deste artigo, quando comprovada a manutenção das condições que o ensejaram.

§3º (VETADO).

§4º Não se aplica ao trabalhador temporário, contratado pela tomadora de serviços, o contrato de experiência previsto no parágrafo único do art. 445 da Consolidação das Leis do Trabalho (CLT), aprovada pelo Decreto-Lei nº 5.452, de 1o de maio de 1943.

§5º O trabalhador temporário que cumprir o período estipulado nos §§1º e 2º deste artigo somente poderá ser colocado à disposição da mesma tomadora de serviços em novo contrato temporário, após noventa dias do término do contrato anterior.

§6º A contratação anterior ao prazo previsto no §5º deste artigo caracteriza vínculo empregatício com a tomadora.

§7º A contratante é subsidiariamente responsável pelas obrigações trabalhistas referentes ao período em que ocorrer o trabalho temporário, e o recolhimento das contribuições previdenciárias observará o disposto no art. 31 da Lei nº 8.212, de 24 de julho de 1991.

Art. 11 – O contrato de trabalho celebrado entre empresa de trabalho temporário e cada um dos assalariados colocados à disposição de uma empresa tomadora ou cliente será, obrigatoriamente, escrito e dele deverão constar, expressamente, os direitos conferidos aos trabalhadores por esta Lei.

Parágrafo único. Será nula de pleno direito qualquer cláusula de reserva, proibindo a contratação do trabalhador pela empresa tomadora ou cliente ao fim do prazo em que tenha sido colocado à sua disposição pela empresa de trabalho temporário.

Art. 12 – Ficam assegurados ao trabalhador temporário os seguintes direitos:

a) remuneração equivalente à percebida pelos empregados de mesma categoria da empresa tomadora ou cliente calculados à base horária, garantida, em qualquer hipótese, a percepção do salário mínimo regional;

b) jornada de oito horas, remuneradas as horas extraordinárias não excedentes de duas, com acréscimo de 20% (vinte por cento);

c) férias proporcionais, nos termos do artigo 25 da Lei nº 5.107, de 13 de setembro de 1966;

d) repouso semanal remunerado;

e) adicional por trabalho noturno;

f) indenização por dispensa sem justa causa ou término normal do contrato, correspondente a 1/12 (um doze avos) do pagamento recebido;

g) seguro contra acidente do trabalho;

h) proteção previdenciária nos termos do disposto na Lei Orgânica da Previdência Social, com as alterações introduzidas pela Lei nº 5.890, de 8 de junho de 1973 (art. 5º, item III, letra "c" do Decreto nº 72.771, de 6 de setembro de 1973).

§1º – Registrar-se-á na Carteira de Trabalho e Previdência Social do trabalhador sua condição de temporário.

§2º – A empresa tomadora ou cliente é obrigada a comunicar à empresa de trabalho temporário a ocorrência de todo acidente cuja vítima seja um assalariado posto à sua disposição, considerando-se local de trabalho, para efeito da legislação específica, tanto aquele onde se efetua a prestação do trabalho, quanto a sede da empresa de trabalho temporário.

Art. 13 – Constituem justa causa para rescisão do contrato do trabalhador temporário os atos e circunstâncias mencionados nos artigos 482 e 483, da Consolidação das Leis do Trabalho, ocorrentes entre o trabalhador e a empresa de trabalho temporário ou entre aquele e a empresa cliente onde estiver prestando serviço.

Art. 14 – As empresas de trabalho temporário são obrigadas a fornecer às empresas tomadoras ou clientes, a seu pedido, comprovante da regularidade de sua situação com o Instituto Nacional de Previdência Social.

Art. 15 – A Fiscalização do Trabalho poderá exigir da empresa tomadora ou cliente a apresentação do contrato firmado com a empresa de trabalho temporário, e, desta última o contrato firmado com o trabalhador, bem como a comprovação do respectivo recolhimento das contribuições previdenciárias.

Art. 16 – No caso de falência da empresa de trabalho temporário, a empresa tomadora ou cliente é solidariamente responsável pelo recolhimento das contribuições previdenciárias, no tocante ao tempo em que o trabalhador esteve sob suas ordens, assim como em referência ao mesmo período, pela remuneração e indenização previstas nesta Lei.

Art. 17 – É defeso às empresas de prestação de serviço temporário a contratação de estrangeiros com visto provisório de permanência no País.

Art. 18 – É vedado à empresa do trabalho temporário cobrar do trabalhador qualquer importância, mesmo a título de mediação, podendo apenas efetuar os descontos previstos em Lei.

Parágrafo único. A infração deste artigo importa no cancelamento do registro para funcionamento da empresa de trabalho temporário, sem prejuízo das sanções administrativas e penais cabíveis.

Art. 19 – Competirá à Justiça do Trabalho dirimir os litígios entre as empresas de serviço temporário e seus trabalhadores.

Art. 19-A. O descumprimento do disposto nesta Lei sujeita a empresa infratora ao pagamento de multa.

Parágrafo único. A fiscalização, a autuação e o processo de imposição das multas reger-se-ão pelo Título VII da Consolidação das Leis do Trabalho (CLT), aprovada pelo Decreto-Lei nº 5.452, de 1º de maio de 1943.

Art. 19-B. O disposto nesta Lei não se aplica às empresas de vigilância e transporte de valores, permanecendo as respectivas relações de trabalho reguladas por legislação especial, e subsidiariamente pela Consolidação das Leis do Trabalho (CLT), aprovada pelo Decreto-Lei nº 5.452, de 1º de maio de 1943.

Art. 19-C. Os contratos em vigência, se as partes assim acordarem, poderão ser adequados aos termos desta Lei.

Art. 20 – Esta Lei entrará em vigor sessenta dias após sua publicação, revogadas as disposições em contrário.

Brasília, 3 de janeiro de 1974;
153º da Independência e 86º da República.

EMÍLIO G. MÉDICI
Alfredo Buzaid
Júlio Barata

LEI Nº 7.064, DE 6 DE DEZEMBRO DE 1982

Dispõe sobre a situação de trabalhadores contratados ou transferidos para prestar serviços no exterior.

O PRESIDENTE DA REPÚBLICA: Faço saber que o Congresso Nacional decreta e eu sanciono a seguinte Lei:

CAPÍTULO I – Introdução (Art. 1º)

Art. 1º Esta Lei regula a situação de trabalhadores contratados no Brasil ou transferidos por seus empregadores para prestar serviço no exterior.

Parágrafo único. Fica excluído do regime desta Lei o empregado designado para prestar serviços de natureza transitória, por período não superior a 90 (noventa) dias, desde que:

a) tenha ciência expressa dessa transitoriedade;

b) receba, além da passagem de ida e volta, diárias durante o período de trabalho no exterior, as quais, seja qual for o respectivo valor, não terão natureza salarial.

CAPÍTULO II – Da Transferência

Art. 2º – Para os efeitos desta Lei, considera-se transferido:

I – o empregado removido para o exterior, cujo contrato estava sendo executado no território brasileiro;

II – o empregado cedido à empresa sediada no estrangeiro, para trabalhar no exterior, desde que mantido o vínculo trabalhista com o empregador brasileiro;

III – o empregado contratado por empresa sediada no Brasil para trabalhar a seu serviço no exterior.

Art. 3º – A empresa responsável pelo contrato de trabalho do empregado transferido assegurar-lhe-á, independentemente da observância da legislação do local da execução dos serviços:

I – os direitos previstos nesta Lei;

II – a aplicação da legislação brasileira de proteção ao trabalho, naquilo que não for incompatível com o disposto nesta Lei, quando mais favorável do que a legislação territorial, no conjunto de normas e em relação a cada matéria.

Parágrafo único. Respeitadas as disposições especiais desta Lei, aplicar-se-á a legislação brasileira sobre Previdência Social, Fundo de Garantia por Tempo de Serviço – FGTS e Programa de Integração Social – PIS/PASEP.

Art. 4º – Mediante ajuste escrito, empregador e empregado fixarão os valores do salário-base e do adicional de transferência.

§1º – O salário-base ajustado na forma deste artigo fica sujeito aos reajustes e aumentos compulsórios previstos na legislação brasileira.

§2º – O valor do salário-base não poderá ser inferior ao mínimo estabelecido para a categoria profissional do empregado.

§3º – Os reajustes e aumentos compulsórios previstos no §1º incidirão exclusivamente sobre os valores ajustados em moeda nacional.

Art. 5º – O salário-base do contrato será obrigatoriamente estipulado em moeda nacional, mas a remuneração devida durante a transferência do empregado, computado o adicional de que trata o artigo anterior, poderá, no todo ou em parte, ser paga no exterior, em moeda estrangeira.

§1º – Por opção escrita do empregado, a parcela da remuneração a ser paga em moeda nacional poderá ser depositada em conta bancária.

§2º – É assegurada ao empregado, enquanto estiver prestando serviços no exterior, a conversão e remessa dos correspondentes valores para o local de trabalho, observado o disposto em regulamento.

Art. 6º – Após 2 (dois) anos de permanência no exterior, será facultado ao empregado gozar anualmente férias no Brasil, correndo por conta da empresa empregadora, ou para a qual tenha sido cedido, o custeio da viagem.

§1º – O custeio de que trata este artigo se estende ao cônjuge e aos demais dependentes do empregado com ele residentes.

§2º – O disposto neste artigo não se aplicará ao caso de retorno definitivo do empregado antes da época do gozo das férias.

Art. 7º – O retorno do empregado ao Brasil poderá ser determinado pela empresa quando:

I – não se tornar mais necessário ou conveniente o serviço do empregado no exterior;

II – der o empregado justa causa para a rescisão do contrato.

Parágrafo único. Fica assegurado ao empregado seu retorno ao Brasil, ao término do prazo da transferência ou, antes deste, na ocorrência das seguintes hipóteses:

a) após 3 (três) anos de trabalho contínuo;

b) para atender à necessidade grave de natureza familiar, devidamente comprovada;

c) por motivo de saúde, conforme recomendação constante de laudo médico;

d) quando der o empregador justa causa para a rescisão do contrato;

e) na hipótese prevista no inciso I deste artigo.

Art. 8º – Cabe à empresa o custeio do retorno do empregado.

Parágrafo único. Quando o retorno se verificar, por iniciativa do empregado, ou quando der justa causa para rescisão do contrato, ficará ele obrigado ao reembolso das respectivas despesas, ressalvados os casos previstos no parágrafo único do artigo anterior.

Art. 9º – O período de duração da transferência será computado no tempo de serviço do empregado para todos os efeitos da legislação brasileira, ainda que a lei local de prestação do serviço considere essa prestação como resultante de um contrato autônomo e determine a liquidação dos direitos oriundos da respectiva cessação.

§1º – Na hipótese de liquidação de direitos prevista neste artigo, a empresa empregadora fica autorizada a deduzir esse pagamento dos depósitos do FGTS em nome do empregado, existentes na conta vinculada de que trata o art. 2º da Lei nº 5.107, de 13 de setembro de 1966.

§2º – Se o saldo da conta a que se refere o parágrafo anterior não comportar a dedução ali mencionada, a diferença poderá ser novamente deduzida do saldo dessa conta quando da cessação, no Brasil, do respectivo contrato de trabalho.

§3º – As deduções acima mencionadas, relativamente ao pagamento em moeda estrangeira, serão calculadas mediante conversão em cruzeiros ao câmbio do dia em que se operar o pagamento.

§4º – O levantamento pelo empregador, decorrente da dedução acima prevista, dependerá de homologação judicial.

Art. 10 – O adicional de transferência, as prestações "in natura", bem como quaisquer outras vantagens a que fizer jus o empregado em função de sua permanência no exterior, não serão devidas após seu retorno ao Brasil.

Art. 11 – Durante a prestação de serviços no exterior não serão devidas, em relação aos empregados transferidos, as contribuições referentes a: Salário-Educação, Serviço Social da Indústria, Serviço Social do Comércio, Serviço Nacional de Aprendizagem Comercial, Serviço Nacional de Aprendizagem Industrial e Instituto Nacional de Colonização e de Reforma Agrária.

CAPÍTULO III – Da Contratação por Empresa Estrangeira

Art. 12 – A contratação de trabalhador, por empresa estrangeira, para trabalhar no exterior está condicionada à prévia autorização do Ministério do Trabalho.

Art. 13 – A autorização a que se refere o art. 12 somente poderá ser dada à empresa de cujo capital participe, em pelo menos 5% (cinco por cento) pessoa jurídica domiciliada no Brasil.

Art. 14 – Sem prejuízo da aplicação das leis do país da prestação dos serviços, no que respeita a direitos, vantagens e garantias trabalhistas e previdenciárias, a empresa estrangeira assegurará ao trabalhador os direitos a ele conferidos neste Capítulo.

Art. 15 – Correrão obrigatoriamente por conta da empresa estrangeira as despesas de viagem de ida e volta do trabalhador ao exterior, inclusive a dos dependentes com ele residentes.

Art. 16 – A permanência do trabalhador no exterior não poderá ser ajustada por período superior a 3 (três) anos, salvo quando for assegurado a ele e a seus dependentes o direito de gozar férias anuais no Brasil, com despesas de viagem pagas pela empresa estrangeira.

Art. 17 – A empresa estrangeira assegurará o retorno definitivo do trabalhador ao Brasil quando:

I – houver terminado o prazo de duração do contrato, ou for o mesmo rescindido;

II – por motivo de saúde do trabalhador, devidamente comprovado por laudo médico oficial que o recomende.

Art. 18 – A empresa estrangeira manterá no Brasil procurador bastante, com poderes especiais de representação, inclusive o de receber citação.

Art. 19 – A pessoa jurídica domiciliada no Brasil a que alude o art. 13 será solidariamente responsável com a empresa estrangeira por todas as obrigações decorrentes da contratação do trabalhador.

Art. 20 – O aliciamento de trabalhador domiciliado no Brasil, para trabalhar no exterior, fora do regime desta Lei, configurará o crime previsto no art. 206 do Código Penal Brasileiro.

CAPÍTULO IV – Disposições Comuns e Finais

Art. 21 – As empresas de que trata esta Lei farão, obrigatoriamente, seguro de vida e acidentes pessoais a favor do trabalhador, cobrindo o período a partir do embarque para o exterior, até o retorno ao Brasil.

Parágrafo único. O valor do seguro não poderá ser inferior a 12 (doze) vezes o valor da remuneração mensal do trabalhador.

Art. 22 – As empresas a que se refere esta Lei garantirão ao empregado, no local de trabalho no exterior ou próximo a ele, serviços gratuitos e adequados de assistência médica e social.

Art. 23 – Serão regulamentadas no prazo de 90 (noventa) dias as disposições dos artigos 5º, §2º; 9º, parágrafos 1º e 4º; e 12.

Art. 24 – Esta Lei entra em vigor na data de sua publicação, revogadas as disposições em contrário.

Brasília, 6 de dezembro de 1982;

161º da Independência e 94º da República.

JOÃO FIGUEIREDO
Murillo Macêdo

LEI Nº 7.418, DE 16 DE DEZEMBRO DE 1985

Institui o Vale-Transporte e dá outras providências.

O PRESIDENTE DA REPÚBLICA, faço saber que o Congresso Nacional decreta e eu sanciono a seguinte Lei:

Art. 1º Fica instituído o vale-transporte, (Vetado) que o empregador, pessoa física ou jurídica, antecipará ao empregado para utilização efetiva em despesas de deslocamento residência-trabalho e vice-versa, através do sistema de transporte coletivo público, urbano ou intermunicipal e/ou interestadual com características semelhantes aos urbanos, geridos diretamente ou mediante concessão ou permissão de linhas regulares e com tarifas fixadas pela autoridade competente, excluídos os serviços seletivos e os especiais.

Art. 2º – O Vale-Transporte, concedido nas condições e limites definidos, nesta Lei, no que se refere à contribuição do empregador:

a) não tem natureza salarial, nem se incorpora à remuneração para quaisquer efeitos;

b) não constitui base de incidência de contribuição previdenciária ou de Fundo de Garantia por Tempo de Serviço;

c) não se configura como rendimento tributável do trabalhador.

Art. 4º – A concessão do benefício ora instituído implica a aquisição pelo empregador dos Vales-Transporte necessários aos deslocamentos do trabalhador no percurso residência-trabalho e vice-versa, no serviço de transporte que melhor se adequar.

Parágrafo único – O empregador participará dos gastos de deslocamento do trabalhador com a ajuda de custo equivalente à parcela que exceder a 6% (seis por cento) de seu salário básico.

Art. 5º – A empresa operadora do sistema de transporte coletivo público fica obrigada a emitir e a comercializar o Vale-Transporte, ao preço da tarifa vigente, colocando-o à disposição dos empregadores em geral e assumindo os custos dessa obrigação, sem repassá-los para a tarifa dos serviços. (Renumerado do art . 6º, pela Lei 7.619, de 30.9.1987)

§1º Nas regiões metropolitanas, aglomerações urbanas e microrregiões, será instalado, pelo menos, um posto de vendas para cada grupo de cem mil habitantes na localidade, que comercializarão todos os tipos de Vale-Transporte.

§2º – Fica facultado à empresa operadora delegar a emissão e a comercialização do Vale-Trasporte, bem como consorciar-se em central de vendas, para efeito de cumprimento do disposto nesta Lei.

§3º – Para fins de cálculo do valor do Vale-Transporte, será adotada a tarifa integral do deslocamento do trabalhador, sem descontos, mesmo que previstos na legislação local.

Art. 6º – O poder concedente fixará as sanções a serem aplicadas à empresa operadora que comercializar o vale diretamente ou através de delegação, no caso de falta ou insuficiência de estoque de Vales-Transporte necessários ao atendimento da demanda e ao funcionamento do sistema.

Art. 7º – Ficam resguardados os direitos adquiridos do trabalhador, se superiores aos instituídos nesta Lei, vedada a cumulação de vantagens.

Art. 8º – Asseguram-se os benefícios desta Lei ao empregador que proporcionar, por meios próprios ou contratados, em veículos adequados ao transporte coletivo, o deslocamento integral de seus trabalhadores.

Art. 9 – Os Vales-Transporte anteriores perdem sua validade decorridos 30 (trinta) dias da data de reajuste tarifário.

Art. 10 – O Poder Executivo regulamentará a presente Lei no prazo de 45 (quarenta e cinco) dias.

Art. 11 – Esta Lei entra em vigor na data de sua publicação.

Art. 12 – Revogam-se as disposições em contrário.

Brasília, em 16 de dezembro de 1985;
164º da Independência e 97º da República.

JOSÉ SARNEY
Affonso Camargo

LEI Nº 7.701, DE 21 DE DEZEMBRO DE 1988

Dispõe sobre a especialização de Turmas dos Tribunais do Trabalho em processos coletivos e dá outras providências.

O PRESIDENTE DA REPÚBLICA, faço saber que o Congresso Nacional decreta e eu sanciono a seguinte Lei:

Art. 1º – O Tribunal Superior do Trabalho, nos processos de sua competência, será dividido em turmas e seções especializadas para a conciliação e julgamento de dissídios coletivos de natureza econômica ou jurídica e de dissídios individuais, respeitada a paridade da representação classista.

Parágrafo único. O Regimento Interno do Tribunal disporá sobre a constituição e o funcionamento de cada uma das seções especializadas do Tribunal Superior do Trabalho, bem como sobre o número, composição e funcionamento das respectivas Turmas do Tribunal. Caberá ao Presidente do Tribunal Superior do Trabalho presidir os atos de julgamento das seções especializadas, delas participando o Vice – Presidente e o Corregedor-Geral, este quando não estiver ausente em função corregedora.

Art. 2º – Compete à seção especializada em dissídios coletivos, ou seção normativa:

I – originariamente:

a) conciliar e julgar os dissídios coletivos que excedam a jurisdição dos Tribunais Regionais do Trabalho e estender ou rever suas próprias sentenças normativas, nos casos previstos em lei;

b) homologar as conciliações celebradas nos dissídios coletivos de que trata a alínea anterior;

c) julgar as ações rescisórias propostas contra suas sentenças normativas;

d) julgar os mandados de segurança contra os atos praticados pelo Presidente do Tribunal ou por qualquer dos Ministros integrantes da seção especializada em processo de dissídio coletivo; e

e) julgar os conflitos de competência entre Tribunais Regionais do Trabalho em processos de dissídio coletivo.

II – em última instância julgar:

a) os recursos ordinários interpostos contra as decisões proferidas pelos Tribunais Regionais do Trabalho em dissídios coletivos de natureza econômica ou jurídica;

b) os recursos ordinários interpostos contra as decisões proferidas pelos Tribunais Regionais do Trabalho em ações rescisórias e mandados de segurança pertinentes a dissídios coletivos;

c) os embargos infringentes interpostos contra decisão não unânime proferida em processo de dissídio coletivo de sua competência originária, salvo se a decisão atacada estiver em consonância com procedente jurisprudencial do Tribunal Superior do Trabalho ou da Súmula de sua jurisprudência predominante;

d) os embargos de declaração opostos aos seus acórdãos e os agravos regimentais pertinentes aos dissídios coletivos;

e) as suspeições argüidas contra o Presidente e demais Ministros que integram a seção, nos feitos pendentes de sua decisão; e

f) os agravos de instrumento interpostos contra despacho denegatório de recurso ordinário nos processos de sua competência.

Art. 3º – Compete à Seção de Dissídios Individuais julgar:

I – originariamente:

a) as ações rescisórias propostas contra decisões das Turmas do Tribunal Superior do Trabalho e suas próprias, inclusive as anteriores à especialização em seções; e

b) os mandados de segurança de sua competência originária, na forma da lei.

II – em única instância:

a) os agravos regimentais interpostos em dissídios individuais; e

b) os conflitos de competência entre Tribunais Regionais e aqueles que envolvem Juízes de Direito investidos da jurisdição trabalhista e Juntas de Conciliação e Julgamento em processos de dissídio individual.

III – em última instância:

a) os recursos ordinários interpostos contra decisões dos Tribunais Regionais em processos de dissídio individual de sua competência originária;

b) os embargos das decisões das Turmas que divergirem entre si, ou das decisões proferidas pela Seção de Dissídios Individuais;

c) os agravos regimentais de despachos denegatórios dos Presidentes das Turmas, em matéria de embargos, na forma estabelecida no Regimento Interno;

d) os embargos de declaração opostos aos seus acórdãos;

e) as suspeições argüidas contra o Presidente e demais Ministros que integram a seção, nos feitos pendentes de julgamento; e

f) os agravos de instrumento interpostos contra despacho denegatório de recurso ordinário em processo de sua competência.

Art. 4º – É da competência do Tribunal Pleno do Tribunal Superior do Trabalho:

a) a declaração de inconstitucionalidade ou não de lei ou de ato normativo do Poder Público;

b) aprovar os enunciados da Súmula da jurisprudência predominante em dissídios individuais;

c) julgar os incidentes de uniformização da jurisprudência em dissídios individuais;

d) aprovar os precedentes da jurisprudência predominante em dissídios coletivos;

e) aprovar as tabelas de custas e emolumentos, nos termos da lei; e

f) elaborar o Regimento Interno do Tribunal e exercer as atribuições administrativas previstas em lei ou na Constituição Federal.

Art. 5º – As Turmas do Tribunal Superior do Trabalho terão, cada uma, a seguinte competência:

a) julgar os recursos de revista interpostos de decisões dos Tribunais Regionais do Trabalho, nos casos previstos em lei;

b) julgar, em última instância, os agravos de instrumento dos despachos de Presidente de Tribunal Regional que denegarem seguimento a recurso de revista, explicitando em que efeito a revista deve ser processada, caso providos;

c) julgar, em última instância, os agravos regimentais; e

d) julgar os embargos de declaração opostos aos seus acórdãos.

Art. 6º – Os Tribunais Regionais do Trabalho que funcionarem divididos em Grupos de Turmas promoverão a especialização de um deles com a competência exclusiva para a conciliação e julgamento de dissídios coletivos, na forma prevista no "caput" do Art. 1º desta Lei.

Parágrafo único. O Regimento Interno disporá sobre a constituição e funcionamento do Grupo Normativo, bem como dos demais Grupos de Turmas de Tribunal Regional do Trabalho.

Art. 7º – Das decisões proferidas pelo Grupo Normativo dos Tribunais Regionais do Trabalho, caberá recurso ordinário para o Tribunal Superior do Trabalho.

§1º – O Juiz relator ou o redator designado disporá de 10 (dez) dias para redigir o acórdão.

§2º – Não publicado o acórdão nos 20 (vinte) dias subseqüentes ao julgamento, poderá qualquer dos litigantes ou o Ministério Público do Trabalho interpor recurso ordinário, fundado, apenas, na certidão de Julgamento, inclusive com pedido de efeito suspensivo, pagas as custas, se for o caso.

Publicado o acórdão, reabrir-se-á o prazo para o aditamento do recurso interposto.

§3º – Interposto o recurso na forma do parágrafo anterior, deverão os recorrentes comunicar o fato à Corregedoria-Geral, para as providências legais cabíveis.

§4º – Publicado o acórdão, quando as partes serão consideradas intimadas, seguir-se-á o procedimento recursal como previsto em lei, com a intimação pessoal do Ministério Público, por qualquer dos seus procuradores.

§5º – Formalizado o acordo pelas partes e homologado pelo Tribunal, não caberá qualquer recurso, salvo por parte do Ministério Público.

§6º – A sentença normativa poderá ser objeto de ação de cumprimento a partir do 20º (vigésimo) dia subseqüente ao do julgamento, fundada no acórdão ou na certidão de julgamento, salvo se concedido efeito suspensivo pelo Presidente do Tribunal Superior do Trabalho.

Art. 8 – O disposto no Art. 7º e respectivos parágrafos desta Lei aplica – se aos demais Tribunais Regionais do Trabalho não divididos em grupos de Turmas.

Art. 9º – O efeito suspensivo deferido pelo Presidente do Tribunal Superior do Trabalho terá eficácia pelo prazo improrrogável de 120 (cento e vinte) dias contados da publicação, salvo se o recurso ordinário for julgado antes do término do prazo.

Art. 10 – Nos dissídios coletivos de natureza econômica ou jurídica de competência originária ou recursal da seção normativa do Tribunal Superior do Trabalho, a sentença poderá ser objeto de ação de cumprimento com a publicação da certidão de julgamento.

Art. 11 – Nos processos de dissídio coletivo, o Ministério Público emitirá parecer escrito, ou protestará pelo pronunciamento oral, na audiência ou sessão de julgamento.

Art. 12 – O Art. 896 da Consolidação das Leis do Trabalho – CLT, aprovada pelo Decreto-Lei número 5.452, de 1º de maio de 1943, passa a ter a seguinte redação:

"Art. 896 – Cabe Recurso de Revista das decisões de última instância para o Tribunal Superior do Trabalho, quando:

a) derem ao mesmo dispositivo de lei federal interpretação diversa da que lhe houver dado o mesmo ou outro Tribunal Regional, através do Pleno ou de Turmas, ou a Seção de Dissídios Individuais do Tribunal Superior do Trabalho, salvo se a decisão recorrida estiver em consonância com enunciado da Súmula de Jurisprudência Uniforme do Tribunal Superior do Trabalho;

b) derem ao mesmo disposto de lei estadual, Convenção Coletiva de Trabalho, Acordo Coletivo, sentença normativa ou regulamento empresarial de observância obrigatória em área territorial que

exceda a jurisdição do Tribunal Regional prolator interpretação divergente, na forma da alínea a; e

c) proferidas com violação de literal dispositivo de lei federal, ou da Constituição da República.

§1º – O Recurso de Revista será apresentado no prazo de 8 (oito) dias ao Presidente do Tribunal recorrido, que poderá recebê-lo ou denegá-lo, fundamentando, em qualquer caso, o despacho.

§2º – Recebido o Recurso, a autoridade recorrida declarará o efeito em que o recebe, podendo a parte interessada requerer carta de sentença para a execução provisória, salvo se for dado efeito suspensivo ao Recurso.

§3º – Denegado seguimento ao Recurso, poderá o recorrente interpor Agravo de Instrumento no prazo de 8 (oito) dias para o Tribunal Superior do Trabalho.

§4º – Das decisões proferidas pelos Tribunais Regionais do Trabalho, ou por suas Turmas, em execução de sentença, inclusive em processo incidente de embargos de terceiro, não caberá o Recurso de Revista, salvo na hipótese de ofensa direta à Constituição Federal.

§5º – Estando a decisão recorrida em consonância com enunciado da Súmula da Jurisprudência do Tribunal Superior do Trabalho, poderá o Ministro Relator, indicando-o, negar seguimento ao Recurso de Revista, aos Embargos, ou ao Agravo de Instrumento. Será denegado seguimento ao Recurso nas hipóteses de intempestividade, deserção, falta de alçada e ilegitimidade da representação, cabendo a interposição de Agravo."

Art. 13 – O depósito recursal de que trata o Art. 899 e seus parágrafos da Consolidação das Leis do Trabalho fica limitado, no recurso ordinário, a 20 (vinte) vezes o valor de referência e, no de revista, a 40 (quarenta) vezes o referido valor de referência. Será considerado valor de referência aquele vigente à data da interposição do recurso, devendo ser complementado o valor total de 40 (quarenta) valores, no caso de revista.

Art. 14 – O Regimento Interno dos Tribunais Regionais do Trabalho deverá dispor sobre a súmula da respectiva jurisprudência predominante e sobre o incidente de uniformização, inclusive os pertinentes às leis estaduais e normas coletivas.

Art. 15 – Esta Lei entra em vigor na data de sua publicação.

Art. 16 – Revogam-se as disposições em contrário da Consolidação das Leis do Trabalho e da legislação especial.

Brasília, 21 de dezembro de 1988;
167º da Independência e 100º da República.

JOSÉ SARNEY
José Fernando Cirne Lima Eichenberg

LEI Nº 7.783, DE 28 DE JUNHO DE 1989

Dispõe sobre o exercício do direito de greve, define as atividades essenciais, regula o atendimento das necessidades inadiáveis da comunidade, e dá outras providências.

O PRESIDENTE DA REPÚBLICA, faço saber que o Congresso Nacional decreta e eu sanciono a seguinte Lei:

Art. 1º É assegurado o direito de greve, competindo aos trabalhadores decidir sobre a oportunidade de exercê-lo e sobre os interesses que devam por meio dele defender.

Parágrafo único. O direito de greve será exercido na forma estabelecida nesta Lei.

Art. 2º Para os fins desta Lei, considera-se legítimo exercício do direito de greve a suspensão coletiva, temporária e pacífica, total ou parcial, de prestação pessoal de serviços a empregador.

Art. 3º Frustrada a negociação ou verificada a impossibilidade de recursos via arbitral, é facultada a cessação coletiva do trabalho.

Parágrafo único. A entidade patronal correspondente ou os empregadores diretamente interessados serão notificados, com antecedência mínima de 48 (quarenta e oito) horas, da paralisação.

Art. 4º Caberá à entidade sindical correspondente convocar, na forma do seu estatuto, assembléia geral que definirá as reivindicações da categoria e deliberará sobre a paralisação coletiva da prestação de serviços.

§1º O estatuto da entidade sindical deverá prever as formalidades de convocação e o quorum para a deliberação, tanto da deflagração quanto da cessação da greve.

§2º Na falta de entidade sindical, a assembléia geral dos trabalhadores interessados deliberará para os fins previstos no "caput", constituindo comissão de negociação.

Art. 5º A entidade sindical ou comissão especialmente eleita representará os interesses dos trabalhadores nas negociações ou na Justiça do Trabalho.

Art. 6º São assegurados aos grevistas, dentre outros direitos:

I – o emprego de meios pacíficos tendentes a persuadir ou aliciar os trabalhadores a aderirem à greve;

II – a arrecadação de fundos e a livre divulgação do movimento.

§1º Em nenhuma hipótese, os meios adotados por empregados e empregadores poderão violar ou constranger os direitos e garantias fundamentais de outrem.

§2º É vedado às empresas adotar meios para constranger o empregado ao comparecimento ao trabalho, bem como capazes de frustrar a divulgação do movimento.

§3º As manifestações e atos de persuasão utilizados pelos grevistas não poderão impedir o acesso ao trabalho nem causar ameaça ou dano à propriedade ou pessoa.

Art. 7º Observadas as condições previstas nesta Lei, a participação em greve suspende o contrato de trabalho, devendo as relações obrigacionais, durante o período, ser regidas pelo acordo, convenção, laudo arbitral ou decisão da Justiça do Trabalho.

Parágrafo único. É vedada a rescisão de contrato de trabalho durante a greve, bem como a contratação de trabalhadores substitutos, exceto na ocorrência das hipóteses previstas nos arts. 9º e 14.

Art. 8º A Justiça do Trabalho, por iniciativa de qualquer das partes ou do Ministério Público do Trabalho, decidirá sobre a procedência, total ou parcial, ou improcedência das reivindicações, cumprindo ao Tribunal publicar, de imediato, o competente acórdão.

Art. 9º Durante a greve, o sindicato ou a comissão de negociação, mediante acordo com a entidade patronal ou diretamente com o empregador, manterá em atividade equipes de empregados com o propósito de assegurar os serviços cuja paralisação resultem em prejuízo irreparável, pela deterioração irreversível de bens, máquinas e equipamentos, bem como a manutenção daqueles essenciais à retomada das atividades da empresa quando da cessação do movimento.

Parágrafo único. Não havendo acordo, é assegurado ao empregador, enquanto perdurar a greve, o direito de contratar diretamente os serviços necessários a que se refere este artigo.

Art. 10 São considerados serviços ou atividades essenciais:

I – tratamento e abastecimento de água; produção e distribuição de energia elétrica, gás e combustíveis;

II – assistência médica e hospitalar;

III – distribuição e comercialização de medicamentos e alimentos;

IV – funerários;
V – transporte coletivo;
VI – captação e tratamento de esgoto e lixo;
VII – telecomunicações;
VIII – guarda, uso e controle de substâncias radioativas, equipamentos e materiais nucleares;
IX – processamento de dados ligados a serviços essenciais;
X – controle de tráfego aéreo;
XI compensação bancária.

Art. 11. Nos serviços ou atividades essenciais, os sindicatos, os empregadores e os trabalhadores ficam obrigados, de comum acordo, a garantir, durante a greve, a prestação dos serviços indispensáveis ao atendimento das necessidades inadiáveis da comunidade.

Parágrafo único. São necessidades inadiáveis, da comunidade aquelas que, não atendidas, coloquem em perigo iminente a sobrevivência, a saúde ou a segurança da população.

Art. 12. No caso de inobservância do disposto no artigo anterior, o Poder Público assegurará a prestação dos serviços indispensáveis.

Art. 13 Na greve, em serviços ou atividades essenciais, ficam as entidades sindicais ou os trabalhadores, conforme o caso, obrigados a comunicar a decisão aos empregadores e aos usuários com antecedência mínima de 72 (setenta e duas) horas da paralisação.

Art. 14 Constitui abuso do direito de greve a inobservância das normas contidas na presente Lei, bem como a manutenção da paralisação após a celebração de acordo, convenção ou decisão da Justiça do Trabalho.

Parágrafo único. Na vigência de acordo, convenção ou sentença normativa não constitui abuso do exercício do direito de greve a paralisação que:

I – tenha por objetivo exigir o cumprimento de cláusula ou condição;

II – seja motivada pela superveniência de fatos novo ou acontecimento imprevisto que modifique substancialmente a relação de trabalho.

Art. 15 A responsabilidade pelos atos praticados, ilícitos ou crimes cometidos, no curso da greve, será apurada, conforme o caso, segundo a legislação trabalhista, civil ou penal.

Parágrafo único. Deverá o Ministério Público, de ofício, requisitar a abertura do competente inquérito e oferecer denúncia quando houver indício da prática de delito.

Art. 16. Para os fins previstos no art. 37, inciso VII, da Constituição, lei complementar definirá os termos e os limites em que o direito de greve poderá ser exercido.

Art. 17. Fica vedada a paralisação das atividades, por iniciativa do empregador, com o objetivo de frustrar negociação ou dificultar o atendimento de reivindicações dos respectivos empregados (lockout).

Parágrafo único. A prática referida no caput assegura aos trabalhadores o direito à percepção dos salários durante o período de paralisação.

Art. 18. Ficam revogados a Lei nº 4.330, de 1º de junho de 1964, o Decreto-Lei nº 1.632, de 4 de agosto de 1978, e demais disposições em contrário.

Art. 19 Esta Lei entra em vigor na data de sua publicação.

Brasília, 28 de junho de 1989;
168º da Independência e 101º da República.

JOSÉ SARNEY
Oscar Dias Corrêa
Dorothea Werneck

LEI Nº 7.998, DE 11 DE JANEIRO DE 1990

Regula o Programa do Seguro-Desemprego, o Abono Salarial, institui o Fundo de Amparo ao Trabalhador (FAT), e dá outras providências.

O PRESIDENTE DA REPÚBLICA, faço saber que o Congresso Nacional decreta e eu sanciono a seguinte Lei:

Art. 1º Esta Lei regula o Programa do Seguro-Desemprego e o abono de que tratam o inciso II do art. 7º, o inciso IV do art. 201 e o art. 239, da Constituição Federal, bem como institui o Fundo de Amparo ao Trabalhador (FAT)

DO PROGRAMA DE SEGURO-DESEMPREGO

Art. 2º O programa do seguro-desemprego tem por finalidade:

I – prover assistência financeira temporária ao trabalhador desempregado em virtude de dispensa sem justa causa, inclusive a indireta, e ao trabalhador comprovadamente resgatado de regime de trabalho forçado ou da condição análoga à de escravo;

II – auxiliar os trabalhadores na busca ou preservação do emprego, promovendo, para tanto, ações integradas de orientação, recolocação e qualificação profissional.

Art. 2º-A. Para efeito do disposto no inciso II do art. 2º, fica instituída a bolsa de qualificação profissional, a ser custeada pelo Fundo de Amparo ao Trabalhador – FAT, à qual fará jus o trabalhador que estiver com o contrato de trabalho suspenso em virtude de participação em curso ou programa de qualificação profissional oferecido pelo empregador, em conformidade com o disposto em convenção ou acordo coletivo celebrado para este fim.

Art. 2º-C O trabalhador que vier a ser identificado como submetido a regime de trabalho forçado ou reduzido a condição análoga à de escravo, em decorrência de ação de fiscalização do Ministério do Trabalho e Emprego, será dessa situação resgatado e terá direito à percepção de três parcelas de seguro-desemprego no valor de um salário mínimo cada, conforme o disposto no §2º deste artigo.

§1º O trabalhador resgatado nos termos do **caput** deste artigo será encaminhado, pelo Ministério do Trabalho e Emprego, para qualificação profissional e recolocação no mercado de trabalho, por meio do Sistema Nacional de Emprego – SINE, na forma estabelecida pelo Conselho Deliberativo do Fundo de Amparo ao Trabalhador – CODEFAT.

§2º Caberá ao CODEFAT, por proposta do Ministro de Estado do Trabalho e Emprego, estabelecer os procedimentos necessários ao recebimento do benefício previsto no **caput** deste artigo, observados os respectivos limites de comprometimento dos recursos do FAT, ficando vedado ao mesmo trabalhador o recebimento do benefício, em circunstâncias similares, nos doze meses seguintes à percepção da última parcela.

Art. 3º Terá direito à percepção do seguro-desemprego o trabalhador dispensado sem justa causa que comprove:

I – ter recebido salários de pessoa jurídica ou de pessoa física a ela equiparada, relativos a:

a) pelo menos 12 (doze) meses nos últimos 18 (dezoito) meses imediatamente anteriores à data de dispensa, quando da primeira solicitação;

b) pelo menos 9 (nove) meses nos últimos 12 (doze) meses imediatamente anteriores à data de dispensa, quando da segunda solicitação; e

c) cada um dos 6 (seis) meses imediatamente anteriores à data da dispensa, quando das demais solicitações;

II – (Revogado);

III – não estar em gozo de qualquer benefício previdenciário de prestação continuada, previsto no Regulamento dos Benefícios da Previdência Social, excetuado o auxílio-acidente e o auxílio suplementar previstos na Lei nº 6.367, de 19 de outubro de 1976, bem como o abono de permanência em serviço previsto na Lei nº 5.890, de 8 de junho de 1973;

IV – não estar em gozo do auxílio-desemprego; e

V – não possuir renda própria de qualquer natureza suficiente à sua manutenção e de sua família.

VI – matrícula e frequência, quando aplicável, nos termos do regulamento, em curso de formação inicial e continuada ou de qualificação profissional habilitado pelo Ministério da Educação, nos termos do art. 18 da Lei nº 12.513, de 26 de outubro de 2011, ofertado por meio da Bolsa-Formação Trabalhador concedida no âmbito do Programa Nacional de Acesso ao Ensino Técnico e Emprego (Pronatec), instituído pela Lei nº12.513, de 26 de outubro de 2011, ou de vagas gratuitas na rede de educação profissional e tecnológica.

§1º A União poderá condicionar o recebimento da assistência financeira do Programa de Seguro-Desemprego à comprovação da matrícula e da

frequência do trabalhador segurado em curso de formação inicial e continuada ou qualificação profissional, com carga horária mínima de 160 (cento e sessenta) horas.

§2º O Poder Executivo regulamentará os critérios e requisitos para a concessão da assistência financeira do Programa de Seguro-Desemprego nos casos previstos no §1º, considerando a disponibilidade de bolsas-formação no âmbito do Pronatec ou de vagas gratuitas na rede de educação profissional e tecnológica para o cumprimento da condicionalidade pelos respectivos beneficiários.

§3º A oferta de bolsa para formação dos trabalhadores de que trata este artigo considerará, entre outros critérios, a capacidade de oferta, a reincidência no recebimento do benefício, o nível de escolaridade e a faixa etária do trabalhador.

§4º O registro como Microempreendedor Individual – MEI, de que trata o art. 18-A da Lei Complementar nº 123, de 14 de dezembro de 2006, não comprovará renda própria suficiente à manutenção da família, exceto se demonstrado na declaração anual simplificada da microempresa individual.

Art. 3º-A. A periodicidade, os valores, o cálculo do número de parcelas e os demais procedimentos operacionais de pagamento da bolsa de qualificação profissional, nos termos do art. 2º-A desta Lei, bem como os pré-requisitos para habilitação serão os mesmos adotados em relação ao benefício do Seguro-Desemprego, exceto quanto à dispensa sem justa causa.

Art. 4º O benefício do seguro-desemprego será concedido ao trabalhador desempregado, por período máximo variável de 3 (três) a 5 (cinco) meses, de forma contínua ou alternada, a cada período aquisitivo, contados da data de dispensa que deu origem à última habilitação, cuja duração será definida pelo Conselho Deliberativo do Fundo de Amparo ao Trabalhador (Codefat).

§1º O benefício do seguro-desemprego poderá ser retomado a cada novo período aquisitivo, satisfeitas as condições arroladas nos incisos I, III, IV e V do **caput** do art. 3º.

§2º A determinação do período máximo mencionado no **caput** observará a seguinte relação entre o número de parcelas mensais do benefício do seguro-desemprego e o tempo de serviço do trabalhador nos 36 (trinta e seis) meses que antecederem a data de dispensa que originou o requerimento do seguro-desemprego, vedado o cômputo de vínculos empregatícios utilizados em períodos aquisitivos anteriores:

I – para a primeira solicitação:

a) 4 (quatro) parcelas, se o trabalhador comprovar vínculo empregatício com pessoa jurídica ou pessoa física a ela equiparada de, no mínimo, 12 (doze) meses e, no máximo, 23 (vinte e três) meses, no período de referência; ou

b) 5 (cinco) parcelas, se o trabalhador comprovar vínculo empregatício com pessoa jurídica ou pessoa física a ela equiparada de, no mínimo, 24 (vinte e quatro) meses, no período de referência;

II – para a segunda solicitação:

a) 3 (três) parcelas, se o trabalhador comprovar vínculo empregatício com pessoa jurídica ou pessoa física a ela equiparada de, no mínimo, 9 (nove) meses e, no máximo, 11 (onze) meses, no período de referência;

b) 4 (quatro) parcelas, se o trabalhador comprovar vínculo empregatício com pessoa jurídica ou pessoa física a ela equiparada de, no mínimo, 12 (doze) meses e, no máximo, 23 (vinte e três) meses, no período de referência; ou

c) 5 (cinco) parcelas, se o trabalhador comprovar vínculo empregatício com pessoa jurídica ou pessoa física a ela equiparada de, no mínimo, 24 (vinte e quatro) meses, no período de referência;

III – a partir da terceira solicitação:

a) 3 (três) parcelas, se o trabalhador comprovar vínculo empregatício com pessoa jurídica ou pessoa física a ela equiparada de, no mínimo, 6 (seis) meses e, no máximo, 11 (onze) meses, no período de referência;

b) 4 (quatro) parcelas, se o trabalhador comprovar vínculo empregatício com pessoa jurídica ou pessoa física a ela equiparada de, no mínimo, 12 (doze) meses e, no máximo, 23 (vinte e três) meses, no período de referência; ou

c) 5 (cinco) parcelas, se o trabalhador comprovar vínculo empregatício com pessoa jurídica ou pessoa física a ela equiparada de, no mínimo, 24 (vinte e quatro) meses, no período de referência.

§3º A fração igual ou superior a 15 (quinze) dias de trabalho será havida como mês integral para os efeitos do §2º.

§4º Nos casos em que o cálculo da parcela do seguro-desemprego resultar em valores decimais, o valor a ser pago deverá ser arredondado para a unidade inteira imediatamente superior.

§5º O período máximo de que trata o **caput** poderá ser excepcionalmente prolongado por até 2 (dois) meses, para grupos específicos de segurados, a critério do Codefat, desde que o gasto adicional representado por esse prolongamento não ultrapasse, em cada semestre, 10% (dez por cento) do montante da reserva mínima de liquidez de que trata o §2º do art. 9º da Lei nº 8.019, de 11 de abril de 1990.

§6º Na hipótese de prolongamento do período máximo de percepção do benefício do seguro-desemprego, o Codefat observará, entre outras variáveis, a evolução geográfica e setorial das taxas de desemprego no País e o tempo médio de desemprego de grupos específicos de trabalhadores.

§7º O Codefat observará as estatísticas do mercado de trabalho, inclusive o tempo médio de permanência no emprego, por setor, e recomendará ao Ministro de Estado do Trabalho e Emprego a adoção de políticas públicas que julgar adequadas à mitigação da alta rotatividade no emprego.

Art. 4º-A. (VETADO).

Art. 5º O valor do benefício será fixado em Bônus do Tesouro Nacional (BTN), devendo ser calculado segundo 3 (três) faixas salariais, observados os seguintes critérios:

I – até 300 (trezentos) BTN, multiplicar-se-á o salário médio dos últimos 3 (três) meses pelo fator 0,8 (oito décimos);

II – de 300 (trezentos) a 500 (quinhentos) BTN aplicar-se-á, até o limite do inciso anterior, a regra nele contida e, no que exceder, o fator 0,5 (cinco décimos);

III – acima de 500 (quinhentos) BTN, o valor do benefício será igual a 340 (trezentos e quarenta) BTN.

§1º Para fins de apuração do benefício, será considerada a média dos salários dos últimos 3 (três) meses anteriores à dispensa, devidamente convertidos em BTN pelo valor vigente nos respectivos meses trabalhados.

§2º O valor do benefício não poderá ser inferior ao valor do salário mínimo.

§3º No pagamento dos benefícios, considerar-se-á:

I – o valor do BTN ou do salário mínimo do mês imediatamente anterior, para benefícios colocados à disposição do beneficiário até o dia 10 (dez) do mês;

II – o valor do BTN ou do salário mínimo do próprio mês, para benefícios colocados à disposição do beneficiário após o dia 10 (dez) do mês.

Art. 6º O seguro-desemprego é direito pessoal e intransferível do trabalhador, podendo ser requerido a partir do sétimo dia subseqüente à rescisão do contrato de trabalho.

Art. 7º O pagamento do benefício do seguro-desemprego será suspenso nas seguintes situações:

I – admissão do trabalhador em novo emprego;

II – início de percepção de benefício de prestação continuada da Previdência Social, exceto o auxílio-acidente, o auxílio suplementar e o abono de permanência em serviço;

III – início de percepção de auxílio-desemprego.

IV – recusa injustificada por parte do trabalhador desempregado em participar de ações de recolocação de emprego, conforme regulamentação do Codefat.

Art. 7º-A. O pagamento da bolsa de qualificação profissional será suspenso se ocorrer a rescisão do contrato de trabalho.

Art. 8º O benefício do seguro-desemprego será cancelado:

I – pela recusa por parte do trabalhador desempregado de outro emprego condizente com sua qualificação registrada ou declarada e com sua remuneração anterior;

II – por comprovação de falsidade na prestação das informações necessárias à habilitação;

III – por comprovação de fraude visando à percepção indevida do benefício do seguro-desemprego; ou

IV – por morte do segurado.

§1º Nos casos previstos nos incisos I a III deste artigo, será suspenso por um período de 2 (dois) anos, ressalvado o prazo de carência, o direito do trabalhador à percepção do seguro-desemprego, dobrando-se este período em caso de reincidência.

§2º O benefício poderá ser cancelado na hipótese de o beneficiário deixar de cumprir a condicionalidade de que trata o §1º do art. 3º desta Lei, na forma do regulamento.

Art. 8º-A. O benefício da bolsa de qualificação profissional será cancelado nas seguintes situações:

I – fim da suspensão contratual e retorno ao trabalho;

II – por comprovação de falsidade na prestação das informações necessárias à habilitação;

III – por comprovação de fraude visando à percepção indevida da bolsa de qualificação profissional;

IV – por morte do beneficiário.

Art. 8º-B. Na hipótese prevista no §5º do art. 476-A da Consolidação das Leis do Trabalho – CLT, as parcelas da bolsa de qualificação profissional que o empregado tiver recebido serão descontadas das parcelas do benefício do Seguro-Desemprego a que fizer jus, sendo-lhe garantido, no mínimo, o recebimento de uma parcela do Seguro-Desemprego.

Art. 8º-C. Para efeito de habilitação ao Seguro-Desemprego, desconsiderar-se-á o período de suspensão contratual de que trata o art. 476-A da CLT, para o cálculo dos períodos de que tratam os incisos I e II do art. 3º desta Lei.

DO ABONO SALARIAL

Art. 9º É assegurado o recebimento de abono salarial anual, no valor máximo de 1 (um) salário-mínimo vigente na data do respectivo pagamento, aos empregados que:

I – tenham percebido, de empregadores que contribuem para o Programa de Integração Social (PIS) ou para o Programa de Formação do Patrimônio do Servidor Público (Pasep), até 2 (dois) salários mínimos médios de remuneração mensal no período trabalhado e que tenham exercido atividade remunerada pelo menos durante 30 (trinta) dias no ano-base;

II – estejam cadastrados há pelo menos 5 (cinco) anos no Fundo de Participação PIS-Pasep ou no Cadastro Nacional do Trabalhador.

§1º No caso de beneficiários integrantes do Fundo de Participação PIS-Pasep, serão computados

no valor do abono salarial os rendimentos proporcionados pelas respectivas contas individuais.

§2º O valor do abono salarial anual de que trata o **caput** será calculado na proporção de 1/12 (um doze avos) do valor do salário-mínimo vigente na data do respectivo pagamento, multiplicado pelo número de meses trabalhados no ano correspondente.

§3º A fração igual ou superior a 15 (quinze) dias de trabalho será contada como mês integral para os efeitos do §2º deste artigo.

§4º O valor do abono salarial será emitido em unidades inteiras de moeda corrente, com a suplementação das partes decimais até a unidade inteira imediatamente superior.

Art. 9º-A. O abono será pago pelo Banco do Brasil S.A. e pela Caixa Econômica Federal mediante:

I – depósito em nome do trabalhador;

II – saque em espécie; ou

III – folha de salários.

§1º Ao Banco do Brasil S.A. caberá o pagamento aos servidores e empregados dos contribuintes mencionados no art. 14 do Decreto-Lei nº2.052, de 3 de agosto de 1983, e à Caixa Econômica Federal, aos empregados dos contribuintes a que se refere o art. 15 desse Decreto-Lei.

§2º As instituições financeiras pagadoras manterão em seu poder, à disposição das autoridades fazendárias, por processo que possibilite sua imediata recuperação, os comprovantes de pagamentos efetuados.

DO FUNDO DE AMPARO AO TRABALHADOR

Art. 10. É instituído o Fundo de Amparo ao Trabalhador (FAT), vinculado ao Ministério do Trabalho e Emprego, destinado ao custeio do Programa de Seguro-Desemprego, ao pagamento do abono salarial e ao financiamento de programas de educação profissional e tecnológica e de desenvolvimento econômico.

Parágrafo único. O FAT é um fundo contábil, de natureza financeira, subordinando-se, no que couber, à legislação vigente.

Art. 11. Constituem recursos do FAT:

I – o produto da arrecadação das contribuições devidas ao PIS e ao Pasep;

II – o produto dos encargos devidos pelos contribuintes, em decorrência da inobservância de suas obrigações;

III – a correção monetária e os juros devidos pelo agente aplicador dos recursos do fundo, bem como pelos agentes pagadores, incidentes sobre o saldo dos repasses recebidos;

IV – o produto da arrecadação da contribuição adicional pelo índice de rotatividade, de que trata o §4º do art. 239 da Constituição Federal.

V – outros recursos que lhe sejam destinados.

Art. 12. (Vetado).

Art. 13. (Vetado).

Art. 14. (Vetado).

Art. 15. Compete aos Bancos Oficiais Federais o pagamento das despesas relativas ao Programa do Seguro-Desemprego e ao abono salarial conforme normas a serem definidas pelos gestores do FAT.

Parágrafo único. Sobre o saldo de recursos não desembolsados, os agentes pagadores remunerarão o FAT, no mínimo com correção monetária.

GESTÃO

Art. 18. É instituído o Conselho Deliberativo do Fundo de Amparo ao Trabalhador – CODEFAT, composto por representação de trabalhadores, empregadores e órgãos e entidades governamentais, na forma estabelecida pelo Poder Executivo.

§3º Os representantes dos trabalhadores serão indicados pelas centrais sindicais e confederações de trabalhadores; e os representantes dos empregadores, pelas respectivas confederações.

§4º Compete ao Ministro do Trabalho a nomeação dos membros do Codefat.

§6º Pela atividade exercida no Codefat seus membros não serão remunerados.

Art. 19. Compete ao Codefat gerir o FAT e deliberar sobre as seguintes matérias:

I – (Vetado).

II – aprovar e acompanhar a execução do Plano de Trabalho Anual do Programa do Seguro-Desemprego e do abono salarial e os respectivos orçamentos;

III – deliberar sobre a prestação de conta e os relatórios de execução orçamentária e financeira do FAT;

IV – elaborar a proposta orçamentária do FAT, bem como suas alterações;

V – propor o aperfeiçoamento da legislação relativa ao seguro-desemprego e ao abono salarial e regulamentar os dispositivos desta Lei no âmbito de sua competência;

VI – decidir sobre sua própria organização, elaborando seu regimento interno;

VII – analisar relatórios do agente aplicador quanto à forma, prazo e natureza dos investimentos realizados;

VIII – fiscalizar a administração do fundo, podendo solicitar informações sobre contratos celebrados ou em vias de celebração e quaisquer outros atos;

IX – definir indexadores sucedâneos no caso de extinção ou alteração daqueles referidos nesta Lei;

X – baixar instruções necessárias à devolução de parcelas do benefício do seguro-desemprego, indevidamente recebidas;

XI – propor alteração das alíquotas referentes às contribuições a que alude o art. 239 da Constituição Federal, com vistas a assegurar a viabilidade econômico-financeira do FAT;

XII – (Vetado);

XIII – (Vetado);
XIV – fixar prazos para processamento e envio ao trabalhador da requisição do benefício do seguro-desemprego, em função das possibilidades técnicas existentes, estabelecendo-se como objetivo o prazo de 30 (trinta) dias;
XV – (Vetado);
XIV – (Vetado);
XVII – deliberar sobre outros assuntos de interesses do FAT.

Art. 19-A. O Codefat poderá priorizar projetos das entidades integrantes do Sistema Nacional de Atendimento Socioeducativo (Sinase) desde que:

I – o ente federado de vinculação da entidade que solicita o recurso possua o respectivo Plano de Atendimento Socioeducativo aprovado;

II – as entidades governamentais e não governamentais integrantes do Sinase que solicitem recursos tenham se submetido à avaliação nacional do atendimento socioeducativo.

Art. 20. A Secretaria-Executiva do Conselho Deliberativo será exercida pelo Ministério do Trabalho, e a ela caberão as tarefas técnico-administrativas relativas ao seguro-desemprego e abono salarial.

Art. 21. As despesas com a implantação, administração e operação do Programa do Seguro-Desemprego e do abono salarial, exceto as de pessoal, correrão por conta do FAT.

Art. 22. Os recursos do FAT integrarão o orçamento da seguridade social na forma da legislação pertinente.

DA FISCALIZAÇÃO E PENALIDADES

Art. 23. Compete ao Ministério do Trabalho a fiscalização do cumprimento do Programa de Seguro-Desemprego e do abono salarial.

Art. 24. Os trabalhadores e empregadores prestarão as informações necessárias, bem como atenderão às exigências para a concessão do seguro-desemprego e o pagamento do abono salarial, nos termos e prazos fixados pelo Ministério do Trabalho.

Art. 25. O empregador que infringir os dispositivos desta Lei estará sujeito a multas de 400 (quatrocentos) a 40.000 (quarenta mil) BTN, segundo a natureza da infração, sua extensão e intenção do infrator, a serem aplicadas em dobro, no caso de reincidência, oposição à fiscalização ou desacato à autoridade.

§1º Serão competentes para impor as penalidades as Delegacias Regionais do Trabalho, nos termos do Título VII da Consolidação das Leis do Trabalho (CLT).

§2º Além das penalidades administrativas já referidas, os responsáveis por meios fraudulentos na habilitação ou na percepção do seguro-desemprego serão punidos civil e criminalmente, nos termos desta Lei.

Art. 25-A. O trabalhador que infringir o disposto nesta Lei e houver percebido indevidamente parcela de seguro-desemprego sujeitar-se-á à compensação automática do débito com o novo benefício, na forma e no percentual definidos por resolução do Codefat.

§1º O ato administrativo de compensação automática poderá ser objeto de impugnação, no prazo de 10 (dez) dias, pelo trabalhador, por meio de requerimento de revisão simples, o qual seguirá o rito prescrito pela Lei nº 9.784, de 29 de janeiro de 1999.

§2º A restituição de valor devido pelo trabalhador de que trata o **caput** deste artigo será realizada mediante compensação do saldo de valores nas datas de liberação de cada parcela ou pagamento com Guia de Recolhimento da União (GRU), conforme regulamentação do Codefat.

DAS DISPOSIÇÕES FINAIS E TRANSITÓRIAS

Art. 26. (Vetado).

Art. 27. A primeira investidura do Codefat dar-se-á no prazo de 30 (trinta) dias da publicação desta Lei.

Art. 28. No prazo de trinta dias as contribuições ao PIS e ao Pasep, arrecadadas a partir de 5 de outubro de 1988 e não utilizadas nas finalidades previstas no art. 239 da Constituição Federal, serão recolhidas como receita do FAT.

Parágrafo único. (Vetado).

Art. 30. O Poder Executivo regulamentará esta Lei no prazo de 90 (noventa) dias e apresentará projeto lei regulamentando a contribuição adicional pelo índice de rotatividade, de que trata o §4º do art. 239 da Constituição Federal, no prazo de 180 (cento e oitenta) dias.

Art. 31. Esta Lei entra em vigor na data de sua publicação.

Art. 32. Revogam-se as disposições em contrário.
Brasília, 11 de janeiro de 1990;
169º da Independência e 102º da República.

JOSÉ SARNEY
Mailson Ferreira da Nóbrega
Dorothea Werneck
Jáder Fontenelle Barbalho

LEI Nº 8.036, DE 11 DE MAIO DE 1990

Dispõe sobre o Fundo de Garantia do Tempo de Serviço, e dá outras providências.

O PRESIDENTE DA REPÚBLICA, faço saber que o Congresso Nacional decreta e eu sanciono a seguinte lei:

Art. 1º O Fundo de Garantia do Tempo de Serviço (FGTS), instituído pela Lei nº 5.107, de 13 de setembro de 1966, passa a reger-se por esta lei.

Art. 2º O FGTS é constituído pelos saldos das contas vinculadas a que se refere esta lei e outros recursos a ele incorporados, devendo ser aplicados com atualização monetária e juros, de modo a assegurar a cobertura de suas obrigações.

§1º Constituem recursos incorporados ao FGTS, nos termos do *caput* deste artigo:

a) eventuais saldos apurados nos termos do art. 12, §4º;

b) dotações orçamentárias específicas;

c) resultados das aplicações dos recursos do FGTS;

d) multas, correção monetária e juros moratórios devidos;

e) demais receitas patrimoniais e financeiras.

§2º As contas vinculadas em nome dos trabalhadores são absolutamente impenhoráveis.

Art. 3º O FGTS será regido por normas e diretrizes estabelecidas por um Conselho Curador, composto por representação de trabalhadores, empregadores e órgãos e entidades governamentais, na forma estabelecida pelo Poder Executivo.

§1º A Presidência do Conselho Curador será exercida pelo representante do Ministério do Trabalho e da Previdência Social.

§3º Os representantes dos trabalhadores e dos empregadores e seus respectivos suplentes serão indicados pelas respectivas centrais sindicais e confederações nacionais e nomeados pelo Ministro do Trabalho e da Previdência Social, e terão mandato de 2 (dois) anos, podendo ser reconduzidos uma única vez.

§4º O Conselho Curador reunir-se-á ordinariamente, a cada bimestre, por convocação de seu Presidente. Esgotado esse período, não tendo ocorrido convocação, qualquer de seus membros poderá fazê-la, no prazo de 15 (quinze) dias. Havendo necessidade, qualquer membro poderá convocar reunião extraordinária, na forma que vier a ser regulamentada pelo Conselho Curador.

§5º As decisões do Conselho serão tomadas com a presença da maioria simples de seus membros, tendo o Presidente voto de qualidade.

§6º As despesas porventura exigidas para o comparecimento às reuniões do Conselho constituirão ônus das respectivas entidades representadas.

§7º As ausências ao trabalho dos representantes dos trabalhadores no Conselho Curador, decorrentes das atividades desse órgão, serão abonadas, computando-se como jornada efetivamente trabalhada para todos os fins e efeitos legais.

§8º Competirá ao Ministério do Trabalho e da Previdência Social proporcionar ao Conselho Curador os meios necessários ao exercício de sua competência, para o que contará com uma Secretaria Executiva do Conselho Curador do FGTS.

§9º Aos membros do Conselho Curador, enquanto representantes dos trabalhadores, efetivos e suplentes, é assegurada a estabilidade no emprego, da nomeação até um ano após o término do mandato de representação, somente podendo ser demitidos por motivo de falta grave, regularmente comprovada através de processo sindical.

Art. 4º A gestão da aplicação do FGTS será efetuada pelo Ministério da Ação Social, cabendo à Caixa Econômica Federal (CEF) o papel de agente operador.

Art. 5º Ao Conselho Curador do FGTS compete:

I – estabelecer as diretrizes e os programas de alocação de todos os recursos do FGTS, de acordo com os critérios definidos nesta lei, em consonância com a política nacional de desenvolvimento urbano e as políticas setoriais de habitação popular, saneamento básico e infra-estrutura urbana estabelecidas pelo Governo Federal;

II – acompanhar e avaliar a gestão econômica e financeira dos recursos, bem como os ganhos sociais e o desempenho dos programas aprovados;

III – apreciar e aprovar os programas anuais e plurianuais do FGTS;

IV – pronunciar-se sobre as contas do FGTS, antes do seu encaminhamento aos órgãos de controle interno para os fins legais;

V – adotar as providências cabíveis para a correção de atos e fatos do Ministério da Ação Social e da Caixa Econômica Federal, que prejudiquem o desempenho e o cumprimento das finalidades no que concerne aos recursos do FGTS;

VI – dirimir dúvidas quanto à aplicação das normas regulamentares, relativas ao FGTS, nas matérias de sua competência;

VII – aprovar seu regimento interno;

VIII – fixar as normas e valores de remuneração do agente operador e dos agentes financeiros;

IX – fixar critérios para parcelamento de recolhimentos em atraso;

X – fixar critério e valor de remuneração para o exercício da fiscalização;

XI – divulgar, no Diário Oficial da União, todas as decisões proferidas pelo Conselho, bem como as contas do FGTS e os respectivos pareceres emitidos.

XII – fixar critérios e condições para compensação entre créditos do empregador, decorrentes de depósitos relativos a trabalhadores não optantes, com contratos extintos, e débitos resultantes de competências em atraso, inclusive aqueles que forem objeto de composição de dívida com o FGTS.

XIII – em relação ao Fundo de Investimento do Fundo de Garantia do Tempo de Serviço – FI-FGTS:

a) aprovar a política de investimento do FI-FGTS por proposta do Comitê de Investimento;

b) decidir sobre o reinvestimento ou distribuição dos resultados positivos aos cotistas do FI-FGTS, em cada exercício;

c) definir a forma de deliberação, de funcionamento e a composição do Comitê de Investimento;

d) estabelecer o valor da remuneração da Caixa Econômica Federal pela administração e gestão do FI-FGTS, inclusive a taxa de risco;

e) definir a exposição máxima de risco dos investimentos do FI-FGTS;

f) estabelecer o limite máximo de participação dos recursos do FI-FGTS por setor, por empreendimento e por classe de ativo, observados os requisitos técnicos aplicáveis;

g) estabelecer o prazo mínimo de resgate das cotas e de retorno dos recursos à conta vinculada, observado o disposto no §19 do art. 20 desta Lei;

h) aprovar o regulamento do FI-FGTS, elaborado pela Caixa Econômica Federal; e

i) autorizar a integralização de cotas do FI-FGTS pelos trabalhadores, estabelecendo previamente os limites globais e individuais, parâmetros e condições de aplicação e resgate.

XIV – autorizar e definir as condições financeiras e contratuais a serem observadas na aplicação de recursos do FGTS em instrumentos de dívida emitidos pela Caixa Econômica Federal, observado o disposto em lei especial e em atos editados pelo Conselho Monetário Nacional.

Art. 6º Ao Ministério da Ação Social, na qualidade de gestor da aplicação do FGTS, compete:

I – praticar todos os atos necessários à gestão da aplicação do Fundo, de acordo com as diretrizes e programas estabelecidos pelo Conselho Curador;

II – expedir atos normativos relativos à alocação dos recursos para implementação dos programas aprovados pelo Conselho Curador;

III – elaborar orçamentos anuais e planos plurianuais de aplicação dos recursos, discriminando-os por Unidade da Federação, submetendo-os até 31 de julho ao Conselho Curador do Fundo;

IV – acompanhar a execução dos programas de habitação popular, saneamento básico e infra-estrutura urbana, decorrentes de aplicação de recursos do FGTS, implementados pela CEF;

V – submeter à apreciação do Conselho Curador as contas do FGTS;

VI – subsidiar o Conselho Curador com estudos técnicos necessários ao aprimoramento operacional dos programas de habitação popular, saneamento básico e infra-estrutura urbana;

VII – definir as metas a serem alcançadas nos programas de habitação popular, saneamento básico e infra-estrutura urbana.

Art. 7º À Caixa Econômica Federal, na qualidade de agente operador, cabe:

I – centralizar os recursos do FGTS, manter e controlar as contas vinculadas, e emitir regularmente os extratos individuais correspondentes às contas vinculadas e participar da rede arrecadadora dos recursos do FGTS;

II – expedir atos normativos referentes aos procedimentos adiministrativo-operacionais dos bancos depositários, dos agentes financeiros, dos empregadores e dos trabalhadores, integrantes do sistema do FGTS;

III – definir os procedimentos operacionais necessários à execução dos programas de habitação popular, saneamento básico e infra-estrutura urbana, estabelecidos pelo Conselho Curador com base nas normas e diretrizes de aplicação elaboradas pelo Ministério da Ação Social;

IV – elaborar as análises jurídica e econômico-financeira dos projetos de habitação popular, infra-estrutura urbana e saneamento básico a serem financiados com recursos do FGTS;

V – emitir Certificado de Regularidade do FGTS;

VI – elaborar as contas do FGTS, encaminhando-as ao Ministério da Ação Social;

VII – implementar os atos emanados do Ministério da Ação Social relativos à alocação e aplicação dos recursos do FGTS, de acordo com as diretrizes estabelecidas pelo Conselho Curador.

VIII – (VETADO)

IX – garantir aos recursos alocados ao FI-FGTS, em cotas de titularidade do FGTS, a remuneração aplicável às contas vinculadas, na forma do caput do art. 13 desta Lei.

Parágrafo único. O Ministério da Ação Social e a Caixa Econômica Federal deverão dar pleno cumprimento aos programas anuais em andamento, aprovados pelo Conselho Curador, sendo que

eventuais alterações somente poderão ser processadas mediante prévia anuência daquele colegiado.

Art. 8º O Ministério da Ação Social, a Caixa Econômica Federal e o Conselho Curador do FGTS serão responsáveis pelo fiel cumprimento e observância dos critérios estabelecidos nesta lei.

Art. 9º As aplicações com recursos do FGTS poderão ser realizadas diretamente pela Caixa Econômica Federal e pelos demais órgãos integrantes do Sistema Financeiro da Habitação – SFH, exclusivamente segundo critérios fixados pelo Conselho Curador do FGTS, em operações que preencham os seguintes requisitos:

I – Garantias:
a) hipotecária;
b) caução de Créditos hipotecários próprios, relativos a financiamentos concedidos com recursos do agente financeiro;
c) caução dos créditos hipotecários vinculados aos imóveis objeto de financiamento;
d) hipoteca sobre outros imóveis de propriedade do agente financeiro, desde que livres e desembaraçados de quaisquer ônus;
e) cessão de créditos do agente financeiro, derivados de financiamentos concedidos com recursos próprios, garantidos por penhor ou hipoteca;
f) hipoteca sobre imóvel de propriedade de terceiros;
g) seguro de crédito;
h) garantia real ou vinculação de receitas, inclusive tarifárias, nas aplicações contratadas com pessoa jurídica de direito público ou de direito privado a ela vinculada;
i) aval em nota promissória;
j) fiança pessoal;
l) alienação fiduciária de bens móveis em garantia;
m) fiança bancária;
n) outras, a critério do Conselho Curador do FGTS;

II – correção monetária igual à das contas vinculadas;

III – taxa de juros média mínima, por projeto, de 3 (três) por cento ao ano;

IV – prazo máximo de trinta anos.

§1º A rentabilidade média das aplicações deverá ser suficiente à cobertura de todos os custos incorridos pelo Fundo e ainda à formação de reserva técnica para o atendimento de gastos eventuais não previstos, sendo da Caixa Econômica Federal o risco de crédito.

§2º Os recursos do FGTS deverão ser aplicados em habitação, saneamento básico e infra-estrutura urbana. As disponibilidades financeiras devem ser mantidas em volume que satisfaça as condições de liquidez e remuneração mínima necessária à preservação do poder aquisitivo da moeda.

§3º O programa de aplicações deverá destinar, no mínimo, 60 (sessenta) por cento para investimentos em habitação popular.

§4º Os projetos de saneamento básico e infra-estrutura urbana, financiados com recursos do FGTS, deverão ser complementares aos programas habitacionais.

§5º As garantias, nas diversas modalidades discriminadas no inciso I do caput deste artigo, serão admitidas singular ou supletivamente, considerada a suficiência de cobertura para os empréstimos e financiamentos concedidos.

§6º Mantida a rentabilidade média de que trata o §1º, as aplicações em habitação popular poderão contemplar sistemática de desconto, direcionada em função da renda familiar do beneficiário, onde o valor do benefício seja concedido mediante redução no valor das prestações a serem pagas pelo mutuário ou pagamento de parte da aquisição ou construção de imóvel, dentre outras, a critério do Conselho Curador do FGTS.

§7º Os recursos necessários para a consecução da sistemática de desconto serão destacados, anualmente, do orçamento de aplicação de recursos do FGTS, constituindo reserva específica, com contabilização própria.

§8º É da União o risco de crédito nas aplicações efetuadas até 1º de junho de 2001 pelos demais órgãos integrantes do Sistema Financeiro da Habitação – SFH e pelas entidades credenciadas pelo Banco Central do Brasil como agentes financeiros, subrogando-se nas garantias prestadas à Caixa Econômica Federal.

Art. 10. O Conselho Curador fixará diretrizes e estabelecerá critérios técnicos para as aplicações dos recursos do FGTS, visando:

I – exigir a participação dos contratantes de financiamentos nos investimentos a serem realizados;

II – assegurar o cumprimento, por parte dos contratantes inadimplentes, das obrigações decorrentes dos financiamentos obtidos;

III – evitar distorções na aplicação entre as regiões do País, considerando para tanto a demanda habitacional, a população e outros indicadores sociais.

Art. 11. Os depósitos feitos na rede bancária, a partir de 1º de outubro de 1989, relativos ao FGTS, serão transferidos à Caixa Econômica Federal no segundo dia útil subseqüente à data em que tenham sido efetuados.

Art. 12. No prazo de um ano, a contar da promulgação desta lei, a Caixa Econômica Federal assumirá o controle de todas as contas vinculadas, nos termos do item I do art. 7º, passando os demais estabelecimentos bancários, findo esse prazo, à condição de agentes recebedores e pagadores do

FGTS, mediante recebimento de tarifa, a ser fixada pelo Conselho Curador.

§1º Enquanto não ocorrer a centralização prevista no *caput* deste artigo, o depósito efetuado no decorrer do mês será contabilizado no saldo da conta vinculada do trabalhador, no primeiro dia útil do mês subseqüente.

§2º Até que a Caixa Econômica Federal implemente as disposições do *caput* deste artigo, as contas vinculadas continuarão sendo abertas em estabelecimento bancário escolhido pelo empregador, dentre os para tanto autorizados pelo Banco Central do Brasil, em nome do trabalhador.

§3º Verificando-se mudança de emprego, até que venha a ser implementada a centralização no *caput* deste artigo, a conta vinculada será transferida para o estabelecimento bancário da escolha do novo empregador.

§4º Os resultados financeiros auferidos pela Caixa Econômica Federal no período entre o repasse dos bancos e o depósito nas contas vinculadas dos trabalhadores destinar-se-ão à cobertura das despesas de administração do FGTS e ao pagamento da tarifa aos bancos depositários, devendo os eventuais saldos ser incorporados ao patrimônio do Fundo nos termos do art. 2º, §1º.

§5º Após a centralização das contas vinculadas, na Caixa Econômica Federal, o depósito realizado no prazo regulamentar passa a integrar o saldo da conta vinculada do trabalhador a partir do dia 10 (dez) do mês de sua ocorrência. O depósito realizado fora do prazo será contabilizado no saldo no dia 10 (dez) subseqüente após atualização monetária e capitalização de juros.

Art. 13. Os depósitos efetuados nas contas vinculadas serão corrigidos monetariamente com base nos parâmetros fixados para atualização dos saldos dos depósitos de poupança e capitalização juros de (três) por cento ao ano.

§1º Até que ocorra a centralização prevista no item I do art. 7º, a atualização monetária e a capitalização de juros correrão à conta do Fundo e o respectivo crédito será efetuado na conta vinculada no primeiro dia útil de cada mês, com base no saldo existente no primeiro dia útil do mês anterior, deduzidos os saques ocorridos no período.

§2º Após a centralização das contas vinculadas, na Caixa Econômica Federal, a atualização monetária e a capitalização de juros correrão à conta do Fundo e o respectivo crédito será efetuado na conta vinculada, no dia 10 (dez) de cada mês, com base no saldo existente no dia 10 (dez) do mês anterior ou no primeiro dia útil subseqüente, caso o dia 10 (dez) seja feriado bancário, deduzidos os saques ocorridos no período.

§3º Para as contas vinculadas dos trabalhadores optantes existentes à data de 22 de setembro de 1971, a capitalização dos juros dos depósitos continuará a ser feita na seguinte progressão, salvo no caso de mudança de empresa, quando a capitalização dos juros passará a ser feita à taxa de 3 (três) por cento ao ano:

I – 3 (três) por cento, durante os dois primeiros anos de permanência na mesma empresa;

II – 4 (quatro) por cento, do terceiro ao quinto ano de permanência na mesma empresa;

III – 5 (cinco) por cento, do sexto ao décimo ano de permanência na mesma empresa;

IV – 6 (seis) por cento, a partir do décimo primeiro ano de permanência na mesma empresa.

§4º O saldo das contas vinculadas é garantido pelo Governo Federal, podendo ser instituído seguro especial para esse fim.

§5º O Conselho Curador autorizará a distribuição de parte do resultado positivo auferido pelo FGTS, mediante crédito nas contas vinculadas de titularidade dos trabalhadores, observadas as seguintes condições, entre outras a seu critério:

I – a distribuição alcançará todas as contas vinculadas que apresentarem saldo positivo em 31 de dezembro do exercício-base do resultado auferido, inclusive as contas vinculadas de que trata o art. 21 desta Lei;

II – a distribuição será proporcional ao saldo de cada conta vinculada em 31 de dezembro do exercício-base e deverá ocorrer até 31 de agosto do ano seguinte ao exercício de apuração do resultado; e

III – a distribuição do resultado auferido será de 50% (cinquenta por cento) do resultado do exercício.

§6º O valor de distribuição do resultado auferido será calculado posteriormente ao valor desembolsado com o desconto realizado no âmbito do Programa Minha Casa, Minha Vida (PMCMV), de que trata a Lei nº 11.977, de 7 de julho de 2009.

§7º O valor creditado nas contas vinculadas a título de distribuição de resultado, acrescido de juros e atualização monetária, não integrará a base de cálculo do depósito da multa rescisória de que tratam os §§1º e 2º do art. 18 desta Lei.

Art. 14. Fica ressalvado o direito adquirido dos trabalhadores que, à data da promulgação da Constituição Federal de 1988, já tinham o direito à estabilidade no emprego nos termos do Capítulo V do Título IV da CLT.

§1º O tempo do trabalhador não optante do FGTS, anterior a 5 de outubro de 1988, em caso de rescisão sem justa causa pelo empregador, reger-se-á pelos dispositivos constantes dos arts. 477, 478 e 497 da CLT.

§2º O tempo de serviço anterior à atual Constituição poderá ser transacionado entre empregador e empregado, respeitado o limite mínimo de 60 (sessenta) por cento da indenização prevista.

§3º É facultado ao empregador desobrigar-se da responsabilidade da indenização relativa ao tempo de serviço anterior à opção, depositando na conta

vinculada do trabalhador, até o último dia útil do mês previsto em lei para o pagamento de salário, o valor correspondente à indenização, aplicando-se ao depósito, no que couber, todas as disposições desta lei.

§4º Os trabalhadores poderão a qualquer momento optar pelo FGTS com efeito retroativo a 1º de janeiro de 1967 ou à data de sua admissão, quando posterior àquela.

Art. 15. Para os fins previstos nesta lei, todos os empregadores ficam obrigados a depositar, até o dia 7 (sete) de cada mês, em conta bancária vinculada, a importância correspondente a 8 (oito) por cento da remuneração paga ou devida, no mês anterior, a cada trabalhador, incluídas na remuneração as parcelas de que tratam os arts. 457 e 458 da CLT e a gratificação de Natal a que se refere a Lei nº 4.090, de 13 de julho de 1962, com as modificações da Lei nº 4.749, de 12 de agosto de 1965.

§1º Entende-se por empregador a pessoa física ou a pessoa jurídica de direito privado ou de direito público, da administração pública direta, indireta ou fundacional de qualquer dos Poderes, da União, dos Estados, do Distrito Federal e dos Municípios, que admitir trabalhadores a seu serviço, bem assim aquele que, regido por legislação especial, encontrar-se nessa condição ou figurar como fornecedor ou tomador de mão-de-obra, independente da responsabilidade solidária e/ou subsidiária a que eventualmente venha obrigar-se.

§2º Considera-se trabalhador toda pessoa física que prestar serviços a empregador, a locador ou tomador de mão-de-obra, excluídos os eventuais, os autônomos e os servidores públicos civis e militares sujeitos a regime jurídico próprio.

§3º Os trabalhadores domésticos poderão ter acesso ao regime do FGTS, na forma que vier a ser prevista em lei.

§4º Considera-se remuneração as retiradas de diretores não empregados, quando haja deliberação da empresa, garantindo-lhes os direitos decorrentes do contrato de trabalho de que trata o art. 16.

§5º O depósito de que trata o **caput** deste artigo é obrigatório nos casos de afastamento para prestação do serviço militar obrigatório e licença por acidente do trabalho.

§6º Não se incluem na remuneração, para os fins desta Lei, as parcelas elencadas no §9º do art. 28 da Lei nº 8.212, de 24 de julho de 1991.

§7º Os contratos de aprendizagem terão a alíquota a que se refere o caput deste artigo reduzida para dois por cento.

Art. 16. Para efeito desta lei, as empresas sujeitas ao regime da legislação trabalhista poderão equiparar seus diretores não empregados aos demais trabalhadores sujeitos ao regime do FGTS. Considera-se diretor aquele que exerça cargo de administração previsto em lei, estatuto ou contrato social, independente da denominação do cargo.

Art. 17. Os empregadores se obrigam a comunicar mensalmente aos trabalhadores os valores recolhidos ao FGTS e repassar-lhes todas as informações sobre suas contas vinculadas recebidas da Caixa Econômica Federal ou dos bancos depositários.

Art. 18. Ocorrendo rescisão do contrato de trabalho, por parte do empregador, ficará este obrigado a depositar na conta vinculada do trabalhador no FGTS os valores relativos aos depósitos referentes ao mês da rescisão e ao imediatamente anterior, que ainda não houver sido recolhido, sem prejuízo das cominações legais.

§1º Na hipótese de despedida pelo empregador sem justa causa, depositará este, na conta vinculada do trabalhador no FGTS, importância igual a quarenta por cento do montante de todos os depósitos realizados na conta vinculada durante a vigência do contrato de trabalho, atualizados monetariamente e acrescidos dos respectivos juros.

§2º Quando ocorrer despedida por culpa recíproca ou força maior, reconhecida pela Justiça do Trabalho, o percentual de que trata o §1º será de 20 (vinte) por cento.

§3º As importâncias de que trata este artigo deverão constar da documentação comprobatória do recolhimento dos valores devidos a título de rescisão do contrato de trabalho, observado o disposto no art. 477 da CLT, eximindo o empregador, exclusivamente, quanto aos valores discriminados.

Art. 19. No caso de extinção do contrato de trabalho prevista no art. 14 desta lei, serão observados os seguintes critérios:

I – havendo indenização a ser paga, o empregador, mediante comprovação do pagamento daquela, poderá sacar o saldo dos valores por ele depositados na conta individualizada do trabalhador;

II – não havendo indenização a ser paga, ou decorrido o prazo prescricional para a reclamação de direitos por parte do trabalhador, o empregador poderá levantar em seu favor o saldo da respectiva conta individualizada, mediante comprovação perante o órgão competente do Ministério do Trabalho e da Previdência Social.

Art. 19-A. É devido o depósito do FGTS na conta vinculada do trabalhador cujo contrato de trabalho seja declarado nulo nas hipóteses previstas no art. 37, §2º, da Constituição Federal, quando mantido o direito ao salário.

Parágrafo único. O saldo existente em conta vinculada, oriundo de contrato declarado nulo até 28 de julho de 2001, nas condições do **caput**, que não tenha sido levantado até essa data, será liberado ao trabalhador a partir do mês de agosto de 2002.

Art. 20. A conta vinculada do trabalhador no FGTS poderá ser movimentada nas seguintes situações:

I – despedida sem justa causa, inclusive a indireta, de culpa recíproca e de força maior;

I-A – extinção do contrato de trabalho prevista no art. 484-A da Consolidação das Leis do Trabalho (CLT), aprovada pelo Decreto – Lei nº 5.452, de 1º de maio de 1943;

II – extinção total da empresa, fechamento de quaisquer de seus estabelecimentos, filiais ou agências, supressão de parte de suas atividades, declaração de nulidade do contrato de trabalho nas condições do art. 19-A, ou ainda falecimento do empregador individual sempre que qualquer dessas ocorrências implique rescisão de contrato de trabalho, comprovada por declaração escrita da empresa, suprida, quando for o caso, por decisão judicial transitada em julgado;

III – aposentadoria concedida pela Previdência Social;

IV – falecimento do trabalhador, sendo o saldo pago a seus dependentes, para esse fim habilitados perante a Previdência Social, segundo o critério adotado para a concessão de pensões por morte. Na falta de dependentes, farão jus ao recebimento do saldo da conta vinculada os seus sucessores previstos na lei civil, indicados em alvará judicial, expedido a requerimento do interessado, independente de inventário ou arrolamento;

V – pagamento de parte das prestações decorrentes de financiamento habitacional concedido no âmbito do Sistema Financeiro da Habitação (SFH), desde que:

a) o mutuário conte com o mínimo de 3 (três) anos de trabalho sob o regime do FGTS, na mesma empresa ou em empresas diferentes;

b) o valor bloqueado seja utilizado, no mínimo, durante o prazo de 12 (doze) meses;

c) o valor do abatimento atinja, no máximo, 80 (oitenta) por cento do montante da prestação;

VI – liquidação ou amortização extraordinária do saldo devedor de financiamento imobiliário, observadas as condições estabelecidas pelo Conselho Curador, dentre elas a de que o financiamento seja concedido no âmbito do SFH e haja interstício mínimo de 2 (dois) anos para cada movimentação;

VII – pagamento total ou parcial do preço de aquisição de moradia própria, ou lote urbanizado de interesse social não construído, observadas as seguintes condições:

a) o mutuário deverá contar com o mínimo de 3 (três) anos de trabalho sob o regime do FGTS, na mesma empresa ou empresas diferentes;

b) seja a operação financiável nas condições vigentes para o SFH;

VIII – quando o trabalhador permanecer três anos ininterruptos, a partir de 1º de junho de 1990, fora do regime do FGTS, podendo o saque, neste caso, ser efetuado a partir do mês de aniversário do titular da conta.

IX – extinção normal do contrato a termo, inclusive o dos trabalhadores temporários regidos pela Lei nº 6.019, de 3 de janeiro de 1974;

X – suspensão total do trabalho avulso por período igual ou superior a 90 (noventa) dias, comprovada por declaração do sindicato representativo da categoria profissional.

XI – quando o trabalhador ou qualquer de seus dependentes for acometido de neoplasia maligna.

XII – aplicação em quotas de Fundos Mútuos de Privatização, regidos pela Lei nº 6.385, de 7 de dezembro de 1976, permitida a utilização máxima de 50 % (cinqüenta por cento) do saldo existente e disponível em sua conta vinculada do Fundo de Garantia do Tempo de Serviço, na data em que exercer a opção.

XIII – quando o trabalhador ou qualquer de seus dependentes for portador do vírus HIV;

XIV – quando o trabalhador ou qualquer de seus dependentes estiver em estágio terminal, em razão de doença grave, nos termos do regulamento;

XV – quando o trabalhador tiver idade igual ou superior a setenta anos.

XVI – necessidade pessoal, cuja urgência e gravidade decorra de desastre natural, conforme disposto em regulamento, observadas as seguintes condições:

a) o trabalhador deverá ser residente em áreas comprovadamente atingidas de Município ou do Distrito Federal em situação de emergência ou em estado de calamidade pública, formalmente reconhecidos pelo Governo Federal;

b) a solicitação de movimentação da conta vinculada será admitida até 90 (noventa) dias após a publicação do ato de reconhecimento, pelo Governo Federal, da situação de emergência ou de estado de calamidade pública; e

c) o valor máximo do saque da conta vinculada será definido na forma do regulamento.

XVII – integralização de cotas do FI-FGTS, respeitado o disposto na alínea i do inciso XIII do art. 5º desta Lei, permitida a utilização máxima de 30% (trinta por cento) do saldo existente e disponível na data em que exercer a opção.

XVIII – quando o trabalhador com deficiência, por prescrição, necessite adquirir órtese ou prótese para promoção de acessibilidade e de inclusão social.

XIX – pagamento total ou parcial do preço de aquisição de imóveis da União inscritos em regime de ocupação ou aforamento, a que se referem o art. 4º da Lei nº 13.240, de 30 de dezembro de 2015, e o art. 16-A da Lei nº 9.636, de 15 de maio de 1998, respectivamente, observadas as seguintes condições:

a) o mutuário deverá contar com o mínimo de três anos de trabalho sob o regime do FGTS, na mesma empresa ou em empresas diferentes;

b) seja a operação financiável nas condições vigentes para o Sistema Financeiro da Habitação (SFH) ou ainda por intermédio de parcelamento efetuado pela Secretaria do Patrimônio da União (SPU), mediante a contratação da Caixa Econômica Federal como agente financeiro dos contratos de parcelamento;

c) sejam observadas as demais regras e condições estabelecidas para uso do FGTS.

§1º A regulamentação das situações previstas nos incisos I e II assegurar que a retirada a que faz jus o trabalhador corresponda aos depósitos efetuados na conta vinculada durante o período de vigência do último contrato de trabalho, acrescida de juros e atualização monetária, deduzidos os saques.

§2º O Conselho Curador disciplinará o disposto no inciso V, visando beneficiar os trabalhadores de baixa renda e preservar o equilíbrio financeiro do FGTS.

§3º O direito de adquirir moradia com recursos do FGTS, pelo trabalhador, só poderá ser exercido para um único imóvel.

§4º O imóvel objeto de utilização do FGTS somente poderá ser objeto de outra transação com recursos do fundo, na forma que vier a ser regulamentada pelo Conselho Curador.

§5º O pagamento da retirada após o período previsto em regulamento, implicará atualização monetária dos valores devidos.

§6º Os recursos aplicados em cotas de fundos Mútuos de Privatização, referidos no inciso XII, serão destinados, nas condições aprovadas pelo CND, a aquisições de valores mobiliários, no âmbito do Programa Nacional de Desestatização, de que trata a Lei nº 9.491, de 1997, e de programas estaduais de desestatização, desde que, em ambos os casos, tais destinações sejam aprovadas pelo CND.

§7º Ressalvadas as alienações decorrentes das hipóteses de que trata o §8º, os valores mobiliários a que se refere o parágrafo anterior só poderão ser integralmente vendidos, pelos respectivos Fundos, seis meses após a sua aquisição, podendo ser alienada em prazo inferior parcela equivalente a 10% (dez por cento) do valor adquirido, autorizada a livre aplicação do produto dessa alienação, nos termos da Lei nº6.385, de 7 de dezembro de 1976.

§8º As aplicações em Fundos Mútuos de Privatização e no FI-FGTS são nominativas, impenhoráveis e, salvo as hipóteses previstas nos incisos I a XI e XIII a XVI do caput deste artigo, indisponíveis por seus titulares.

§9º Decorrido o prazo mínimo de doze meses, contados da efetiva transferência das quotas para os Fundos Mútuos de Privatização, os titulares poderão optar pelo retorno para sua conta vinculada no Fundo de Garantia do Tempo de Serviço.

§10. A cada período de seis meses, os titulares das aplicações em Fundos Mútuos de Privatização poderão transferi-las para outro fundo de mesma natureza.

§11. O montante das aplicações de que trata o §6º deste artigo ficará limitado ao valor dos créditos contra o Tesouro Nacional de que seja titular o Fundo de Garantia do Tempo de Serviço.

§12. Desde que preservada a participação individual dos quotistas, será permitida a constituição de clubes de investimento, visando a aplicação em quotas de Fundos Mútuos de Privatização.

§13. A garantia a que alude o §4º do art. 13 desta Lei não compreende as aplicações a que se referem os incisos XII e XVII do caput deste artigo.

§14. Ficam isentos do imposto de renda:

I – a parcela dos ganhos nos Fundos Mútuos de Privatização até o limite da remuneração das contas vinculadas de que trata o art. 13 desta Lei, no mesmo período; e

II – os ganhos do FI-FGTS e do Fundo de Investimento em Cotas – FIC, de que trata o §19 deste artigo.

§15. A transferência de recursos da conta do titular no Fundo de Garantia do Tempo de Serviço em razão da aquisição de ações, nos termos do inciso XII do caput deste artigo, ou de cotas do FI-FGTS não afetará a base de cálculo da multa rescisória de que tratam os §§1º e 2º do art. 18 desta Lei.

§16. Os clubes de investimento a que se refere o §12 poderão resgatar, durante os seis primeiros meses da sua constituição, parcela equivalente a 5% (cinco por cento) das cotas adquiridas, para atendimento de seus desembolsos, autorizada a livre aplicação do produto dessa venda, nos termos da Lei nº 6.385, de 7 de dezembro de 1976.

§17. Fica vedada a movimentação da conta vinculada do FGTS nas modalidades previstas nos incisos V, VI e VII deste artigo, nas operações firmadas, a partir de 25 de junho de 1998, no caso em que o adquirente já seja proprietário ou promitente comprador de imóvel localizado no Município onde resida, bem como no caso em que o adquirente já detenha, em qualquer parte do País, pelo menos um financiamento nas condições do SFH.

§18. É indispensável o comparecimento pessoal do titular da conta vinculada para o pagamento da retirada nas hipóteses previstas nos incisos I, II, III, VIII, IX e X deste artigo, salvo em caso de grave moléstia comprovada por perícia médica, quando será paga a procurador especialmente constituído para esse fim.

§19. A integralização das cotas previstas no inciso XVII do caput deste artigo será realizada por meio de Fundo de Investimento em Cotas

– FIC, constituído pela Caixa Econômica Federal especificamente para essa finalidade.

§20. A Comissão de Valores Mobiliários estabelecerá os requisitos para a integralização das cotas referidas no §19 deste artigo, devendo condicioná-la pelo menos ao atendimento das seguintes exigências:

I – elaboração e entrega de prospecto ao trabalhador; e

II – declaração por escrito, individual e específica, pelo trabalhador de sua ciência quanto aos riscos do investimento que está realizando.

§21. As movimentações autorizadas nos incisos V e VI do caput serão estendidas aos contratos de participação de grupo de consórcio para aquisição de imóvel residencial, cujo bem já tenha sido adquirido pelo consorciado, na forma a ser regulamentada pelo Conselho Curador do FGTS.

§22. Na movimentação das contas vinculadas a contrato de trabalho extinto até 31 de dezembro de 2015, ficam isentas as exigências de que trata o inciso VIII do caput deste artigo, podendo o saque, nesta hipótese, ser efetuado segundo cronograma de atendimento estabelecido pelo agente operador do FGTS.

Art. 21. Os saldos das contas não individualizadas e das contas vinculadas que se conservem ininterruptamente sem créditos de depósitos por mais de cinco anos, a partir de 1º de junho de 1990, em razão de o seu titular ter estado fora do regime do FGTS, serão incorporados ao patrimônio do fundo, resguardado o direito do beneficiário reclamar, a qualquer tempo, a reposição do valor transferido.

Parágrafo único. O valor, quando reclamado, será pago ao trabalhador acrescido da remuneração prevista no §2º do art. 13 desta lei.

Art. 22. O empregador que não realizar os depósitos previstos nesta Lei, no prazo fixado no art. 15, responderá pela incidência da Taxa Referencial – TR sobre a importância correspondente.

§1º Sobre o valor dos depósitos, acrescido da TR, incidirão, ainda, juros de mora de 0,5% a.m. (cinco décimos por cento ao mês) ou fração e multa, sujeitando-se, também, às obrigações e sanções previstas no Decreto-Lei nº 368, de 19 de dezembro de 1968.

§2º A incidência da TR de que trata o *caput* deste artigo será cobrada por dia de atraso, tomando-se por base o índice de atualização das contas vinculadas do FGTS.

§2º-A. A multa referida no §1º deste artigo será cobrada nas condições que se seguem:

I – 5% (cinco por cento) no mês de vencimento da obrigação;

II – 10% (dez por cento) a partir do mês seguinte ao do vencimento da obrigação.

§3º Para efeito de levantamento de débito para com o FGTS, o percentual de 8% (oito por cento) incidirá sobre o valor acrescido da TR até a data da respectiva operação.

Art. 23. Competirá ao Ministério do Trabalho e da Previdência Social a verificação, em nome da Caixa Econômica Federal, do cumprimento do disposto nesta lei, especialmente quanto à apuração dos débitos e das infrações praticadas pelos empregadores ou tomadores de serviço, notificando-os para efetuarem e comprovarem os depósitos correspondentes e cumprirem as demais determinações legais, podendo, para tanto, contar com o concurso de outros órgãos do Governo Federal, na forma que vier a ser regulamentada.

§1º Constituem infrações para efeito desta lei:

I – não depositar mensalmente o percentual referente ao FGTS, bem como os valores previstos no art. 18 desta Lei, nos prazos de que trata o §6º do art. 477 da Consolidação das Leis do Trabalho – CLT;

II – omitir as informações sobre a conta vinculada do trabalhador;

III – apresentar as informações ao Cadastro Nacional do Trabalhador, dos trabalhadores beneficiários, com erros ou omissões;

IV – deixar de computar, para efeito de cálculo dos depósitos do FGTS, parcela componente da remuneração;

V – deixar de efetuar os depósitos e os acréscimos legais, após notificado pela fiscalização.

§2º Pela infração do disposto no §1º deste artigo, o infrator estará sujeito às seguintes multas por trabalhador prejudicado:

a) de 2 (dois) a 5 (cinco) BTN, no caso dos incisos II e III;

b) de 10 (dez) a 100 (cem) BTN, no caso dos incisos I, IV e V.

§3º Nos casos de fraude, simulação, artifício, ardil, resistência, embaraço ou desacato à fiscalização, assim como na reincidência, a multa especificada no parágrafo anterior será duplicada, sem prejuízo das demais cominações legais.

§4º Os valores das multas, quando não recolhidas no prazo legal, serão atualizados monetariamente até a data de seu efetivo pagamento, através de sua conversão pelo BTN Fiscal.

§5º O processo de fiscalização, de autuação e de imposição de multas reger-se-á pelo disposto no Título VII da CLT, respeitado o privilégio do FGTS à prescrição trintenária.

§6º Quando julgado procedente o recurso interposto na forma do Título VII da CLT, os depósitos efetuados para garantia de instância serão restituídos com os valores atualizados na forma de lei.

§7º A rede arrecadadora e a Caixa Econômica Federal deverão prestar ao Ministério do Trabalho e da Previdência Social as informações necessárias à fiscalização.

Art. 24. Por descumprimento ou inobservância de quaisquer das obrigações que lhe compete como

agente arrecadador, pagador e mantenedor do cadastro de contas vinculadas, na forma que vier a ser regulamentada pelo Conselho Curador, fica o banco depositário sujeito ao pagamento de multa equivalente a 10 (dez) por cento do montante da conta do empregado, independentemente das demais cominações legais.

Art. 25. Poderá o próprio trabalhador, seus dependentes e sucessores, ou ainda o Sindicato a que estiver vinculado, acionar diretamente a empresa por intermédio da Justiça do Trabalho, para compeli-la a efetuar o depósito das importâncias devidas nos termos desta lei.

Parágrafo único. A Caixa Econômica Federal e o Ministério do Trabalho e da Previdência Social deverão ser notificados da propositura da reclamação.

Art. 26. É competente a Justiça do Trabalho para julgar os dissídios entre os trabalhadores e os empregadores decorrentes da aplicação desta lei, mesmo quando a Caixa Econômica Federal e o Ministério do Trabalho e da Previdência Social figurarem como litisconsortes.

Parágrafo único. Nas reclamatórias trabalhistas que objetivam o ressarcimento de parcelas relativas ao FGTS, ou que, direta ou indiretamente, impliquem essa obrigação de fazer, o juiz determinará que a empresa sucumbente proceda ao recolhimento imediato das importâncias devidas a tal título.

Art. 27. A apresentação do Certificado de Regularidade do FGTS, fornecido pela Caixa Econômica Federal, é obrigatória nas seguintes situações:

a) habilitação e licitação promovida por órgão da Administração Federal, Estadual e Municipal, direta, indireta ou fundacional ou por entidade controlada direta ou indiretamente pela União, Estado e Município;

b) obtenção, por parte da União, Estados e Municípios, ou por órgãos da Administração Federal, Estadual e Municipal, direta, indireta, ou fundacional, ou indiretamente pela União, Estados ou Municípios, de empréstimos ou financiamentos junto a quaisquer entidades financeiras oficiais;

c) obtenção de favores creditícios, isenções, subsídios, auxílios, outorga ou concessão de serviços ou quaisquer outros benefícios concedidos por órgão da Administração Federal, Estadual e Municipal, salvo quando destinados a saldar débitos para com o FGTS;

d) transferência de domicílio para o exterior;

e) registro ou arquivamento, nos órgãos competentes, de alteração ou distrato de contrato social, de estatuto, ou de qualquer documento que implique modificação na estrutura jurídica do empregador ou na sua extinção.

Art. 28. São isentos de tributos federais os atos e operações necessários à aplicação desta lei, quando praticados pela Caixa Econômica Federal, pelos trabalhadores e seus dependentes ou sucessores, pelos empregadores e pelos estabelecimentos bancários.

Parágrafo único. Aplica-se o disposto neste artigo às importâncias devidas, nos termos desta lei, aos trabalhadores e seus dependentes ou sucessores.

Art. 29. Os depósitos em conta vinculada, efetuados nos termos desta lei, constituirão despesas dedutíveis do lucro operacional dos empregadores e as importâncias levantadas a seu favor implicarão receita tributável.

Art. 29-A. Quaisquer créditos relativos à correção dos saldos das contas vinculadas do FGTS serão liquidados mediante lançamento pelo agente operador na respectiva conta do trabalhador.

Art. 29-B. Não será cabível medida liminar em mandado de segurança, no procedimento cautelar ou em quaisquer outras ações de natureza cautelar ou preventiva, nem a tutela antecipada prevista nos arts. 273 e 461 do Código de Processo Civil que impliquem saque ou movimentação da conta vinculada do trabalhador no FGTS.

Art. 29-C. Nas ações entre o FGTS e os titulares de contas vinculadas, bem como naquelas em que figurem os respectivos representantes ou substitutos processuais, não haverá condenação em honorários advocatícios.

Art. 29-D. A penhora em dinheiro, na execução fundada em título judicial em que se determine crédito complementar de saldo de conta vinculada do FGTS, será feita mediante depósito de recursos do Fundo em conta vinculada em nome do exeqüente, à disposição do juízo.

Parágrafo único. O valor do depósito só poderá ser movimentado, após liberação judicial, nas hipóteses previstas no art. 20 ou para reversão ao Fundo.

Art. 30. Fica reduzida para 1 1/2 (um e meio) por cento a contribuição devida pelas empresas ao Serviço Social do Comércio e ao Serviço Social da Indústria e dispensadas estas entidades da subscrição compulsória a que alude o art. 21 da Lei nº 4.380, de 21 de agosto de 1964.

Art. 31. O Poder Executivo expedirá o Regulamento desta lei no prazo de 60 (sessenta) dias a contar da data de sua promulgação.

Art. 32. Esta lei entra em vigor na data de sua publicação, revogada a Lei nº 7.839, de 12 de outubro de 1989, e as demais disposições em contrário.

Brasília, 11 de maio de 1990;

169º da Independência e 102º da República.

FERNANDO COLLOR
Zélia M. Cardoso de Mello
Antonio Magri
Margarida Procópio

LEI Nº 8.073, DE 30 DE JULHO DE 1990

Estabelece a Política Nacional de Salários e dá outras providências.

O PRESIDENTE DA REPÚBLICA, faço saber que o Congresso Nacional decreta e eu sanciono a seguinte lei:

Art. 1º (Vetado).

Art. 2º (Vetado).

Art. 3º As entidades sindicais poderão atuar como substitutos processuais dos integrantes da categoria.

Parágrafo único. (Vetado).

Art. 4º Esta lei entra em vigor na data de sua publicação.

Art. 5º Revogam-se as disposições em contrário.

Brasília, 30 de julho de 1990;

169º da Independência e 102º da República.

FERNANDO COLLOR
Zélia M. Cardoso de Mello
Antônio Magri

LEI Nº 9.601, DE 21 DE JANEIRO DE 1998

Dispõe sobre o contrato de trabalho por prazo determinado e dá outras providências.

O PRESIDENTE DA REPÚBLICA Faço saber que o Congresso Nacional decreta e eu sanciono a seguinte Lei:

Art. 1º As convenções e os acordos coletivos de trabalho poderão instituir contrato de trabalho por prazo determinado, de que trata o art. 443 da Consolidação das Leis do Trabalho – CLT, independentemente das condições estabelecidas em seu §2º, em qualquer atividade desenvolvida pela empresa ou estabelecimento, para admissões que representem acréscimo no número de empregados.

§1º As partes estabelecerão, na convenção ou acordo coletivo referido neste artigo:

I – a indenização para as hipóteses de rescisão antecipada do contrato de que trata este artigo, por iniciativa do empregador ou do empregado, não se aplicando o disposto nos arts. 479 e 480 da CLT;

II – as multas pelo descumprimento de suas cláusulas.

§2º Não se aplica ao contrato de trabalho previsto neste artigo o disposto no art. 451 da CLT.

§3º (VETADO)

§4º São garantidas as estabilidades provisórias da gestante; do dirigente sindical, ainda que suplente; do empregado eleito para cargo de direção de comissões internas de prevenção de acidentes; do empregado acidentado, nos termos do art 118 da Lei nº 8.213, de 24 de julho de 1991, durante a vigência do contrato por prazo determinado, que não poderá ser rescindido antes do prazo estipulado pelas partes.

Art. 2º Para os contratos previstos no art. 1º, são reduzidas, por sessenta meses, a contar da data de publicação desta Lei: (

I – a cinqüenta por cento de seu valor vigente em 1º de janeiro de 1996, as alíquotas das contribuições sociais destinadas ao Serviço Social da Indústria – SESI, Serviço Social do Comércio – SESC, Serviço Social do Transporte – SEST, Serviço Nacional de Aprendizagem Industrial – SENAI, Serviço Nacional de Aprendizagem Comercial – SENAC, Serviço Nacional de Aprendizagem do Transporte – SENAT, Serviço Brasileiro de Apoio às Micro e Pequenas Empresas – SEBRAE e Instituto Nacional de Colonização e Reforma Agrária – INCRA, bem como ao salário educação e para o financiamento do seguro de acidente do trabalho;

II – para dois por cento, a alíquota da contribuição para o Fundo de Garantia do Tempo de Serviço – FGTS, de que trata a Lei nº 8.036, de 11 de maio de 1990.

Parágrafo único. As partes estabelecerão, na convenção ou acordo coletivo, obrigação de o empregador efetuar, sem prejuízo do disposto no inciso II deste artigo, depósitos mensais vinculados, a favor do empregado, em estabelecimento bancário, com periodicidade determinada de saque.

Art. 3º O número de empregados contratados nos termos do art. 1º desta Lei observará o limite estabelecido no instrumento decorrente da negociação coletiva, não podendo ultrapassar os seguintes percentuais, que serão aplicados cumulativamente:

I – cinqüenta por cento do número de trabalhadores, para a parcela inferior a cinqüenta empregados;

II – trinta e cinco por cento do número de trabalhadores, para a parcela entre cinqüenta e cento e noventa e nove empregados; e

III – vinte por cento do número de trabalhadores, para a parcela acima de duzentos empregados.

Parágrafo único. As parcelas referidas nos incisos deste artigo serão calculadas sobre a média aritmética mensal do número de empregados contratados por prazo indeterminado do estabelecimento, nos seis meses imediatamente anteriores ao da data de publicação desta Lei.

Art. 4º As reduções previstas no art. 2º serão asseguradas desde que, no momento da contratação:

I – o empregador esteja adimplente junto ao Instituto Nacional do Seguro Social – INSS e ao Fundo de Garantia do Tempo de Serviço – FGTS;

II – o contrato de trabalho por prazo determinado e a relação mencionada no §3º deste artigo tenham sido depositados no Ministério do Trabalho.

§1º As reduções referidas neste artigo subsistirão enquanto:

I – o quadro de empregados e a respectiva folha salarial, da empresa ou estabelecimento, forem superiores às respectivas médias mensais dos seis meses imediatamente anteriores ao da data de publicação desta Lei; e

II – o número de empregados contratados por prazo indeterminado for, no mínino, igual à média referida no parágrafo único do art. 3º.

§2º O Ministério do Trabalho tomará disponíveis ao INSS e ao Agente Operador do FGTS as informações constantes da convenção ou acordo coletivo de que trata o art. 1º e do contrato de trabalho depositado, necessárias ao controle do recolhimento das contribuições mencionadas, respectivamente, nos incisos I e II do art. 2º desta Lei.

§3º O empregador deverá afixar, no quadro de avisos da empresa, cópias do instrumento normativo mencionado no art. 1º e da relação dos contratados, que conterá, dentre outras informações, o nome do empregado, número da Carteira de Trabalho e Previdência Social, o número de inscrição do trabalhador no Programa de Integração Social – PIS e as datas de início e de término do contrato por prazo determinado.

§4º O Ministro do Trabalho disporá sobre as variáveis a serem consideradas e a metodologia de cálculo das médias aritméticas mensais de que trata o §1º deste artigo.

Art. 5º As empresas que, a partir da data de publicação desta Lei, aumentarem seu quadro de pessoal em relação à média mensal do número de empregos no período de referência mencionado no artigo anterior terão preferência na obtenção de recursos no âmbito dos programas executados pelos estabelecimentos federais de crédito, especialmente junto ao Banco Nacional de Desenvolvimento Econômico e Social – BNDES.

Art. 6º O art. 59 da Consolidação das Leis do Trabalho – CLT passa a vigorar com a seguinte redação:

"Art. 59. ...

§2º Poderá ser dispensado o acréscimo de salário se, por força de acordo ou convenção coletiva de trabalho, o excesso de horas em um dia for compensado pela correspondente diminuição em outro dia, de maneira que não exceda, no período máximo de cento e vinte dias, à soma das jornadas semanais de trabalho previstas, nem seja ultrapassado o limite máximo de dez horas diárias.

§3º Na hipótese de rescisão do contrato de trabalho sem que tenha havido a compensação integral da jornada extraordinária, na forma do parágrafo anterior, fará o trabalhador jus ao pagamento das horas extras não compensadas, calculadas sobre o valor da remuneração na data da rescisão."

Art. 7º O descumprimento, pelo empregador, do disposto nos arts. 3º e 4º desta Lei sujeita-o a multa de quinhentas Unidades Fiscais de Referência – UFIR, por trabalhador contratado nos moldes do art. 1º, que se constituirá receita adicional do Fundo de Amparo ao Trabalhador – FAT, de que trata a Lei nº 7.998, de 11 de janeiro de 1990.

Art. 8º O Poder Executivo regulamentará esta Lei no prazo de trinta dias, contado a partir da data de sua publicação.

Art. 9º Esta Lei entra em vigor na data de sua publicação.

Art. 10. Revogam-se as disposições em contrário.

Brasília, 21 de janeiro de 1998;

177º da Independência e 110º da República.

FERNANDO HENRIQUE CARDOSO
Paulo Paiva

LEI Nº 9.608, DE 18 DE FEVEREIRO DE 1998

Dispõe sobre o serviço voluntário e dá outras providências.

O PRESIDENTE DA REPÚBLICA Faço saber que o Congresso Nacional decreta e eu sanciono a seguinte Lei:

Art. 1º Considera-se serviço voluntário, para os fins desta Lei, a atividade não remunerada prestada por pessoa física a entidade pública de qualquer natureza ou a instituição privada de fins não lucrativos que tenha objetivos cívicos, culturais, educacionais, científicos, recreativos ou de assistência à pessoa.

Parágrafo único. O serviço voluntário não gera vínculo empregatício, nem obrigação de natureza trabalhista previdenciária ou afim.

Art. 2º O serviço voluntário será exercido mediante a celebração de termo de adesão entre a entidade, pública ou privada, e o prestador do serviço voluntário, dele devendo constar o objeto e as condições de seu exercício.

Art. 3º O prestador do serviço voluntário poderá ser ressarcido pelas despesas que comprovadamente realizar no desempenho das atividades voluntárias.

Parágrafo único. As despesas a serem ressarcidas deverão estar expressamente autorizadas pela entidade a que for prestado o serviço voluntário.

Art. 4º Esta Lei entra em vigor na data de sua publicação.

Art. 5º Revogam-se as disposições em contrário.

Brasília, 18 de fevereiro de 1998;
177º da Independência e 110º da República.

FERNANDO HENRIQUE CARDOSO
Paulo Paiva

LEI Nº 12.440, DE 7 DE JULHO DE 2011

Acrescenta Título VII-A à Consolidação das Leis do Trabalho (CLT), aprovada pelo Decreto-Lei nº 5.452, de 1º de maio de 1943, para instituir a Certidão Negativa de Débitos Trabalhistas, e altera a Lei nº 8.666, de 21 de junho de 1993.

A PRESIDENTA DA REPÚBLICA Faço saber que o Congresso Nacional decreta e eu sanciono a seguinte Lei:

Art. 1º A Consolidação das Leis do Trabalho (CLT), aprovada pelo Decreto-Lei nº 5.452, de 1º de maio de 1943, passa a vigorar acrescida do seguinte Título VII-A:

"TÍTULO VII-A
DA PROVA DE INEXISTÊNCIA DE DÉBITOS TRABALHISTAS

Art. 642-A. É instituída a Certidão Negativa de Débitos Trabalhistas (CNDT), expedida gratuita e eletronicamente, para comprovar a inexistência de débitos inadimplidos perante a Justiça do Trabalho.

§1º O interessado não obterá a certidão quando em seu nome constar:

I – o inadimplemento de obrigações estabelecidas em sentença condenatória transitada em julgado proferida pela Justiça do Trabalho ou em acordos judiciais trabalhistas, inclusive no concernente aos recolhimentos previdenciários, a honorários, a custas, a emolumentos ou a recolhimentos determinados em lei; ou

II – o inadimplemento de obrigações decorrentes de execução de acordos firmados perante o Ministério Público do Trabalho ou Comissão de Conciliação Prévia.

§2º Verificada a existência de débitos garantidos por penhora suficiente ou com exigibilidade suspensa, será expedida Certidão Positiva de Débitos Trabalhistas em nome do interessado com os mesmos efeitos da CNDT.

§3º A CNDT certificará a empresa em relação a todos os seus estabelecimentos, agências e filiais.

§4º O prazo de validade da CNDT é de 180 (cento e oitenta) dias, contado da data de sua emissão."

Art. 2º O inciso IV do art. 27 da Lei nº 8.666, de 21 de junho de 1993, passa a vigorar com a seguinte redação:

"Art. 27. ..

IV – regularidade fiscal e trabalhista;
.." (NR)

Art. 3º O art. 29 da Lei nº 8.666, de 21 de junho de 1993, passa a vigorar com a seguinte redação:

"Art. 29. A documentação relativa à regularidade fiscal e trabalhista, conforme o caso, consistirá em:
..

V – prova de inexistência de débitos inadimplidos perante a Justiça do Trabalho, mediante a apresentação de certidão negativa, nos termos do Título VII-A da Consolidação das Leis do Trabalho, aprovada pelo Decreto-Lei nº 5.452, de 1º de maio de 1943." (NR)

Art. 4º Esta Lei entra em vigor 180 (cento e oitenta) dias após a data de sua publicação.

Brasília, 7 de julho de 2011;
190º da Independência e 123º da República.

DILMA ROUSSEFF
José Eduardo Cardozo
Carlos Lupi

LEI Nº 12.470, DE 31 DE AGOSTO DE 2011

Altera os arts. 21 e 24 da Lei nº 8.212, de 24 de julho de 1991, que dispõe sobre o Plano de Custeio da Previdência Social, para estabelecer alíquota diferenciada de contribuição para o microempreendedor individual e do segurado facultativo sem renda própria que se dedique exclusivamente ao trabalho doméstico no âmbito de sua residência, desde que pertencente a família de baixa renda; altera os arts. 16, 72 e 77 da Lei nº 8.213, de 24 de julho de 1991, que dispõe sobre o Plano de Benefícios da Previdência Social, para incluir o filho ou o irmão que tenha deficiência intelectual ou mental como dependente e determinar o pagamento do salário-maternidade devido à empregada do microempreendedor individual diretamente pela Previdência Social; altera os arts. 20 e 21 e acrescenta o art. 21-A à Lei nº8.742, de 7 de dezembro de 1993 – Lei Orgânica de Assistência Social, para alterar regras do benefício de prestação continuada da pessoa com deficiência; e acrescenta os §§4º e 5º ao art. 968 da Lei nº 10.406, de 10 de janeiro de 2002 – Código Civil, para estabelecer trâmite especial e simplificado para o processo de abertura, registro, alteração e baixa do microempreendedor individual.

A PRESIDENTA DA REPÚBLICA Faço saber que o Congresso Nacional decreta e eu sanciono a seguinte Lei:

Art. 1º Os arts. 21 e 24 da Lei nº 8.212, de 24 de julho de 1991, passam a vigorar com as seguintes alterações:

"Art. 21. ..

§2º No caso de opção pela exclusão do direito ao benefício de aposentadoria por tempo de contribuição, a alíquota de contribuição incidente sobre o limite mínimo mensal do salário de contribuição será de:

I – 11% (onze por cento), no caso do segurado contribuinte individual, ressalvado o disposto no inciso II, que trabalhe por conta própria, sem relação de trabalho com empresa ou equiparado e do segurado facultativo, observado o disposto na alínea b do inciso II deste parágrafo;

II – 5% (cinco por cento):

a) no caso do microempreendedor individual, de que trata o art. 18-A da Lei Complementar nº 123, de 14 de dezembro de 2006; e

b) do segurado facultativo sem renda própria que se dedique exclusivamente ao trabalho doméstico no âmbito de sua residência, desde que pertencente a família de baixa renda.

§3º O segurado que tenha contribuído na forma do §2º deste artigo e pretenda contar o tempo de contribuição correspondente para fins de obtenção da aposentadoria por tempo de contribuição ou da contagem recíproca do tempo de contribuição a que se refere o art. 94 da Lei nº 8.213, de 24 de julho de 1991, deverá complementar a contribuição mensal mediante recolhimento, sobre o valor correspondente ao limite mínimo mensal do salário-de-contribuição em vigor na competência a ser complementada, da diferença entre o percentual pago e o de 20% (vinte por cento), acrescido dos juros moratórios de que trata o §3º do art. 5º da Lei nº 9.430, de 27 de dezembro de 1996.

§4º Considera-se de baixa renda, para os fins do disposto na alínea b do inciso II do §2º deste artigo, a família inscrita no Cadastro Único para Programas Sociais do Governo Federal – CadÚnico cuja renda mensal seja de até 2 (dois) salários mínimos." (NR)

"Art. 24. ..

Parágrafo único. Presentes os elementos da relação de emprego doméstico, o empregador doméstico não poderá contratar microempreendedor individual de que trata o art. 18-A da Lei Complementar nº 123, de 14 de dezembro de 2006, sob pena de ficar sujeito a todas as obrigações dela decorrentes, inclusive trabalhistas, tributárias e previdenciárias." (NR)

Art. 2º Os arts. 16, 72 e 77 da Lei nº 8.213, de 24 de julho de 1991, passam a vigorar com as seguintes alterações:

"Art. 16. ..

I – o cônjuge, a companheira, o companheiro e o filho não emancipado, de qualquer condição, menor de 21 (vinte e um) anos ou inválido ou que tenha deficiência intelectual ou mental que o torne absoluta ou relativamente incapaz, assim declarado judicialmente;

..

III – o irmão não emancipado, de qualquer condição, menor de 21 (vinte e um) anos ou inválido ou que tenha deficiência intelectual ou mental que o torne absoluta ou relativamente incapaz, assim declarado judicialmente;

.." (NR)

"Art. 72. ..

§3º O salário-maternidade devido à trabalhadora avulsa e à empregada do microempreendedor individual de que trata o art. 18-A da Lei Complementar

nº 123, de 14 de dezembro de 2006, será pago diretamente pela Previdência Social." (NR)

"Art. 77. ..

§2º ..

II – para o filho, a pessoa a ele equiparada ou o irmão, de ambos os sexos, pela emancipação ou ao completar 21 (vinte e um) anos de idade, salvo se for inválido ou com deficiência intelectual ou mental que o torne absoluta ou relativamente incapaz, assim declarado judicialmente;

III – para o pensionista inválido pela cessação da invalidez e para o pensionista com deficiência intelectual ou mental, pelo levantamento da interdição.

..

§4º A parte individual da pensão do dependente com deficiência intelectual ou mental que o torne absoluta ou relativamente incapaz, assim declarado judicialmente, que exerça atividade remunerada, será reduzida em 30% (trinta por cento), devendo ser integralmente restabelecida em face da extinção da relação de trabalho ou da atividade empreendedora." (NR)

Art. 3º A Lei nº 8.742, de 7 de dezembro de 1993, passa a vigorar com as seguintes alterações:

"Art. 20. ..

..

§2º Para efeito de concessão deste benefício, considera-se pessoa com deficiência aquela que tem impedimentos de longo prazo de natureza física, mental, intelectual ou sensorial, os quais, em interação com diversas barreiras, podem obstruir sua participação plena e efetiva na sociedade em igualdade de condições com as demais pessoas.

..

§6º A concessão do benefício ficará sujeita à avaliação da deficiência e do grau de impedimento de que trata o §2º, composta por avaliação médica e avaliação social realizadas por médicos peritos e por assistentes sociais do Instituto Nacional de Seguro Social – INSS.

..

§9º A remuneração da pessoa com deficiência na condição de aprendiz não será considerada para fins do cálculo a que se refere o §3º deste artigo.

§10. Considera-se impedimento de longo prazo, para os fins do §2º deste artigo, aquele que produza efeitos pelo prazo mínimo de 2 (dois) anos." (NR)

"Art. 21. ..

..

§4º A cessação do benefício de prestação continuada concedido à pessoa com deficiência não impede nova concessão do benefício, desde que atendidos os requisitos definidos em regulamento." (NR)

"Art. 21-A. O benefício de prestação continuada será suspenso pelo órgão concedente quando a pessoa com deficiência exercer atividade remunerada, inclusive na condição de microempreendedor individual.

§1º Extinta a relação trabalhista ou a atividade empreendedora de que trata o caput deste artigo e, quando for o caso, encerrado o prazo de pagamento do seguro-desemprego e não tendo o beneficiário adquirido direito a qualquer benefício previdenciário, poderá ser requerida a continuidade do pagamento do benefício suspenso, sem necessidade de realização de perícia médica ou reavaliação da deficiência e do grau de incapacidade para esse fim, respeitado o período de revisão previsto no caput do art. 21.

§2º A contratação de pessoa com deficiência como aprendiz não acarreta a suspensão do benefício de prestação continuada, limitado a 2 (dois) anos o recebimento concomitante da remuneração e do benefício."

Art. 4º O art. 968 da Lei nº 10.406, de 10 de janeiro de 2002 – Código Civil, passa a vigorar acrescido dos seguintes §§4º e 5º:

"Art. 968. ..

..

§4º O processo de abertura, registro, alteração e baixa do microempreendedor individual de que trata o art. 18-A da Lei Complementar nº 123, de 14 de dezembro de 2006, bem como qualquer exigência para o início de seu funcionamento deverão ter trâmite especial e simplificado, preferentemente eletrônico, opcional para o empreendedor, na forma a ser disciplinada pelo Comitê para Gestão da Rede Nacional para a Simplificação do Registro e da Legalização de Empresas e Negócios – CGSIM, de que trata o inciso III do art. 2º da mesma Lei.

§5º Para fins do disposto no §4º, poderão ser dispensados o uso da firma, com a respectiva assinatura autógrafa, o capital, requerimentos, demais assinaturas, informações relativas à nacionalidade, estado civil e regime de bens, bem como remessa de documentos, na forma estabelecida pelo CGSIM." (NR)

Art. 5º Esta Lei entra em vigor na data de sua publicação, produzindo efeitos:

I – em relação à alínea *a* do inciso II do §2º e ao §3º do art. 21 da Lei nº 8.212, de 24 de julho de 1991, na forma da redação atribuída pelo art. 1º desta Lei, a partir de 1º de maio de 2011; e

II – em relação aos demais dispositivos, a partir da data de sua publicação.

Brasília, 31 de agosto de 2011;

190º da Independência e 123º da República.

DILMA ROUSSEFF
Guido Mantega
Fernando Damata Pimentel
Garibaldi Alves Filho

Ministério do Trabalho e Emprego – Portaria nº 373 de 25.02.2011

DOU: 28.02.2011

Dispõe sobre a possibilidade de adoção pelos empregadores de sistemas alternativos de controle de jornada de trabalho e revoga a Portaria nº 1.120, de 8 de novembro de 1995.

O MINISTRO DE ESTADO DO TRABALHO E EMPREGO, no uso das atribuições que lhe conferem o inciso II do parágrafo único do art. 87 da Constituição Federal e os arts. 74, §2º, e 913 da Consolidação das Leis do Trabalho, aprovada pelo Decreto-Lei nº 5.452, de 1º de maio de 1943; resolve:

Art. 1º – Os empregadores poderão adotar sistemas alternativos de controle da jornada de trabalho, desde que autorizados por Convenção ou Acordo Coletivo de Trabalho.

§1º – O uso da faculdade prevista no caput implica a presunção de cumprimento integral pelo empregado da jornada de trabalho contratual, convencionada ou acordada vigente no estabelecimento.

§2º – Deverá ser disponibilizada ao empregado, até o momento do pagamento da remuneração referente ao período em que está sendo aferida a freqüência, a informação sobre qualquer ocorrência que ocasione alteração de sua remuneração em virtude da adoção de sistema alternativo.

Art. 2º – Os empregadores poderão adotar sistemas alternativos eletrônicos de controle de jornada de trabalho, mediante autorização em Acordo Coletivo de Trabalho.

Art. 3º – Os sistemas alternativos eletrônicos não devem admitir:

I – restrições à marcação do ponto;

II – marcação automática do ponto;

III – exigência de autorização prévia para marcação de sobrejornada; e

IV – a alteração ou eliminação dos dados registrados pelo empregado.

§1º – Para fins de fiscalização, os sistemas alternativos eletrônicos deverão:

I – estar disponíveis no local de trabalho;

II – permitir a identificação de empregador e empregado; e

III – possibilitar, através da central de dados, a extração eletrônica e impressa do registro fiel das marcações realizadas pelo empregado.

Art. 3º – Fica constituído Grupo de Trabalho com a finalidade de elaborar estudos com vistas à revisão e ao aperfeiçoamento do Sistema de Registro Eletrônico de Ponto – Srep.

Art. 4º – Em virtude do disposto nesta Portaria, o início da utilização obrigatória do Registrador Eletrônico de Ponto – REP, previsto no art. 31 da Portaria nº 1.510, de 21 de agosto de 2009, será no dia 1º de setembro de 2011.

Art. 5º – Revoga-se a Portaria nº 1.120, de 8 de novembro de 1995.

Art. 6º – Esta Portaria entra em vigor na data de sua publicação.

CARLOS ROBERTO LUPI

Portaria Nº 349, de 23 de maio de 2018

Estabelece regras voltadas à execução da Lei nº 13.467, de 13 de julho de 2017, no âmbito das competências normativas do Ministério do Trabalho.

O MINISTRO DE ESTADO DO TRABALHO, no uso das suas atribuições legais e tendo em vista o disposto no art. 87, parágrafo único, inciso II, da Constituição Federal, resolve:

Art. 1º A contratação do autônomo, cumpridas por este todas as formalidades legais, com ou sem exclusividade, de forma contínua ou não, afasta a qualidade de empregado prevista no art. 3º do Decreto-Lei nº 5.452, de 1º de maio de 1943, que aprova a Consolidação das Leis do Trabalho.

§1º Não caracteriza a qualidade de empregado prevista no art. 3º da Consolidação das Leis do Trabalho o fato de o autônomo prestar serviços a apenas um tomador de serviços.

§2º O autônomo poderá prestar serviços de qualquer natureza a outros tomadores de serviços que exerçam ou não a mesma atividade econômica, sob qualquer modalidade de contrato de trabalho, inclusive como autônomo.

§3º Fica garantida ao autônomo a possibilidade de recusa de realizar atividade demandada pelo contratante, garantida a aplicação de cláusula de penalidade, caso prevista em contrato.

§4º Motoristas, representantes comerciais, corretores de imóveis, parceiros, e trabalhadores de outras categorias profissionais reguladas por leis específicas relacionadas a atividades compatíveis com o contrato autônomo, desde que cumpridos os requisitos do caput, não possuirão a qualidade de empregado prevista o art. 3º da Consolidação das Leis do Trabalho.

§5º Presente a subordinação jurídica, será reconhecido o vínculo empregatício.

Art. 2º O contrato de trabalho intermitente será celebrado por escrito e registrado na Carteira de Trabalho e Previdência Social, ainda que previsto em acordo coletivo de trabalho ou convenção coletiva, e conterá:

I – identificação, assinatura e domicílio ou sede das partes;

II – valor da hora ou do dia de trabalho, que não poderá ser inferior ao valor horário ou diário do salário mínimo, nem inferior àquele devido aos demais empregados do estabelecimento que exerçam a mesma função, assegurada a remuneração do trabalho noturno superior à do diurno; e

III – o local e o prazo para o pagamento da remuneração.

§1º O empregado, mediante prévio acordo com o empregador, poderá usufruir suas férias em até três períodos, nos termos dos §§1º e 3º do art. 134 da Consolidação das Leis do Trabalho.

§2º Na hipótese de o período de convocação exceder um mês, o pagamento das parcelas a que se referem o §6º do Art. 452-A da Consolidação das Leis do Trabalho não poderá ser estipulado por período superior a um mês, devendo ser pagas até o quinto dia útil do mês seguinte ao trabalhado, de acordo com o previsto no §1º do art. 459 da CLT.

§3º Dadas as características especiais do contrato de trabalho intermitente, não constitui descumprimento do inciso II do caput ou discriminação salarial pagar ao trabalhador intermitente remuneração horária ou diária superior à paga aos demais trabalhadores da empresa contratados a prazo indeterminado.

§4º Constatada a prestação dos serviços pelo empregado, estarão satisfeitos os prazos previstos nos §§1º e 2º do Art. 452-A da Consolidação das Leis do Trabalho.

Art. 3º É facultado às partes convencionar por meio do contrato de trabalho intermitente:

I – locais de prestação de serviços;

II – turnos para os quais o empregado será convocado para prestar serviços; e

III – formas e instrumentos de convocação e de resposta para a prestação de serviços.

Art. 4º Para fins do disposto no §3º do art. 443 da Consolidação das Leis do Trabalho, considera-se período de inatividade o intervalo temporal distinto daquele para o qual o empregado intermitente haja sido convocado e tenha prestado serviços nos termos do §1º do art. 452-A da referida lei.

§1º Durante o período de inatividade, o empregado poderá prestar serviços de qualquer natureza a outros tomadores de serviço, que exerçam ou não a mesma atividade econômica, utilizando contrato de trabalho intermitente ou outra modalidade de contrato de trabalho.

§2º No contrato de trabalho intermitente, o período de inatividade não será considerado tempo à disposição do empregador e não será remunerado, hipótese em que restará descaracterizado o contrato

de trabalho intermitente caso haja remuneração por tempo à disposição no período de inatividade.

Art. 5º As verbas rescisórias e o aviso prévio serão calculados com base na média dos valores recebidos pelo empregado no curso do contrato de trabalho intermitente.

Parágrafo único. No cálculo da média a que se refere o *caput*, serão considerados apenas os meses durante os quais o empregado tenha recebido parcelas remuneratórias no intervalo dos últimos doze meses ou o período de vigência do contrato de trabalho intermitente, se este for inferior.

Art. 6º No contrato de trabalho intermitente, o empregador efetuará o recolhimento das contribuições previdenciárias próprias e do empregado e o depósito do Fundo de Garantia do Tempo de Serviço com base nos valores pagos no período mensal e fornecerá ao empregado comprovante do cumprimento dessas obrigações.

Art. 7º As empresas anotarão na Carteira de Trabalho e Previdência Social de seus empregados o salário fixo e a média dos valores das gorjetas referente aos últimos doze meses.

Art. 8º A comissão de representantes dos empregados a que se refere o Título IV-A da Consolidação das Leis do Trabalho não substituirá a função do sindicato de defender os direitos e os interesses coletivos ou individuais da categoria, inclusive em questões judiciais ou administrativas, hipótese em que será obrigatória a participação dos sindicatos em negociações coletivas de trabalho, nos termos do incisos III e VI do caput do art. 8º da Constituição Federal.

Art. 9º Esta portaria entra em vigor na data da sua publicação.

HELTON YOMURA

LEI Nº 12.594, DE 18 DE JANEIRO DE 2012

Institui o Sistema Nacional de Atendimento Socioeducativo (Sinase), regulamenta a execução das medidas socioeducativas destinadas a adolescente que pratique ato infracional; e altera as Leis nºs 8.069, de 13 de julho de 1990 (Estatuto da Criança e do Adolescente); 7.560, de 19 de dezembro de 1986, 7.998, de 11 de janeiro de 1990, 5.537, de 21 de novembro de 1968, 8.315, de 23 de dezembro de 1991, 8.706, de 14 de setembro de 1993, os Decretos-Leis nºs 4.048, de 22 de janeiro de 1942, 8.621, de 10 de janeiro de 1946, e a Consolidação das Leis do Trabalho (CLT), aprovada pelo Decreto-Lei nº 5.452, de 1º de maio de 1943.

A PRESIDENTA DA REPÚBLICA Faço saber que o Congresso Nacional decreta e eu sanciono a seguinte Lei:

TÍTULO I
DO SISTEMA NACIONAL DE ATENDIMENTO SOCIOEDUCATIVO (Sinase)

CAPÍTULO I
DISPOSIÇÕES GERAIS

Art. 1º Esta Lei institui o Sistema Nacional de Atendimento Socioeducativo (Sinase) e regulamenta a execução das medidas destinadas a adolescente que pratique ato infracional.

§1º Entende-se por Sinase o conjunto ordenado de princípios, regras e critérios que envolvem a execução de medidas socioeducativas, incluindo-se nele, por adesão, os sistemas estaduais, distrital e municipais, bem como todos os planos, políticas e programas específicos de atendimento a adolescente em conflito com a lei.

§2º Entendem-se por medidas socioeducativas as previstas no art. 112 da Lei nº 8.069, de 13 de julho de 1990 (Estatuto da Criança e do Adolescente), as quais têm por objetivos:

I – a responsabilização do adolescente quanto às consequências lesivas do ato infracional, sempre que possível incentivando a sua reparação;

II – a integração social do adolescente e a garantia de seus direitos individuais e sociais, por meio do cumprimento de seu plano individual de atendimento; e

III – a desaprovação da conduta infracional, efetivando as disposições da sentença como parâmetro máximo de privação de liberdade ou restrição de direitos, observados os limites previstos em lei.

§3º Entendem-se por programa de atendimento a organização e o funcionamento, por unidade, das condições necessárias para o cumprimento das medidas socioeducativas.

§4º Entende-se por unidade a base física necessária para a organização e o funcionamento de programa de atendimento.

§5º Entendem-se por entidade de atendimento a pessoa jurídica de direito público ou privado que instala e mantém a unidade e os recursos humanos e materiais necessários ao desenvolvimento de programas de atendimento.

Art. 2º O Sinase será coordenado pela União e integrado pelos sistemas estaduais, distrital e municipais responsáveis pela implementação dos seus respectivos programas de atendimento a adolescente ao qual seja aplicada medida socioeducativa, com liberdade de organização e funcionamento, respeitados os termos desta Lei.

CAPÍTULO II
DAS COMPETÊNCIAS

Art. 3º Compete à União:

I – formular e coordenar a execução da política nacional de atendimento socioeducativo;

II – elaborar o Plano Nacional de Atendimento Socioeducativo, em parceria com os Estados, o Distrito Federal e os Municípios;

III – prestar assistência técnica e suplementação financeira aos Estados, ao Distrito Federal e aos Municípios para o desenvolvimento de seus sistemas;

IV – instituir e manter o Sistema Nacional de Informações sobre o Atendimento Socioeducativo, seu funcionamento, entidades, programas, incluindo dados relativos a financiamento e população atendida;

V – contribuir para a qualificação e ação em rede dos Sistemas de Atendimento Socioeducativo;

VI – estabelecer diretrizes sobre a organização e funcionamento das unidades e programas de atendimento e as normas de referência destinadas ao cumprimento das medidas socioeducativas de internação e semiliberdade;

VII – instituir e manter processo de avaliação dos Sistemas de Atendimento Socioeducativo, seus planos, entidades e programas;

VIII – financiar, com os demais entes federados, a execução de programas e serviços do Sinase; e

IX – garantir a publicidade de informações sobre repasses de recursos aos gestores estaduais, distrital e municipais, para financiamento de programas de atendimento socioeducativo.

§1º São vedados à União o desenvolvimento e a oferta de programas próprios de atendimento.

§2º Ao Conselho Nacional dos Direitos da Criança e do Adolescente (Conanda) competem as funções normativa, deliberativa, de avaliação e de fiscalização do Sinase, nos termos previstos na Lei nº 8.242, de 12 de outubro de 1991, que cria o referido Conselho.

§3º O Plano de que trata o inciso II do **caput** deste artigo será submetido à deliberação do Conanda.

§4º À Secretaria de Direitos Humanos da Presidência da República (SDH/PR) competem as funções executiva e de gestão do Sinase.

Art. 4º Compete aos Estados:

I – formular, instituir, coordenar e manter Sistema Estadual de Atendimento Socioeducativo, respeitadas as diretrizes fixadas pela União;

II – elaborar o Plano Estadual de Atendimento Socioeducativo em conformidade com o Plano Nacional;

III – criar, desenvolver e manter programas para a execução das medidas socioeducativas de semiliberdade e internação;

IV – editar normas complementares para a organização e funcionamento do seu sistema de atendimento e dos sistemas municipais;

V – estabelecer com os Municípios formas de colaboração para o atendimento socioeducativo em meio aberto;

VI – prestar assessoria técnica e suplementação financeira aos Municípios para a oferta regular de programas de meio aberto;

VII – garantir o pleno funcionamento do plantão interinstitucional, nos termos previstos no inciso V do art. 88 da Lei nº 8.069, de 13 de julho de 1990 (Estatuto da Criança e do Adolescente);

VIII – garantir defesa técnica do adolescente a quem se atribua prática de ato infracional;

IX – cadastrar-se no Sistema Nacional de Informações sobre o Atendimento Socioeducativo e fornecer regularmente os dados necessários ao povoamento e à atualização do Sistema; e

X – cofinanciar, com os demais entes federados, a execução de programas e ações destinados ao atendimento inicial de adolescente apreendido para apuração de ato infracional, bem como aqueles destinados a adolescente a quem foi aplicada medida socioeducativa privativa de liberdade.

§1º Ao Conselho Estadual dos Direitos da Criança e do Adolescente competem as funções deliberativas e de controle do Sistema Estadual de Atendimento Socioeducativo, nos termos previstos no inciso II do art. 88 da Lei nº 8.069, de 13 de julho de 1990 (Estatuto da Criança e do Adolescente), bem como outras definidas na legislação estadual ou distrital.

§2º O Plano de que trata o inciso II do **caput** deste artigo será submetido à deliberação do Conselho Estadual dos Direitos da Criança e do Adolescente.

§3º Competem ao órgão a ser designado no Plano de que trata o inciso II do **caput** deste artigo as funções executiva e de gestão do Sistema Estadual de Atendimento Socioeducativo.

Art. 5º Compete aos Municípios:

I – formular, instituir, coordenar e manter o Sistema Municipal de Atendimento Socioeducativo, respeitadas as diretrizes fixadas pela União e pelo respectivo Estado;

II – elaborar o Plano Municipal de Atendimento Socioeducativo, em conformidade com o Plano Nacional e o respectivo Plano Estadual;

III – criar e manter programas de atendimento para a execução das medidas socioeducativas em meio aberto;

IV – editar normas complementares para a organização e funcionamento dos programas do seu Sistema de Atendimento Socioeducativo;

V – cadastrar-se no Sistema Nacional de Informações sobre o Atendimento Socioeducativo e fornecer regularmente os dados necessários ao povoamento e à atualização do Sistema; e

VI – cofinanciar, conjuntamente com os demais entes federados, a execução de programas e ações destinados ao atendimento inicial de adolescente apreendido para apuração de ato infracional, bem como aqueles destinados a adolescente a quem foi aplicada medida socioeducativa em meio aberto.

§1º Para garantir a oferta de programa de atendimento socioeducativo de meio aberto, os Municípios podem instituir os consórcios dos quais trata a Lei nº 11.107, de 6 de abril de 2005, que dispõe sobre normas gerais de contratação de consórcios públicos e dá outras providências, ou qualquer outro instrumento jurídico adequado, como forma de compartilhar responsabilidades.

§2º Ao Conselho Municipal dos Direitos da Criança e do Adolescente competem as funções deliberativas e de controle do Sistema Municipal de Atendimento Socioeducativo, nos termos previstos no inciso II do art. 88 da Lei nº 8.069, de 13 de julho de 1990 (Estatuto da Criança e do Adolescente), bem como outras definidas na legislação municipal.

§3º O Plano de que trata o inciso II do **caput** deste artigo será submetido à deliberação do Conselho Municipal dos Direitos da Criança e do Adolescente.

§4º Competem ao órgão a ser designado no Plano de que trata o inciso II do **caput** deste artigo as funções executiva e de gestão do Sistema Municipal de Atendimento Socioeducativo.

Art. 6º Ao Distrito Federal cabem, cumulativamente, as competências dos Estados e dos Municípios.

CAPÍTULO III
DOS PLANOS DE ATENDIMENTO SOCIOEDUCATIVO

Art. 7º O Plano de que trata o inciso II do art. 3º desta Lei deverá incluir um diagnóstico da situação do Sinase, as diretrizes, os objetivos, as metas, as prioridades e as formas de financiamento e gestão das ações de atendimento para os 10 (dez) anos seguintes, em sintonia com os princípios elencados na Lei nº 8.069, de 13 de julho de 1990 (Estatuto da Criança e do Adolescente).

§1º As normas nacionais de referência para o atendimento socioeducativo devem constituir anexo ao Plano de que trata o inciso II do art. 3ºdesta Lei.

§2º Os Estados, o Distrito Federal e os Municípios deverão, com base no Plano Nacional de Atendimento Socioeducativo, elaborar seus planos decenais correspondentes, em até 360 (trezentos e sessenta) dias a partir da aprovação do Plano Nacional.

Art. 8º Os Planos de Atendimento Socioeducativo deverão, obrigatoriamente, prever ações articuladas nas áreas de educação, saúde, assistência social, cultura, capacitação para o trabalho e esporte, para os adolescentes atendidos, em conformidade com os princípios elencados na Lei nº 8.069, de 13 de julho de 1990 (Estatuto da Criança e do Adolescente).

Parágrafo único. Os Poderes Legislativos federal, estaduais, distrital e municipais, por meio de suas comissões temáticas pertinentes, acompanharão a execução dos Planos de Atendimento Socioeducativo dos respectivos entes federados.

CAPÍTULO IV
DOS PROGRAMAS DE ATENDIMENTO

Seção I
Disposições Gerais

Art. 9º Os Estados e o Distrito Federal inscreverão seus programas de atendimento e alterações no Conselho Estadual ou Distrital dos Direitos da Criança e do Adolescente, conforme o caso.

Art. 10. Os Municípios inscreverão seus programas e alterações, bem como as entidades de atendimento executoras, no Conselho Municipal dos Direitos da Criança e do Adolescente.

Art. 11. Além da especificação do regime, são requisitos obrigatórios para a inscrição de programa de atendimento:

I – a exposição das linhas gerais dos métodos e técnicas pedagógicas, com a especificação das atividades de natureza coletiva;

II – a indicação da estrutura material, dos recursos humanos e das estratégias de segurança compatíveis com as necessidades da respectiva unidade;

III – regimento interno que regule o funcionamento da entidade, no qual deverá constar, no mínimo:

a) o detalhamento das atribuições e responsabilidades do dirigente, de seus prepostos, dos membros da equipe técnica e dos demais educadores;

b) a previsão das condições do exercício da disciplina e concessão de benefícios e o respectivo procedimento de aplicação; e

c) a previsão da concessão de benefícios extraordinários e enaltecimento, tendo em vista tornar público o reconhecimento ao adolescente pelo esforço realizado na consecução dos objetivos do plano individual;

IV – a política de formação dos recursos humanos;

V – a previsão das ações de acompanhamento do adolescente após o cumprimento de medida socioeducativa;

VI – a indicação da equipe técnica, cuja quantidade e formação devem estar em conformidade com as normas de referência do sistema e dos conselhos profissionais e com o atendimento socioeducativo a ser realizado; e

VII – a adesão ao Sistema de Informações sobre o Atendimento Socioeducativo, bem como sua operação efetiva.

Parágrafo único. O não cumprimento do previsto neste artigo sujeita as entidades de atendimento, os órgãos gestores, seus dirigentes ou prepostos à aplicação das medidas previstas no art. 97 da Lei nº 8.069, de 13 de julho de 1990 (Estatuto da Criança e do Adolescente).

Art. 12. A composição da equipe técnica do programa de atendimento deverá ser interdisciplinar, compreendendo, no mínimo, profissionais das áreas de saúde, educação e assistência social, de acordo com as normas de referência.

§1º Outros profissionais podem ser acrescentados às equipes para atender necessidades específicas do programa.

§2º Regimento interno deve discriminar as atribuições de cada profissional, sendo proibida a sobreposição dessas atribuições na entidade de atendimento.

§3º O não cumprimento do previsto neste artigo sujeita as entidades de atendimento, seus dirigentes ou prepostos à aplicação das medidas previstas no art. 97 da Lei nº 8.069, de 13 de julho de 1990 (Estatuto da Criança e do Adolescente).

Seção II
Dos Programas de Meio Aberto

Art. 13. Compete à direção do programa de prestação de serviços à comunidade ou de liberdade assistida:

I – selecionar e credenciar orientadores, designando-os, caso a caso, para acompanhar e avaliar o cumprimento da medida;

II – receber o adolescente e seus pais ou responsável e orientá-los sobre a finalidade da medida e a organização e funcionamento do programa;

III – encaminhar o adolescente para o orientador credenciado;

IV – supervisionar o desenvolvimento da medida; e

V – avaliar, com o orientador, a evolução do cumprimento da medida e, se necessário, propor à autoridade judiciária sua substituição, suspensão ou extinção.

Parágrafo único. O rol de orientadores credenciados deverá ser comunicado, semestralmente, à autoridade judiciária e ao Ministério Público.

Art. 14. Incumbe ainda à direção do programa de medida de prestação de serviços à comunidade selecionar e credenciar entidades assistenciais, hospitais, escolas ou outros estabelecimentos congêneres, bem como os programas comunitários ou governamentais, de acordo com o perfil do socioeducando e o ambiente no qual a medida será cumprida.

Parágrafo único. Se o Ministério Público impugnar o credenciamento, ou a autoridade judiciária considerá-lo inadequado, instaurará incidente de impugnação, com a aplicação subsidiária do procedimento de apuração de irregularidade em entidade de atendimento regulamentado na Lei nº 8.069, de 13 de julho de 1990 (Estatuto da Criança e do Adolescente), devendo citar o dirigente do programa e a direção da entidade ou órgão credenciado.

Seção III
Dos Programas de Privação da Liberdade

Art. 15. São requisitos específicos para a inscrição de programas de regime de semiliberdade ou internação:

I – a comprovação da existência de estabelecimento educacional com instalações adequadas e em conformidade com as normas de referência;

II – a previsão do processo e dos requisitos para a escolha do dirigente;

III – a apresentação das atividades de natureza coletiva;

IV – a definição das estratégias para a gestão de conflitos, vedada a previsão de isolamento cautelar, exceto nos casos previstos no §2º do art. 49 desta Lei;

V – a previsão de regime disciplinar nos termos do art. 72 desta Lei.

Art. 16. A estrutura física da unidade deverá ser compatível com as normas de referência do Sinase.

§1º É vedada a edificação de unidades socioeducacionais em espaços contíguos, anexos, ou de qualquer outra forma integrados a estabelecimentos penais.

§2º A direção da unidade adotará, em caráter excepcional, medidas para proteção do interno em casos de risco à sua integridade física, à sua vida, ou à de outrem, comunicando, de imediato, seu defensor e o Ministério Público.

Art. 17. Para o exercício da função de dirigente de programa de atendimento em regime de semiliberdade ou de internação, além dos requisitos específicos previstos no respectivo programa de atendimento, é necessário:

I – formação de nível superior compatível com a natureza da função;

II – comprovada experiência no trabalho com adolescentes de, no mínimo, 2 (dois) anos; e

III – reputação ilibada.

CAPÍTULO V
DA AVALIAÇÃO E ACOMPANHAMENTO DA GESTÃO DO ATENDIMENTO SOCIOEDUCATIVO

Art. 18. A União, em articulação com os Estados, o Distrito Federal e os Municípios, realizará avaliações periódicas da implementação dos Planos de Atendimento Socioeducativo em intervalos não superiores a 3 (três) anos.

§1º O objetivo da avaliação é verificar o cumprimento das metas estabelecidas e elaborar recomendações aos gestores e operadores dos Sistemas.

§2º O processo de avaliação deverá contar com a participação de representantes do Poder Judiciário, do Ministério Público, da Defensoria Pública e dos Conselhos Tutelares, na forma a ser definida em regulamento.

§3º A primeira avaliação do Plano Nacional de Atendimento Socioeducativo realizar-se-á no terceiro ano de vigência desta Lei, cabendo ao Poder Legislativo federal acompanhar o trabalho por meio de suas comissões temáticas pertinentes.

Art. 19. É instituído o Sistema Nacional de Avaliação e Acompanhamento do Atendimento Socioeducativo, com os seguintes objetivos:

I – contribuir para a organização da rede de atendimento socioeducativo;

II – assegurar conhecimento rigoroso sobre as ações do atendimento socioeducativo e seus resultados;

III – promover a melhora da qualidade da gestão e do atendimento socioeducativo; e

IV – disponibilizar informações sobre o atendimento socioeducativo.

§1º A avaliação abrangerá, no mínimo, a gestão, as entidades de atendimento, os programas e os resultados da execução das medidas socioeducativas.

§2º Ao final da avaliação, será elaborado relatório contendo histórico e diagnóstico da situação, as recomendações e os prazos para que essas sejam cumpridas, além de outros elementos a serem definidos em regulamento.

§3º O relatório da avaliação deverá ser encaminhado aos respectivos Conselhos de Direitos, Conselhos Tutelares e ao Ministério Público.

§4º Os gestores e entidades têm o dever de colaborar com o processo de avaliação, facilitando o acesso às suas instalações, à documentação e a todos os elementos necessários ao seu efetivo cumprimento.

§5º O acompanhamento tem por objetivo verificar o cumprimento das metas dos Planos de Atendimento Socioeducativo.

Art. 20. O Sistema Nacional de Avaliação e Acompanhamento da Gestão do Atendimento Socioeducativo assegurará, na metodologia a ser empregada:

I – a realização da autoavaliação dos gestores e das instituições de atendimento;

II – a avaliação institucional externa, contemplando a análise global e integrada das instalações físicas, relações institucionais, compromisso social, atividades e finalidades das instituições de atendimento e seus programas;

III – o respeito à identidade e à diversidade de entidades e programas;

IV – a participação do corpo de funcionários das entidades de atendimento e dos Conselhos Tutelares da área de atuação da entidade avaliada; e

V – o caráter público de todos os procedimentos, dados e resultados dos processos avaliativos.

Art. 21. A avaliação será coordenada por uma comissão permanente e realizada por comissões temporárias, essas compostas, no mínimo, por 3 (três) especialistas com reconhecida atuação na área temática e definidas na forma do regulamento.

Parágrafo único. É vedado à comissão permanente designar avaliadores:

I – que sejam titulares ou servidores dos órgãos gestores avaliados ou funcionários das entidades avaliadas;

II – que tenham relação de parentesco até o 3º grau com titulares ou servidores dos órgãos gestores avaliados e/ou funcionários das entidades avaliadas; e

III – que estejam respondendo a processos criminais.

Art. 22. A avaliação da gestão terá por objetivo:

I – verificar se o planejamento orçamentário e sua execução se processam de forma compatível com as necessidades do respectivo Sistema de Atendimento Socioeducativo;

II – verificar a manutenção do fluxo financeiro, considerando as necessidades operacionais do atendimento socioeducativo, as normas de referência e as condições previstas nos instrumentos jurídicos celebrados entre os órgãos gestores e as entidades de atendimento;

III – verificar a implementação de todos os demais compromissos assumidos por ocasião da celebração dos instrumentos jurídicos relativos ao atendimento socioeducativo; e

IV – a articulação interinstitucional e intersetorial das políticas.

Art. 23. A avaliação das entidades terá por objetivo identificar o perfil e o impacto de sua atuação, por meio de suas atividades, programas e projetos, considerando as diferentes dimensões institucionais e, entre elas, obrigatoriamente, as seguintes:

I – o plano de desenvolvimento institucional;

II – a responsabilidade social, considerada especialmente sua contribuição para a inclusão social e o desenvolvimento socioeconômico do adolescente e de sua família;

III – a comunicação e o intercâmbio com a sociedade;

IV – as políticas de pessoal quanto à qualificação, aperfeiçoamento, desenvolvimento profissional e condições de trabalho;

V – a adequação da infraestrutura física às normas de referência;

VI – o planejamento e a autoavaliação quanto aos processos, resultados, eficiência e eficácia do projeto pedagógico e da proposta socioeducativa;

VII – as políticas de atendimento para os adolescentes e suas famílias;

VIII – a atenção integral à saúde dos adolescentes em conformidade com as diretrizes do art. 60 desta Lei; e

IX – a sustentabilidade financeira.

Art. 24. A avaliação dos programas terá por objetivo verificar, no mínimo, o atendimento ao que determinam os arts. 94, 100, 117, 119, 120, 123 e124 da Lei nº 8.069, de 13 de julho de 1990 (Estatuto da Criança e do Adolescente).

Art. 25. A avaliação dos resultados da execução de medida socioeducativa terá por objetivo, no mínimo:

I – verificar a situação do adolescente após cumprimento da medida socioeducativa, tomando por base suas perspectivas educacionais, sociais, profissionais e familiares; e

II – verificar reincidência de prática de ato infracional.

Art. 26. Os resultados da avaliação serão utilizados para:

I – planejamento de metas e eleição de prioridades do Sistema de Atendimento Socioeducativo e seu financiamento;

II – reestruturação e/ou ampliação da rede de atendimento socioeducativo, de acordo com as necessidades diagnosticadas;

III – adequação dos objetivos e da natureza do atendimento socioeducativo prestado pelas entidades avaliadas;

IV – celebração de instrumentos de cooperação com vistas à correção de problemas diagnosticados na avaliação;

V – reforço de financiamento para fortalecer a rede de atendimento socioeducativo;

VI – melhorar e ampliar a capacitação dos operadores do Sistema de Atendimento Socioeducativo; e

VII – os efeitos do art. 95 da Lei nº 8.069, de 13 de julho de 1990 (Estatuto da Criança e do Adolescente).

Parágrafo único. As recomendações originadas da avaliação deverão indicar prazo para seu cumprimento por parte das entidades de atendimento e dos gestores avaliados, ao fim do qual estarão sujeitos às medidas previstas no art. 28 desta Lei.

Art. 27. As informações produzidas a partir do Sistema Nacional de Informações sobre Atendimento Socioeducativo serão utilizadas para subsidiar a avaliação, o acompanhamento, a gestão e o financiamento dos Sistemas Nacional, Distrital, Estaduais e Municipais de Atendimento Socioeducativo.

CAPÍTULO VI
DA RESPONSABILIZAÇÃO DOS GESTORES, OPERADORES E ENTIDADES DE ATENDIMENTO

Art. 28. No caso do desrespeito, mesmo que parcial, ou do não cumprimento integral às diretrizes e determinações desta Lei, em todas as esferas, são sujeitos:

I – gestores, operadores e seus prepostos e entidades governamentais às medidas previstas no inciso I e no §1º do art. 97 da Lei nº 8.069, de 13 de julho de 1990 (Estatuto da Criança e do Adolescente); e

II – entidades não governamentais, seus gestores, operadores e prepostos às medidas previstas no inciso II e no §1º do art. 97 da Lei nº 8.069, de 13 de julho de 1990 (Estatuto da Criança e do Adolescente).

Parágrafo único. A aplicação das medidas previstas neste artigo dar-se-á a partir da análise de relatório circunstanciado elaborado após as avaliações, sem prejuízo do que determinam os arts. 191 a 197, 225 a 227, 230 a 236, 243 e 245 a 247 da Lei nº 8.069, de 13 de julho de 1990 (Estatuto da Criança e do Adolescente).

Art. 29. Àqueles que, mesmo não sendo agentes públicos, induzam ou concorram, sob qualquer forma, direta ou indireta, para o não cumprimento desta Lei, aplicam-se, no que couber, as penalidades dispostas na Lei nº 8.429, de 2 de junho de 1992, que dispõe sobre as sanções aplicáveis aos agentes públicos nos casos de enriquecimento ilícito no exercício de mandato, cargo, emprego ou função na administração pública direta, indireta ou fundacional e dá outras providências (Lei de Improbidade Administrativa).

CAPÍTULO VII
DO FINANCIAMENTO E DAS PRIORIDADES

Art. 30. O Sinase será cofinanciado com recursos dos orçamentos fiscal e da seguridade social, além de outras fontes.

§1º (VETADO).

§2º Os entes federados que tenham instituído seus sistemas de atendimento socioeducativo terão acesso aos recursos na forma de transferência adotada pelos órgãos integrantes do Sinase.

§3º Os entes federados beneficiados com recursos dos orçamentos dos órgãos responsáveis pelas políticas integrantes do Sinase, ou de outras fontes, estão sujeitos às normas e procedimentos de monitoramento estabelecidos pelas instâncias dos órgãos das políticas setoriais envolvidas, sem prejuízo do disposto nos incisos IX e X do art. 4º, nos incisos V e VI do art. 5º e no art. 6º desta Lei.

Art. 31. Os Conselhos de Direitos, nas 3 (três) esferas de governo, definirão, anualmente, o percentual de recursos dos Fundos dos Direitos da Criança e do Adolescente a serem aplicados no financiamento das ações previstas nesta Lei, em especial para capacitação, sistemas de informação e de avaliação.

Parágrafo único. Os entes federados beneficiados com recursos do Fundo dos Direitos da Criança e do Adolescente para ações de atendimento socioeducativo prestarão informações sobre o desempenho dessas ações por meio do Sistema de Informações sobre Atendimento Socioeducativo.

Art. 32. A Lei nº 7.560, de 19 de dezembro de 1986, passa a vigorar com as seguintes alterações:

"Art. 5º Os recursos do Funad serão destinados:

...

X – às entidades governamentais e não governamentais integrantes do Sistema Nacional de Atendimento Socioeducativo (Sinase).

.." (NR)

"Art. 5º-A. A Secretaria Nacional de Políticas sobre Drogas (Senad), órgão gestor do Fundo Nacional Antidrogas (Funad), poderá financiar projetos das entidades do Sinase desde que:

I – o ente federado de vinculação da entidade que solicita o recurso possua o respectivo Plano de Atendimento Socioeducativo aprovado;

II – as entidades governamentais e não governamentais integrantes do Sinase que solicitem recursos tenham participado da avaliação nacional do atendimento socioeducativo;

III - o projeto apresentado esteja de acordo com os pressupostos da Política Nacional sobre Drogas e legislação específica."

Art. 33. A Lei nº 7.998, de 11 de janeiro de 1990, passa a vigorar acrescida do seguinte art. 19-A:

"Art. 19-A. O Codefat poderá priorizar projetos das entidades integrantes do Sistema Nacional de Atendimento Socioeducativo (Sinase) desde que:

I - o ente federado de vinculação da entidade que solicita o recurso possua o respectivo Plano de Atendimento Socioeducativo aprovado;

II - as entidades governamentais e não governamentais integrantes do Sinase que solicitem recursos tenham se submetido à avaliação nacional do atendimento socioeducativo."

Art. 34. O art. 2º da Lei nº 5.537, de 21 de novembro de 1968, passa a vigorar acrescido do seguinte §3º:

"Art. 2º ..
..

§3º O fundo de que trata o art. 1º poderá financiar, na forma das resoluções de seu conselho deliberativo, programas e projetos de educação básica relativos ao Sistema Nacional de Atendimento Socioeducativo (Sinase) desde que:

I - o ente federado que solicitar o recurso possua o respectivo Plano de Atendimento Socioeducativo aprovado;

II - as entidades de atendimento vinculadas ao ente federado que solicitar o recurso tenham se submetido à avaliação nacional do atendimento socioeducativo; e

III - o ente federado tenha assinado o Plano de Metas Compromisso Todos pela Educação e elaborado o respectivo Plano de Ações Articuladas (PAR)." (NR)

TÍTULO II
DA EXECUÇÃO DAS MEDIDAS SOCIOEDUCATIVAS

CAPÍTULO I
DISPOSIÇÕES GERAIS

Art. 35. A execução das medidas socioeducativas reger-se-á pelos seguintes princípios:

I - legalidade, não podendo o adolescente receber tratamento mais gravoso do que o conferido ao adulto;

II - excepcionalidade da intervenção judicial e da imposição de medidas, favorecendo-se meios de autocomposição de conflitos;

III - prioridade a práticas ou medidas que sejam restaurativas e, sempre que possível, atendam às necessidades das vítimas;

IV - proporcionalidade em relação à ofensa cometida;

V - brevidade da medida em resposta ao ato cometido, em especial o respeito ao que dispõe o art. 122 da Lei nº 8.069, de 13 de julho de 1990 (Estatuto da Criança e do Adolescente);

VI - individualização, considerando-se a idade, capacidades e circunstâncias pessoais do adolescente;

VII - mínima intervenção, restrita ao necessário para a realização dos objetivos da medida;

VIII - não discriminação do adolescente, notadamente em razão de etnia, gênero, nacionalidade, classe social, orientação religiosa, política ou sexual, ou associação ou pertencimento a qualquer minoria ou **status**; e

IX - fortalecimento dos vínculos familiares e comunitários no processo socioeducativo.

CAPÍTULO II
DOS PROCEDIMENTOS

Art. 36. A competência para jurisdicionar a execução das medidas socioeducativas segue o determinado pelo art. 146 da Lei nº 8.069, de 13 de julho de 1990 (Estatuto da Criança e do Adolescente).

Art. 37. A defesa e o Ministério Público intervirão, sob pena de nulidade, no procedimento judicial de execução de medida socioeducativa, asseguradas aos seus membros as prerrogativas previstas na Lei nº 8.069, de 13 de julho de 1990 (Estatuto da Criança e do Adolescente), podendo requerer as providências necessárias para adequar a execução aos ditames legais e regulamentares.

Art. 38. As medidas de proteção, de advertência e de reparação do dano, quando aplicadas de forma isolada, serão executadas nos próprios autos do processo de conhecimento, respeitado o disposto nos arts. 143 e 144 da Lei nº 8.069, de 13 de julho de 1990 (Estatuto da Criança e do Adolescente).

Art. 39. Para aplicação das medidas socioeducativas de prestação de serviços à comunidade, liberdade assistida, semiliberdade ou internação, será constituído processo de execução para cada adolescente, respeitado o disposto nos arts. 143 e 144 da Lei nº 8.069, de 13 de julho de 1990 (Estatuto da Criança e do Adolescente), e com autuação das seguintes peças:

I - documentos de caráter pessoal do adolescente existentes no processo de conhecimento, especialmente os que comprovem sua idade; e

II - as indicadas pela autoridade judiciária, sempre que houver necessidade e, obrigatoriamente:

a) cópia da representação;

b) cópia da certidão de antecedentes;

c) cópia da sentença ou acórdão; e

d) cópia de estudos técnicos realizados durante a fase de conhecimento.

Parágrafo único. Procedimento idêntico será observado na hipótese de medida aplicada em sede de remissão, como forma de suspensão do processo.

Art. 40. Autuadas as peças, a autoridade judiciária encaminhará, imediatamente, cópia integral do expediente ao órgão gestor do atendimento socioeducativo, solicitando designação do programa ou da unidade de cumprimento da medida.

Art. 41. A autoridade judiciária dará vistas da proposta de plano individual de que trata o art. 53 desta Lei ao defensor e ao Ministério Público pelo prazo sucessivo de 3 (três) dias, contados do recebimento da proposta encaminhada pela direção do programa de atendimento.

§1º O defensor e o Ministério Público poderão requerer, e o Juiz da Execução poderá determinar, de ofício, a realização de qualquer avaliação ou perícia que entenderem necessárias para complementação do plano individual.

§2º A impugnação ou complementação do plano individual, requerida pelo defensor ou pelo Ministério Público, deverá ser fundamentada, podendo a autoridade judiciária indeferi-la, se entender insuficiente a motivação.

§3º Admitida a impugnação, ou se entender que o plano é inadequado, a autoridade judiciária designará, se necessário, audiência da qual cientificará o defensor, o Ministério Público, a direção do programa de atendimento, o adolescente e seus pais ou responsável.

§4º A impugnação não suspenderá a execução do plano individual, salvo determinação judicial em contrário.

§5º Findo o prazo sem impugnação, considerar-se-á o plano individual homologado.

Art. 42. As medidas socioeducativas de liberdade assistida, de semiliberdade e de internação deverão ser reavaliadas no máximo a cada 6 (seis) meses, podendo a autoridade judiciária, se necessário, designar audiência, no prazo máximo de 10 (dez) dias, cientificando o defensor, o Ministério Público, a direção do programa de atendimento, o adolescente e seus pais ou responsável.

§1º A audiência será instruída com o relatório da equipe técnica do programa de atendimento sobre a evolução do plano de que trata o art. 52 desta Lei e com qualquer outro parecer técnico requerido pelas partes e deferido pela autoridade judiciária.

§2º A gravidade do ato infracional, os antecedentes e o tempo de duração da medida não são fatores que, por si, justifiquem a não substituição da medida por outra menos grave.

§3º Considera-se mais grave a internação, em relação a todas as demais medidas, e mais grave a semiliberdade, em relação às medidas de meio aberto.

Art. 43. A reavaliação da manutenção, da substituição ou da suspensão das medidas de meio aberto ou de privação da liberdade e do respectivo plano individual pode ser solicitada a qualquer tempo, a pedido da direção do programa de atendimento, do defensor, do Ministério Público, do adolescente, de seus pais ou responsável.

§1º Justifica o pedido de reavaliação, entre outros motivos:

I – o desempenho adequado do adolescente com base no seu plano de atendimento individual, antes do prazo da reavaliação obrigatória;

II – a inadaptação do adolescente ao programa e o reiterado descumprimento das atividades do plano individual; e

III – a necessidade de modificação das atividades do plano individual que importem em maior restrição da liberdade do adolescente.

§2º A autoridade judiciária poderá indeferir o pedido, de pronto, se entender insuficiente a motivação.

§3º Admitido o processamento do pedido, a autoridade judiciária, se necessário, designará audiência, observando o princípio do §1º do art. 42 desta Lei.

§4º A substituição por medida mais gravosa somente ocorrerá em situações excepcionais, após o devido processo legal, inclusive na hipótese do inciso III do art. 122 da Lei nº 8.069, de 13 de julho de 1990 (Estatuto da Criança e do Adolescente), e deve ser:

I – fundamentada em parecer técnico;

II – precedida de prévia audiência, e nos termos do §1º do art. 42 desta Lei.

Art. 44. Na hipótese de substituição da medida ou modificação das atividades do plano individual, a autoridade judiciária remeterá o inteiro teor da decisão à direção do programa de atendimento, assim como as peças que entender relevantes à nova situação jurídica do adolescente.

Parágrafo único. No caso de a substituição da medida importar em vinculação do adolescente a outro programa de atendimento, o plano individual e o histórico do cumprimento da medida deverão acompanhar a transferência.

Art. 45. Se, no transcurso da execução, sobrevier sentença de aplicação de nova medida, a autoridade judiciária procederá à unificação, ouvidos, previamente, o Ministério Público e o defensor, no prazo de 3 (três) dias sucessivos, decidindo-se em igual prazo.

§1º É vedado à autoridade judiciária determinar reinício de cumprimento de medida socioeducativa, ou deixar de considerar os prazos máximos, e de liberação compulsória previstos na Lei nº 8.069, de 13 de julho de 1990 (Estatuto da Criança e do Adolescente), excetuada a hipótese de medida aplicada por ato infracional praticado durante a execução.

§2º É vedado à autoridade judiciária aplicar nova medida de internação, por atos infracionais praticados anteriormente, a adolescente que já tenha concluído cumprimento de medida socioeducativa dessa natureza, ou que tenha sido transferido para cumprimento de medida menos rigorosa, sendo tais atos absorvidos por aqueles aos quais se impôs a medida socioeducativa extrema.

Art. 46. A medida socioeducativa será declarada extinta:

I – pela morte do adolescente;

II – pela realização de sua finalidade;

III – pela aplicação de pena privativa de liberdade, a ser cumprida em regime fechado ou semiaberto, em execução provisória ou definitiva;

IV – pela condição de doença grave, que torne o adolescente incapaz de submeter-se ao cumprimento da medida; e

V – nas demais hipóteses previstas em lei.

§1º No caso de o maior de 18 (dezoito) anos, em cumprimento de medida socioeducativa, responder a processo-crime, caberá à autoridade judiciária decidir sobre eventual extinção da execução, cientificando da decisão o juízo criminal competente.

§2º Em qualquer caso, o tempo de prisão cautelar não convertida em pena privativa de liberdade deve ser descontado do prazo de cumprimento da medida socioeducativa.

Art. 47. O mandado de busca e apreensão do adolescente terá vigência máxima de 6 (seis) meses, a contar da data da expedição, podendo, se necessário, ser renovado, fundamentadamente.

Art. 48. O defensor, o Ministério Público, o adolescente e seus pais ou responsável poderão postular revisão judicial de qualquer sanção disciplinar aplicada, podendo a autoridade judiciária suspender a execução da sanção até decisão final do incidente.

§1º Postulada a revisão após ouvida a autoridade colegiada que aplicou a sanção e havendo provas a produzir em audiência, procederá o magistrado na forma do §1º do art. 42 desta Lei.

§2º É vedada a aplicação de sanção disciplinar de isolamento a adolescente interno, exceto seja essa imprescindível para garantia da segurança de outros internos ou do próprio adolescente a quem seja imposta a sanção, sendo necessária ainda comunicação ao defensor, ao Ministério Público e à autoridade judiciária em até 24 (vinte e quatro) horas.

CAPÍTULO III
DOS DIREITOS INDIVIDUAIS

Art. 49. São direitos do adolescente submetido ao cumprimento de medida socioeducativa, sem prejuízo de outros previstos em lei:

I – ser acompanhado por seus pais ou responsável e por seu defensor, em qualquer fase do procedimento administrativo ou judicial;

II – ser incluído em programa de meio aberto quando inexistir vaga para o cumprimento de medida de privação da liberdade, exceto nos casos de ato infracional cometido mediante grave ameaça ou violência à pessoa, quando o adolescente deverá ser internado em Unidade mais próxima de seu local de residência;

III – ser respeitado em sua personalidade, intimidade, liberdade de pensamento e religião e em todos os direitos não expressamente limitados na sentença;

IV – peticionar, por escrito ou verbalmente, diretamente a qualquer autoridade ou órgão público, devendo, obrigatoriamente, ser respondido em até 15 (quinze) dias;

V – ser informado, inclusive por escrito, das normas de organização e funcionamento do programa de atendimento e também das previsões de natureza disciplinar;

VI – receber, sempre que solicitar, informações sobre a evolução de seu plano individual, participando, obrigatoriamente, de sua elaboração e, se for o caso, reavaliação;

VII – receber assistência integral à sua saúde, conforme o disposto no art. 60 desta Lei; e

VIII – ter atendimento garantido em creche e pré-escola aos filhos de 0 (zero) a 5 (cinco) anos.

§1º As garantias processuais destinadas a adolescente autor de ato infracional previstas na Lei nº 8.069, de 13 de julho de 1990 (Estatuto da Criança e do Adolescente), aplicam-se integralmente na execução das medidas socioeducativas, inclusive no âmbito administrativo.

§2º A oferta irregular de programas de atendimento socioeducativo em meio aberto não poderá ser invocada como motivo para aplicação ou manutenção de medida de privação da liberdade.

Art. 50. Sem prejuízo do disposto no §1º do art. 121 da Lei nº 8.069, de 13 de julho de 1990 (Estatuto da Criança e do Adolescente), a direção do programa de execução de medida de privação da liberdade poderá autorizar a saída, monitorada, do adolescente nos casos de tratamento médico, doença grave ou falecimento, devidamente comprovados, de pai, mãe, filho, cônjuge, companheiro ou irmão, com imediata comunicação ao juízo competente.

Art. 51. A decisão judicial relativa à execução de medida socioeducativa será proferida após manifestação do defensor e do Ministério Público.

CAPÍTULO IV
DO PLANO INDIVIDUAL DE ATENDIMENTO (PIA)

Art. 52. O cumprimento das medidas socioeducativas, em regime de prestação de serviços à comunidade, liberdade assistida, semiliberdade

ou internação, dependerá de Plano Individual de Atendimento (PIA), instrumento de previsão, registro e gestão das atividades a serem desenvolvidas com o adolescente.

Parágrafo único. O PIA deverá contemplar a participação dos pais ou responsáveis, os quais têm o dever de contribuir com o processo ressocializador do adolescente, sendo esses passíveis de responsabilização administrativa, nos termos do art. 249 da Lei nº 8.069, de 13 de julho de 1990 (Estatuto da Criança e do Adolescente), civil e criminal.

Art. 53. O PIA será elaborado sob a responsabilidade da equipe técnica do respectivo programa de atendimento, com a participação efetiva do adolescente e de sua família, representada por seus pais ou responsável.

Art. 54. Constarão do plano individual, no mínimo:

I – os resultados da avaliação interdisciplinar;
II – os objetivos declarados pelo adolescente;
III – a previsão de suas atividades de integração social e/ou capacitação profissional;
IV – atividades de integração e apoio à família;
V – formas de participação da família para efetivo cumprimento do plano individual; e
VI – as medidas específicas de atenção à sua saúde.

Art. 55. Para o cumprimento das medidas de semiliberdade ou de internação, o plano individual conterá, ainda:

I – a designação do programa de atendimento mais adequado para o cumprimento da medida;
II – a definição das atividades internas e externas, individuais ou coletivas, das quais o adolescente poderá participar; e
III – a fixação das metas para o alcance de desenvolvimento de atividades externas.

Parágrafo único. O PIA será elaborado no prazo de até 45 (quarenta e cinco) dias da data do ingresso do adolescente no programa de atendimento.

Art. 56. Para o cumprimento das medidas de prestação de serviços à comunidade e de liberdade assistida, o PIA será elaborado no prazo de até 15 (quinze) dias do ingresso do adolescente no programa de atendimento.

Art. 57. Para a elaboração do PIA, a direção do respectivo programa de atendimento, pessoalmente ou por meio de membro da equipe técnica, terá acesso aos autos do procedimento de apuração do ato infracional e aos dos procedimentos de apuração de outros atos infracionais atribuídos ao mesmo adolescente.

§1º O acesso aos documentos de que trata o **caput** deverá ser realizado por funcionário da entidade de atendimento, devidamente credenciado para tal atividade, ou por membro da direção, em conformidade com as normas a serem definidas pelo Poder Judiciário, de forma a preservar o que determinam os arts. 143 e 144 da Lei nº 8.069, de 13 de julho de 1990 (Estatuto da Criança e do Adolescente).

§2º A direção poderá requisitar, ainda:

I – ao estabelecimento de ensino, o histórico escolar do adolescente e as anotações sobre o seu aproveitamento;
II – os dados sobre o resultado de medida anteriormente aplicada e cumprida em outro programa de atendimento; e
III – os resultados de acompanhamento especializado anterior.

Art. 58. Por ocasião da reavaliação da medida, é obrigatória a apresentação pela direção do programa de atendimento de relatório da equipe técnica sobre a evolução do adolescente no cumprimento do plano individual.

Art. 59. O acesso ao plano individual será restrito aos servidores do respectivo programa de atendimento, ao adolescente e a seus pais ou responsável, ao Ministério Público e ao defensor, exceto expressa autorização judicial.

CAPÍTULO V
DA ATENÇÃO INTEGRAL À SAÚDE DE ADOLESCENTE EM CUMPRIMENTO DE MEDIDA SOCIOEDUCATIVA

Seção I
Disposições Gerais

Art. 60. A atenção integral à saúde do adolescente no Sistema de Atendimento Socioeducativo seguirá as seguintes diretrizes:

I – previsão, nos planos de atendimento socioeducativo, em todas as esferas, da implantação de ações de promoção da saúde, com o objetivo de integrar as ações socioeducativas, estimulando a autonomia, a melhoria das relações interpessoais e o fortalecimento de redes de apoio aos adolescentes e suas famílias;
II – inclusão de ações e serviços para a promoção, proteção, prevenção de agravos e doenças e recuperação da saúde;
III – cuidados especiais em saúde mental, incluindo os relacionados ao uso de álcool e outras substâncias psicoativas, e atenção aos adolescentes com deficiências;
IV – disponibilização de ações de atenção à saúde sexual e reprodutiva e à prevenção de doenças sexualmente transmissíveis;
V – garantia de acesso a todos os níveis de atenção à saúde, por meio de referência e contrarreferência, de acordo com as normas do Sistema Único de Saúde (SUS);
VI – capacitação das equipes de saúde e dos profissionais das entidades de atendimento, bem como daqueles que atuam nas unidades de saúde

de referência voltadas às especificidades de saúde dessa população e de suas famílias;

VII – inclusão, nos Sistemas de Informação de Saúde do SUS, bem como no Sistema de Informações sobre Atendimento Socioeducativo, de dados e indicadores de saúde da população de adolescentes em atendimento socioeducativo; e

VIII – estruturação das unidades de internação conforme as normas de referência do SUS e do Sinase, visando ao atendimento das necessidades de Atenção Básica.

Art. 61. As entidades que ofereçam programas de atendimento socioeducativo em meio aberto e de semiliberdade deverão prestar orientações aos socioeducandos sobre o acesso aos serviços e às unidades do SUS.

Art. 62. As entidades que ofereçam programas de privação de liberdade deverão contar com uma equipe mínima de profissionais de saúde cuja composição esteja em conformidade com as normas de referência do SUS.

Art. 63. (VETADO).

§1º O filho de adolescente nascido nos estabelecimentos referidos no **caput** deste artigo não terá tal informação lançada em seu registro de nascimento.

§2º Serão asseguradas as condições necessárias para que a adolescente submetida à execução de medida socioeducativa de privação de liberdade permaneça com o seu filho durante o período de amamentação.

Seção II
Do Atendimento a Adolescente com Transtorno Mental e com Dependência de Álcool e de Substância Psicoativa

Art. 64. O adolescente em cumprimento de medida socioeducativa que apresente indícios de transtorno mental, de deficiência mental, ou associadas, deverá ser avaliado por equipe técnica multidisciplinar e multissetorial.

§1º As competências, a composição e a atuação da equipe técnica de que trata o **caput** deverão seguir, conjuntamente, as normas de referência do SUS e do Sinase, na forma do regulamento.

§2º A avaliação de que trata o **caput** subsidiará a elaboração e execução da terapêutica a ser adotada, a qual será incluída no PIA do adolescente, prevendo, se necessário, ações voltadas para a família.

§3º As informações produzidas na avaliação de que trata o **caput** são consideradas sigilosas.

§4º Excepcionalmente, o juiz poderá suspender a execução da medida socioeducativa, ouvidos o defensor e o Ministério Público, com vistas a incluir o adolescente em programa de atenção integral à saúde mental que melhor atenda aos objetivos terapêuticos estabelecidos para o seu caso específico.

§5º Suspensa a execução da medida socioeducativa, o juiz designará o responsável por acompanhar e informar sobre a evolução do atendimento ao adolescente.

§6º A suspensão da execução da medida socioeducativa será avaliada, no mínimo, a cada 6 (seis) meses.

§7º O tratamento a que se submeterá o adolescente deverá observar o previsto na Lei nº 10.216, de 6 de abril de 2001, que dispõe sobre a proteção e os direitos das pessoas portadoras de transtornos mentais e redireciona o modelo assistencial em saúde mental.

§8º (VETADO).

Art. 65. Enquanto não cessada a jurisdição da Infância e Juventude, a autoridade judiciária, nas hipóteses tratadas no art. 64, poderá remeter cópia dos autos ao Ministério Público para eventual propositura de interdição e outras providências pertinentes.

Art. 66. (VETADO).

CAPÍTULO VI
DAS VISITAS A ADOLESCENTE EM CUMPRIMENTO DE MEDIDA DE INTERNAÇÃO

Art. 67. A visita do cônjuge, companheiro, pais ou responsáveis, parentes e amigos a adolescente a quem foi aplicada medida socioeducativa de internação observará dias e horários próprios definidos pela direção do programa de atendimento.

Art. 68. É assegurado ao adolescente casado ou que viva, comprovadamente, em união estável o direito à visita íntima.

Parágrafo único. O visitante será identificado e registrado pela direção do programa de atendimento, que emitirá documento de identificação, pessoal e intransferível, específico para a realização da visita íntima.

Art. 69. É garantido aos adolescentes em cumprimento de medida socioeducativa de internação o direito de receber visita dos filhos, independentemente da idade desses.

Art. 70. O regulamento interno estabelecerá as hipóteses de proibição da entrada de objetos na unidade de internação, vedando o acesso aos seus portadores.

CAPÍTULO VII
DOS REGIMES DISCIPLINARES

Art. 71. Todas as entidades de atendimento socioeducativo deverão, em seus respectivos regimentos, realizar a previsão de regime disciplinar que obedeça aos seguintes princípios:

I – tipificação explícita das infrações como leves, médias e graves e determinação das correspondentes sanções;

II – exigência da instauração formal de processo disciplinar para a aplicação de qualquer sanção, garantidos a ampla defesa e o contraditório;

III – obrigatoriedade de audiência do socioeducando nos casos em que seja necessária a instauração de processo disciplinar;

IV – sanção de duração determinada;

V – enumeração das causas ou circunstâncias que eximam, atenuem ou agravem a sanção a ser imposta ao socioeducando, bem como os requisitos para a extinção dessa;

VI – enumeração explícita das garantias de defesa;

VII – garantia de solicitação e rito de apreciação dos recursos cabíveis; e

VIII – apuração da falta disciplinar por comissão composta por, no mínimo, 3 (três) integrantes, sendo 1 (um), obrigatoriamente, oriundo da equipe técnica.

Art. 72. O regime disciplinar é independente da responsabilidade civil ou penal que advenha do ato cometido.

Art. 73. Nenhum socioeducando poderá desempenhar função ou tarefa de apuração disciplinar ou aplicação de sanção nas entidades de atendimento socioeducativo.

Art. 74. Não será aplicada sanção disciplinar sem expressa e anterior previsão legal ou regulamentar e o devido processo administrativo.

Art. 75. Não será aplicada sanção disciplinar ao socioeducando que tenha praticado a falta:

I – por coação irresistível ou por motivo de força maior;

II – em legítima defesa, própria ou de outrem.

CAPÍTULO VIII
DA CAPACITAÇÃO PARA O TRABALHO

Art. 76. O art. 2º do Decreto-Lei nº 4.048, de 22 de janeiro de 1942, passa a vigorar acrescido do seguinte §1º, renumerando-se o atual parágrafo único para §2º:

"Art. 2º ..

§1º As escolas do Senai poderão ofertar vagas aos usuários do Sistema Nacional de Atendimento Socioeducativo (Sinase) nas condições a serem dispostas em instrumentos de cooperação celebrados entre os operadores do Senai e os gestores dos Sistemas de Atendimento Socioeducativo locais.

§2º .." (NR)

Art. 77. O art. 3º do Decreto-Lei nº 8.621, de 10 de janeiro de 1946, passa a vigorar acrescido do seguinte §1º, renumerando-se o atual parágrafo único para §2º:

"Art. 3º ..

§1º As escolas do Senac poderão ofertar vagas aos usuários do Sistema Nacional de Atendimento Socioeducativo (Sinase) nas condições a serem dispostas em instrumentos de cooperação celebrados entre os operadores do Senac e os gestores dos Sistemas de Atendimento Socioeducativo locais.

§2º .." (NR)

Art. 78. O art. 1º da Lei nº 8.315, de 23 de dezembro de 1991, passa a vigorar acrescido do seguinte parágrafo único:

"Art. 1º ..

Parágrafo único. Os programas de formação profissional rural do Senar poderão ofertar vagas aos usuários do Sistema Nacional de Atendimento Socioeducativo (Sinase) nas condições a serem dispostas em instrumentos de cooperação celebrados entre os operadores do Senar e os gestores dos Sistemas de Atendimento Socioeducativo locais." (NR)

Art. 79. O art. 3º da Lei nº 8.706, de 14 de setembro de 1993, passa a vigorar acrescido do seguinte parágrafo único:

"Art. 3º ..

Parágrafo único. Os programas de formação profissional do Senat poderão ofertar vagas aos usuários do Sistema Nacional de Atendimento Socioeducativo (Sinase) nas condições a serem dispostas em instrumentos de cooperação celebrados entre os operadores do Senat e os gestores dos Sistemas de Atendimento Socioeducativo locais." (NR)

Art. 80. O art. 429 do Decreto-Lei nº 5.452, de 1º de maio de 1943, passa a vigorar acrescido do seguinte §2º:

"Art. 429. ..

..

§2º Os estabelecimentos de que trata o **caput** ofertarão vagas de aprendizes a adolescentes usuários do Sistema Nacional de Atendimento Socioeducativo (Sinase) nas condições a serem dispostas em instrumentos de cooperação celebrados entre os estabelecimentos e os gestores dos Sistemas de Atendimento Socioeducativo locais." (NR)

TÍTULO III
DISPOSIÇÕES FINAIS E TRANSITÓRIAS

Art. 81. As entidades que mantenham programas de atendimento têm o prazo de até 6 (seis) meses após a publicação desta Lei para encaminhar ao respectivo Conselho Estadual ou Municipal dos Direitos da Criança e do Adolescente proposta de adequação da sua inscrição, sob pena de interdição.

Art. 82. Os Conselhos dos Direitos da Criança e do Adolescente, em todos os níveis federados, com os órgãos responsáveis pelo sistema de educação pública e as entidades de atendimento, deverão, no prazo de 1 (um) ano a partir da publicação

desta Lei, garantir a inserção de adolescentes em cumprimento de medida socioeducativa na rede pública de educação, em qualquer fase do período letivo, contemplando as diversas faixas etárias e níveis de instrução.

Art. 83. Os programas de atendimento socioeducativo sob a responsabilidade do Poder Judiciário serão, obrigatoriamente, transferidos ao Poder Executivo no prazo máximo de 1 (um) ano a partir da publicação desta Lei e de acordo com a política de oferta dos programas aqui definidos.

Art. 84. Os programas de internação e semiliberdade sob a responsabilidade dos Municípios serão, obrigatoriamente, transferidos para o Poder Executivo do respectivo Estado no prazo máximo de 1 (um) ano a partir da publicação desta Lei e de acordo com a política de oferta dos programas aqui definidos.

Art. 85. A não transferência de programas de atendimento para os devidos entes responsáveis, no prazo determinado nesta Lei, importará na interdição do programa e caracterizará ato de improbidade administrativa do agente responsável, vedada, ademais, ao Poder Judiciário e ao Poder Executivo municipal, ao final do referido prazo, a realização de despesas para a sua manutenção.

Art. 86. Os arts. 90, 97, 121, 122, 198 e 208 da Lei nº 8.069, de 13 de julho de 1990 (Estatuto da Criança e do Adolescente), passam a vigorar com a seguinte redação:

"Art. 90. ..
..

V – prestação de serviços à comunidade;
VI – liberdade assistida;
VII – semiliberdade; e
VIII – internação.
..." (NR)
"Art. 97. (VETADO)"
"Art. 121. ..

§7º A determinação judicial mencionada no §1º poderá ser revista a qualquer tempo pela autoridade judiciária." (NR)
"Art. 122. ..
..

§1º O prazo de internação na hipótese do inciso III deste artigo não poderá ser superior a 3 (três) meses, devendo ser decretada judicialmente após o devido processo legal.

..
....." (NR)
"Art. 198. Nos procedimentos afetos à Justiça da Infância e da Juventude, inclusive os relativos à execução das medidas socioeducativas, adotar-se-á o sistema recursal da Lei nº 5.869, de 11 de janeiro de 1973 (Código de Processo Civil), com as seguintes adaptações:

..

II – em todos os recursos, salvo nos embargos de declaração, o prazo para o Ministério Público e para a defesa será sempre de 10 (dez) dias;
.." (NR)
"Art. 208. ..
..

X – de programas de atendimento para a execução das medidas socioeducativas e aplicação de medidas de proteção.

.." (NR)
Art. 87. A Lei nº 8.069, de 13 de julho de 1990 (Estatuto da Criança e do Adolescente), passa a vigorar com as seguintes alterações:

"Art. 260. Os contribuintes poderão efetuar doações aos Fundos dos Direitos da Criança e do Adolescente nacional, distrital, estaduais ou municipais, devidamente comprovadas, sendo essas integralmente deduzidas do imposto de renda, obedecidos os seguintes limites:

I – 1% (um por cento) do imposto sobre a renda devido apurado pelas pessoas jurídicas tributadas com base no lucro real; e

II – 6% (seis por cento) do imposto sobre a renda apurado pelas pessoas físicas na Declaração de Ajuste Anual, observado o disposto no art. 22 da Lei nº 9.532, de 10 de dezembro de 1997.
..

§5º Observado o disposto no §4º do art. 3º da Lei nº 9.249, de 26 de dezembro de 1995, a dedução de que trata o inciso I do caput:

I – será considerada isoladamente, não se submetendo a limite em conjunto com outras deduções do imposto; e

II – não poderá ser computada como despesa operacional na apuração do lucro real." (NR)

"Art. 260-A. A partir do exercício de 2010, ano-calendário de 2009, a pessoa física poderá optar pela doação de que trata o inciso II do caput do art. 260 diretamente em sua Declaração de Ajuste Anual.

§1º A doação de que trata o caput poderá ser deduzida até os seguintes percentuais aplicados sobre o imposto apurado na declaração:

I – (VETADO);
II – (VETADO);
III – 3% (três por cento) a partir do exercício de 2012.

§2º A dedução de que trata o caput:
I – está sujeita ao limite de 6% (seis por cento) do imposto sobre a renda apurado na declaração de que trata o inciso II do caput do art. 260;

II – não se aplica à pessoa física que:
a) utilizar o desconto simplificado;
b) apresentar declaração em formulário; ou
c) entregar a declaração fora do prazo;

III – só se aplica às doações em espécie; e
IV – não exclui ou reduz outros benefícios ou deduções em vigor.

§3º O pagamento da doação deve ser efetuado até a data de vencimento da primeira quota ou quota única do imposto, observadas instruções específicas da Secretaria da Receita Federal do Brasil.

§4º O não pagamento da doação no prazo estabelecido no §3º implica a glosa definitiva desta parcela de dedução, ficando a pessoa física obrigada ao recolhimento da diferença de imposto devido apurado na Declaração de Ajuste Anual com os acréscimos legais previstos na legislação.

§5º A pessoa física poderá deduzir do imposto apurado na Declaração de Ajuste Anual as doações feitas, no respectivo ano-calendário, aos fundos controlados pelos Conselhos dos Direitos da Criança e do Adolescente municipais, distrital, estaduais e nacional concomitantemente com a opção de que trata o caput, respeitado o limite previsto no inciso II do art. 260."

"Art. 260-B. A doação de que trata o inciso I do art. 260 poderá ser deduzida:

I – do imposto devido no trimestre, para as pessoas jurídicas que apuram o imposto trimestralmente; e

II – do imposto devido mensalmente e no ajuste anual, para as pessoas jurídicas que apuram o imposto anualmente.

Parágrafo único. A doação deverá ser efetuada dentro do período a que se refere a apuração do imposto."

"Art. 260-C. As doações de que trata o art. 260 desta Lei podem ser efetuadas em espécie ou em bens.

Parágrafo único. As doações efetuadas em espécie devem ser depositadas em conta específica, em instituição financeira pública, vinculadas aos respectivos fundos de que trata o art. 260."

"Art. 260-D. Os órgãos responsáveis pela administração das contas dos Fundos dos Direitos da Criança e do Adolescente nacional, estaduais, distrital e municipais devem emitir recibo em favor do doador, assinado por pessoa competente e pelo presidente do Conselho correspondente, especificando:

I – número de ordem;

II – nome, Cadastro Nacional da Pessoa Jurídica (CNPJ) e endereço do emitente;

III – nome, CNPJ ou Cadastro de Pessoas Físicas (CPF) do doador;

IV – data da doação e valor efetivamente recebido; e

V – ano-calendário a que se refere a doação.

§1º O comprovante de que trata o caput deste artigo pode ser emitido anualmente, desde que discrimine os valores doados mês a mês.

§2º No caso de doação em bens, o comprovante deve conter a identificação dos bens, mediante descrição em campo próprio ou em relação anexa ao comprovante, informando também se houve avaliação, o nome, CPF ou CNPJ e endereço dos avaliadores."

"Art. 260-E. Na hipótese da doação em bens, o doador deverá:

I – comprovar a propriedade dos bens, mediante documentação hábil;

II – baixar os bens doados na declaração de bens e direitos, quando se tratar de pessoa física, e na escrituração, no caso de pessoa jurídica; e

III – considerar como valor dos bens doados:

a) para as pessoas físicas, o valor constante da última declaração do imposto de renda, desde que não exceda o valor de mercado;

b) para as pessoas jurídicas, o valor contábil dos bens.

Parágrafo único. O preço obtido em caso de leilão não será considerado na determinação do valor dos bens doados, exceto se o leilão for determinado por autoridade judiciária."

"Art. 260-F. Os documentos a que se referem os arts. 260-D e 260-E devem ser mantidos pelo contribuinte por um prazo de 5 (cinco) anos para fins de comprovação da dedução perante a Receita Federal do Brasil."

"Art. 260-G. Os órgãos responsáveis pela administração das contas dos Fundos dos Direitos da Criança e do Adolescente nacional, estaduais, distrital e municipais devem:

I – manter conta bancária específica destinada exclusivamente a gerir os recursos do Fundo;

II – manter controle das doações recebidas; e

III – informar anualmente à Secretaria da Receita Federal do Brasil as doações recebidas mês a mês, identificando os seguintes dados por doador:

a) nome, CNPJ ou CPF;

b) valor doado, especificando se a doação foi em espécie ou em bens."

"Art. 260-H. Em caso de descumprimento das obrigações previstas no art. 260-G, a Secretaria da Receita Federal do Brasil dará conhecimento do fato ao Ministério Público."

"Art. 260-I. Os Conselhos dos Direitos da Criança e do Adolescente nacional, estaduais, distrital e municipais divulgarão amplamente à comunidade:

I – o calendário de suas reuniões;

II – as ações prioritárias para aplicação das políticas de atendimento à criança e ao adolescente;

III – os requisitos para a apresentação de projetos a serem beneficiados com recursos dos Fundos dos Direitos da Criança e do Adolescente nacional, estaduais, distrital ou municipais;

IV – a relação dos projetos aprovados em cada ano-calendário e o valor dos recursos previstos para implementação das ações, por projeto;

V – o total dos recursos recebidos e a respectiva destinação, por projeto atendido, inclusive com cadastramento na base de dados do Sistema de Informações sobre a Infância e a Adolescência; e

VI – a avaliação dos resultados dos projetos beneficiados com recursos dos Fundos dos Direitos da Criança e do Adolescente nacional, estaduais, distrital e municipais."

"Art. 260-J. O Ministério Público determinará, em cada Comarca, a forma de fiscalização da aplicação dos incentivos fiscais referidos no art. 260 desta Lei.

Parágrafo único. O descumprimento do disposto nos arts. 260-G e 260-I sujeitará os infratores a responder por ação judicial proposta pelo Ministério Público, que poderá atuar de ofício, a requerimento ou representação de qualquer cidadão."

"Art. 260-K. A Secretaria de Direitos Humanos da Presidência da República (SDH/PR) encaminhará à Secretaria da Receita Federal do Brasil, até 31 de outubro de cada ano, arquivo eletrônico contendo a relação atualizada dos Fundos dos Direitos da Criança e do Adolescente nacional, distrital, estaduais e municipais, com a indicação dos respectivos números de inscrição no CNPJ e das contas bancárias específicas mantidas em instituições financeiras públicas, destinadas exclusivamente a gerir os recursos dos Fundos."

"Art. 260-L. A Secretaria da Receita Federal do Brasil expedirá as instruções necessárias à aplicação do disposto nos arts. 260 a 260-K."

Art. 88. O parágrafo único do art. 3º da Lei nº 12.213, de 20 de janeiro de 2010, passa a vigorar com a seguinte redação:

"Art. 3º ...

Parágrafo único. A dedução a que se refere o caput deste artigo não poderá ultrapassar 1% (um por cento) do imposto devido." (NR)

Art. 89. (VETADO).

Art. 90. Esta Lei entra em vigor após decorridos 90 (noventa) dias de sua publicação oficial.

Brasília, 18 de janeiro de 2012;

191º da Independência e 124º da República.

DILMA ROUSSEFF
José Eduardo Cardozo
Guido Mantega
Alexandre Rocha Santos Padilha
Miriam Belchior
Maria do Rosário Nunes

Instrução Normativa da Secretaria de Inspeção do Trabalho – SIT Nº 97 de 30.07.2012

DOU: 31.07.2012

Dispõe sobre a fiscalização das condições de trabalho no âmbito dos programas de aprendizagem.

A Secretária de Inspeção do Trabalho, no uso da competência prevista no inciso XIII do art. 14, do Anexo I do Decreto nº 5.063, de 3 de maio de 2004, que aprovou a estrutura regimental do Ministério do Trabalho e Emprego,

Resolve:

Art. 1º Estabelecer diretrizes e disciplinar a fiscalização da aprendizagem prevista no Capítulo IV do Título III da Consolidação das Leis do Trabalho – CLT, aprovada pelo Decreto-lei nº 5.452, de 1º de maio de 1943, em conformidade com o disposto no Decreto nº 5.598, de 1º de dezembro de 2005 e com a Portaria nº 723, de 23 de abril de 2012.

Seção I – Da Obrigatoriedade de Contratação de Aprendizes

Art. 2º Conforme determina o art. 429 da CLT, os estabelecimentos de qualquer natureza são obrigados a contratar e matricular aprendizes nos cursos de aprendizagem, no percentual mínimo de cinco e máximo de quinze por cento das funções que exijam formação profissional.

§1º Na conformação numérica de aplicação do percentual, ficam obrigados a contratar aprendizes os estabelecimentos que tenham pelo menos sete empregados contratados nas funções que demandam formação profissional, nos termos do art. 10 do Decreto n. 5.598, de 2005, devendo ser respeitado o limite máximo de quinze por cento previsto no art. 429 da CLT.

§2º Entende-se por estabelecimento todo complexo de bens organizado para o exercício de atividade econômica ou social do empregador, que se submeta ao regime da CLT.

§3º São incluídas na base de cálculo do número de aprendizes a serem contratados o total de trabalhadores existentes em cada estabelecimento, cujas funções demandem formação profissional, independentemente de serem proibidas para menores de dezoito anos, excluindo-se:

I – as funções que, em virtude de lei, exijam formação profissional de nível técnico ou superior;

II – as funções caracterizadas como cargos de direção, de gerência ou de confiança, nos termos do inciso II do art. 62 e §2º do art. 224 da CLT;

III – os trabalhadores contratados sob o regime de trabalho temporário instituído pela Lei nº 6.019, de 3 de janeiro de 1973; e

IV – os aprendizes já contratados.

§4º As funções e atividades executadas por terceiros, dentro dos parâmetros legais, serão computadas para o cálculo da cota cabível à empresa prestadora de serviços.

Art. 3º Estão legalmente dispensadas do cumprimento da cota de aprendizagem:

I – as microempresas e empresas de pequeno porte, optantes ou não pelo Regime Especial Unificado de Arrecadação de Tributos e Contribuições devidos pelas Microempresas e Empresas de Pequeno Porte – Simples Nacional.

II – entidade sem fins lucrativos que tenha por objetivo a educação profissional e contrate aprendizes na forma do art. 431 da CLT.

Parágrafo único. As microempresas e empresas de pequeno porte que contratem aprendizes devem observar o limite máximo de quinze por cento estabelecido no art. 429 da CLT.

Seção II – Do Contrato de Aprendizagem

Art. 4º O contrato de trabalho de aprendizagem possui natureza especial e tem por principal característica, segundo o art. 428 da CLT, o compromisso de o empregador assegurar ao maior de quatorze e menor de vinte e quatro anos, inscrito em programa de aprendizagem, formação técnico-profissional metódica, compatível com o seu desenvolvimento físico, moral e psicológico, e do aprendiz de executar com zelo e diligência as tarefas necessárias a essa formação.

Art. 5º O contrato de aprendizagem deve ser pactuado por escrito e por prazo determinado, e para sua validade exige-se:

I – registro e anotação na Carteira de Trabalho e Previdência Social – CTPS;

II – matrícula e freqüência do aprendiz à escola, caso não tenha concluído o ensino médio;

III – inscrição do aprendiz em programa de aprendizagem, desenvolvido sob a orientação de entidade qualificada em formação técnico-profissional metódica, quais sejam:

a) entes do Sistema Nacional de Aprendizagem;

b) escolas técnicas de educação; e

c) entidades sem fins lucrativos que tenham por objetivo a assistência ao adolescente e à educação profissional, devidamente inscritas no Cadastro Nacional de Aprendizagem e registradas no Conselho Municipal dos Direitos da Criança e do Adolescente CMDCA, quando atender a menores de dezoito anos;

IV – programa de aprendizagem desenvolvido em conformidade com as diretrizes da Portaria nº 723, de 2012;

Parágrafo único. A falta de cumprimento dos itens I a IV e demais normas que regulamentam a aprendizagem descaracteriza o contrato de aprendizagem e importa a sua nulidade, estabelecendo-se vínculo com o estabelecimento que deve cumprir a cota, conforme disposto no art. 18.

Art. 6º O contrato de aprendizagem poderá ser firmado por até dois anos, com correspondência obrigatória ao programa constante do Cadastro Nacional de Aprendizagem e deverá indicar expressamente:

I – o termo inicial e final, coincidentes com o prazo do programa de aprendizagem, exceto quando a contratação ocorrer após o início das atividades teóricas, podendo o empregador, neste caso, providenciar o registro retroativo;

II – o programa em que o aprendiz está vinculado e matriculado, com indicação da carga horária teórica e prática, e obediência aos critérios estabelecidos na Portaria nº 723, de 2012;

III – a função, a jornada diária e semanal, de acordo com a carga horária estabelecida no programa de aprendizagem, o horário de trabalho; e

IV – a remuneração pactuada.

Parágrafo único. O prazo máximo de dois anos do contrato de aprendizagem não se aplica às pessoas com deficiência, desde que o tempo adicional seja, nesses casos, fundamentado em aspectos relacionados à deficiência, vedada em qualquer caso a contratação de pessoa com deficiência na qualidade de aprendiz por prazo indeterminado.

Art. 7º A contratação de aprendizes por entidades sem fins lucrativos que tenham por objetivo a assistência ao adolescente e à educação profissional, conforme faculdade prevista no art. 431 da CLT, exige a formalização prévia de contrato ou convênio entre o estabelecimento que deve cumprir a cota e a entidade.

§1º Na hipótese de contratação indireta prevista no caput, a entidade sem fins lucrativos assume a condição de empregador de forma simultânea ao desenvolvimento do programa de aprendizagem, cabendo-lhe:

I – o cumprimento da legislação trabalhista em sua totalidade e no que concerne à aprendizagem;

II – assinar a Carteira de Trabalho e Previdência Social do aprendiz e anotar, no espaço destinado às anotações gerais, informação de que se trata de contratação decorrente de contrato firmado com estabelecimento para fins de cumprimento de sua cota;

III – promover o desenvolvimento do programa de aprendizagem constante do Cadastro Nacional de Aprendizagem;

§2º O estabelecimento, na contratação indireta, obriga-se a proporcionar a experiência prática para a formação técnico-profissional do aprendiz e em ambiente adequado, com atenção ao disposto no art. 9º.

§3º O contrato ou convênio mencionado no caput pode conter cláusula específica com a indicação da parte responsável pela elaboração e consecução dos programas de segurança e saúde no trabalho previstos nas Normas Regulamentadoras nº 7 e 9, aprovadas pela Portaria nº 3.214, de 8 de dezembro de 1978, para os aprendizes pertencentes à cota do estabelecimento e contratados por intermédio da entidade sem fins lucrativos.

Art. 8º A idade máxima de vinte e quatro anos é condição de extinção automática do contrato de aprendizagem, não se aplicando tal critério às pessoas com deficiência, para as quais a contratação é possível mesmo após essa idade.

Art. 9º Nos estabelecimentos em que sejam desenvolvidas atividades em ambientes ou funções proibidas a menores de dezoito anos devem ser atendidas as seguintes regras:

I – para a aprendizagem das funções proibidas para menores de dezoito anos, devem ser contratados aprendizes da faixa etária entre dezoito e vinte e quatro anos ou aprendizes com deficiência maiores de dezoito anos.

II – excepcionalmente, é permitida a contratação de aprendizes na faixa etária entre quatorze e dezoito anos para desempenharem tais funções ou exercerem suas funções no local, desde que o empregador:

a) apresente previamente, na unidade descentralizada do MTE da circunscrição onde ocorrerem as referidas atividades, parecer técnico circunstanciado, assinado por profissional legalmente habilitado em segurança e saúde no trabalho, que ateste a não exposição a riscos que possam comprometer a saúde, a segurança e a moral dos adolescentes, o qual deve ser renovado quando houver alterações nos locais de trabalho ou nos serviços prestados; ou

b) opte pela execução das atividades práticas dos adolescentes nas instalações da própria entidade encarregada da formação técnico-profissional, em ambiente protegido.

Art. 10. O contrato de aprendizagem extinguir-se-á:

I – no seu termo final;

II – quando o aprendiz completar vinte e quatro anos, observado o disposto no art. 8º;

III – antecipadamente, nas seguintes hipóteses:

a) desempenho insuficiente ou inadaptação do aprendiz, que devem ser comprovados mediante laudo de avaliação elaborado pela entidade executora da aprendizagem, a quem cabe a sua supervisão e avaliação, após consulta ao estabelecimento onde se realiza a aprendizagem;

b) falta disciplinar grave prevista no art. 482 da CLT;

c) ausência injustificada à escola que implique perda do ano letivo, comprovada por meio de declaração do estabelecimento de ensino;

d) a pedido do aprendiz;

e) fechamento da empresa em virtude de falência, encerramento das atividades da empresa e morte do empregador constituído em empresa individual.

§1º Não se aplica o disposto nos arts. 479 e 480 da CLT às hipóteses de extinção do contrato previstas nas alíneas do inciso III, exceto na hipótese prevista na alínea "e", em que o aprendiz fará jus, além das verbas rescisórias, à indenização prevista no art. 479 da CLT.

§2º A diminuição do quadro de pessoal da empresa, ainda que em razão de dificuldades financeiras ou de conjuntura econômica desfavorável, não autoriza a rescisão antecipada dos contratos de aprendizagem em curso, que devem ser cumpridos até o seu termo final.

§3º A contratação do aprendiz como empregado regular da empresa, após o término do contrato de aprendizagem, implica a rescisão deste em razão da hipótese prevista no inciso I do caput, com o consequente pagamento das verbas rescisórias devidas e assinatura de novo contrato de trabalho.

Seção III – Dos Direitos Trabalhistas

Art. 11. Ao aprendiz é garantido, preservada a condição mais benéfica:

I – o salário mínimo hora, considerado para tal fim o valor do salário mínimo nacional ou salário mínimo regional fixado em lei;

II – o piso da categoria previsto em instrumento normativo, quando houver previsão de aplicabilidade ao aprendiz; e

III – o valor pago por liberalidade do empregador, superior aos valores previstos nos incisos I e II.

Parágrafo único. O aprendiz maior de dezoito anos que labore em ambiente insalubre ou perigoso ou cuja jornada seja cumprida em horário noturno faz jus ao recebimento do respectivo adicional.

Art. 12. A duração da jornada de trabalho do aprendiz não excederá de seis horas diárias, durante a qual poderão ser desenvolvidas atividades teóricas e práticas ou apenas uma delas, dentro e no limite dos parâmetros estabelecidos no programa de aprendizagem.

§1º A jornada de até oito horas diárias é permitida para os aprendizes que completaram o ensino fundamental, desde que nela sejam incluídas atividades teóricas, na proporção prevista no contrato e no programa de aprendizagem.

§2º Ao aprendiz são vedadas, em qualquer caso, a prorrogação e a compensação da jornada de trabalho, e não se aplicam as hipóteses previstas nos incisos I e II do art. 413 da Consolidação das Leis do Trabalho.

§3º A fixação do horário do aprendiz deverá ser feita pela empresa em conjunto com a entidade formadora, com respeito à carga horária estabelecida no programa de aprendizagem.

§4º As atividades devem ser desenvolvidas em horário que não prejudique a frequência do aprendiz com idade inferior a dezoito anos à escola, nos termos do art. 427 da CLT e do inciso III do art. 63 da Lei nº 8.069, de 1990 – Estatuto da Criança e do Adolescente, devendo ser considerado, nesse caso, o tempo necessário para seu deslocamento.

§5º Aplica-se à jornada do aprendiz, nas atividades práticas ou teóricas, o disposto nos arts. 66 a 72 da CLT.

Art. 13. O período de férias do aprendiz deve ser definido no programa de aprendizagem, conforme estabelece a Portaria nº 723, de 2012, observado o seguinte:

I – as férias do aprendiz com idade inferior a dezoito anos devem coincidir, obrigatoriamente, com um dos períodos de férias escolares, sendo vedado o parcelamento, em conformidade com o disposto no §2º do art. 136 e §2º do art. 134 da CLT.

II – as férias do aprendiz com idade igual ou superior a dezoito anos devem coincidir, preferencialmente, com as férias escolares, em conformidade com o art. 25 do Decreto nº 5.598, de 2005.

Art. 14. A alíquota do depósito ao Fundo de Garantia por Tempo de Serviço – FGTS nos contratos de aprendizagem é de dois por cento da remuneração paga ou devida ao aprendiz conforme previsto no art. 15 da Lei Nº 8.036, de 11 de maio de 1990.

Seção IV – Dos Programas de Aprendizagem

Art. 15. Para fins da formação técnico profissional, e nos termos dos arts. 429 e 430 da CLT, os cursos e programas de aprendizagem devem ser oferecidos preferencialmente pelos entes dos Serviços Nacionais de Aprendizagem.

Parágrafo único. Não sendo oferecidos pelos entes referidos no caput cursos ou vagas suficientes, ou ainda programa de aprendizagem que atenda às necessidades dos estabelecimentos, a demanda poderá ser atendida pelas seguintes entidades qualificadas em formação profissional metódica:

I – escolas técnicas de educação;

II – entidades sem fins lucrativos, que tenham por objetivo a assistência ao adolescente e à educação

profissional, inscritas no Cadastro Nacional de Aprendizagem do MTE e registradas no Conselho Municipal do Direito da Criança e do Adolescente – CMDCA quando atenderem menores de dezoito anos.

Art. 16. Cabe à inspeção do trabalho verificar a insuficiência de vagas ou inexistência de cursos junto aos Serviços Nacionais de Aprendizagem, nos termos do parágrafo único do art. 13 do Decreto nº 5.598, 2005.

§1º Confirmada a insuficiência de vagas ou inexistência de cursos, a empresa poderá matricular os aprendizes nas escolas técnicas de educação e nas entidades sem fins lucrativos.

§2º O auditor-fiscal do trabalho poderá utilizar os elementos de convicção que entender suficientes para comprovar a inexistência ou insuficiência de vagas a que se referem o §1º.

Art. 17. As atividades teóricas e práticas da aprendizagem devem ser realizadas em ambientes adequados ao desenvolvimento dos respectivos programas, cabendo às empresas e às entidades responsáveis pelos cursos de aprendizagem oferecer aos aprendizes condições de segurança e saúde e acessibilidade nos ambientes de aprendizagem, observadas as disposições dos arts. 157 e 405 da CLT, do art. 29 do Decreto nº 3.298, de 20 de dezembro de 1999, do art. 2º do Decreto nº 6.481, de 12 de junho de 2008 e das Normas Regulamentadoras de Segurança e Saúde no Trabalho aprovadas pela Portaria Nº 3.214, de 1978.

Seção V – Da Inspeção do Trabalho

Art. 18. A descaracterização do contrato de aprendizagem, acarreta sua nulidade e ocorre:

I – quando houver descumprimento das disposições legais e regulamentares relativas à aprendizagem;

II – na ausência de correlação entre as atividades práticas executadas pelo aprendiz e as previstas no programa de aprendizagem;

III – pela contratação de entidades sem fins lucrativos não inscritas no Cadastro Nacional de Aprendizagem ou com parâmetro em programa de aprendizagem não constante do Cadastro; e

IV – quando houver descumprimento da legislação trabalhista na execução do contrato de aprendizagem.

§1º Descaracterizada a aprendizagem, caberá a lavratura dos autos de infração pertinentes, e o contrato de trabalho passará a ser considerado por prazo indeterminado, com as consequências jurídicas e financeiras dele decorrentes, a incidirem sobre todo o período contratual.

§2º Quando a contratação for por intermédio de entidade sem fins lucrativos, o ônus cabe ao estabelecimento responsável pelo cumprimento da cota de aprendizagem, com quem o vínculo empregatício será estabelecido diretamente.

§3º A nulidade do contrato de aprendizagem firmado com menor de dezesseis anos implica a imediata rescisão contratual, sem prejuízo da aplicação das sanções pertinentes e do pagamento das verbas rescisórias devidas.

§4º O disposto no §1º não se aplica, quanto ao vínculo, aos órgãos da Administração Pública.

Art. 19. Na fiscalização da aprendizagem, o auditor-fiscal do trabalho deve verificar:

I – o cumprimento, pelos estabelecimentos, da cota prevista no art. 429 da CLT para contratação de aprendizes;

II – a adequação do contrato de aprendizagem à legislação vigente;

III – a conformação do programa de aprendizagem com as atividades desenvolvidas pelo aprendiz no estabelecimento, com observância, dentre outros aspectos, da;

a) compatibilidade do programa do curso com as funções do aprendiz;

b) supervisão da entidade sem fins lucrativos;

c) formação específica dos instrutores; e

d) compatibilidade da duração do curso com a função desempenhada

IV – a existência de vagas ou cursos nos entes do Sistema Nacional de Aprendizagem;

V – a regularidade da entidade sem fins lucrativos junto ao Cadastro Nacional de Aprendizagem e ao Conselho Municipal dos Direitos da Criança e do Adolescente;

VI – as condições ambientais da execução da aprendizagem, tanto na entidade responsável por pelo programa quanto no estabelecimento empregador

VII – a regularidade dos contratos firmados entre o estabelecimento e a entidade sem fins lucrativos;

VIII – o cumprimento da legislação trabalhista, especialmente no que diz respeito à aprendizagem, pelo estabelecimento empregador ou entidade sem fins lucrativos que assumiu a condição de empregador;

IX – a adequação do ambiente de aprendizagem às normas de proteção ao trabalho e à formação profissional prevista no programa de aprendizagem.

§1º Nos estabelecimentos com atividades sazonais ou com grande rotatividade de mão-de-obra, o auditor-fiscal do trabalho deve exigir o cumprimento da cota com base no quantitativo de empregados existentes à época da fiscalização.

§2º A falta de cumprimento, pela entidades sem fins lucrativos, dos incisos do caput e da legislação referente à aprendizagem, bem como a inadequação de seus programas ao contexto da atividade desenvolvida pelo aprendiz no que concerne à sua formação técnico-profissional e irregularidades na contratação devem ser relatadas

de forma circunstanciada pelo auditor-fiscal do trabalho no relatório a que se refere o art. 7º da Portaria nº 723, de 2012.

Art. 20. Nas entidades sem fins lucrativos que contratam aprendizes, conforme previsto no art. 7º, o auditor-fiscal do trabalho deve verificar, além do disposto no art. 19:

I – a inserção e a regularidade da entidade sem fins lucrativos empregadora no Cadastro Nacional de Aprendizagem, na forma da Portaria nº 723, de 2012;

II – a existência de programa de aprendizagem compatível com a função e atividades dos aprendizes contratados e sua adequação aos requisitos estabelecidos na Portaria nº 723, de 2012;

III – a existência de certificado de registro da entidade sem fins lucrativos no CMDCA como entidade que objetiva a assistência ao adolescente e a educação profissional, quando algum de seus cursos se destinar a aprendizes menores de dezoito anos, bem como a comprovação do depósito do programa de aprendizagem naquele Conselho;

IV – a existência de declaração de frequência do aprendiz na escola, quando esta for obrigatória;

V – contrato ou convênio firmado entre a entidade responsável por ministrar o curso de aprendizagem e o estabelecimento tomador dos serviços; e

VI – os contratos de aprendizagem firmados entre a entidade e os aprendizes.

§1º Dos registros e contratos de aprendizagem firmados pelas entidades sem fins lucrativos devem constar a razão social, o endereço e o número de inscrição no Cadastro Nacional de Pessoa Jurídica – CNPJ do estabelecimento responsável pelo cumprimento da cota.

§2º Verificada a inadequação da entidade sem fins lucrativos, na forma do art. 20, o auditor-fiscal do trabalho, sem prejuízo da lavratura de autos de infrações cabíveis, deve adotar as providências previstas no art. 7º da Portaria nº 723, de 2012.

Art. 21. Os indícios de irregularidades relacionadas à segurança e saúde no trabalho devem ser informados pelo auditor-fiscal do trabalho à chefia imediata, para comunicação ao setor competente a fim de ser realizada a ação fiscal pertinente.

Parágrafo único. Constatada a inadequação dos ambientes de aprendizagem às condições de proteção ao trabalho do adolescente e às condições de acessibilidade ao aprendiz com deficiência, ou divergências apuradas entre as condições reais das instalações da entidade formadora e aquelas informadas no Cadastro Nacional da Aprendizagem, o auditor-fiscal do trabalho promoverá ações destinadas a regularizar a situação, sem prejuízo da lavratura de autos de infrações cabíveis, adotando, caso não sejam sanadas as irregularidades, as providências indicadas no art. 7º da Portaria nº 723, de 2012.

Seção VI – Do Planejamento da Fiscalização da Aprendizagem

Art. 22. Na elaboração do planejamento da fiscalização da contratação de aprendizes, a Superintendência Regional do Trabalho e Emprego deve observar as diretrizes expedidas pela Secretaria de Inspeção do Trabalho.

Art. 23. O planejamento da fiscalização da aprendizagem deve compreender as ações previstas nos arts. 19, 20 e 21 e ainda a fiscalização, se necessária, das entidades sem fins lucrativos que solicitarem inserção no Cadastro Nacional de Aprendizagem, nos termos dos arts. 3º e 4º da Portaria nº 723, de 2012.

§1º A fiscalização da aprendizagem, da execução e regularidade dos contratos de aprendizagens firmados pelos estabelecimentos e entidades sem fins lucrativos deve ser precedida de emissão de ordem de serviço específica.

§2º Para a fiscalização do cumprimento da obrigação de contratação de aprendizes, caberá à Superintendência Regional do Trabalho e Emprego, por meio de servidores designados pela chefia da fiscalização, identificar a oferta de cursos e vagas pelas instituições de aprendizagem e a demanda de aprendizes por parte dos empregadores.

§3º A oferta de cursos e vagas poderá ser verificada por meio dos programas de aprendizagem validados e inseridos Cadastro Nacional de Aprendizagem ou contatos com os entes do Sistema Nacional de Aprendizagem, escolas técnicas e entidades qualificadas em formação profissional, inclusive durante eventos e palestras promovidos pela Superintendência Regional do Trabalho e Emprego.

§4º A demanda potencial por aprendizes será identificada por atividade econômica, em cada município, a partir das informações disponíveis nos bancos de dados oficiais, tais como a Relação Anual de Informações Sociais – RAIS e o Cadastro Geral de Empregados e Desempregados – CAGED, ou outros sistema disponíveis aos auditores – fiscais do trabalho, observado o disposto no art. 3º desta instrução normativa.

Art. 24. Para acesso ao Cadastro Nacional de Aprendizagem deve ser solicitada senha de acesso, diretamente pela Superintendência Regional do Trabalho e Emprego à Coordenação-Geral de Preparação de Mão-de-obra Juvenil do Departamento de Políticas de Trabalho e Emprego para a Juventude da Secretaria de Políticas Públicas de Emprego – SPPE.

Art. 25. Poderá ser adotada, sem prejuízo da ação fiscal in loco, a notificação para apresentação de documentos – NAD via postal – modalidade de fiscalização indireta – para convocar, individual ou coletivamente, os empregadores a apresentarem

documentos, em dia e hora previamente fixados, a fim de comprovarem a regularidade da contratação de empregados aprendizes, conforme determina o art. 429 da CLT.

§1º No procedimento de notificação via postal poderá ser utilizado, como suporte instrumental, sistema informatizado de dados destinado a facilitar a identificação dos estabelecimentos obrigados a contratar aprendizes.

§2º No caso de convocação coletiva, a Superintendência Regional do Trabalho e Emprego poderá realizar, a seu critério, evento em que seja feita explanação acerca da temática da aprendizagem, visando conscientizar, orientar e esclarecer dúvidas em relação à aprendizagem.

§3º Caso o auditor-fiscal do trabalho, no planejamento da fiscalização ou no curso desta, conclua pela ocorrência de motivo grave ou relevante que impossibilite ou dificulte a imediata contratação dos aprendizes, poderá instaurar, com a anuência da chefia imediata e desde que o estabelecimento esteja sendo fiscalizado pela primeira vez, procedimento especial para ação fiscal, nos termos do art. 27 a 30 do Regulamento da Inspeção do Trabalho – RIT, aprovado pelo Decreto nº 4.552, de 27 de dezembro de 2002, explicitando os motivos que determinaram essa medida.

§4º O procedimento especial para a ação fiscal poderá resultar na lavratura de termo de compromisso que estipule as obrigações assumidas pelo compromissado e os prazos para seu cumprimento.

§5º Durante o prazo fixado no termo, o estabelecimento compromissado poderá ser fiscalizado para verificação de seu cumprimento, sem prejuízo da ação fiscal em atributos não contemplados no referido termo.

Art. 25-A Poderá ser adotada a fiscalização na modalidade eletrônica para ampliar a abrangência da fiscalização da aprendizagem.

§1º Na fiscalização eletrônica as empresas serão notificadas, via postal, para apresentar documentos em meio eletrônico que serão confrontados com dados dos sistemas oficiais do Ministério do Trabalho e Emprego, visando comprovação da efetiva contratação dos aprendizes, nos termos do art. 429 da CLT.

§2º A empresa sujeita à contratação de aprendizes deverá apresentar em meio eletrônico, via e-mail, os seguintes documentos:

a) imagem da ficha, folha do livro ou tela do sistema eletrônico de registro de empregados comprovando o registro do aprendiz;

b) imagem do contrato de aprendizagem firmado entre empresa e o aprendiz, com a anuência/interveniência da entidade formadora;

c) imagem da declaração de matrícula do aprendiz no curso de aprendizagem emitida pela entidade formadora;

d) comprovante em meio digital de entrega do CAGED referente à contratação dos aprendizes;

e) outros dados referentes à ação fiscal, solicitados pelo AFT notificante.

Art. 26. A chefia de fiscalização deve designar auditores fiscais do trabalho para realizar a fiscalização indireta, prevista no art. 25 e, quando for o caso, verificar o cumprimento dos termos de cooperação técnica firmados no âmbito do Ministério do Trabalho e Emprego.

Parágrafo único. No caso de convocação coletiva, devem ser designados auditores-fiscais do trabalho em número suficiente para o atendimento de todas as empresas notificadas.

Art. 27. Esgotada a atuação da inspeção do trabalho, sem a correção das irregularidades relativas à aprendizagem, o auditor-fiscal do trabalho, sem prejuízo da lavratura de autos de infração cabíveis, deve elaborar relatório circunstanciado e encaminhá-lo à chefia imediata, a qual adotará as providências que julgar cabíveis conforme o caso.

Art. 28. Fica revogada a Instrução Normativa nº 75, de 8 de maio de 2009.

Art. 29. Esta Instrução Normativa entra em vigor na data de sua publicação.

VERA LUCIA RIBEIRO DE ALBUQUERQUE

LEI Nº 12.619, DE 30 DE ABRIL DE 2012

Dispõe sobre o exercício da profissão de motorista; altera a Consolidação das Leis do Trabalho – CLT, aprovada pelo Decreto-Lei nº 5.452, de 1º de maio de 1943, e as Leis nºˢ 9.503, de 23 de setembro de 1997, 10.233, de 5 de junho de 2001, 11.079, de 30 de dezembro de 2004, e 12.023, de 27 de agosto de 2009, para regular e disciplinar a jornada de trabalho e o tempo de direção do motorista profissional; e dá outras providências.

A PRESIDENTA DA REPÚBLICA Faço saber que o Congresso Nacional decreta e eu sanciono a seguinte Lei:

Art. 1º (Revogado)

Art. 2º (Revogado)

Art. 3º O Capítulo I do Título III da Consolidação das Leis do Trabalho – CLT, aprovada pelo Decreto-Lei nº 5.452, de 1º de maio de 1943, passa a vigorar acrescido da seguinte Seção IV-A:

"TÍTULO III

CAPÍTULO I

Seção IV-A
Do Serviço do Motorista Profissional

Art. 235-A. Ao serviço executado por motorista profissional aplicam-se os preceitos especiais desta Seção.

Art. 235-B. São deveres do motorista profissional:

I – estar atento às condições de segurança do veículo;

II – conduzir o veículo com perícia, prudência, zelo e com observância aos princípios de direção defensiva;

III – respeitar a legislação de trânsito e, em especial, as normas relativas ao tempo de direção e de descanso;

IV – zelar pela carga transportada e pelo veículo;

V – colocar-se à disposição dos órgãos públicos de fiscalização na via pública;

VI – (VETADO);

VII – submeter-se a teste e a programa de controle de uso de droga e de bebida alcoólica, instituído pelo empregador, com ampla ciência do empregado.

Parágrafo único. A inobservância do disposto no inciso VI e a recusa do empregado em submeter-se ao teste e ao programa de controle de uso de droga e de bebida alcoólica previstos no inciso VII serão consideradas infração disciplinar, passível de penalização nos termos da lei.

Art. 235-C. A jornada diária de trabalho do motorista profissional será a estabelecida na Constituição Federal ou mediante instrumentos de acordos ou convenção coletiva de trabalho.

§1º Admite-se a prorrogação da jornada de trabalho por até 2 (duas) horas extraordinárias.

§2º Será considerado como trabalho efetivo o tempo que o motorista estiver à disposição do empregador, excluídos os intervalos para refeição, repouso, espera e descanso.

§3º Será assegurado ao motorista profissional intervalo mínimo de 1 (uma) hora para refeição, além de intervalo de repouso diário de 11 (onze) horas a cada 24 (vinte e quatro) horas e descanso semanal de 35 (trinta e cinco) horas.

§4º As horas consideradas extraordinárias serão pagas com acréscimo estabelecido na Constituição Federal ou mediante instrumentos de acordos ou convenção coletiva de trabalho.

§5º À hora de trabalho noturno aplica-se o disposto no art. 73 desta Consolidação.

§6º O excesso de horas de trabalho realizado em um dia poderá ser compensado, pela correspondente diminuição em outro dia, se houver previsão em instrumentos de natureza coletiva, observadas as disposições previstas nesta Consolidação.

§7º (VETADO).

§8º São consideradas tempo de espera as horas que excederem à jornada normal de trabalho do motorista de transporte rodoviário de cargas que ficar aguardando para carga ou descarga do veículo no embarcador ou destinatário ou para fiscalização da mercadoria transportada em barreiras fiscais ou alfandegárias, não sendo computadas como horas extraordinárias.

§9º As horas relativas ao período do tempo de espera serão indenizadas com base no salário-hora normal acrescido de 30% (trinta por cento).

Art. 235-D. Nas viagens de longa distância, assim consideradas aquelas em que o motorista profissional permanece fora da base da empresa, matriz ou filial ou de sua residência por mais de 24 (vinte e quatro) horas, serão observados:

I – intervalo mínimo de 30 (trinta) minutos para descanso a cada 4 (quatro) horas de tempo ininterrupto de direção, podendo ser fracionados o tempo de direção e o de intervalo de descanso,

desde que não completadas as 4 (quatro) horas ininterruptas de direção;

II – intervalo mínimo de 1 (uma) hora para refeição, podendo coincidir ou não com o intervalo de descanso do inciso I;

III – repouso diário do motorista obrigatoriamente com o veículo estacionado, podendo ser feito em cabine leito do veículo ou em alojamento do empregador, do contratante do transporte, do embarcador ou do destinatário ou em hotel, ressalvada a hipótese da direção em dupla de motoristas prevista no §6º do art. 235-E.

Art. 235-E. Ao transporte rodoviário de cargas em longa distância, além do previsto no art. 235-D, serão aplicadas regras conforme a especificidade da operação de transporte realizada.

§1º Nas viagens com duração superior a 1 (uma) semana, o descanso semanal será de 36 (trinta e seis) horas por semana trabalhada ou fração semanal trabalhada, e seu gozo ocorrerá no retorno do motorista à base (matriz ou filial) ou em seu domicílio, salvo se a empresa oferecer condições adequadas para o efetivo gozo do referido descanso.

§2º (VETADO).

§3º É permitido o fracionamento do descanso semanal em 30 (trinta) horas mais 6 (seis) horas a serem cumpridas na mesma semana e em continuidade de um período de repouso diário.

§4º O motorista fora da base da empresa que ficar com o veículo parado por tempo superior à jornada normal de trabalho fica dispensado do serviço, exceto se for exigida permanência junto ao veículo, hipótese em que o tempo excedente à jornada será considerado de espera.

§5º Nas viagens de longa distância e duração, nas operações de carga ou descarga e nas fiscalizações em barreiras fiscais ou aduaneira de fronteira, o tempo parado que exceder a jornada normal será computado como tempo de espera e será indenizado na forma do §9º do art. 235-C.

§6º Nos casos em que o empregador adotar revezamento de motoristas trabalhando em dupla no mesmo veículo, o tempo que exceder a jornada normal de trabalho em que o motorista estiver em repouso no veículo em movimento será considerado tempo de reserva e será remunerado na razão de 30% (trinta por cento) da hora normal.

§7º É garantido ao motorista que trabalha em regime de revezamento repouso diário mínimo de 6 (seis) horas consecutivas fora do veículo em alojamento externo ou, se na cabine leito, com o veículo estacionado.

§8º (VETADO).

§9º Em caso de força maior, devidamente comprovado, a duração da jornada de trabalho do motorista profissional poderá ser elevada pelo tempo necessário para sair da situação extraordinária e chegar a um local seguro ou ao seu destino.

§10. Não será considerado como jornada de trabalho nem ensejará o pagamento de qualquer remuneração o período em que o motorista ou o ajudante ficarem espontaneamente no veículo usufruindo do intervalo de repouso diário ou durante o gozo de seus intervalos intrajornadas.

§11. Nos casos em que o motorista tenha que acompanhar o veículo transportado por qualquer meio onde ele siga embarcado, e que a embarcação disponha de alojamento para gozo do intervalo de repouso diário previsto no §3º do art. 235-C, esse tempo não será considerado como jornada de trabalho, a não ser o tempo restante, que será considerado de espera.

§12. Aplica-se o disposto no §6º deste artigo ao transporte de passageiros de longa distância em regime de revezamento.

Art. 235-F. Convenção e acordo coletivo poderão prever jornada especial de 12 (doze) horas de trabalho por 36 (trinta e seis) horas de descanso para o trabalho do motorista, em razão da especificidade do transporte, de sazonalidade ou de característica que o justifique.

Art. 235-G. É proibida a remuneração do motorista em função da distância percorrida, do tempo de viagem e/ou da natureza e quantidade de produtos transportados, inclusive mediante oferta de comissão ou qualquer outro tipo de vantagem, se essa remuneração ou comissionamento comprometer a segurança rodoviária ou da coletividade ou possibilitar violação das normas da presente legislação.

Art. 235-H. Outras condições específicas de trabalho do motorista profissional, desde que não prejudiciais à saúde e à segurança do trabalhador, incluindo jornadas especiais, remuneração, benefícios, atividades acessórias e demais elementos integrantes da relação de emprego, poderão ser previstas em convenções e acordos coletivos de trabalho, observadas as demais disposições desta Consolidação."

Art. 4º O art. 71 da Consolidação das Leis do Trabalho – CLT, aprovada pelo Decreto-Lei nº 5.452, de 1º de maio de 1943, passa a vigorar acrescido do seguinte §5º:

"Art. 71. ..
..

§5º Os intervalos expressos no caput e no §1º poderão ser fracionados quando compreendidos entre o término da primeira hora trabalhada e o início da última hora trabalhada, desde que previsto em convenção ou acordo coletivo de trabalho, ante a natureza do serviço e em virtude das condições especiais do trabalho a que são submetidos estritamente os motoristas, cobradores, fiscalização de campo e afins nos serviços de operação de veículos rodoviários, empregados no setor de transporte coletivo de passageiros, mantida a mesma remuneração e concedidos intervalos para descanso

menores e fracionados ao final de cada viagem, não descontados da jornada." (NR)

Art. 5º A Lei nº 9.503, de 23 de setembro de 1997 – Código de Trânsito Brasileiro, passa a vigorar acrescida do seguinte Capítulo III-A:

"CAPÍTULO III-A
DA CONDUÇÃO DE VEÍCULOS POR MOTORISTAS PROFISSIONAIS

Art. 67-A. É vedado ao motorista profissional, no exercício de sua profissão e na condução de veículo mencionado no inciso II do art. 105 deste Código, dirigir por mais de 4 (quatro) horas ininterruptas.

§1º Será observado intervalo mínimo de 30 (trinta) minutos para descanso a cada 4 (quatro) horas ininterruptas na condução de veículo referido no caput, sendo facultado o fracionamento do tempo de direção e do intervalo de descanso, desde que não completadas 4 (quatro) horas contínuas no exercício da condução.

§2º Em situações excepcionais de inobservância justificada do tempo de direção estabelecido no caput e desde que não comprometa a segurança rodoviária, o tempo de direção poderá ser prorrogado por até 1 (uma) hora, de modo a permitir que o condutor, o veículo e sua carga cheguem a lugar que ofereça a segurança e o atendimento demandados.

§3º O condutor é obrigado a, dentro do período de 24 (vinte e quatro) horas, observar um intervalo de, no mínimo, 11 (onze) horas de descanso, podendo ser fracionado em 9 (nove) horas mais 2 (duas), no mesmo dia.

§4º Entende-se como tempo de direção ou de condução de veículo apenas o período em que o condutor estiver efetivamente ao volante de um veículo em curso entre a origem e o seu destino, respeitado o disposto no §1º, sendo-lhe facultado descansar no interior do próprio veículo, desde que este seja dotado de locais apropriados para a natureza e a duração do descanso exigido.

§5º O condutor somente iniciará viagem com duração maior que 1 (um) dia, isto é, 24 (vinte e quatro) horas após o cumprimento integral do intervalo de descanso previsto no §3º.

§6º Entende-se como início de viagem, para os fins do disposto no §5º, a partida do condutor logo após o carregamento do veículo, considerando-se como continuação da viagem as partidas nos dias subsequentes até o destino.

§7º Nenhum transportador de cargas ou de passageiros, embarcador, consignatário de cargas, operador de terminais de carga, operador de transporte multimodal de cargas ou agente de cargas permitirá ou ordenará a qualquer motorista a seu serviço, ainda que subcontratado, que conduza veículo referido no caput sem a observância do disposto no §5º.

§8º (VETADO).

Art. 67-B. (VETADO).

Art. 67-C. O motorista profissional na condição de condutor é responsável por controlar o tempo de condução estipulado no art. 67-A, com vistas na sua estrita observância.

Parágrafo único. O condutor do veículo responderá pela não observância dos períodos de descanso estabelecidos no art. 67-A, ficando sujeito às penalidades daí decorrentes, previstas neste Código.

Art. 67-D. (VETADO)."

Art. 6º A Lei nº 9.503, de 23 de setembro de 1997 – Código de Trânsito Brasileiro, passa a vigorar com as seguintes alterações:

"Art. 145. ..

Parágrafo único. A participação em curso especializado previsto no inciso IV independe da observância do disposto no inciso III." (NR)

"Art. 230. ..
..

XXIII – em desacordo com as condições estabelecidas no art. 67-A, relativamente ao tempo de permanência do condutor ao volante e aos intervalos para descanso, quando se tratar de veículo de transporte de carga ou de passageiros:

Infração – grave;
Penalidade – multa;
Medida administrativa – retenção do veículo para cumprimento do tempo de descanso aplicável;
XXIV – (VETADO)." (NR)

"Art. 259. ..
..

§3º (VETADO)." (NR)

"Art. 261. ..
..

§3º (VETADO).
§4º (VETADO)." (NR)

"Art. 310-A. (VETADO)."

Art. 7º (VETADO).
Art. 8º (VETADO).
Art. 9º (VETADO).
Art. 10. (VETADO).
Art. 11. (VETADO).
Art. 12. (VETADO).

Brasília, 30 de abril de 2012;
191º da Independência e 124º da República.

DILMA ROUSSEFF
José Eduardo Cardozo
Guido Mantega
Paulo Sérgio Oliveira Passos
Paulo Roberto dos Santos Pinto
Miriam Belchior
Aguinaldo Ribeiro
Gilberto Carvalho
Luís Inácio Lucena Adams

Regulamento RENAJUD

CAPÍTULO I
Finalidade da Regulamentação

Art. 1º A presente regulamentação visa a disciplinar a operacionalização e utilização do sistema RENAJUD Versão 1.0, bem como padronizar os procedimentos a fim de evitar divergências e equívocos de interpretação.

Parágrafo único. O detalhamento das funcionalidades do Sistema RENAJUD está descrito no Manual do Usuário, disponível na página de acesso.

CAPÍTULO II
Do Sistema RENAJUD versão 1.0

Art. 2º O Sistema RENAJUD versão 1.0 é uma ferramenta eletrônica que interliga o Poder Judiciário e o Departamento Nacional de Trânsito – DENATRAN, possibilitando consultas e o envio, em tempo real, de ordens judiciais eletrônicas de restrição e de retirada de restrição de veículos automotores na Base Índice Nacional (BIN) do Registro Nacional de Veículos Automotores – RENAVAM.

Art. 3º O acesso ao sistema pelo usuário devidamente cadastrado será feito pela internet, por meio do caminho https://denatran.serpro.gov.br/renajud, com uso de assinatura eletrônica.

§1º Na versão 1.0, o uso da assinatura eletrônica se dará mediante cadastro de usuário (login e senha), com planejamento destinado a criar as condições básicas de infra-estrutura para acesso via certificação digital.

§2º O login do usuário corresponderá ao seu Cadastro de Pessoa Física – CPF perante a Secretaria da Receita Federal do Brasil.

§3º O campo CPF deverá ser preenchido somente com números e a senha será a fornecida quando do cadastramento do usuário. A primeira senha deverá ser alterada por ocasião do primeiro acesso ao sistema e poderá ser alterada pelo usuário a qualquer momento.

§4º A senha é pessoal e intransferível e, por questão de segurança, tem validade de 30 dias. Ao término desse prazo, o sistema solicitará ao usuário o cadastramento de uma nova senha.

§5º A não utilização do sistema por 45 dias consecutivos implicará na expiração da senha cadastrada. Nessa hipótese, o usuário deverá solicitar nova senha ao Master.

CAPÍTULO III
Das Ordens Judiciais

Art. 4º – As ordens judiciais não poderão ser registradas no sistema RENAJUD versão 1.0 das 01h00min às 03h00min, inclusive aos sábados, domingos e feriados, em razão de parada programada para manutenção do sistema RENAVAM.

Parágrafo único. No primeiro fim de semana de cada mês, não poderão ser registradas ordens judiciais no sistema RENAJUD das 20h00min do sábado às 6h00min do domingo.

Art. 5º As atualizações nos sistemas RENAJUD e RENAVAM ocorrem em tempo real, razão pela qual o registro das ordens judiciais observará a base cadastral no instante da inserção no sistema.

Das Ordens Judiciais de Restrição

Art. 6º O sistema RENAJUD versão 1.0 permite o envio de ordens judiciais eletrônicas de restrição de transferência, de licenciamento e de circulação, bem como a averbação de registro de penhora de veículos automotores cadastrados na Base Índice Nacional (BIN) do Registro Nacional de Veículos Automotores – RENAVAM.

§1º Para possibilitar a efetivação de restrições, o usuário previamente consultará a existência do veículo no sistema RENAVAM, com possibilidade de indicação dos seguintes argumentos de pesquisa: placa e/ou chassi e/ou CPF/CNPJ do proprietário.

§2º O endereço do proprietário somente será visualizado após a inserção da restrição judicial ou se o veículo possuir restrição anterior.

Art. 7º A restrição de transferência impede o registro da mudança da propriedade do veículo no sistema RENAVAM.

Art. 8º A restrição de licenciamento impede o registro da mudança da propriedade, bem como um novo licenciamento do veículo no sistema RENAVAM.

Art. 9º A restrição de circulação (restrição total) impede o registro da mudança da propriedade do veículo, um novo licenciamento no sistema RENAVAM e também a sua circulação em território nacional, autorizando o recolhimento do bem a depósito.

Art. 10. Efetivada em processo judicial a penhora de veículo automotor, o juiz poderá realizar a averbação do respectivo ato no sistema RENAJUD, mediante registro da data da constrição, do valor

da avaliação, do valor da execução/cumprimento da sentença e da data da atualização do valor da execução/cumprimento da sentença.

Das Ordens Judiciais de Retirada de Restrição

Art. 11. A restrição inserida no RENAJUD deverá ser retirada diretamente no sistema, após identificação do processo judicial no qual foi determinada.

Parágrafo único. Para identificação do processo, o usuário deverá informar obrigatoriamente a comarca/município e o órgão judiciário, e pelo menos um dos seguintes argumentos de pesquisa: juiz que ordenou a restrição, período de inserção da restrição no sistema, número do processo, placa do veículo e/ou número do ofício.

Das ordens judiciais enviadas por ofício em papel

Art. 12. As ordens judiciais de restrição enviadas por ofício em papel ao DENATRAN ou DETRAN poderão ser cumpridas por esses órgãos diretamente no sistema RENAJUD, desde que contemplem as informações necessárias, registrando-se o número do ofício judicial.

§1º Na hipótese descrita no caput, o usuário poderá retirar a restrição no sistema RENAJUD, após a identificação do processo judicial no qual foi determinada.

§2º As restrições judiciais cumpridas pelo DENATRAN ou DETRAN fora do sistema RENAJUD não serão tratadas neste sistema.

Capítulo IV
Das informações gerenciais

Art. 13. O sistema possibilitará consultas a relatórios estatísticos para controle gerencial pelo Poder Judiciário, pelo DENATRAN e pelo DETRAN.

Capítulo V
Da implementação

Art. 14. O sistema RENAJUD será implementado em duas etapas, sem prejuízo de outras melhorias e do seu contínuo aperfeiçoamento:

Etapa I: consulta e envio, em tempo real, de ordens judiciais eletrônicas de restrição e de retirada de restrição de transferência, de licenciamento e de circulação (restrição total), além da averbação do registro de penhora de veículos automotores na Base Índice Nacional (BIN) do Registro Nacional de Veículos Automotores – RENAVAM;

Etapa II: incorporar ao sistema a emissão de relatórios estatísticos para controle gerencial pelo Poder Judiciário, pelo DENATRAN e pelo DETRAN.

Súmulas do Tribunal Superior do Trabalho

Nº 1 PRAZO JUDICIAL

Quando a intimação tiver lugar na sexta-feira, ou a publicação com efeito de intimação for feita nesse dia, o prazo judicial será contado da segunda-feira imediata, inclusive, salvo se não houver expediente, caso em que fluirá no dia útil que se seguir.

Nº 6 EQUIPARAÇÃO SALARIAL. ART. 461 DA CLT

I – Para os fins previstos no §2º do art. 461 da CLT, só é válido o quadro de pessoal organizado em carreira quando homologado pelo Ministério do Trabalho, excluindo-se, apenas, dessa exigência o quadro de carreira das entidades de direito público da administração direta, autárquica e fundacional aprovado por ato administrativo da autoridade competente. (ex-Súmula nº 06 – alterada pela Res. 104/2000, DJ 20.12.2000)

II – Para efeito de equiparação de salários em caso de trabalho igual, conta-se o tempo de serviço na função e não no emprego. (ex-Súmula nº 135 – RA 102/1982, DJ 11.10.1982 e DJ 15.10.1982)

III – A equiparação salarial só é possível se o empregado e o paradigma exercerem a mesma função, desempenhando as mesmas tarefas, não importando se os cargos têm, ou não, a mesma denominação. (ex-OJ da SBDI-1 nº 328 – DJ 09.12.2003)

IV – É desnecessário que, ao tempo da reclamação sobre equiparação salarial, reclamante e paradigma estejam a serviço do estabelecimento, desde que o pedido se relacione com situação pretérita. (ex-Súmula nº 22 – RA 57/1970, DO-GB 27.11.1970)

V – A cessão de empregados não exclui a equiparação salarial, embora exercida a função em órgão governamental estranho à cedente, se esta responde pelos salários do paradigma e do reclamante. (ex-Súmula nº 111 – RA 102/1980, DJ 25.09.1980)

VI – Presentes os pressupostos do art. 461 da CLT, é irrelevante a circunstância de que o desnível salarial tenha origem em decisão judicial que beneficiou o paradigma, exceto: a) se decorrente de vantagem pessoal ou de tese jurídica superada pela jurisprudência de Corte Superior; b) na hipótese de equiparação salarial em cadeia, suscitada em defesa, se o empregador produzir prova do alegado fato modificativo, impeditivo ou extintivo do direito à equiparação salarial em relação ao paradigma remoto, considerada irrelevante, para esse efeito, a existência de diferença de tempo de serviço na função superior a dois anos entre o reclamante e os empregados paradigmas componentes da cadeia equiparatória, à exceção do paradigma imediato.

VII – Desde que atendidos os requisitos do art. 461 da CLT, é possível a equiparação salarial de trabalho intelectual, que pode ser avaliado por sua perfeição técnica, cuja aferição terá critérios objetivos. (ex-OJ da SBDI-1 nº 298 – DJ 11.08.2003)

VIII – É do empregador o ônus da prova do fato impeditivo, modificativo ou extintivo da equiparação salarial. (ex-Súmula nº 68 – RA 9/1977, DJ 11.02.1977)

IX – Na ação de equiparação salarial, a prescrição é parcial e só alcança as diferenças salariais vencidas no período de 5 (cinco) anos que precedeu o ajuizamento. (ex-Súmula nº 274 – alterada pela Res. 121/2003, DJ 21.11.2003)

X – O conceito de "mesma localidade" de que trata o art. 461 da CLT refere-se, em princípio, ao mesmo município, ou a municípios distintos que, comprovadamente, pertençam à mesma região metropolitana. (ex-OJ da SBDI-1 nº 252 – inserida em 13.03.2002)

Nº 7 FÉRIAS

A indenização pelo não-deferimento das férias no tempo oportuno será calculada com base na remuneração devida ao empregado na época da reclamação ou, se for o caso, na da extinção do contrato.

Nº 8 JUNTADA DE DOCUMENTO

A juntada de documentos na fase recursal só se justifica quando provado o justo impedimento para sua oportuna apresentação ou se referir a fato posterior à sentença.

Nº 9 AUSÊNCIA DO RECLAMANTE

A ausência do reclamante, quando adiada a instrução após contestada a ação em audiência, não importa arquivamento do processo

Nº 10 PROFESSOR. DISPENSA SEM JUSTA CAUSA. TÉRMINO DO ANO LETIVO OU NO CURSO DE FÉRIAS ESCOLARES. AVISO PRÉVIO

A ausência do reclamante, quando adiada a instrução após contestada a ação em audiência, não importa arquivamento do processo

Nº 12 CARTEIRA PROFISSIONAL

As anotações apostas pelo empregador na carteira profissional do empregado não geram presunção "juris et de jure", mas apenas "

Nº 13 MORA

O só pagamento dos salários atrasados em audiência não ilide a mora capaz de determinar a rescisão do contrato de trabalho.

Nº 14 CULPA RECÍPROCA

Reconhecida a culpa recíproca na rescisão do contrato de trabalho (art. 484 da CLT), o empregado tem direito a 50% (cinqüenta por cento) do valor do aviso prévio, do décimo terceiro salário e das férias proporcionais.

Nº 15 ATESTADO MÉDICO

A justificação da ausência do empregado motivada por doença, para a percepção do salário-enfermidade e da remuneração do repouso semanal, deve observar a ordem preferencial dos atestados médicos estabelecida em lei.

Nº 16 NOTIFICAÇÃO

Presume-se recebida a notificação 48 (quarenta e oito) horas depois de sua *postagem*. O seu não-recebimento ou a entrega após o decurso desse prazo constitui ônus de prova do destinatário.

Nº 18 COMPENSAÇÃO

A compensação, na Justiça do Trabalho, está restrita a dívidas de natureza trabalhista.

Nº 19 QUADRO DE CARREIRA

A Justiça do Trabalho é competente para apreciar reclamação de empregado que tenha por objeto direito fundado em quadro de carreira.

Nº 23 RECURSO

Não se conhece de recurso de revista ou de embargos, se a decisão recorrida resolver determinado item do pedido por diversos fundamentos e a jurisprudência transcrita não abranger a todos.

Nº 24 SERVIÇO EXTRAORDINÁRIO

Insere-se no cálculo da indenização por antigüidade o salário relativo a serviço extraordinário, desde que habitualmente prestado.

Nº 25 CUSTAS PROCESSUAIS. INVERSÃO DO ÔNUS DA SUCUMBÊNCIA (alterada

a Súmula e incorporadas as Orientações Jurisprudenciais nºs 104 e 186 da SBDI-1)

I – A parte vencedora na primeira instância, se vencida na segunda, está obrigada, independentemente de intimação, a pagar as custas fixadas na sentença originária, das quais ficara isenta a parte então vencida;

II – No caso de inversão do ônus da sucumbência em segundo grau, sem acréscimo ou atualização do valor das custas e se estas já foram devidamente recolhidas, descabe um novo pagamento pela parte vencida, ao recorrer. Deverá ao final, se sucumbente, **reembolsar** a quantia; (ex-OJ nº 186 da SBDI-I)

III – Não caracteriza deserção a hipótese em que, acrescido o valor da condenação, não houve fixação ou cálculo do valor devido a título de custas e tampouco intimação da parte para o preparo do recurso, devendo ser as custas pagas ao final; (ex-OJ nº 104 da SBDI-I)

IV – O reembolso das custas à parte vencedora faz-se necessário mesmo na hipótese em que a parte vencida for pessoa isenta do seu pagamento, nos termos do art. 790-A, parágrafo único, da CLT.

Nº 27 COMISSIONISTA

É devida a remuneração do repouso semanal e dos dias feriados ao empregado comissionista, ainda que pracista.

Nº 28 INDENIZAÇÃO

No caso de se converter a reintegração em indenização dobrada, o direito aos salários é assegurado até a data da primeira decisão que determinou essa conversão.

Nº 29 TRANSFERÊNCIA

Empregado transferido, por ato unilateral do empregador, para local mais distante de sua residência, tem direito a suplemento salarial correspondente ao acréscimo da despesa de transporte.

Nº 30 INTIMAÇÃO DA SENTENÇA

Quando não juntada a ata ao processo em 48 horas, contadas da audiência de julgamento (art. 851, §2º, da CLT), o prazo para recurso será contado da data em que a parte receber a intimação da sentença.

Nº 32 ABANDONO DE EMPREGO

Presume-se o abandono de emprego se o trabalhador não retornar ao serviço no prazo de 30 (trinta) dias após a cessação do benefício previdenciário nem justificar o motivo de não o fazer.

Nº 33 MANDADO DE SEGURANÇA. DECISÃO JUDICIAL TRANSITADA EM JULGADO

Não cabe mandado de segurança de decisão judicial transitada em julgado.

Nº 36 CUSTAS

Nas ações plúrimas, as custas incidem sobre o respectivo valor global.

Nº 39 PERICULOSIDADE

Os empregados que operam em bomba de gasolina têm direito ao adicional de periculosidade (Lei nº 2.573, de 15.08.1955).

Nº 43 TRANSFERÊNCIA

Presume-se abusiva a transferência de que trata o §1º do art. 469 da CLT, sem comprovação da necessidade do serviço.

Nº 44 AVISO PRÉVIO

A cessação da atividade da empresa, com o pagamento da indenização, simples ou em dobro, não exclui, por si só, o direito do empregado ao aviso prévio.

Nº 45 SERVIÇO SUPLEMENTAR

A remuneração do serviço suplementar, habitualmente prestado, integra o cálculo da gratificação natalina prevista na Lei nº 4.090, de 13.07.1962.

Nº 46 ACIDENTE DE TRABALHO

As faltas ou ausências decorrentes de acidente do trabalho não são consideradas para os efeitos de duração de férias e cálculo da gratificação natalina.

Nº 47 INSALUBRIDADE

O trabalho executado em condições insalubres, em caráter intermitente, não afasta, só por essa circunstância, o direito à percepção do respectivo adicional.

Nº 48 COMPENSAÇÃO

A compensação só poderá ser argüida com a contestação.

Nº 50 GRATIFICAÇÃO NATALINA

A gratificação natalina, instituída pela Lei nº 4.090, de 13.07.1962, é devida pela empresa cessionária ao servidor público cedido enquanto durar a cessão.

Nº 51 NORMA REGULAMENTAR. VANTAGENS E OPÇÃO PELO NOVO REGULAMENTO. ART. 468 DA CLT
(incorporada a Orientação Jurisprudencial nº 163 da SBDI-1)

I – As cláusulas regulamentares, que revoguem ou alterem vantagens deferidas anteriormente, só atingirão os trabalhadores admitidos após a revogação ou alteração do regulamento. (ex-Súmula nº 51 – RA 41/1973, DJ 14.06.1973)

II – Havendo a coexistência de dois regulamentos da empresa, a opção do empregado por um deles tem efeito jurídico de renúncia às regras do sistema do outro. (ex-OJ nº 163 da SBDI-1 – inserida em 26.03.1999)

Nº 52 TEMPO DE SERVIÇO

O adicional de tempo de serviço (qüinqüênio) é devido, nas condições estabelecidas no art. 19 da Lei nº 4.345, de 26.06.1964, aos contratados sob o regime da CLT, pela empresa a que se refere a mencionada lei, inclusive para o fim de complementação de aposentadoria.

Nº 53 CUSTAS

O prazo para pagamento das custas, no caso de recurso, é contado da intimação do cálculo.

Nº 54 OPTANTE

Rescindindo por acordo seu contrato de trabalho, o empregado estável optante tem direito ao mínimo de 60% (sessenta por cento) do total da indenização em dobro, calculada sobre o maior salário percebido no emprego. Se houver recebido menos do que esse total, qualquer que tenha sido a forma de transação, assegura-se-lhe a complementação até aquele limite.

Nº 55 FINANCEIRAS

As empresas de crédito, financiamento ou investimento, também denominadas *financeiras*, equiparam-se aos estabelecimentos bancários para os efeitos do art. 224 da CLT.

Nº 58 PESSOAL DE OBRAS

Ao empregado admitido como *pessoal de obras*, em caráter permanente e não amparado pelo regime estatutário, aplica-se a legislação trabalhista.

Nº 60 ADICIONAL NOTURNO. INTEGRAÇÃO NO SALÁRIO E PRORROGAÇÃO EM HORÁRIO DIURNO (incorporada a Orientação Jurisprudencial nº 6 da SBDI-1)

I – O adicional noturno, pago com habitualidade, integra o salário do empregado para todos os efeitos. (ex-Súmula nº 60 – RA 105/1974, DJ 24.10.1974)

II – Cumprida integralmente a jornada no período noturno e prorrogada esta, devido é também o adicional quanto às horas prorrogadas. Exegese do art. 73, §5º, da CLT. (ex-OJ nº 6 da SBDI-1 – inserida em 25.11.1996)

Nº 61 FERROVIÁRIO

Aos ferroviários que trabalham em *estação do interior*, assim classificada por autoridade competente, não são devidas horas extras (art. 243 da CLT).

Nº 62 ABANDONO DE EMPREGO

O prazo de decadência do direito do empregador de ajuizar inquérito em face do empregado que incorre em abandono de emprego é contado a partir do momento em que o empregado pretendeu seu retorno ao serviço.

Nº 63 FUNDO DE GARANTIA

A contribuição para o Fundo de Garantia do Tempo de Serviço incide sobre a remuneração mensal devida ao empregado, inclusive horas extras e adicionais eventuais.

Nº 65 VIGIA

O direito à hora reduzida de 52 minutos e 30 segundos aplica-se ao vigia noturno.

Nº 67 GRATIFICAÇÃO. FERROVIÁRIO

Chefe de trem, regido pelo estatuto dos ferroviários (Decreto nº 35.530, de 19.09.1959), não tem direito à gratificação prevista no respectivo art. 110.

Nº 69 RESCISÃO DO CONTRATO

A partir da Lei nº 10.272, de 05.09.2001, havendo rescisão do contrato de trabalho e sendo revel e confesso quanto à matéria de fato, deve ser o empregador condenado ao pagamento das verbas rescisórias, não quitadas na primeira audiência, com acréscimo de 50% (cinqüenta por cento).

Nº 70 ADICIONAL DE PERICULOSIDADE

O adicional de periculosidade não incide sobre os triênios pagos pela Petrobras.

Nº 71 ALÇADA

A alçada é fixada pelo valor dado à causa na data de seu ajuizamento, desde que não impugnado, sendo inalterável no curso do processo.

Nº 72 APOSENTADORIA

O prêmio-aposentadoria instituído por norma regulamentar da empresa não está condicionado ao disposto no §2º do art. 14 da Lei nº 8.036, de 11.05.1990.

Nº 73 DESPEDIDA. JUSTA CAUSA

A ocorrência de justa causa, salvo a de abandono de emprego, no decurso do prazo do aviso prévio dado pelo empregador, retira do empregado qualquer direito às verbas rescisórias de natureza indenizatória.

Nº 74 CONFISSÃO (atualizada em decorrência do CPC de 2015)

I – Aplica-se a confissão à parte que, expressamente intimada com aquela cominação, não comparecer à audiência em prosseguimento, na qual deveria depor. (ex-Súmula nº 74 – RA 69/1978, DJ 26.09.1978)

II – A prova pré-constituída nos autos pode ser levada em conta para confronto com a confissão ficta (arts. 442 e 443, do CPC de 2015 – art. 400, I, do CPC de 1973), não implicando cerceamento de defesa o indeferimento de provas posteriores. (ex-OJ nº 184 da SBDI-1 – inserida em 08.11.2000)

III – A vedação à produção de prova posterior pela parte confessa somente a ela se aplica, não afetando o exercício, pelo magistrado, do poder/dever de conduzir o processo.

Nº 77 PUNIÇÃO

Nula é a punição de empregado se não precedida de inquérito ou sindicância internos a que se obrigou a empresa por norma regulamentar.

Nº 80 INSALUBRIDADE

A eliminação da insalubridade mediante fornecimento de aparelhos protetores aprovados pelo órgão competente do Poder Executivo exclui a percepção do respectivo adicional.

Nº 81 FÉRIAS

Os dias de férias gozados após o período legal de concessão deverão ser remunerados em dobro.

Nº 82 ASSISTÊNCIA

A intervenção assistencial, simples ou adesiva, só é admissível se demonstrado o interesse jurídico e não o meramente econômico.

Nº 83 AÇÃO RESCISÓRIA. MATÉRIA CONTROVERTIDA (incorporada a Orientação Jurisprudencial nº 77 da SBDI-2)

I – Não procede pedido formulado na ação rescisória por violação literal de lei se a decisão rescindenda estiver baseada em texto legal infraconstitucional de interpretação controvertida nos Tribunais.

II – O marco divisor quanto a ser, ou não, controvertida, nos Tribunais, a interpretação dos dispositivos legais citados na ação rescisória é a data da inclusão, na Orientação Jurisprudencial do TST, da matéria discutida.

Nº 84 ADICIONAL REGIONAL

O adicional regional, instituído pela Petrobras, não contraria o art. 7º, XXXII, da CF/1988.

Nº 85 COMPENSAÇÃO DE JORNADA

I. A compensação de jornada de trabalho deve ser ajustada por acordo individual escrito, acordo coletivo ou convenção coletiva. (ex-Súmula nº 85 – primeira parte – alterada pela Res. 121/2003, DJ 21.11.2003)

II. O acordo individual para compensação de horas é válido, salvo se houver norma coletiva em sentido contrário. (ex-OJ nº 182 da SBDI-1 – inserida em 08.11.2000)

III. O mero não atendimento das exigências legais para a compensação de jornada, inclusive quando encetada mediante acordo tácito, não implica a repetição do pagamento das horas excedentes à jornada normal diária, se não dilatada a jornada máxima semanal, sendo devido apenas o respectivo adicional. (ex-Súmula nº 85 – segunda parte – alterada pela Res. 121/2003, DJ 21.11.2003)

IV. A prestação de horas extras habituais descaracteriza o acordo de compensação de jornada. Nesta hipótese, as horas que ultrapassarem a jornada semanal normal deverão ser pagas como horas extraordinárias e, quanto àquelas destinadas à compensação, deverá ser pago a mais apenas o adicional por trabalho extraordinário. (ex-OJ nº 220 da SBDI-1 – inserida em 20.06.2001)

V. As disposições contidas nesta súmula não se aplicam ao regime compensatório na modalidade "banco de horas", que somente pode ser instituído por negociação coletiva.

VI – Não é válido acordo de compensação de jornada em atividade insalubre, ainda que estipulado em norma coletiva, sem a necessária inspeção prévia e permissão da autoridade competente, na forma do art. 60 da CLT.

Nº 86 DESERÇÃO. MASSA FALIDA. EMPRESA EM LIQUIDAÇÃO EXTRAJUDICIAL
(incorporada a Orientação Jurisprudencial nº 31 da SBDI-1)

Não ocorre deserção de recurso da massa falida por falta de pagamento de custas ou de depósito do valor da condenação. Esse privilégio, todavia, não se aplica à empresa em liquidação extrajudicial. (primeira parte – ex-Súmula nº 86 – RA 69/78, DJ 26.09.1978; segunda parte – ex-OJ nº 31 da SBDI-1 – inserida em 14.03.1994)

Nº 87 PREVIDÊNCIA PRIVADA

Se o empregado, ou seu beneficiário, já recebeu da instituição previdenciária privada, criada pela empresa, vantagem equivalente, é cabível a dedução de seu valor do benefício a que faz jus por norma regulamentar anterior.

Nº 89 FALTA AO SERVIÇO

Se as faltas já são justificadas pela lei, consideram-se como ausências legais e não serão descontadas para o cálculo do período de férias.

Nº 90 HORAS "IN ITINERE". TEMPO DE SERVIÇO (incorporadas as Súmulas nºs 324 e 325 e as Orientações Jurisprudenciais nºs 50 e 236 da SBDI-1)

I – O tempo despendido pelo empregado, em condução fornecida pelo empregador, até o local de trabalho de difícil acesso, ou não servido por transporte público regular, e para o seu retorno é computável na jornada de trabalho. (ex-Súmula nº 90 – RA 80/1978, DJ 10.11.1978)

II – A incompatibilidade entre os horários de início e término da jornada do empregado e os do transporte público regular é circunstância que também gera o direito às horas "in itinere". (ex-OJ nº 50 da SBDI-1 – inserida em 01.02.1995)

III – A mera insuficiência de transporte público não enseja o pagamento de horas "in itinere". (ex-Súmula nº 324 – Res. 16/1993, DJ 21.12.1993)

IV – Se houver transporte público regular em parte do trajeto percorrido em condução da empresa, as horas "in itinere" remuneradas limitam-se ao trecho não alcançado pelo transporte público. (ex-Súmula nº 325 – Res. 17/1993, DJ 21.12.1993)

V – Considerando que as horas "in itinere" são computáveis na jornada de trabalho, o tempo que extrapola a jornada legal é considerado como extraordinário e sobre ele deve incidir o adicional respectivo. (ex-OJ nº 236 da SBDI-1 – inserida em 20.06.2001)

Nº 91 SALÁRIO COMPLESSIVO

Nula é a cláusula contratual que fixa determinada importância ou percentagem para atender englobadamente vários direitos legais ou contratuais do trabalhador.

Nº 92 APOSENTADORIA

O direito à complementação de aposentadoria, criado pela empresa, com requisitos próprios, não se altera pela instituição de benefício previdenciário por órgão oficial.

Nº 93 BANCÁRIO

Integra a remuneração do bancário a vantagem pecuniária por ele auferida na colocação ou na venda de papéis ou valores mobiliários de empresas pertencentes ao mesmo grupo econômico, se exercida essa atividade no horário e no local de trabalho e com o consentimento, tácito ou expresso, do banco empregador.

Nº 96 MARÍTIMO

A permanência do tripulante a bordo do navio, no período de repouso, além da jornada, não importa presunção de que esteja à disposição do empregador ou em regime de prorrogação de horário, circunstâncias que devem resultar provadas, dada a natureza do serviço.

Nº 97 APOSENTADORIA. COMPLEMENTAÇÃO

Instituída complementação de aposentadoria por ato da empresa, expressamente dependente de regulamentação, as condições desta devem ser observadas como parte integrante da norma.

Nº 98 FGTS. INDENIZAÇÃO. EQUIVALÊNCIA. COMPATIBILIDADE (incorporada a Orientação Jurisprudencial nº 299 da SBDI-1)

I – A equivalência entre os regimes do Fundo de Garantia do Tempo de Serviço e da estabilidade prevista na CLT é meramente jurídica e não econômica, sendo indevidos valores a título de reposição de diferenças.

II – A estabilidade contratual ou a derivada de regulamento de empresa são compatíveis com o regime do FGTS. Diversamente ocorre com a estabilidade legal (decenal, art. 492 da CLT), que é renunciada com a opção pelo FGTS.

Nº 99 AÇÃO RESCISÓRIA. DESERÇÃO. PRAZO (incorporada a Orientação Jurisprudencial nº 117 da SBDI-2)

Havendo recurso ordinário em sede de rescisória, o depósito recursal só é exigível quando for julgado procedente o pedido e imposta condenação em pecúnia, devendo este ser efetuado no prazo recursal, no limite e nos termos da legislação vigente, sob pena de deserção.

Nº 100 AÇÃO RESCISÓRIA. DECADÊNCIA
(incorporadas as Orientações Jurisprudenciais nºs 13, 16, 79, 102, 104, 122 e 145 da SBDI-2)

I – O prazo de decadência, na ação rescisória, conta-se do dia imediatamente subseqüente ao trânsito em julgado da última decisão proferida na causa, seja de mérito ou não. (ex-Súmula nº 100 – alterada pela Res. 109/2001, DJ 20.04.2001)

II – Havendo recurso parcial no processo principal, o trânsito em julgado dá-se em momentos e em tribunais diferentes, contando-se o prazo decadencial para a ação rescisória do trânsito em julgado de cada decisão, salvo se o recurso tratar de preliminar ou prejudicial que possa tornar insubsistente a decisão recorrida, hipótese em que flui a decadência a partir do trânsito em julgado da decisão que julgar o recurso parcial. (ex-Súmula nº 100 – alterada pela Res. 109/2001, DJ 20.04.2001)

III – Salvo se houver dúvida razoável, a interposição de recurso intempestivo ou a interposição de recurso incabível não protrai o termo inicial do prazo decadencial. (ex-Súmula nº 100 – alterada pela Res. 109/2001, DJ 20.04.2001)

IV – O juízo rescindente não está adstrito à certidão de trânsito em julgado juntada com a ação rescisória, podendo formar sua convicção através de outros elementos dos autos quanto à antecipação ou postergação do "dies a quo" do prazo decadencial. (ex-OJ nº 102 da SBDI-2 – DJ 29.04.2003)

V – O acordo homologado judicialmente tem força de decisão irrecorrível, na forma do art. 831 da CLT. Assim sendo, o termo conciliatório transita em julgado na data da sua homologação judicial. (ex-OJ nº 104 da SBDI-2 – DJ 29.04.2003)

VI – Na hipótese de colusão das partes, o prazo decadencial da ação rescisória somente começa a fluir para o Ministério Público, que não interveio no processo principal, a partir do momento em que tem ciência da fraude. (ex-OJ nº 122 da SBDI-2 – DJ 11.08.2003)

VII – Não ofende o princípio do duplo grau de jurisdição a decisão do TST que, após afastar a decadência em sede de recurso ordinário, aprecia desde logo a lide, se a causa versar questão exclusivamente de direito e estiver em condições de imediato julgamento. (ex-OJ nº 79 da SBDI-2 – inserida em 13.03.2002)

VIII – A exceção de incompetência, ainda que oposta no prazo recursal, sem ter sido aviado o recurso próprio, não tem o condão de afastar a consumação da coisa julgada e, assim, postergar o termo inicial do prazo decadencial para a ação rescisória. (ex-OJ nº 16 da SBDI-2 – inserida em 20.09.2000)

IX – Prorroga-se até o primeiro dia útil, imediatamente subseqüente, o prazo decadencial para ajuizamento de ação rescisória quando expira em férias forenses, feriados, finais de semana ou em dia em que não houver expediente forense. Aplicação do art. 775 da CLT. (ex-OJ nº 13 da SBDI-2 – inserida em 20.09.2000)

X – Conta-se o prazo decadencial da ação rescisória, após o decurso do prazo legal previsto para a interposição do recurso extraordinário, apenas quando esgotadas todas as vias recursais ordinárias. (ex-OJ nº 145 da SBDI-2 – DJ 10.11.2004)

Nº 101 DIÁRIAS DE VIAGEM. SALÁRIO
(incorporada a Orientação Jurisprudencial nº 292 da SBDI-1)

Integram o salário, pelo seu valor total e para efeitos indenizatórios, as diárias de viagem que excedam a 50% (cinqüenta por cento) do salário do empregado, enquanto perdurarem as viagens.

Nº 102 BANCÁRIO. CARGO DE CONFIANÇA

I – A configuração, ou não, do exercício da função de confiança a que se refere o art. 224, §2º, da CLT, dependente da prova das reais atribuições do empregado, é insuscetível de exame mediante recurso de revista ou de embargos. (ex-Súmula nº 204 – alterada pela Res. 121/2003, DJ 21.11.2003)

II – O bancário que exerce a função a que se refere o §2º do art. 224 da CLT e recebe gratificação não inferior a um terço de seu salário já tem remuneradas as duas horas extraordinárias excedentes de seis. (ex-Súmula nº 166 – RA 102/1982, DJ 11.10.1982 e DJ 15.10.1982)

III – Ao bancário exercente de cargo de confiança previsto no artigo 224, §2º, da CLT são devidas as 7ª e 8ª horas, como extras, no período em que se verificar o pagamento a menor da gratificação de 1/3. (ex-OJ nº 288 da SBDI-1 – DJ 11.08.2003)

IV – O bancário sujeito à regra do art. 224, §2º, da CLT cumpre jornada de trabalho de 8 (oito) horas, sendo extraordinárias as trabalhadas além da oitava. (ex-Súmula nº 232 – RA 14/1985, DJ 19.09.1985)

V – O advogado empregado de banco, pelo simples exercício da advocacia, não exerce cargo de confiança, não se enquadrando, portanto, na hipótese do §2º do art. 224 da CLT. (ex-OJ nº 222 da SBDI-1 – inserida em 20.06.2001)

VI – O caixa bancário, ainda que caixa executivo, não exerce cargo de confiança. Se perceber gratificação igual ou superior a um terço do salário do posto efetivo, essa remunera apenas a maior responsabilidade do cargo e não as duas horas extraordinárias além da sexta. (ex-Súmula nº 102 – RA 66/1980, DJ 18.06.1980 e republicada DJ 14.07.1980)

VII – O bancário exercente de função de confiança, que percebe a gratificação não inferior ao terço legal, ainda que norma coletiva contemple percentual superior, não tem direito às sétima e oitava horas como extras, mas tão somente às diferenças de gratificação de função, se postuladas. (ex-OJ nº 15 da SBDI-1 – inserida em 14.03.1994)

Nº 109 GRATIFICAÇÃO DE FUNÇÃO

O bancário não enquadrado no §2º do art. 224 da CLT, que receba gratificação de função, não pode ter o salário relativo a horas extraordinárias compensado com o valor daquela vantagem.

Nº 110 JORNADA DE TRABALHO. INTERVALO

No regime de revezamento, as horas trabalhadas em seguida ao repouso semanal de 24 horas, com prejuízo do intervalo mínimo de 11 horas consecutivas para descanso entre jornadas, devem ser remuneradas como extraordinárias, inclusive com o respectivo adicional.

Nº 112 TRABALHO NOTURNO. PETRÓLEO

O trabalho noturno dos empregados nas atividades de exploração, perfuração, produção e refinação do petróleo, industrialização do xisto, indústria petroquímica e transporte de petróleo e seus derivados, por meio de dutos, é regulado pela Lei nº 5.811, de 11.10.1972, não se lhe aplicando a hora reduzida de 52 minutos e 30 segundos prevista no art. 73, §1º, da CLT.

Nº 113 BANCÁRIO. SÁBADO. DIA ÚTIL

O sábado do bancário é dia útil não trabalhado, não dia de repouso remunerado. Não cabe a repercussão do pagamento de horas extras habituais em sua remuneração.

Nº 114 PRESCRIÇÃO INTERCORRENTE

É inaplicável na Justiça do Trabalho a prescrição intercorrente.

Nº 115 HORAS EXTRAS. GRATIFICAÇÕES SEMESTRAIS

O valor das horas extras habituais integra a remuneração do trabalhador para o cálculo das gratificações semestrais.

Nº 117 BANCÁRIO. CATEGORIA DIFERENCIADA

Não se beneficiam do regime legal relativo aos bancários os empregados de estabelecimento de crédito pertencentes a categorias profissionais diferenciadas.

Nº 118 JORNADA DE TRABALHO. HORAS EXTRAS

Os intervalos concedidos pelo empregador na jornada de trabalho, não previstos em lei, representam tempo à disposição da empresa, remunerados como serviço extraordinário, se acrescidos ao final da jornada.

Nº 119 JORNADA DE TRABALHO

Os empregados de empresas distribuidoras e corretoras de títulos e valores mobiliários não têm direito à jornada especial dos bancários.

Nº 122 REVELIA. ATESTADO MÉDICO
(incorporada a Orientação Jurisprudencial nº 74 da SBDI-1)

A reclamada, ausente à audiência em que deveria apresentar defesa, é revel, ainda que presente seu advogado munido de procuração, podendo ser ilidida a revelia mediante a apresentação de atestado médico, que deverá declarar, expressamente, a impossibilidade de locomoção do empregador ou do seu preposto no dia da audiência.

Nº 124 BANCÁRIO. SALÁRIO-HORA. DIVISOR

I – o divisor aplicável para o cálculo das horas extras do bancário será:

a) 180, para os empregados submetidos à jornada de seis horas prevista no *caput* do art. 224 da CLT;

b) 220, para os empregados submetidos à jornada de oito horas, nos termos do §2º do art. 224 da CLT.

II – Ressalvam-se da aplicação do item anterior as decisões de mérito sobre o tema, qualquer que seja o seu teor, emanadas de Turma do TST ou da SBDI-I, no período de 27/09/2012 até 21/11/2016, conforme a modulação aprovada no precedente obrigatório firmado no Incidente de Recursos de Revista Repetitivos nº TST-IRR-849-83.2013.5.03.0138, DEJT 19.12.2016.

Nº 125 CONTRATO DE TRABALHO. ART. 479 DA CLT

O art. 479 da CLT aplica-se ao trabalhador optante pelo FGTS admitido mediante contrato por prazo determinado, nos termos do art. 30, §3º, do Decreto nº 59.820, de 20.12.1966.

Nº 126 RECURSO. CABIMENTO

Incabível o recurso de revista ou de embargos (arts. 896 e 894, "b", da CLT) para reexame de fatos e provas.

Nº 127 QUADRO DE CARREIRA

Quadro de pessoal organizado em carreira, aprovado pelo órgão competente, excluída a hipótese de equiparação salarial, não obsta reclamação fundada em preterição, enquadramento ou reclassificação.

Nº 128 DEPÓSITO RECURSAL (incorporadas as Orientações Jurisprudenciais nºs 139, 189 e 190 da SBDI-1)

I – É ônus da parte recorrente efetuar o depósito legal, integralmente, em relação a cada novo recurso interposto, sob pena de deserção. Atingido o valor da condenação, nenhum depósito mais é exigido para qualquer recurso. (ex-Súmula nº 128 – alterada pela Res. 121/2003, DJ 21.11.03, que incorporou a OJ nº 139 da SBDI-1 – inserida em 27.11.1998)

II – Garantido o juízo, na fase executória, a exigência de depósito para recorrer de qualquer decisão viola os incisos II e LV do art. 5º da CF/1988. Havendo, porém, elevação do valor do débito, exige-se a complementação da garantia do juízo. (ex-OJ nº 189 da SBDI-1 – inserida em 08.11.2000)

III – Havendo condenação solidária de duas ou mais empresas, o depósito recursal efetuado por uma delas aproveita as demais, quando a empresa que efetuou o depósito não pleiteia sua exclusão da lide. (ex-OJ nº 190 da SBDI-1 – inserida em 08.11.2000)

Nº 129 CONTRATO DE TRABALHO. GRUPO ECONÔMICO

A prestação de serviços a mais de uma empresa do mesmo grupo econômico, durante a mesma jornada de trabalho, não caracteriza a coexistência de mais de um contrato de trabalho, salvo ajuste em contrário.

Nº 132 ADICIONAL DE PERICULOSIDADE. INTEGRAÇÃO (incorporadas as Orientações Jurisprudenciais nºs 174 e 267 da SBDI-1)

I – O adicional de periculosidade, pago em caráter permanente, integra o cálculo de indenização e de horas extras (ex-Prejulgado nº 3). (ex-Súmula nº 132 – RA 102/1982, DJ 11.10.1982/ DJ 15.10.1982 – e ex-OJ nº 267 da SBDI-1 – inserida em 27.09.2002)

II – Durante as horas de sobreaviso, o empregado não se encontra em condições de risco, razão pela qual é incabível a integração do adicional de periculosidade sobre as mencionadas horas. (ex-OJ nº 174 da SBDI-1 – inserida em 08.11.2000)

Nº 138 READMISSÃO

Em caso de readmissão, conta-se a favor do empregado o período de serviço anterior, encerrado com a saída espontânea

Nº 139 ADICIONAL DE INSALUBRIDADE (incorporada a Orientação Jurisprudencial nº 102 da SBDI-1)

Enquanto percebido, o adicional de insalubridade integra a remuneração para todos os efeitos legais.

Nº 140 VIGIA

É assegurado ao vigia sujeito ao trabalho noturno o direito ao respectivo adicional

Nº 143 SALÁRIO PROFISSIONAL

O salário profissional dos médicos e dentistas guarda proporcionalidade com as horas efetivamente trabalhadas, respeitado o mínimo de 50 (cinquenta) horas

Nº 146 TRABALHO EM DOMINGOS E FERIADOS, NÃO COMPENSADO (incorporada a Orientação Jurisprudencial nº 93 da SBDI-1)

O trabalho prestado em domingos e feriados, não compensado, deve ser pago em dobro, sem prejuízo da remuneração relativa ao repouso semanal.

Nº 148 GRATIFICAÇÃO NATALINA

É computável a gratificação de Natal para efeito de cálculo de indenização

Nº 149 TAREFEIRO. FÉRIAS

A remuneração das férias do tarefeiro deve ser calculada com base na média da produção do período aquisitivo, aplicando-se-lhe a tarifa da data da concessão

Nº 152 GRATIFICAÇÃO. AJUSTE TÁCITO

O fato de constar do recibo de pagamento de gratificação o caráter de liberalidade não basta, por si só, para excluir a existência de ajuste tácito

Nº 153 PRESCRIÇÃO

Não se conhece de prescrição não argüida na instância ordinária

Nº 155 AUSÊNCIA AO SERVIÇO

As horas em que o empregado falta ao serviço para comparecimento necessário, como parte, à Justiça do Trabalho não serão descontadas de seus salários

Nº 156 PRESCRIÇÃO. PRAZO

Da extinção do último contrato começa a fluir o prazo prescricional do direito de ação em que se objetiva a soma de períodos descontínuos de trabalho.

Nº 157 GRATIFICAÇÃO

A gratificação instituída pela Lei nº 4.090, de 13.07.1962, é devida na resilição contratual de iniciativa do empregado.

Nº 158 AÇÃO RESCISÓRIA

Da decisão de Tribunal Regional do Trabalho, em ação rescisória, é cabível recurso ordinário para o Tribunal Superior do Trabalho, em face da organização judiciária trabalhista

Nº 159 SUBSTITUIÇÃO DE CARÁTER NÃO EVENTUAL E VACÂNCIA DO CARGO

(incorporada a Orientação Jurisprudencial nº 112 da SBDI-1)

I – Enquanto perdurar a substituição que não tenha caráter meramente eventual, inclusive nas férias, o empregado substituto fará jus ao salário contratual do substituído. (ex-Súmula nº 159 – alterada pela Res. 121/2003, DJ 21.11.2003)

II – Vago o cargo em definitivo, o empregado que passa a ocupá-lo não tem direito a salário igual ao do antecessor. (ex-OJ nº 112 da SBDI-1 – inserida em 01.10.1997)

Nº 160 APOSENTADORIA POR INVALIDEZ

Cancelada a aposentadoria por invalidez, mesmo após cinco anos, o trabalhador terá direito de retornar ao emprego, facultado, porém, ao empregador, indenizá-lo na forma da lei

Nº 161 DEPÓSITO. CONDENAÇÃO A PAGAMENTO EM PECÚNIA

Se não há condenação a pagamento em pecúnia, descabe o depósito de que tratam os §§1º e 2º do art. 899 da CLT

Nº 163 AVISO PRÉVIO. CONTRATO DE EXPERIÊNCIA

Cabe aviso prévio nas rescisões antecipadas dos contratos de experiência, na forma do art. 481 da CLT

Nº 170 SOCIEDADE DE ECONOMIA MISTA. CUSTAS

Os privilégios e isenções no foro da Justiça do Trabalho não abrangem as sociedades de economia mista, ainda que gozassem desses benefícios anteriormente ao Decreto-Lei nº 779, de 21.08.1969

Nº 171 FÉRIAS PROPORCIONAIS. CONTRATO DE TRABALHO. EXTINÇÃO

Salvo na hipótese de dispensa do empregado por justa causa, a extinção do contrato de trabalho sujeita o empregador ao pagamento da remuneração das férias proporcionais, ainda que incompleto o período aquisitivo de 12 (doze) meses (art. 147 da CLT)

Nº 172 REPOUSO REMUNERADO. HORAS EXTRAS. CÁLCULO

Computam-se no cálculo do repouso remunerado as horas extras habitualmente prestadas.

Nº 173 SALÁRIO. EMPRESA. CESSAÇÃO DE ATIVIDADES

Extinto, automaticamente, o vínculo empregatício com a cessação das atividades da empresa, os salários só são devidos até a data da extinção.

Nº 178 TELEFONISTA. ART. 227, E PARÁGRAFOS, DA CLT. APLICABILIDADE

É aplicável à telefonista de mesa de empresa que não explora o serviço de telefonia o disposto no art. 227, e seus parágrafos, da CLT

Nº 182 AVISO PRÉVIO. INDENIZAÇÃO COMPENSATÓRIA. LEI Nº 6.708, DE 30.10.1979

O tempo do aviso prévio, mesmo indenizado, conta-se para efeito da indenização adicional prevista no art. 9º da Lei nº 6.708, de 30.10.1979.

Nº 184 EMBARGOS DECLARATÓRIOS. OMISSÃO EM RECURSO DE REVISTA. PRECLUSÃO

Ocorre preclusão se não forem opostos embargos declaratórios para suprir omissão apontada em recurso de revista ou de embargos.

Nº 186 LICENÇA-PRÊMIO. CONVERSÃO EM PECÚNIA. REGULAMENTO DA EMPRESA

A licença-prêmio, na vigência do contrato de trabalho, não pode ser convertida em pecúnia, salvo se expressamente admitida a conversão no regulamento da empresa.

Nº 187 CORREÇÃO MONETÁRIA. INCIDÊNCIA

A correção monetária não incide sobre o débito do trabalhador reclamante.

Nº 188 CONTRATO DE TRABALHO. EXPERIÊNCIA. PRORROGAÇÃO

O contrato de experiência pode ser prorrogado, respeitado o limite máximo de 90 (noventa) dias.

Nº 189 GREVE. COMPETÊNCIA DA JUSTIÇA DO TRABALHO. ABUSIVIDADE

A Justiça do Trabalho é competente para declarar a abusividade, ou não, da greve.

Nº 190 PODER NORMATIVO DO TST. CONDIÇÕES DE TRABALHO. INCONSTITUCIONALIDADE. DECISÕES CONTRÁRIAS AO STF

Ao julgar ou homologar ação coletiva ou acordo nela havido, o Tribunal Superior do Trabalho exerce o poder normativo constitucional, não podendo criar ou homologar condições de trabalho que o Supremo Tribunal Federal julgue iterativamente inconstitucionais.

Nº 191 ADICIONAL DE PERICULOSIDADE. INCIDÊNCIA. BASE DE CÁLCULO

I – O adicional de periculosidade incide apenas sobre o salário básico e não sobre este acrescido de outros adicionais.

II – O adicional de periculosidade do empregado eletricitário, contratado sob a égide da Lei nº 7.369/1985, deve ser calculado sobre a totalidade das parcelas de natureza salarial. Não é válida norma coletiva mediante a qual se determina a incidência do referido adicional sobre o salário básico.

III – A alteração da base de cálculo do adicional de periculosidade do eletricitário promovida pela Lei nº 12.740/2012 atinge somente contrato de trabalho firmado a partir de sua vigência, de modo que, nesse caso, o cálculo será realizado exclusivamente sobre o salário básico, conforme determina o §1º do art. 193 da CLT.

Nº 192 AÇÃO RESCISÓRIA. COMPETÊNCIA
(atualizada em decorrência do CPC de 2015)

I – Se não houver o conhecimento de recurso de revista ou de embargos, a competência para julgar ação que vise a rescindir a decisão de mérito é do Tribunal Regional do Trabalho, ressalvado o disposto no item II.

II – Acórdão rescindendo do Tribunal Superior do Trabalho que não conhece de recurso de embargos ou de revista, analisando arguição de violação de dispositivo de lei material ou decidindo em consonância com súmula de direito material ou com iterativa, notória e atual jurisprudência de direito material da Seção de Dissídios Individuais (Súmula nº 333), examina o mérito da causa, cabendo ação rescisória da competência do Tribunal Superior do Trabalho. (ex-Súmula nº 192 – alterada pela Res. 121/2003, DJ 21.11.2003)

III – Sob a égide do art. 512 do CPC de 1973, é juridicamente impossível o pedido explícito de desconstituição de sentença quando substituída por acórdão do Tribunal Regional ou superveniente sentença homologatória de acordo que puser fim ao litígio.

IV – Na vigência do CPC de 1973, é manifesta a impossibilidade jurídica do pedido de rescisão de julgado proferido em agravo de instrumento que, limitando-se a aferir o eventual desacerto do juízo negativo de admissibilidade do recurso de revista, não substitui o acórdão regional, na forma do art. 512 do CPC. (ex-OJ nº 105 da SBDI-2 – DJ 29.04.2003)

V – A decisão proferida pela SBDI, em agravo regimental, calcada na Súmula nº 333, substitui acórdão de Turma do TST, porque emite juízo de mérito, comportando, em tese, o corte rescisório. (ex-OJ nº 133 da SBDI-2 – DJ 04.05.2004).

Nº 197 PRAZO

O prazo para recurso da parte que, intimada, não comparecer à audiência em prosseguimento para a prolação da sentença conta-se de sua publicação.

Nº 199 BANCÁRIO. PRÉ-CONTRATAÇÃO DE HORAS EXTRAS (incorporadas as Orientações Jurisprudenciais nºs 48 e 63 da SBDI-1)

I – A contratação do serviço suplementar, quando da admissão do trabalhador bancário, é nula. Os valores assim ajustados apenas remuneram a jornada normal, sendo devidas as horas extras com o adicional de, no mínimo, 50% (cinquenta por cento), as quais não configuram pré-contratação, se pactuadas após a admissão do bancário. (ex-Súmula nº 199 – alterada pela Res. 41/1995, DJ 21.02.1995 – e ex-OJ nº 48 da SBDI-1 – inserida em 25.11.1996)

II – Em se tratando de horas extras pré-contratadas, opera-se a prescrição total se a ação não for ajuizada no prazo de cinco anos, a partir da

data em que foram suprimidas. (ex-OJ nº 63 da SBDI-1 – inserida em 14.03.1994)

Nº 200 JUROS DE MORA. INCIDÊNCIA

Os juros de mora incidem sobre a importância da condenação já corrigida monetariamente.

Nº 201 RECURSO ORDINÁRIO EM MANDADO DE SEGURANÇA

Da decisão de Tribunal Regional do Trabalho em mandado de segurança cabe recurso ordinário, no prazo de 8 (oito) dias, para o Tribunal Superior do Trabalho, e igual dilação para o recorrido e interessados apresentarem razões de contrariedade.

Nº 202 GRATIFICAÇÃO POR TEMPO DE SERVIÇO. COMPENSAÇÃO

Existindo, ao mesmo tempo, gratificação por tempo de serviço outorgada pelo empregador e outra da mesma natureza prevista em acordo coletivo, convenção coletiva ou sentença normativa, o empregado tem direito a receber, exclusivamente, a que lhe seja mais benéfica.

Nº 203 GRATIFICAÇÃO POR TEMPO DE SERVIÇO. NATUREZA SALARIAL

A gratificação por tempo de serviço integra o salário para todos os efeitos legais.

Nº 206 FGTS. INCIDÊNCIA SOBRE PARCELAS PRESCRITAS

A prescrição da pretensão relativa às parcelas remuneratórias alcança o respectivo recolhimento da contribuição para o FGTS.

Nº 211 JUROS DE MORA E CORREÇÃO MONETÁRIA. INDEPENDÊNCIA DO PEDIDO INICIAL E DO TÍTULO EXECUTIVO JUDICIAL

Os juros de mora e a correção monetária incluem-se na liquidação, ainda que omisso o pedido inicial ou a condenação.

Nº 212 DESPEDIMENTO. ÔNUS DA PROVA

O ônus de provar o término do contrato de trabalho, quando negados a prestação de serviço e o despedimento, é do empregador, pois o princípio da continuidade da relação de emprego constitui presunção favorável ao empregado.

Nº 214 DECISÃO INTERLOCUTÓRIA. IRRECORRIBILIDADE

Na Justiça do Trabalho, nos termos do art. 893, §1º, da CLT, as decisões interlocutórias não ensejam recurso imediato, salvo nas hipóteses de decisão: a) de Tribunal Regional do Trabalho contrária à Súmula ou Orientação Jurisprudencial do Tribunal Superior do Trabalho; b) suscetível de impugnação mediante recurso para o mesmo Tribunal; c) que acolhe exceção de incompetência territorial, com a remessa dos autos para Tribunal Regional distinto daquele a que se vincula o juízo excepcionado, consoante o disposto no art. 799, §2º, da CLT.

Nº 217 DEPÓSITO RECURSAL. CREDENCIAMENTO BANCÁRIO. PROVA DISPENSÁVEL

O credenciamento dos bancos para o fim de recebimento do depósito recursal é fato notório, independendo da prova.

Nº 218 RECURSO DE REVISTA. ACÓRDÃO PROFERIDO EM AGRAVO DE INSTRUMENTO

É incabível recurso de revista interposto de acórdão regional prolatado em agravo de instrumento.

Nº 219 HONORÁRIOS ADVOCATÍCIOS. CABIMENTO (alterada a redação do item I e acrescidos os itens IV a VI em decorrência do CPC de 2015)

I – Na Justiça do Trabalho, a condenação ao pagamento de honorários advocatícios não decorre pura e simplesmente da sucumbência, devendo a parte, concomitantemente: a) estar assistida por sindicato da categoria profissional; b) comprovar a percepção de salário inferior ao dobro do salário mínimo ou encontrar-se em situação econômica que não lhe permita demandar sem prejuízo do próprio sustento ou da respectiva família. (art.14,§1º, da Lei nº 5.584/1970). (ex-OJ nº 305da SBDI-I).

II – É cabível a condenação ao pagamento de honorários advocatícios em ação rescisória no processo trabalhista.

III – São devidos os honorários advocatícios nas causas em que o ente sindical figure como substituto processual e nas lides que não derivem da relação de emprego.

IV – Na ação rescisória e nas lides que não derivem de relação de emprego, a responsabilidade pelo pagamento dos honorários advocatícios da sucumbência submete-se à disciplina do Código de Processo Civil (arts. 85, 86, 87 e 90).

V – Em caso de assistência judiciária sindical ou de substituição processual sindical, excetuados os processos em que a Fazenda Pública for parte, os honorários advocatícios são devidos entre o mínimo de dez e o máximo de vinte por cento sobre o valor da condenação, do proveito econômico obtido ou, não sendo possível mensurá-lo, sobre o valor atualizado da causa (CPC de 2015, art. 85, §2º).

VI – Nas causas em que a Fazenda Pública for parte, aplicar-se-ão os percentuais específicos de

honorários advocatícios contemplados no Código de Processo Civil.

Nº 221 RECURSOS DE REVISTA. VIOLAÇÃO DE LEI. INDICAÇÃO DE PRECEITO.

A admissibilidade do recurso de revista por violação tem como pressuposto a indicação expressa do dispositivo de lei ou da Constituição tido como violado.

Nº 225 REPOUSO SEMANAL. CÁLCULO. GRATIFICAÇÕES POR TEMPO DE SERVIÇO E PRODUTIVIDADE

As gratificações por tempo de serviço e produtividade, pagas mensalmente, não repercutem no cálculo do repouso semanal remunerado.

Nº 226 BANCÁRIO. GRATIFICAÇÃO POR TEMPO DE SERVIÇO. INTEGRAÇÃO NO CÁLCULO DAS HORAS EXTRAS

A gratificação por tempo de serviço integra o cálculo das horas extras.

Nº 228 ADICIONAL DE INSALUBRIDADE. BASE DE CÁLCULO – SÚMULA CUJA EFICÁCIA ESTÁ SUSPENSA POR DECISÃO LIMINAR DO SUPREMO TRIBUNAL FEDERAL

A partir de 9 de maio de 2008, data da publicação da Súmula Vinculante nº 4 do Supremo Tribunal Federal, o adicional de insalubridade será calculado sobre o salário básico, salvo critério mais vantajoso fixado em instrumento coletivo.

Nº 229 SOBREAVISO. ELETRICITÁRIOS

Por aplicação analógica do art. 244, §2º, da CLT, as horas de sobreaviso dos eletricitários são remuneradas à base de 1/3 sobre a totalidade das parcelas de natureza salarial.

Nº 230 AVISO PRÉVIO. SUBSTITUIÇÃO PELO PAGAMENTO DAS HORAS REDUZIDAS DA JORNADA DE TRABALHO

É ilegal substituir o período que se reduz da jornada de trabalho, no aviso prévio, pelo pagamento das horas correspondentes.

Nº 239 BANCÁRIO. EMPREGADO DE EMPRESA DE PROCESSAMENTO DE DADOS

É bancário o empregado de empresa de processamento de dados que presta serviço a banco integrante do mesmo grupo econômico, exceto quando a empresa de processamento de dados presta serviços a banco e a empresas não bancárias do mesmo grupo econômico ou a terceiros.

Nº 240 BANCÁRIO. GRATIFICAÇÃO DE FUNÇÃO E ADICIONAL POR TEMPO DE SERVIÇO

O adicional por tempo de serviço integra o cálculo da gratificação prevista no art. 224, §2º, da CLT.

Nº 241 SALÁRIO-UTILIDADE. ALIMENTAÇÃO

O vale para refeição, fornecido por força do contrato de trabalho, tem caráter salarial, integrando a remuneração do empregado, para todos os efeitos legais.

Nº 242 INDENIZAÇÃO ADICIONAL. VALOR

A indenização adicional, prevista no art. 9º da Lei nº 6.708, de 30.10.1979 e no art. 9º da Lei nº 7.238, de 28.10.1984, corresponde ao salário mensal, no valor devido na data da comunicação do despedimento, integrado pelos adicionais legais ou convencionados, ligados à unidade de tempo mês, não sendo computável a gratificação natalina.

Nº 243 OPÇÃO PELO REGIME TRABALHISTA. SUPRESSÃO DAS VANTAGENS ESTATUTÁRIAS

Exceto na hipótese de previsão contratual ou legal expressa, a opção do funcionário público pelo regime trabalhista implica a renúncia dos direitos inerentes ao regime estatutário.

Nº 244 GESTANTE. ESTABILIDADE PROVISÓRIA

I – O desconhecimento do estado gravídico pelo empregador não afasta o direito ao pagamento da indenização decorrente da estabilidade (art. 10, II, "b" do ADCT).

II – A garantia de emprego à gestante só autoriza a reintegração se esta se der durante o período de estabilidade. Do contrário, a garantia restringe-se aos salários e demais direitos correspondentes ao período de estabilidade.

III – A empregada gestante tem direito à estabilidade provisória prevista no art. 10, inciso II, alínea "b", do Ato das Disposições Constitucionais Transitórias, mesmo na hipótese de admissão mediante contrato por tempo determinado.

Nº 245 DEPÓSITO RECURSAL. PRAZO

O depósito recursal deve ser feito e comprovado no prazo alusivo ao recurso. A interposição antecipada deste não prejudica a dilação legal.

Nº 246 AÇÃO DE CUMPRIMENTO. TRÂNSITO EM JULGADO DA SENTENÇA NORMATIVA

É dispensável o trânsito em julgado da sentença normativa para a propositura da ação de cumprimento.

Nº 247 QUEBRA DE CAIXA. NATUREZA JURÍDICA

A parcela paga aos bancários sob a denominação "quebra de caixa" possui natureza salarial, integrando o salário do prestador de serviços, para todos os efeitos legais.

Nº 248 ADICIONAL DE INSALUBRIDADE. DIREITO ADQUIRIDO

A reclassificação ou a descaracterização da insalubridade, por ato da autoridade competente, repercute na satisfação do respectivo adicional, sem ofensa a direito adquirido ou ao princípio da irredutibilidade salarial.

Nº 253 GRATIFICAÇÃO SEMESTRAL. REPERCUSSÕES

A gratificação semestral não repercute no cálculo das horas extras, das férias e do aviso prévio, ainda que indenizados. Repercute, contudo, pelo seu duodécimo na indenização por antigüidade e na gratificação natalina.

Nº 254 SALÁRIO-FAMÍLIA. TERMO INICIAL DA OBRIGAÇÃO

O termo inicial do direito ao salário-família coincide com a prova da filiação. Se feita em juízo, corresponde à data de ajuizamento do pedido, salvo se comprovado que anteriormente o empregador se recusara a receber a respectiva certidão.

Nº 257 VIGILANTE

O vigilante, contratado diretamente por banco ou por intermédio de empresas especializadas, não é bancário.

Nº 258 SALÁRIO-UTILIDADE. PERCENTUAIS

Os percentuais fixados em lei relativos ao salário "in natura" apenas se referem às hipóteses em que o empregado percebe salário mínimo, apurando-se, nas demais, o real valor da utilidade.

Nº 259 TERMO DE CONCILIAÇÃO. AÇÃO RESCISÓRIA

Só por ação rescisória é impugnável o termo de conciliação previsto no parágrafo único do art. 831 da CLT.

Nº 261 FÉRIAS PROPORCIONAIS. PEDIDO DE DEMISSÃO. CONTRATO VIGENTE HÁ MENOS DE UM ANO

O empregado que se demite antes de complementar 12 (doze) meses de serviço tem direito a férias proporcionais.

Nº 262 PRAZO JUDICIAL. NOTIFICAÇÃO OU INTIMAÇÃO EM SÁBADO. RECESSO FORENSE

I – Intimada ou notificada a parte no sábado, o início do prazo se dará no primeiro dia útil imediato e a contagem, no subsequente. (ex-Súmula nº 262 – Res. 10/1986, DJ 31.10.1986)

II – O recesso forense e as férias coletivas dos Ministros do Tribunal Superior do Trabalho suspendem os prazos recursais. (ex-OJ nº 209 da SBDI-1 – inserida em 08.11.2000)

Nº 263 PETIÇÃO INICIAL. INDEFERIMENTO. INSTRUÇÃO OBRIGATÓRIA DEFICIENTE
(nova redação em decorrência do CPC de 2015)

Salvo nas hipóteses do art. 330 do CPC de 2015 (art. 295 do CPC de 1973), o indeferimento da petição inicial, por encontrar-se desacompanhada de documento indispensável à propositura da ação ou não preencher outro requisito legal, somente é cabível se, após intimada para suprir a irregularidade em 15 (quinze) dias, mediante indicação precisa do que deve ser corrigido ou completado, a parte não o fizer (art. 321 do CPC de 2015).

Nº 264 HORA SUPLEMENTAR. CÁLCULO

A remuneração do serviço suplementar é composta do valor da hora normal, integrado por parcelas de natureza salarial e acrescido do adicional previsto em lei, contrato, acordo, convenção coletiva ou sentença normativa.

Nº 265 ADICIONAL NOTURNO. ALTERAÇÃO DE TURNO DE TRABALHO. POSSIBILIDADE DE SUPRESSÃO

A transferência para o período diurno de trabalho implica a perda do direito ao adicional noturno.

Nº 266 RECURSO DE REVISTA. ADMISSIBILIDADE. EXECUÇÃO DE SENTENÇA

A admissibilidade do recurso de revista interposto de acórdão proferido em agravo de petição, na liquidação de sentença ou em processo incidente na execução, inclusive os embargos de terceiro, depende de demonstração inequívoca de violência direta à Constituição Federal.

Nº 268 PRESCRIÇÃO. INTERRUPÇÃO. AÇÃO TRABALHISTA ARQUIVADA

A ação trabalhista, ainda que arquivada, interrompe a prescrição somente em relação aos pedidos idênticos.

Nº 269 DIRETOR ELEITO. CÔMPUTO DO PERÍODO COMO TEMPO DE SERVIÇO

O empregado eleito para ocupar cargo de diretor tem o respectivo contrato de trabalho suspenso, não se computando o tempo de serviço desse período, salvo se permanecer a subordinação jurídica inerente à relação de emprego.

Nº 275 PRESCRIÇÃO. DESVIO DE FUNÇÃO E REENQUADRAMENTO (incorporada a Orientação Jurisprudencial nº 144 da SBDI-1)

I – Na ação que objetive corrigir desvio funcional, a prescrição só alcança as diferenças salariais vencidas no período de 5 (cinco) anos que precedeu o ajuizamento. (ex-Súmula nº 275 – alterada pela Res. 121/2003, DJ 21.11.2003)

II – Em se tratando de pedido de reenquadramento, a prescrição é total, contada da data do enquadramento do empregado. (ex-OJ nº 144 da SBDI-1 – inserida em 27.11.1998)

Nº 276 AVISO PRÉVIO. RENÚNCIA PELO EMPREGADO

O direito ao aviso prévio é irrenunciável pelo empregado. O pedido de dispensa de cumprimento não exime o empregador de pagar o respectivo valor, salvo comprovação de haver o prestador dos serviços obtido novo emprego .

Nº 277 CONVENÇÃO COLETIVA DE TRABALHO OU ACORDO COLETIVO DE TRABALHO. EFICÁCIA. ULTRATIVIDADE. Súmula cuja aplicação está suspensa nos termos da medida cautelar deferida nos autos do processo STF-ADPF nº 323/DF, Rel. Min. Gilmar Mendes Res. 185/2012, DEJT divulgado em 25, 26 e 27.09.2012

As cláusulas normativas dos acordos coletivos ou convenções coletivas integram os contratos individuais de trabalho e somente poderão ser modificadas ou suprimidas mediante negociação coletiva de trabalho.

Nº 278 EMBARGOS DE DECLARAÇÃO. OMISSÃO NO JULGADO

A natureza da omissão suprida pelo julgamento de embargos declaratórios pode ocasionar efeito modificativo no julgado.

Nº 279 RECURSO CONTRA SENTENÇA NORMATIVA. EFEITO SUSPENSIVO. CASSAÇÃO

A cassação de efeito suspensivo concedido a recurso interposto de sentença normativa retroage à data do despacho que o deferiu.

Nº 282 ABONO DE FALTAS. SERVIÇO MÉDICO DA EMPRESA

Ao serviço médico da empresa ou ao mantido por esta última mediante convênio compete abonar os primeiros 15 (quinze) dias de ausência ao trabalho.

Nº 283 RECURSO ADESIVO. PERTINÊNCIA NO PROCESSO DO TRABALHO. CORRELAÇÃO DE MATÉRIAS

O recurso adesivo é compatível com o processo do trabalho e cabe, no prazo de 8 (oito) dias, nas hipóteses de interposição de recurso ordinário, de agravo de petição, de revista e de embargos, sendo desnecessário que a matéria nele veiculada esteja relacionada com a do recurso interposto pela parte contrária.

Nº 286 SINDICATO. SUBSTITUIÇÃO PROCESSUAL. CONVENÇÃO E ACORDO COLETIVOS

A legitimidade do sindicato para propor ação de cumprimento estende-se também à observância de acordo ou de convenção coletivos.

Nº 287 JORNADA DE TRABALHO. GERENTE BANCÁRIO

A jornada de trabalho do empregado de banco gerente de agência é regida pelo art. 224, §2º, da CLT. Quanto ao gerente-geral de agência bancária, presume-se o exercício de encargo de gestão, aplicando-se-lhe o art. 62 da CLT.

Nº 288 COMPLEMENTAÇÃO DOS PROVENTOS DA APOSENTADORIA (nova redação para o item I e acrescidos os itens III e IV em decorrência do julgamento do processo TST-E-ED-RR-235-20.2010.5.20.0006 pelo Tribunal Pleno em 12.04.2016)

I – A complementação dos proventos de aposentadoria, instituída, regulamentada e paga diretamente pelo empregador, sem vínculo com as entidades de previdência privada fechada, é regida pelas normas em vigor na data de admissão do empregado, ressalvadas as alterações que forem mais benéficas (art. 468 da CLT).

II – Na hipótese de coexistência de dois regulamentos de planos de previdência complementar, instituídos pelo empregador ou por entidade de previdência privada, a opção do beneficiário por um deles tem efeito jurídico de renúncia às regras do outro.

III – Após a entrada em vigor das Leis Complementares nºs 108 e 109, de 29/05/2001, reger-se-á a

complementação dos proventos de aposentadoria pelas normas vigentes na data da implementação dos requisitos para obtenção do benefício, ressalvados o direito adquirido do participante que anteriormente implementara os requisitos para o benefício e o direito acumulado do empregado que até então não preenchera tais requisitos.

IV – O entendimento da primeira parte do item III aplica-se aos processos em curso no Tribunal Superior do Trabalho em que, em 12/04/2016, ainda não haja sido proferida decisão de mérito por suas Turmas e Seções.

Nº 289 INSALUBRIDADE. ADICIONAL. FORNECIMENTO DO APARELHO DE PROTEÇÃO. EFEITO

O simples fornecimento do aparelho de proteção pelo empregador não o exime do pagamento do adicional de insalubridade. Cabe-lhe tomar as medidas que conduzam à diminuição ou eliminação da nocividade, entre as quais as relativas ao uso efetivo do equipamento pelo empregado.

Nº 291 HORAS EXTRAS. HABITUALIDADE. SUPRESSÃO. INDENIZAÇÃO.

A supressão total ou parcial, pelo empregador, de serviço suplementar prestado com habitualidade, durante pelo menos 1 (um) ano, assegura ao empregado o direito à indenização correspondente ao valor de 1 (um) mês das horas suprimidas, total ou parcialmente, para cada ano ou fração igual ou superior a seis meses de prestação de serviço acima da jornada normal. O cálculo observará a média das horas suplementares nos últimos 12 (doze) meses anteriores à mudança, multiplicada pelo valor da hora extra do dia da supressão.

Nº 293 ADICIONAL DE INSALUBRIDADE. CAUSA DE PEDIR. AGENTE NOCIVO DIVERSO DO APONTADO NA INICIAL

A verificação mediante perícia de prestação de serviços em condições nocivas, considerado agente insalubre diverso do apontado na inicial, não prejudica o pedido de adicional de insalubridade.

Nº 294 PRESCRIÇÃO. ALTERAÇÃO CONTRATUAL. TRABALHADOR URBANO

Tratando-se de ação que envolva pedido de prestações sucessivas decorrente de alteração do pactuado, a prescrição é total, exceto quando o direito à parcela esteja também assegurado por preceito de lei.

Nº 296 RECURSO. DIVERGÊNCIA JURISPRUDENCIAL. ESPECIFICIDADE
(incorporada a Orientação Jurisprudencial nº 37 da SBDI-1)

I – A divergência jurisprudencial ensejadora da admissibilidade, do prosseguimento e do conhecimento do recurso há de ser específica, revelando a existência de teses diversas na interpretação de um mesmo dispositivo legal, embora idênticos os fatos que as ensejaram. (ex-Súmula nº 296 – Res. 6/1989, DJ 19.04.1989)

II – Não ofende o art. 896 da CLT decisão de Turma que, examinando premissas concretas de especificidade da divergência colacionada no apelo revisional, conclui pelo conhecimento ou desconhecimento do recurso. (ex-OJ nº 37 da SBDI-1 – inserida em 01.02.1995)

Nº 297 PREQUESTIONAMENTO. OPORTUNIDADE. CONFIGURAÇÃO

I. Diz-se prequestionada a matéria ou questão quando na decisão impugnada haja sido adotada, explicitamente, tese a respeito.

II. Incumbe à parte interessada, desde que a matéria haja sido invocada no recurso principal, opor embargos declaratórios objetivando o pronunciamento sobre o tema, sob pena de preclusão.

III. Considera-se prequestionada a questão jurídica invocada no recurso principal sobre a qual se omite o Tribunal de pronunciar tese, não obstante opostos embargos de declaração.

Nº 298 AÇÃO RESCISÓRIA. VIOLAÇÃO A DISPOSIÇÃO DE LEI. PRONUNCIAMENTO EXPLÍCITO.

I – A conclusão acerca da ocorrência de violação literal a disposição de lei pressupõe pronunciamento explícito, na sentença rescindenda, sobre a matéria veiculada.

II – O pronunciamento explícito exigido em ação rescisória diz respeito à matéria e ao enfoque específico da tese debatida na ação, e não, necessariamente, ao dispositivo legal tido por violado. Basta que o conteúdo da norma reputada violada haja sido abordado na decisão rescindenda para que se considere preenchido o pressuposto.

III – Para efeito de ação rescisória, considera-se pronunciada explicitamente a matéria tratada na sentença quando, examinando remessa de ofício, o Tribunal simplesmente a confirma.

IV – A sentença meramente homologatória, que silencia sobre os motivos de convencimento do juiz, não se mostra rescindível, por ausência de pronunciamento explícito.

V – Não é absoluta a exigência de pronunciamento explícito na ação rescisória, ainda que esta tenha por fundamento violação de dispositivo de lei. Assim, prescindível o pronunciamento explícito quando o vício nasce no próprio julgamento, como se dá com a sentença "extra, citra e ultra petita".

Nº 299 AÇÃO RESCISÓRIA. DECISÃO RESCINDENDA. TRÂNSITO EM JULGADO. COMPROVAÇÃO. EFEITOS (nova redação do item II em decorrência do CPC de 2015)

I – É indispensável ao processamento da ação rescisória a prova do trânsito em julgado da decisão rescindenda. (ex-Súmula nº 299 – Res. 8/1989, DJ 14, 18 e 19.04.1989)

II – Verificando o relator que a parte interessada não juntou à inicial o documento comprobatório, abrirá prazo de 15 (quinze) dias para que o faça (art. 321 do CPC de 2015), sob pena de indeferimento. (ex-Súmula nº 299 – Res 8/1989, DJ 14, 18 e 19.04.1989)

III – A comprovação do trânsito em julgado da decisão rescindenda é pressuposto processual indispensável ao tempo do ajuizamento da ação rescisória. Eventual trânsito em julgado posterior ao ajuizamento da ação rescisória não reabilita a ação proposta, na medida em que o ordenamento jurídico não contempla a ação rescisória preventiva. (ex-OJ nº 106 da SBDI-2 – DJ 29.04.2003)

IV – O pretenso vício de intimação, posterior à decisão que se pretende rescindir, se efetivamente ocorrido, não permite a formação da coisa julgada material. Assim, a ação rescisória deve ser julgada extinta, sem julgamento do mérito, por carência de ação, por inexistir decisão transitada em julgado a ser rescindida. (ex-OJ nº 96 da SBDI-2 – inserida em 27.09.2002)

Nº 300 COMPETÊNCIA DA JUSTIÇA DO TRABALHO. CADASTRAMENTO NO PIS

Compete à Justiça do Trabalho processar e julgar ações ajuizadas por empregados em face de empregadores relativas ao cadastramento no Programa de Integração Social (PIS).

Nº 301 AUXILIAR DE LABORATÓRIO. AUSÊNCIA DE DIPLOMA. EFEITOS

O fato de o empregado não possuir diploma de profissionalização de auxiliar de laboratório não afasta a observância das normas da Lei nº 3.999, de 15.12.1961, uma vez comprovada a prestação de serviços na atividade.

Nº 303 FAZENDA PÚBLICA. REEXAME NECESSÁRIO (nova redação em decorrência do CPC de 2015)

I – Em dissídio individual, está sujeita ao reexame necessário, mesmo na vigência da Constituição Federal de 1988, decisão contrária à Fazenda Pública, salvo quando a condenação não ultrapassar o valor correspondente a: a) 1.000 (mil) salários mínimos para a União e as respectivas autarquias e fundações de direito público; b) 500 (quinhentos) salários mínimos para os Estados, o Distrito Federal, as respectivas autarquias e fundações de direito público e os Municípios que constituam capitais dos Estados; c) 100 (cem) salários mínimos para todos os demais Municípios e respectivas autarquias e fundações de direito público.

II – Também não se sujeita ao duplo grau de jurisdição a decisão fundada em:

a) súmula ou orientação jurisprudencial do Tribunal Superior do Trabalho;

b) acórdão proferido pelo Supremo Tribunal Federal ou pelo Tribunal Superior do Trabalho em julgamento de recursos repetitivos;

c) entendimento firmado em incidente deresolução de demandas repetitivas ou de assunção de competência;

d) entendimento coincidente com orientação vinculante firmada no âmbito administrativo do próprio ente público, consolidada em manifestação, parecer ou súmula administrativa.

III – Em ação rescisória, a decisão proferida pelo Tribunal Regional do Trabalho está sujeita ao duplo grau de jurisdição obrigatório quando desfavorável ao ente público, exceto nas hipóteses dos incisos anteriores. (ex-OJ nº 71 da SBDI-1 – inserida em 03.06.1996)

IV – Em mandado de segurança, somente cabe reexame necessário se, na relação processual, figurar pessoa jurídica de direito público como parte prejudicada pela concessão da ordem. Tal situação não ocorre na hipótese de figurar no feito como impetrante e terceiro interessado pessoa de direito privado, ressalvada a hipótese de matéria administrativa. (ex-OJs nºs 72 e 73 da SBDI-1 – inseridas, respectivamente, em 25.11.1996 e 03.06.1996).

Nº 304 CORREÇÃO MONETÁRIA. EMPRESAS EM LIQUIDAÇÃO. ART. 46 DO ADCT/CF

Os débitos trabalhistas das entidades submetidas aos regimes de intervenção ou liquidação extrajudicial estão sujeitos a correção monetária desde o respectivo vencimento até seu efetivo pagamento, sem interrupção ou suspensão, não incidindo, entretanto, sobre tais débitos, juros de mora.

Nº 305 FUNDO DE GARANTIA DO TEMPO DE SERVIÇO. INCIDÊNCIA SOBRE O AVISO PRÉVIO

O pagamento relativo ao período de aviso prévio, trabalhado ou não, está sujeito a contribuição para o FGTS.

Nº 307 JUROS. IRRETROATIVIDADE DO DECRETO-LEI Nº 2.322, DE 26.02.1987

A fórmula de cálculo de juros prevista no Decreto-Lei nº 2.322, de 26.02.1987 somente é aplicável a partir de 27.02.1987. Quanto ao período anterior, deve-se observar a legislação então vigente.

Nº 308 PRESCRIÇÃO QÜINQÜENAL (incorporada a Orientação Jurisprudencial nº 204 da SBDI-1)

I. Respeitado o biênio subseqüente à cessação contratual, a prescrição da ação trabalhista concerne às pretensões imediatamente anteriores a cinco anos, contados da data do ajuizamento da reclamação e, não, às anteriores ao qüinqüênio da data da extinção do contrato. (ex-OJ nº 204 da SBDI-1 – inserida em 08.11.2000)

II. A norma constitucional que ampliou o prazo de prescrição da ação trabalhista para 5 (cinco) anos é de aplicação imediata e não atinge pretensões já alcançadas pela prescrição bienal quando da promulgação da CF/1988. (ex-Súmula nº 308 – Res. 6/1992, DJ 05.11.1992)

Nº 309 VIGIA PORTUÁRIO. TERMINAL PRIVATIVO. NÃO OBRIGATORIEDADE DE REQUISIÇÃO

Tratando-se de terminais privativos destinados à navegação de cabotagem ou de longo curso, não é obrigatória a requisição de vigia portuário indicado por sindicato.

Nº 311 BENEFÍCIO PREVIDENCIÁRIO A DEPENDENTE DE EX-EMPREGADO. CORREÇÃO MONETÁRIA. LEGISLAÇÃO APLICÁVEL

O cálculo da correção monetária incidente sobre débitos relativos a benefícios previdenciários devidos a dependentes de ex-empregado pelo empregador, ou por entidade de previdência privada a ele vinculada, será o previsto na Lei nº 6.899, de 08.04.1981.

Nº 312 CONSTITUCIONALIDADE. ALÍNEA "B" DO ART. 896 DA CLT

É constitucional a alínea "b" do art. 896 da CLT, com a redação dada pela Lei nº 7.701, de 21.12.1988.

Nº 313 COMPLEMENTAÇÃO DE APOSENTADORIA. PROPORCIONALIDADE. BANESPA

A complementação de aposentadoria, prevista no art. 106, e seus parágrafos, do regulamento de pessoal editado em 1965, só é integral para os empregados que tenham 30 (trinta) ou mais anos de serviços prestados exclusivamente ao banco.

Nº 314 INDENIZAÇÃO ADICIONAL. VERBAS RESCISÓRIAS. SALÁRIO CORRIGIDO

Se ocorrer a rescisão contratual no período de 30 (trinta) dias que antecede à data-base, observado a Súmula nº 182 do TST, o pagamento das verbas rescisórias com o salário já corrigido não afasta o direito à indenização adicional prevista nas Leis nºs 6.708, de 30.10.1979 e 7.238, de 28.10.1984.

Nº 315 IPC DE MARÇO/1990. LEI Nº 8.030, DE 12.04.1990 (PLANO COLLOR). INEXISTÊNCIA DE DIREITO ADQUIRIDO

A partir da vigência da Medida Provisória nº 154, de 15.03.1990, convertida na Lei nº 8.030, de 12.04.1990, não se aplica o IPC de março de 1990, de 84,32% (oitenta e quatro vírgula trinta e dois por cento), para a correção dos salários, porque o direito ainda não se havia incorporado ao patrimônio jurídico dos trabalhadores, inexistindo ofensa ao inciso XXXVI do art. 5º da CF/1988.

Nº 318 DIÁRIAS. BASE DE CÁLCULO PARA SUA INTEGRAÇÃO NO SALÁRIO

Tratando-se de empregado mensalista, a integração das diárias no salário deve ser feita tomando-se por base o salário mensal por ele percebido e não o valor do dia de salário, somente sendo devida a referida integração quando o valor das diárias, no mês, for superior à metade do salário mensal.

Nº 319 REAJUSTES SALARIAIS ("GATILHOS"). APLICAÇÃO AOS SERVIDORES PÚBLICOS CONTRATADOS SOB A ÉGIDE DA LEGISLAÇÃO TRABALHISTA

Aplicam-se aos servidores públicos, contratados sob o regime da CLT, os reajustes decorrentes da correção automática dos salários pelo mecanismo denominado "gatilho", de que tratam os Decretos-Leis nºs 2.284, de 10.03.1986 e 2.302, de 21.11.1986.

Nº 320 HORAS "IN ITINERE". OBRIGATORIEDADE DE CÔMPUTO NA JORNADA DE TRABALHO

O fato de o empregador cobrar, parcialmente ou não, importância pelo transporte fornecido, para local de difícil acesso ou não servido por transporte regular, não afasta o direito à percepção das horas "in itinere".

Nº 322 DIFERENÇAS SALARIAIS. PLANOS ECONÔMICOS. LIMITE

Os reajustes salariais decorrentes dos chamados "gatilhos" e URPs, previstos legalmente como antecipação, são devidos tão-somente até a data-base de cada categoria.

Nº 326 COMPLEMENTAÇÃO DE APOSENTADORIA. PRESCRIÇÃO TOTAL

A pretensão à complementação de aposentadoria jamais recebida prescreve em 2 (dois) anos contados da cessação do contrato de trabalho.

Nº 327 COMPLEMENTAÇÃO DE APOSENTADORIA. DIFERENÇA. PRESCRIÇÃO PARCIAL

A pretensão a diferenças de complementação de aposentadoria sujeita-se à prescrição parcial e quinquenal, salvo se o pretenso direito decorrer de verbas não recebidas no curso da relação de emprego e já alcançadas pela prescrição, à época da propositura da ação.

Nº 328 FÉRIAS. TERÇO CONSTITUCIONAL

O pagamento das férias, integrais ou proporcionais, gozadas ou não, na vigência da CF/1988, sujeita-se ao acréscimo do terço previsto no respectivo art. 7º, XVII.

Nº 329 HONORÁRIOS ADVOCATÍCIOS. ART. 133 DA CF/1988

Mesmo após a promulgação da CF/1988, permanece válido o entendimento consubstanciado na Súmula nº 219 do Tribunal Superior do Trabalho.

Nº 330 QUITAÇÃO. VALIDADE

A quitação passada pelo empregado, com assistência de entidade sindical de sua categoria, ao empregador, com observância dos requisitos exigidos nos parágrafos do art. 477 da CLT, tem eficácia liberatória em relação às parcelas expressamente consignadas no recibo, salvo se oposta ressalva expressa e especificada ao valor dado à parcela ou parcelas impugnadas.

I – A quitação não abrange parcelas não consignadas no recibo de quitação e, conseqüentemente, seus reflexos em outras parcelas, ainda que estas constem desse recibo.

II – Quanto a direitos que deveriam ter sido satisfeitos durante a vigência do contrato de trabalho, a quitação é válida em relação ao período expressamente consignado no recibo de quitação.

Nº 331 CONTRATO DE PRESTAÇÃO DE SERVIÇOS. LEGALIDADE

I – A contratação de trabalhadores por empresa interposta é ilegal, formando-se o vínculo diretamente com o tomador dos serviços, salvo no caso de trabalho temporário (Lei nº 6.019, de 03.01.1974).

II – A contratação irregular de trabalhador, mediante empresa interposta, não gera vínculo de emprego com os órgãos da Administração Pública direta, indireta ou fundacional (art. 37, II, da CF/1988).

III – Não forma vínculo de emprego com o tomador a contratação de serviços de vigilância (Lei nº 7.102, de 20.06.1983) e de conservação e limpeza, bem como a de serviços especializados ligados à atividade-meio do tomador, desde que inexistente a pessoalidade e a subordinação direta.

IV – O inadimplemento das obrigações trabalhistas, por parte do empregador, implica a responsabilidade subsidiária do tomador dos serviços quanto àquelas obrigações, desde que haja participado da relação processual e conste também do título executivo judicial.

V – Os entes integrantes da Administração Pública direta e indireta respondem subsidiariamente, nas mesmas condições do item IV, caso evidenciada a sua conduta culposa no cumprimento das obrigações da Lei n.º 8.666, de 21.06.1993, especialmente na fiscalização do cumprimento das obrigações contratuais e legais da prestadora de serviço como empregadora. A aludida responsabilidade não decorre de mero inadimplemento das obrigações trabalhistas assumidas pela empresa regularmente contratada.

VI – A responsabilidade subsidiária do tomador de serviços abrange todas as verbas decorrentes da condenação referentes ao período da prestação laboral.

Nº 332 COMPLEMENTAÇÃO DE APOSENTADORIA. PETROBRAS. MANUAL DE PESSOAL. NORMA PROGRAMÁTICA

As normas relativas à complementação de aposentadoria, inseridas no Manual de Pessoal da Petrobras, têm caráter meramente programático, delas não resultando direito à referida complementação.

Nº 333 RECURSOS DE REVISTA E DE EMBARGOS. CONHECIMENTO

Não ensejam recurso de revista decisões superadas por iterativa, notória e atual jurisprudência do Tribunal Superior do Trabalho.

Nº 336 CONSTITUCIONALIDADE. §2º DO ART. 9º DO DECRETO-LEI Nº 1.971, DE 30.11.1982

É constitucional o §2º do art. 9º do Decreto-Lei nº 1.971, de 30.11.1982, com a redação dada pelo Decreto-Lei nº 2.100, de 28.12.1983.

Nº 337 COMPROVAÇÃO DE DIVERGÊNCIA JURISPRUDENCIAL. RECURSOS DE REVISTA E DE EMBARGOS

I – Para comprovação da divergência justificadora do recurso, é necessário que o recorrente:

a) Junte certidão ou cópia autenticada do acórdão paradigma ou cite a fonte oficial ou o repositório autorizado em que foi publicado; e

b) Transcreva, nas razões recursais, as ementas e/ou trechos dos acórdãos trazidos à configuração do dissídio, demonstrando o conflito de teses que justifique o conhecimento do recurso, ainda que os

acórdãos já se encontrem nos autos ou venham a ser juntados com o recurso.

II – A concessão de registro de publicação como repositório autorizado de jurisprudência do TST torna válidas todas as suas edições anteriores.

III – A mera indicação da data de publicação, em fonte oficial, de aresto paradigma é inválida para comprovação de divergência jurisprudencial, nos termos do item I, "a", desta súmula, quando a parte pretende demonstrar o conflito de teses mediante a transcrição de trechos que integram a fundamentação do acórdão divergente, uma vez que só se publicam o dispositivo e a ementa dos acórdãos;

IV – É válida para a comprovação da divergência jurisprudencial justificadora do recurso a indicação de aresto extraído de repositório oficial na internet, desde que o recorrente:

a) transcreva o trecho divergente;
b) aponte o sítio de onde foi extraído; e
c) decline o número do processo, o órgão prolator do acórdão e a data da respectiva publicação no Diário Eletrônico da Justiça do Trabalho.

V – A existência do código de autenticidade na cópia, em formato *pdf*, do inteiro teor do aresto paradigma, juntada aos autos, torna-a equivalente ao documento original e também supre a ausência de indicação da fonte oficial de publicação.

Nº 338 JORNADA DE TRABALHO. REGISTRO. ÔNUS DA PROVA (incorporadas as Orientações Jurisprudenciais nºs 234 e 306 da SBDI-1)

I – É ônus do empregador que conta com mais de 10 (dez) empregados o registro da jornada de trabalho na forma do art. 74, §2º, da CLT. A não-apresentação injustificada dos controles de freqüência gera presunção relativa de veracidade da jornada de trabalho, a qual pode ser elidida por prova em contrário. (ex-Súmula nº 338 – alterada pela Res. 121/2003, DJ 21.11.2003)

II – A presunção de veracidade da jornada de trabalho, ainda que prevista em instrumento normativo, pode ser elidida por prova em contrário. (ex-OJ nº 234 da SBDI-1 – inserida em 20.06.2001)

III – Os cartões de ponto que demonstram horários de entrada e saída uniformes são inválidos como meio de prova, invertendo-se o ônus da prova, relativo às horas extras, que passa a ser do empregador, prevalecendo a jornada da inicial se dele não se desincumbir. (ex-OJ nº 306 da SBDI-1 – DJ 11.08.2003)

Nº 339 CIPA. SUPLENTE. GARANTIA DE EMPREGO. CF/1988 (incorporadas as Orientações Jurisprudenciais nºs 25 e 329 da SBDI-1)

I – O suplente da CIPA goza da garantia de emprego prevista no art. 10, II, "a", do ADCT a partir da promulgação da Constituição Federal de 1988. (ex-Súmula nº 339 – Res. 39/1994, DJ 22.12.1994 – e ex-OJ nº 25 da SBDI-1 – inserida em 29.03.1996)

II – A estabilidade provisória do cipeiro não constitui vantagem pessoal, mas garantia para as atividades dos membros da CIPA, que somente tem razão de ser quando em atividade a empresa. Extinto o estabelecimento, não se verifica a despedida arbitrária, sendo impossível a reintegração e indevida a indenização do período estabilitário. (ex-OJ nº 329 da SBDI-1 – DJ 09.12.2003)

Nº 340 COMISSIONISTA. HORAS EXTRAS

O empregado, sujeito a controle de horário, remunerado à base de comissões, tem direito ao adicional de, no mínimo, 50% (cinqüenta por cento) pelo trabalho em horas extras, calculado sobre o valor-hora das comissões recebidas no mês, considerando-se como divisor o número de horas efetivamente trabalhadas.

Nº 341 HONORÁRIOS DO ASSISTENTE TÉCNICO

A indicação do perito assistente é faculdade da parte, a qual deve responder pelos respectivos honorários, ainda que vencedora no objeto da perícia.

Nº 342 DESCONTOS SALARIAIS. ART. 462 DA CLT

Descontos salariais efetuados pelo empregador, com a autorização prévia e por escrito do empregado, para ser integrado em planos de assistência odontológica, médico-hospitalar, de seguro, de previdência privada, ou de entidade cooperativa, cultural ou recreativo-associativa de seus trabalhadores, em seu benefício e de seus dependentes, não afrontam o disposto no art. 462 da CLT, salvo se ficar demonstrada a existência de coação ou de outro defeito que vicie o ato jurídico.

Nº 344 SALÁRIO-FAMÍLIA. TRABALHADOR RURAL

O salário-família é devido aos trabalhadores rurais somente após a vigência da Lei nº 8.213, de 24.07.1991.

Nº 345 BANDEPE. REGULAMENTO INTERNO DE PESSOAL NÃO CONFERE ESTABILIDADE AOS EMPREGADOS

O Regulamento Interno de Pessoal (RIP) do Banco do Estado de Pernambuco – BANDEPE, na parte que trata de seu regime disciplinar, não confere estabilidade aos seus empregados.

Nº 346 DIGITADOR. INTERVALOS INTRAJORNADA. APLICAÇÃO ANALÓGICA DO ART. 72 DA CLT

Os digitadores, por aplicação analógica do art. 72 da CLT, equiparam-se aos trabalhadores nos serviços de mecanografia (datilografia, escrituração ou cálculo), razão pela qual têm direito a intervalos de descanso de 10 (dez) minutos a cada 90 (noventa) de trabalho consecutivo.

Nº 347 HORAS EXTRAS HABITUAIS. APURAÇÃO. MÉDIA FÍSICA

O cálculo do valor das horas extras habituais, para efeito de reflexos em verbas trabalhistas, observará o número de horas efetivamente prestadas e a ele aplica-se o valor do salário-hora da época do pagamento daquelas verbas.

Nº 348 AVISO PRÉVIO. CONCESSÃO NA FLUÊNCIA DA GARANTIA DE EMPREGO. INVALIDADE

É inválida a concessão do aviso prévio na fluência da garantia de emprego, ante a incompatibilidade dos dois institutos.

Nº 350 PRESCRIÇÃO. TERMO INICIAL. AÇÃO DE CUMPRIMENTO. SENTENÇA NORMATIVA

O prazo de prescrição com relação à ação de cumprimento de decisão normativa flui apenas da data de seu trânsito em julgado.

Nº 351 PROFESSOR. REPOUSO SEMANAL REMUNERADO. ART. 7º, §2º, DA LEI Nº 605, DE 05.01.1949 E ART. 320 DA CLT

O professor que recebe salário mensal à base de hora-aula tem direito ao acréscimo de 1/6 a título de repouso semanal remunerado, considerando-se para esse fim o mês de quatro semanas e meia.

Nº 353 EMBARGOS. AGRAVO. CABIMENTO (atualizada em decorrência do CPC de 2015)

Não cabem embargos para a Seção de Dissídios Individuais de decisão de Turma proferida em agravo, salvo:
a) da decisão que não conhece de agravo de instrumento ou de agravo pela ausência de pressupostos extrínsecos;
b) da decisão que nega provimento a agravo contra decisão monocrática do Relator, em que se proclamou a ausência de pressupostos extrínsecos de agravo de instrumento;
c) para revisão dos pressupostos extrínsecos de admissibilidade do recurso de revista, cuja ausência haja sido declarada originariamente pela Turma no julgamento do agravo;
d) para impugnar o conhecimento de agravo de instrumento;
e) para impugnar a imposição de multas previstas nos arts. 1.021, §4º, do CPC de 2015 ou 1.026, §2º, do CPC de 2015 (art. 538, parágrafo único, do CPC de 1973, ou art. 557, §2º, do CPC de 1973).
f) contra decisão de Turma proferida em agravo em recurso de revista, nos termos do art. 894, II, da CLT.

Nº 354 GORJETAS. NATUREZA JURÍDICA. REPERCUSSÕES

As gorjetas, cobradas pelo empregador na nota de serviço ou oferecidas espontaneamente pelos clientes, integram a remuneração do empregado, não servindo de base de cálculo para as parcelas de aviso-prévio, adicional noturno, horas extras e repouso semanal remunerado.

Nº 355 CONAB. ESTABILIDADE. AVISO DIREH Nº 2 DE 12.12.1984

O aviso DIREH nº 2, de 12.12.1984, que concedia estabilidade aos empregados da CONAB, não tem eficácia, porque não aprovado pelo Ministério ao qual a empresa se subordina.

Nº 356 ALÇADA RECURSAL. VINCULAÇÃO AO SALÁRIO MÍNIMO

O art. 2º, §4º, da Lei nº 5.584, de 26.06.1970, foi recepcionado pela CF/1988, sendo lícita a fixação do valor da alçada com base no salário mínimo.

Nº 357 TESTEMUNHA. AÇÃO CONTRA A MESMA RECLAMADA. SUSPEIÇÃO

Não torna suspeita a testemunha o simples fato de estar litigando ou de ter litigado contra o mesmo empregador.

Nº 358 RADIOLOGISTA. SALÁRIO PROFISSIONAL. LEI Nº 7.394, DE 29.10.1985

O salário profissional dos técnicos em radiologia é igual a 2 (dois) salários mínimos e não a 4 (quatro).

Nº 360 TURNOS ININTERRUPTOS DE REVEZAMENTO. INTERVALOS INTRAJORNADA E SEMANAL

A interrupção do trabalho destinada a repouso e alimentação, dentro de cada turno, ou o intervalo para repouso semanal, não descaracteriza o turno de revezamento com jornada de 6 (seis) horas previsto no art. 7º, XIV, da CF/1988.

Nº 361 ADICIONAL DE PERICULOSIDADE. ELETRICITÁRIOS. EXPOSIÇÃO INTERMITENTE

O trabalho exercido em condições perigosas, embora de forma intermitente, dá direito ao empregado a receber o adicional de periculosidade

de forma integral, porque a Lei nº 7.369, de 20.09.1985, não estabeleceu nenhuma proporcionalidade em relação ao seu pagamento.

Nº 362 FGTS. PRESCRIÇÃO

I – Para os casos em que a ciência da lesão ocorreu a partir de 13.11.2014, é quinquenal a prescrição do direito de reclamar contra o não-recolhimento de contribuição para o FGTS, observado o prazo de dois anos após o término do contrato;

II – Para os casos em que o prazo prescricional já estava em curso em 13.11.2014, aplica-se o prazo prescricional que se consumar primeiro: trinta anos, contados do termo inicial, ou cinco anos, a partir de 13.11.2014 (STF-ARE-709212/DF).

Nº 363 CONTRATO NULO. EFEITOS

A contratação de servidor público, após a CF/1988, sem prévia aprovação em concurso público, encontra óbice no respectivo art. 37, II e §2º, somente lhe conferindo direito ao pagamento da contraprestação pactuada, em relação ao número de horas trabalhadas, respeitado o valor da hora do salário mínimo, e dos valores referentes aos depósitos do FGTS.

Nº 364 ADICIONAL DE PERICULOSIDADE. EXPOSIÇÃO EVENTUAL, PERMANENTE E INTERMITENTE

I – Tem direito ao adicional de periculosidade o empregado exposto permanentemente ou que, de forma intermitente, sujeita-se a condições de risco. Indevido, apenas, quando o contato dá-se de forma eventual, assim considerado o fortuito, ou o que, sendo habitual, dá-se por tempo extremamente reduzido. (ex-Ojs da SBDI-1 nºs 05 – inserida em 14.03.1994 – e 280 – DJ 11.08.2003)

II – Não é válida a cláusula de acordo ou convenção coletiva de trabalho fixando o adicional de periculosidade em percentual inferior ao estabelecido em lei e proporcional ao tempo de exposição ao risco, pois tal parcela constitui medida de higiene, saúde e segurança do trabalho, garantida por norma de ordem pública (arts. 7º, XXII e XXIII, da CF e 193, §1º, da CLT).

Nº 365 ALÇADA. AÇÃO RESCISÓRIA E MANDADO DE SEGURANÇA (conversão das Orientações Jurisprudenciais nºs 8 e 10 da SBDI-1)

Não se aplica a alçada em ação rescisória e em mandado de segurança.

Nº 366 CARTÃO DE PONTO. REGISTRO. HORAS EXTRAS. MINUTOS QUE ANTECEDEM E SUCEDEM A JORNADA DE TRABALHO

Não serão descontadas nem computadas como jornada extraordinária as variações de horário do registro de ponto não excedentes de cinco minutos, observado o limite máximo de dez minutos diários. Se ultrapassado esse limite, será considerada como extra a totalidade do tempo que exceder a jornada normal, pois configurado tempo à disposição do empregador, não importando as atividades desenvolvidas pelo empregado ao longo do tempo residual (troca de uniforme, lanche, higiene pessoal, etc).

Nº 367 UTILIDADES "IN NATURA". HABITAÇÃO. ENERGIA ELÉTRICA. VEÍCULO. CIGARRO. NÃO INTEGRAÇÃO AO SALÁRIO (conversão das Orientações Jurisprudenciais nºs 24, 131 e 246 da SBDI-1)

I – A habitação, a energia elétrica e veículo fornecidos pelo empregador ao empregado, quando indispensáveis para a realização do trabalho, não têm natureza salarial, ainda que, no caso de veículo, seja ele utilizado pelo empregado também em atividades particulares. (ex-Ojs da SBDI-1 nºs 131 – inserida em 20.04.1998 e ratificada pelo Tribunal Pleno em 07.12.2000 – e 246 – inserida em 20.06.2001)

II – O cigarro não se considera salário utilidade em face de sua nocividade à saúde. (ex-OJ nº 24 da SBDI-1 – inserida em 29.03.1996)

Nº 368 DESCONTOS PREVIDENCIÁRIOS. IMPOSTO DE RENDA. COMPETÊNCIA. RESPONSABILIDADE PELO RECOLHIMENTO. FORMA DE CÁLCULO. FATO GERADOR.

I – A Justiça do Trabalho é competente para determinar o recolhimento das contribuições fiscais. A competência da Justiça do Trabalho, quanto à execução das contribuições previdenciárias, limita-se às sentenças condenatórias em pecúnia que proferir e aos valores, objeto de acordo homologado, que integrem o salário de contribuição. (ex-OJ nº 141 da SBDI-1 – inserida em 27.11.1998).

II – É do empregador a responsabilidade pelo recolhimento das contribuições previdenciárias e fiscais, resultantes de crédito do empregado oriundo de condenação judicial. A culpa do empregador pelo inadimplemento das verbas remuneratórias, contudo, não exime a responsabilidade do empregado pelos pagamentos do imposto de renda devido e da contribuição previdenciária que recaia sobre sua quota-parte. (ex-OJ nº 363 da SBDI-1, parte final)

III – Os descontos previdenciários relativos à contribuição do empregado, no caso de ações trabalhistas, devem ser calculados mês a mês, de conformidade com o art. 276, §4º, do Decreto nº 3.048/1999 que regulamentou a Lei nº 8.212/1991, aplicando-se as alíquotas previstas no art. 198,

observado o limite máximo do salário de contribuição (ex-OJs nºs 32 e 228 da SBDI-1 – inseridas, respectivamente, em 14.03.1994 e 20.06.2001).

IV – Considera-se fato gerador das contribuições previdenciárias decorrentes de créditos trabalhistas reconhecidos ou homologados em juízo, para os serviços prestados até 4.3.2009, inclusive, o efetivo pagamento das verbas, configurando-se a mora a partir do dia dois do mês seguinte ao da liquidação (art. 276, "caput", do Decreto nº 3.048/1999). Eficácia não retroativa da alteração legislativa promovida pela Medida Provisória nº 449/2008, posteriormente convertida na Lei nº 11.941/2009, que deu nova redação ao art. 43 da Lei nº 8.212/91.

V – Para o labor realizado a partir de 5.3.2009, considera-se fato gerador das contribuições previdenciárias decorrentes de créditos trabalhistas reconhecidos ou homologados em juízo a data da efetiva prestação dos serviços. Sobre as contribuições previdenciárias não recolhidas a partir da prestação dos serviços incidem juros de mora e, uma vez apurados os créditos previdenciários, aplica-se multa a partir do exaurimento do prazo de citação para pagamento, se descumprida a obrigação, observado o limite legal de 20% (art. 61, §2º, da Lei nº 9.430/96).

VI – O imposto de renda decorrente de crédito do empregado recebido acumuladamente deve ser calculado sobre o montante dos rendimentos pagos, mediante a utilização de tabela progressiva resultante da multiplicação da quantidade de meses a que se referem os rendimentos pelos valores constantes da tabela progressiva mensal correspondente ao mês do recebimento ou crédito, nos termos do art. 12-A da Lei nº 7.713, de 22/12/1988, com a redação conferida pela Lei nº 13.149/2015, observado o procedimento previsto nas Instruções Normativas da Receita Federal do Brasil.

Nº 369 DIRIGENTE SINDICAL. ESTABILIDADE PROVISÓRIA

I – É assegurada a estabilidade provisória ao empregado dirigente sindical, ainda que a comunicação do registro da candidatura ou da eleição e da posse seja realizada fora do prazo previsto no art. 543, §5º, da CLT, desde que a ciência ao empregador, por qualquer meio, ocorra na vigência do contrato de trabalho.

II – O art. 522 da CLT foi recepcionado pela Constituição Federal de 1988. Fica limitada, assim, a estabilidade a que alude o art. 543, §3.º, da CLT a sete dirigentes sindicais e igual número de suplentes.

III – O empregado de categoria diferenciada eleito dirigente sindical só goza de estabilidade se exercer na empresa atividade pertinente à categoria profissional do sindicato para o qual foi eleito dirigente.

IV – Havendo extinção da atividade empresarial no âmbito da base territorial do sindicato, não há razão para subsistir a estabilidade.

V – O registro da candidatura do empregado a cargo de dirigente sindical durante o período de aviso prévio, ainda que indenizado, não lhe assegura a estabilidade, visto que inaplicável a regra do §3º do art. 543 da Consolidação das Leis do Trabalho.

Nº 370 MÉDICO E ENGENHEIRO. JORNADA DE TRABALHO. LEIS NºS 3.999/1961 E 4.950-A/1966 (conversão das Orientações Jurisprudenciais nºs 39 e 53 da SBDI-1)

Tendo em vista que as Leis nº 3.999/1961 e 4.950-A/1966 não estipulam a jornada reduzida, mas apenas estabelecem o salário mínimo da categoria para uma jornada de 4 horas para os médicos e de 6 horas para os engenheiros, não há que se falar em horas extras, salvo as excedentes à oitava, desde que seja respeitado o salário mínimo/horário das categorias.

Nº 371 AVISO PRÉVIO INDENIZADO. EFEITOS. SUPERVENIÊNCIA DE AUXÍLIO-DOENÇA NO CURSO DESTE (conversão das Orientações Jurisprudenciais nºs 40 e 135 da SBDI-1)

A projeção do contrato de trabalho para o futuro, pela concessão do aviso prévio indenizado, tem efeitos limitados às vantagens econômicas obtidas no período de pré-aviso, ou seja, salários, reflexos e verbas rescisórias. No caso de concessão de auxílio-doença no curso do aviso prévio, todavia, só se concretizam os efeitos da dispensa depois de expirado o benefício previdenciário.

Nº 372 GRATIFICAÇÃO DE FUNÇÃO. SUPRESSÃO OU REDUÇÃO. LIMITES (conversão das Orientações Jurisprudenciais nos 45 e 303 da SBDI-1)

I – Percebida a gratificação de função por dez ou mais anos pelo empregado, se o empregador, sem justo motivo, revertê-lo a seu cargo efetivo, não poderá retirar-lhe a gratificação tendo em vista o princípio da estabilidade financeira.

II – Mantido o empregado no exercício da função comissionada, não pode o empregador reduzir o valor da gratificação.

Nº 373 GRATIFICAÇÃO SEMESTRAL. CONGELAMENTO. PRESCRIÇÃO PARCIAL (conversão da Orientação Jurisprudencial nº 46 da SBDI-1)

Tratando-se de pedido de diferença de gratificação semestral que teve seu valor congelado, a prescrição aplicável é a parcial.

Nº 374 NORMA COLETIVA. CATEGORIA DIFERENCIADA. ABRANGÊNCIA (conversão da Orientação Jurisprudencial nº 55 da SBDI-1)

Empregado integrante de categoria profissional diferenciada não tem o direito de haver de seu empregador vantagens previstas em instrumento coletivo no qual a empresa não foi representada por órgão de classe de sua categoria.

Nº 375 REAJUSTES SALARIAIS PREVISTOS EM NORMA COLETIVA. PREVALÊNCIA DA LEGISLAÇÃO DE POLÍTICA SALARIAL (conversão da Orientação Jurisprudencial nº 69 da SBDI-1 e da Orientação Jurisprudencial nº 40 da SBDI-2)

Os reajustes salariais previstos em norma coletiva de trabalho não prevalecem frente à legislação superveniente de política salarial.

Nº 376 HORAS EXTRAS. LIMITAÇÃO. ART. 59 DA CLT. REFLEXOS (conversão das Orientações Jurisprudenciais nºs 89 e 117 da SBDI-1)

I – A limitação legal da jornada suplementar a duas horas diárias não exime o empregador de pagar todas as horas trabalhadas.

II – O valor das horas extras habitualmente prestadas integra o cálculo dos haveres trabalhistas, independentemente da limitação prevista no "caput" do art. 59 da CLT.

Nº 377 PREPOSTO. EXIGÊNCIA DA CONDIÇÃO DE EMPREGADO

Exceto quanto à reclamação de empregado doméstico, ou contra micro ou pequeno empresário, o preposto deve ser necessariamente empregado do reclamado. Inteligência do art. 843, §1º, da CLT e do art. 54 da Lei Complementar nº 123, de 14 de dezembro de 2006.

Nº 378 ESTABILIDADE PROVISÓRIA. ACIDENTE DO TRABALHO. ART. 118 DA LEI Nº 8.213/1991

I – É constitucional o artigo 118 da Lei nº 8.213/1991 que assegura o direito à estabilidade provisória por período de 12 meses após a cessação do auxílio-doença ao empregado acidentado.

II – São pressupostos para a concessão da estabilidade o afastamento superior a 15 dias e a conseqüente percepção do auxílio-doença acidentário, salvo se constatada, após a despedida, doença profissional que guarde relação de causalidade com a execução do contrato de emprego.

III – O empregado submetido a contrato de trabalho por tempo determinado goza da garantia provisória de emprego decorrente de acidente de trabalho prevista no n no art. 118 da Lei nº 8.213/91.

Nº 379 DIRIGENTE SINDICAL. DESPEDIDA. FALTA GRAVE. INQUÉRITO JUDICIAL. NECESSIDADE (conversão da Orientação Jurisprudencial nº 114 da SBDI-1)

O dirigente sindical somente poderá ser dispensado por falta grave mediante a apuração em inquérito judicial, inteligência dos arts. 494 e 543, §3º, da CLT.

Nº 380 AVISO PRÉVIO. INÍCIO DA CONTAGEM. ART. 132 DO CÓDIGO CIVIL DE 2002 (conversão da Orientação Jurisprudencial nº 122 da SBDI-1)

Aplica-se a regra prevista no "caput" do art. 132 do Código Civil de 2002 à contagem do prazo do aviso prévio, excluindo-se o dia do começo e incluindo o do vencimento.

Nº 381 CORREÇÃO MONETÁRIA. SALÁRIO. ART. 459 DA CLT (conversão da Orientação Jurisprudencial nº 124 da SBDI-1)

O pagamento dos salários até o 5º dia útil do mês subseqüente ao vencido não está sujeito à correção monetária. Se essa data limite for ultrapassada, incidirá o índice da correção monetária do mês subseqüente ao da prestação dos serviços, a partir do dia 1º.

Nº 382 MUDANÇA DE REGIME CELETISTA PARA ESTATUTÁRIO. EXTINÇÃO DO CONTRATO. PRESCRIÇÃO BIENAL (conversão da Orientação Jurisprudencial nº 128 da SBDI-1)

A transferência do regime jurídico de celetista para estatutário implica extinção do contrato de trabalho, fluindo o prazo da prescrição bienal a partir da mudança de regime.

Nº 383 MANDATO. ARTS. 13 E 37 DO CPC. FASE RECURSAL. INAPLICABILIDADE (nova redação em decorrência do CPC de 2015)

I – É inadmissível recurso firmado por advogado sem procuração juntada aos autos até o momento da sua interposição, salvo mandato tácito. Em caráter excepcional (art. 104 do CPC de 2015), admite-se que o advogado, independentemente de intimação, exiba a procuração no prazo de 5 (cinco) dias após a interposição do recurso, prorrogável por igual período mediante despacho do juiz. Caso não a exiba, considera-se ineficaz o ato praticado e não se conhece do recurso.

II – Verificada a irregularidade de representação da parte em fase recursal, em procuração ou substabelecimento já constante dos autos, o relator ou o órgão competente para julgamento do recurso designará prazo de 5 (cinco) dias para que seja sanado o vício. Descumprida a determinação, o

relator não conhecerá do recurso, se a providência couber ao recorrente, ou determinará o desentranhamento das contrarrazões, se a providência couber ao recorrido (art. 76, §2º, do CPC de 2015).

Nº 384 MULTA CONVENCIONAL. COBRANÇA (conversão das Orientações Jurisprudenciais nºs 150 e 239 da SBDI-1)

I – O descumprimento de qualquer cláusula constante de instrumentos normativos diversos não submete o empregado a ajuizar várias ações, pleiteando em cada uma o pagamento da multa referente ao descumprimento de obrigações previstas nas cláusulas respectivas.

II – É aplicável multa prevista em instrumento normativo (sentença normativa, convenção ou acordo coletivo) em caso de descumprimento de obrigação prevista em lei, mesmo que a norma coletiva seja mera repetição de texto legal.

Nº 385 FERIADO LOCAL OU FORENSE. AUSÊNCIA DE EXPEDIENTE. PRAZO RECURSAL. PRORROGAÇÃO. COMPROVAÇÃO. NECESSIDADE. (alterada em decorrência do CPC de 2015)

I – Incumbe à parte o ônus de provar, quando da interposição do recurso, a existência de feriado local que autorize a prorrogação do prazo recursal (art. 1.003, §6º, do CPC de 2015). No caso de o recorrente alegar a existência de feriado local e não o comprovar no momento da interposição do recurso, cumpre ao relator conceder o prazo de 5 (cinco) dias para que seja sanado o vício (art. 932, parágrafo único, do CPC de 2015), sob pena de não conhecimento se da comprovação depender a tempestividade recursal;

II – Na hipótese de feriado forense, incumbirá à autoridade que proferir a decisão de admissibilidade certificar o expediente nos autos;

III – Admite-se a reconsideração da análise da tempestividade do recurso, mediante prova documental superveniente, em agravo de instrumento, agravo interno, agravo regimental, ou embargos de declaração, desde que, em momento anterior, não tenha havido a concessão de prazo para a comprovação da ausência de expediente forense.

Nº 386 POLICIAL MILITAR. RECONHECIMENTO DE VÍNCULO EMPREGATÍCIO COM EMPRESA PRIVADA (conversão da Orientação Jurisprudencial nº 167 da SBDI-1)

Preenchidos os requisitos do art. 3º da CLT, é legítimo o reconhecimento de relação de emprego entre policial militar e empresa privada, independentemente do eventual cabimento de penalidade disciplinar prevista no Estatuto do Policial Militar.

Nº 387 RECURSO. FAC-SÍMILE. LEI Nº 9.800/1999 (atualizada em decorrência do CPC de 2015)

I – A Lei nº 9.800, de 26.05.1999, é aplicável somente a recursos interpostos após o início de sua vigência.

II – A contagem do quinquídio para apresentação dos originais de recurso interposto por intermédio de fac-símile começa a fluir do dia subsequente ao término do prazo recursal, nos termos do art. 2º da Lei nº 9.800, de 26.05.1999, e não do dia seguinte à interposição do recurso, se esta se deu antes do termo final do prazo.

III – Não se tratando a juntada dos originais de ato que dependa de notificação, pois a parte, ao interpor o recurso, já tem ciência de seu ônus processual, não se aplica a regra do art. 224 do CPC de 2015 (art. 184 do CPC de 1973) quanto ao "dies a quo", podendo coincidir com sábado, domingo ou feriado.

IV – A autorização para utilização do fac-símile, constante do art. 1º da Lei n.º 9.800, de 26.05.1999, somente alcança as hipóteses em que o documento é dirigido diretamente ao órgão jurisdicional, não se aplicando à transmissão ocorrida entre particulares.

Nº 388 MASSA FALIDA. ARTS. 467 E 477 DA CLT. INAPLICABILIDADE (conversão das Orientações Jurisprudenciais nºs 201 e 314 da SBDI-1)

A Massa Falida não se sujeita à penalidade do art. 467 e nem à multa do §8º do art. 477, ambos da CLT.

Nº 389 SEGURO-DESEMPREGO. COMPETÊNCIA DA JUSTIÇA DO TRABALHO. DIREITO À INDENIZAÇÃO POR NÃO LIBERAÇÃO DE GUIAS (conversão das Orientações Jurisprudenciais nºs 210 e 211 da SBDI-1)

I – Inscreve-se na competência material da Justiça do Trabalho a lide entre empregado e empregador tendo por objeto indenização pelo não-fornecimento das guias do seguro-desemprego.

II – O não-fornecimento pelo empregador da guia necessária para o recebimento do seguro-desemprego dá origem ao direito à indenização.

Nº 390 ESTABILIDADE. ART. 41 DA CF/1988. CELETISTA. ADMINISTRAÇÃO DIRETA, AUTÁRQUICA OU FUNDACIONAL. APLICABILIDADE. EMPREGADO DE EMPRESA PÚBLICA E SOCIEDADE DE ECONOMIA MISTA. INAPLICÁVEL (conversão das Orientações Jurisprudenciais nºs 229 e 265 da SBDI-1 e da Orientação Jurisprudencial nº 22 da SBDI-2)

I – O servidor público celetista da administração direta, autárquica ou fundacional é beneficiário da estabilidade prevista no art. 41 da CF/1988.

II – Ao empregado de empresa pública ou de sociedade de economia mista, ainda que admitido mediante aprovação em concurso público, não é garantida a estabilidade prevista no art. 41 da CF/1988.

Nº 391 PETROLEIROS. LEI Nº 5.811/72. TURNO ININTERRUPTO DE REVEZAMENTO. HORAS EXTRAS E ALTERAÇÃO DA JORNADA PARA HORÁRIO FIXO (conversão das Orientações Jurisprudenciais nºs 240 e 333 da SBDI-1)

I – A Lei nº 5.811/1972 foi recepcionada pela CF/1988 no que se refere à duração da jornada de trabalho em regime de revezamento dos petroleiros.

II – A previsão contida no art. 10 da Lei nº 5.811/1972, possibilitando a mudança do regime de revezamento para horário fixo, constitui alteração lícita, não violando os arts. 468 da CLT e 7º, VI, da CF/1988.

Nº 392 DANO MORAL E MATERIAL. RELAÇÃO DE TRABALHO. COMPETÊNCIA DA JUSTIÇA DO TRABALHO

Nos termos do art. 114, inc. VI, da Constituição da República, a Justiça do Trabalho é competente para processar e julgar ações de indenização por dano moral e material, decorrentes da relação de trabalho, inclusive as oriundas de acidente de trabalho e doenças a ele equiparadas, ainda que propostas pelos dependentes ou sucessores do trabalhador falecido.

Nº 393 RECURSO ORDINÁRIO. EFEITO DEVOLUTIVO EM PROFUNDIDADE. ART. 1.013, §1º, DO CPC DE 2015. ART. 515, §1º, DO CPC DE 1973 (nova redação em decorrência do CPC de 2015)

I – O efeito devolutivo em profundidade do recurso ordinário, que se extrai do §1º do art. 1.013 do CPC de 2015 (art. 515, §1º, do CPC de 1973), transfere ao Tribunal a apreciação dos fundamentos da inicial ou da defesa, não examinados pela sentença, ainda que não renovados em contrarrazões, desde que relativos ao capítulo impugnado.

II – Se o processo estiver em condições, o tribunal, ao julgar o recurso ordinário, deverá decidir desde logo o mérito da causa, nos termos do §3º do art. 1.013 do CPC de 2015, inclusive quando constatar a omissão da sentença no exame de um dos pedidos.

Nº 394 FATOR SUPERVENIENTE. ART. 493 DO CPC DE 2015. ART. 462 DO CPC DE 1973 (atualizada em decorrência do CPC de 2015)

O art. 493 do CPC de 2015 (art. 462 do CPC de 1973), que admite a invocação de fato constitutivo, modificativo ou extintivo do direito, superveniente à propositura da ação, é aplicável de ofício aos processos em curso em qualquer instância trabalhista. Cumpre ao juiz ou tribunal ouvir as partes sobre o fato novo antes de decidir.

Nº 395 MANDATO E SUBSTABELECIMENTO. CONDIÇÕES DE VALIDADE (nova redação dos itens I e II e acrescido o item V em decorrência do CPC de 2015)

I – Válido é o instrumento de mandato com prazo determinado que contém cláusula estabelecendo a prevalência dos poderes para atuar até o final da demanda (§4º do art. 105 do CPC de 2015).

II – Se há previsão, no instrumento de mandato, de prazo para sua juntada, o mandato só tem validade se anexado ao processo o respectivo instrumento no aludido prazo.

III – São válidos os atos praticados pelo substabelecido, ainda que não haja, no mandato, poderes expressos para substabelecer (art. 667, e parágrafos, do Código Civil de 2002).

IV – Configura-se a irregularidade de representação se o substabelecimento é anterior à outorga passada ao substabelecente.

V – Verificada a irregularidade de representação nas hipóteses dos itens II e IV, deve o juiz suspender o processo e designar prazo razoável para que seja sanado o vício, ainda que em instância recursal (art. 76 do CPC de 2015).

Nº 396 ESTABILIDADE PROVISÓRIA. PEDIDO DE REINTEGRAÇÃO. CONCESSÃO DO SALÁRIO RELATIVO AO PERÍODO DE ESTABILIDADE JÁ EXAURIDO. INEXISTÊNCIA DE JULGAMENTO "EXTRA PETITA" (conversão das Orientações Jurisprudenciais nºs 106 e 116 da SBDI-1)

I – Exaurido o período de estabilidade, são devidos ao empregado apenas os salários do período compreendido entre a data da despedida e o final do período de estabilidade, não lhe sendo assegurada a reintegração no emprego.

II – Não há nulidade por julgamento "extra petita" da decisão que deferir salário quando o pedido for de reintegração, dados os termos do art. 496 da CLT.

Nº 397 AÇÃO RESCISÓRIA. ART. 966, IV, DO CPC DE 2015. ART. 485, IV, DO CPC DE 1973. AÇÃO DE CUMPRIMENTO. OFENSA À COISA JULGADA EMANADA DE SENTENÇA NORMATIVA MODIFICADA EM GRAU DE RECURSO. INVIABILIDADE. CABIMENTO

DE MANDADO DE SEGURANÇA (atualizada em decorrência do CPC de 2015)

Não procede ação rescisória calcada em ofensa à coisa julgada perpetrada por decisão proferida em ação de cumprimento, em face de a sentença normativa, na qual se louvava, ter sido modificada em grau de recurso, porque em dissídio coletivo somente se consubstancia coisa julgada formal. Assim, os meios processuais aptos a atacarem a execução da cláusula reformada são a exceção de pré-executividade e o mandado de segurança, no caso de descumprimento do art. 514 do CPC de 2015 (art. 572 do CPC de 1973).

Nº 398 AÇÃO RESCISÓRIA. AUSÊNCIA DE DEFESA. INAPLICÁVEIS OS EFEITOS DA REVELIA (alterada em decorrência do CPC de 2015)

Na ação rescisória, o que se ataca é a decisão, ato oficial do Estado, acobertado pelo manto da coisa julgada. Assim, e considerando que a coisa julgada envolve questão de ordem pública, a revelia não produz confissão na ação rescisória.

Nº 399 AÇÃO RESCISÓRIA. CABIMENTO. SENTENÇA DE MÉRITO. DECISÃO HOMOLOGATÓRIA DE ADJUDICAÇÃO, DE ARREMATAÇÃO E DE CÁLCULOS (conversão das Orientações Jurisprudenciais nºs 44, 45 e 85, primeira parte, da SBDI-2)

I – É incabível ação rescisória para impugnar decisão homologatória de adjudicação ou arrematação.

II – A decisão homologatória de cálculos apenas comporta rescisão quando enfrentar as questões envolvidas na elaboração da conta de liquidação, quer solvendo a controvérsia das partes quer explicitando, de ofício, os motivos pelos quais acolheu os cálculos oferecidos por uma das partes ou pelo setor de cálculos, e não contestados pela outra.

Nº 400 AÇÃO RESCISÓRIA DE AÇÃO RESCISÓRIA. VIOLAÇÃO MANIFESTA DE NORMA JURÍDICA. INDICAÇÃO DA MESMA NORMA JURÍDICA APONTADA NA RESCISÓRIA PRIMITIVA (MESMO DISPOSITIVO DE LEI SOB O CPC DE 1973) (nova redação em decorrência do CPC de 2015)

Em se tratando de rescisória de rescisória, o vício apontado deve nascer na decisão rescindenda, não se admitindo a rediscussão do acerto do julgamento da rescisória anterior. Assim, não procede rescisória calcada no inciso V do art. 966 do CPC de 2015 (art. 485, V, do CPC de 1973) para discussão, por má aplicação da mesma norma jurídica, tida por violada na rescisória anterior, bem como para arguição de questões inerentes à ação rescisória primitiva.

Nº 401 AÇÃO RESCISÓRIA. DESCONTOS LEGAIS. FASE DE EXECUÇÃO. SENTENÇA EXEQÜENDA OMISSA. INEXISTÊNCIA DE OFENSA À COISA JULGADA (conversão da Orientação Jurisprudencial nº 81 da SBDI-2)

Os descontos previdenciários e fiscais devem ser efetuados pelo juízo executório, ainda que a sentença exeqüenda tenha sido omissa sobre a questão, dado o caráter de ordem pública ostentado pela norma que os disciplina. A ofensa à coisa julgada somente poderá ser caracterizada na hipótese de o título exeqüendo, expressamente, afastar a dedução dos valores a título de imposto de renda e de contribuição previdenciária.

Nº 402 AÇÃO RESCISÓRIA. PROVA NOVA. DISSÍDIO COLETIVO. SENTENÇA NORMATIVA (nova redação em decorrência do CPC de 2015)

I – Sob a vigência do CPC de 2015 (art. 966, inciso VII), para efeito de ação rescisória, considera-se prova nova a cronologicamente velha, já existente ao tempo do trânsito em julgado da decisão rescindenda, mas ignorada pelo interessado ou de impossível utilização, à época, no processo.

II – Não é prova nova apta a viabilizar a desconstituição de julgado:

a) sentença normativa proferida ou transitada em julgado posteriormente à sentença rescindenda;
b) sentença normativa preexistente à sentença rescindenda, mas não exibida no processo principal, em virtude de negligência da parte, quando podia e deveria louvar-se de documento já existente e não ignorado quando emitida a decisão rescindenda.

Nº 403 AÇÃO RESCISÓRIA. DOLO DA PARTE VENCEDORA EM DETRIMENTO DA VENCIDA. ART. 485, III, DO CPC (conversão das Orientações Jurisprudenciais nºs 111 e 125 da SBDI-2)

I – Não caracteriza dolo processual, previsto no art. 485, III, do CPC, o simples fato de a parte vencedora haver silenciado a respeito de fatos contrários a ela, porque o procedimento, por si só, não constitui ardil do qual resulte cerceamento de defesa e, em conseqüência, desvie o juiz de uma sentença não-condizente com a verdade.

II – Se a decisão rescindenda é homologatória de acordo, não há parte vencedora ou vencida, razão pela qual não é possível a sua desconstituição calcada no inciso III do art. 485 do CPC (dolo da parte vencedora em detrimento da vencida), pois constitui fundamento de rescindibilidade que supõe solução jurisdicional para a lide.

Nº 404 AÇÃO RESCISÓRIA. FUNDAMENTO PARA INVALIDAR CONFISSÃO. CONFISSÃO FICTA. INADEQUAÇÃO DO ENQUADRAMENTO NO ART. 485, VIII, DO CPC de 1973

O art. 485, VIII, do CPC de 1973, ao tratar do fundamento para invalidar a confissão como hipótese de rescindibilidade da decisão judicial, referia-se à confissão real, fruto de erro, dolo ou coação, e não à confissão ficta resultante de revelia.

Nº 405 AÇÃO RESCISÓRIA. TUTELA PROVISÓRIA. (nova redação em decorrência do CPC de 2015)

Em face do que dispõem a MP 1.984-22/2000 e o art. 969 do CPC de 2015, é cabível o pedido de tutela provisória formulado na petição inicial de ação rescisória ou na fase recursal, visando a suspender a execução da decisão rescindenda.

Nº 406 AÇÃO RESCISÓRIA. LITISCONSÓRCIO. NECESSÁRIO NO PÓLO PASSIVO E FACULTATIVO NO ATIVO. INEXISTENTE QUANTO AOS SUBSTITUÍDOS PELO SINDICATO (conversão das Orientações Jurisprudenciais nºs 82 e 110 da SBDI-2)

I – O litisconsórcio, na ação rescisória, é necessário em relação ao pólo passivo da demanda, porque supõe uma comunidade de direitos ou de obrigações que não admite solução díspar para os litisconsortes, em face da indivisibilidade do objeto. Já em relação ao pólo ativo, o litisconsórcio é facultativo, uma vez que a aglutinação de autores se faz por conveniência e não pela necessidade decorrente da natureza do litígio, pois não se pode condicionar o exercício do direito individual de um dos litigantes no processo originário à anuência dos demais para retomar a lide.

II – O Sindicato, substituto processual e autor da reclamação trabalhista, em cujos autos fora proferida a decisão rescindenda, possui legitimidade para figurar como réu na ação rescisória, sendo descabida a exigência de citação de todos os empregados substituídos, porquanto inexistente litisconsórcio passivo necessário.

Nº 407 AÇÃO RESCISÓRIA. MINISTÉRIO PÚBLICO. LEGITIMIDADE "AD CAUSAM" PREVISTA NO ART. 967, III, "A", "B" E "C" DO CPC DE 2015. ART. 487, III, "A" E "B", DO CPC DE 1973. HIPÓTESES MERAMENTE EXEMPLIFICATIVAS (nova redação em decorrência do CPC de 2015)

A legitimidade "ad causam" do Ministério Público para propor ação rescisória, ainda que não tenha sido parte no processo que deu origem à decisão rescindenda, não está limitada às alíneas "a", "b" e "c" do inciso III do art. 967 do CPC de 2015 (art. 487, III, "a" e "b", do CPC de 1973), uma vez que traduzem hipóteses meramente exemplificativas.

Nº 408 AÇÃO RESCISÓRIA. PETIÇÃO INICIAL. CAUSA DE PEDIR. AUSÊNCIA DE CAPITULAÇÃO OU CAPITULAÇÃO ERRÔNEA NO ART. 966 DO CPC DE 2015. ART. 485 DO CPC DE 1973. PRINCÍPIO "IURA NOVIT CURIA" (nova redação em decorrência do CPC de 2015)

Não padece de inépcia a petição inicial de ação rescisória apenas porque omite a subsunção do fundamento de rescindibilidade no art. 966 do CPC de 2015 (art. 485 do CPC de 1973) ou o capitula erroneamente em um de seus incisos. Contanto que não se afaste dos fatos e fundamentos invocados como causa de pedir, ao Tribunal é lícito emprestar-lhes a adequada qualificação jurídica ("iura novit curia"). No entanto, fundando-se a ação rescisória no art. 966, inciso V, do CPC de 2015 (art. 485, inciso V, do CPC de 1973), é indispensável expressa indicação, na petição inicial da ação rescisória, da norma jurídica manifestamente violada (dispositivo legal violado sob o CPC de 1973), por se tratar de causa de pedir da rescisória, não se aplicando, no caso, o princípio "iura novit curia".

Nº 409 AÇÃO RESCISÓRIA. PRAZO PRESCRICIONAL. TOTAL OU PARCIAL. VIOLAÇÃO DO ART. 7º, XXIX, DA CF/1988. MATÉRIA INFRACONSTITUCIONAL (conversão da Orientação Jurisprudencial nº 119 da SBDI-2)

Não procede ação rescisória calcada em violação do art. 7º, XXIX, da CF/1988 quando a questão envolve discussão sobre a espécie de prazo prescricional aplicável aos créditos trabalhistas, se total ou parcial, porque a matéria tem índole infraconstitucional, construída, na Justiça do Trabalho, no plano jurisprudencial.

Nº 410 AÇÃO RESCISÓRIA. REEXAME DE FATOS E PROVAS. INVIABILIDADE (conversão da Orientação Jurisprudencial nº 109 da SBDI-2)

A ação rescisória calcada em violação de lei não admite reexame de fatos e provas do processo que originou a decisão rescindenda.

Nº 411 AÇÃO RESCISÓRIA. SENTENÇA DE MÉRITO. DECISÃO DE TRIBUNAL REGIONAL DO TRABALHO EM AGRAVO REGIMENTAL CONFIRMANDO DECISÃO MONOCRÁTICA DO RELATOR QUE, APLICANDO A SÚMULA Nº 83 DO TST,

INDEFERIU A PETIÇÃO INICIAL DA AÇÃO RESCISÓRIA. CABIMENTO (conversão da Orientação Jurisprudencial nº 43 da SBDI-2)

Se a decisão recorrida, em agravo regimental, aprecia a matéria na fundamentação, sob o enfoque das Súmulas nºs 83 do TST e 343 do STF, constitui sentença de mérito, ainda que haja resultado no indeferimento da petição inicial e na extinção do processo sem julgamento do mérito. Sujeita-se, assim, à reforma pelo TST, a decisão do Tribunal que, invocando controvérsia na interpretação da lei, indefere a petição inicial de ação rescisória.

Nº 412 AÇÃO RESCISÓRIA. REGÊNCIA PELO CPC DE 1973. SENTENÇA DE MÉRITO. QUESTÃO PROCESSUAL (nova redação em decorrência do CPC de 2015)

Sob a égide do CPC de 1973, pode uma questão processual ser objeto de rescisão desde que consista em pressuposto de validade de uma sentença de mérito.

Nº 413 AÇÃO RESCISÓRIA. SENTENÇA DE MÉRITO. VIOLAÇÃO DO ART. 896, "A", DA CLT (nova redação em decorrência do CPC de 2015)

É incabível ação rescisória, por violação do art. 896, "a", da CLT, contra decisão transitada em julgado sob a égide do CPC de 1973 que não conhece de recurso de revista, com base em divergência jurisprudencial, pois não se cuidava de sentença de mérito (art. 485 do CPC de 1973).

Nº 414 MANDADO DE SEGURANÇA. TUTELA PROVISÓRIA CONCEDIDA ANTES OU NA SENTENÇA (nova redação em decorrência do CPC de 2015)

I – A tutela provisória concedida na sentença não comporta impugnação pela via do mandado de segurança, por ser impugnável mediante recurso ordinário. É admissível a obtenção de efeito suspensivo ao recurso ordinário mediante requerimento dirigido ao tribunal, ao relator ou ao presidente ou ao vice-presidente do tribunal recorrido, por aplicação subsidiária ao processo do trabalho do artigo 1.029, §5º, do CPC de 2015.

II – No caso de a tutela provisória haver sido concedida ou indeferida antes da sentença, cabe mandado de segurança, em face da inexistência de recurso próprio.

III – A superveniência da sentença, nos autos originários, faz perder o objeto do mandado de segurança que impugnava a concessão ou o indeferimento da tutela provisória.

Nº 415 MANDADO DE SEGURANÇA. PETIÇÃO INICIAL. ART. 321 DO CPC DE 2015.. ART. 284 DO CPC DE 1973. INAPLICABILIDADE(atualizada em decorrência do CPC de 2015)

Exigindo o mandado de segurança prova documental pré-constituída, inaplicável o art. 321 do CPC de 2015 (art. 284 do CPC de 1973) quando verificada, na petição inicial do "mandamus", a ausência de documento indispensável ou de sua autenticação.

Nº 416 MANDADO DE SEGURANÇA. EXECUÇÃO. LEI Nº 8.432/1992. ART. 897, §1º, DA CLT. CABIMENTO (conversão da Orientação Jurisprudencial nº 55 da SBDI-2)

Devendo o agravo de petição delimitar justificadamente a matéria e os valores objeto de discordância, não fere direito líquido e certo o prosseguimento da execução quanto aos tópicos e valores não especificados no agravo.

Nº 417 MANDADO DE SEGURANÇA. PENHORA EM DINHEIRO (alterado o item I, atualizado o item II e cancelado o item III, modulando-se os efeitos da presente redação de forma a atingir unicamente as penhoras em dinheiro em execução provisória efetivadas a partir de 18.03.2016, data de vigência do CPC de 2015)

I – Não fere direito líquido e certo do impetrante o ato judicial que determina penhora em dinheiro do executado para garantir crédito exequendo, pois é prioritária e obedece à gradação prevista no art. 835 do CPC de 2015 (art. 655 do CPC de 1973).

II – Havendo discordância do credor, em execução definitiva, não tem o executado direito líquido e certo a que os valores penhorados em dinheiro fiquem depositados no próprio banco, ainda que atenda aos requisitos do art. 840, I, do CPC de 2015 (art. 666, I, do CPC de 1973).

Nº 418 MANDADO DE SEGURANÇA VISANDO À HOMOLOGAÇÃO DE ACORDO (nova redação em decorrência do CPC de 2015)

A homologação de acordo constitui faculdade do juiz, inexistindo direito líquido e certo tutelável pela via do mandado de segurança.

Nº 419 COMPETÊNCIA. EMBARGOS DE TERCEIRO. EXECUÇÃO POR CARTA PRECATÓRIA. JUÍZO DEPRECADO (alterada em decorrência do CPC de 2015)

Na execução por carta precatória, os embargos de terceiro serão oferecidos no juízo deprecado, salvo se indicado pelo juízo deprecante o bem constrito ou se já devolvida a carta (art. 676, parágrafo único, do CPC de 2015).

Nº 420 COMPETÊNCIA FUNCIONAL. CONFLITO NEGATIVO. TRT E VARA DO TRABALHO DE IDÊNTICA REGIÃO. NÃO CONFIGURAÇÃO (conversão da Orientação Jurisprudencial nº 115 da SBDI-2)

Não se configura conflito de competência entre Tribunal Regional do Trabalho e Vara do Trabalho a ele vinculada.

Nº 421 EMBARGOS DE DECLARAÇÃO. CABIMENTO. DECISÃO MONOCRÁTICA DO RELATOR CALCADA NO ART. 932 DO CPC DE 2015. ART. 557 DO CPC DE 1973 (atualizada em decorrência do CPC de 2015)

I – Cabem embargos de declaração da decisão monocrática do relator prevista no art. 932 do CPC de 2015 (art. 557 do CPC de 1973), se a parte pretende tão somente juízo integrativo retificador da decisão e, não, modificação do julgado.

II – Se a parte postular a revisão no mérito da decisão monocrática, cumpre ao relator converter os embargos de declaração em agravo, em face dos princípios da fungibilidade e celeridade processual, submetendo-o ao pronunciamento do Colegiado, após a intimação do recorrente para, no prazo de 5 (cinco) dias, complementar as razões recursais, de modo a ajustá-las às exigências do art. 1.021, §1º, do CPC de 2015.

Nº 422 RECURSO. FUNDAMENTO AUSENTE OU DEFICIENTE. NÃO CONHECIMENTO.

I – Não se conhece de recurso para o Tribunal Superior do Trabalho se as razões do recorrente não impugnam os fundamentos da decisão recorrida, nos termos em que proferida.

II – O entendimento referido no item anterior não se aplica em relação à motivação secundária e impertinente, consubstanciada em despacho de admissibilidade de recurso ou em decisão monocrática.

III – Inaplicável a exigência do item I relativamente ao recurso ordinário da competência de Tribunal Regional do Trabalho, exceto em caso de recurso cuja motivação é inteiramente dissociada dos fundamentos da sentença.

Nº 423 TURNO ININTERRUPTO DE REVEZAMENTO. FIXAÇÃO DE JORNADA DE TRABALHO MEDIANTE NEGOCIAÇÃO COLETIVA. VALIDADE. (conversão da Orientação Jurisprudencial nº 169 da SBDI-1)

Estabelecida jornada superior a seis horas e limitada a oito horas por meio de regular negociação coletiva, os empregados submetidos a turnos ininterruptos de revezamento não têm direito ao pagamento da 7ª e 8ª horas como extras.

Nº 424 RECURSO ADMINISTRATIVO. PRESSUPOSTO DE ADMISSIBILIDADE. DEPÓSITO PRÉVIO DA MULTA ADMINISTRATIVA. NÃO RECEPÇÃO PELA CONSTITUIÇÃO FEDERAL DO §1º DO ART. 636 DA CLT.

O §1º do art. 636 da CLT, que estabelece a exigência de prova do depósito prévio do valor da multa cominada em razão de autuação administrativa como pressuposto de admissibilidade de recurso administrativo, não foi recepcionado pela Constituição Federal de 1988, ante a sua incompatibilidade com o inciso LV do art. 5º.

Nº 425 *JUS POSTULANDI* NA JUSTIÇA DO TRABALHO. ALCANCE.

O *jus postulandi* das partes, estabelecido no art. 791 da CLT, limita-se às Varas do Trabalho e aos Tribunais Regionais do Trabalho, não alcançando a ação rescisória, a ação cautelar, o mandado de segurança e os recursos de competência do Tribunal Superior do Trabalho.

Nº 426 DEPÓSITO RECURSAL. UTILIZAÇÃO DA GUIA GFIP. OBRIGATORIEDADE

Nos dissídios individuais o depósito recursal será efetivado mediante a utilização da Guia de Recolhimento do FGTS e Informações à Previdência Social – GFIP, nos termos dos §§4º e 5º do art. 899 da CLT, admitido o depósito judicial, realizado na sede do juízo e à disposição deste, na hipótese de relação de trabalho não submetida ao regime do FGTS.

Nº 427 INTIMAÇÃO. PLURALIDADE DE ADVOGADOS. PUBLICAÇÃO EM NOME DE ADVOGADO DIVERSO DAQUELE EXPRESSAMENTE INDICADO. NULIDADE

Havendo pedido expresso de que as intimações e publicações sejam realizadas exclusivamente em nome de determinado advogado, a comunicação em nome de outro profissional constituído nos autos é nula, salvo se constatada a inexistência de prejuízo.

Nº 428 SOBREAVISO. APLICAÇÃO ANALÓGICA DO ART. 244, §2º DA CLT (14.09.2012) – Res. 185/2012, DEJT divulgado em 25, 26 e 27.09.2012

I – O uso de instrumentos telemáticos ou informatizados fornecidos pela empresa ao empregado, por si só, não caracteriza o regime de sobreaviso.

II – Considera-se em sobreaviso o empregado que, à distância e submetido a controle patronal por instrumentos telemáticos ou informatizados, permanecer em regime de plantão ou equivalente, aguardando a qualquer momento o chamado para o serviço durante o período de descanso.

Nº 429 TEMPO À DISPOSIÇÃO DO EMPREGADOR. ART. 4º DA CLT. PERÍODO DE DESLOCAMENTO ENTRE A PORTARIA E O LOCAL DE TRABALHO

Considera-se à disposição do empregador, na forma do art. 4º da CLT, o tempo necessário ao deslocamento do trabalhador entre a portaria da empresa e o local de trabalho, desde que supere o limite de 10 (dez) minutos diários.

Nº 430 ADMINISTRAÇÃO PÚBLICA INDIRETA. CONTRATAÇÃO. AUSÊNCIA DE CONCURSO PÚBLICO. NULIDADE. ULTERIOR PRIVATIZAÇÃO. CONVALIDAÇÃO. INSUBSISTÊNCIA DO VÍCIO.

Convalidam-se os efeitos do contrato de trabalho que, considerado nulo por ausência de concurso público, quando celebrado originalmente com ente da Administração Pública Indireta, continua a existir após a sua privatização.

Nº 431 SALÁRIO-HORA. EMPREGADO SUJEITO AO REGIME GERAL DE TRABALHO (ART. 58, CAPUT, DA CLT). 40 HORAS SEMANAIS. CÁLCULO. APLICAÇÃO DO DIVISOR 200.

Para os empregados a que alude o art. 58, caput, da CLT, quando sujeitos a 40 horas semanais de trabalho, aplica-se o divisor 200 (duzentos) para o cálculo do valor do salário-hora.

Nº 432 CONTRIBUIÇÃO SINDICAL RURAL. AÇÃO DE COBRANÇA. PENALIDADE POR ATRASO NO RECOLHIMENTO. INAPLICABILIDADE DO ART. 600 DA CLT. INCIDÊNCIA DO ART. 2º DA LEI Nº 8.022/1990.

O recolhimento a destempo da contribuição sindical rural não acarreta a aplicação da multa progressiva prevista no art. 600 da CLT, em decorrência da sua revogação tácita pela Lei nº 8.022, de 12 de abril de 1990.

Nº 433 EMBARGOS. ADMISSIBILIDADE. PROCESSO EM FASE DE EXECUÇÃO. ACÓRDÃO DE TURMA PUBLICADO NA VIGÊNCIA DA LEI Nº 11.496, DE 26.06.2007. DIVERGÊNCIA DE INTERPRETAÇÃO DE DISPOSITIVO CONSTITUCIONAL.

A admissibilidade do recurso de embargos contra acórdão de Turma em Recurso de Revista em fase de execução, publicado na vigência da Lei nº 11.496, de 26.06.2007, condiciona-se à demonstração de divergência jurisprudencial entre Turmas ou destas e a Seção Especializada em Dissídios Individuais do Tribunal Superior do Trabalho em relação à interpretação de dispositivo constitucional.

Nº 435 DECISÃO MONOCRÁTICA. RELATOR. ART. 932 DO CPC DE 2015. ART. 557 DO CPC DE 1973. APLICAÇÃO SUBSIDIÁRIA AO PROCESSO DO TRABALHO (atualizada em decorrência do CPC de 2015)

Aplica-se subsidiariamente ao processo do trabalho o art. 932 do CPC de 2015 (art. 557 do CPC de 1973).

Nº 436 REPRESENTAÇÃO PROCESSUAL. PROCURADOR DA UNIÃO, ESTADOS, MUNICÍPIOS E DISTRITO FEDERAL, SUAS AUTARQUIAS E FUNDAÇÕES PÚBLICAS. JUNTADA DE INSTRUMENTO DE MANDATO (conversão da Orientação Jurisprudencial nº 52 da SBDI-1 e inserção do item II à redação)

I – A União, Estados, Municípios e Distrito Federal, suas autarquias e fundações públicas, quando representadas em juízo, ativa e passivamente, por seus procuradores, estão dispensadas da juntada de instrumento de mandato e de comprovação do ato de nomeação.

II – Para os efeitos do item anterior, é essencial que o signatário ao menos declare-se exercente do cargo de procurador, não bastando a indicação do número de inscrição na Ordem dos Advogados do Brasil.

Nº 437 INTERVALO INTRAJORNADA PARA REPOUSO E ALIMENTAÇÃO. APLICAÇÃO DO ART. 71 DA CLT (conversão das Orientações Jurisprudencias nºs 307, 342, 354, 380 e 381 da SBDI-1)

I – Após a edição da Lei nº 8.923/94, a não-concessão ou a concessão parcial do intervalo intrajornada mínimo, para repouso e alimentação, a empregados urbanos e rurais, implica o pagamento total do período correspondente, e não apenas daquele suprimido, com acréscimo de, no mínimo, 50% sobre o valor da remuneração da hora normal de trabalho (art. 71 da CLT), sem prejuízo do cômputo da efetiva jornada de labor para efeito de remuneração.

II – É inválida cláusula de acordo ou convenção coletiva de trabalho contemplando a supressão ou redução do intervalo intrajornada porque este constitui medida de higiene, saúde e segurança do trabalho, garantido por norma de ordem pública (art. 71 da CLT e art. 7º, XXII, da CF/1988), infenso à negociação coletiva.

III – Possui natureza salarial a parcela prevista no art. 71, §4º, da CLT, com redação introduzida pela Lei nº 8.923, de 27 de julho de 1994, quando não concedido ou reduzido pelo empregador o intervalo mínimo intrajornada para repouso e alimentação, repercutindo, assim, no cálculo de outras parcelas salariais.

IV – Ultrapassada habitualmente a jornada de seis horas de trabalho, é devido o gozo do intervalo intrajornada mínimo de uma hora, obrigando o empregador a remunerar o período para descanso e alimentação não usufruído como extra, acrescido do respectivo adicional, na forma prevista no art. 71, caput e §4º da CLT.

Nº 438 INTERVALO PARA RECUPERAÇÃO TÉRMICA DO EMPREGADO. AMBIENTE ARTIFICIALMENTE FRIO. HORAS EXTRAS. ART. 253 DA CLT. APLICAÇÃO ANALÓGICA

O empregado submetido a trabalho contínuo em ambiente artificialmente frio, nos termos do parágrafo único do art. 253 da CLT, ainda que não labore em câmara frigorífica, tem direito ao intervalo intrajornada previsto no caput do art. 253 da CLT.

Nº 439 DANOS MORAIS. JUROS DE MORA E ATUALIZAÇÃO MONETÁRIA. TERMO INICIAL

Nas condenações por dano moral, a atualização monetária é devida a partir da data da decisão de arbitramento ou de alteração do valor. Os juros incidem desde o ajuizamento da ação, nos termos do art. 883 da CLT.

Nº 440 AUXÍLIO-DOENÇA ACIDENTÁRIO. APOSENTADORIA POR INVALIDEZ. SUSPENSÃO DO CONTRATO DE TRABALHO. RECONHECIMENTO DO DIREITO À MANUTENÇÃO DE PLANO DE SAÚDE OU DE ASSISTÊNCIA MÉDICA

Assegura-se o direito à manutenção de plano de saúde ou de assistência médica oferecido pela empresa ao empregado, não obstante suspenso o contrato de trabalho em virtude de auxílio-doença acidentário ou de aposentadoria por invalidez.

Nº 441 AVISO PRÉVIO. PROPORCIONALIDADE

O direito ao aviso prévio proporcional ao tempo de serviço somente é assegurado nas rescisões de contrato de trabalho ocorridas a partir da publicação da Lei nº 12.506, em 13 de outubro de 2011.

Nº 442 PROCEDIMENTO SUMARÍSSIMO. RECURSO DE REVISTA FUNDAMENTADO EM CONTRARIEDADE A ORIENTAÇÃO JURISPRUDENCIAL. INADMISSIBILIDADE. ART. 896, §6º, DA CLT, ACRESCENTADO PELA LEI Nº 9.957, DE 12.01.2000 (conversão da Orientação Jurisprudencial nº 352 da SBDI-1)

Nas causas sujeitas ao procedimento sumaríssimo, a admissibilidade de recurso de revista está limitada à demonstração de violação direta a dispositivo da Constituição Federal ou contrariedade a Súmula do Tribunal Superior do Trabalho, não se admitindo o recurso por contrariedade a Orientação Jurisprudencial deste Tribunal (Livro II, Título II, Capítulo III, do RITST), ante a ausência de previsão no art. 896, §6º, da CLT.

Nº 443 DISPENSA DISCRIMINATÓRIA. PRESUNÇÃO. EMPREGADO PORTADOR DE DOENÇA GRAVE. ESTIGMA OU PRECONCEITO. DIREITO À REINTEGRAÇÃO

Presume-se discriminatória a despedida de empregado portador do vírus HIV ou de outra doença grave que suscite estigma ou preconceito. Inválido o ato, o empregado tem direito à reintegração no emprego.

Nº 444 JORNADA DE TRABALHO. NORMA COLETIVA. LEI. ESCALA DE 12 POR 36. VALIDADE

É valida, em caráter excepcional, a jornada de doze horas de trabalho por trinta e seis de descanso, prevista em lei ou ajustada exclusivamente mediante acordo coletivo de trabalho ou convenção coletiva de trabalho, assegurada a remuneração em dobro dos feriados trabalhados. O empregado não tem direito ao pagamento de adicional referente ao labor prestado na décima primeira e décima segunda horas.

Nº 445 INADIMPLEMENTO DE VERBAS TRABALHISTAS. FRUTOS. POSSE DE MÁ-FÉ. ART. 1.216 DO CÓDIGO CIVIL. INAPLICABILIDADE AO DIREITO DO TRABALHO

A indenização por frutos percebidos pela posse de má-fé, prevista no art. 1.216 do Código Civil, por tratar-se de regra afeta a direitos reais, mostra-se incompatível com o Direito do Trabalho, não sendo devida no caso de inadimplemento de verbas trabalhistas.

Nº 446 MAQUINISTA FERROVIÁRIO. INTERVALO INTRAJORNADA. SUPRESSÃO PARCIAL OU TOTAL. HORAS EXTRAS DEVIDAS. COMPATIBILIDADE ENTRE OS ARTS. 71, §4º E 238, §5º, DA CLT

A garantia ao intervalo intrajornada, prevista no art. 71 da CLT, por constituir-se em medida de higiene, saúde e segurança do empregado, é aplicável também ao ferroviário maquinista integrante da categoria "c" (equipagem de trem em geral), não havendo incompatibilidade entre as regras inscritas nos arts. 71, §4º, e 238, §5º, da CLT.

Nº 447 ADICIONAL DE PERICULOSIDADE. PERMANÊNCIA A BORDO DURANTE O ABASTECIMENTO DA AERONAVE. INDEVIDO

Os tripulantes e demais empregados em serviços auxiliares de transporte aéreo que, no momento do abastecimento da aeronave, permanecem a bordo

não têm direito ao adicional de periculosidade a que aludem o art. 193 da CLT e o Anexo 2, item 1, "c", da NR 16 do MTE.

Nº 448 ATIVIDADE INSALUBRE. CARACTERIZAÇÃO. PREVISÃO NA NORMA REGULAMENTADORA Nº 15 DA PORTARIA DO MINISTÉRIO DO TRABALHO Nº 3.214/78. INSTALAÇÕES SANITÁRIAS (conversão da Orientação Jurisprudencial nº 4 da SBDI-1 com nova redação do item II)

I – Não basta a constatação da insalubridade por meio de laudo pericial para que o empregado tenha direito ao respectivo adicional, sendo necessária a classificação da atividade insalubre na relação oficial elaborada pelo Ministério do Trabalho.

II – A higienização de instalações sanitárias de uso público ou coletivo de grande circulação, e a respectiva coleta de lixo, por não se equiparar à limpeza em residências e escritórios, enseja o pagamento de adicional de insalubridade em grau máximo, incidindo o disposto no Anexo 14 da NR-15 da Portaria do MTE nº 3.214/78 quanto à coleta e industrialização de lixo urbano.

Nº 449 MINUTOS QUE ANTECEDEM E SUCEDEM A JORNADA DE TRABALHO. LEI Nº 10.243, DE 19.06.2001. NORMA COLETIVA. FLEXIBILIZAÇÃO. IMPOSSIBILIDADE (conversão da Orientação Jurisprudencial nº 372 da SBDI-1)

A partir da vigência da Lei nº 10.243, de 19.06.2001, que acrescentou o §1º ao art. 58 da CLT, não mais prevalece cláusula prevista em convenção ou acordo coletivo que elastece o limite de 5 minutos que antecedem e sucedem a jornada de trabalho para fins de apuração das horas extras.

Nº 450 FÉRIAS. GOZO NA ÉPOCA PRÓPRIA. PAGAMENTO FORA DO PRAZO. DOBRA DEVIDA. ARTS. 137 E 145 DA CLT (conversão da Orientação Jurisprudencial nº 386 da SBDI-1)

É devido o pagamento em dobro da remuneração de férias, incluído o terço constitucional, com base no art. 137 da CLT, quando, ainda que gozadas na época própria, o empregador tenha descumprido o prazo previsto no art. 145 do mesmo diploma legal.

Nº 451 PARTICIPAÇÃO NOS LUCROS E RESULTADOS. RESCISÃO CONTRATUAL ANTERIOR À DATA DA DISTRIBUIÇÃO DOS LUCROS. PAGAMENTO PROPORCIONAL AOS MESES TRABALHADOS. PRINCÍPIO DA ISONOMIA (conversão da Orientação Jurisprudencial nº 390 da SBDI-1)

Fere o princípio da isonomia instituir vantagem mediante acordo coletivo ou norma regulamentar que condiciona a percepção da parcela participação nos lucros e resultados ao fato de estar o contrato de trabalho em vigor na data prevista para a distribuição dos lucros. Assim, inclusive na rescisão contratual antecipada, é devido o pagamento da parcela de forma proporcional aos meses trabalhados, pois o ex-empregado concorreu para os resultados positivos da empresa.

Nº 452 DIFERENÇAS SALARIAIS. PLANO DE CARGOS E SALÁRIOS. DESCUMPRIMENTO. CRITÉRIOS DE PROMOÇÃO NÃO OBSERVADOS. PRESCRIÇÃO PARCIAL (conversão da Orientação Jurisprudencial nº 404 da SBDI-1)

Tratando-se de pedido de pagamento de diferenças salariais decorrentes da inobservância dos critérios de promoção estabelecidos em Plano de Cargos e Salários criado pela empresa, a prescrição aplicável é a parcial, pois a lesão é sucessiva e se renova mês a mês.

Nº 453 ADICIONAL DE PERICULOSIDADE. PAGAMENTO ESPONTÂNEO. CARACTERIZAÇÃO DE FATO INCONTROVERSO. DESNECESSÁRIA A PERÍCIA DE QUE TRATA O ART. 195 DA CLT (conversão da Orientação Jurisprudencial nº 406 da SBDI-1)

O pagamento de adicional de periculosidade efetuado por mera liberalidade da empresa, ainda que de forma proporcional ao tempo de exposição ao risco ou em percentual inferior ao máximo legalmente previsto, dispensa a realização da prova técnica exigida pelo art. 195 da CLT, pois torna incontroversa a existência do trabalho em condições perigosas.

Nº 454 COMPETÊNCIA DA JUSTIÇA DO TRABALHO. EXECUÇÃO DE OFÍCIO. CONTRIBUIÇÃO SOCIAL REFERENTE AO SEGURO DE ACIDENTE DE TRABALHO (SAT). ARTS. 114, VIII, E 195, I, "A", DA CONSTITUIÇÃO DA REPÚBLICA (conversão da Orientação Jurisprudencial nº 414 da SBDI-1)

Compete à Justiça do Trabalho a execução, de ofício, da contribuição referente ao Seguro de Acidente de Trabalho (SAT), que tem natureza de contribuição para a seguridade social (arts. 114, VIII, e 195, I, "a", da CF), pois se destina ao financiamento de benefícios relativos à incapacidade do empregado decorrente de infortúnio no trabalho (arts. 11 e 22 da Lei nº 8.212/1991).

Nº 455 EQUIPARAÇÃO SALARIAL. SOCIEDADE DE ECONOMIA MISTA. ART. 37, XIII, DA CF/1988. POSSIBILIDADE (conversão da Orientação Jurisprudencial nº 353 da SBDI-1 com nova redação)

À sociedade de economia mista não se aplica a vedação à equiparação prevista no art. 37, XIII,

da CF/1988, pois, ao admitir empregados sob o regime da CLT, equipara-se a empregador privado, conforme disposto no art. 173, §1º, II, da CF/1988.

Nº 456 REPRESENTAÇÃO. PESSOA JURÍDICA. PROCURAÇÃO. INVALIDADE. IDENTIFICAÇÃO DO OUTORGANTE E DE SEU REPRESENTANTE (inseridos os itens II e III em decorrência do CPC de 2015)

I – É inválido o instrumento de mandato firmado em nome de pessoa jurídica que não contenha, pelo menos, o nome do outorgante e do signatário da procuração, pois estes dados constituem elementos que os individualizam.

II – Verificada a irregularidade de representação da parte na instância originária, o juiz designará prazo de 5 (cinco) dias para que seja sanado o vício. Descumprida a determinação, extinguirá o processo, sem resolução de mérito, se a providência couber ao reclamante, ou considerará revel o reclamado, se a providência lhe couber (art. 76, §1º, do CPC de 2015).

III – Caso a irregularidade de representação da parte seja constatada em fase recursal, o relator designará prazo de 5 (cinco) dias para que seja sanado o vício. Descumprida a determinação, o relator não conhecerá do recurso, se a providência couber ao recorrente, ou determinará o desentranhamento das contrarrazões, se a providência couber ao recorrido (art. 76, §2º, do CPC de2015).

Nº 457 HONORÁRIOS PERICIAIS. BENEFICIÁRIO DA JUSTIÇA GRATUITA. RESPONSABILIDADE DA UNIÃO PELO PAGAMENTO. RESOLUÇÃO Nº 66/2010 DO CSJT. OBSERVÂNCIA (conversão da Orientação Jurisprudencial nº 387 da SBDI-1 com nova redação)

A União é responsável pelo pagamento dos honorários de perito quando a parte sucumbente no objeto da perícia for beneficiária da assistência judiciária gratuita, observado o procedimento disposto nos arts. 1º, 2º e 5º da Resolução n.º 66/2010 do Conselho Superior da Justiça do Trabalho – CSJT.

Nº 458 EMBARGOS. PROCEDIMENTO SUMARÍSSIMO. CONHECIMENTO. RECURSO INTERPOSTO APÓS VIGÊNCIA DA LEI Nº 11.496, DE 22.06.2007, QUE CONFERIU NOVA REDAÇÃO AO ART. 894, DA CLT (conversão da Orientação Jurisprudencial nº 405 da SBDI-1 com nova redação

Em causas sujeitas ao procedimento sumaríssimo, em que pese a limitação imposta no art. 896, §6º, da CLT à interposição de recurso de revista, admitem-se os embargos interpostos na vigência da Lei nº 11.496, de 22.06.2007, que conferiu nova redação ao art. 894 da CLT, quando demonstrada a divergência jurisprudencial entre Turmas do TST, fundada em interpretações diversas acerca da aplicação de mesmo dispositivo constitucional ou de matéria sumulada.

Nº 459 RECURSO DE REVISTA. NULIDADE POR NEGATIVA DE PRESTAÇÃO JURISDICIONAL (atualizada em decorrência do CPC de 2015)

O conhecimento do recurso de revista, quanto à preliminar de nulidade, por negativa de prestação jurisdicional, supõe indicação de violação do art. 832 da CLT, do art. 489 do CPC de 2015 (art. 458 do CPC de 1973) ou do art. 93, IX, da CF/1988.

Nº 460 VALE-TRANSPORTE. ÔNUS DA PROVA

É do empregador o ônus de comprovar que o empregado não satisfaz os requisitos indispensáveis para a concessão do vale-transporte ou não pretenda fazer uso do benefício.

Nº 461 FGTS. DIFERENÇAS. RECOLHIMENTO. ÔNUS DA PROVA

É do empregador o ônus da prova em relação à regularidade dos depósitos do FGTS, pois o pagamento é fato extintivo do direito do autor (art. 373, II, do CPC de 2015).

Nº 462 MULTA DO ART. 477, §8º, DA CLT. INCIDÊNCIA. RECONHECIMENTO JUDICIAL DA RELAÇÃO DE EMPREGO.

A circunstância de a relação de emprego ter sido reconhecida apenas em juízo não tem o condão de afastar a incidência da multa prevista no art. 477, §8º, da CLT. A referida multa não será devida apenas quando, comprovadamente, o empregado der causa à mora no pagamento das verbas rescisórias.

Nº 463 ASSISTÊNCIA JUDICIÁRIA GRATUITA. COMPROVAÇÃO (conversão da Orientação Jurisprudencial nº 304 da SBDI-1, com alterações decorrentes do CPC de 2015)

I – A partir de 26.06.2017, para a concessão da assistência judiciária gratuita à pessoa natural, basta a declaração de hipossuficiência econômica firmada pela parte ou por seu advogado, desde que munido de procuração com poderes específicos para esse fim (art. 105 do CPC de 2015);

II – No caso de pessoa jurídica, não basta a mera declaração: é necessária a demonstração cabal de impossibilidade de a parte arcar com as despesas do processo.

SÚMULAS DO SUPREMO TRIBUNAL FEDERAL

SÚMULA 35

Em caso de acidente do trabalho ou de transporte, a concubina tem direito de ser indenizada pela morte do amásio, se entre eles não havia impedimento para o matrimônio.

SÚMULA 37

Não tem direito de se aposentar pelo Tesouro Nacional o servidor que não satisfizer as condições estabelecidas na legislação do serviço público federal, ainda que aposentado pela respectiva instituição previdenciária, com direito, em tese, a duas aposentadorias.

SÚMULA 150

Prescreve a execução no mesmo prazo de prescrição da ação.

SÚMULA 194

É competente o Ministro do Trabalho para a especificação das atividades insalubres.

SÚMULA 195

Contrato de trabalho para obra certa, ou de prazo determinado, transforma-se em contrato de prazo indeterminado, quando prorrogado por mais de quatro anos.

SÚMULA 196

Ainda que exerça atividade rural, o empregado de emprêsa industrial ou comercial é classificado de acordo com a categoria do empregador.

SÚMULA 197

O empregado com representação sindical só pode ser despedido mediante inquérito em que se apure falta grave.

SÚMULA 198

As ausências motivadas por acidente do trabalho não são descontáveis do período aquisitivo das férias.

SÚMULA 199

O salário das férias do empregado horista corresponde à média do período aquisitivo, não podendo ser inferior ao mínimo.

SÚMULA 200

Não é inconstitucional a L. 1.530, de 26.12.51, que manda incluir na indenização por despedida injusta parcela correspondente a férias proporcionais.

SÚMULA 201

O vendedor pracista, remunerado mediante comissão, não tem direito ao repouso semanal remunerado.

SÚMULA 202

Na equiparação de salário, em caso de trabalho igual, toma-se em conta o tempo de serviço na função, e não no emprêgo.

SÚMULA 203

Não está sujeita à vacância de 60 dias a vigência de novos níveis de salário mínimo.

SÚMULA 204

Tem direito o trabalhador substituto, ou de reserva, ao salário mínimo no dia em que fica à disposição do empregador sem ser aproveitado na função específica; se aproveitado, recebe o salário contratual.

SÚMULA 205

Tem direito a salário integral o menor não sujeito a aprendizagem metódica.

SÚMULA 206

É nulo o julgamento ulterior pelo júri com a participação de jurado que funcionou em julgamento anterior do mesmo processo.

SÚMULA 207

As gratificações habituais, inclusive a de Natal, consideram-se tacitamente convencionadas, integrando o salário.

SÚMULA 209

O salário-produção, como outras modalidades de salário-prêmio, é devido, desde que verificada a condição a que estiver subordinado, e não pode ser suprimido unilateralmente, pelo empregador, quando pago com habitualidade.

SÚMULA 212

Tem direito ao adicional de serviço perigoso o empregado de posto de revenda de combustível líquido.

SÚMULA 213

É devido o adicional de serviço noturno, ainda que sujeito o empregado ao regime de revezamento.

SÚMULA 214

A duração legal da hora de serviço noturno (52 minutos e trinta segundos) constitui vantagem suplementar que não dispensa o salário adicional.

SÚMULA 215

Conta-se a favor de empregado readmitido o tempo de serviço anterior, salvo se houver sido despedido por falta grave ou tiver recebido a indenização legal.

SÚMULA 217

Tem direito de retornar ao emprego, ou ser indenizado em caso de recusa do empregador, o aposentado que recupera a capacidade de trabalho dentro de cinco anos, a contar da aposentadoria, que se torna definitiva após êsse prazo.

SÚMULA 219

Para a indenização devida a empregado que tinha direito a ser readmitido, e não foi, levam-se em conta as vantagens advindas à sua categoria no período do afastamento.

SÚMULA 220

A indenização devida a empregado estável, que não é readmitido, ao cessar sua aposentadoria, deve ser paga em dôbro.

SÚMULA 221

A transferência de estabelecimento, ou a sua extinção parcial, por motivo que não seja de fôrça maior, não justifica a transferência de empregado estável.

SÚMULA 222

O princípio da identidade física do juiz não é aplicável às Juntas de Conciliação e Julgamento da Justiça do Trabalho.

SÚMULA 223

Concedida isenção de custas ao empregado, por elas não responde o sindicato que o representa em juízo.

SÚMULA 224

Os juros da mora, nas reclamações trabalhistas, são contados desde a notificação inicial.

SÚMULA 225

Não é absoluto o valor probatório das anotações da carteira profissional.

SÚMULA 227

A concordata do empregador não impede a execução de crédito nem a reclamação de empregado na Justiça do Trabalho.

SÚMULA 228

Não é provisória a execução na pendência de recurso extraordinário, ou de agravo destinado a fazê-lo admitir.

SÚMULA 229

A indenização acidentária não exclui a do direito comum, em caso de dolo ou culpa grave do empregador.

SÚMULA 230

A prescrição da ação de acidente do trabalho conta-se do exame pericial que comprovar a enfermidade ou verificar a natureza da incapacidade.

SÚMULA 231

O revel, em processo cível, pode produzir provas, desde que compareça em tempo oportuno.

SÚMULA 232

Em caso de acidente do trabalho, são devidas diárias até doze meses, as quais não se confundem com a indenização acidentária nem com o auxílio-enfermidade.

SÚMULA 234

São devidos honorários de advogado em ação de acidente do trabalho julgada procedente.

SÚMULA 235

É competente para a ação de acidente do trabalho a Justiça cível comum, inclusive em segunda instância, ainda que seja parte autarquia seguradora.

SÚMULA 236

Em ação de acidente do trabalho, a autarquia seguradora não tem isenção de custas.

SÚMULA 238

Em caso de acidente do trabalho, a multa pelo retardamento da liquidação é exigível do segurador sub-rogado, ainda que autarquia.

SÚMULA 241
A contribuição previdenciária incide sôbre o abono incorporado ao salário.

SÚMULA 243
Em caso de dupla aposentadoria, os proventos a cargo do IAPFESP não são equiparáveis aos pagos pelo Tesouro Nacional, mas calculados à base da média salarial nos últimos doze meses de serviço.

SÚMULA 249
É competente o Supremo Tribunal Federal para a ação rescisória, quando, embora não tendo conhecido do recurso extraordinário, ou havendo negado provimento ao agravo, tiver apreciado a questão federal controvertida.

SÚMULA 254
Incluem-se os juros moratórios na liquidação, embora omisso o pedido inicial ou a condenação.

SÚMULA 255
Sendo ilíquida a obrigação, os juros moratórios, contra a Fazenda Pública, incluídas as autarquias, são contados do trânsito em julgado da sentença de liquidação.

SÚMULA 258
É admissível reconvenção em ação declaratória.

SÚMULA 259
Para produzir efeito em juízo não é necessária a inscrição, no registro público, de documentos de procedência estrangeira, autenticados por via consular.

SÚMULA 264
Verifica-se a prescrição intercorrente pela paralisação da ação rescisória por mais de cinco anos.

SÚMULA 266
Não cabe mandado de segurança contra lei em tese.

SÚMULA 267
Não cabe mandado de segurança contra ato judicial passível de recurso ou correição.

SÚMULA 268
Não cabe mandado de segurança contra decisão judicial com trânsito em julgado.

SÚMULA 279
Para simples reexame de prova não cabe recurso extraordinário.

SÚMULA 280
Por ofensa a direito local não cabe recurso extraordinário.

SÚMULA 282
É inadmissível o recurso extraordinário, quando não ventilada, na decisão recorrida, a questão federal suscitada.

SÚMULA 283
É inadmissível o recurso extraordinário, quando a decisão recorrida assenta em mais de um fundamento suficiente e o recurso não abrange todos êles.

SÚMULA 284
É inadmissível o recurso extraordinário, quando a deficiência na sua fundamentação não permitir a exata compreensão da controvérsia.

SÚMULA 287
Nega-se provimento ao agravo, quando a deficiência na sua fundamentação, ou na do recurso extraordinário, não permitir a exata compreensão da controvérsia.

SÚMULA 288
Nega-se provimento a agravo para subida de recurso extraordinário, quando faltar no traslado o despacho agravado, a decisão recorrida, a petição de recurso extraordinário ou qualquer peça essencial à compreensão da controvérsia.

SÚMULA 294
São inadmissíveis embargos infringentes contra decisão do Supremo Tribunal Federal em mandado de segurança.

SÚMULA 299
O recurso ordinário e o extraordinário interpostos no mesmo processo de mandado de segurança, ou de *habeascorpus*, serão julgados conjuntamente pelo Tribunal Pleno.

SÚMULA 304
Decisão denegatória de mandado de segurança, não fazendo coisa julgada contra o impetrante, não impede o uso da ação própria.

SÚMULA 307
É devido o adicional de serviço insalubre, calculado à base do salário mínimo da região, ainda que a remuneração contratual seja superior ao salário mínimo acrescido da taxa de insalubridade.

SÚMULA 310

Quando a intimação tiver lugar na sexta-feira, ou a publicação com efeito de intimação fôr feita nesse dia, o prazo judicial terá início na segunda-feira imediata, salvo se não houver expediente, caso em que começará no primeiro dia útil que se seguir.

SÚMULA 311

No típico acidente do trabalho, a existência de ação judicial não exclui a multa pelo retardamento da liquidação.

SÚMULA 312

Músico integrante de orquestra da emprêsa, com atuação permanente e vínculo de subordinação, está sujeito a legislação geral do trabalho, e não à especial dos artistas.

SÚMULA 313

Provada a identidade entre o trabalho diurno e o noturno, é devido o adicional, quanto a este, sem a limitação do art. 73, §3º, da C.L.T., independentemente da natureza da atividade do empregador.

SÚMULA 314

Na composição do dano por acidente do trabalho, ou de transporte, não é contrário à lei tomar para base da indenização o salário do tempo da perícia ou da sentença.

SÚMULA 315

Indispensável o traslado das razões da revista, para julgamento, pelo Tribunal Superior do Trabalho, do agravo para sua admissão.

SÚMULA 316

A simples adesão a greve não constitui falta grave.

SÚMULA 317

São improcedentes os embargos declaratórios, quando não pedida a declaração do julgado anterior, em que se verificou a omissão.

SÚMULA 319

O prazo do recurso ordinário para o Supremo Tribunal Federal, em *habeas corpus* ou mandado de segurança, é de cinco dias.

SÚMULA 327

O direito trabalhista admite a prescrição intercorrente.

SÚMULA 337

A controvérsia entre o empregador e o segurador não suspende o pagamento devido ao empregado por acidente do trabalho.

SÚMULA 341

É presumida a culpa do patrão ou comitente pelo ato culposo do empregado ou preposto.

SÚMULA 343

Não cabe ação rescisória por ofensa a literal disposição de lei, quando a decisão rescindenda se tiver baseado em texto legal de interpretação controvertida nos tribunais.

SÚMULA 349

A prescrição atinge somente as prestações de mais de dois anos, reclamadas com fundamento em decisão normativa da Justiça do Trabalho, ou em convenção coletiva de trabalho, quando não estiver em causa a própria validade de tais atos.

SÚMULA 356

O ponto omisso da decisão, sôbre o qual não foram opostos embargos declaratórios, não pode ser objeto de recurso extraordinário, por faltar o requisito do prequestionamento.

SÚMULA 369

Julgados do mesmo Tribunal não servem para fundamentar o recurso extraordinário por divergência jurisprudencial.

SÚMULA 392

O prazo para recorrer de acórdão concessivo de segurança conta-se da publicação oficial de suas conclusões, e não da anterior ciência à autoridade para cumprimento da decisão.

SÚMULA 401

Não se conhece do recurso de revista, nem dos embargos de divergência, do processo trabalhista, quando houver jurisprudência firme do Tribunal Superior do Trabalho no mesmo sentido da decisão impugnada, salvo se houver colisão com a jurisprudência do Supremo Tribunal Federal.

SÚMULA 402

Vigia noturno tem direito a salário adicional.

SÚMULA 403

É de decadência o prazo de trinta dias para instauração do inquérito judicial, a contar da suspensão, por falta grave, de empregado estável.

SÚMULA 405

Denegado o mandado de segurança pela sentença, ou no julgamento do agravo, dela interposto, fica sem efeito a liminar concedida, retroagindo os efeitos da decisão contrária.

SÚMULA 423

Não transita em julgado a sentença por haver omitido o recurso *ex officio*, que se considera interposto *ex lege*.

SÚMULA 430

Pedido de reconsideração na via administrativa não interrompe o prazo para o mandado de segurança.

SÚMULA 433

É competente o Tribunal Regional do Trabalho para julgar mandado de segurança contra ato de seu presidente em execução de sentença trabalhista.

SÚMULA 450

São devidos honorários de advogado sempre que vencedor o beneficiário de justiça gratuita.

SÚMULA 454

Simples interpretação de cláusulas contratuais não dá lugar a recurso extraordinário.

SÚMULA 457

O Tribunal Superior do Trabalho, conhecendo da revista, julgará a causa, aplicando o direito à espécie.

SÚMULA 458

O processo da execução trabalhista não exclui a remição pelo executado.

SÚMULA 459

No cálculo da indenização por despedida injusta, incluem-se os adicionais, ou gratificações, que, pela habitualidade, se tenham incorporado ao salário.

SÚMULA 460

Para efeito do adicional de insalubridade, a perícia judicial, em reclamação trabalhista, não dispensa o enquadramento da atividade entre as insalubres, que é ato da competência do Ministro do Trabalho e Previdência Social.

SÚMULA 461

É duplo, e não triplo, o pagamento do salário nos dias destinados a descanso.

SÚMULA 462

No cálculo da indenização por despedida injusta inclui-se, quando devido, o repouso semanal remunerado.

SÚMULA 463

Para efeito de indenização e estabilidade, conta-se o tempo em que o empregado esteve afastado, em serviço militar obrigatório, mesmo anteriormente à L. 4.072, de 1.6.62.

SÚMULA 464

No cálculo da indenização por acidente do trabalho inclui-se, quando devido, o repouso semanal remunerado.

SÚMULA 474

Não há direito líquido e certo, amparado pelo mandado de segurança, quando se escuda em lei cujos efeitos foram anulados por outra, declarada constitucional pelo Supremo Tribunal Federal.

SÚMULA 478

O provimento em cargos de Juízes substitutos do Trabalho, deve ser feito independentemente de lista tríplice, na ordem de classificação dos candidatos.

SÚMULA 501

Compete à Justiça ordinária estadual o processo e o julgamento, em ambas as instâncias, das causas de acidente do trabalho, ainda que promovidas contra a União, suas autarquias, emprêsas públicas ou sociedades de economia mista.

SÚMULA 505

Salvo quando contrariarem a Constituição, não cabe recurso para o Supremo Tribunal Federal, de quaisquer decisões da Justiça do Trabalho, inclusive dos presidentes de seus Tribunais.

SÚMULA 506

O agravo a que se refere o art. 4º da Lei nº 4.348, de 26.6.64, cabe, somente, do despacho do Presidente do Supremo Tribunal Federal que defere a suspensão da liminar, em mandado de segurança; não do que a *denega*.

SÚMULA 512

Não cabe condenação em honorários de advogado na ação de mandado de segurança.

SÚMULA 514

Admite-se ação rescisória contra sentença transitada em julgado, ainda que contra ela não se tenha esgotado todos os recursos.

SÚMULA 528

Se a decisão contiver partes autônomas, a admissão parcial, pelo Presidente do Tribunal *a quo*, de recurso extraordinário que, sôbre qualquer delas se manifestar, não limitará a apreciação de tôdas pelo Supremo Tribunal Federal, independentemente de interposição de agravo de instrumento.

SÚMULA 529

Subsiste a responsabilidade do empregador pela indenização decorrente de acidente do trabalho, quando o segurador, por haver entrado em liquidação, ou por outro motivo, não se encontrar em condições financeiras, de efetuar, na forma da lei, o pagamento que o seguro obrigatório visava garantir.

SÚMULA 593

Incide o percentual do Fundo de Garantia do Tempo de Serviço (FGTS) sobre a parcela da remuneração correspondente a horas extraordinárias de trabalho.

SÚMULA 612

Ao trabalhador rural não se aplicam, por analogia, os benefícios previstos na Lei nº 6367, de 19/10/76.

SÚMULA 613

Os dependentes de trabalhador rural não têm direito à pensão previdenciária, se o óbito ocorreu anteriormente à vigência da Lei Complementar nº 11/71.

SÚMULA 619

A prisão do depositário judicial pode ser decretada no próprio processo em que se constituiu o encargo, independentemente da propositura de ação de depósito. *(Revogada)*

SÚMULA 620

A sentença proferida contra Autarquias não está sujeita a reexame necessário, salvo quando sucumbente em execução de dívida ativa.

SÚMULA 621

Não enseja embargos de terceiro à penhora a promessa de compra e venda não inscrita no registro de imóveis.

SÚMULA 622

Não cabe agravo regimental contra decisão do relator que concede ou indefere liminar em mandado de segurança.

SÚMULA 623

Não gera por si só a competência originária do Supremo Tribunal Federal para conhecer do mandado de segurança com base no art. 102, I, *n*, da Constituição, dirigir-se o pedido contra deliberação administrativa do tribunal de origem, da qual haja participado a maioria ou a totalidade de seus membros.

SÚMULA 624

Não compete ao Supremo Tribunal Federal conhecer originariamente de mandado de segurança contra atos de outros tribunais.

SÚMULA 625

Controvérsia sobre matéria de direito não impede concessão de mandado de segurança.

SÚMULA 626

A suspensão da liminar em mandado de segurança, salvo determinação em contrário da decisão que a deferir, vigorará até o trânsito em julgado da decisão definitiva de concessão da segurança ou, havendo recurso, até a sua manutenção pelo Supremo Tribunal Federal, desde que o objeto da liminar deferida coincida, total ou parcialmente, com o da impetração.

SÚMULA 629

A impetração de mandado de segurança coletivo por entidade de classe em favor dos associados independe da autorização destes.

SÚMULA 630

A entidade de classe tem legitimação para o mandado de segurança ainda quando a pretensão veiculada interesse apenas a uma parte da respectiva categoria.

SÚMULA 631

Extingue-se o processo de mandado de segurança se o impetrante não promove, no prazo assinado, a citação do litisconsorte passivo necessário.

SÚMULA 632

É constitucional lei que fixa o prazo de decadência para a impetração de mandado de segurança.

SÚMULA 633

É incabível a condenação em verba honorária nos recursos extraordinários interpostos em processo trabalhista, exceto nas hipóteses previstas na Lei 5.584/70.

SÚMULA 634

Não compete ao Supremo Tribunal Federal conceder medida cautelar para dar efeito suspensivo a recurso extraordinário que ainda não foi objeto de juízo de admissibilidade na origem.

SÚMULA 635

Cabe ao Presidente do Tribunal de origem decidir o pedido de medida cautelar em recurso extraordinário ainda pendente do seu juízo de admissibilidade.

SÚMULA 636

Não cabe recurso extraordinário por contrariedade ao princípio constitucional da legalidade, quando a sua verificação pressuponha rever a interpretação dada a normas infraconstitucionais pela decisão recorrida.

SÚMULA 641

Não se conta em dobro o prazo para recorrer, quando só um dos litisconsortes haja sucumbido.

SÚMULA 644

Ao titular do cargo de procurador de autarquia não se exige a apresentação de instrumento de mandato para representá-la em juízo.

SÚMULA 655

A exceção prevista no art. 100, *caput*, da Constituição, em favor dos créditos de natureza alimentícia, não dispensa a expedição de precatório, limitando-se a isentá-los da observância da ordem cronológica dos precatórios decorrentes de condenações de outra natureza.

SÚMULA 666

A contribuição confederativa de que trata o art. 8º, IV, da Constituição, só é exigível dos filiados ao sindicato respectivo.

SÚMULA 667

Viola a garantia constitucional de acesso à jurisdição a taxa judiciária calculada sem limite sobre o valor da causa.

SÚMULA 671

Os servidores públicos e os trabalhadores em geral têm direito, no que concerne à URP de abril/maio de 1988, apenas ao valor correspondente a 7/30 de 16,19% sobre os vencimentos e salários pertinentes aos meses de abril e maio de 1988, não cumulativamente, devidamente corrigido até o efetivo pagamento.

SÚMULA 675

Os intervalos fixados para descanso e alimentação durante a jornada de seis horas não descaracterizam o sistema de turnos ininterruptos de revezamento para o efeito do art. 7º, XIV, da Constituição.

SÚMULA 676

A garantia da estabilidade provisória prevista no art. 10, II, *a*, do ADCT, também se aplica ao suplente do cargo de direção de comissões internas de prevenção de acidentes (CIPA).

SÚMULA 677

Até que lei venha a dispor a respeito, incumbe ao Ministério do Trabalho proceder ao registro das entidades sindicais e zelar pela observância do princípio da unicidade.

SÚMULA 678

São inconstitucionais os incisos I e III do art. 7º da Lei 8.162/91, que afastam, para efeito de anuênio e de licença-prêmio, a contagem do tempo de serviço regido pela CLT dos servidores que passaram a submeter-se ao Regime Jurídico Único.

SÚMULA 679

A fixação de vencimentos dos servidores públicos não pode ser objeto de convenção coletiva.

SÚMULA 680

O direito ao auxílio-alimentação não se estende aos servidores inativos.

SÚMULA 681

É inconstitucional a vinculação do reajuste de vencimentos de servidores estaduais ou municipais a índices federais de correção monetária.

SÚMULA 682

Não ofende a Constituição a correção monetária no pagamento com atraso dos vencimentos de servidores públicos.

SÚMULA 685

É inconstitucional toda modalidade de provimento que propicie ao servidor investir-se, sem prévia aprovação em concurso público destinado ao seu provimento, em cargo que não integra a carreira na qual anteriormente investido.

SÚMULA 688

É legítima a incidência da contribuição previdenciária sobre o 13º salário.

SÚMULA 726

Para efeito de aposentadoria especial de professores, não se computa o tempo de serviço prestado fora da sala de aula.

SÚMULA 732

É constitucional a cobrança da contribuição do salário-educação, seja sob a Carta de 1969, seja sob a Constituição Federal de 1988, e no regime da Lei 9.424/96.

SÚMULA 733

Não cabe recurso extraordinário contra decisão proferida no processamento de precatórios.

SÚMULA 736

Compete à Justiça do Trabalho julgar as ações que tenham como causa de pedir o descumprimento de normas trabalhistas relativas à segurança, higiene e saúde dos trabalhadores.